子《こ》ども詰《つめ》将《しょう》棋《ぎ》 1手《て》詰《づめ》200問《もん》

羽《は》生《ぶ》善《よし》治《はる》監修《かんしゅう》

執筆 詰将棋パラダイス
監修 羽生善治

新星出版社

はじめに

みなさん、こんにちは。羽生善治《はぶよしはる》です。将棋《しょうぎ》の世界《せかい》へようこそ。「将棋《しょうぎ》は相手《あいて》と対戦《たいせん》をする」とても面白《おもしろ》いゲームです。

将棋《しょうぎ》には8種類《しゅるい》の駒《こま》があります。それぞれの駒《こま》は動《うご》かし方《かた》がちがいます。まずは、その動《うご》かし方《かた》をひとつひとつ覚《おぼ》えてください。「角《かく》」や「金《きん》」など表記《ひょうき》された文字《もじ》を、その駒《こま》のキャラクターとしてみるといいかも知《し》れません。

将棋《しょうぎ》のとりかかりとして、

1、盤上《ばんじょう》にある駒《こま》を動《うご》かします。また、その駒《こま》が敵陣《てきじん》の3段目《だんめ》までに入《はい》ると「成《な》る」ことができます。つまり、駒《こま》の機能《きのう》がより強力《きょうりょく》になるのです。

2、持《も》っている駒《こま》を打《う》ちます。つまり、盤上《ばんじょう》にその駒《こま》を登場《とうじょう》させます。

駒《こま》の動《うご》かし方《かた》をマスターしたら、さっそく、詰将棋《つめしょうぎ》にチャレンジしてみましょう。詰将棋《つめしょうぎ》の基本《きほん》は、1手詰《てづめ》です。

詰将棋《つめしょうぎ》とは、相手《あいて》の王様《おうさま》を詰《つ》ますことです。王様《おうさま》を取《と》ることではありません。相手《あいて》の王様《おうさま》がどこへも逃《に》げられない状態《じょうたい》にすることです。それぞれの駒《こま》を動《うご》かして、どう詰《つ》ませるかを考《かんが》えてください。

私《わたし》も詰将棋《つめしょうぎ》の勉強《べんきょう》は、今《いま》でも欠《か》かさずやっています。問題《もんだい》はたくさんありますが、自分《じぶん》のペースで無理《むり》なくひとつひとつ解《と》いてください。そして、解《と》いたあとには答《こた》え合《あ》わせをして、必《かなら》ず確認《かくにん》しましょう。

全部《ぜんぶ》の問題《もんだい》を解《と》くことができたら、実力《じつりょく》はかなり上《あ》がっているはずです。そして、次《つぎ》のステップへ進《すす》みたくなるにちがいありません。

棋士《きし》　羽生善治《はぶよしはる》

本書《ほんしょ》の特徴《とくちょう》と使《つか》い方《かた》

はじめてでも詰将棋《つめしょうぎ》ができるようになる！

最初《さいしょ》のページに、将棋《しょうぎ》の基本《きほん》、駒《こま》の動《うご》かし方《かた》、将棋《しょうぎ》の表記《ひょうき》、詰《つめ》将棋《しょうぎ》のルールなどについて、わかりやすく説明《せつめい》してあります。はじめての人《ひと》でも、すぐに詰将棋《つめしょうぎ》ができるようになります。

たくさんの詰将棋《つめしょうぎ》を解《と》くことで、実戦《じっせん》も強《つよ》くなる！

本書《ほんしょ》には、１手詰《てづめ》の詰将棋《つめしょうぎ》の問題《もんだい》が200問掲載《もんけいさい》されています。多《おお》くの問題《もんだい》を解《と》くことで、実戦《じっせん》で役《やく》に立《た》つ読《よ》みの力《ちから》が身《み》につきます。また、それぞれの問題《もんだい》は5段階《だんかい》のレベルに分《わ》かれているので、自分《じぶん》の実力《じつりょく》を確認《かくにん》することもできます。

わかりやすい正解《せいかい》とおちいりやすい失敗例《しっぱいれい》を掲載《けいさい》

正解《せいかい》は、わかりやすく表記《ひょうき》、詳《くわ》しく解説《かいせつ》してあります。

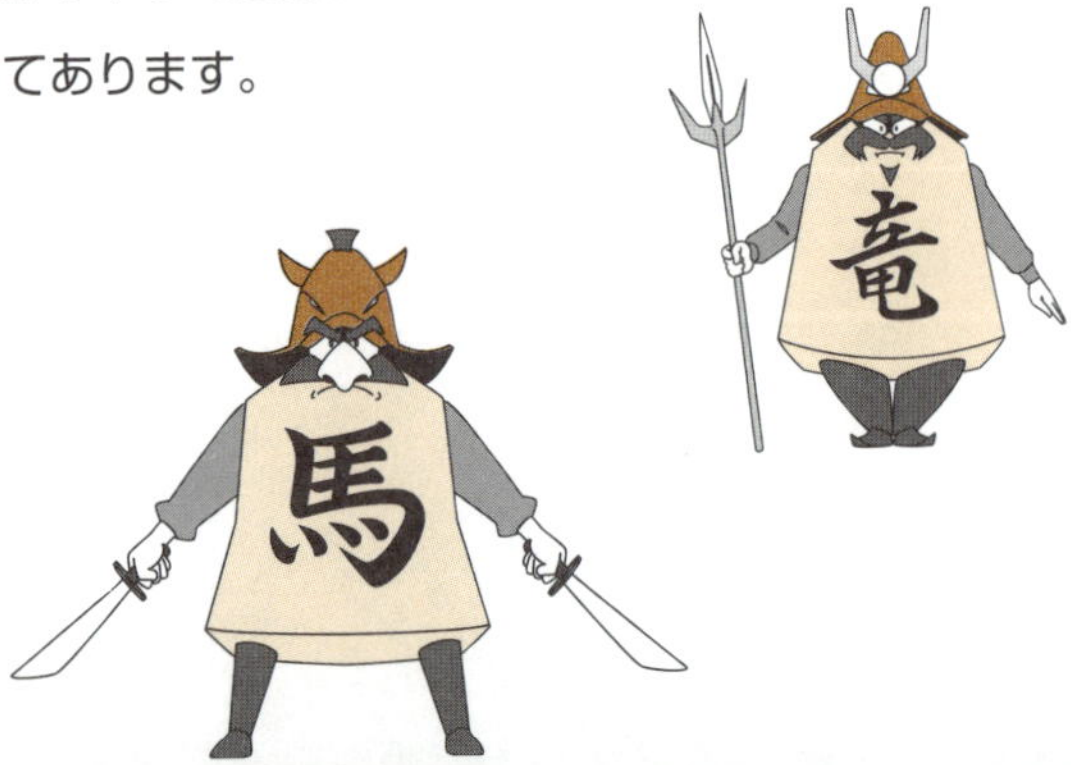

ヒント
問題《もんだい》を解《と》く手掛《てが》かりを示《しめ》してあります。

出題図《しゅつだいず》
本書《ほんしょ》では、将棋盤《しょうぎばん》の右上《みぎうえ》6列《れつ》6行《ぎょう》（一部《ぶ》9列《れつ》9行《ぎょう》）に収《おさ》まる問《もん》題《だい》を収録《しゅうろく》しています。

問題《もんだい》のレベル
問題《もんだい》のむずかしさを5段階《だんかい》で表記《ひょうき》してあります。

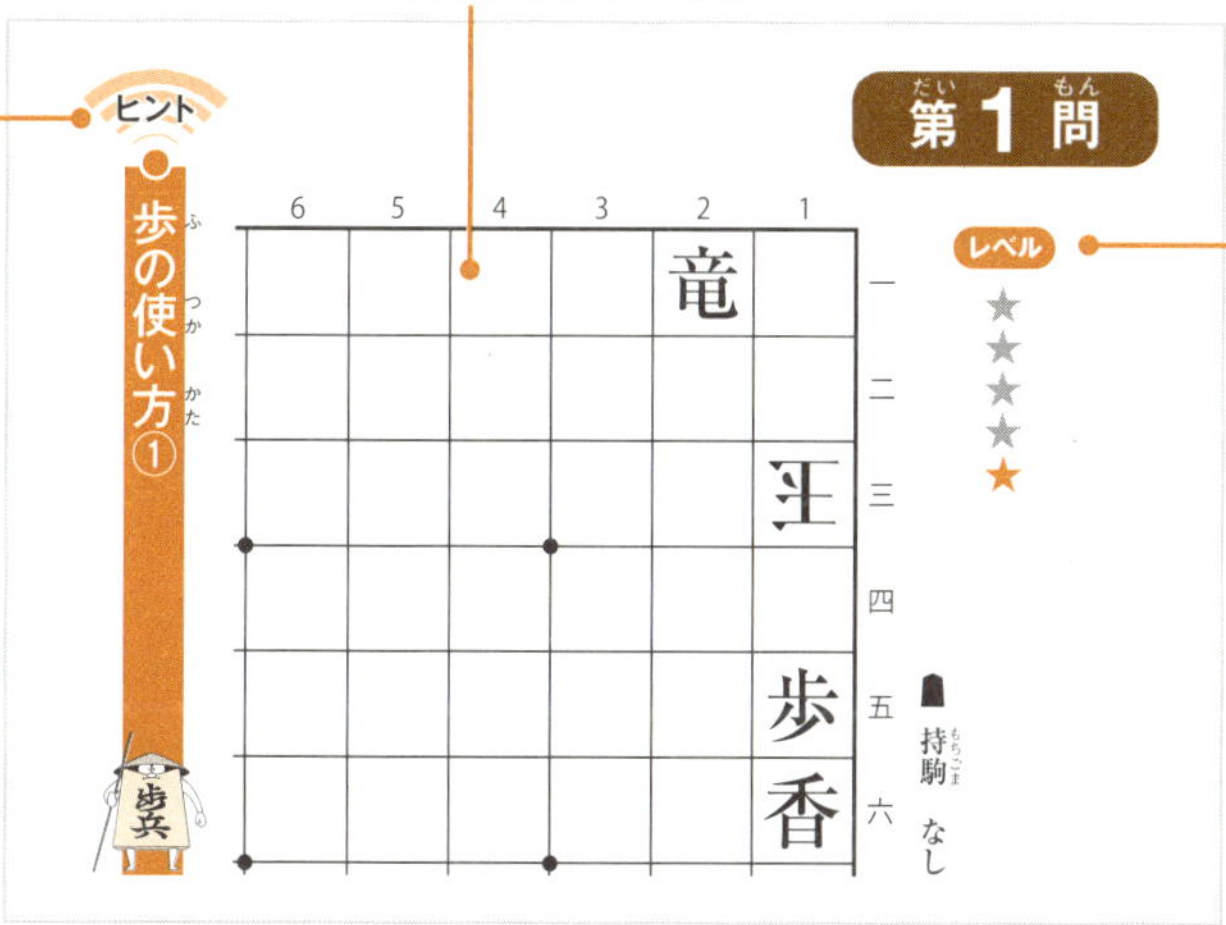

解説《かいせつ》
問題《もんだい》の解《と》き方《かた》や考《かんが》え方《かた》を説明《せつめい》してあります。

正解《せいかい》
玉《ぎょく》を詰《つ》める一手《いって》です。

第《だい》 1 問《もん》

☗1四歩《よんふ》

歩《ふ》を動《うご》かす

☗1四歩《よんふ》と動《うご》かして王手《おうて》をかけます。
この歩《ふ》は1六香《ろくきょう》に守《まも》られているので、玉《ぎょく》で取《と》れません。また、2一竜《いちりゅう》があるので玉《ぎょく》は動《うご》けません。玉《ぎょく》は王手《おうて》から逃《に》げることができないので、これで【詰《つ》み】です。

正解《せいかい》
正解《せいかい》の駒《こま》の利《き》きがあるマス
攻方《せめかた》の駒《こま》の利《き》きがあるマス
攻方《せめかた》の駒《こま》の利《き》きがないマス

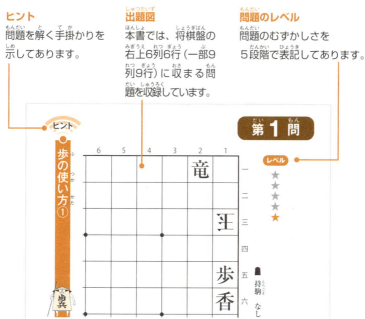

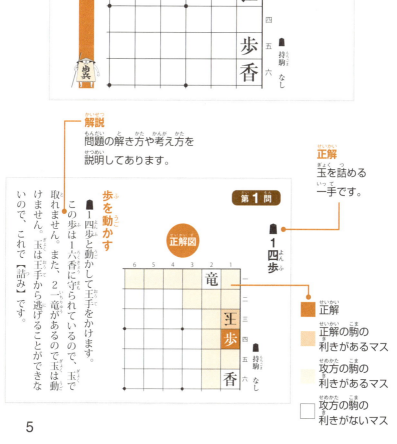

もくじ

羽生善治監修《はぶよしはるかんしゅう》　子《こ》ども詰将棋《つめしょうぎ》　1手詰《てづめ》　200問《もん》

詰将棋《つめしょうぎ》の基本《きほん》

企画・編集・デザイン●スタジオパラム（小田慎一、清水信次）　イラスト●庄司 猛

詰将棋《つめしょうぎ》の歴史《れきし》は四百年以上《よんひゃくねんいじょう》!

詰将棋《つめしょうぎ》は、将棋《しょうぎ》の局面《きょくめん》を切《き》り取《と》ったような出題図《しゅつだいず》から**王手《おうて》の連続《れんぞく》で玉《ぎょく》を詰《つ》める**パズルです。

その歴史《れきし》はとても長《なが》く、四百年以上前《よんひゃくねんいじょうまえ》の17世紀《せいき》初頭《しょとう》までさかのぼります。将棋《しょうぎ》の一世名人《いっせいめいじん》である初《しょ》代大橋宗桂《だいおおはしそうけい》が後陽成天皇《ごようぜいてんのう》に献上《けんじょう》した詰将棋作品集《つめしょうぎさくひんしゅう》「象戯造物《しょうぎつくりもの》」の第《だい》1番《ばん》が、もっとも古《ふる》い詰将棋《つめしょうぎ》とされています。

それが下《した》の図《ず》で、正解手順《せいかいてじゅん》は、☗7五桂《ごけい》☖7二《に》玉《ぎょく》☗8三角《さんかく》☖8二玉《にぎょく》☗9二角成《にかくなり》☖同香《どうきょう》☗6二《に》飛成《ひなり》☖同金《どうきん》☗8三銀《さんぎん》☖9三玉《さんぎょく》☗9二銀成《にぎんなり》☖同《どう》

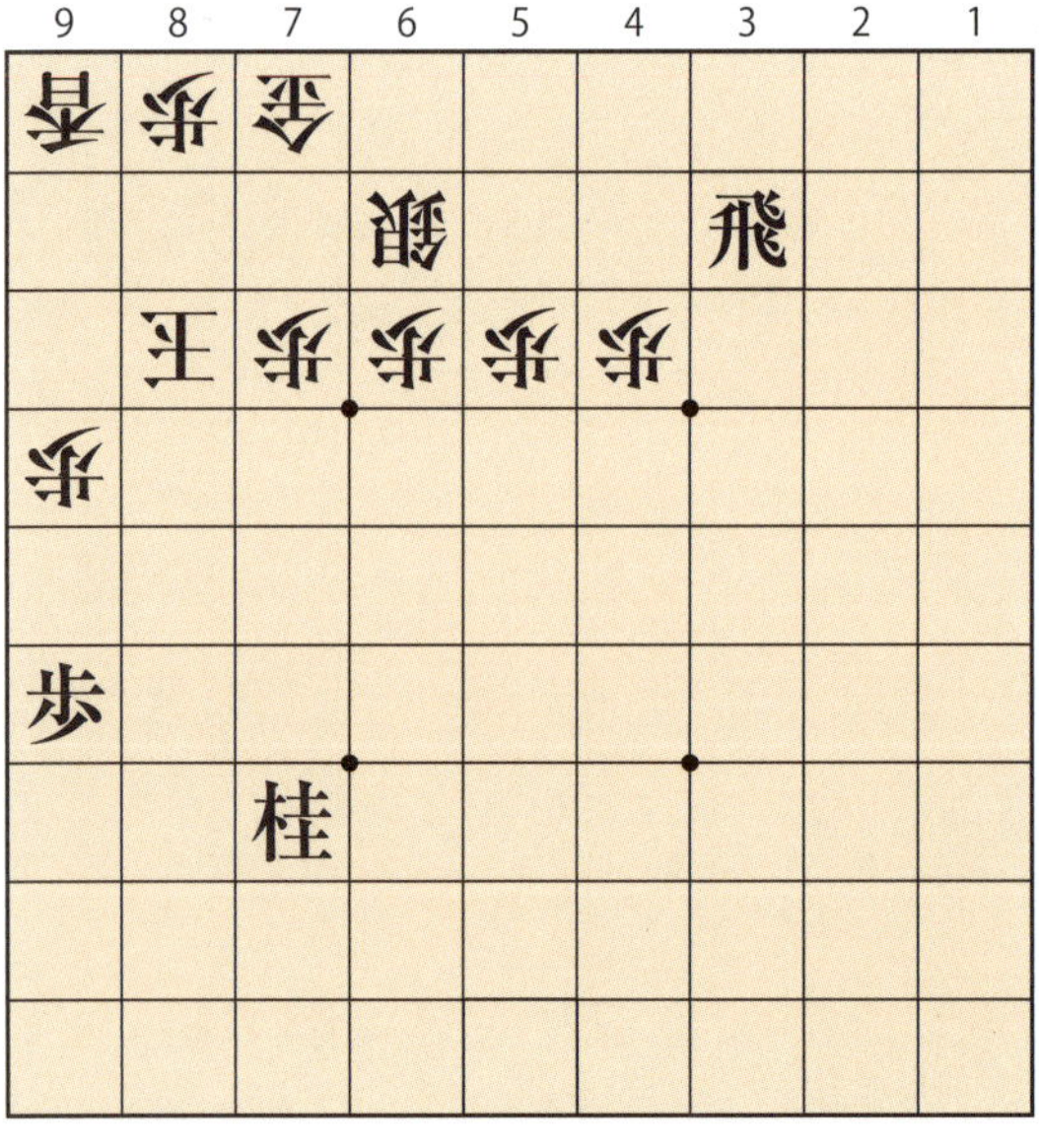

☗持駒《もちごま》 角《かく》金《きん》桂《けい》

玉《ぎょく》☗8三金《さんきん》☖9一玉《いちぎょく》☗9二香《にきょう》まで15手詰《てづめ》。みなさんにはまだ難《むずか》しいですね。

それから四百年以上《よんひゃくねんいじょう》にわたってさまざまな詰将棋《つめしょうぎ》がつくられ、発展《はってん》を続《つづ》けてきたのです。

出題図《しゅつだいず》にはこんな意味《いみ》がある

下《した》の図《ず》は、詰将棋《つめしょうぎ》の出題図《しゅつだいず》の例《れい》です。手前側《てまえがわ》が攻方《せめかた》（先手《せんて》）、奥側《おくがわ》が玉方《ぎょくかた》（後手《ごて》）で、攻方《せめかた》の駒《こま》と玉方《ぎょくかた》の駒《こま》（逆向《ぎゃくむ》き）の配置《はいち》を示《しめ》してあります。

また、図《ず》の右脇《みぎわき》に攻方《せめかた》の持駒《もちごま》が書《か》いてあります。玉方《ぎょくかた》の持駒《もちごま》は示《しめ》されていませんが、**出題図《しゅつだいず》に使用《しよう》していない駒《こま》（玉《ぎょく》は除《のぞ》く）はすべて玉方《ぎょくかた》の持駒《もちごま》**です。

この図《ず》を手《て》がかりとして攻方《せめかた》と玉方《ぎょくかた》が順番《じゅんばん》に手《て》を指《さ》し、玉《ぎょく》を詰《つ》めるまでの手順《てじゅん》を求《もと》めます。

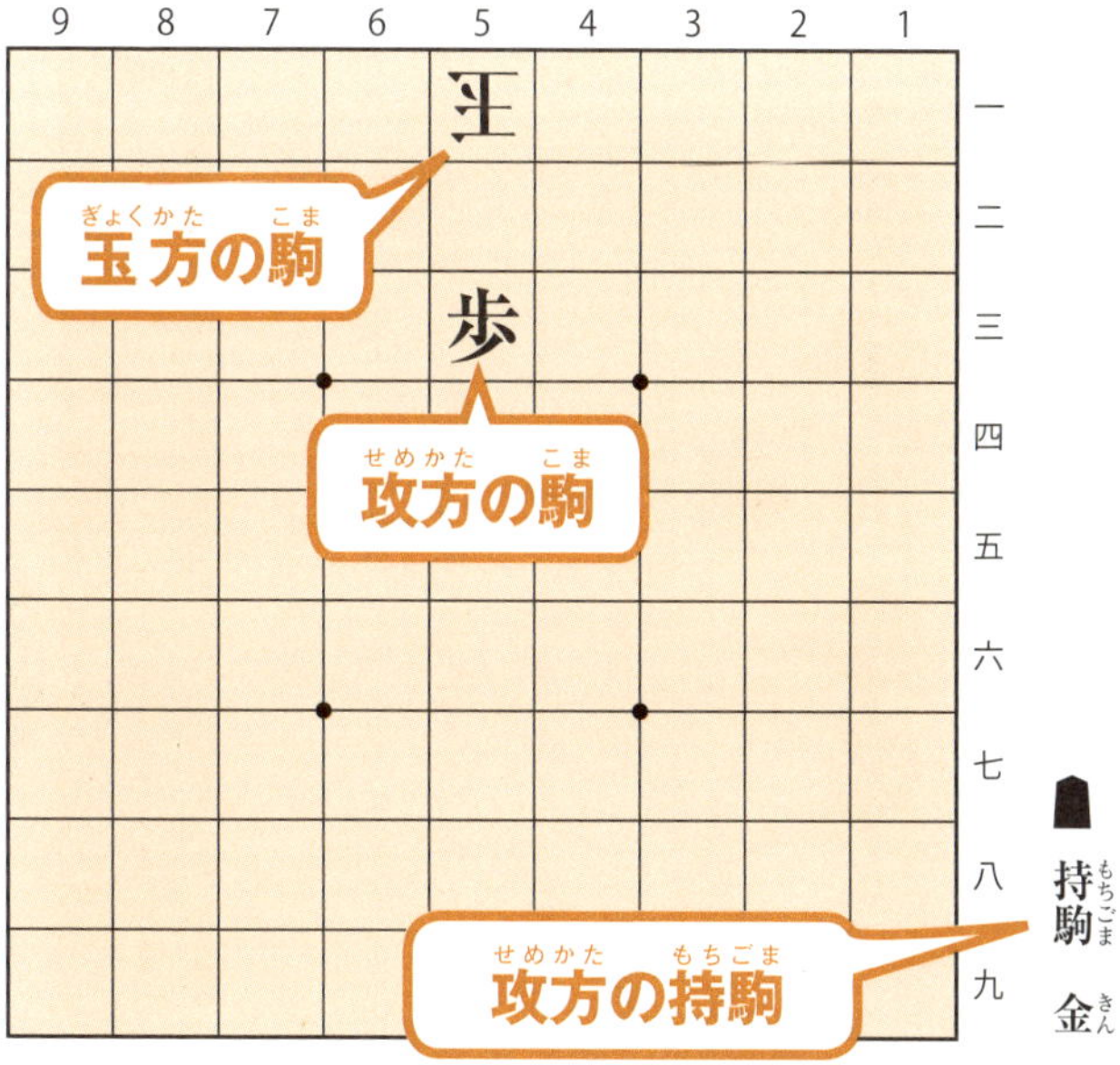

駒《こま》の種類《しゅるい》と動《うご》かし方《かた》

玉将

駒《こま》は全部《ぜんぶ》で8種類《しゅるい》

玉将《ぎょくしょう》（王将《おうしょう》）

略称《りゃくしょう》＝玉《ぎょく》（王《おう》）

玉《ぎょく》は8方向《ほうこう》すべてに1つだけ動《うご》きます。先手後手《せんてごて》各《かく》1枚《まい》あり、上手《うわて》の人《ひと》が王《おう》、下手《したて》の人《ひと》が玉《ぎょく》を使《つか》います。本書《ほんしょ》では、玉《ぎょく》で統一《とういつ》しています。

飛車《ひしゃ》

略称《りゃくしょう》＝飛《ひ》

飛車《ひしゃ》は前後左右《ぜんごさゆう》にどこまでも動《うご》きます。斜《なな》めに利《き》かないのが弱点《じゃくてん》ですが、攻《せ》めにも守《まも》りにも力《ちから》を発揮《はっき》します。強力《きょうりょく》な駒《こま》である竜《りゅう》に成《な》れます。2枚《まい》あります。

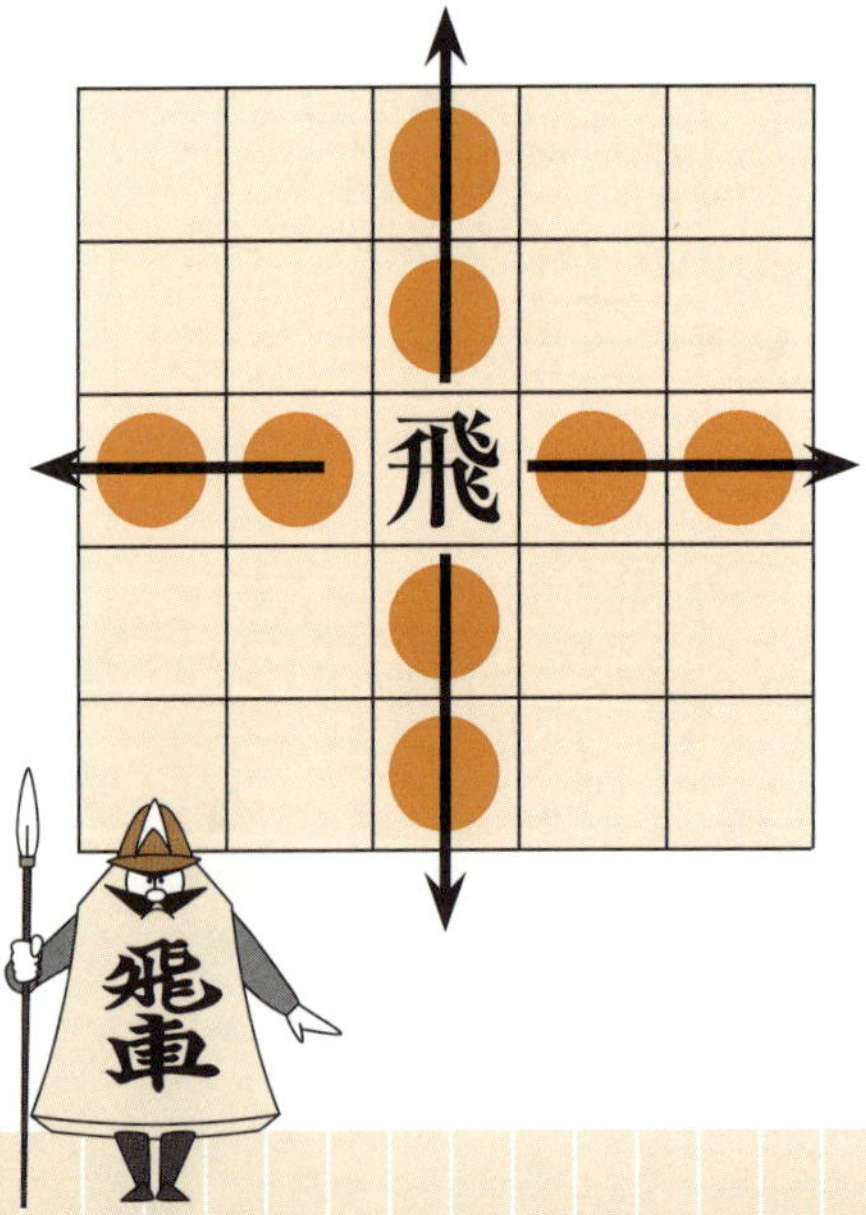

角行《かくぎょう》

略称《りゃくしょう》＝角《かく》

角《かく》は斜《なな》めにどこまでも動《うご》きます。遠《とお》くから他《ほか》の駒《こま》を支《ささ》えます。前後左右《ぜんごさゆう》に利《き》かないので守《まも》りには向《む》きません。強力《きょうりょく》な駒《こま》である馬《うま》に成《な》れます。2枚《まい》あります。

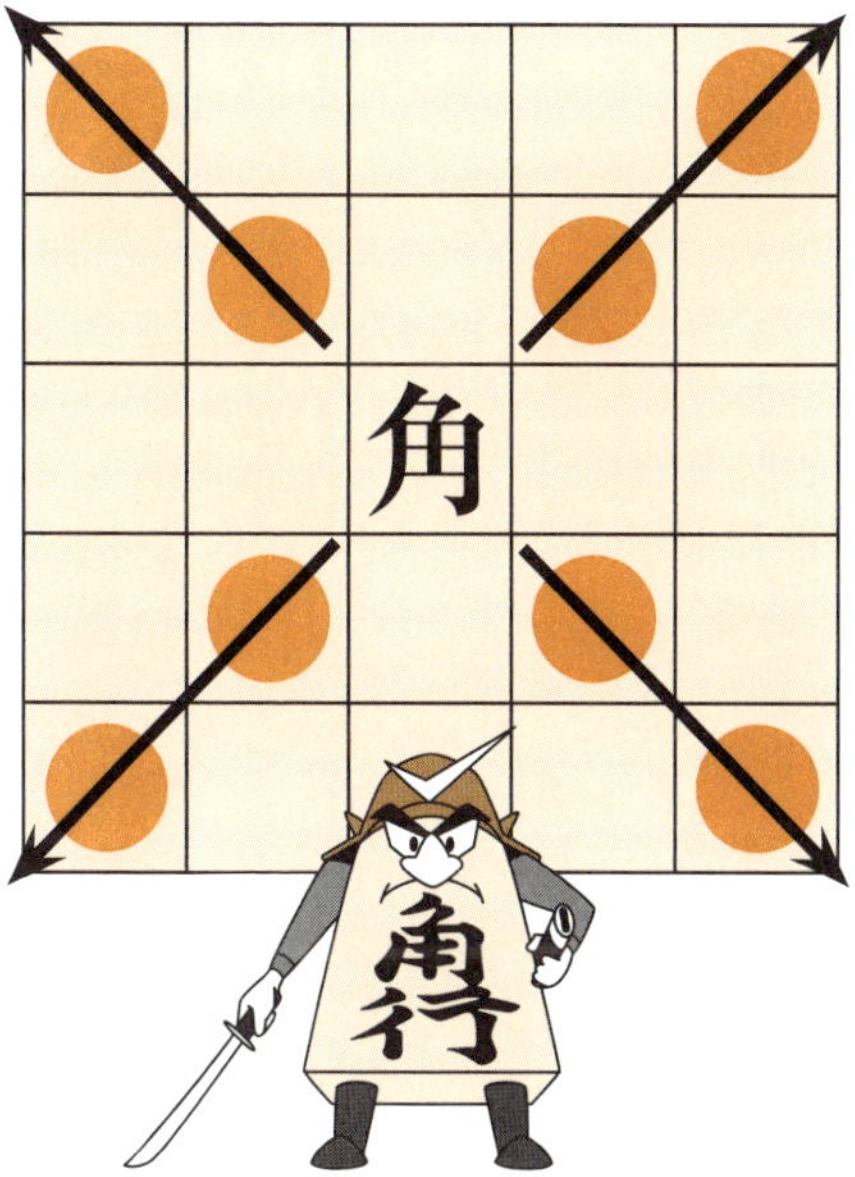

金将《きんしょう》

略称《りゃくしょう》＝金《きん》

金《きん》は斜《なな》め下《した》を除《のぞ》く6方向《ほうこう》に動《うご》きます。守《まも》りにも攻《せ》めにも強《つよ》いのが特徴《とくちょう》。「金《きん》はトドメに残《のこ》せ」という格《かく》言《げん》があります。敵陣《てきじん》に入《はい》っても成《な》れません。4枚《まい》あります。

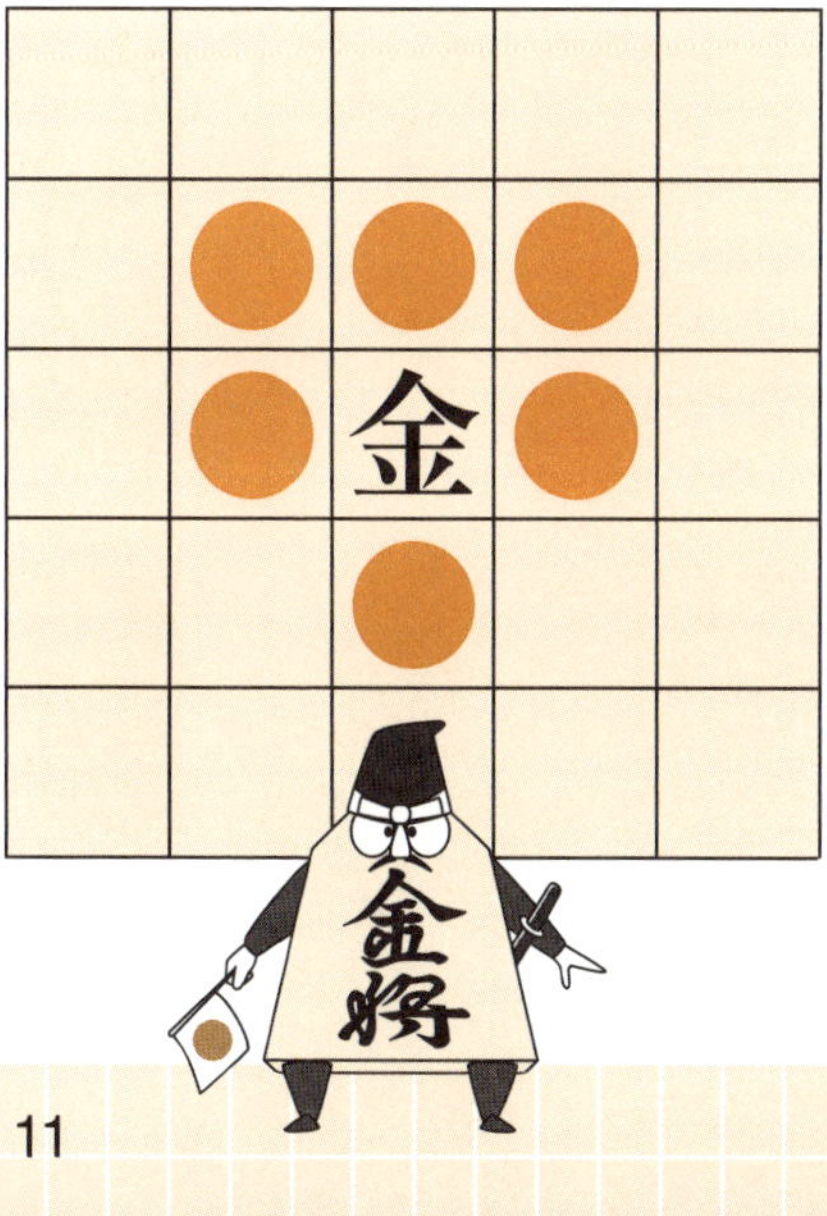

銀将《ぎんしょう》

略称《りゃくしょう》＝銀《ぎん》

銀《ぎん》は横《よこ》と後《うし》ろを除《のぞ》く5方向《ほうこう》に動《うご》きます。斜《なな》めの動《うご》きが特徴《とくちょう》。金《きん》に比《くら》べると守《まも》る力《ちから》は弱《よわ》いですが、攻《せ》めに力《ちから》を発揮《はっき》します。4枚《まい》あります。

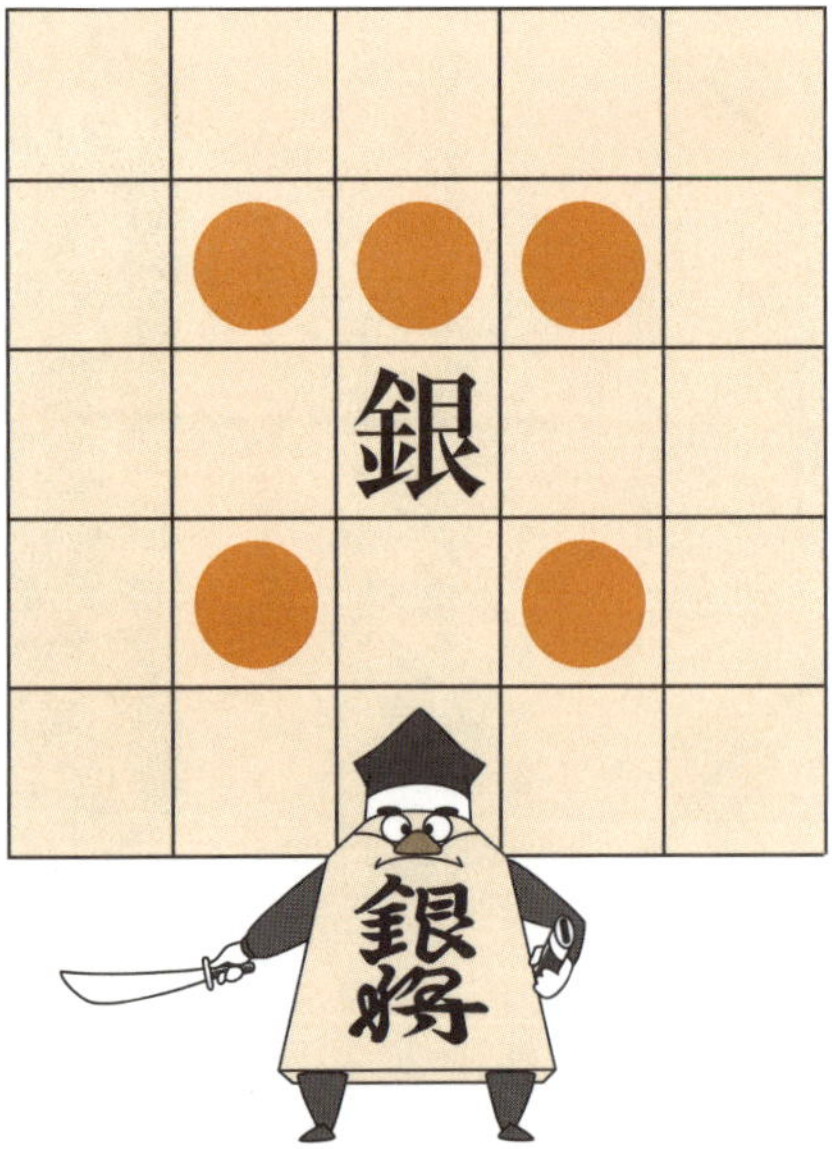

桂馬《けいま》

略称《りゃくしょう》＝桂《けい》

桂《けい》は2つ前《まえ》の左右《さゆう》に動《うご》きます。1つ前《まえ》に駒《こま》があっても跳《と》び越《こ》すことができるという特徴《とくちょう》のある動《うご》きで、玉《ぎょく》を詰《つ》める場面《ばめん》で活躍《かつやく》します。4枚《まい》あります。

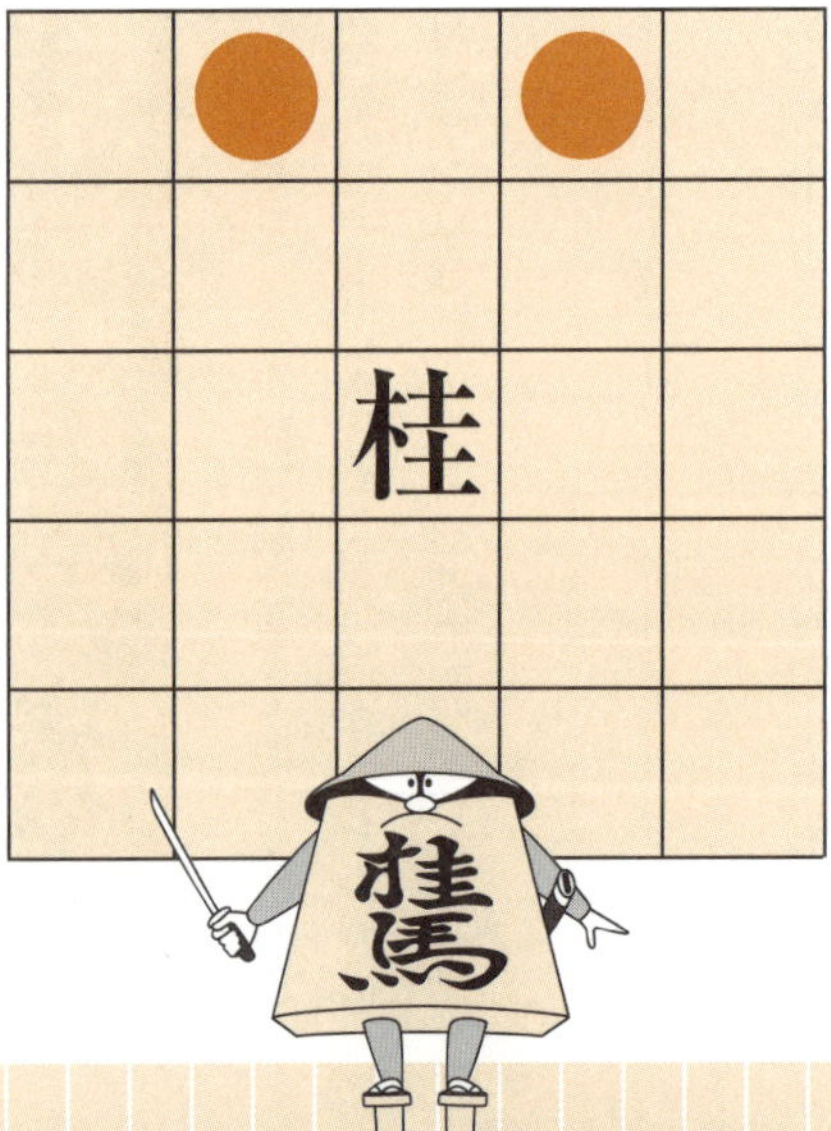

香車《きょうしゃ》

略称《りゃくしょう》＝香《きょう》

香《きょう》は前《まえ》にどこまでも動《うご》きます。他《ほか》の駒《こま》の攻《せ》めを後《あと》押《お》しする役《やく》に最適《さいてき》。「下段《げだん》の香《きょう》に力《ちから》あり」という格言《かくげん》が示《しめ》すように、下段《げだん》（下《した》の方《ほう》）にあるほど役《やく》に立《た》ちます。４枚《まい》あります。

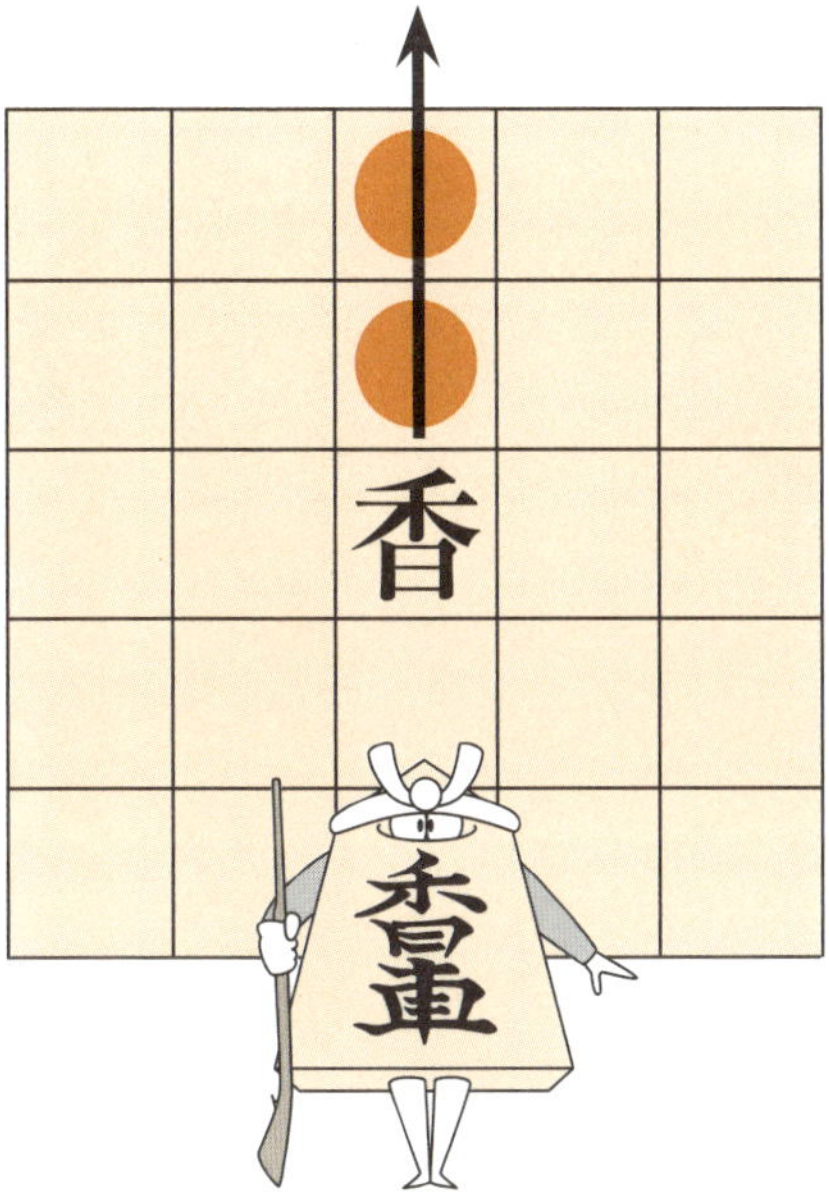

歩兵《ふひょう》

略称《りゃくしょう》＝歩《ふ》

歩《ふ》は前《まえ》に1つだけ動《うご》きます。将棋《しょうぎ》の駒《こま》の中《なか》でもっとも多《おお》く、全部《ぜんぶ》で18枚《まい》あります。歩《ふ》特有《とくゆう》の禁《きん》じ手《て》（反則《はんそく》）があるので注意《ちゅうい》が必要《ひつよう》です（21ページ参照《さんしょう》）。

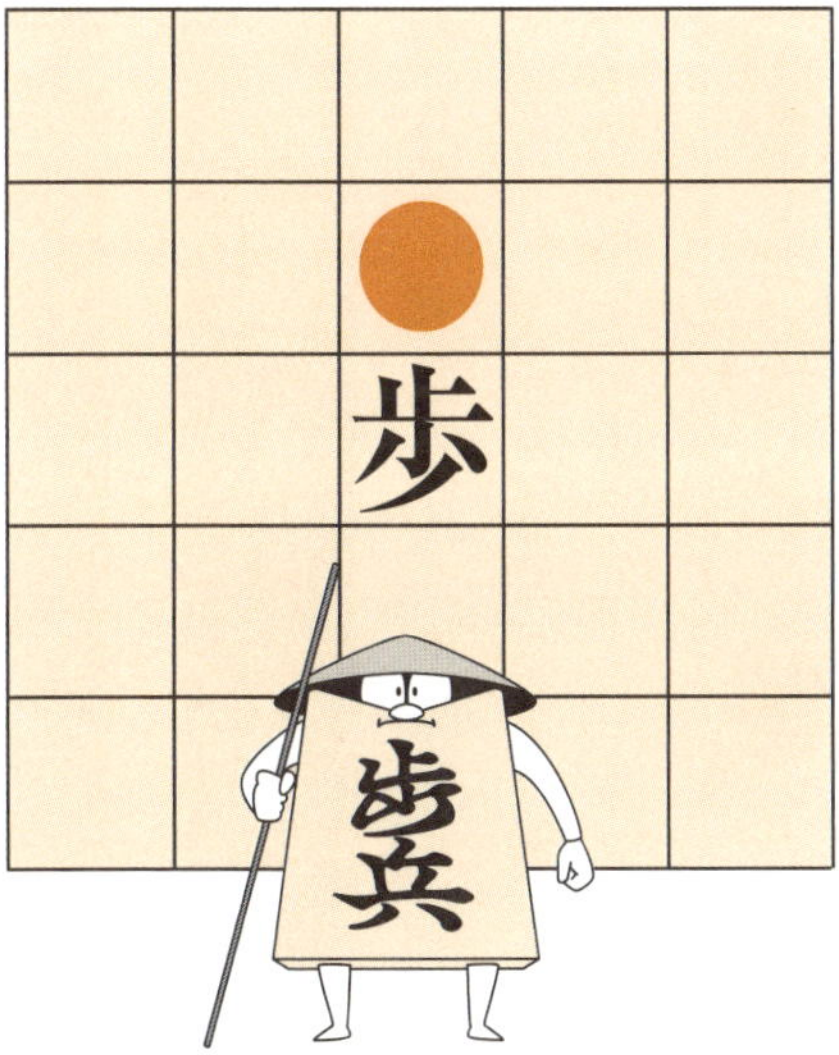

玉将

成《な》った駒《こま》の動《うご》かし方《かた》

竜王《りゅうおう》 略称《りゃくしょう》＝竜《りゅう》

飛車《ひしゃ》が成《な》ると竜《りゅう》になります。飛車《ひしゃ》の動《うご》きに加《くわ》え、斜《なな》めにも1つだけ動《うご》きます。非常《ひじょう》に強力《きょうりょく》な駒《こま》で、いろいろな場面《ばめん》で役《やく》に立《た》ちます。

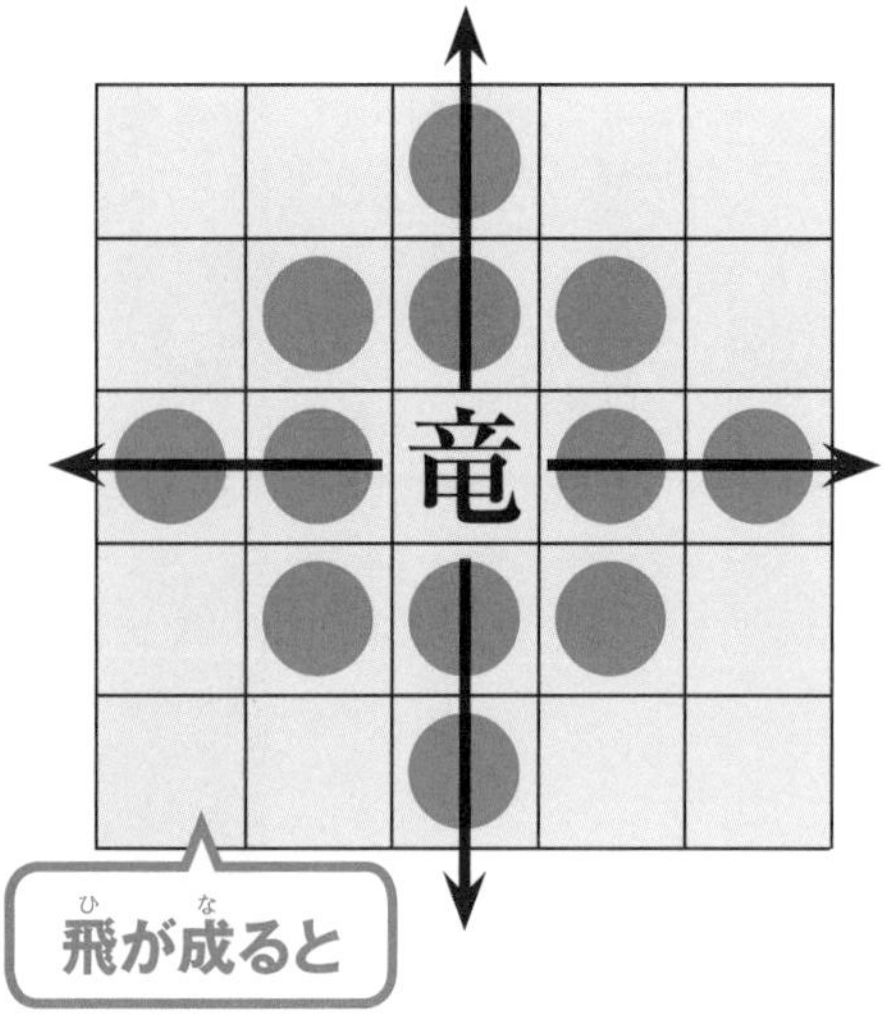

竜馬《りゅうま》 略称《りゃくしょう》＝馬《うま》

角《かく》が成《な》ると馬《うま》になります。角《かく》の動《うご》きに加《くわ》え、前後《ぜんご》左右《さゆう》にも1つだけ動《うご》きます。非常《ひじょう》に強力《きょうりょく》な駒《こま》で、いろいろな場面《ばめん》で役《やく》に立《た》ちます。

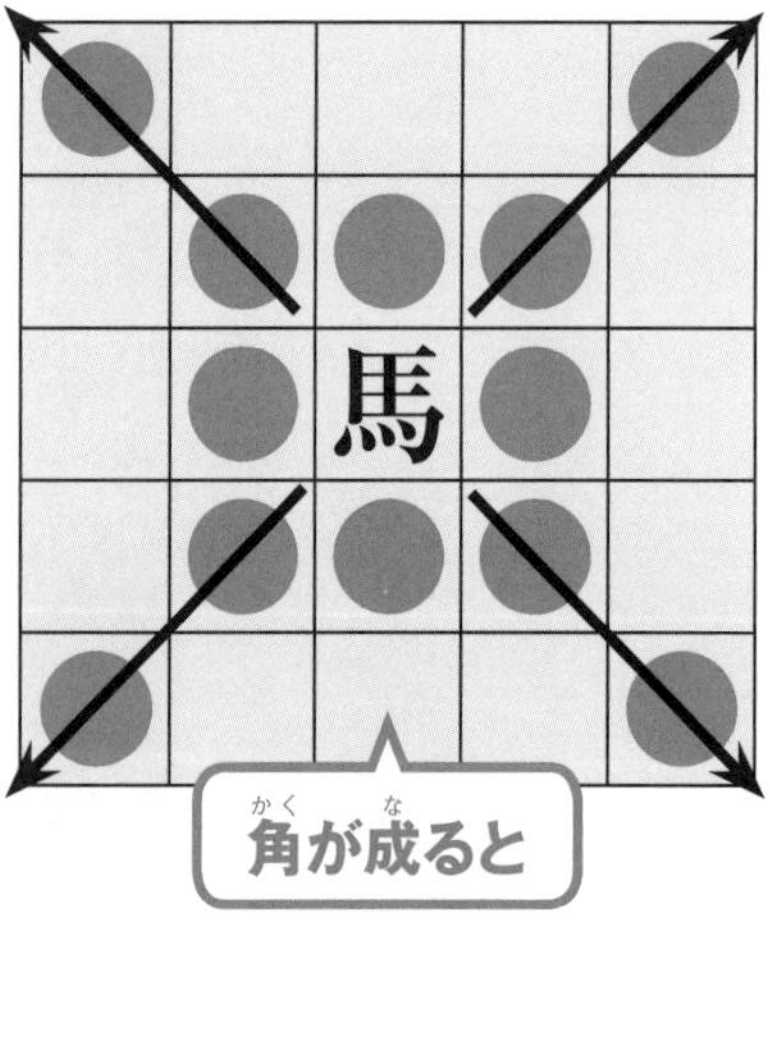

成銀《なりぎん》・成桂《なりけい》・成香《なりきょう》・と金《きん》

略称《りゃくしょう》＝と

銀《ぎん》、桂《けい》、香《きょう》、歩《ふ》が成《な》ると、それぞれ成銀《なりぎん》、成桂《なりけい》、成香《なりきょう》、と金《きん》になります。すべて金《きん》と同《おな》じ動《うご》きをします。銀《ぎん》、桂《けい》、香《きょう》は、元《もと》の動《うご》きができなくなってしまうので、成《な》るときは注意《ちゅうい》が必要《ひつよう》です。歩《ふ》は99パーセント成《な》った方《ほう》がよいです。

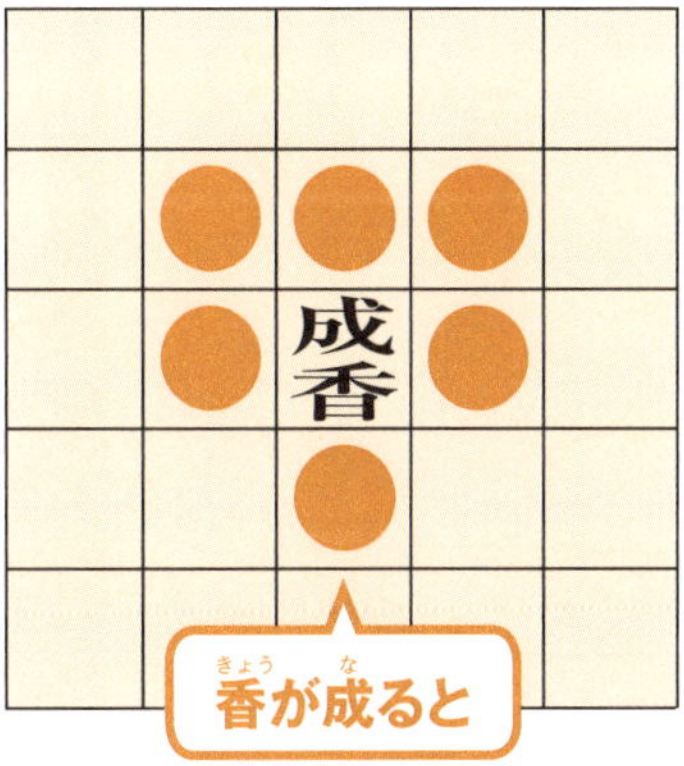

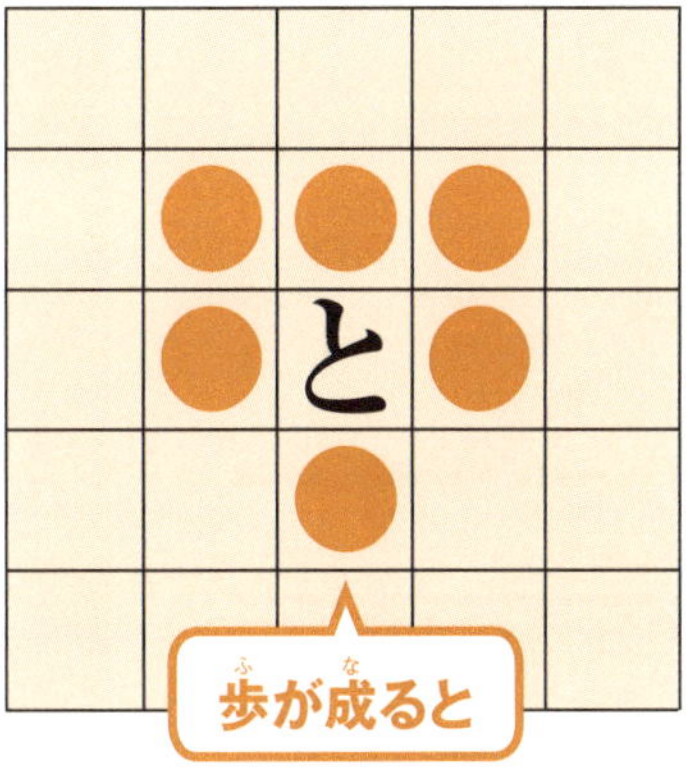

玉将

駒《こま》を成《な》るとは？

成《な》るか成《な》らないかよく考《かんが》えよう

盤《ばん》の向《む》こう側《がわ》3段《だん》は敵《てき》の陣地《じんち》（敵陣《てきじん》）です。味方《みかた》の駒《こま》を敵陣《てきじん》に進《すす》めたり、敵陣《てきじん》に入《はい》っている駒《こま》を動《うご》かしたりすると、駒《こま》を裏返《うらがえ》して**成《な》る**ことができます。

成《な》った駒《こま》は、元《もと》の駒《こま》より強力《きょうりょく》な動《うご》きをするようになりますが（成駒《なりごま》の動《うご》かし方《かた》は、14～15ページ参照《さんしょう》）、元《もと》の性能《せいのう》を失《うしな》ってしまいます。

元《もと》の性能《せいのう》を生《い》かしたい場合《ばあい》は、裏返《うらがえ》さずに表《おもて》のまま動《うご》かしましょう（これを「**不成《ならず》**」といいます）。一《いち》度《ど》成《な》った駒《こま》を元《もと》に戻《もど》すことはできません。

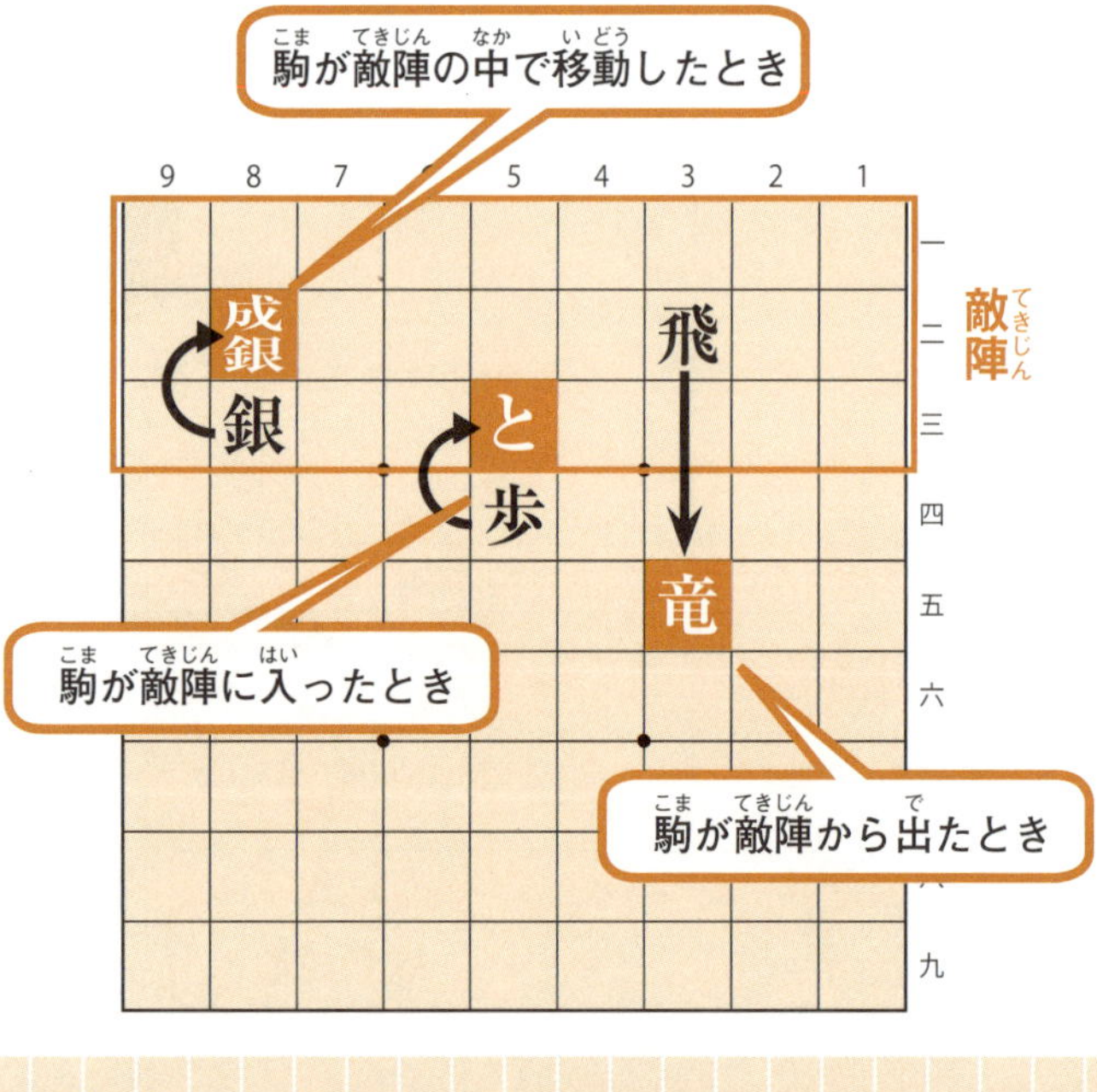

玉将

駒を取る・打つとは？

敵《てき》の駒《こま》を取《と》って持駒《もちごま》にできる

盤上《ばんじょう》の駒《こま》が動《うご》ける場所《ばしょ》（マス）を**利《き》き**といいます。味方《みかた》の駒《こま》の利《き》きに敵《てき》の駒《こま》があるとき、そのマスに味《み》方《かた》の駒《こま》を進《すす》めて、敵《てき》の駒《こま》を**取《と》る**ことができます。取《と》った駒《こま》は持駒《もちごま》になります。

ただし、馬《うま》やと金《きん》のような成駒《なりごま》を取《と》った場合《ばあい》は元《もと》の角《かく》や歩《ふ》に戻《もど》って持駒《もちごま》になります。

持駒《もちごま》は次回以降《じかいいこう》の手番《てばん》（指《さ》す順番《じゅんばん》）で、盤上《ばんじょう》の空《あ》いているマスに**打《う》つ**ことができます。

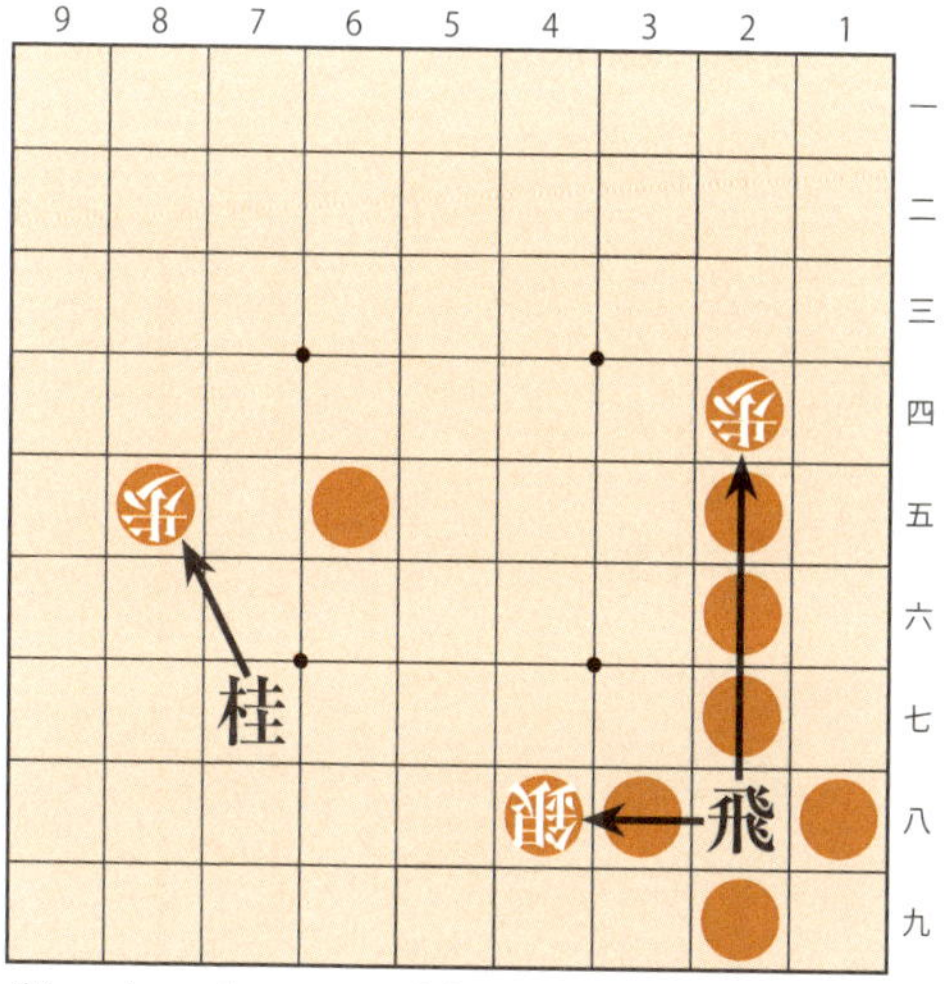

桂《けい》で歩《ふ》を取《と》れる。飛車《ひしゃ》で歩《ふ》か銀《ぎん》のどちらかを取《と》れる。取《と》った駒《こま》は持駒《もちごま》になる。

符号《ふごう》と表記《ひょうき》について知《し》ろう

符号《ふごう》を覚《おぼ》えよう

将棋盤《しょうぎばん》の**タテの列《れつ》を筋《すじ》**、**ヨコの行《ぎょう》を段《だん》**と呼《よ》びます。筋《すじ》には右《みぎ》から左《ひだり》に数字《すうじ》が振《ふ》られ、段《だん》には上《うえ》から下《した》に漢数字《かんすうじ》が振《ふ》られています。この数字《すうじ》を組《く》み合《あ》わせて、それぞれのマスを区別《くべつ》します。これを**符号《ふごう》**といいます。

たとえば、2筋五段《すじごだん》のマスに銀《ぎん》があれば「2五銀《ごぎん》」と表《あらわ》します。先手《せんて》の手番《てばん》を示《しめ》す記号《きごう》（☗）を加《くわ》えた、「☗2五銀《ごぎん》」は「先手《せんて》の手番《てばん》で2五《ご》のマスに銀《ぎん》を動《うご》かす」を意味《いみ》します。☖は後手《ごて》を表《あらわ》します。

さらに、次《つぎ》のページのように補足情報《ほそくじょうほう》を追加《ついか》することもあります。

タテの列《れつ》は右《みぎ》から左《ひだり》に数字《すうじ》を振《ふ》る

ヨコの行《ぎょう》は上《うえ》から下《した》に漢数字《かんすうじ》を振《ふ》る

9	8	7	6	5	4	3	2	1	
9一	8一	7一	6一	5一	4一	3一	2一	1一	一
9二	8二	7二	6二	5二	4二	3二	2二	1二	二
9三	8三	7三	6三	5三	4三	3三	2三	1三	三
9四	8四	7四	6四	5四	4四	3四	2四	1四	四
9五	8五	7五	6五	5五	4五	3五	2五	1五	五
9六	8六	7六	6六	5六	4六	3六	2六	1六	六
9七	8七	7七	6七	5七	4七	3七	2七	1七	七
9八	8八	7八	6八	5八	4八	3八	2八	1八	八
9九	8九	7九	6九	5九	4九	3九	2九	1九	九

表記《ひょうき》の例《れい》

打《うち》

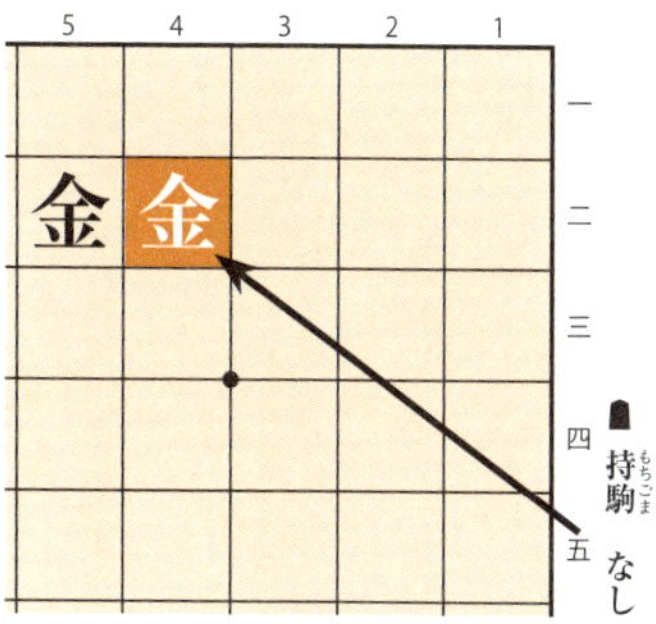

盤上《ばんじょう》の同《おな》じ種類《しゅるい》の駒《こま》が動《うご》かせる場所《ばしょ》に持駒《もちごま》を打《う》つ場合《ばあい》。

☗ 4二金打《にきんうち》

成《なり》・不成《ならず》

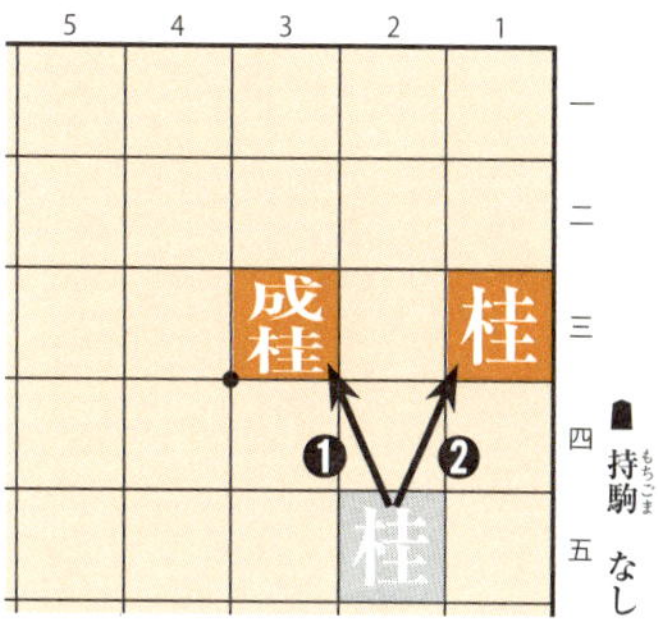

駒《こま》を成《な》るか成《な》らないかを表《あらわ》す。

❶ ☗ 3三桂成《さんけいなり》

❷ ☗ 1三桂不成《さんけいならず》

上《あがる》・寄《よる》・引《ひく》

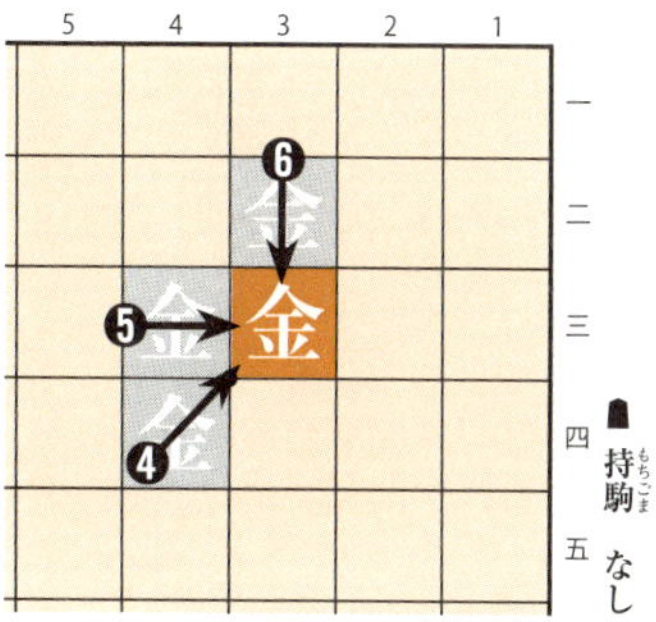

右《みぎ》・左《ひだり》・直《すぐ》

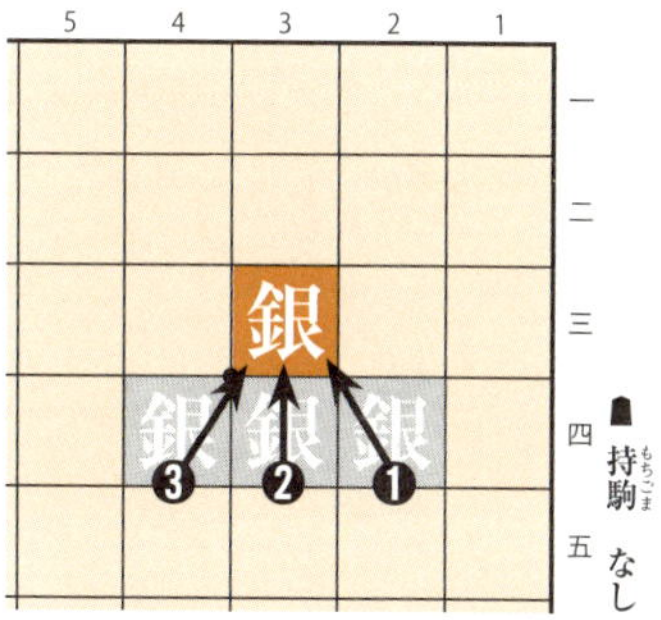

1つのマスに同《おな》じ種類《しゅるい》の駒《こま》を動《うご》かせる場合《ばあい》、動《うご》かす駒《こま》の元《もと》の位置《いち》や駒《こま》の動《うご》きをつける。

❹ ☗ 3三金上《さんきんあがる》

❺ ☗ 3三金寄《さんきんよる》

❻ ☗ 3三金引《さんきんひく》

❶ ☗ 3三銀右不成《さんぎんみぎならず》

❷ ☗ 3三銀直不成《さんぎんすぐならず》

❸ ☗ 3三銀左不成《さんぎんひだりならず》

玉将

「詰《つ》み」について知《し》ろう

次《つぎ》に必《かなら》ず玉《ぎょく》を取《と》れる状態《じょうたい》が詰《つ》み

詰将棋《つめしょうぎ》の目的《もくてき》は玉《ぎょく》を詰《つ》みにすることです。詰《つ》みとは、次《つぎ》に必《かなら》ず玉《ぎょく》を取《と》れる状態《じょうたい》のことです。

詰《つ》みの条件《じょうけん》は2つあります。

❶ 王手《おうて》※がかかっている

❷ 王手《おうて》を外《はず》す手《て》がない

この条件《じょうけん》を満《み》たすと詰《つ》みです。

王手《おうて》を外《はず》す手《て》には3種類《しゅるい》あります。

A 玉《ぎょく》が逃《に》げる

B 王手《おうて》をかけている駒《こま》を取《と》る

C 合駒《あいごま》（飛車《ひしゃ》、角《かく》、香《きょう》の王手《おうて》を防《ふせ》ぐため、その駒《こま》と玉《ぎょく》の間《あいだ》に持駒《もちごま》を打《う》ったり、盤上《ばんじょう》の駒《こま》を動《うご》かしたりすること）

詰《つ》みかどうかはしっかり確認《かくにん》しましょう。

☗1四飛《よんひ》

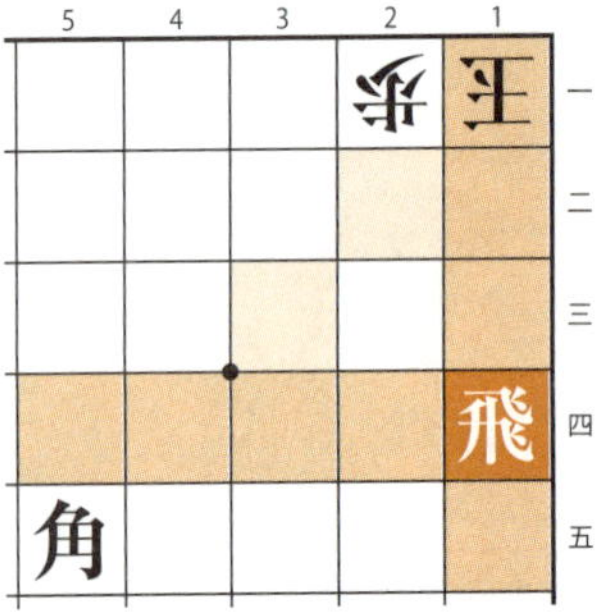

玉《ぎょく》の逃《に》げ道《みち》はなく、王手《おうて》をかけている飛車《ひしゃ》・角《かく》を取《と》れない。また合駒《あいごま》を打《う》っても、もう一方《いっぽう》の王《おう》手《て》を防《ふせ》げないため、詰《つ》み。

☗2三金《さんきん》

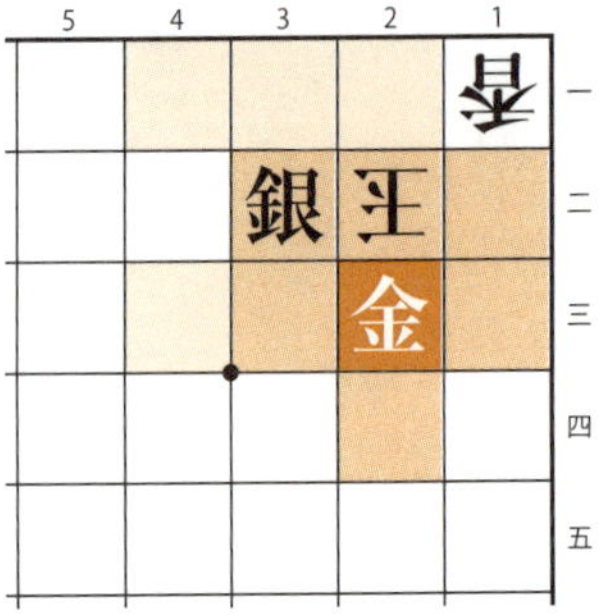

玉《ぎょく》の逃《に》げ道《みち》はありません。王手《おうて》をかけている金《きん》を玉《ぎょく》で取《と》ると銀《ぎん》に取《と》り返《かえ》されるため、これで詰《つ》み。

※王手《おうて》…次《つぎ》に玉《ぎょく》を取《と》る手《て》。

玉将

「禁じ手」を覚えておこう

歩《ふ》が関係《かんけい》する禁《きん》じ手《て》（反則《はんそく》）に注意《ちゅうい》

将棋《しょうぎ》には禁《きん》じ手《て》があります。そのなかで詰将棋《つめしょうぎ》に関《かか》わりの深《ふか》いものが**二歩《にふ》**と**打歩詰《うちふづめ》**です。

二歩《にふ》は、味方《みかた》の歩《ふ》がある筋《すじ》に**2枚目《まいめ》の歩《ふ》を打《う》つこと**です。右下《みぎした》の図《ず》の☗1四歩《よんふ》は二歩《にふ》の反則《はんそく》です。と・金《きん》と歩《ふ》は区別《くべつ》するので、もし1二歩《にふ》がと・金《きん》なら、☗1四歩《よんふ》は反則《はんそく》にはなりません。

打歩詰《うちふづめ》は、**持駒《もちごま》の歩《ふ》を打《う》って玉《ぎょく》を詰《つ》めること**です。左下《ひだりした》の図《ず》の☗1二歩《にふ》は打歩詰《うちふづめ》の反則《はんそく》です。盤上《ばんじょう》の歩《ふ》を突《つ》いて詰《つ》める手《て》（**突《つ》き歩詰《ふづめ》**）は反則《はんそく》ではありません。

ほかに、**行《い》き所《どころ》のない駒打《こまう》ち・駒移動《こまいどう》**や**連続王手《れんぞくおうて》の千日手《せんにちて》**などの禁《きん》じ手《て》があります。

二歩《にふ》

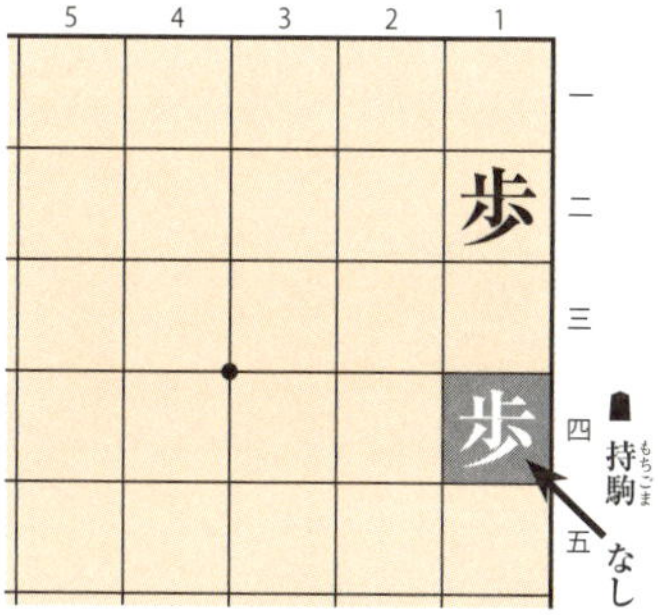

同《おな》じ筋《すじ》に2枚目《まいめ》の歩《ふ》を打《う》ってはいけない。

打歩詰《うちふづめ》

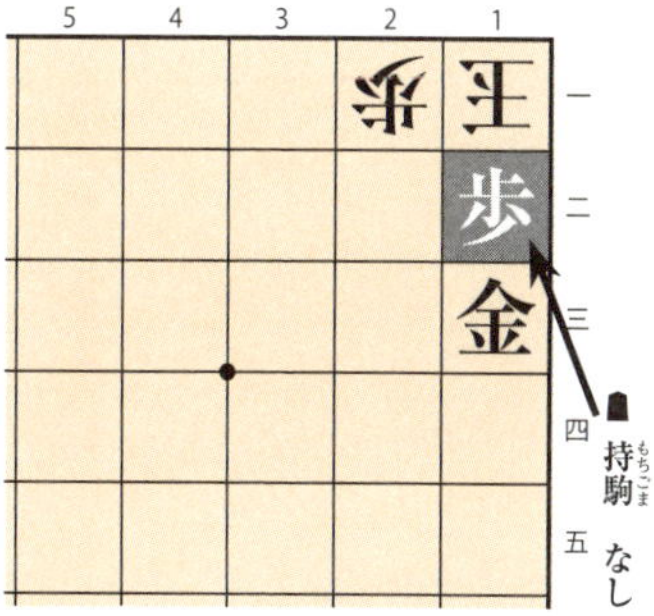

歩《ふ》を打《う》って玉《ぎょく》を詰《つ》めてはいけない。

攻方《せめかた》の手《て》について

攻方《せめかた》は王手《おうて》を指《さ》して、最短《さいたん》での詰《つ》みを目指《めざ》します。

右下《みぎした》の図《ず》は、将棋《しょうぎ》なら☗2三竜《さんりゅう》と金《きん》を取《と》る手《て》も選《えら》べます。しかし、詰将棋《つめしょうぎ》では王手《おうて》の中《なか》から指《さ》し手《て》を選《えら》ばなければいけません。この図《ず》は、1手詰《てづめ》です。☗1二香《にきょう》の1手《て》で玉《ぎょく》を詰《つ》めることができます。

左下《ひだりした》の図《ず》は、☗2二馬《にうま》の1手《て》で詰《つ》みます。☗3一馬《いちうま》☖1二玉《にぎょく》☗2二馬《にうま》と迂回《うかい》して3手《て》で詰《つ》めることもできますが、詰将棋《つめしょうぎ》では、最短《さいたん》の☗2二馬《にうま》を選《えら》びます。

王手《おうて》を選《えら》ぶ

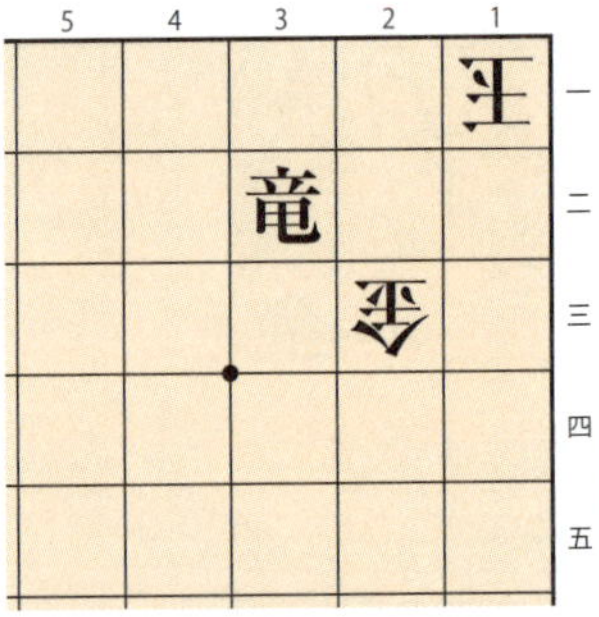

☗持駒《もちごま》 香《きょう》

☗3一竜《いちりゅう》や☗1五香《ごきょう》、☗1三香《さんきょう》などの王手《おうて》から指《さ》し手《て》を選《えら》ぶ。☗1二香《にきょう》で詰《つ》み。

最短《さいたん》を選《えら》ぶ

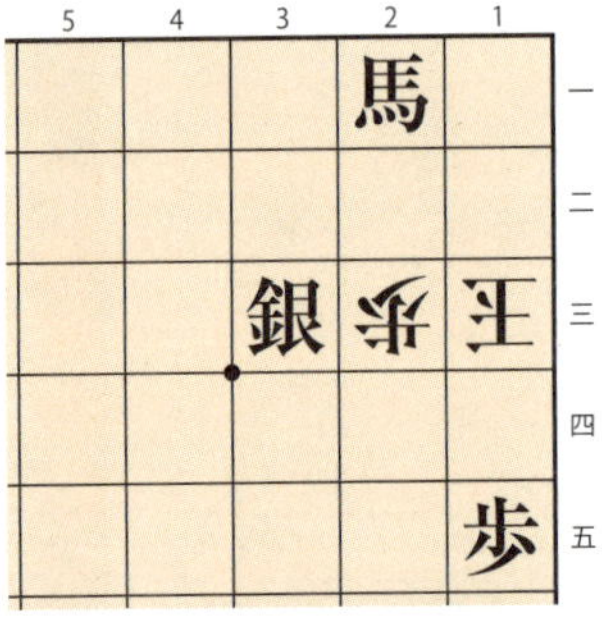

☗持駒《もちごま》 なし

☗2二馬《にうま》で詰《つ》み。☗3一馬《いちうま》☖1二玉《にぎょく》☗2二馬《にうま》でも詰《つ》むが、最短《さいたん》の☗2二馬《にうま》を選《えら》ぶ。

玉方《ぎょくかた》の手《て》について

玉方《ぎょくかた》は王手《おうて》を外《はず》す手《て》しか指《さ》せません。その中《なか》で、手数《てすう》が最長《さいちょう》になるように、また、攻方《せめかた》に持駒《もちごま》を使《つか》わせるように手《て》を選《えら》びます。

右下《みぎした》の図《ず》は☗3三銀《さんぎん》と打《う》った局面《きょくめん》。玉《ぎょく》は☖2三《さん》玉《ぎょく》、☖2一玉《いちぎょく》、☖3一玉《いちぎょく》の3通《とお》りの逃《に》げ方《かた》がありますが、最長《さいちょう》で攻方《せめかた》に持駒《もちごま》を使《つか》わせる☖2一玉《いちぎょく》を選《えら》びます。

玉方《ぎょくかた》にも持駒《もちごま》があります。**出題図《しゅつだいず》にない駒《こま》は、玉《ぎょく》を除《のぞ》き、すべて玉方《ぎょくかた》の持駒《もちごま》**です。飛車角香《ひしゃかくきょう》などの王《おう》手《て》に、持駒《もちごま》を打《う》って**合駒《あいごま》**で受《う》けることができます(左下《ひだりした》の図《ず》)。

ちなみに、合駒《あいごま》には盤上《ばんじょう》の駒《こま》を移動《いどう》する方法《ほうほう》もあります。

最長《さいちょう》を選《えら》ぶ

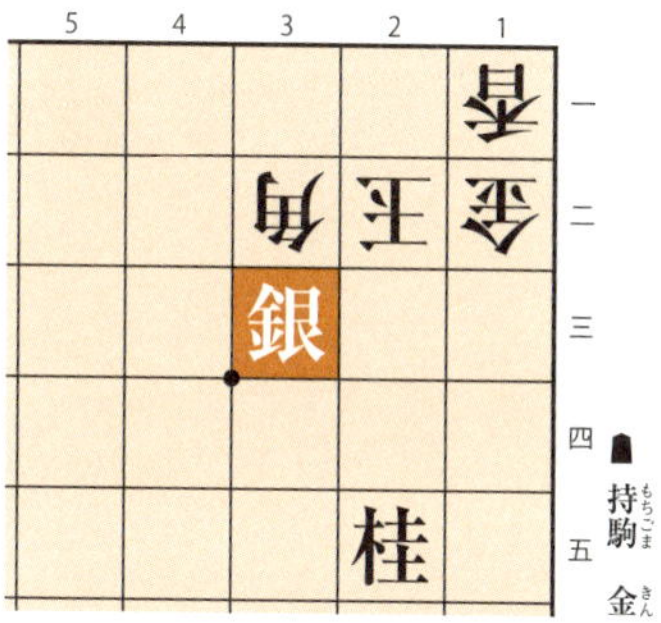

☖2三玉《さんぎょく》は、☗2四金《よんきん》（1手《て》）。☖2一玉《いちぎょく》は、☗1三桂不成《さんけいならず》☖同金《どうきん》☗2二金《にきん》（3手《て》）。☖3一《いち》玉《ぎょく》は、☗4二金《にきん》☖2一玉《いちぎょく》☗3二金《にきん》（3手持駒余《てもちごまあま》り）。

合駒《あいごま》ができる

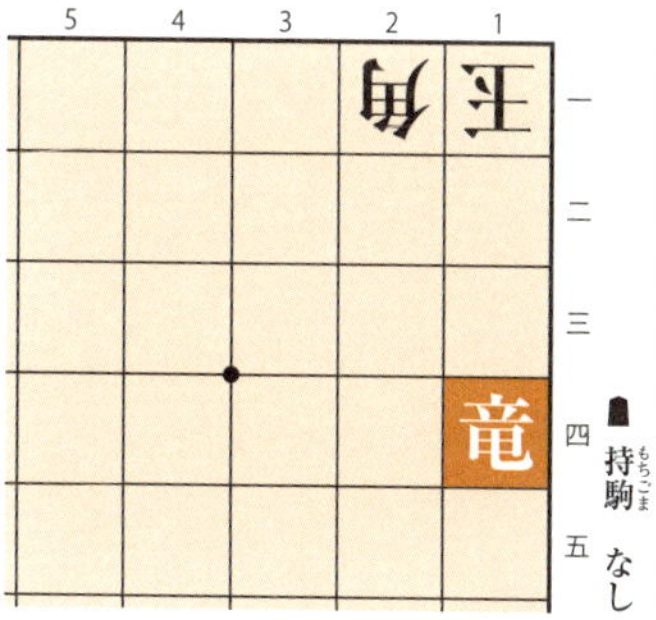

玉方《ぎょくかた》は持駒《もちごま》を使《つか》って、☖1二歩《にふ》や☖1三飛《さんひ》などの合《あい》駒《ごま》ができる。また2一角《いちかく》を☖1二角《にかく》と動《うご》かして合駒《あいごま》ができる。

1手詰《てづめ》の解《と》き方《かた》

正解《せいかい》は必《かなら》ず王手《おうて》のなかにある！

1手詰《てづめ》はその名《な》の通《とお》り、たった1手指《てさ》すだけで相《あい》手《て》の玉《ぎょく》を詰《つ》めることができます。もちろん、詰将棋《つめしょうぎ》のなかではいちばん簡単《かんたん》な問題《もんだい》です。

解《と》き方《かた》のコツは、とにかく王手《おうて》をかけてみること。王手《おうて》をかけたら次《つぎ》は玉方《ぎょくかた》の番《ばん》です。玉《ぎょく》を動《うご》かしたり駒《こま》を取《と》ったり、王手《おうて》を外《はず》す方法《ほうほう》を考《かんが》えます。どうしても外《はず》せなかったら、その手《て》が正解《せいかい》です。王手《おうて》を外《はず》せてしまったら、残念《ざんねん》ながら不正解《ふせいかい》。ほかの手《て》を考《かんが》えてみましょう。

たくさん問題《もんだい》を解《と》いて、詰《つ》みの基本《きほん》を身《み》につけてください。

例題《れいだい》

☗持駒《もちごま》なし

王手《おうて》の数《かず》は、２一金《いちきん》、１二《に》金《きん》、３一銀不成《いちぎんならず》、２一銀成《いちぎんなり》、２三銀不成《さんぎんならず》、２三銀成《さんぎんなり》の合《ごう》計《けい》6通《とお》り。

正解図《せいかいず》

☗持駒《もちごま》なし

正解《せいかい》は、☗２一銀成《いちぎんなり》

玉《ぎょく》の動《うご》ける場所《ばしょ》がなく、王《おう》手《て》している成銀《なりぎん》を取《と》れないため、これで詰《つ》み。

第《だい》1問《もん》

ヒント

歩《ふ》の使《つか》い方《かた》①

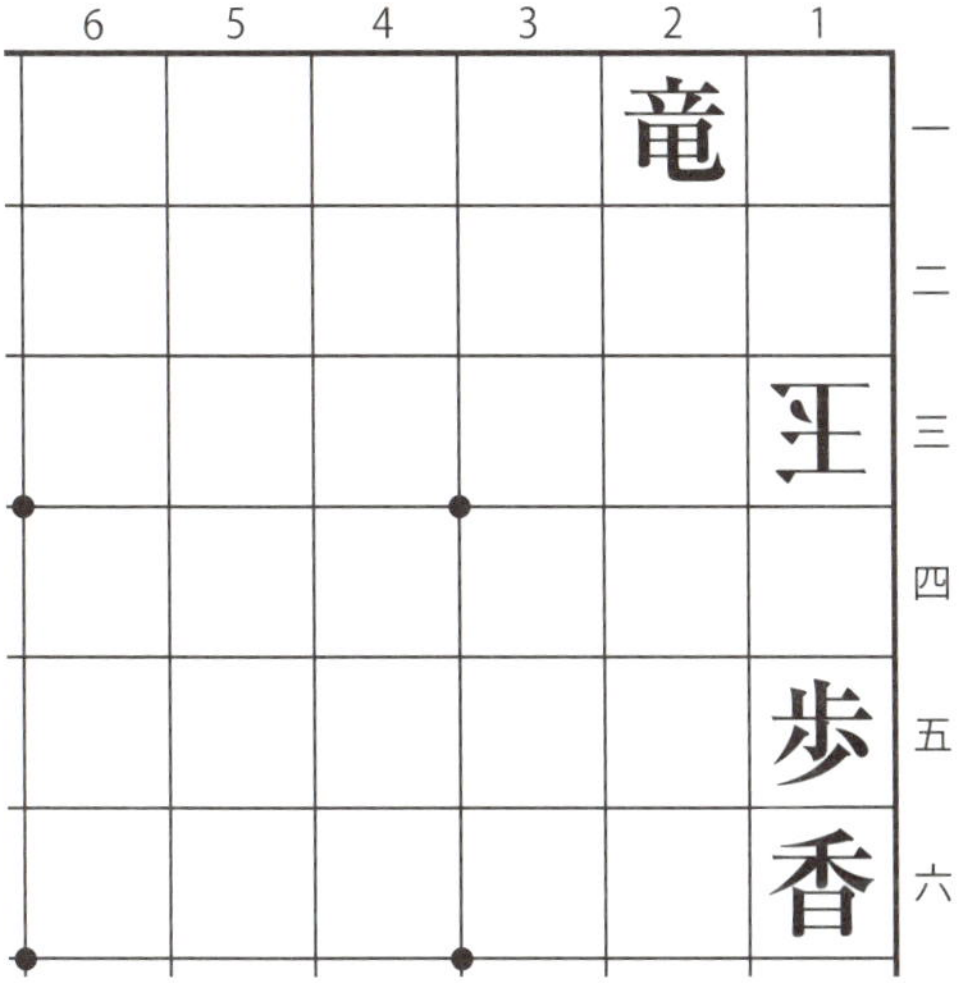

レベル ★★★★★

持駒《もちごま》 なし

第《だい》2問《もん》

ヒント

歩《ふ》の使《つか》い方《かた》②

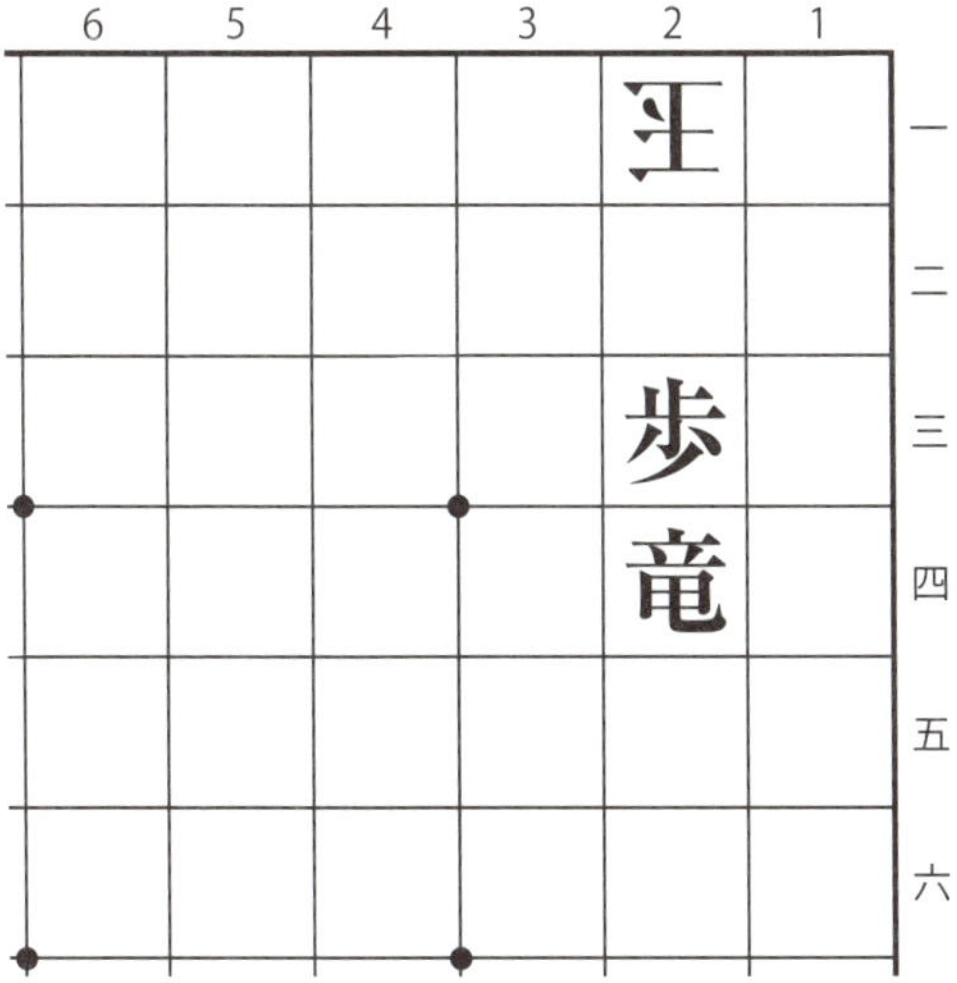

レベル ★★★★★

持駒《もちごま》 なし

第《だい》1問《もん》

▲1四《よん》歩《ふ》

持駒《もちごま》 なし

正解図《せいかいず》

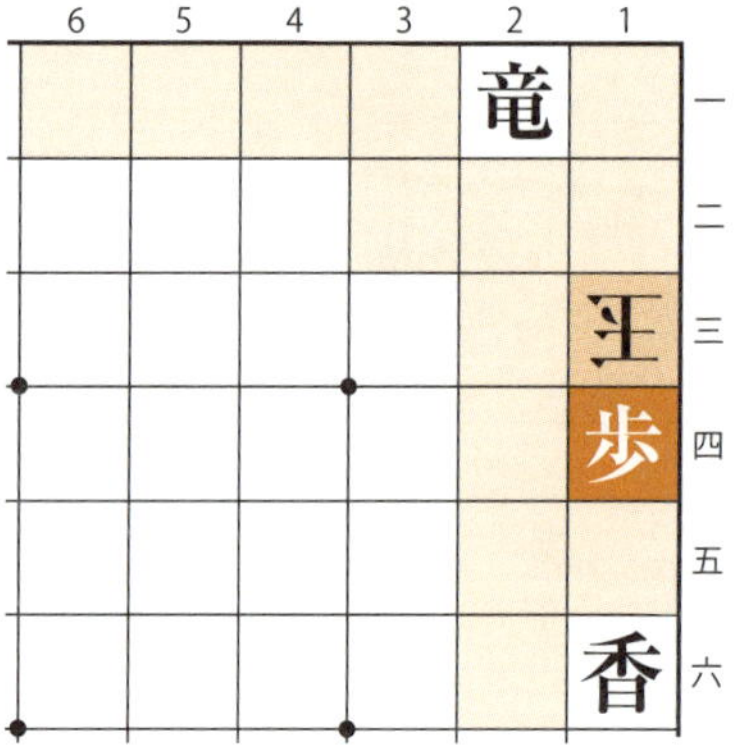

歩《ふ》を動《うご》かす

▲1四歩《よんふ》と動《うご》かして王手《おうて》をかけます。

この歩《ふ》は1六香《ろくきょう》に守《まも》られているので、玉《ぎょく》で取《と》れません。また、2一竜《いちりゅう》があるので玉《ぎょく》は動《うご》けません。玉《ぎょく》は王手《おうて》から逃《に》げることができないので、これで【詰《つ》み】です。

第《だい》2問《もん》

▲2二《に》歩《ふ》成《なり》

持駒《もちごま》 なし

正解図《せいかいず》

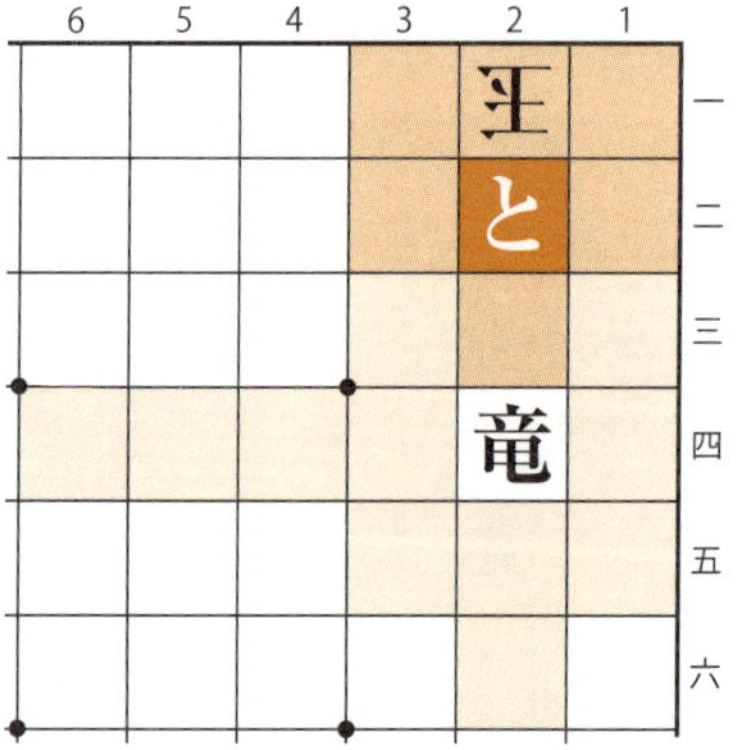

歩《ふ》を成《な》る

16ページで「駒《こま》を成《な》る」について説明《せつめい》しました。味方《みかた》の駒《こま》が敵陣《てきじん》に入《はい》ったり、敵陣《てきじん》から出《で》る時《とき》に、駒《こま》を裏返《うらがえ》して強《つよ》くすることができます。▲2二歩成《にふなり》として【と】を作《つく》ると、玉《ぎょく》は逃《に》げられません。

【詰《つ》み】＝玉方《ぎょくかた》が、王手《おうて》を外《はず》すことができない状態《じょうたい》のこと。20ページ参照《さんしょう》。

【と】＝歩《ふ》が成《な》ったもの。と金《きん》とも言《い》う。15ページ参照《さんしょう》。

ヒント

歩《ふ》の使《つか》い方《かた》③

第《だい》3問《もん》

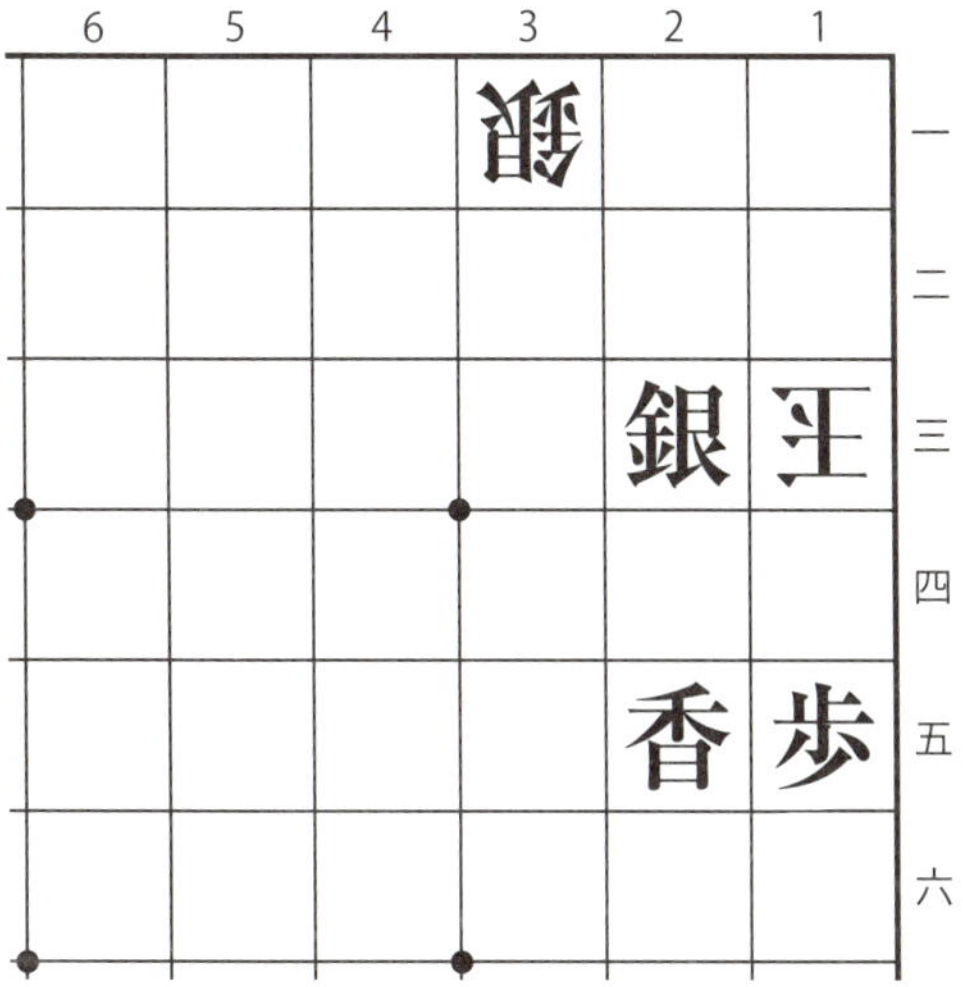

レベル

★★★★★

持駒《もちごま》 なし

ヒント

歩《ふ》の使《つか》い方《かた》④

第《だい》4問《もん》

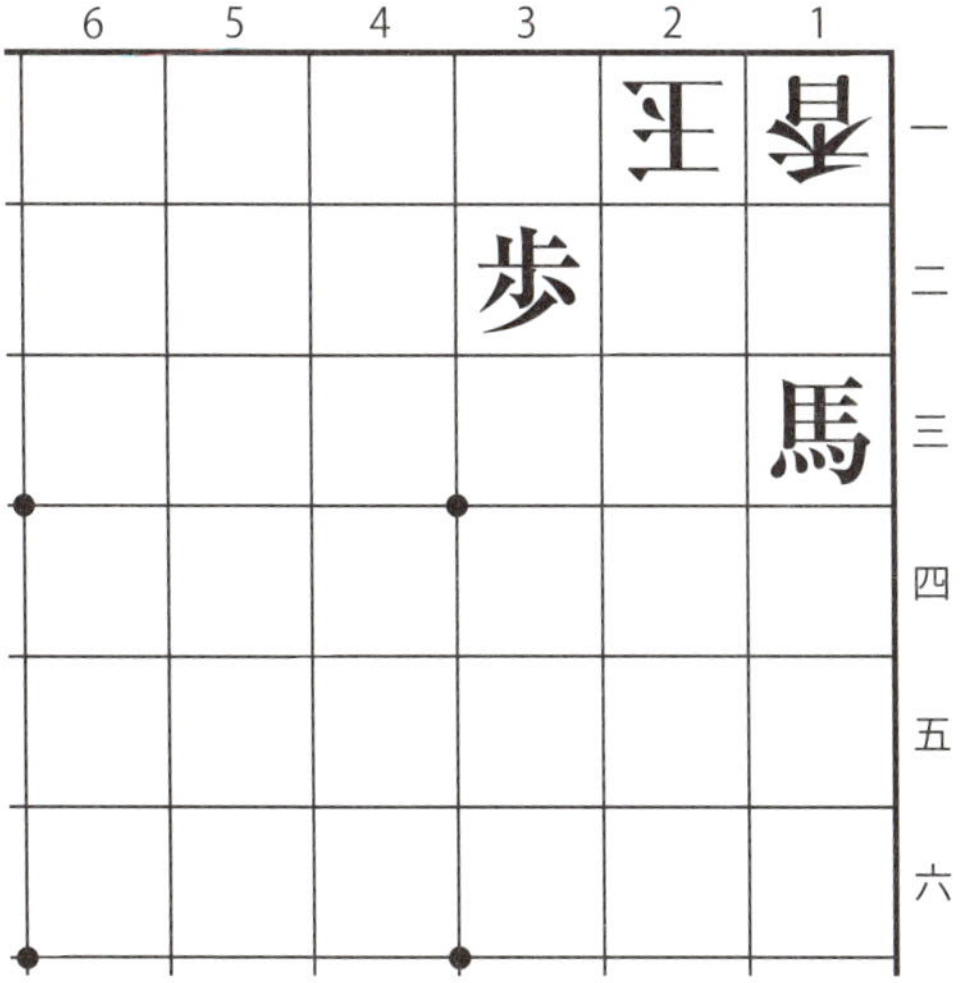

レベル

★★★★★

持駒《もちごま》 なし

第《だい》3問《もん》

☗1四歩《よんふ》

正解図《せいかいず》

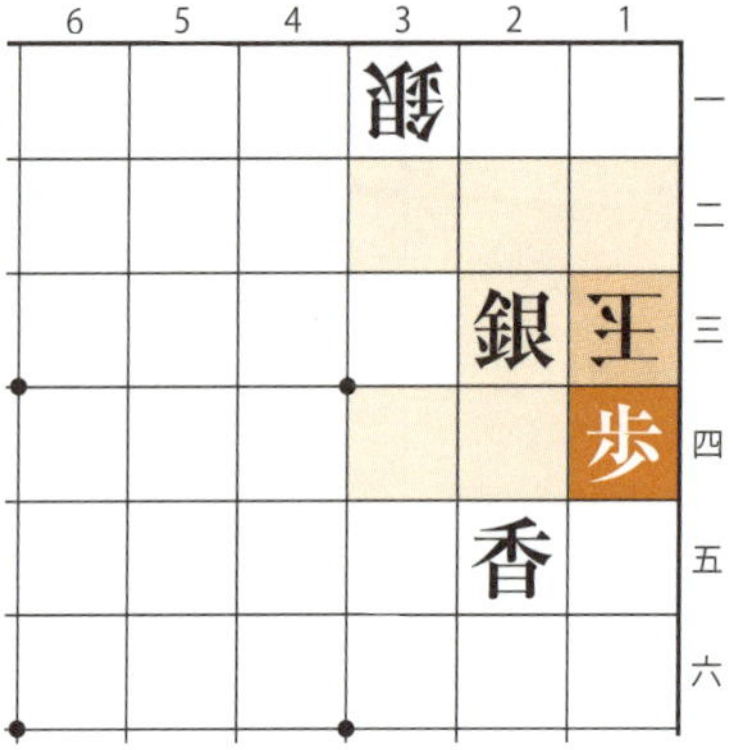

☗持駒《もちごま》 なし

銀《ぎん》は動《うご》かさない

玉《ぎょく》のまわりに、2三銀《さんぎん》と2五香《ごきょう》の【利《き》き】があります。玉《ぎょく》はこの利《き》きに入《はい》ると取《と》られてしまうので、動《うご》けません。歩《ふ》を動《うご》かして詰《つ》み。もし☗1四銀成《よんぎんなり》と銀《ぎん》を動《うご》かすと、1二《に》への利《き》きがなくなるので、☖1二玉《にぎょく》と逃《に》げられます。

第《だい》4問《もん》

☗3一歩成《いちふなり》

正解図《せいかいず》

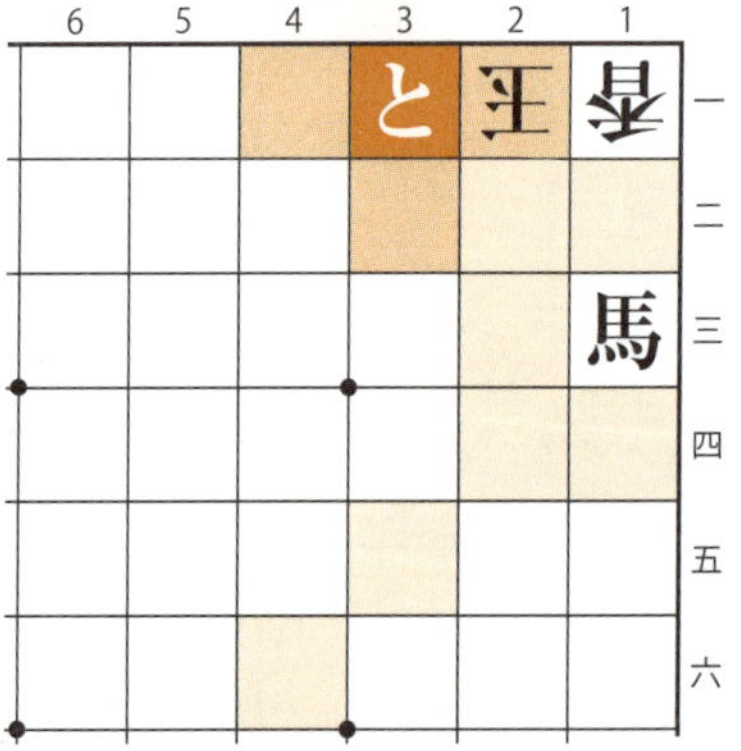

☗持駒《もちごま》 なし

馬《うま》は動《うご》かさない

1一香《いちきょう》が馬《うま》を狙《ねら》っています。「強力《きょうりょく》な馬《うま》を取《と》られるのは困《こま》る」と考《かんが》えて☗3一馬《いちうま》とすると、☖1二玉《にぎょく》と逃《に》げられます。☗3一歩成《いちふなり》とと金《きん》を作《つく》るのが正解《せいかい》。このと金《きん》は馬《うま》が守《まも》っています。

【利《き》き】=駒《こま》が動《うご》ける場所《ばしょ》のこと。10ページ参照《さんしょう》。

第《だい》5問《もん》

ヒント

香《きょう》の使《つか》い方《かた》①

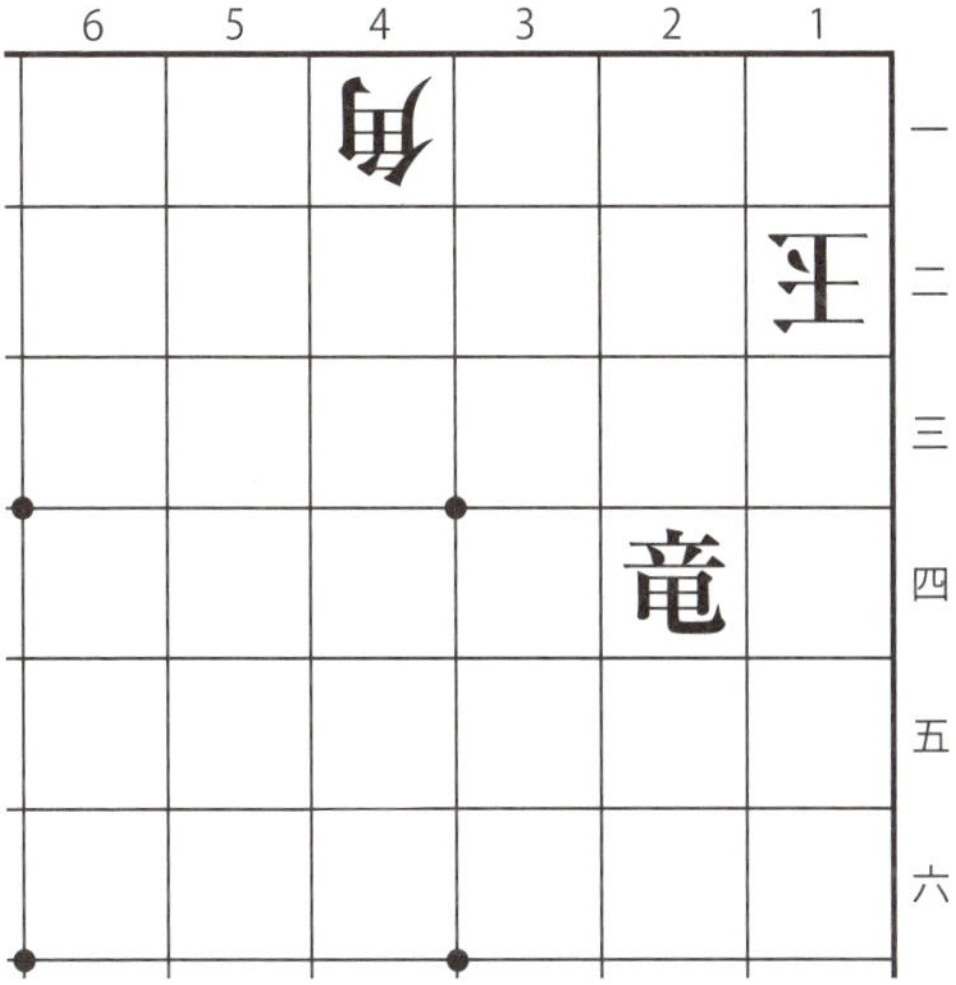

レベル

★★★★★

持駒《もちごま》 香《きょう》

第《だい》6問《もん》

ヒント

香《きょう》の使《つか》い方《かた》②

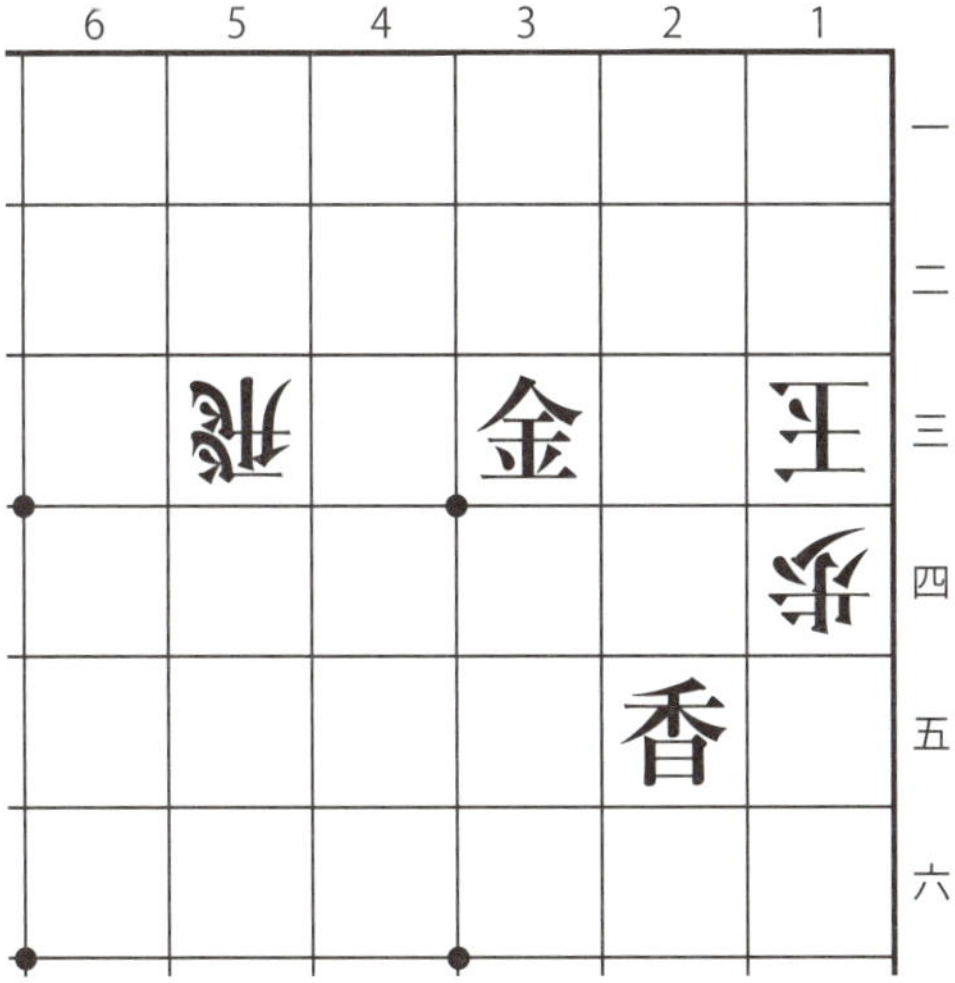

レベル

★★★★★

持駒《もちごま》 なし

第《だい》5問《もん》

☗1三《さん》香《きょう》

正解図《せいかいず》

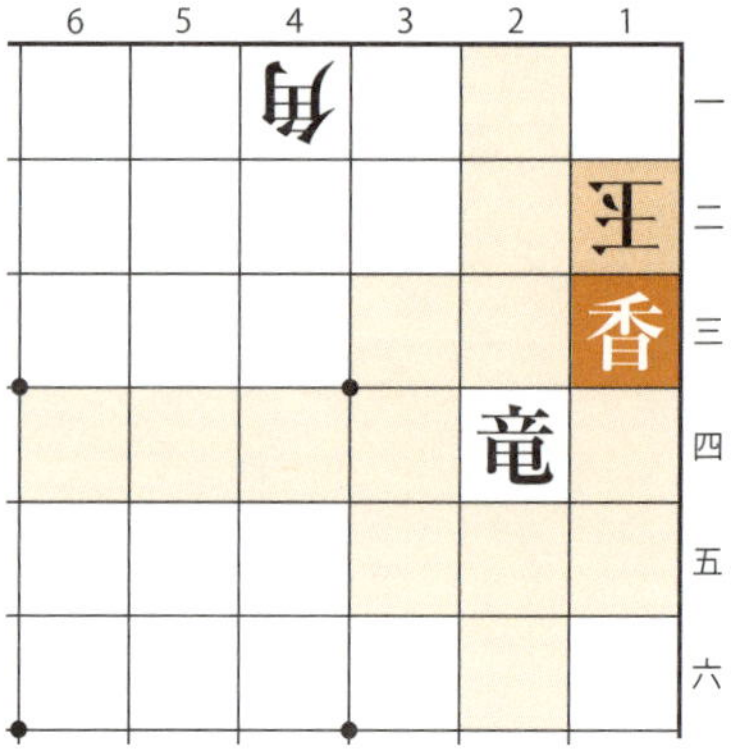

☗持駒《もちごま》 なし

香《きょう》を打《う》つ

出題図《しゅつだいず》の右下《みぎした》の【持駒《もちごま》】にある駒《こま》は盤上《ばんじょう》に打《う》つことができます。☗1三香《さんきょう》と打《う》つのが正解《せいかい》。

右《みぎ》の正解図《せいかいず》を見《み》ると、☖1一玉《いちぎょく》と逃《に》げられそうです。しかし、玉《ぎょく》が動《うご》くと香《きょう》も1一《いち》まで動《うご》けるので、実際《じっさい》には逃《に》げられません。

第《だい》6問《もん》

☗2三香成《さんきょうなり》

正解図《せいかいず》

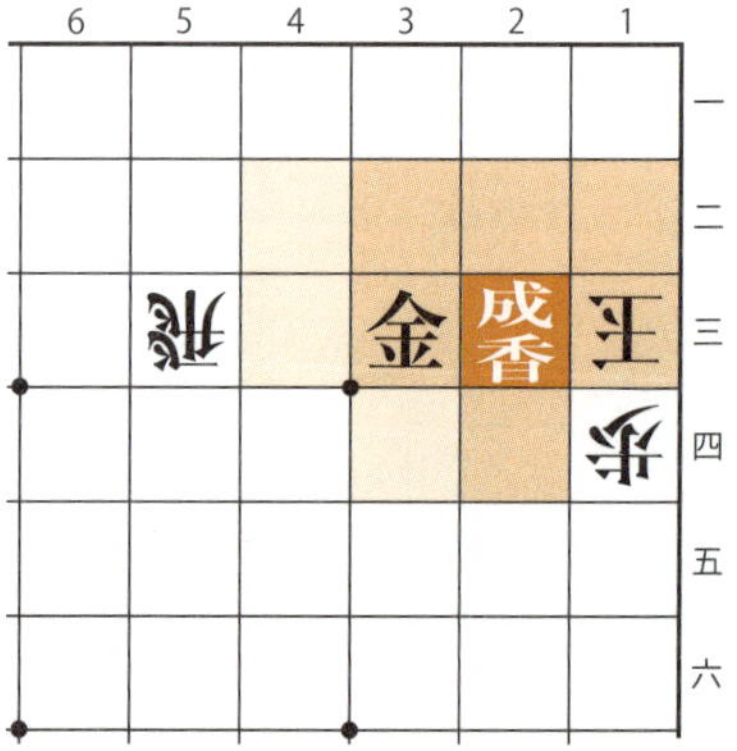

☗持駒《もちごま》 なし

香《きょう》を成《な》る

☗2三金《さんきん》として詰《つ》んでいるように見《み》えますが、☖同飛《どうひ》と取《と》られてしまいます。駒《こま》の利《き》きをしっかりと確認《かくにん》しましょう。

金《きん》はそのままにして、☗2三香成《さんきょうなり》が正解《せいかい》。
成香《なりきょう》は金《きん》と同《おな》じ動《うご》きをします。

【持駒《もちごま》】＝攻方《せめかた》の持《も》っている駒《こま》。17ページ参照《さんしょう》。

ヒント

香《きょう》の使《つか》い方《かた》③

第《だい》7問《もん》

レベル ★★★★★

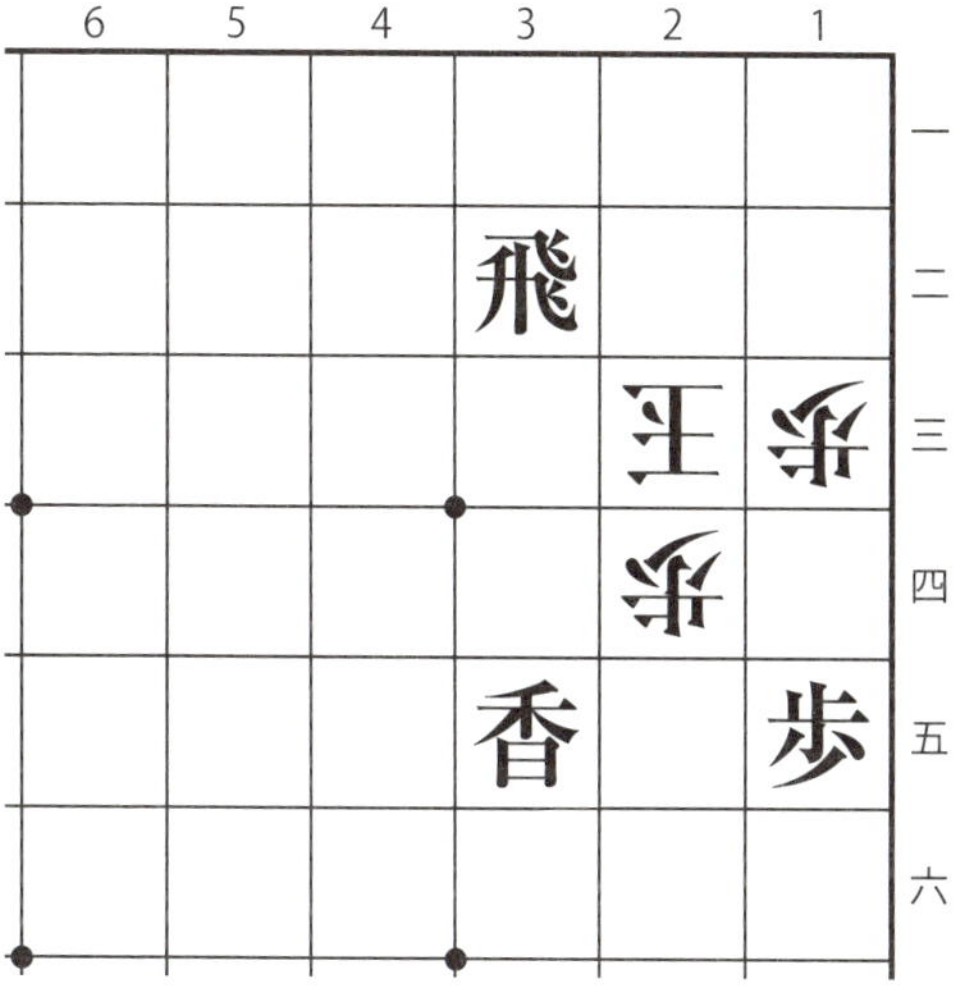

持駒《もちごま》 なし

ヒント

香《きょう》の使《つか》い方《かた》④

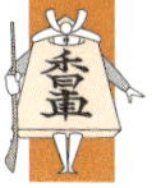

第《だい》8問《もん》

レベル ★★★★★

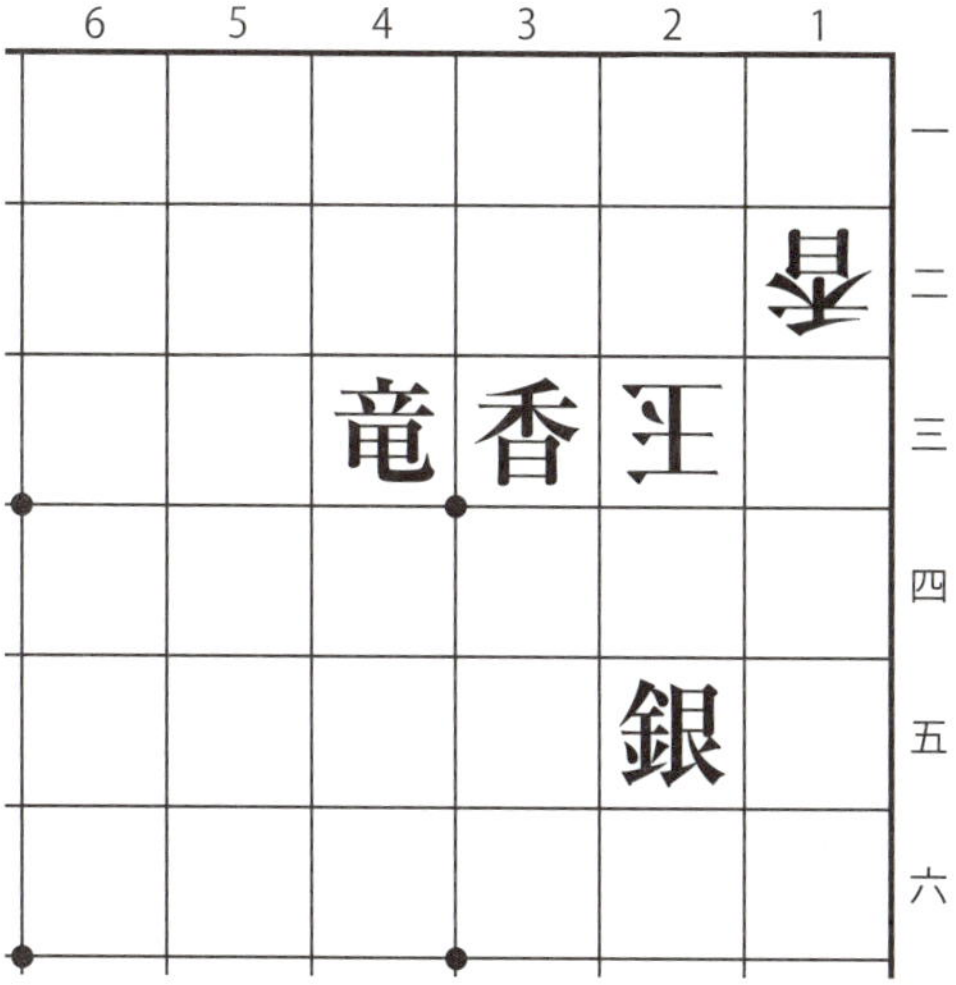

持駒《もちごま》 なし

第《だい》7問《もん》

☗3三香成《さんきょうなり》

正解図《せいかいず》

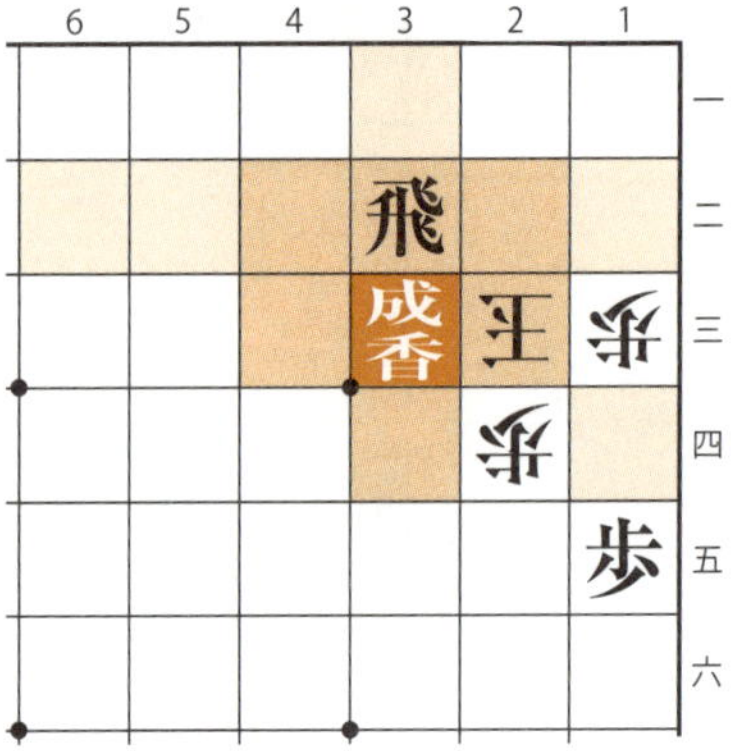

☗持駒《もちごま》 なし

飛《ひ》は動《うご》かさない

☗3三飛成《さんひなり》として強力《きょうりょく》な竜《りゅう》を作《つく》りたくなります。しかし、飛車《ひしゃ》が動《うご》くと、☖1二玉《にぎょく》と逃《に》げられてしまいます。

飛車《ひしゃ》は動《うご》かさないようにして、☗3三香《さんきょう》成《なり》と香《きょう》を成《な》って詰《つ》み。

第《だい》8問《もん》

☗3二香成《にきょうなり》

正解図《せいかいず》

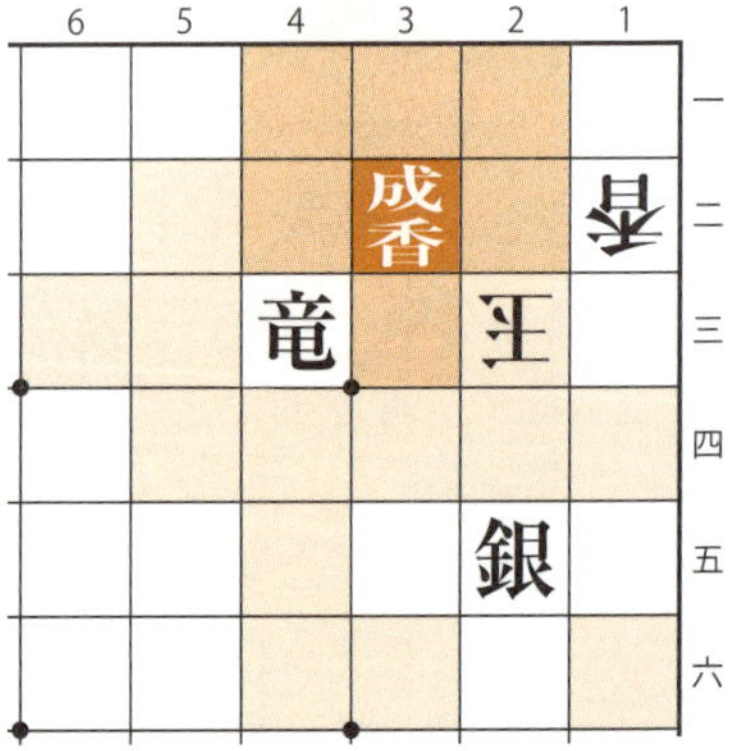

☗持駒《もちごま》 なし

開《あ》き王手《おうて》

3三香《さんきょう》を動《うご》かすと、竜《りゅう》で王手《おうて》がかかります。このような王手《おうて》を開《あ》き王手《おうて》と呼《よ》びます。

☗3二香《にきょう》成が正解《せいかい》。成香《なりきょう》が3三《さん》に【利《き》いている】ので、☖3三歩《さんふ》と持駒《もちごま》を使《つか》って守《まも》っても、☗同竜《どうりゅう》で詰《つ》みは変《か》わりません（【無駄合《むだあい》】）。

【利《き》いている】＝利《き》きがあること。
【無駄合《むだあい》】＝無駄《むだ》な合駒《あいごま》（23ページ参照《さんしょう》）のこと。

第《だい》9問《もん》

レベル ★★★★★

ヒント
桂《けい》の使《つか》い方《かた》①

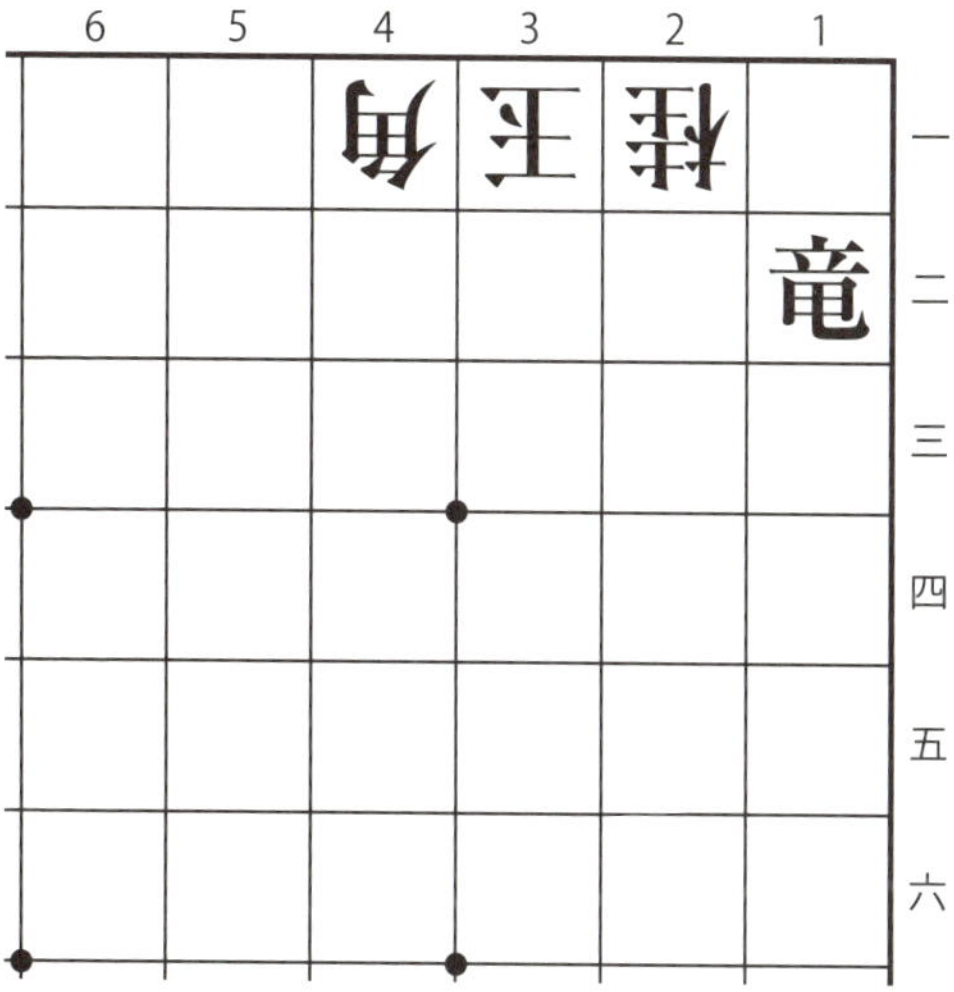

持駒《もちごま》 桂《けい》

第《だい》10問《もん》

レベル ★★★★★

ヒント
桂《けい》の使《つか》い方《かた》②

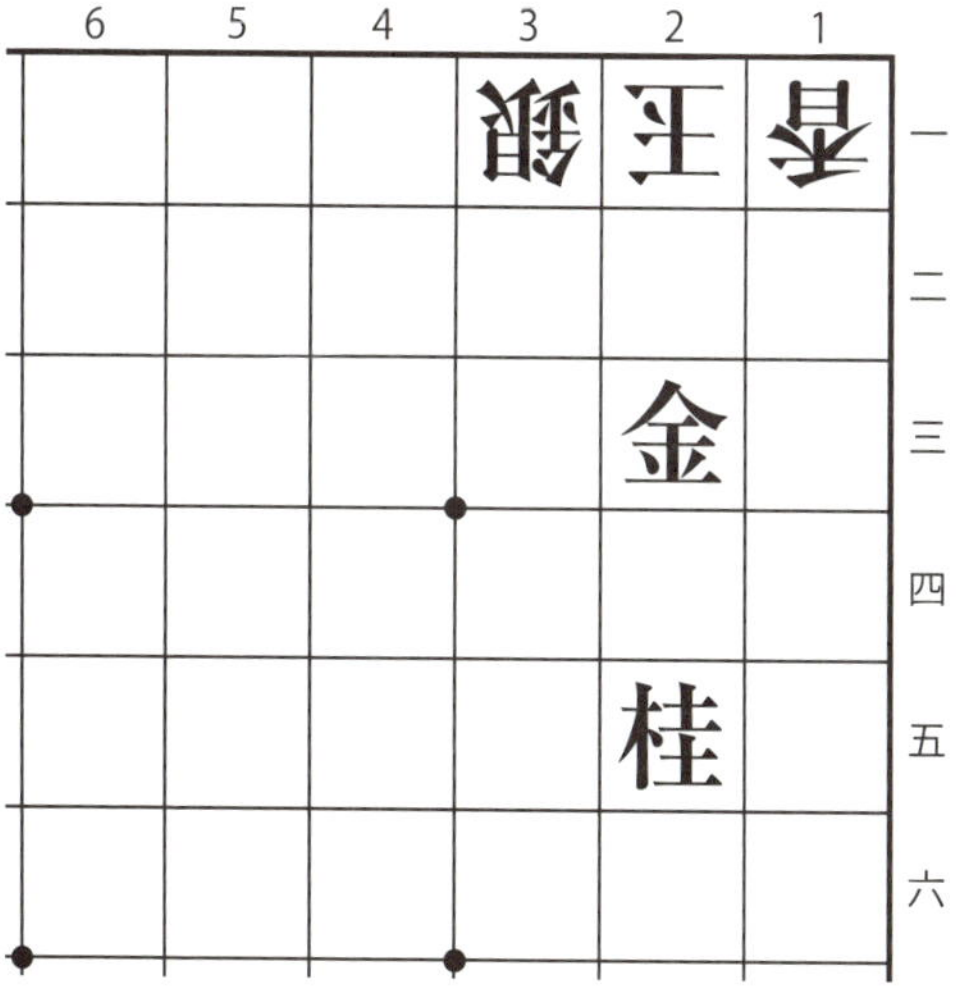

持駒《もちごま》 なし

第《だい》9問《もん》

▲4三桂《さんけい》

正解図《せいかいず》

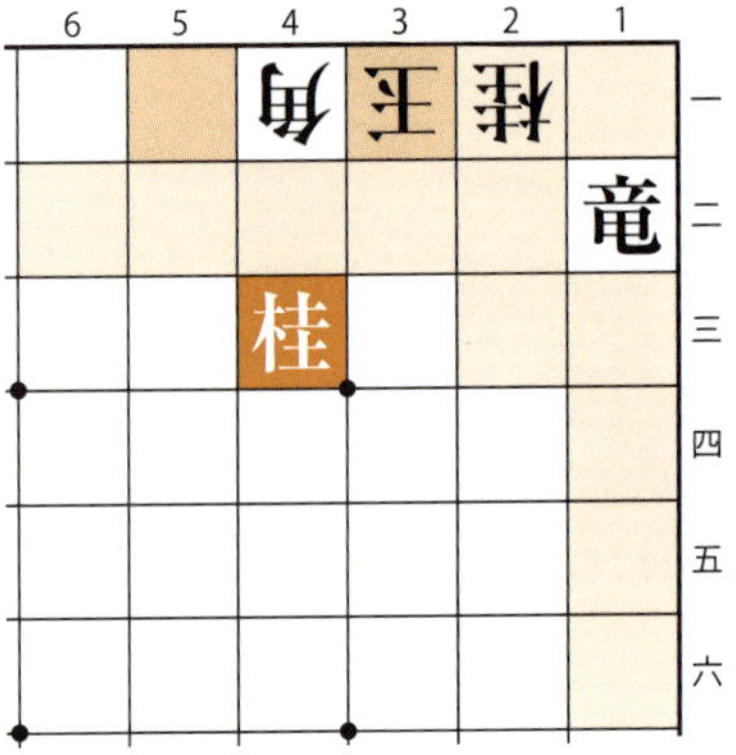

▲持駒《もちごま》 なし

桂《けい》を打《う》つ

将棋《しょうぎ》の駒《こま》の中《なか》で、一番《いちばん》おもしろい動《うご》きをするのが桂《けい》です。

持駒《もちごま》の桂《けい》を使《つか》って王手《おうて》をかけられるのは、▲2三桂《さんけい》か▲4三桂《さんけい》の2通《とお》り。▲2三桂《さんけい》は4一角《いちかく》に取《と》られるので、▲4三桂《さんけい》が正解《せいかい》です。

第《だい》10問《もん》

▲3三桂不成《さんけいならず》

正解図《せいかいず》

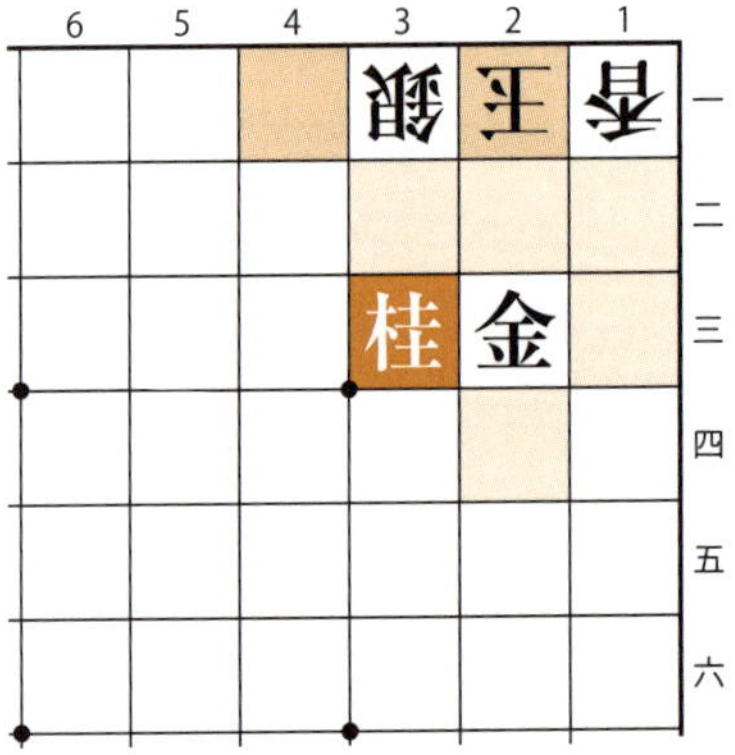

▲持駒《もちごま》 なし

桂《けい》を動《うご》かす

敵陣《てきじん》に入った駒《こま》は、裏返《うらがえ》して成《なり》とするか、裏返《うらがえ》さずに【不成《ならず》】とするか、どちらかを選《えら》ぶことができます。

正解《せいかい》は▲3三桂《さんけい》不成《ならず》。左《ひだり》に桂《けい》を動《うご》かし、不成《ならず》として王手《おうて》をかけます。

【不成《ならず》】＝敵陣《てきじん》に入《はい》っても成《な》らないこと。16ページ参照《さんしょう》。

ヒント
桂《けい》の使《つか》い方《かた》③

第《だい》11問《もん》

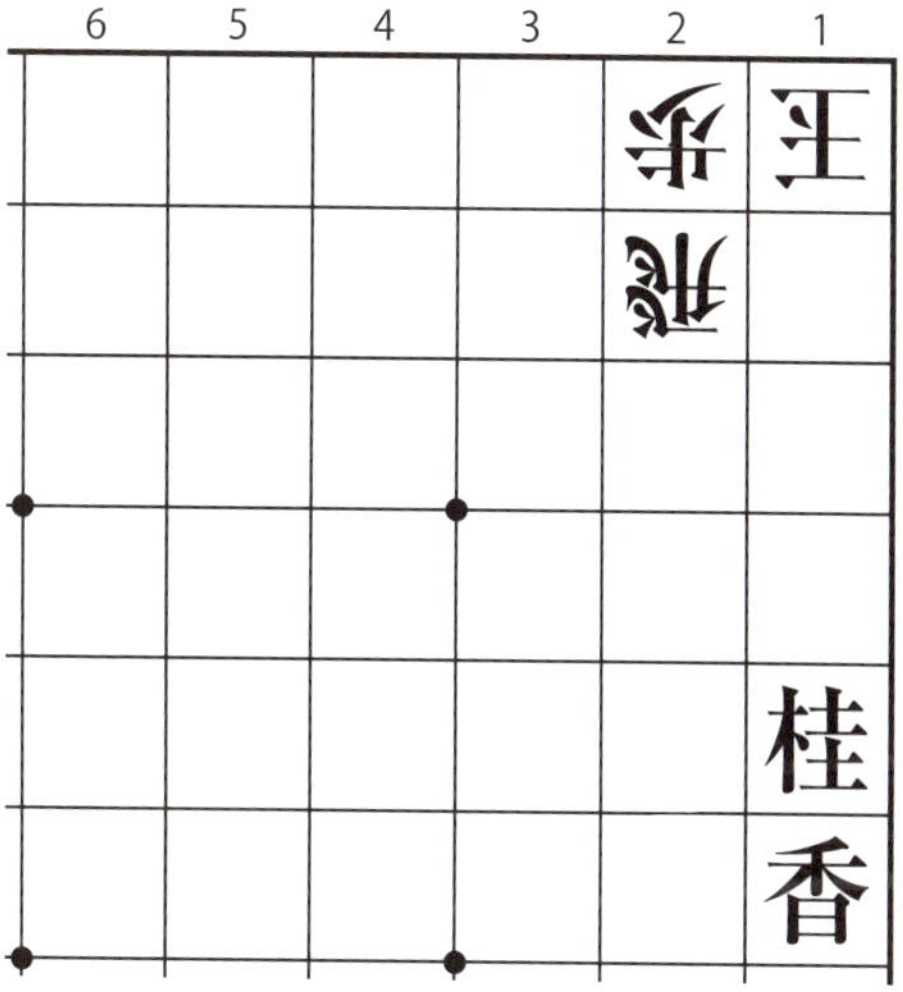

レベル ★★★★★

持駒《もちごま》 なし

ヒント
桂《けい》の使《つか》い方《かた》④

第《だい》12問《もん》

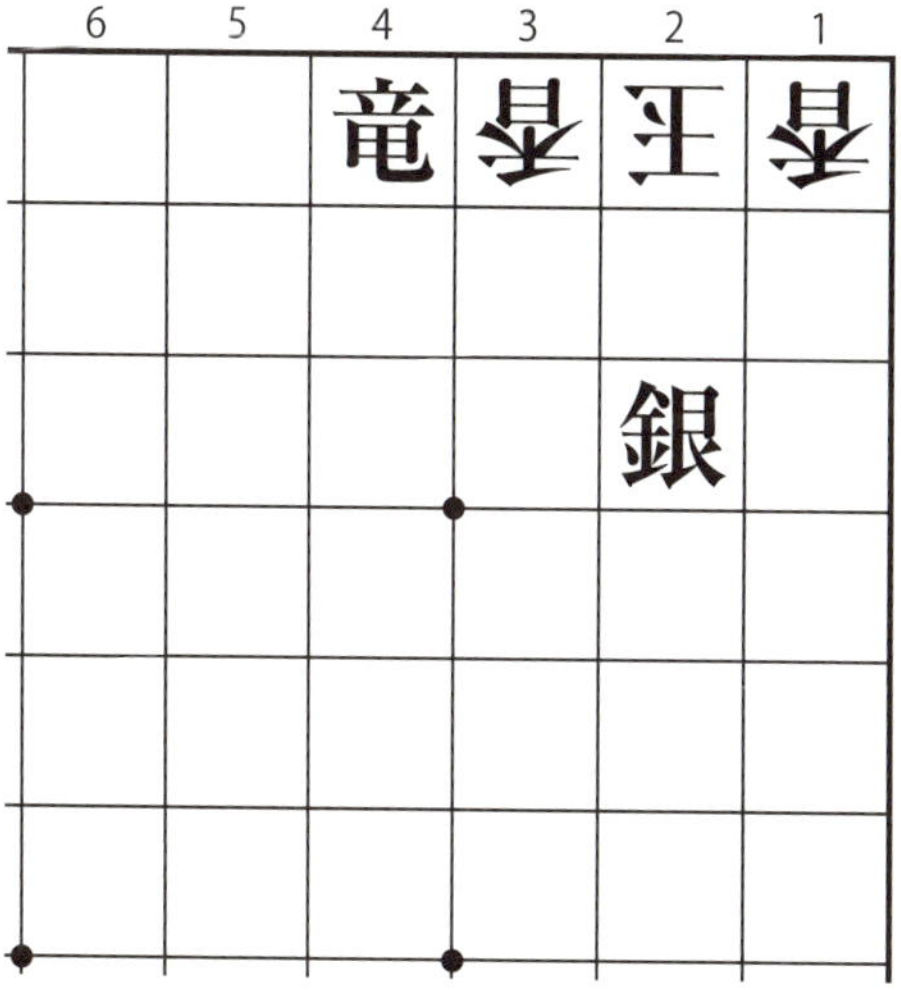

レベル ★★★★★

持駒《もちごま》 桂《けい》

第《だい》11問《もん》

☗2三《さん》桂《けい》不成《ならず》

正解図《せいかいず》

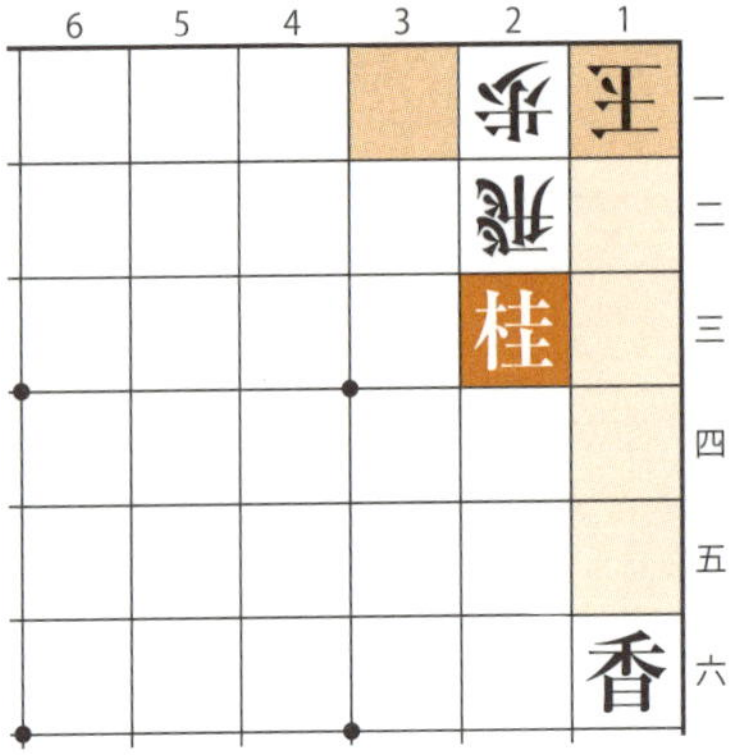

☗持駒《もちごま》 なし

両《りょう》王手《おうて》

☗2三桂成《さんけいなり》には☖1二《に》歩《ふ》と、玉方《ぎょくかた》は持駒《もちごま》を使《つか》って王手《おうて》を防《ふせ》ぎます。

正解《せいかい》は☗2三桂不成《さんけいならず》。1六香《ろくきょう》と2三桂《さんけい》が同《どう》時《じ》に王手《おうて》をかける【両王手《りょうおうて》】。玉方《ぎょくがた》はふたつの王手《おうて》を防《ふせ》げないので、これで詰《つ》み。

第《だい》12問《もん》

☗3三《さん》桂《けい》

正解図《せいかいず》

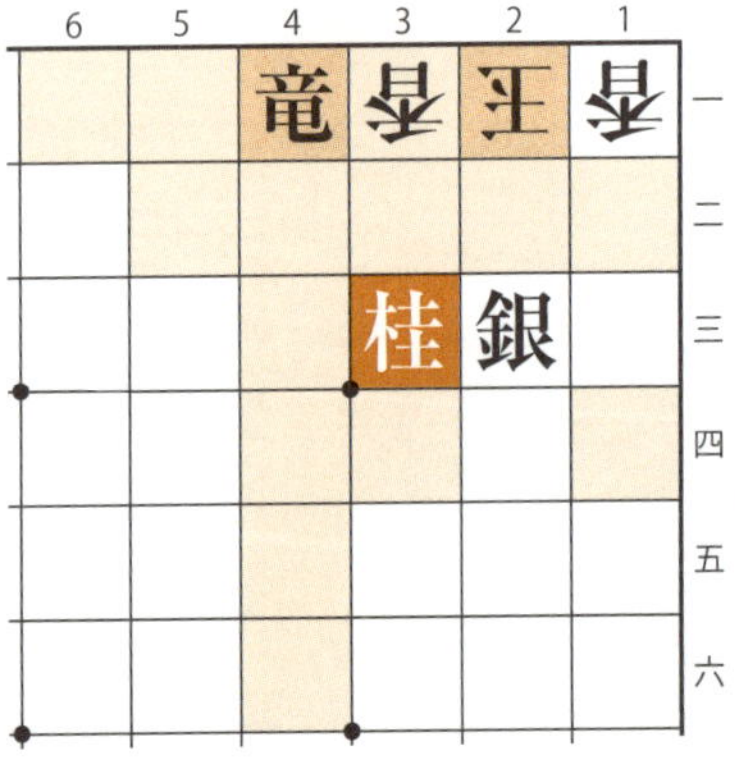

☗持駒《もちごま》 なし

3一香《いちきょう》は動《うご》けない

桂《けい》を打《う》つのは右《みぎ》か左《ひだり》か、という問題《もんだい》。右《みぎ》に☗1三桂《さんけい》は☖同香《どうきょう》で失敗《しっぱい》。左《ひだり》に☗3三《さん》桂《けい》でも香《きょう》に取《と》られそうです。でもよく見《み》ると、3一香《いちきょう》が動《うご》くと4一竜《いちりゅう》が玉《ぎょく》を取《と》ってしまいます。

つまり、3一香《いちきょう》は動《うご》けません。

【両王手《りょうおうて》】=2枚《まい》の駒《こま》が同時《どうじ》に王手《おうて》をかけること。

第《だい》13問《もん》

レベル ★★★★★

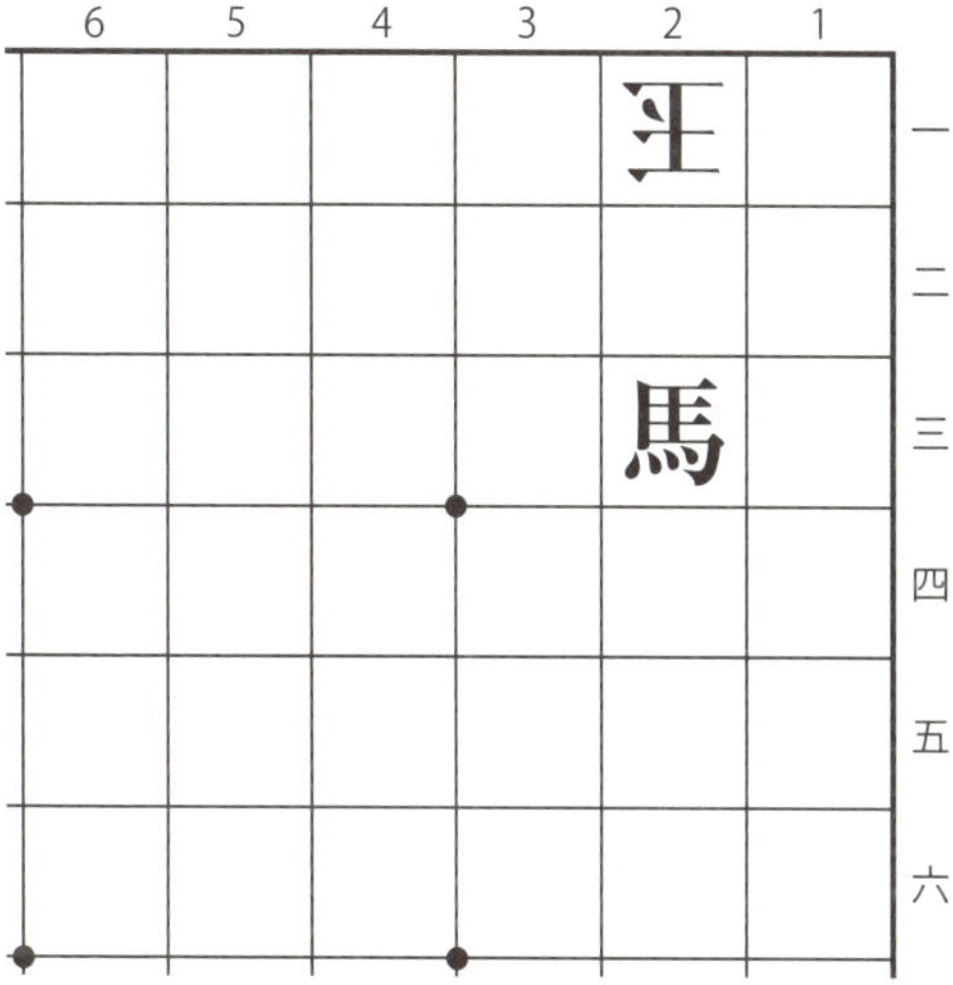

持駒《もちごま》 銀《ぎん》

ヒント

銀《ぎん》の使《つか》い方《かた》①

第《だい》14問《もん》

レベル ★★★★★

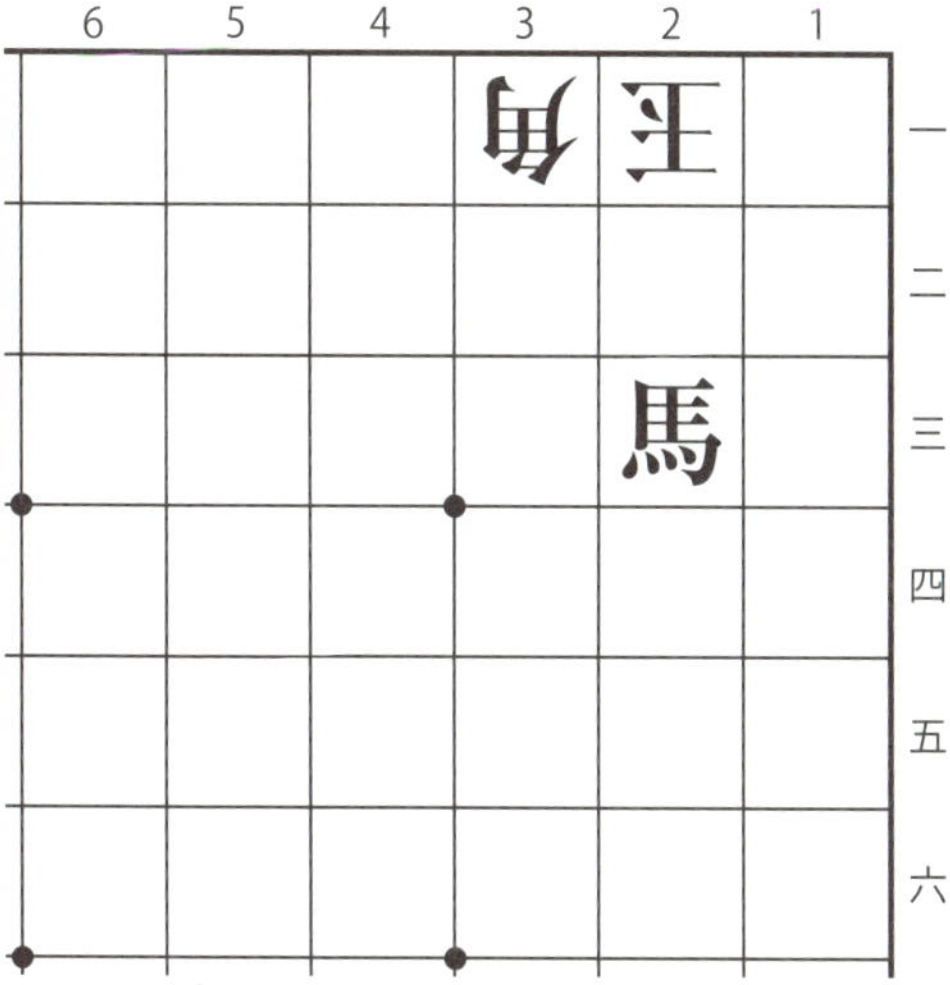

持駒《もちごま》 銀《ぎん》

ヒント

銀《ぎん》の使《つか》い方《かた》②

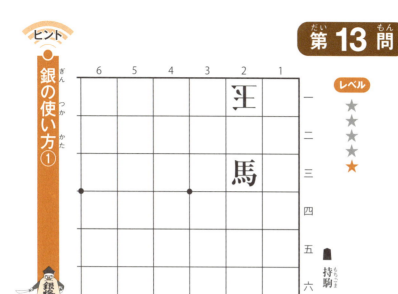

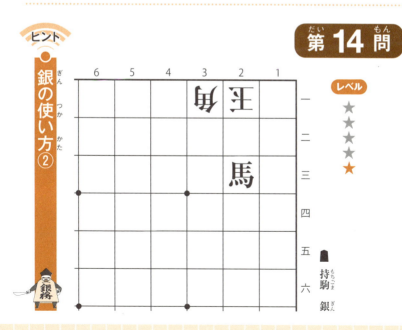

第《だい》13問《もん》

☗2二《に》銀《ぎん》

正解図《せいかいず》

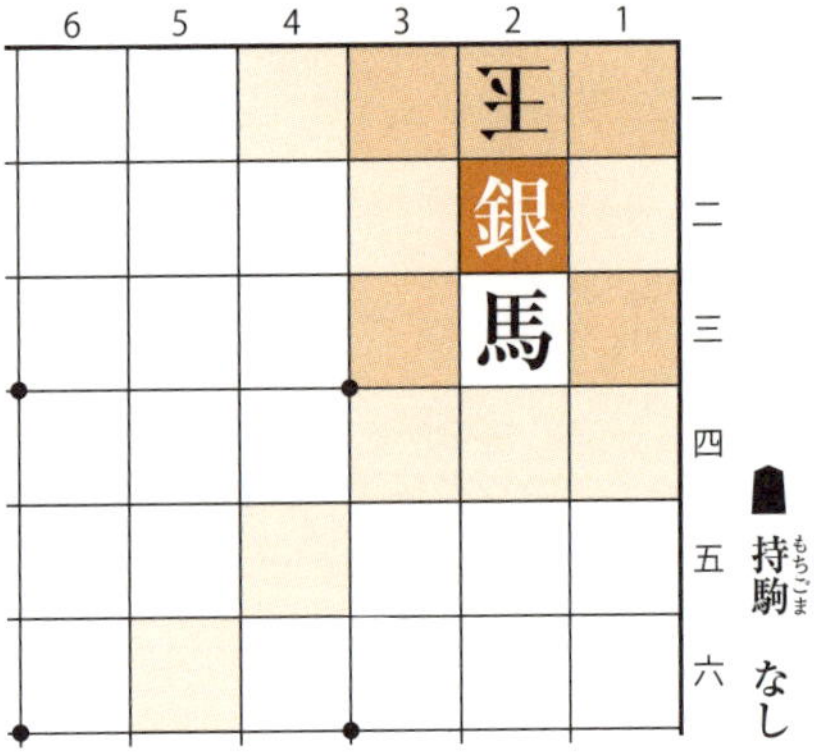

銀《ぎん》を打《う》つ

持駒《もちごま》の銀《ぎん》を打《う》って王手《おうて》がかけられる場所《ばしょ》は、1二《に》、2二《に》、3二《に》です。☗1二《に》銀《ぎん》は☖3一玉《いちぎょく》と逃《に》げられますし、☗3二《に》銀《ぎん》も☖1一玉《いちぎょく》で失《しっ》敗《ぱい》。玉《ぎょく》の正面《しょうめん》に☗2二《に》銀《ぎん》と打《う》って、しっかりと捕《つか》まえます。

第《だい》14問《もん》

☗1二《に》銀《ぎん》

正解図《せいかいず》

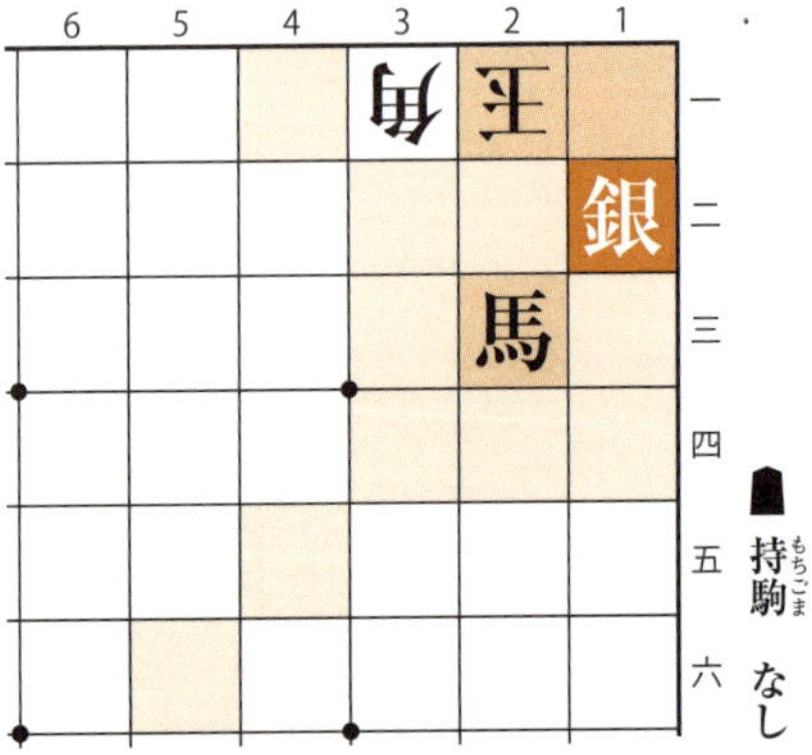

銀《ぎん》を斜《なな》めから打《う》つ

前《まえ》の問題《もんだい》と同《おな》じように☗2二《に》銀《ぎん》と打《う》つと、3一角《いちかく》に取《と》られてしまいます。正解《せいかい》は☗1二《に》銀《ぎん》と玉《ぎょく》の斜《なな》めから打《う》ちます。3一角《いちかく》は玉《ぎょく》を守《まも》っていますが、この角《かく》のせいで玉《ぎょく》は3一《いち》に動《うご》けません。

第《だい》15問《もん》

ヒント
銀《ぎん》の使《つか》い方《かた》③

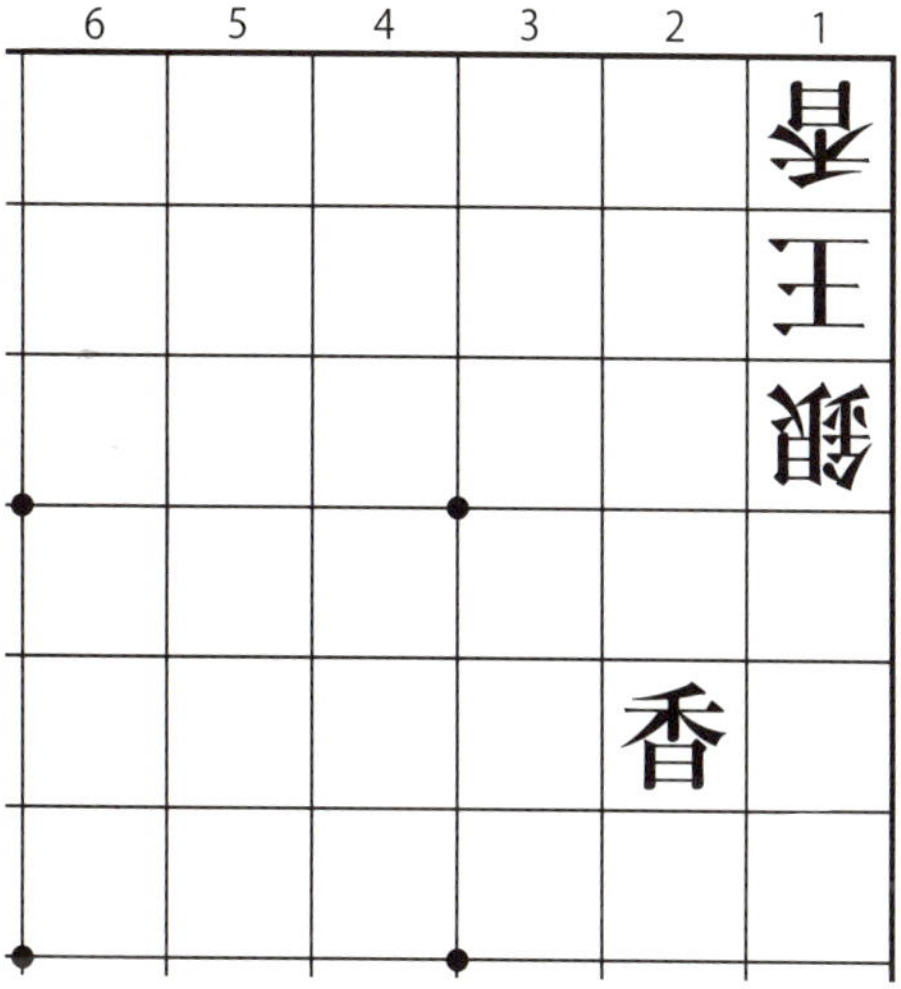

レベル ★★★★★

持駒《もちごま》 銀《ぎん》

第《だい》16問《もん》

ヒント
銀《ぎん》の使《つか》い方《かた》④

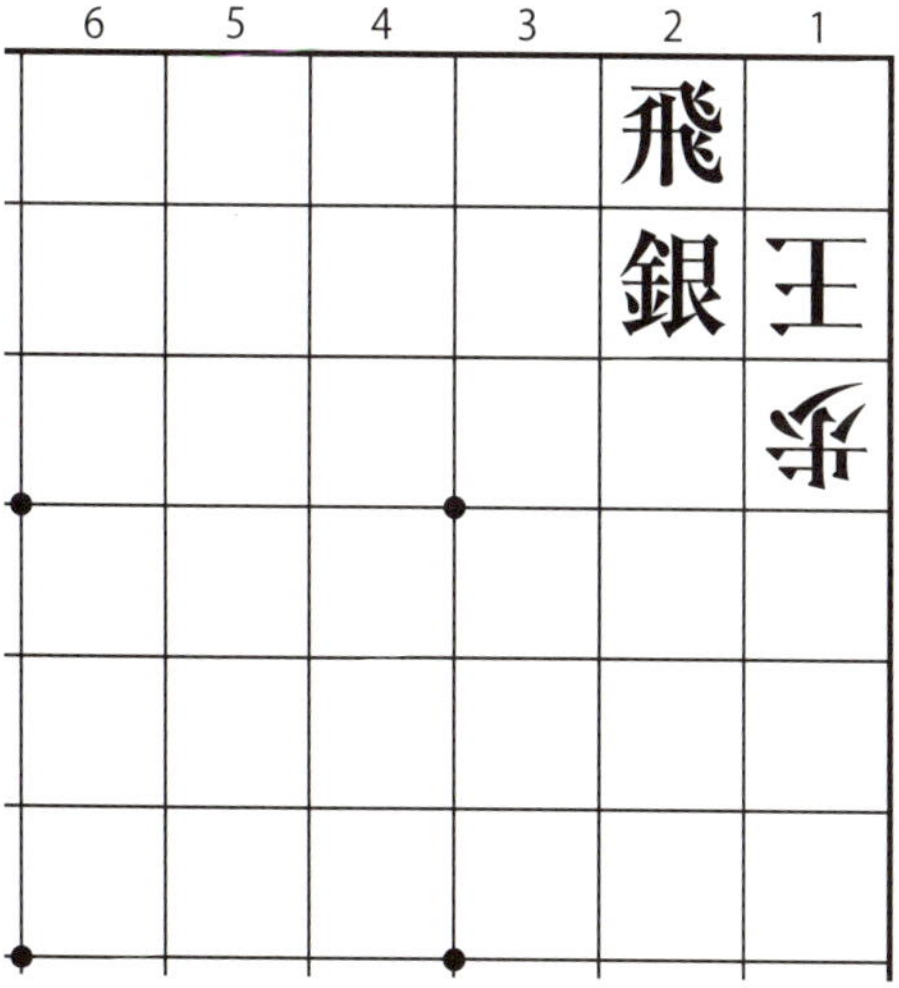

レベル ★★★★★

持駒《もちごま》 なし

第《だい》15問《もん》

☗2一《いち》銀《ぎん》

正解図《せいかいず》

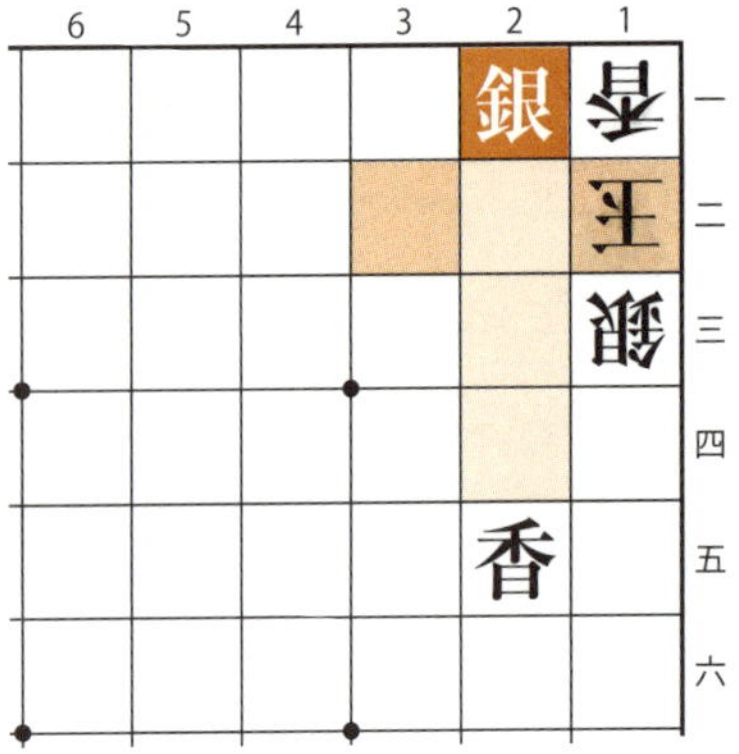

☗持駒《もちごま》 なし

銀《ぎん》を端《はし》に打《う》つ

2五香《ごきょう》があるので、玉《ぎょく》の逃《に》げ道《みち》はありません。しかし、☗2三銀《さんぎん》とすると香《きょう》の利《き》きが止《と》まってしまい、☖2一玉《いちぎょく》と逃《に》げられます。香《きょう》の利《き》きを止《と》めないように、盤《ばん》の端《はし》に☗2一銀《ぎん》と打《う》ちます。

第《だい》16問《もん》

☗1一銀成《いちぎんなり》

正解図《せいかいず》

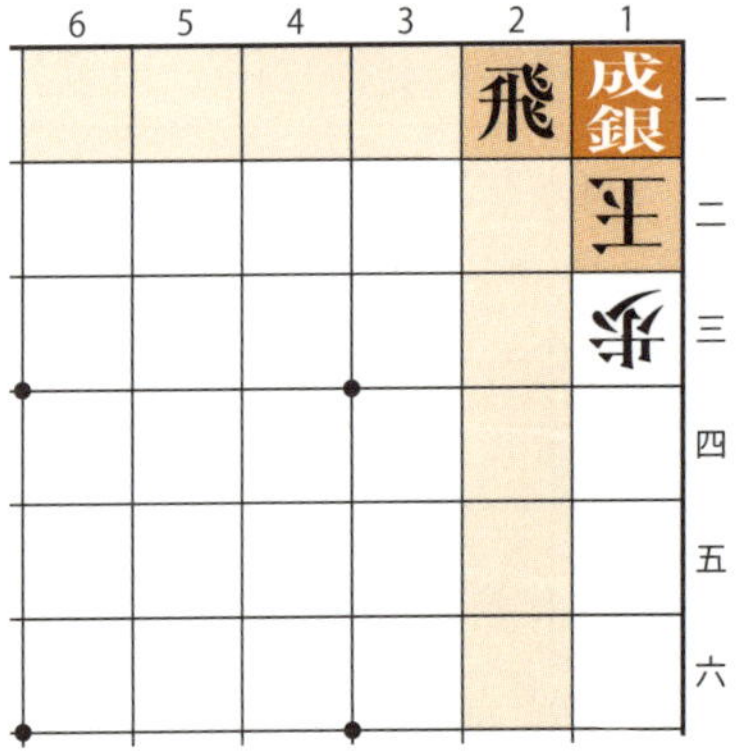

☗持駒《もちごま》 なし

銀《ぎん》を成《な》る

☗1一飛成《いちひなり》として竜《りゅう》を作《つく》りたくなりますが、☖2三玉《さんぎょく》と逃《に》げられます。

正解《せいかい》は☗1一銀成《いちぎんなり》と銀《ぎん》を成《な》る手《て》。これなら2一飛《いちひ》が2二《に》や2三《さん》にも利《き》いているため、玉《ぎょく》は逃《に》げられません。

第《だい》17問《もん》

ヒント

金《きん》の使《つか》い方《かた》①

レベル ★★★★★

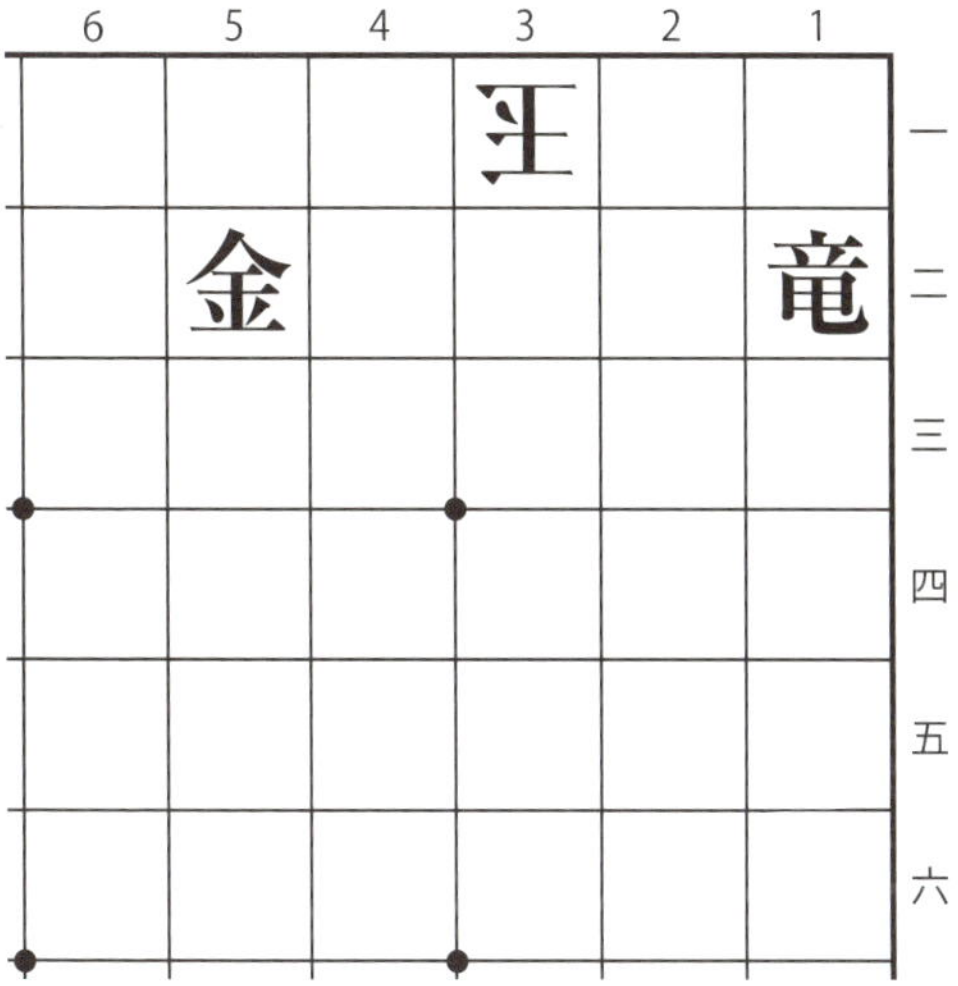

持駒《もちごま》 なし

第《だい》18問《もん》

ヒント

金《きん》の使《つか》い方《かた》②

レベル ★★★★★

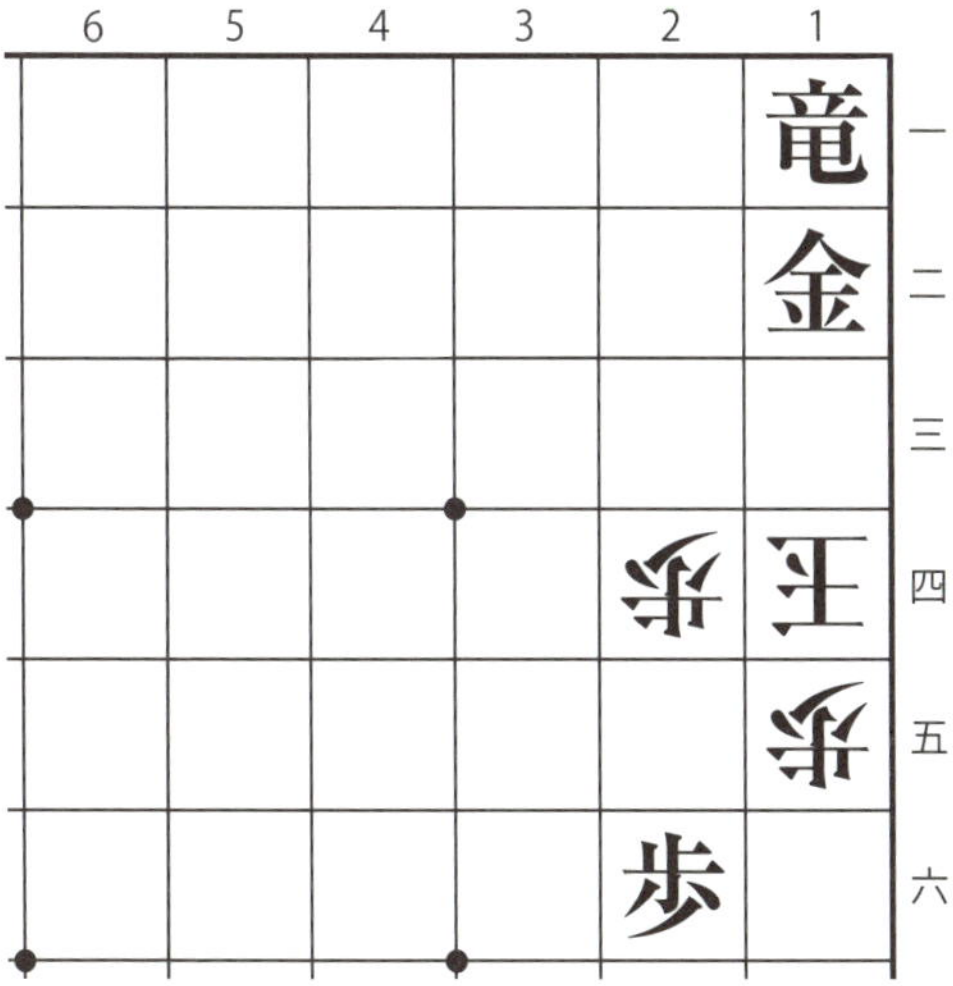

持駒《もちごま》 なし

第《だい》17問《もん》

☗4二《に》金《きん》

正解図《せいかいず》

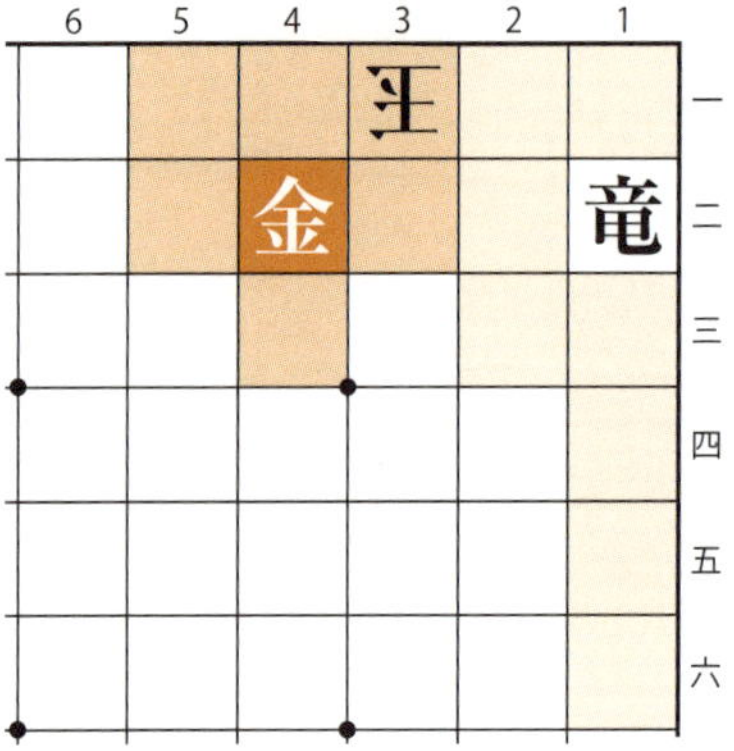

☗持駒《もちごま》 なし

金《きん》を動《うご》かす

金《きん》は利《き》きが多《おお》く、強力《きょうりょく》で使《つか》いやすい駒《こま》です。竜《りゅう》の利《き》きをよく見《み》て、☗4二《に》金《きん》と横《よこ》に動《うご》かして詰《つ》み。

☗4二竜《にりゅう》という手《て》もありますが、竜《りゅう》が動《うご》いてしまうと☖2一玉《いちぎょく》と逃《に》げられます。

第《だい》18問《もん》

☗1三金《さんきん》

正解図《せいかいず》

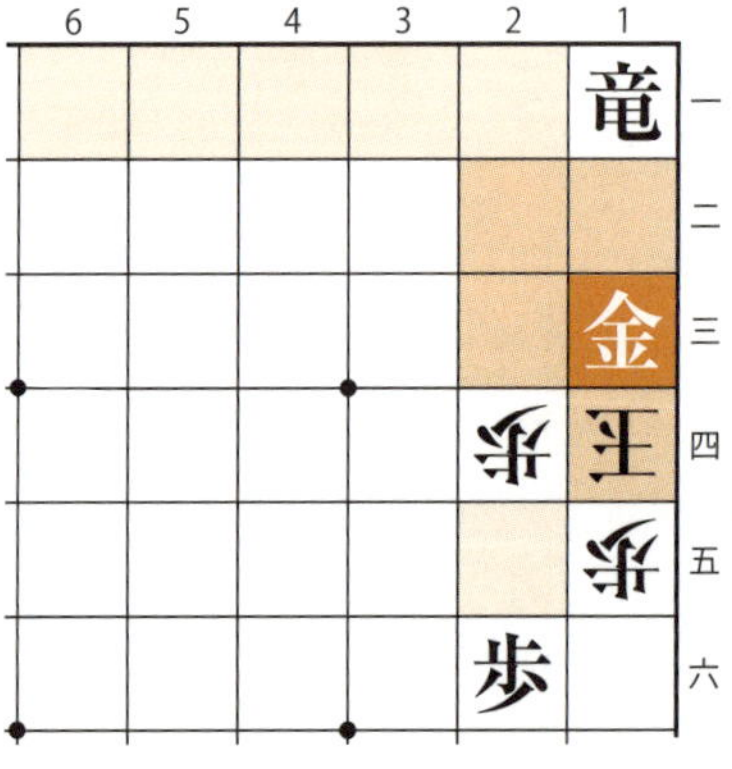

☗持駒《もちごま》 なし

金《きん》を引《ひ》く

☗2二金《にきん》と動《うご》かして開《あ》き王手《おうて》がかけられます。しかし、玉方《ぎょくかた》には持駒《もちごま》を使《つか》って☖1三香《さんきょう》とし、玉《ぎょく》を守《まも》る手《て》があります。

☗1三金《さんきん》と引《ひ》いて使《つか》います。この金《きん》は1一《いち》竜《りゅう》に守《まも》られているので、玉《ぎょく》は取《と》れません。

第《だい》19問《もん》

レベル ★★★★★

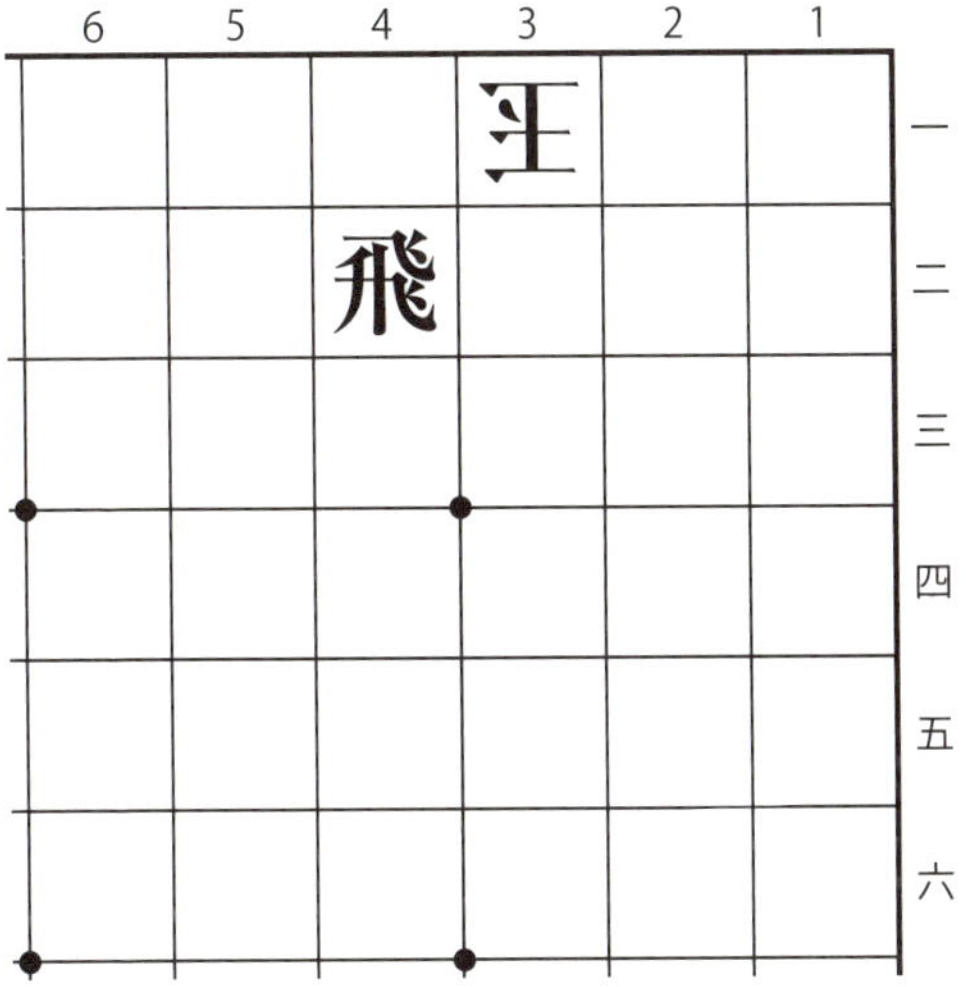

持駒《もちごま》　金《きん》

ヒント

金《きん》の使《つか》い方《かた》③

第《だい》20問《もん》

レベル ★★★★★

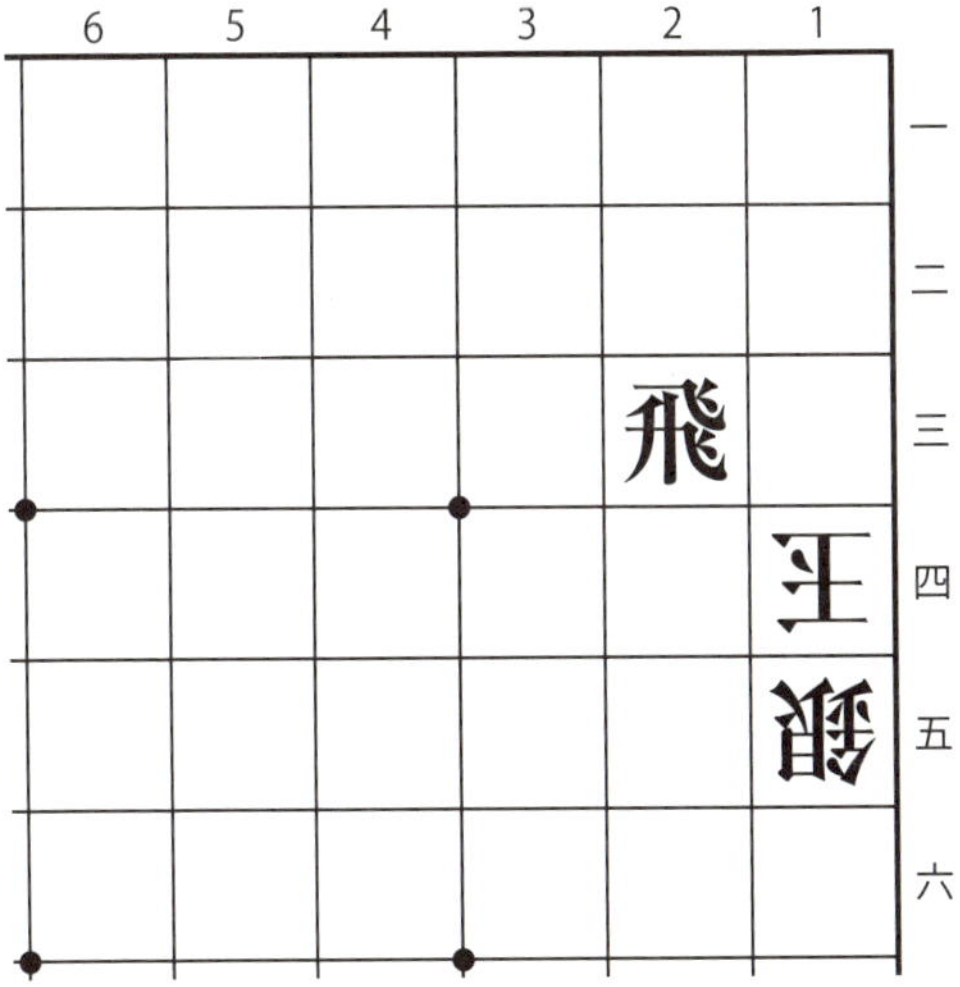

持駒《もちごま》　金《きん》

ヒント

金《きん》の使《つか》い方《かた》④

第《だい》19問《もん》

☗3二《に》金《きん》

正解図《せいかいず》

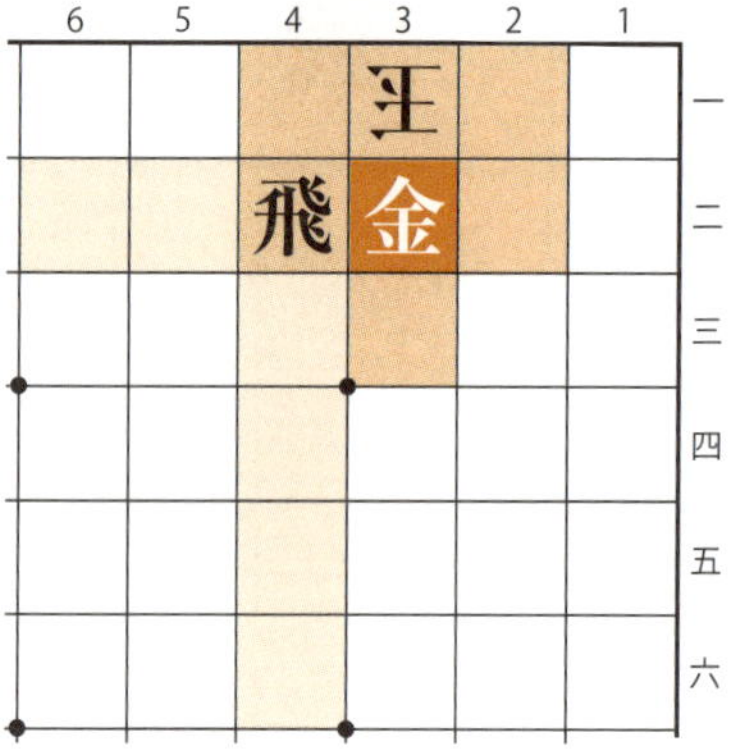

☗持駒《もちごま》 なし

金《きん》を打《う》つ

出題図《しゅつだいず》で、玉《ぎょく》は2一《いち》と4二《に》に動《うご》けます。このふたつの動《うご》きを防《ふせ》ぐのが、正解《せいかい》の☗3二《に》金《きん》です。将棋《しょうぎ》の格言《かくげん》に「金《きん》はとどめに残《のこ》せ」というものがあります。玉《ぎょく》を詰《つ》める時《とき》、金《きん》はとても役《やく》に立《た》つ駒《こま》です。

第《だい》20問《もん》

☗1三《さん》金《きん》

正解図《せいかいず》

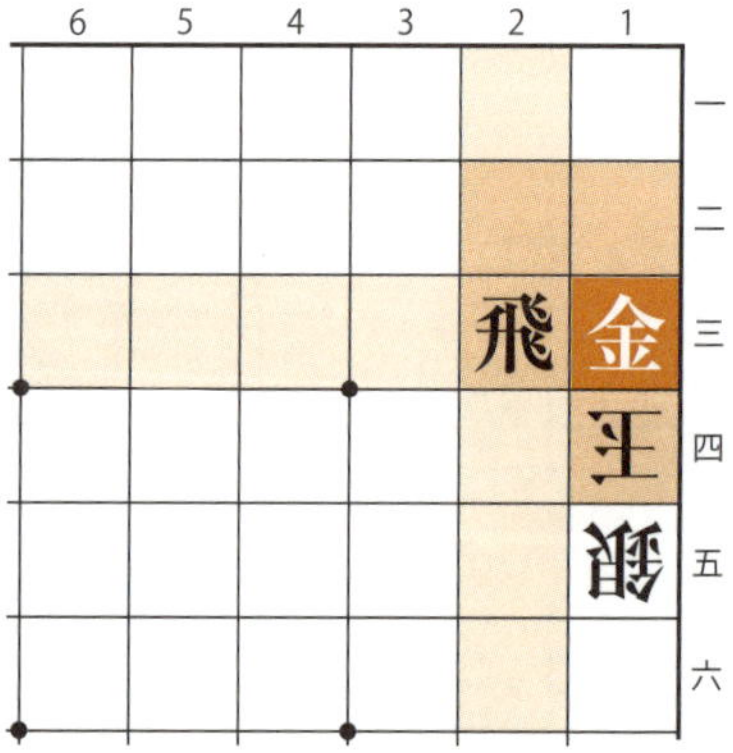

☗持駒《もちごま》 なし

金《きん》を打《う》つ

金《きん》を打《う》てる場所《ばしょ》は3か所《しょ》ありますが、もちろん詰《つ》むのは1か所《しょ》だけ。

☗2五金《ごきん》は☖2三玉《さんぎょく》と飛車《ひしゃ》を取《と》られますし、☗2四金《よんきん》は☖同銀《どうぎん》で失敗《しっぱい》です。正解《せいかい》は☗1三《さん》金《きん》で、飛車《ひしゃ》と金《きん》が協力《きょうりょく》して玉《ぎょく》を捕《つか》まえます。

第《だい》21問《もん》

レベル ★★★★★

ヒント
角《かく》の使《つか》い方《かた》①

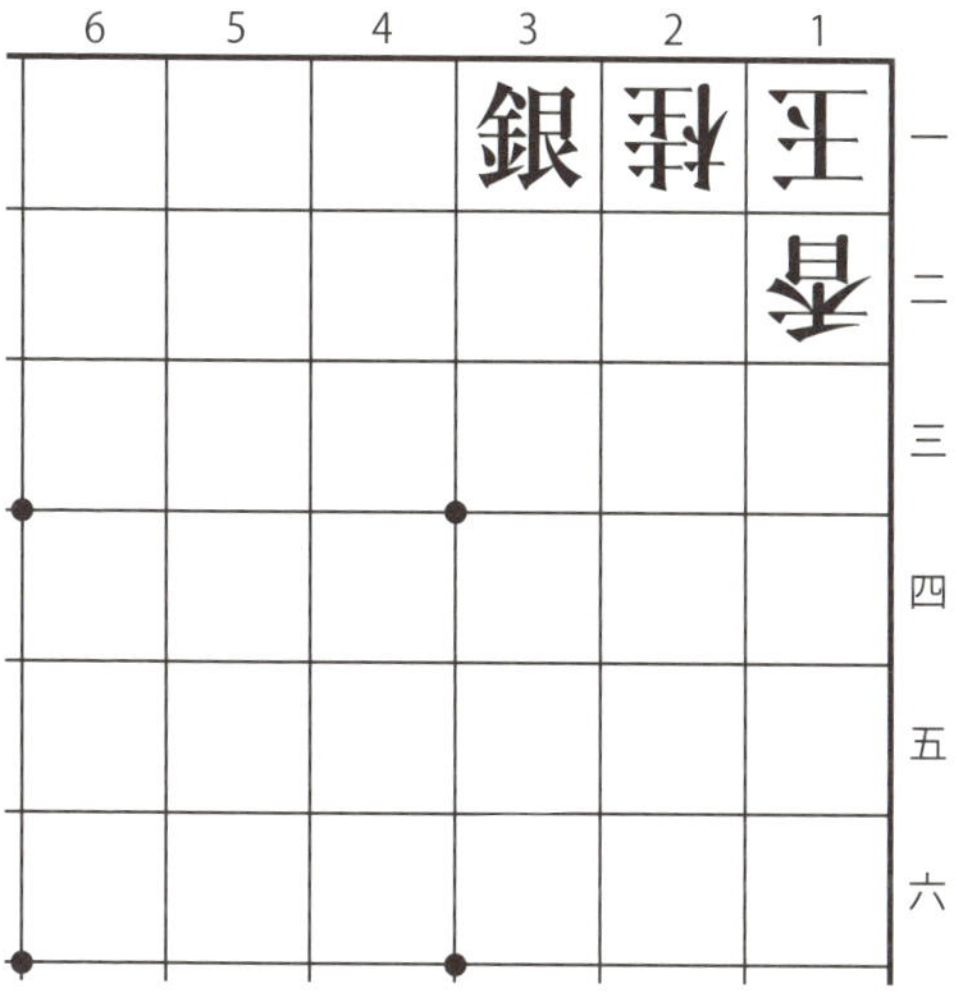

持駒《もちごま》 角《かく》

第《だい》22問《もん》

レベル ★★★★★

ヒント
角《かく》の使《つか》い方《かた》②

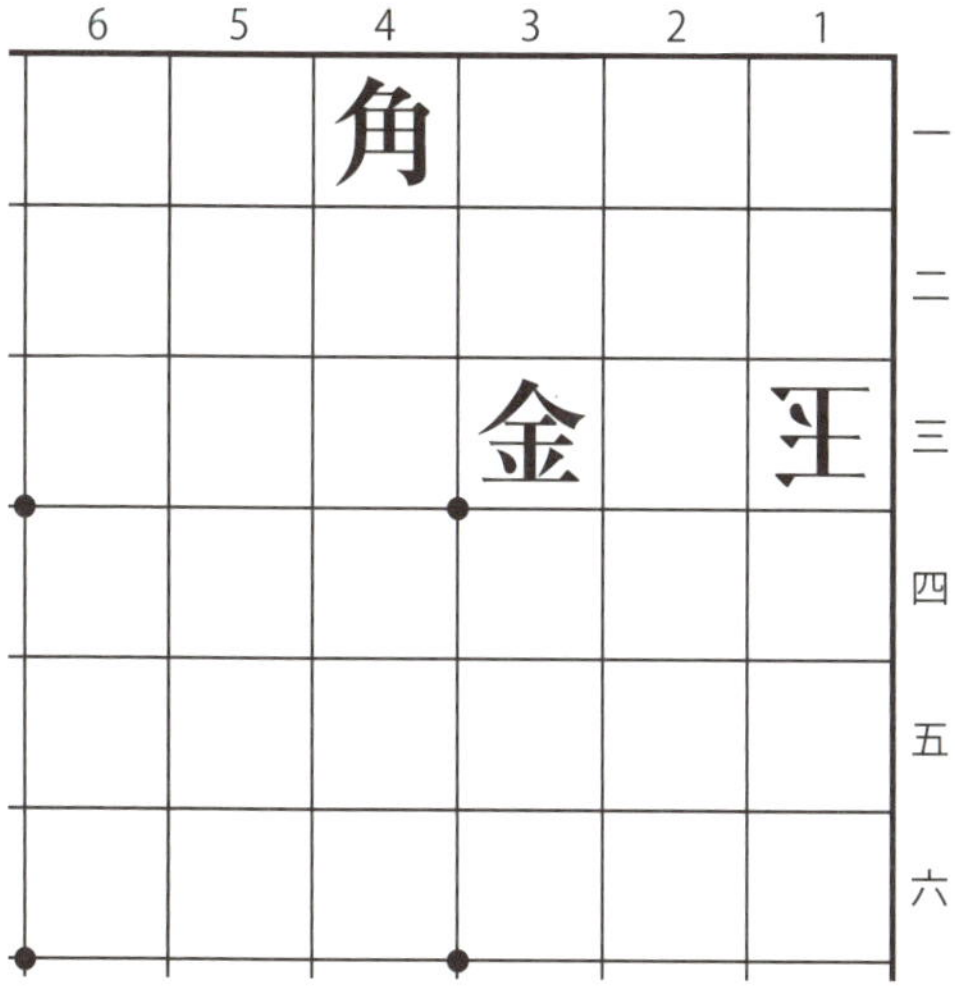

持駒《もちごま》 なし

第《だい》21問《もん》

☗2二角《にかく》

正解図《せいかいず》

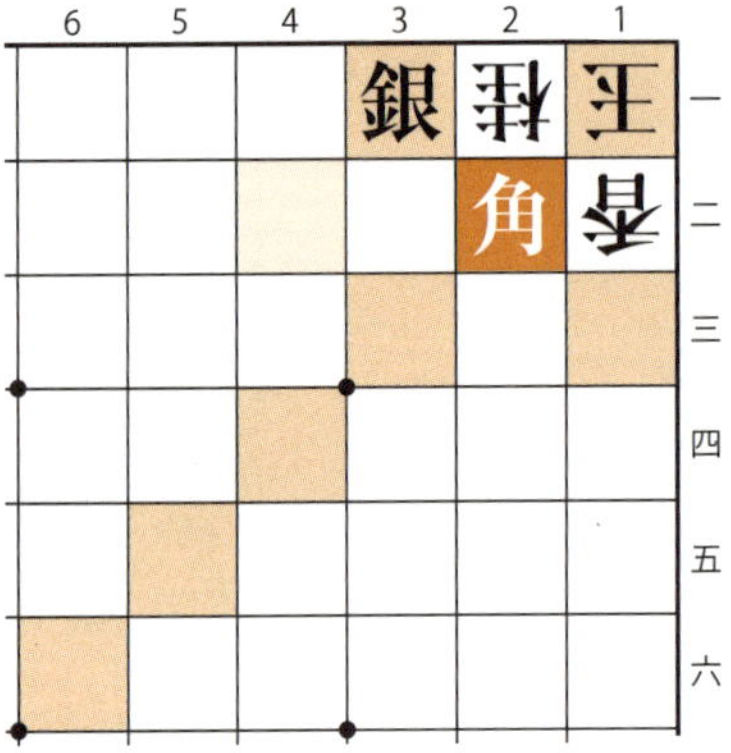

☗持駒《もちごま》 なし

角《かく》を打《う》つ

角《かく》は斜《なな》めにどこまでも動《うご》ける駒《こま》。玉《ぎょく》から離《はな》して☗4四角《よんかく》と打《う》つと、玉方《ぎょくかた》は持駒《もちごま》を使《つか》って☖3三歩《さんふ》と打《う》ち、角《かく》の王手《おうて》を防《ふせ》ぎます。☗同《どう》角成《かくなり》は、☖同桂《どうけい》と取《と》り返《かえ》されて失敗《しっぱい》。☗2二角《にかく》と玉《ぎょく》にくっつけて打《う》つのが正解《せいかい》。

第《だい》22問《もん》

☗2三角成《さんかくなり》

正解図《せいかいず》

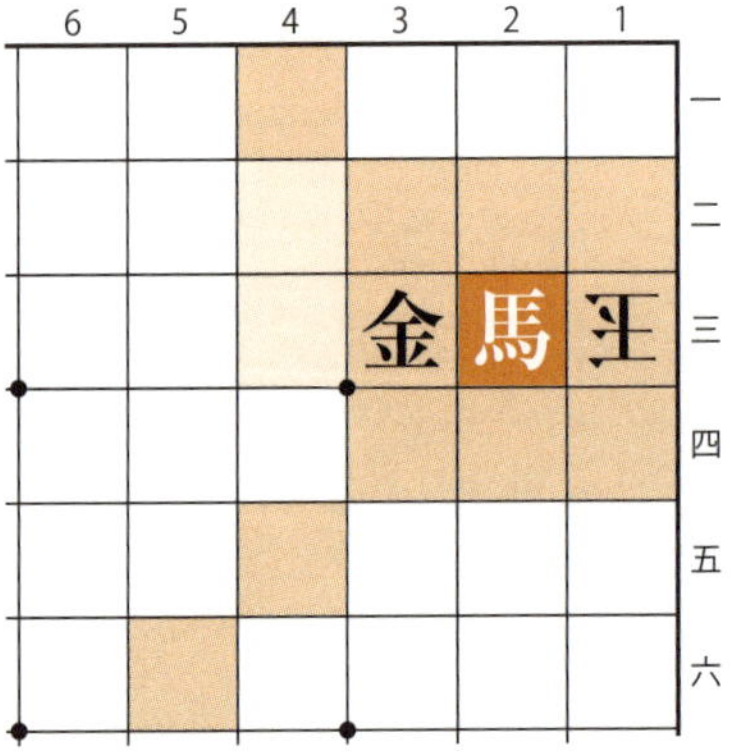

☗持駒《もちごま》 なし

角《かく》を成《な》る

☗2三金《さんきん》は角《かく》の利《き》きが止《と》まるので、☖1四《よん》玉《ぎょく》で失敗《しっぱい》。正解《せいかい》は☗2三角成《さんかくなり》と馬《うま》を作《つく》る手《て》。

角《かく》の弱点《じゃくてん》は上下左右《じょうげさゆう》に利《き》きがないことですが、馬《うま》になるとその弱点《じゃくてん》はなくなります。強力《きょうりょく》な駒《こま》なので、うまく使《つか》いましょう。

第《だい》23問《もん》

レベル ★★★★★

ヒント
角《かく》の使《つか》い方《かた》③

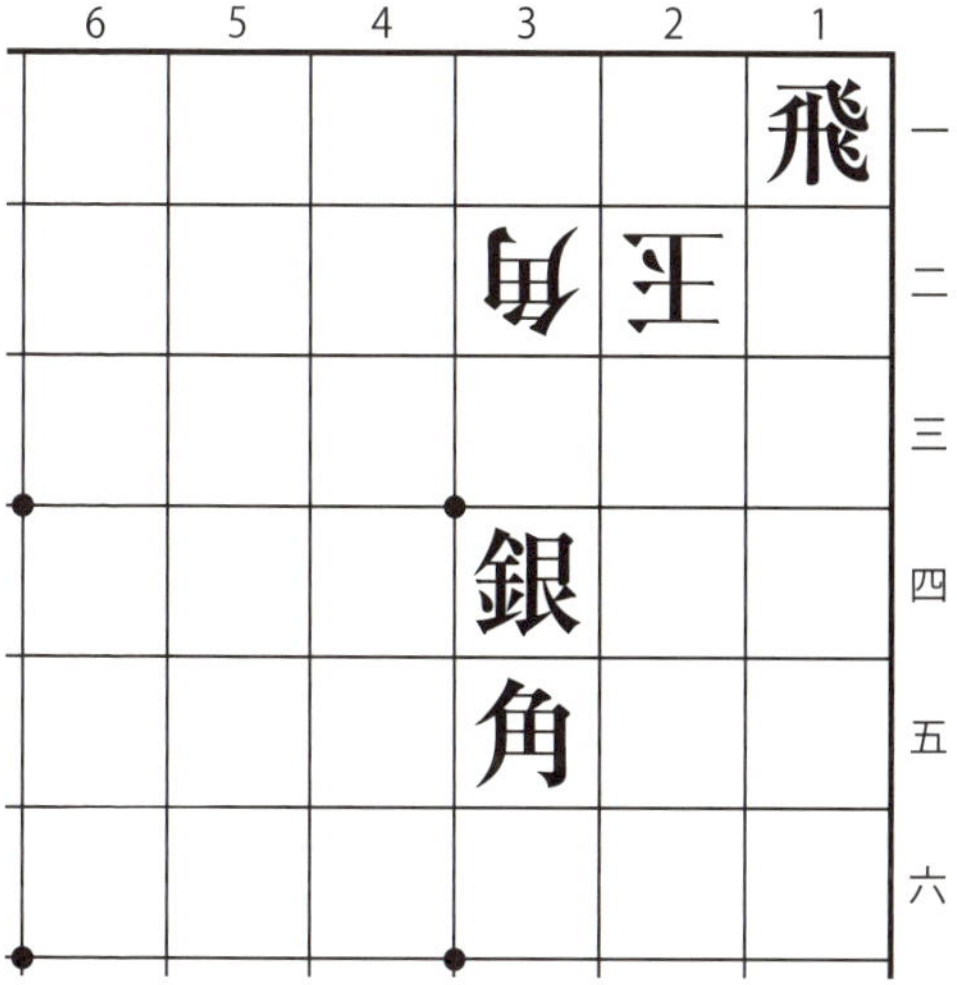

持駒《もちごま》 なし

第《だい》24問《もん》

レベル ★★★★★

ヒント
角《かく》の使《つか》い方《かた》④

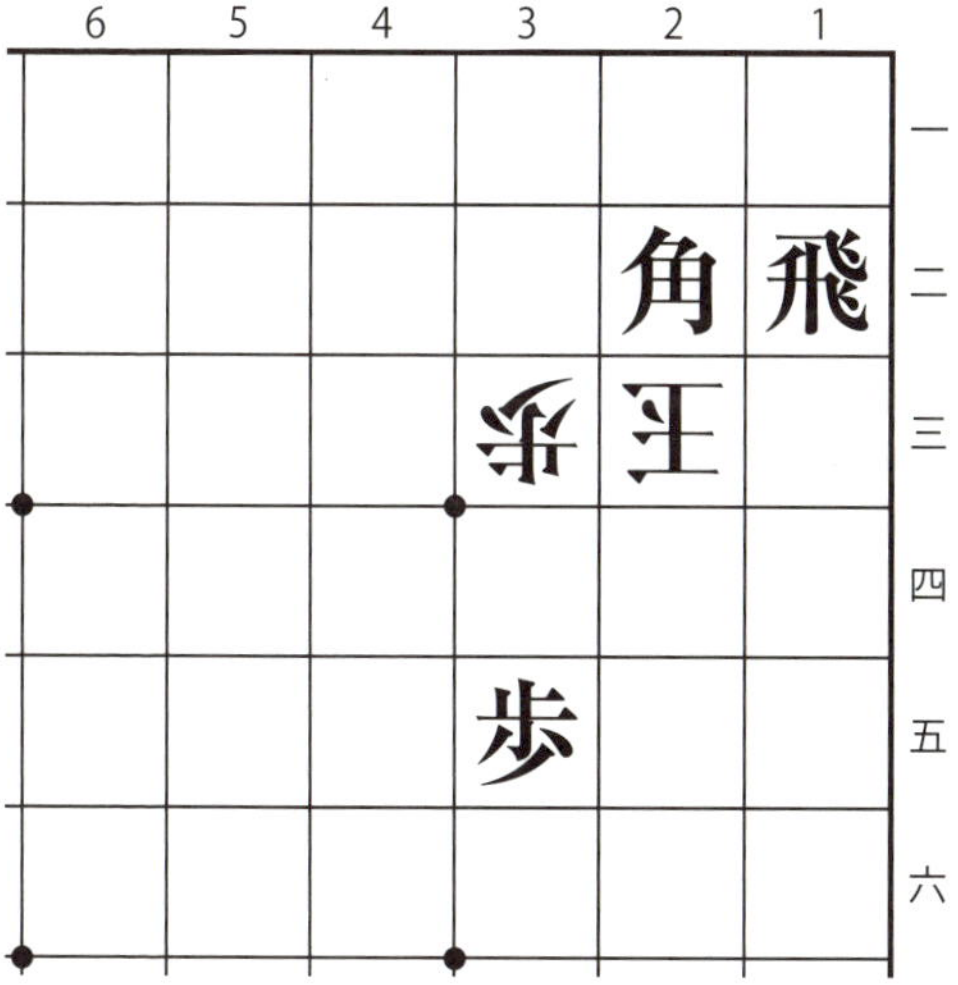

持駒《もちごま》 なし

第《だい》23問《もん》

☗4四角《よんかく》

正解図《せいかいず》

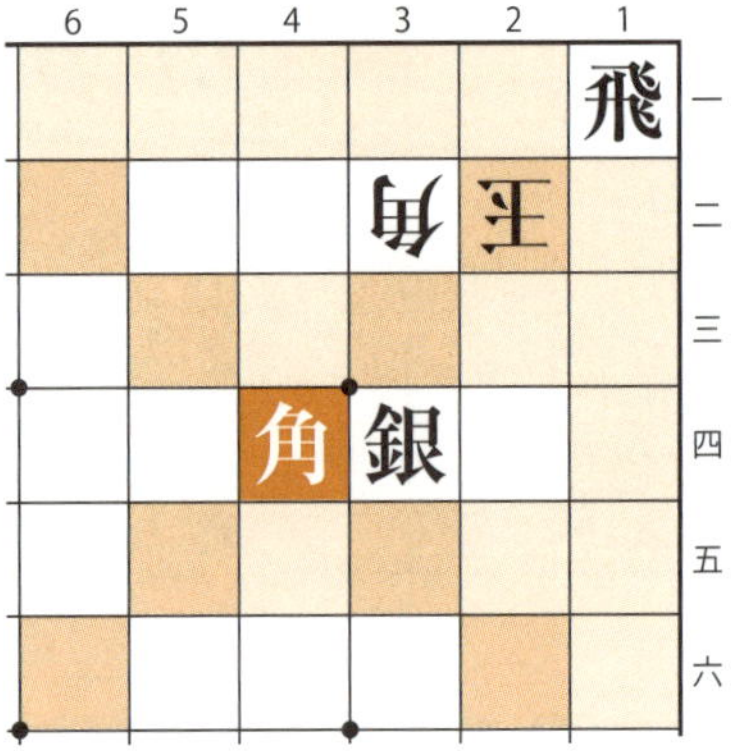

☗持駒《もちごま》 なし

角《かく》を動《うご》かす

玉《ぎょく》から離《はな》れていても王手《おうて》ができる、これが角《かく》の強《つよ》みです。

正解《せいかい》は☗4四角《よんかく》と動《うご》かす手《て》。この角《かく》は王手《おうて》をかけると同時《どうじ》に、1一飛《いちひ》を玉《ぎょく》に取《と》られないようにしています。

第《だい》24問《もん》

☗1三角成《さんかくなり》

正解図《せいかいず》

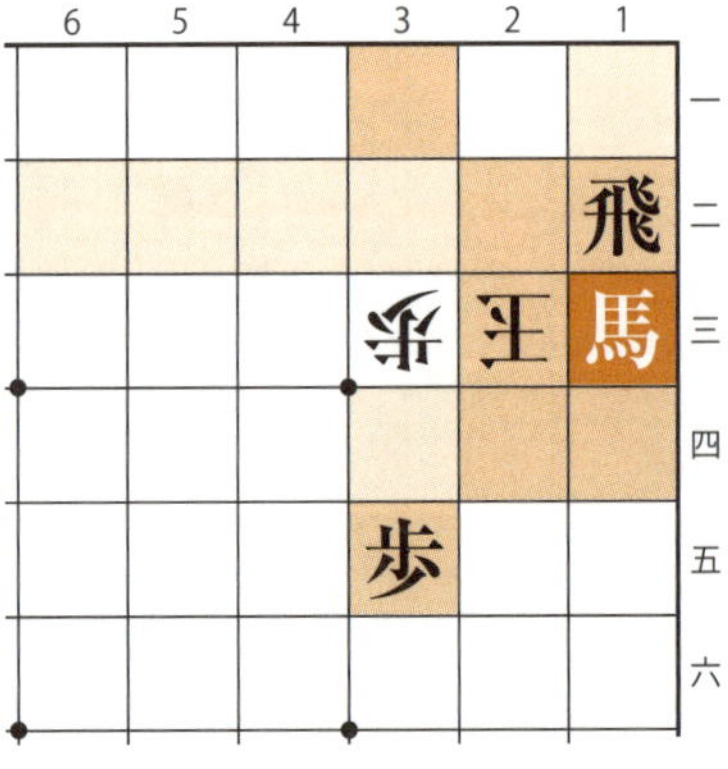

☗持駒《もちごま》 なし

角《かく》を成《な》る

飛車《ひしゃ》は角《かく》よりも強《つよ》そうに思《おも》えます。しかし、☗1三飛成《さんひなり》と竜《りゅう》を作《つく》ると、☖3二玉《にぎょく》☗3三竜《さんりゅう》☖4一玉《いちぎょく》で失敗《しっぱい》です。

☗1三角成《さんかくなり》が正解《せいかい》。飛車《ひしゃ》が3二《に》に利《き》いているので、☖3二玉《にぎょく》とは逃《に》げられません。

ヒント

飛車《ひしゃ》の使《つか》い方《かた》①

第《だい》25問《もん》

レベル ★★★★★

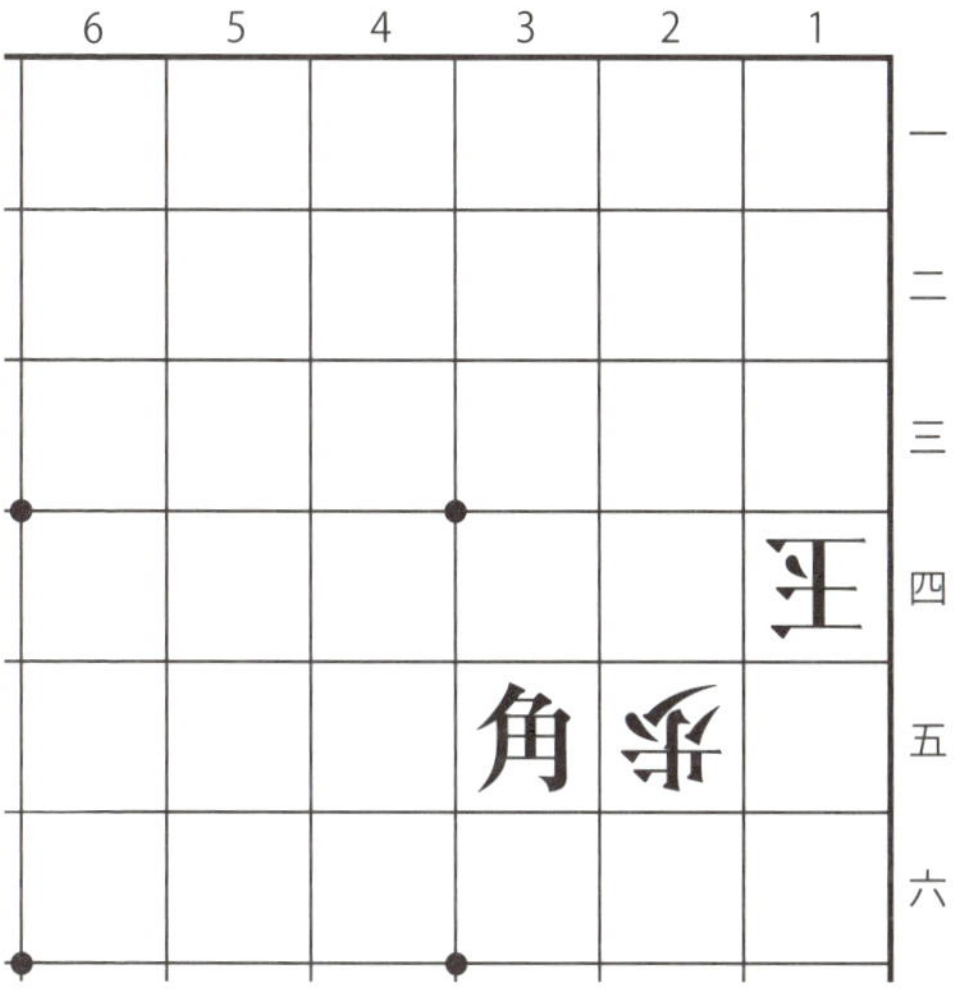

持駒《もちごま》 飛《ひ》

ヒント

飛車《ひしゃ》の使《つか》い方《かた》②

第《だい》26問《もん》

レベル ★★★★★

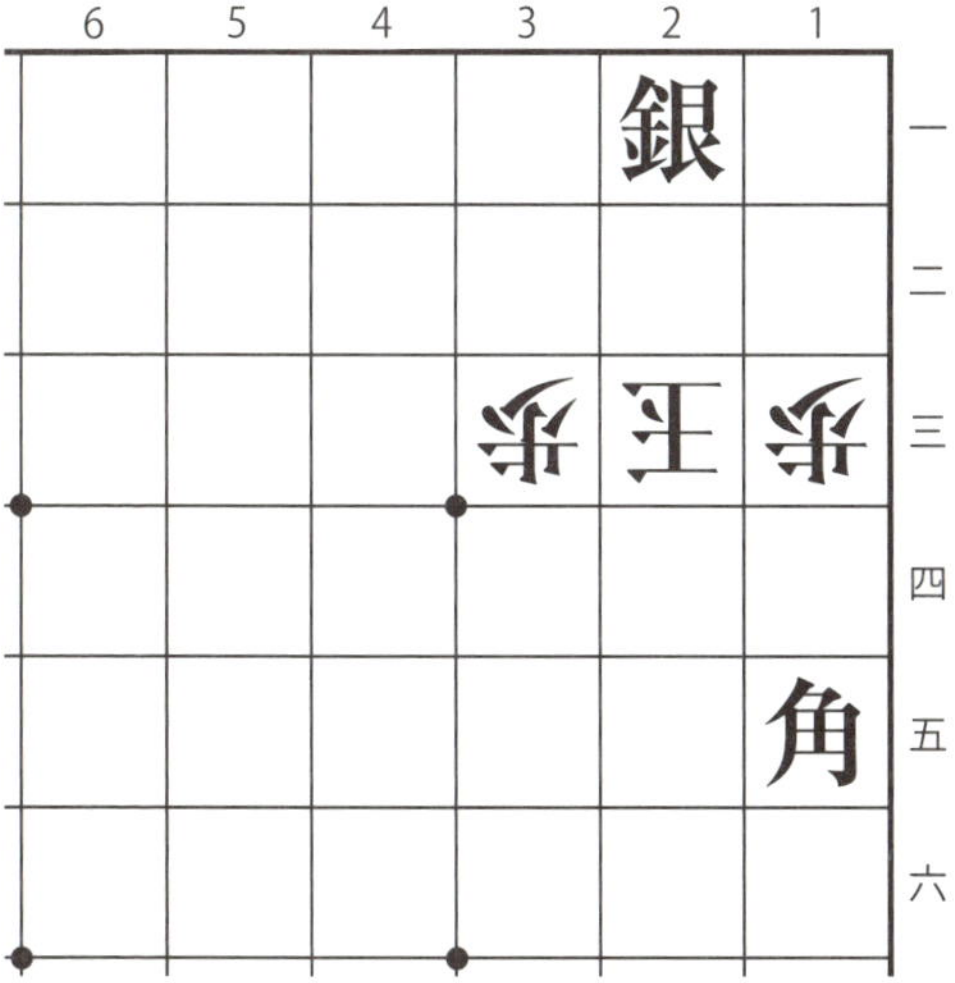

持駒《もちごま》 飛《ひ》

第《だい》25問《もん》

☗1三飛《さんひ》

正解図《せいかいず》

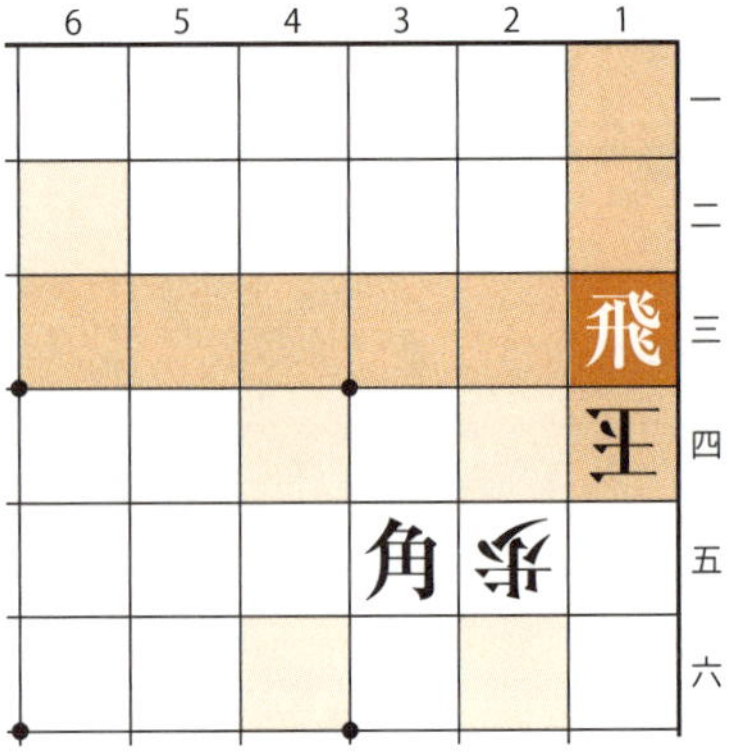

☗持駒《もちごま》 なし

飛車《ひしゃ》を下《した》から打《う》つ

飛車《ひしゃ》は縦《たて》と横《よこ》にどこまでも動《うご》ける駒《こま》。玉《ぎょく》を詰《つ》める時《とき》には、とても使《つか》いやすい駒《こま》です。

☗1三飛《さんひ》と、玉《ぎょく》から見《み》て下《した》のマスに打《う》ちます。

☖1五玉《ごぎょく》と逃《に》げられても飛車《ひしゃ》で取《と》れるので、これで詰《つ》み。

第《だい》26問《もん》

☗2四飛《よんひ》

正解図《せいかいず》

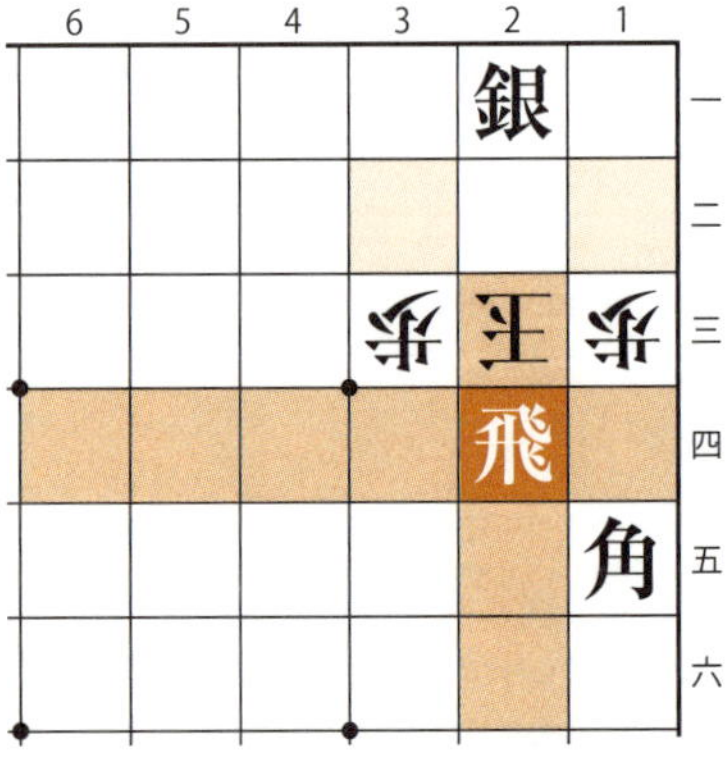

☗持駒《もちごま》 なし

飛車《ひしゃ》を上《うえ》から打《う》つ

出題図《しゅつだいず》で玉《ぎょく》の逃《に》げ道《みち》を探《さが》すと、1四《よん》、2二《に》、3四《よん》の3か所《しょ》があります。これらのマスに玉《ぎょく》を逃《に》がさないようにしながら王手《おうて》をかける、そういう手《て》を考《かんが》えましょう。

玉《ぎょく》から見《み》て上《うえ》のマスに☗2四飛《よんひ》が正解《せいかい》。

第《だい》27問《もん》

レベル ★★★★★

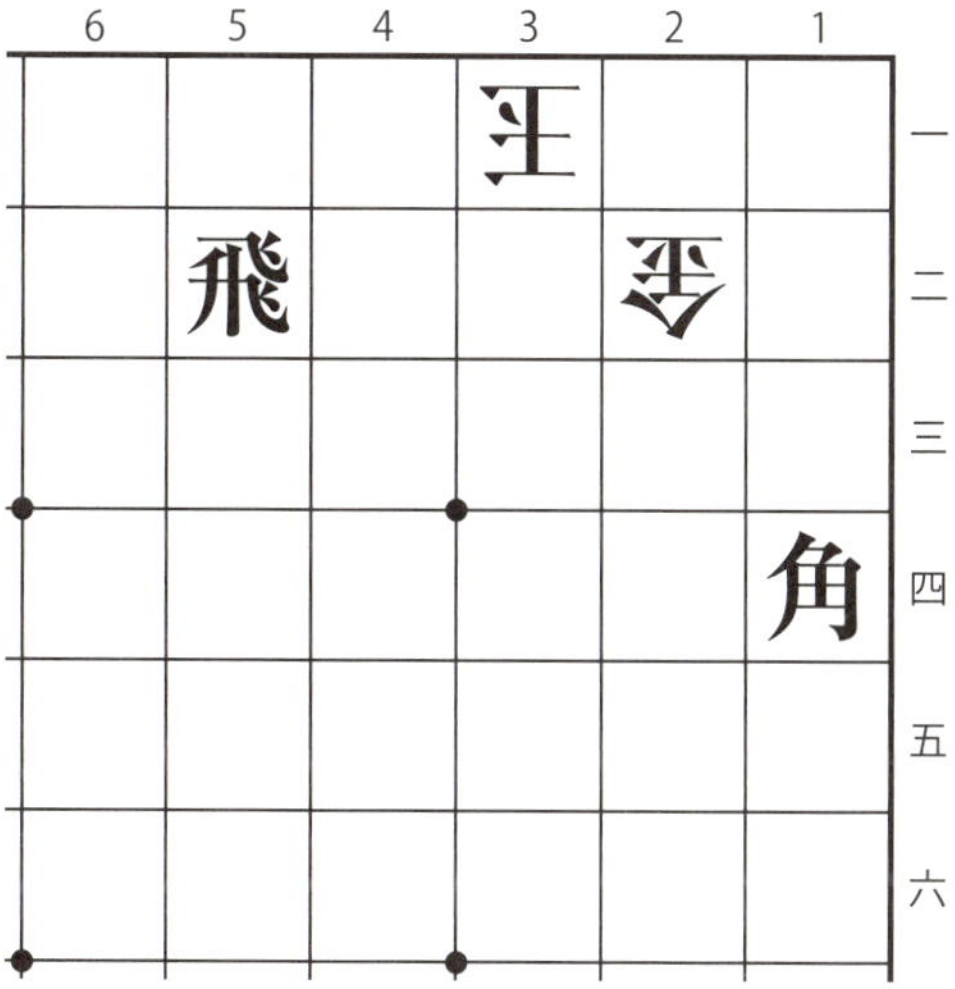

持駒《もちごま》 なし

ヒント

飛車《ひしゃ》の使《つか》い方《かた》③

第《だい》28問《もん》

レベル ★★★★★

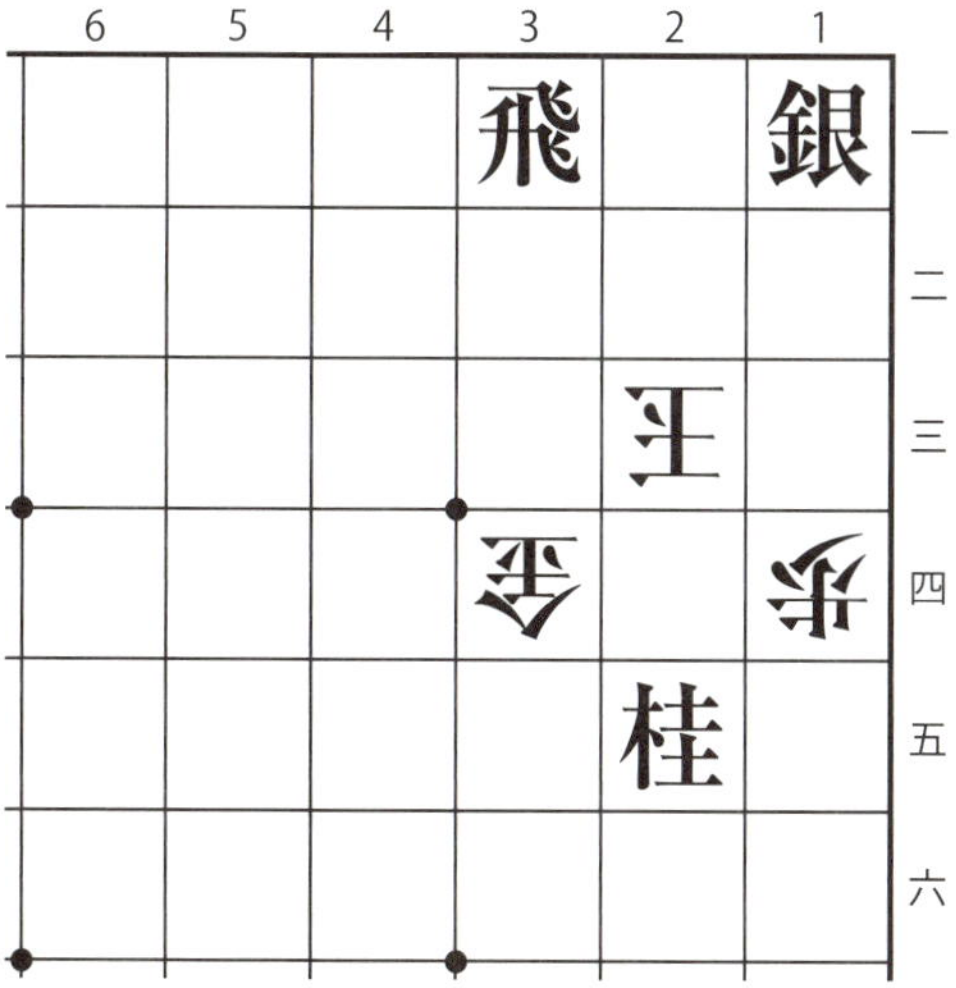

持駒《もちごま》 なし

ヒント

飛車《ひしゃ》の使《つか》い方《かた》④

第《だい》27問《もん》

☗5一《いち》飛《ひ》成《なり》

正解図《せいかいず》

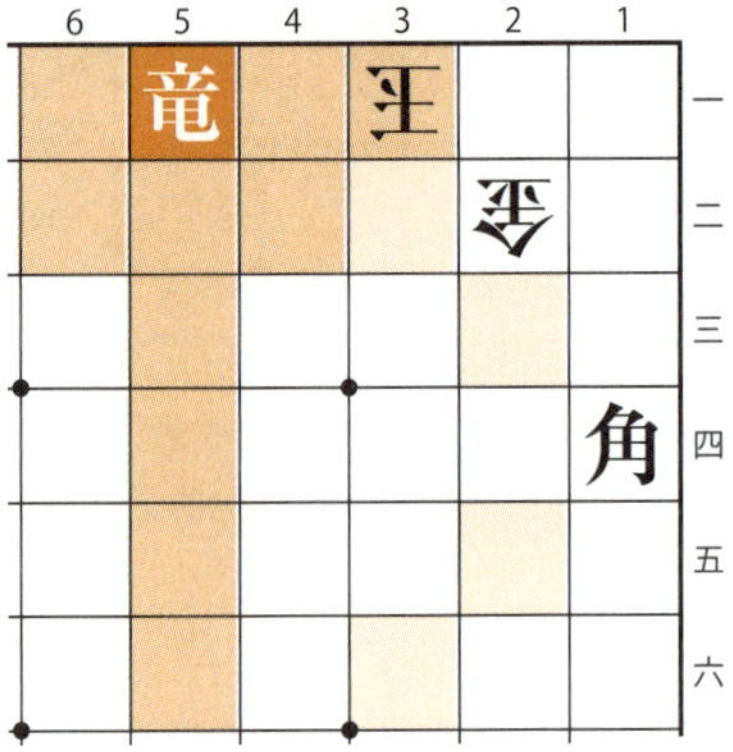

☗持駒《もちごま》 なし

飛《ひ》車《しゃ》を成《な》る

飛《ひ》車《しゃ》も角《かく》も利《き》いているのは3二《に》ですが、玉《ぎょく》方《かた》の金《きん》も利《き》いているので攻《せ》められません。

玉《ぎょく》を2一《いち》に逃《に》がさないためにも☗5一《いち》飛《ひ》成《なり》と竜《りゅう》を作《つく》るのが正解《せいかい》。☗5一《いち》飛《ひ》不成《ならず》だと☖4二《に》玉《ぎょく》と逃《に》がすので、しっかり成《な》りましょう。

第《だい》28問《もん》

☗2一《いち》飛《ひ》成《なり》

正解図《せいかいず》

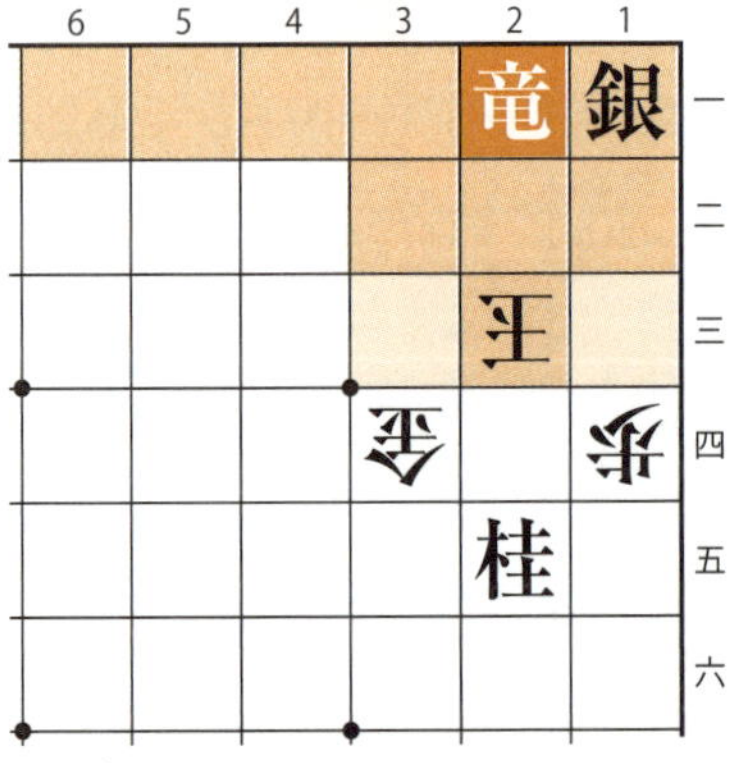

☗持駒《もちごま》 なし

飛《ひ》車《しゃ》を成《な》る

☗2一《いち》飛《ひ》成《なり》とすると、1二《に》や2四《よん》などに玉《ぎょく》を逃《に》がさずに王手《おうて》をかけられます。

飛《ひ》車《しゃ》の弱点《じゃくてん》は斜《なな》めに利《き》きがないことですが、竜《りゅう》になるとその弱点《じゃくてん》はなくなります。強力《きょうりょく》な竜《りゅう》をうまく使《つか》っていきましょう。

第《だい》29問《もん》

ヒント
馬《うま》の使《つか》い方《かた》①

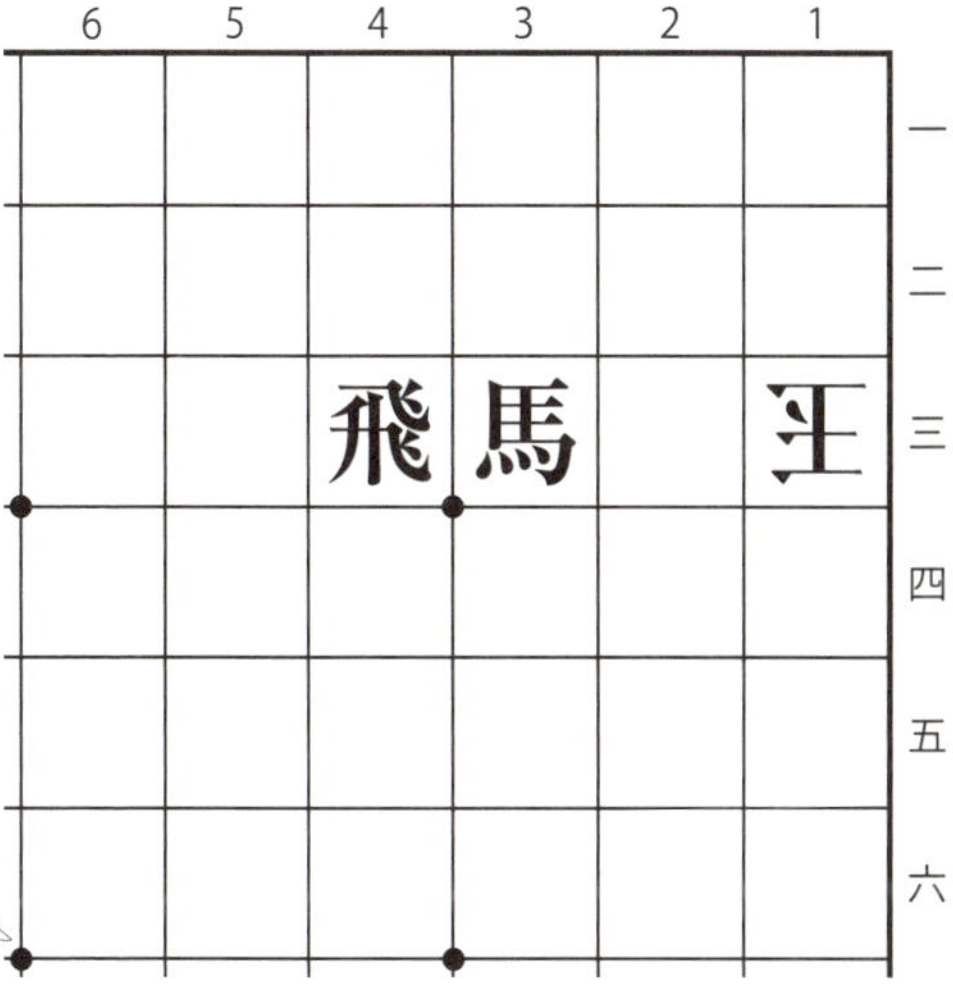

レベル ★★★★★

持駒《もちごま》 なし

第《だい》30問《もん》

ヒント
馬《うま》の使《つか》い方《かた》②

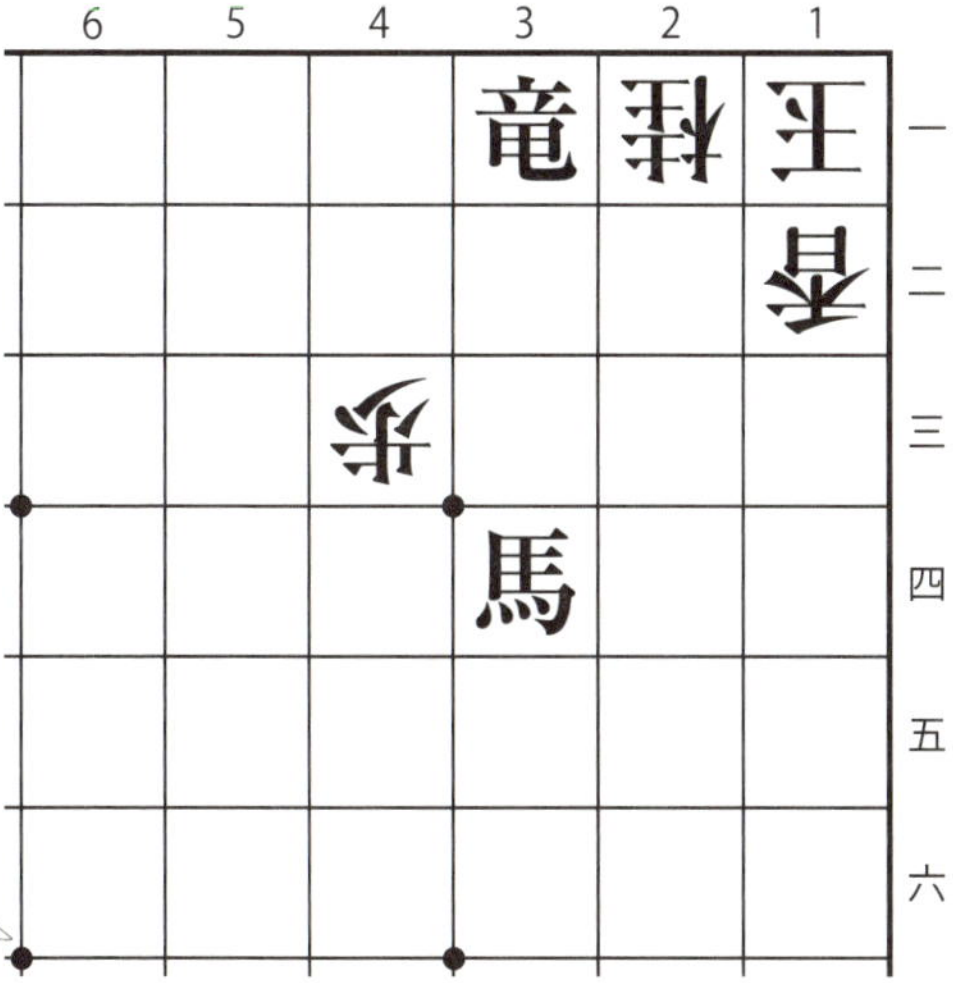

レベル ★★★★★

持駒《もちごま》 なし

第《だい》29問《もん》

☗2三馬《さんうま》

正解図《せいかいず》

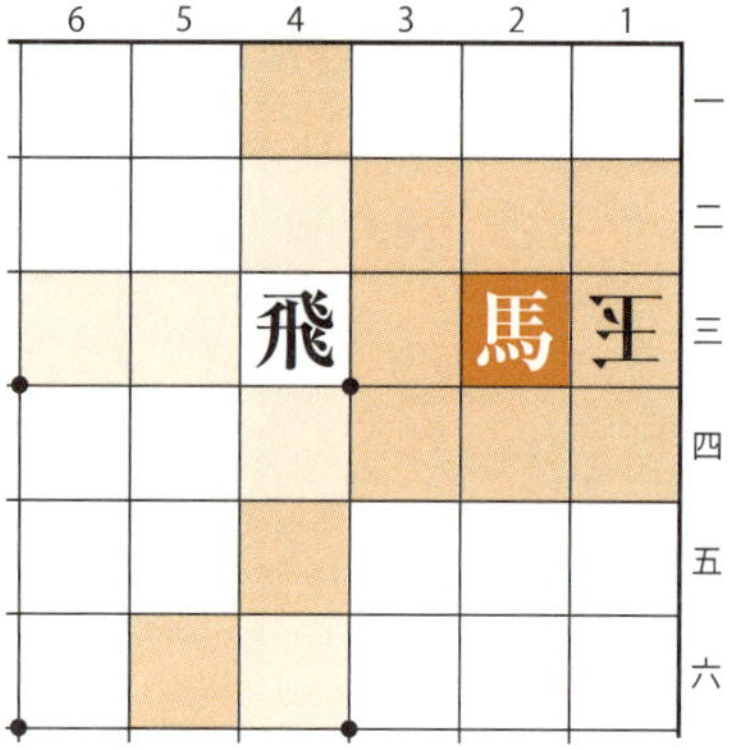

☗持駒《もちごま》 なし

馬《うま》を動《うご》かす

馬《うま》は、角《かく》の動《うご》きに加《くわ》えて上下《じょうげ》左右《さゆう》にも動《うご》ける駒《こま》。攻《せ》めにも守《まも》りにも活躍《かつやく》します。

☗2三馬《さんうま》と動《うご》かして詰《つ》み。この馬《うま》には4三《さん》飛《ひ》が利《き》いているので、玉《ぎょく》は取《と》れません。

出題図《しゅつだいず》で☗3四馬《よんうま》は☖2二玉《にぎょく》で失敗《しっぱい》です。

第《だい》30問《もん》

☗3三馬《さんうま》

正解図《せいかいず》

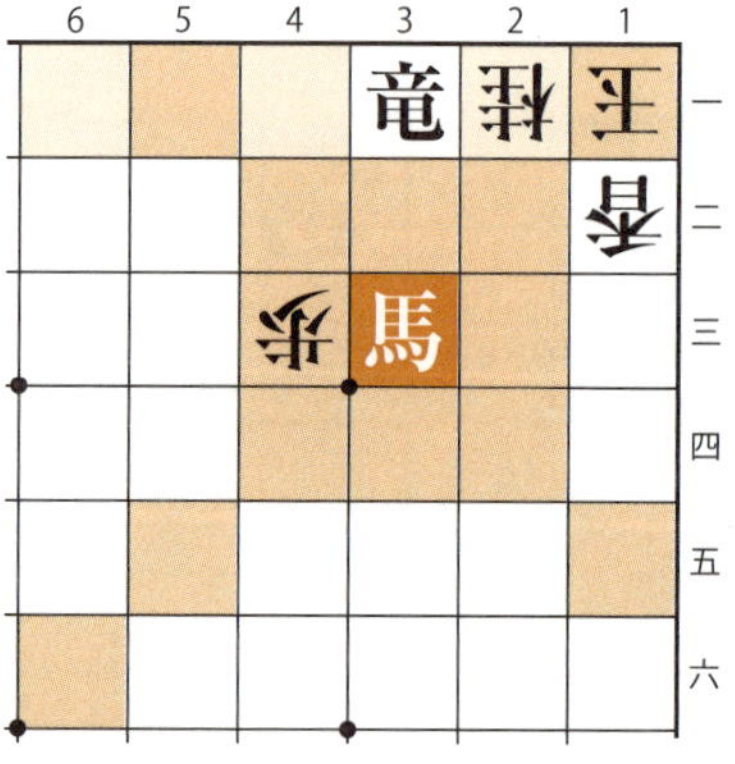

☗持駒《もちごま》 なし

桂《けい》は動《うご》けない

馬《うま》でかけられる王手《おうて》は、☗1二馬《にうま》、☗3三《さん》馬《うま》、☗4四馬《よんうま》の3通《とお》り。どれも玉方《ぎょくかた》の駒《こま》に取《と》られそうですが、ひとつだけそうではない手《て》があります。正解《せいかい》は☗3三馬《さんうま》。3一竜《いちりゅう》が玉《ぎょく》をにらんでいるので、2一桂《いちけい》は動《うご》けません。

第《だい》31問《もん》

ヒント
竜《りゅう》の使《つか》い方《かた》①

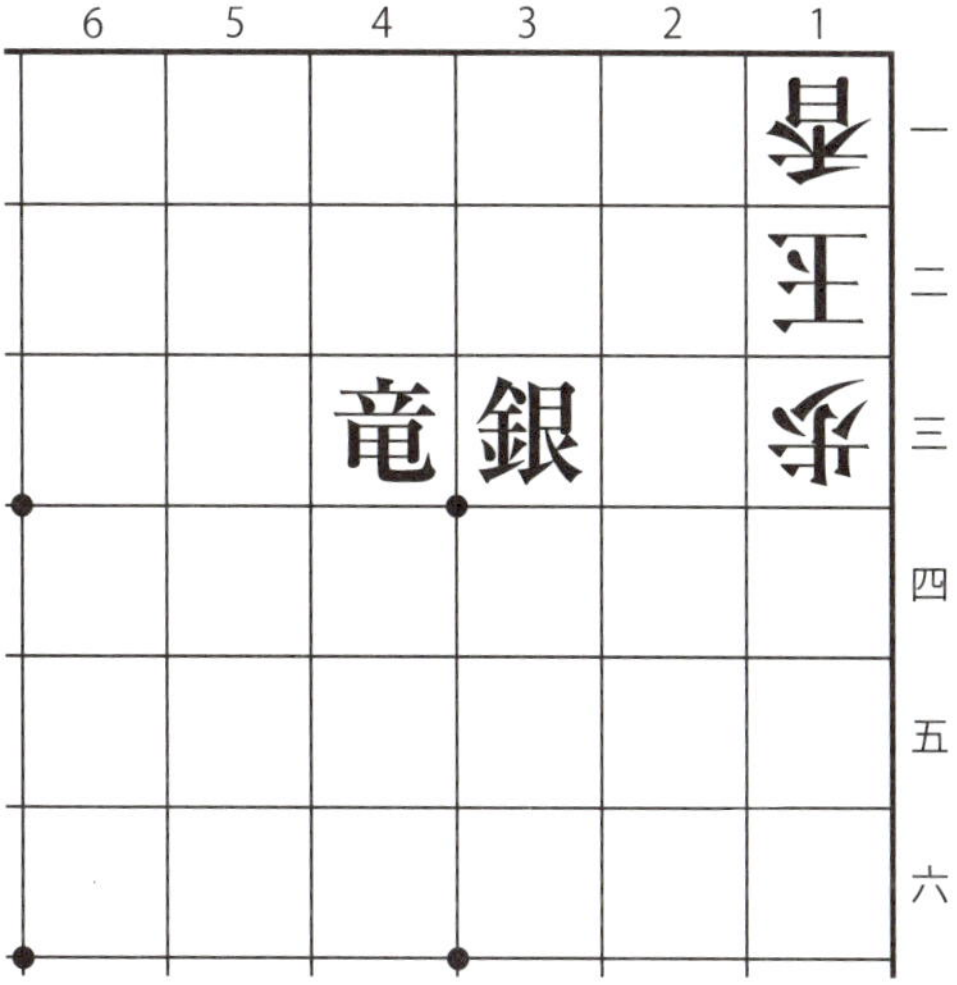

持駒《もちごま》 なし

レベル
★★★★★

第《だい》32問《もん》

ヒント
竜《りゅう》の使《つか》い方《かた》②

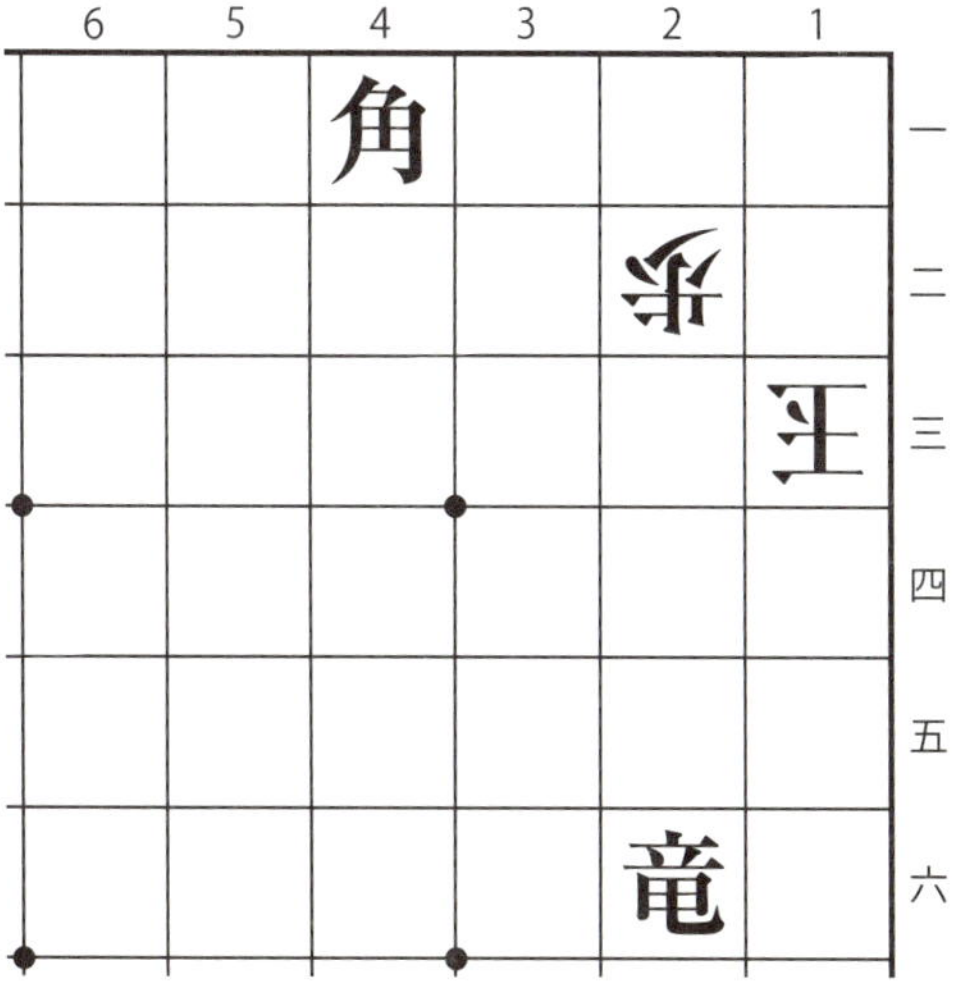

持駒《もちごま》 なし

レベル
★★★★★

第《だい》31問《もん》

☗3二《に》竜《りゅう》

正解図《せいかいず》

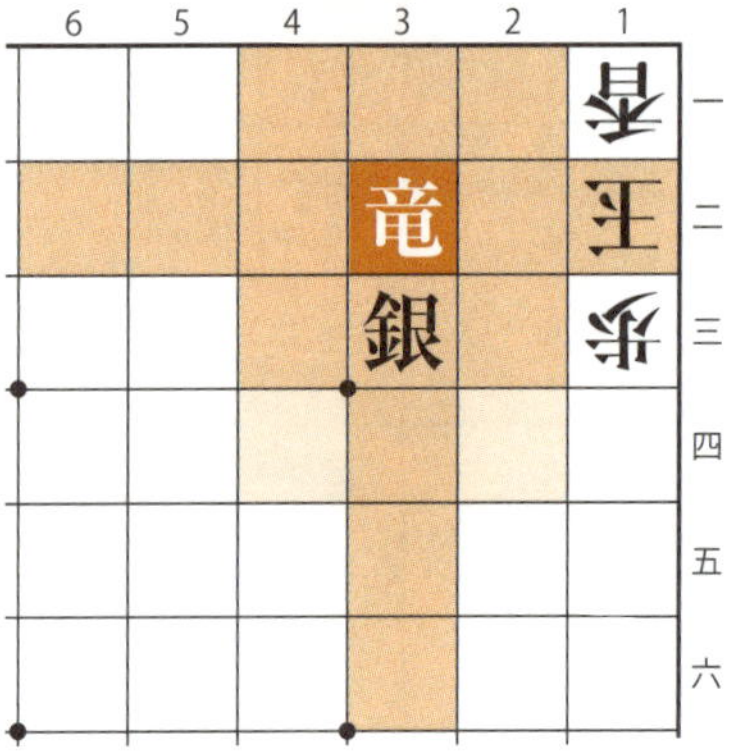

☗持駒《もちごま》 なし

竜《りゅう》を斜《なな》めに動《うご》かす

竜《りゅう》は、飛車《ひしゃ》の動《うご》きに加《くわ》えて斜《なな》めにも動《うご》ける駒《こま》。強力《きょうりょく》な利《き》きで玉《ぎょく》を追《お》いつめていきましょう。☗4二竜《にりゅう》だと☖2三玉《さんぎょく》と逃《に》げられます。竜《りゅう》の利《き》きを活《い》かして☗3二竜《にりゅう》が正解《せいかい》。王手《おうて》をかけつつ、☖2三玉《さんぎょく》を防《ふせ》ぎます。

第《だい》32問《もん》

☗1五《ご》竜《りゅう》

正解図《せいかいず》

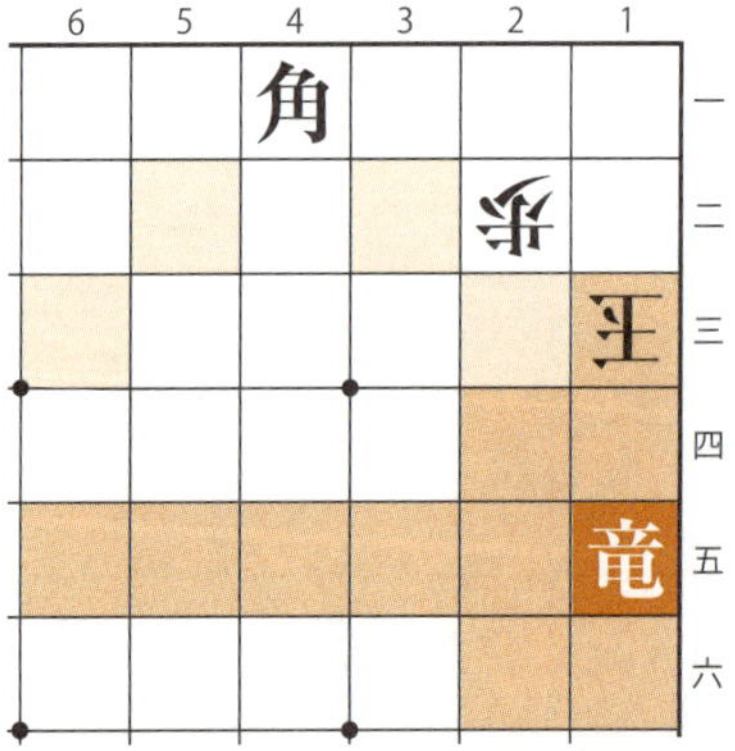

☗持駒《もちごま》 なし

竜《りゅう》を斜《なな》めに動《うご》かす

角《かく》と竜《りゅう》が玉《ぎょく》から離《はな》れていて、少《すこ》し考《かんが》えにくい形《かたち》です。でも、玉《ぎょく》の逃《に》げ道《みち》を探《さが》し、それを防《ふせ》ぐような王手《おうて》を考《かんが》えることは変《か》わりません。☗1五竜《ごりゅう》と玉《ぎょく》に近《ちか》づきます。角《かく》が1四《よん》にも利《き》いているので、【合駒《あいごま》】は効果《こうか》がありません。

【合駒《あいごま》】＝玉方《ぎょくかた》が飛車《ひしゃ》や角《かく》などの王手《おうて》に対《たい》し、持駒《もちごま》を使《つか》って守《まも》る手《て》のこと。23ページ参照《さんしょう》。

第《だい》33問《もん》

レベル ★

ヒント
逃《に》げ道《みち》に注意《ちゅうい》①

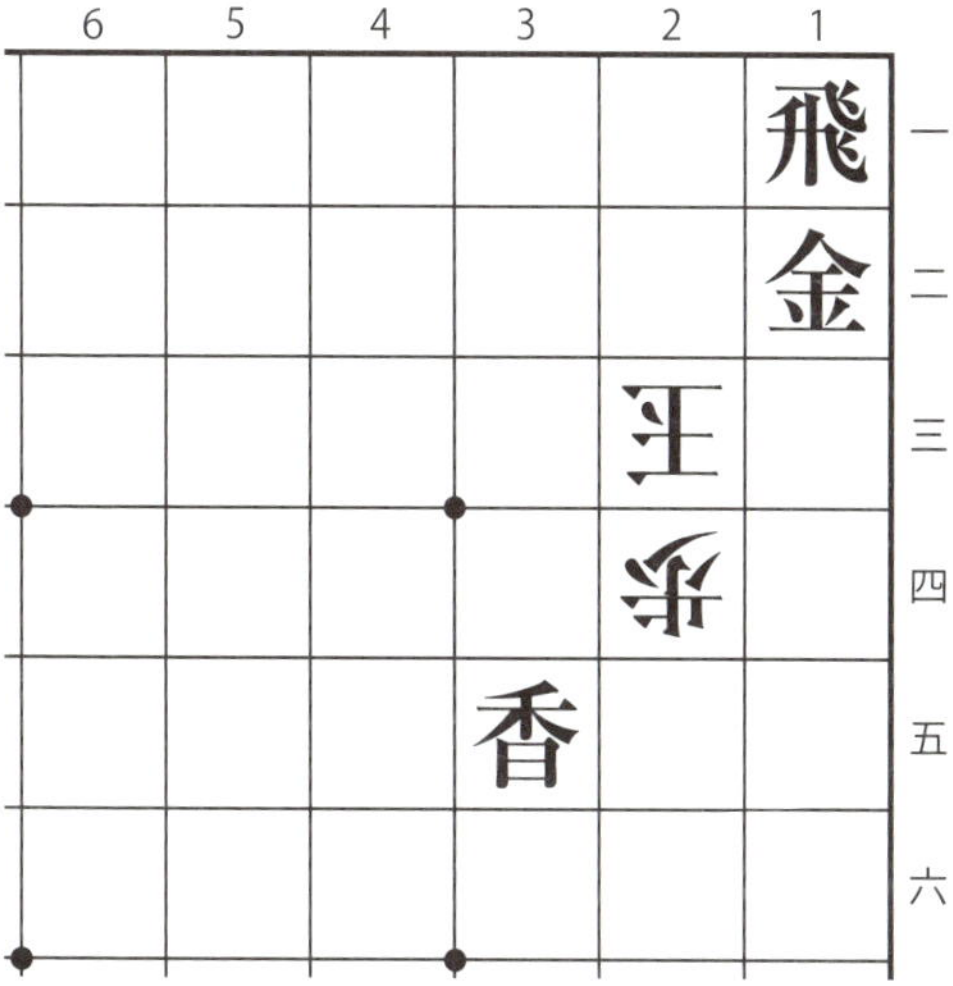

持駒《もちごま》 なし

第《だい》34問《もん》

レベル ★★

ヒント
逃《に》げ道《みち》に注意《ちゅうい》②

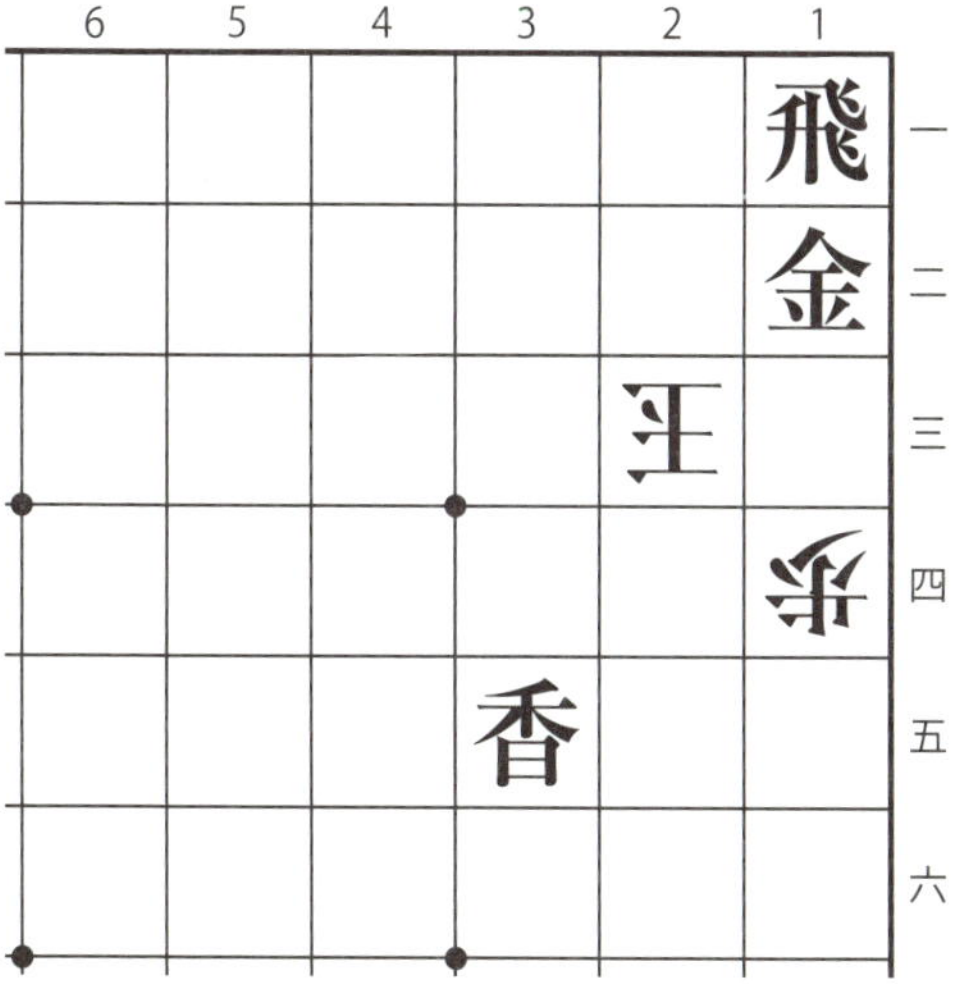

持駒《もちごま》 なし

第《だい》33問《もん》

☗1三金《さんきん》

正解図《せいかいず》

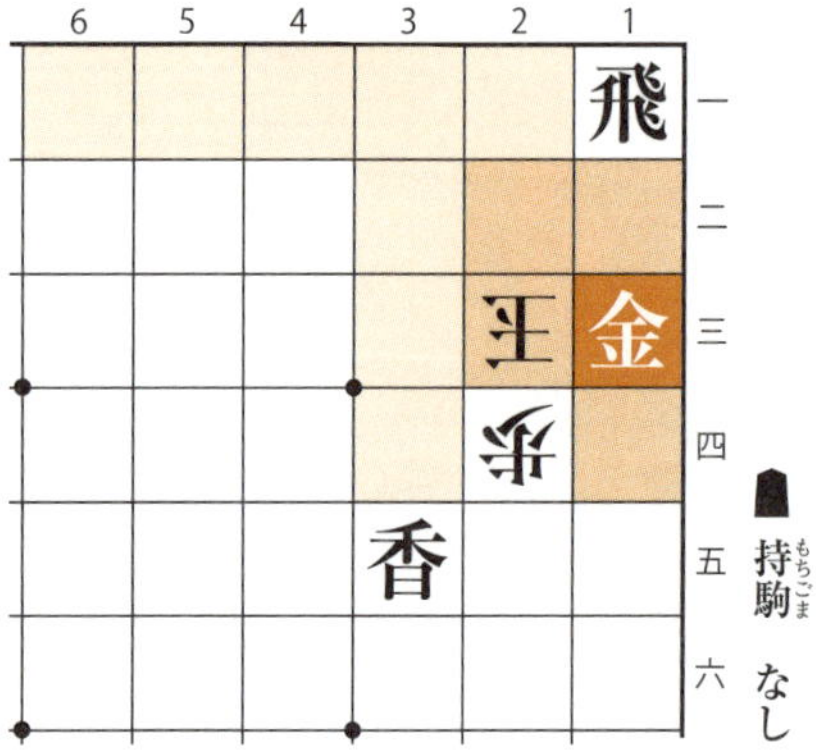

金《きん》を動《うご》かす

飛車《ひしゃ》の利《き》きに☗1三金《さんきん》と引《ひ》いて詰《つ》み。

ここからは、配置《はいち》が少《すこ》しだけちがう問題《もんだい》を2問《もん》ずつ出《だ》します。配置《はいち》のちがいに注意《ちゅうい》して考《かんが》えてみてください。出題図《しゅつだいず》の2四歩《よんふ》を1四《よん》に移動《いどう》したのが次《つぎ》の問題《もんだい》です。

第《だい》34問《もん》

☗2一飛成《いちひなり》

正解図《せいかいず》

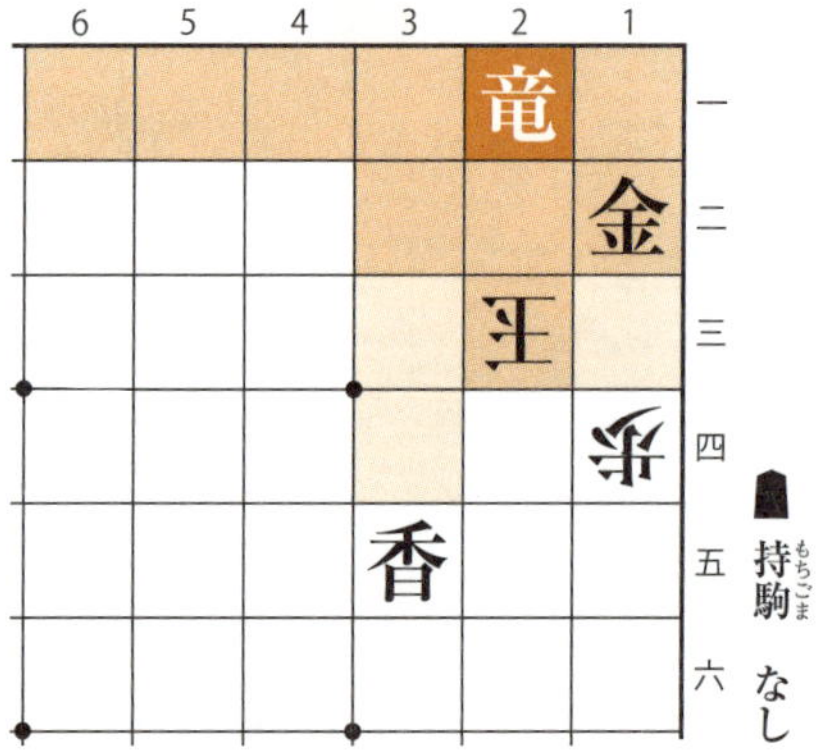

飛車《ひしゃ》を動《うご》かす

前《まえ》の問題《もんだい》では1四《よん》に逃《に》げ道《みち》がありましたが、この問題《もんだい》では2四《よん》に逃《に》げ道《みち》があります。☗1三金《さんきん》としても☖2四玉《よんぎょく》で詰《つ》みません。

正解《せいかい》は☗2一《いち》飛成《ひなり》。竜《りゅう》の力《ちから》で☖2四玉《よんぎょく》と逃《に》げさせません。

第《だい》35問《もん》

ヒント

馬《うま》の位置《いち》に注意《ちゅうい》①

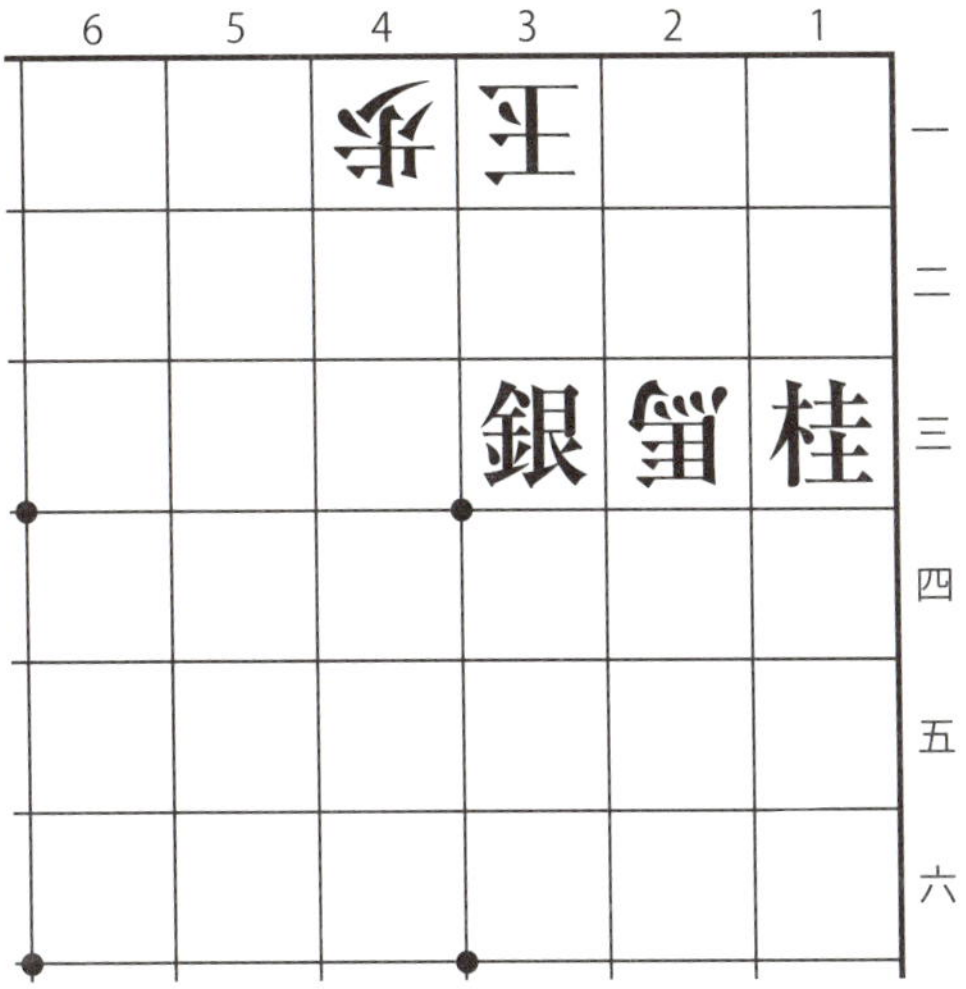

レベル ★★★★★

持駒《もちごま》 金《きん》

第《だい》36問《もん》

ヒント

馬《うま》の位置《いち》に注意《ちゅうい》②

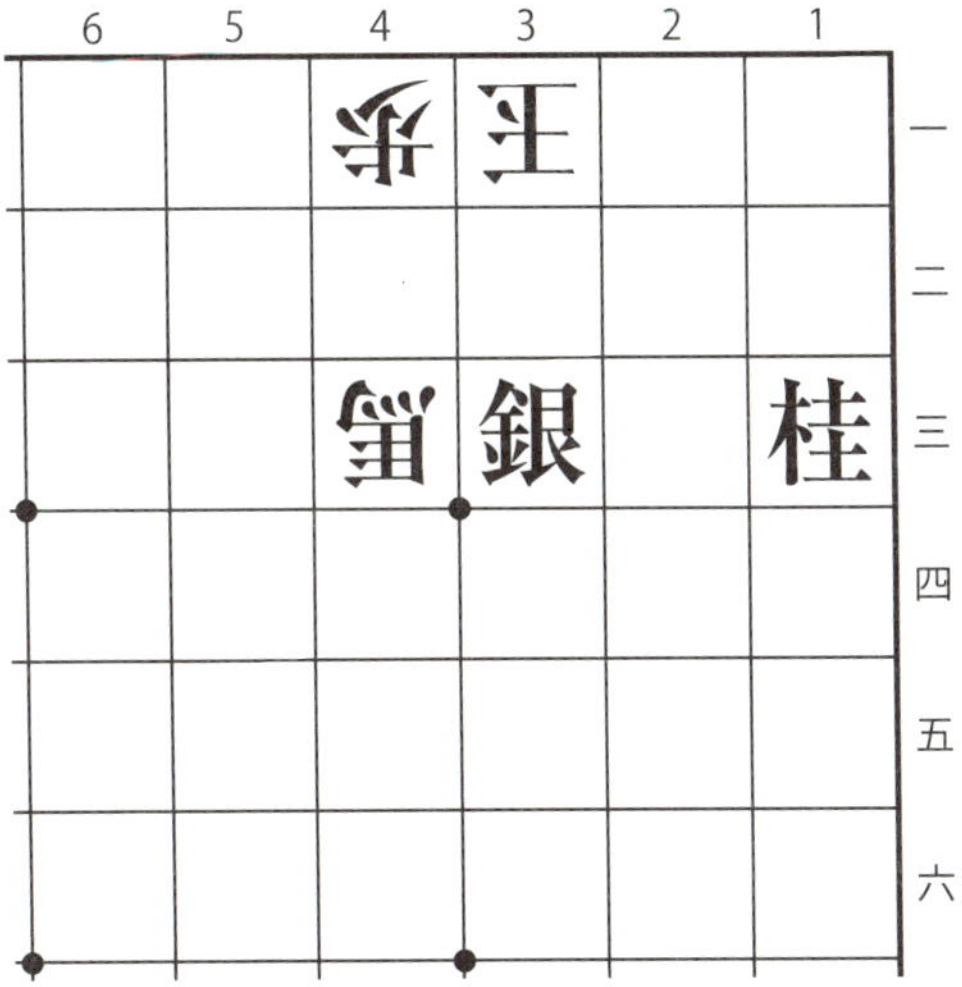

レベル ★★★★★

持駒《もちごま》 金《きん》

第《だい》35問《もん》

☗2一金《いちきん》

正解図《せいかいず》

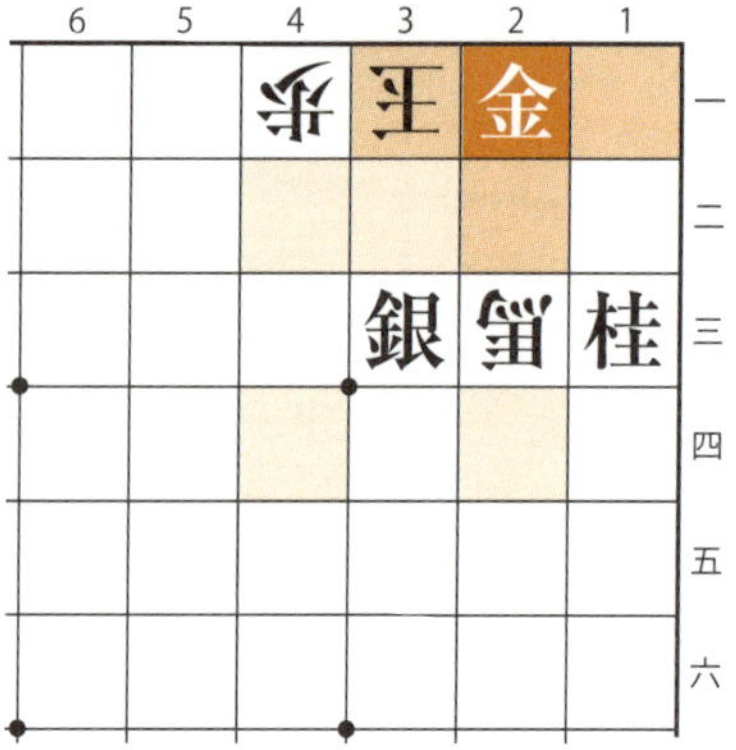

☗持駒《もちごま》 なし

玉《ぎょく》の横《よこ》に金《きん》

玉《ぎょく》の逃《に》げ道《みち》はありません。持駒《もちごま》の金《きん》を打《う》った時《とき》に、金《きん》を取《と》られないように注意《ちゅうい》します。

金《きん》が打《う》てる場所《ばしょ》は4か所《しょ》。2三馬《さんうま》と4一歩《いちふ》があるので、【2段目《だんめ》】に打《う》つと取《と》られてしまいます。1段目《だんめ》に☗2一金《いちきん》が正解《せいかい》。

第《だい》36問《もん》

☗2二金《にきん》

正解図《せいかいず》

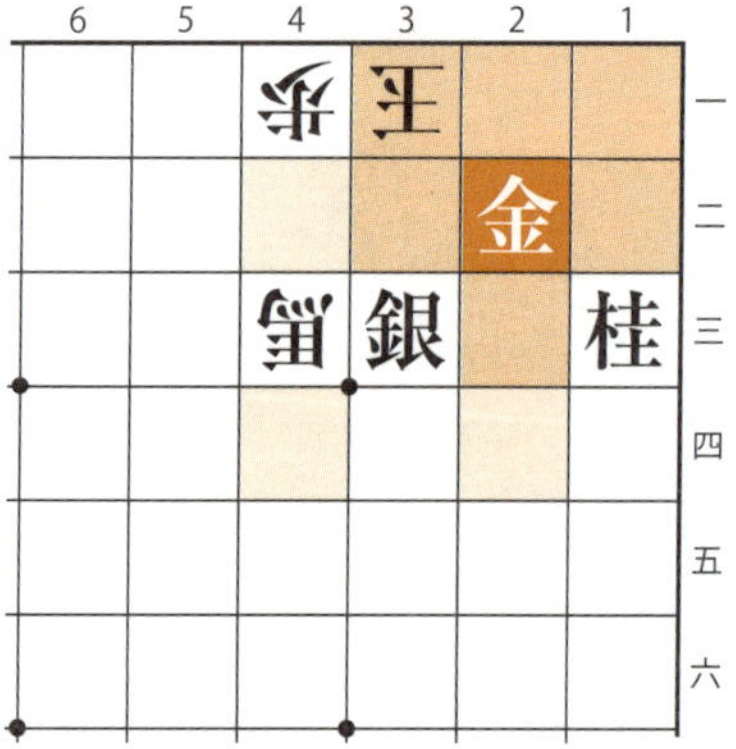

☗持駒《もちごま》 なし

馬《うま》を働《はたら》かせない

前《まえ》の問題《もんだい》の2三馬《さんうま》が4三《さん》に移動《いどう》しました。もう一度《いちど》、金《きん》が打《う》てる場所《ばしょ》を探《さが》してみましょう。

馬《うま》の利《き》きをたどってみると、4二《に》、3二《に》、2一《いち》を守《まも》っていることがわかります。よって、☗2二金《にきん》で詰《つ》み。

【2段目《だんめ》】=上《うえ》から2段目《だんめ》。盤《ばん》の横《よこ》の漢数字《かんすうじ》で「二《に》」と書《か》いてある段《だん》のこと。

第《だい》37問《もん》

ヒント

逃《に》げ道《みち》はどこ?①

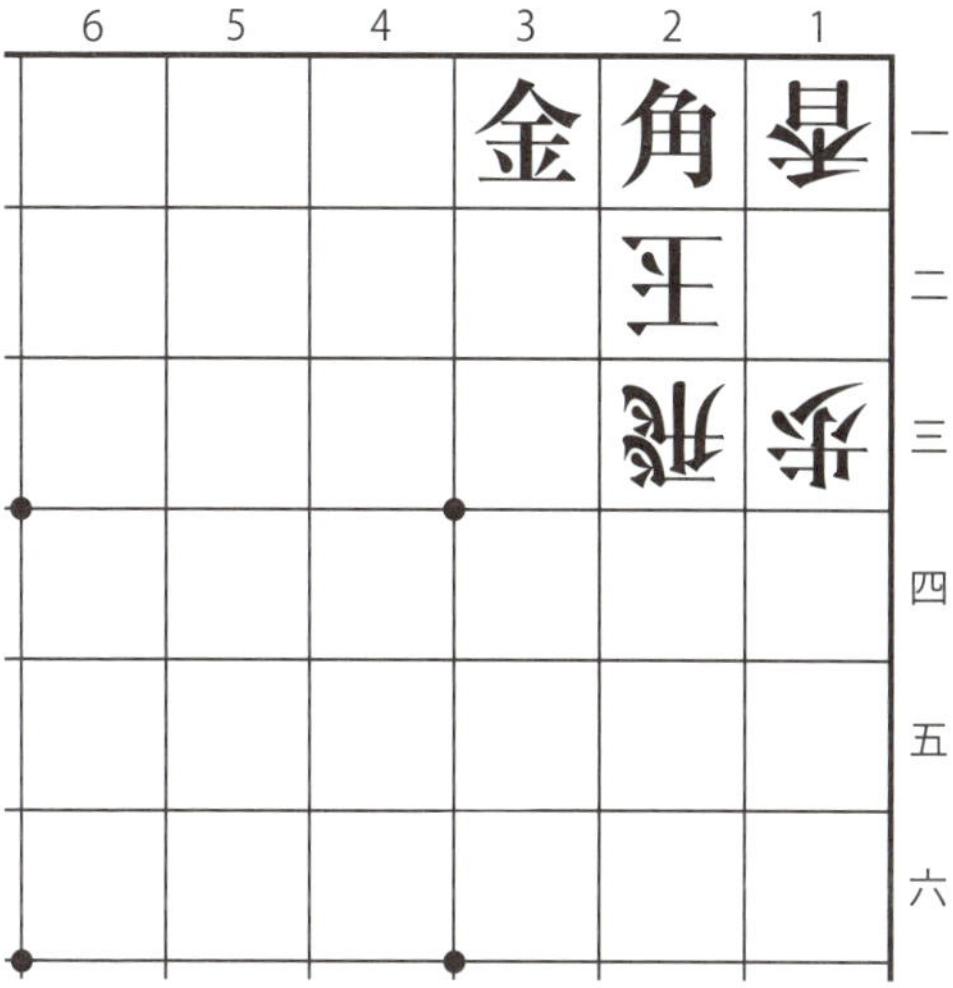

レベル

★★★★★

持駒《もちごま》 なし

第《だい》38問《もん》

ヒント

逃《に》げ道《みち》はどこ?②

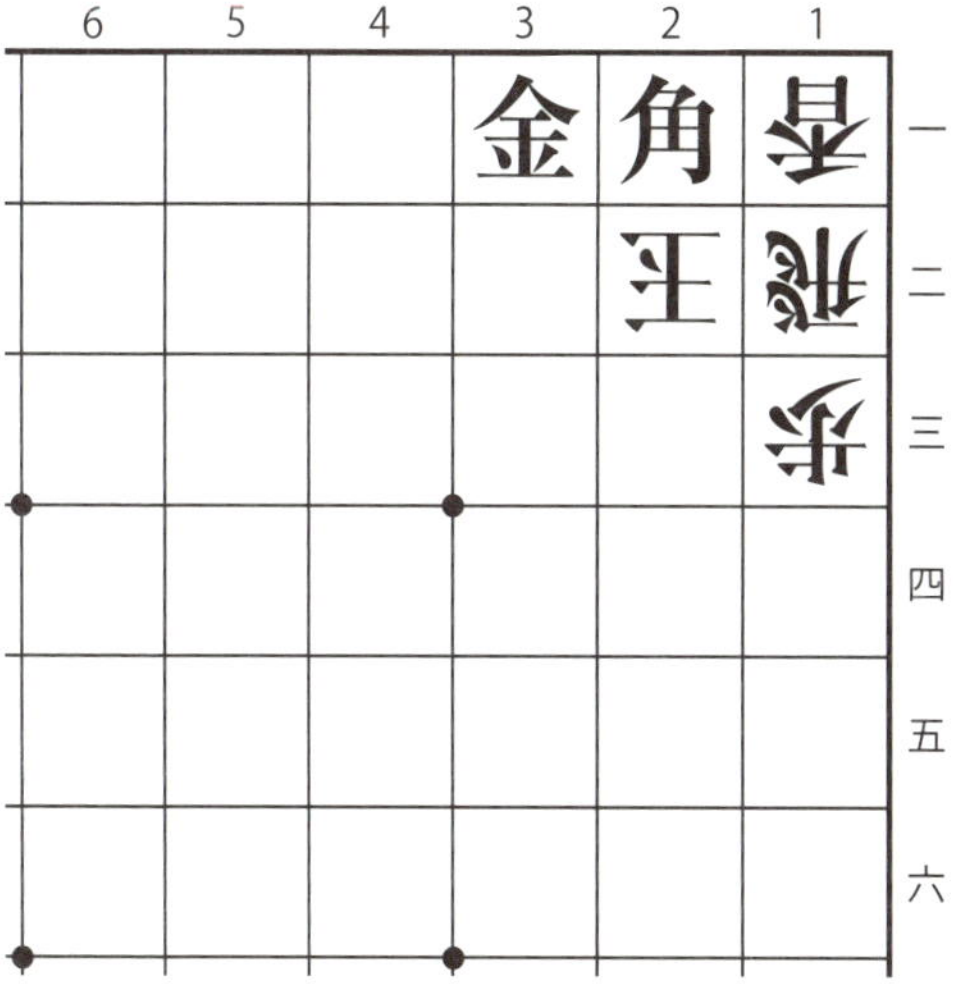

レベル

★★★★★

持駒《もちごま》 なし

第《だい》37問《もん》

☗3二金《にきん》

正解図《せいかいず》

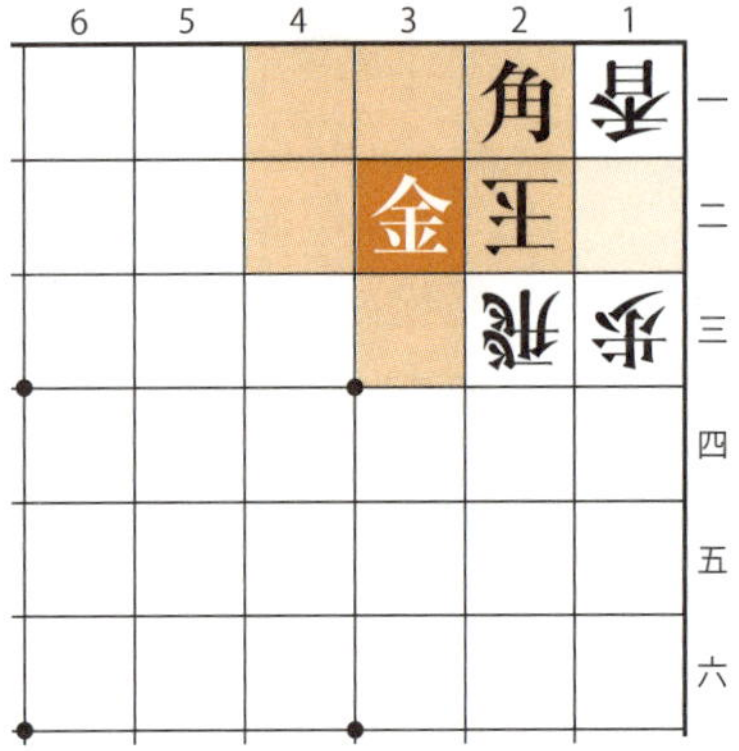

☗持駒《もちごま》 なし

飛《ひ》車《しゃ》を働《はたら》かせない

☗3二角成《にかくなり》として、☖1二玉《にぎょく》に☗2一馬《いちうま》で詰《つ》みのように見《み》えるかもしれません。しかし、この馬《うま》は2三飛《さんひ》に取《と》られてしまいます。

正解《せいかい》は☗3二金《にきん》。これなら2一角《いちかく》が残《のこ》るので、☖1二玉《にぎょく》と逃《に》げられません。

第《だい》38問《もん》

☗3二角成《にかくなり》

正解図《せいかいず》

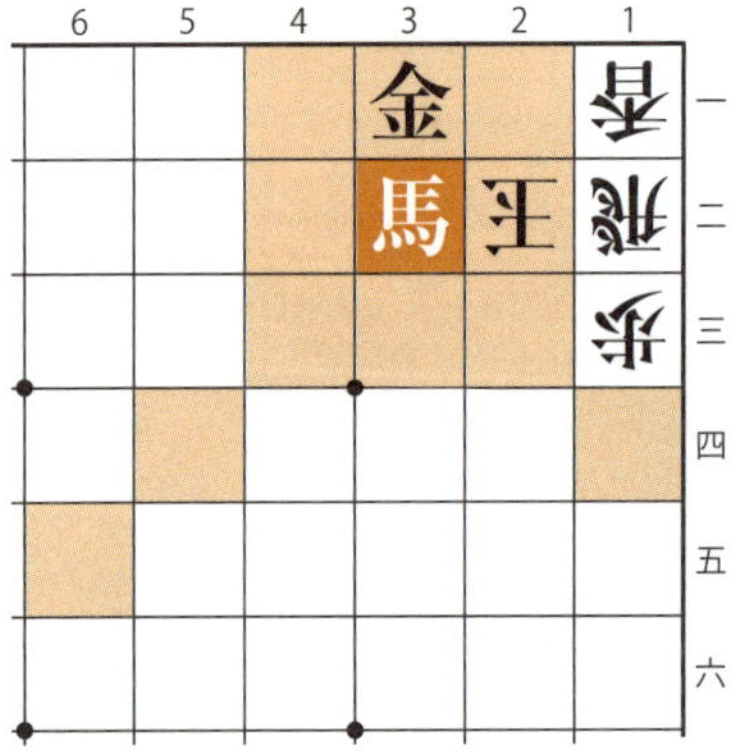

☗持駒《もちごま》 なし

馬《うま》は強力《きょうりょく》

前《まえ》の問題《もんだい》の2三飛《さんひ》が1二《に》に移動《いどう》しました。3三《さん》と2三《さん》の2か所《しょ》が玉《ぎょく》の逃《に》げ道《みち》です。☗3二角成《にかくなり》として馬《うま》を作《つく》り、これらの逃《に》げ道《みち》をふさいでしまえば詰《つ》み。

1二飛《にひ》は【壁駒《かべごま》】でした。

【壁駒《かべごま》】＝玉《ぎょく》の移動《いどう》のじゃまになっている玉方《ぎょくかた》の駒《こま》のこと。

第《だい》39問《もん》

レベル ★★★★★

ヒント 馬《うま》の協力《きょうりょく》①

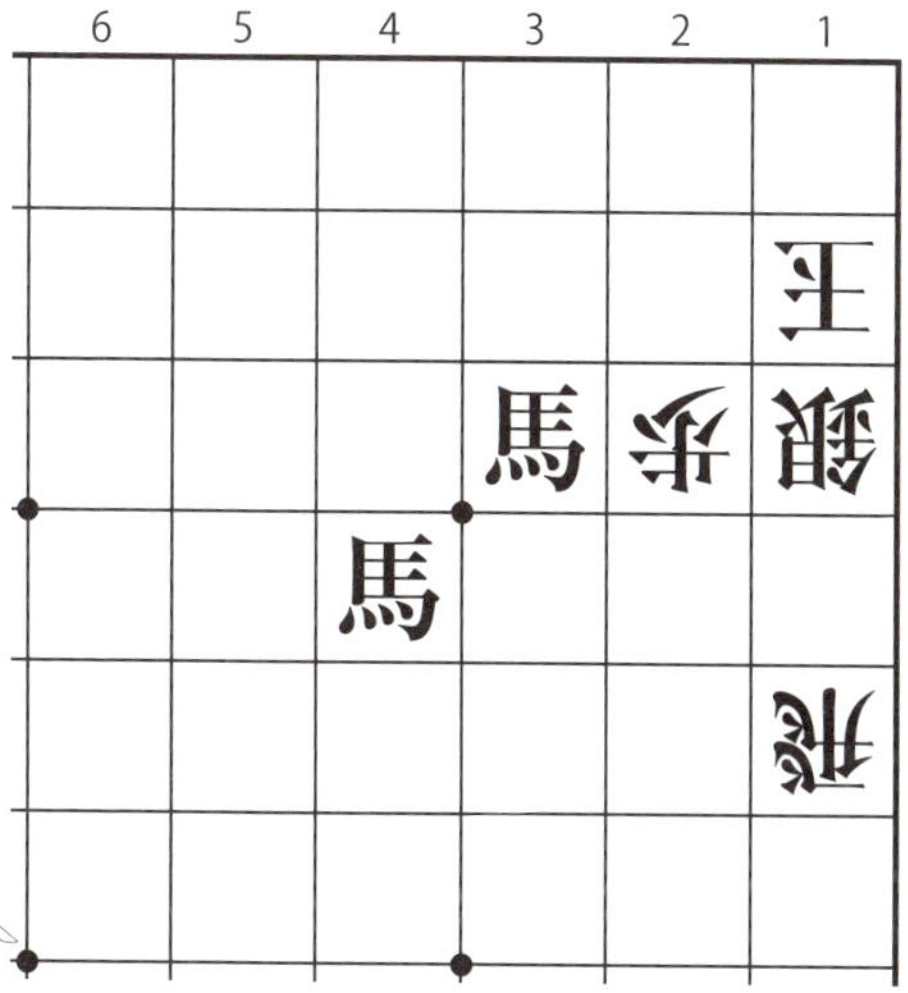

持駒《もちごま》 なし

第《だい》40問《もん》

レベル ★★★★★

ヒント 馬《うま》の協力《きょうりょく》②

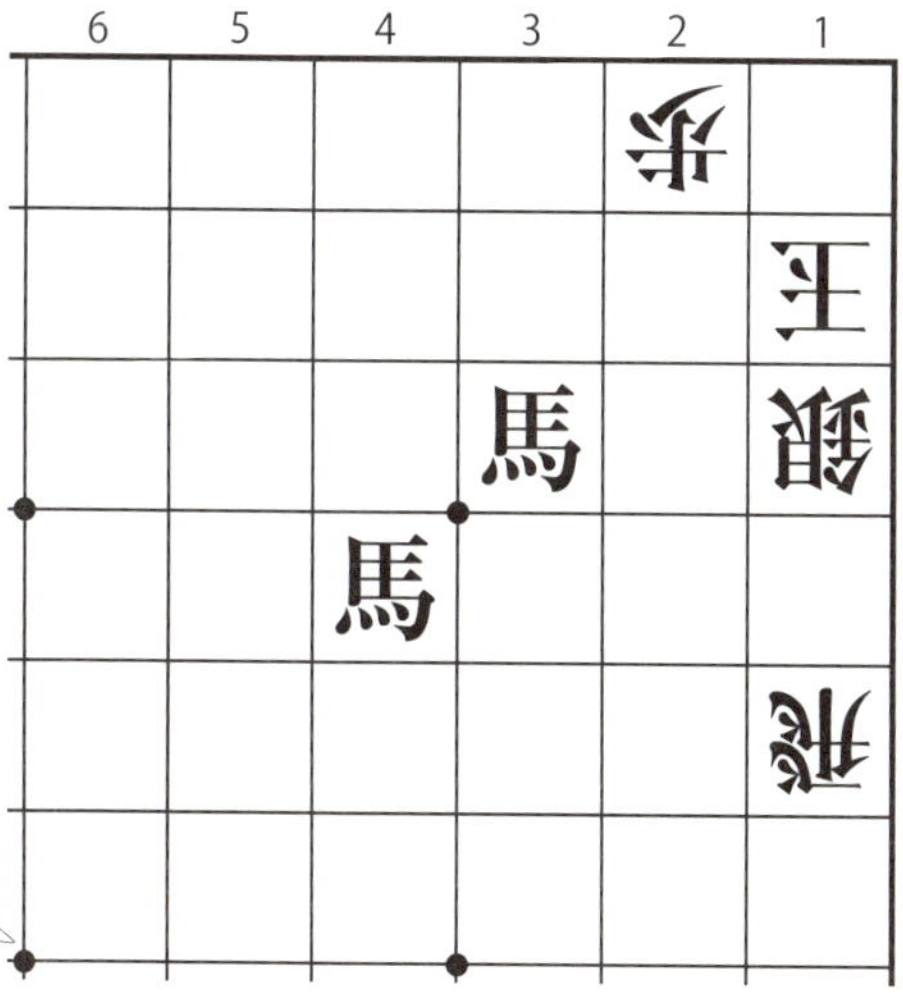

持駒《もちごま》 なし

第《だい》39問《もん》

☗1一馬《いちうま》

正解図《せいかいず》

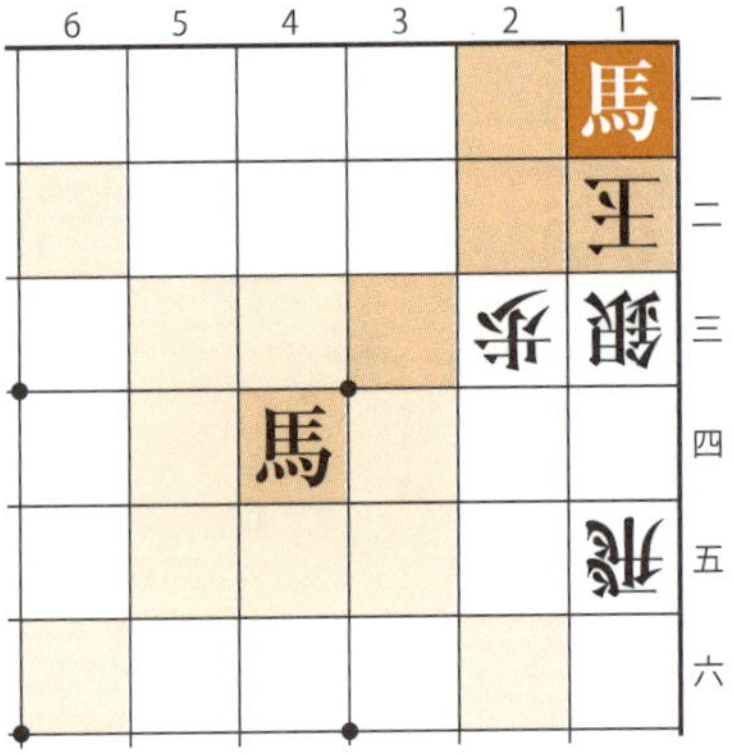

☗持駒《もちごま》 なし

斜《なな》めに協力《きょうりょく》

☗2二馬《にうま》と斜《なな》めにひとつだけ動《うご》かすのは、☖同銀《どうぎん》と取《と》られてしまいます。守《まも》りの駒《こま》を見《み》逃《のが》さないようにしましょう。

☗1一馬《いちうま》と玉《ぎょく》の下《した》から王手《おうて》。この馬《うま》には4四馬《よんうま》が利《き》いているので、玉《ぎょく》で取《と》れません。

第《だい》40問《もん》

☗3四馬寄《よんうまよる》

正解図《せいかいず》

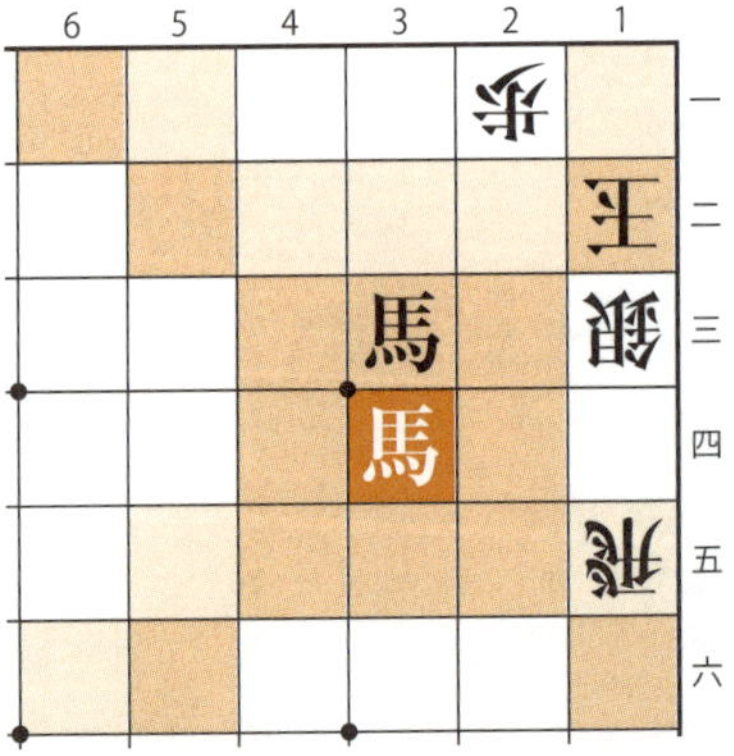

☗持駒《もちごま》 なし

馬《うま》を並《なら》べる

前《まえ》の問題《もんだい》と同《おな》じように☗1一馬《いちうま》とすると、☖2三玉《さんぎょく》と逃《に》げられます。

2三《さん》が空《あ》いたことを利用《りよう》して、☗3四馬寄《よんうまよる》（4四馬《よんうま》を寄《よ》る）として詰《つ》み。縦《たて》に並《なら》んだ2枚《まい》の馬《うま》が、玉《ぎょく》をしっかり捕《つか》まえています。

第《だい》41問《もん》

レベル ★★★★★

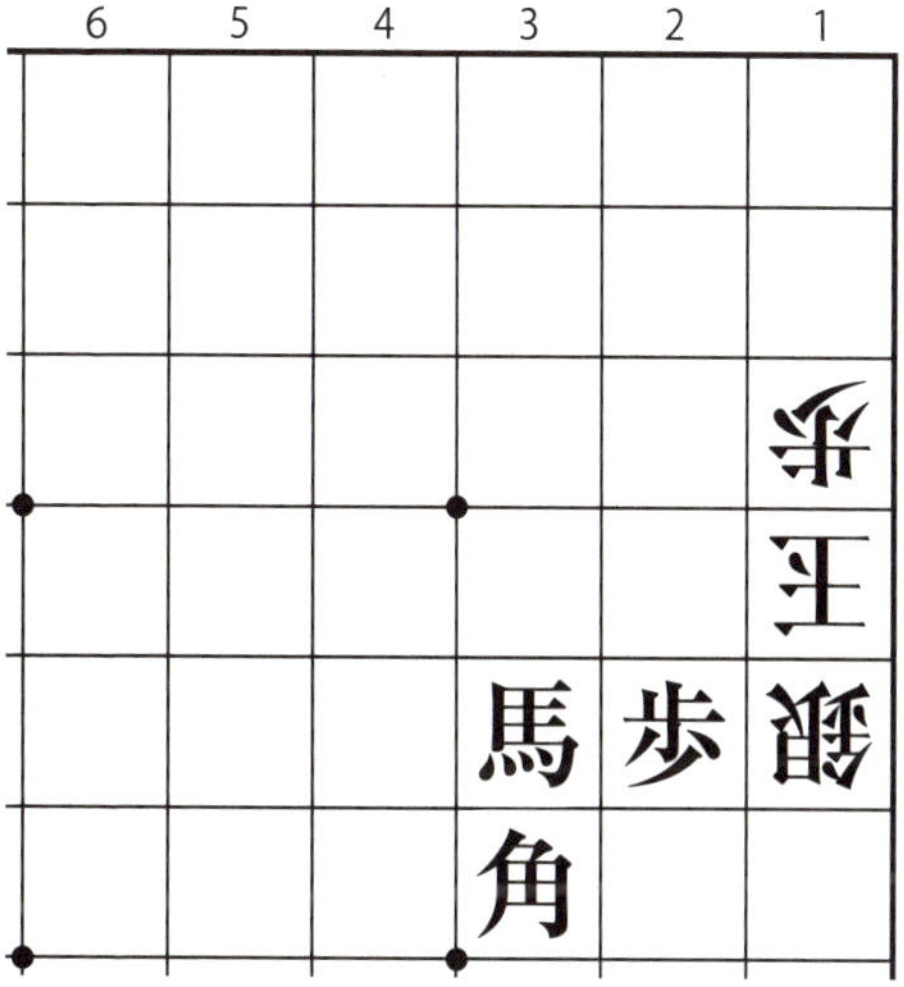

☗持駒《もちごま》 なし

ヒント

動《うご》かすのはどちら？

第《だい》42問《もん》

レベル ★★★★★

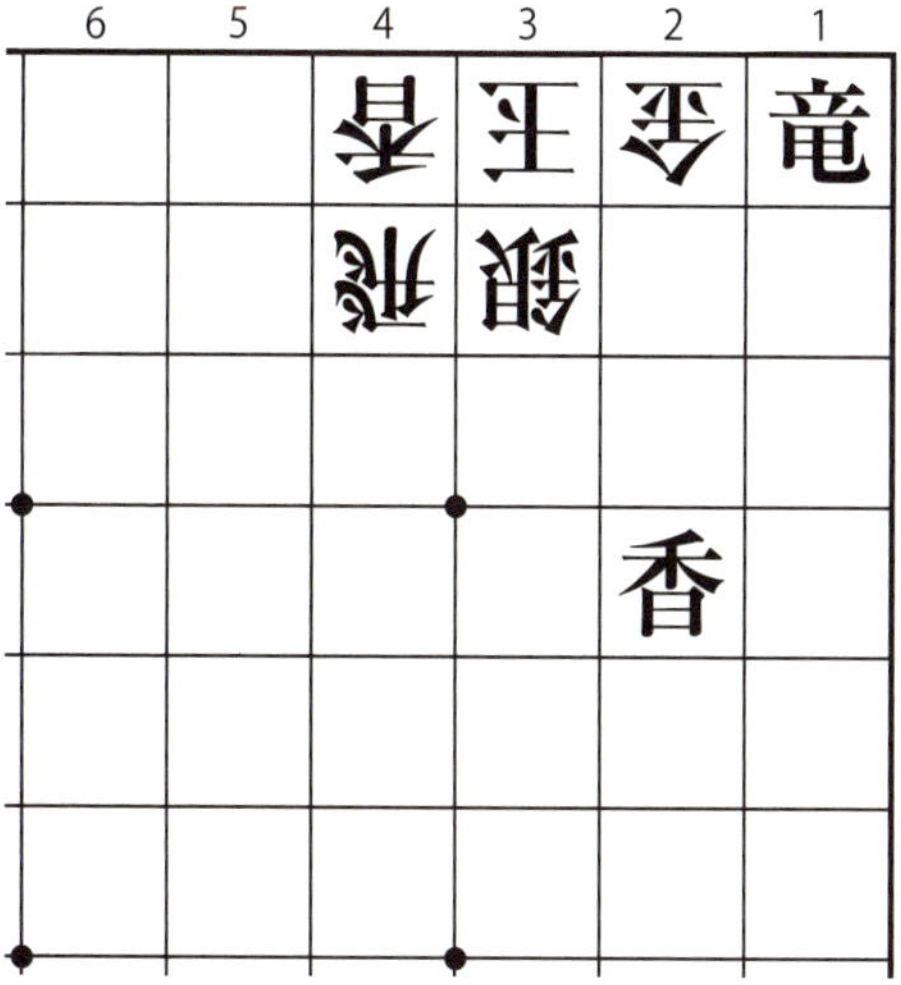

☗持駒《もちごま》 なし

ヒント

飛車《ひしゃ》を働《はたら》かせません

第《だい》41問《もん》

☗2四歩《よんふ》

正解図《せいかいず》

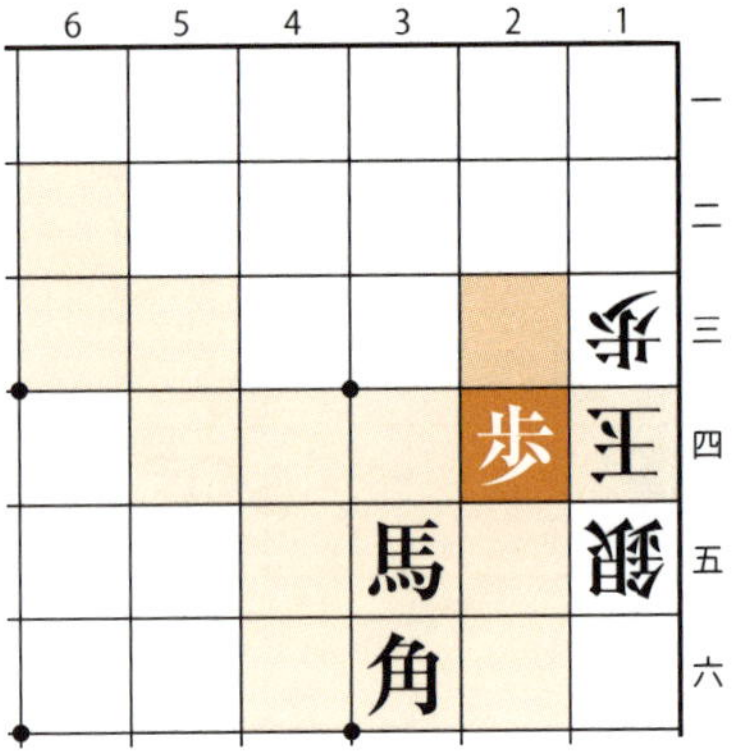

☗持駒《もちごま》 なし

角《かく》で王手《おうて》

強力《きょうりょく》な馬《うま》を動《うご》かしたくなりますが、☗2四《よん》馬《うま》は☖同銀《どうぎん》と取《と》られて失敗《しっぱい》です。

☗2四歩《よんふ》が正解《せいかい》。この歩《ふ》を動《うご》かすと、隠《かく》れていた3六角《ろくかく》で開《あ》き王手《おうて》がかけられます。歩《ふ》を動《うご》かす手《て》は見《み》えにくいので気《き》をつけましょう。

第《だい》42問《もん》

☗2二香成《にきょうなり》

正解図《せいかいず》

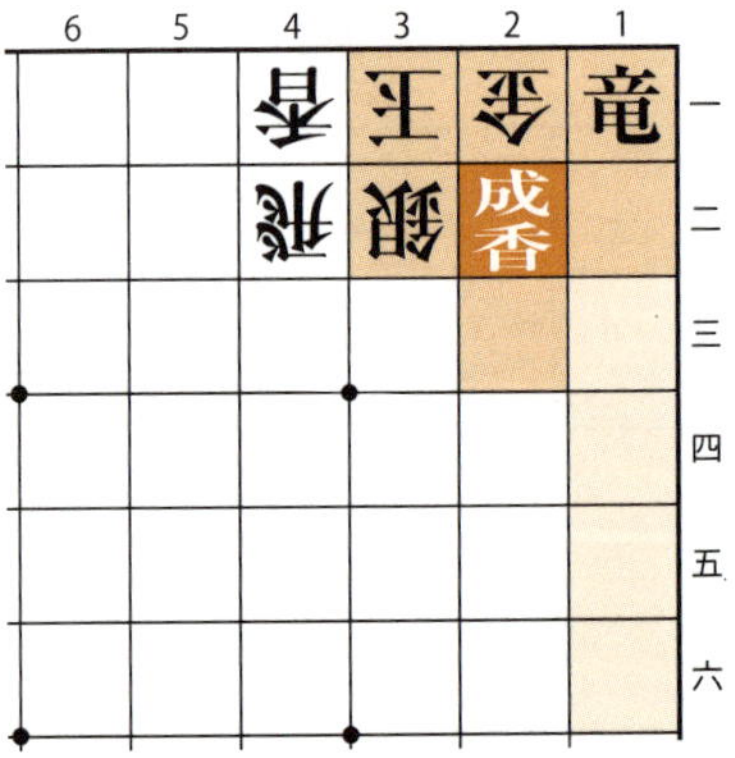

☗持駒《もちごま》 なし

金《きん》は取《と》らない

☗2一香成《いちきょうなり》と金《きん》を取《と》りたくなります。しかし、☖2一同銀《いちどうぎん》☗2二金《にきん》☖同飛《どうひ》と、飛《ひ》が働《はたら》いてしまって失敗《しっぱい》。

1一竜《いちりゅう》が玉《ぎょく》を狙《ねら》っているので2一金《いちきん》は動《うご》けません。これを利用《りよう》して☗2二香成《にきょうなり》が正解《せいかい》。

第《だい》43問《もん》

ヒント
右《みぎ》か左《ひだり》か

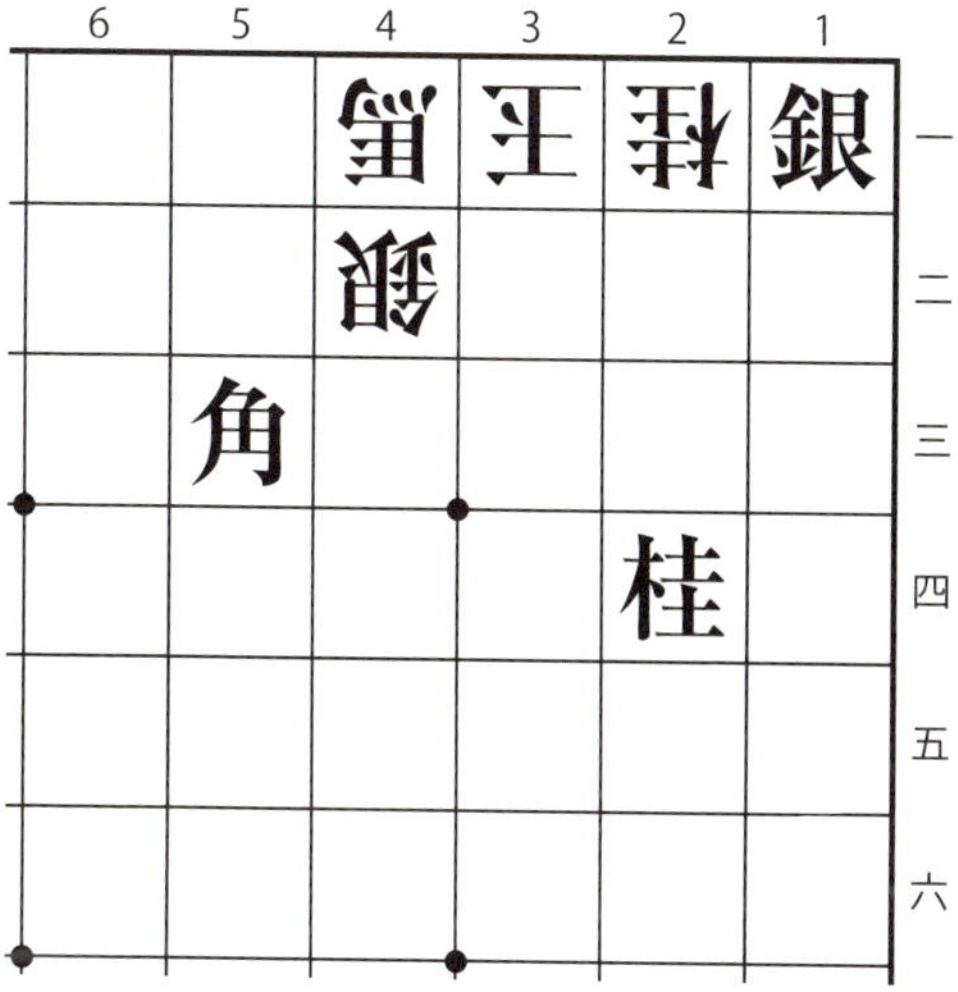

レベル ★★★★★

持駒《もちごま》 桂《けい》

第《だい》44問《もん》

ヒント
合駒《あいごま》をさせません

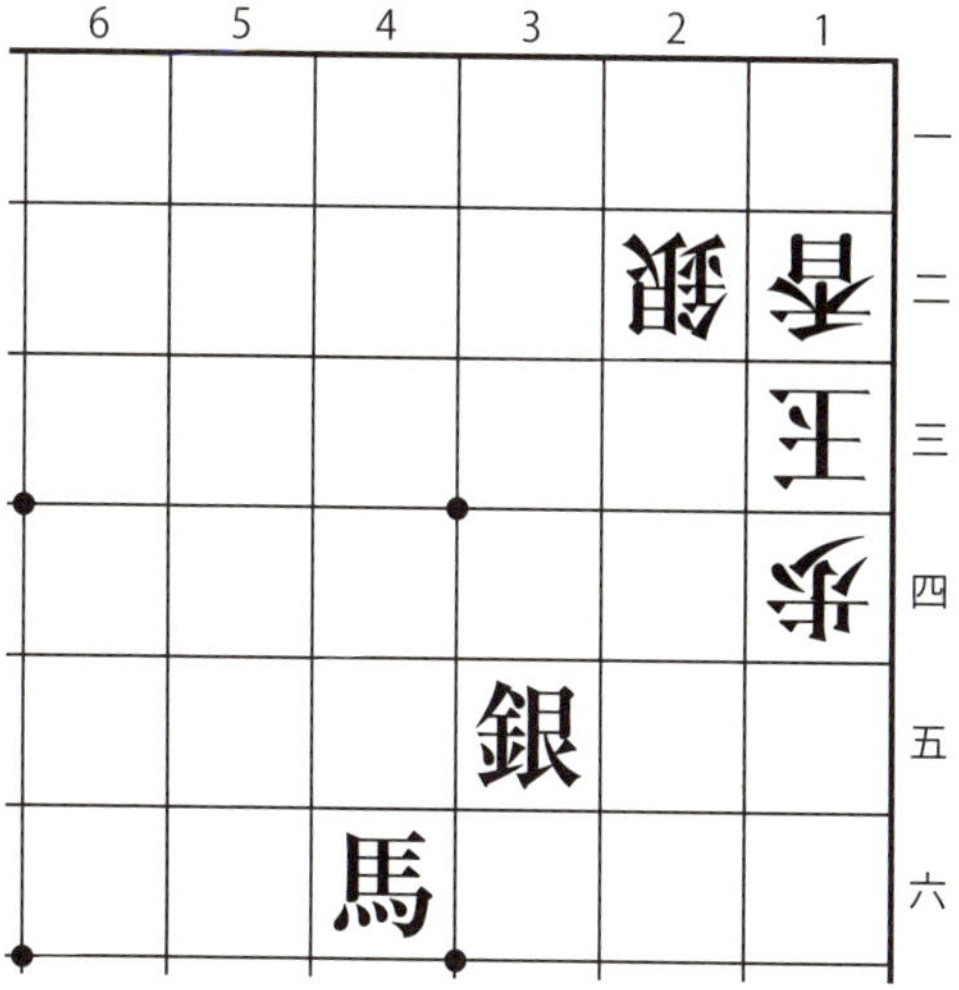

レベル ★★★★★

持駒《もちごま》 なし

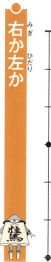

第《だい》43問《もん》

☗4三桂《さんけい》

正解図《せいかいず》

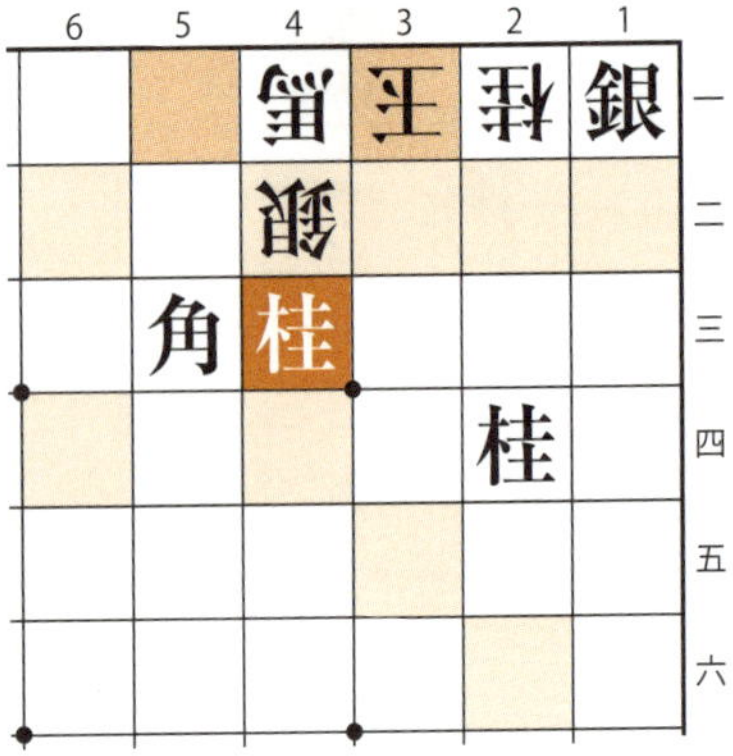

☗持駒《もちごま》 なし

4二《に》銀《ぎん》は動《うご》けない

持駒《もちごま》の桂《けい》を左右《さゆう》のどちらに打《う》つか、という問題《もんだい》。右《みぎ》は何《なに》もなさそうなので☗2三桂《さんけい》と打《う》ちたくなりますが、4一馬《いちうま》に取《と》られます。

正解《せいかい》は左《ひだり》に☗4三桂《さんけい》。5三角《さんかく》が玉《ぎょく》を狙《ねら》っているので、4二《に》銀《ぎん》は動《うご》けません。

第《だい》44問《もん》

☗2四銀《よんぎん》

正解図《せいかいず》

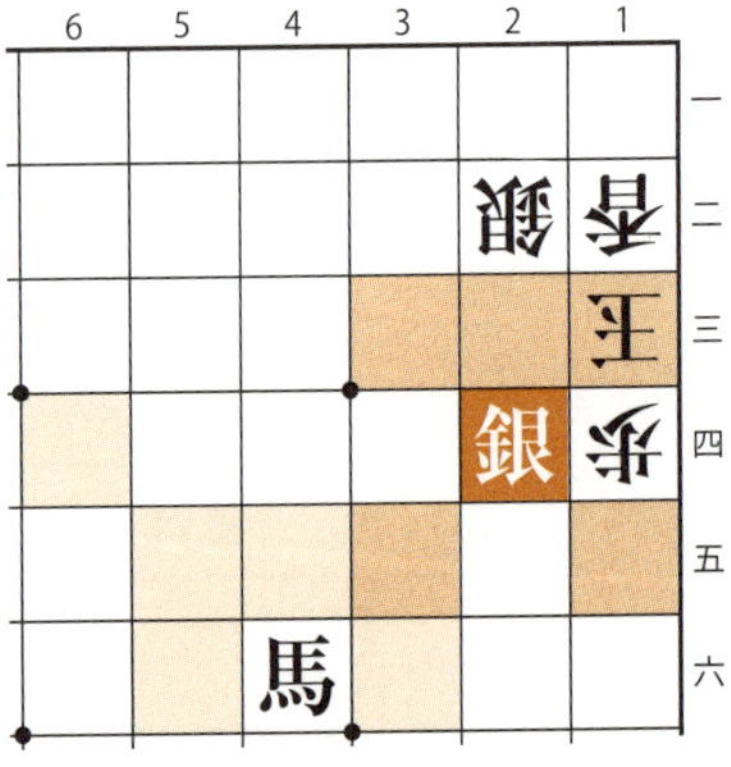

☗持駒《もちごま》 なし

馬《うま》が後押《あとお》し

☗3四銀《よんぎん》とすると、強力《きょうりょく》な馬《うま》で王手《おうて》がかけられます。しかし、玉方《ぎょくかた》は持駒《もちごま》を使《つか》って☖2四歩《よんふ》と守《まも》ります。この合駒《あいごま》で攻撃《こうげき》はストップ。

正解《せいかい》は☗2四銀《よんぎん》。4六馬《ろくうま》がこの銀《ぎん》に利《き》いているので、玉《ぎょく》は取《と》れません。

第《だい》45問《もん》

レベル ★☆☆☆☆

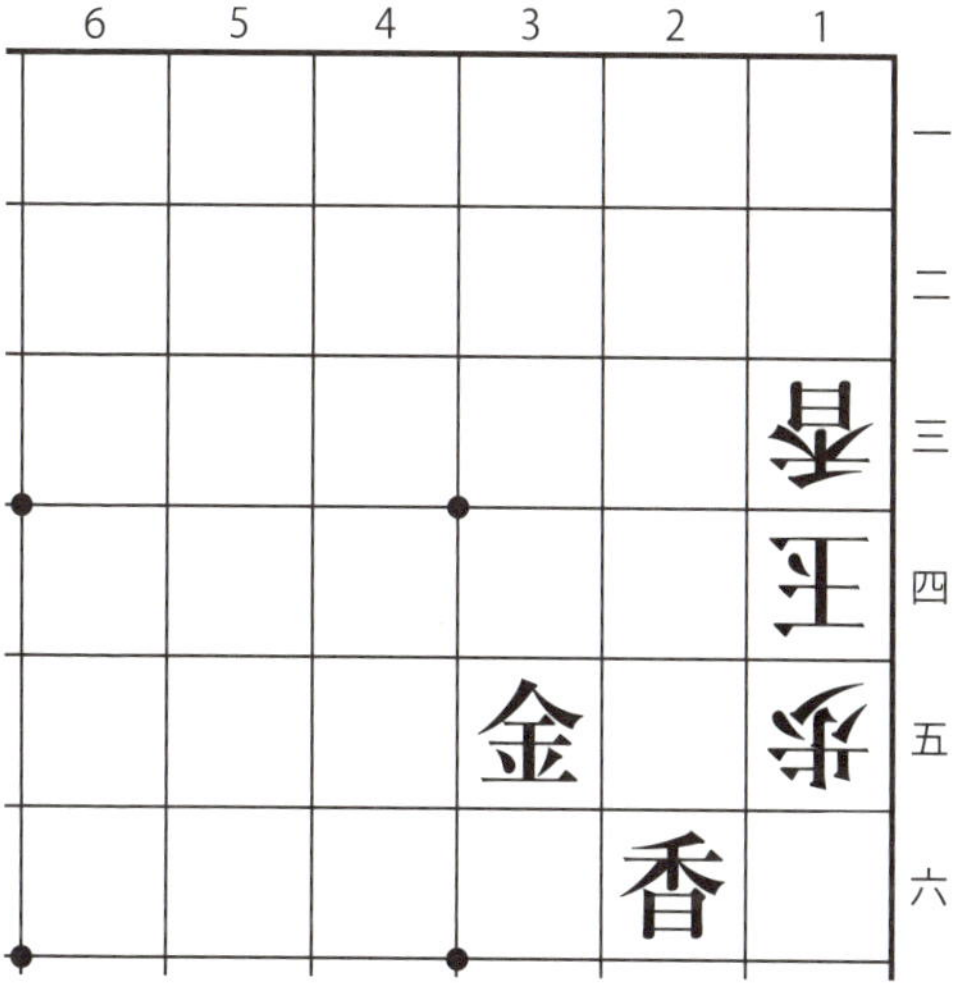

持駒《もちごま》 なし

ヒント

逃《に》げ道《みち》を残《のこ》しません

第《だい》46問《もん》

レベル ★☆☆☆☆

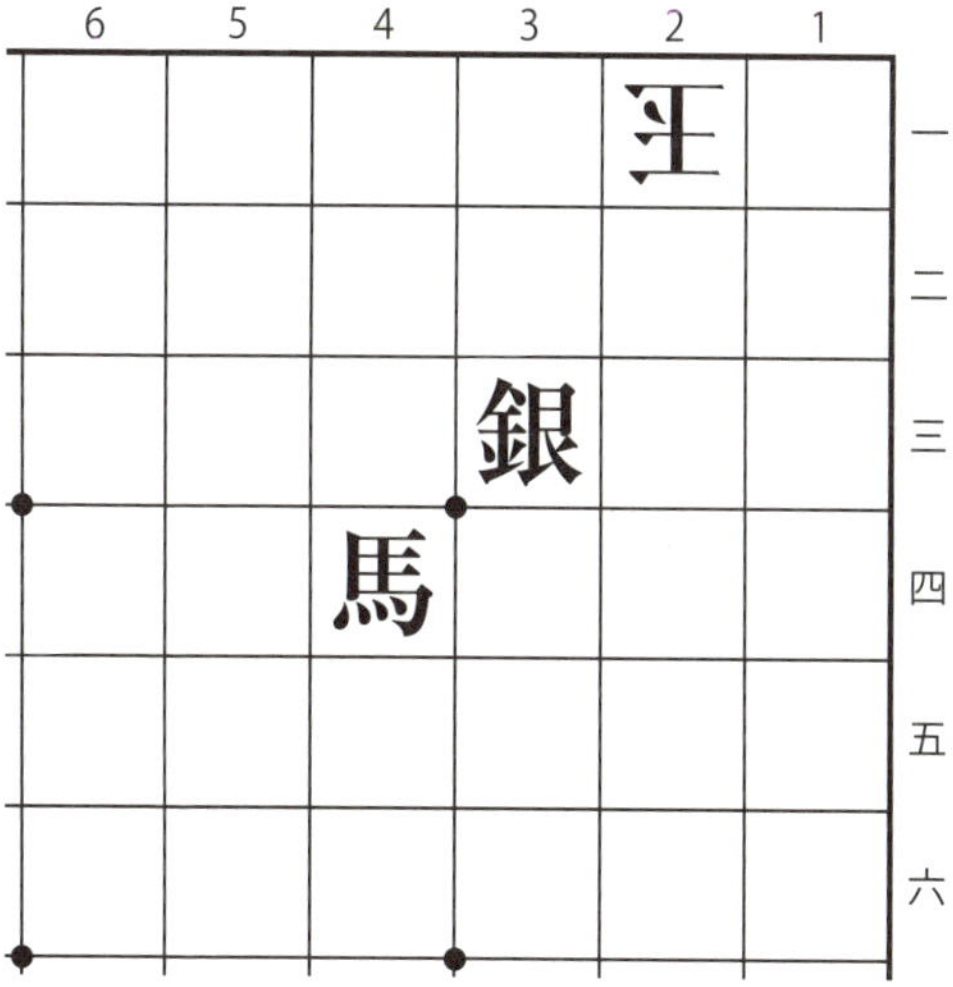

持駒《もちごま》 なし

ヒント

動《うご》かし方《かた》に注意《ちゅうい》

第《だい》45問《もん》

☗2四金《よんきん》

正解図《せいかいず》

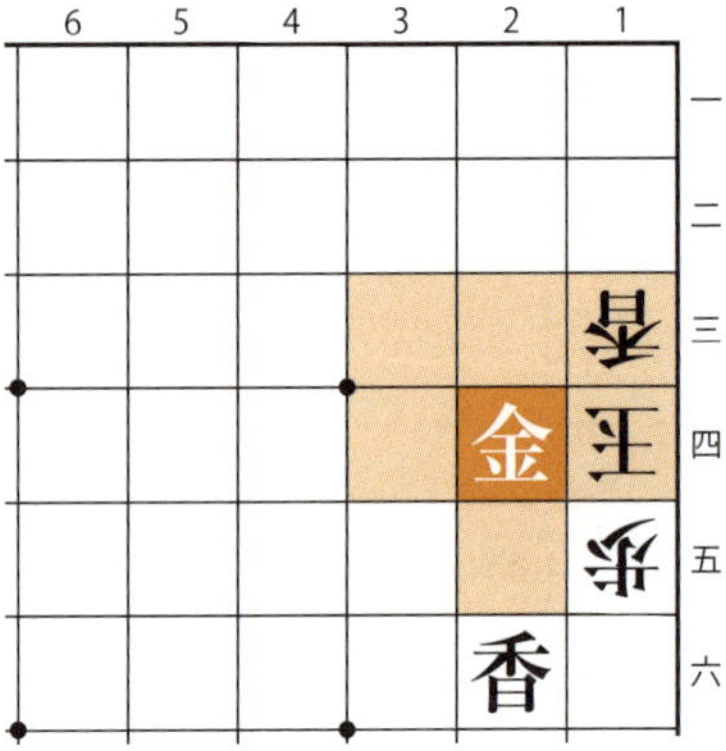

☗持駒《もちごま》 なし

寄《よ》ると失敗《しっぱい》

【2筋《すじ》】は2六香《ろくきょう》が利《き》いています。玉《ぎょく》は動《うご》けないので、金《きん》で王手《おうて》をかければ詰《つ》み。ただし、☗2五金《ごきん》はダメ。香《きょう》の利《き》きが止《と》まるので、☖2三玉《さんぎょく》と逃《に》げられます。

☗2四金《よんきん》と斜《なな》めに動《うご》いて詰《つ》み。

第《だい》46問《もん》

☗2二《に》銀成《ぎんなり》

正解図《せいかいず》

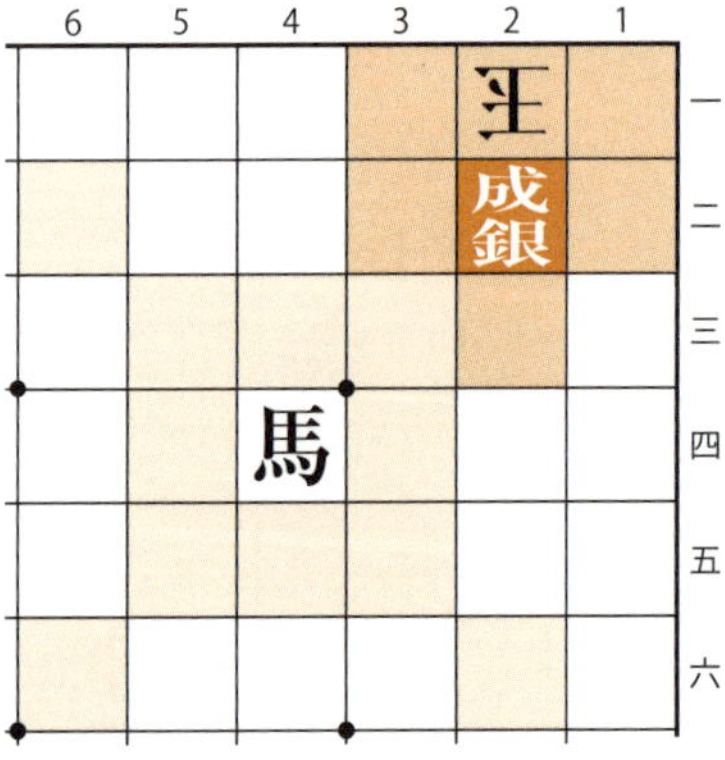

☗持駒《もちごま》 なし

忘《わす》れずに成《な》る

☗4三馬《さんうま》としても王手《おうて》がかかりますが、☖1一玉《いちぎょく》で失敗《しっぱい》です。

正解《せいかい》は☗2二銀成《にぎんなり》。玉《ぎょく》の目《め》の前《まえ》で成銀《なりぎん》を作《つく》ります。銀《ぎん》を不成《ならず》で動《うご》かすと☖1二玉《にぎょく》や☖3二玉《にぎょく》があるので、しっかり成《な》りましょう。

【2筋《すじ》】＝右《みぎ》から2列目《れつめ》。盤《ばん》の上《うえ》の数字《すうじ》で「2」と書《か》いてある筋《すじ》のこと。

第《だい》47問《もん》

ヒント

飛車《ひしゃ》を働《はたら》かせません

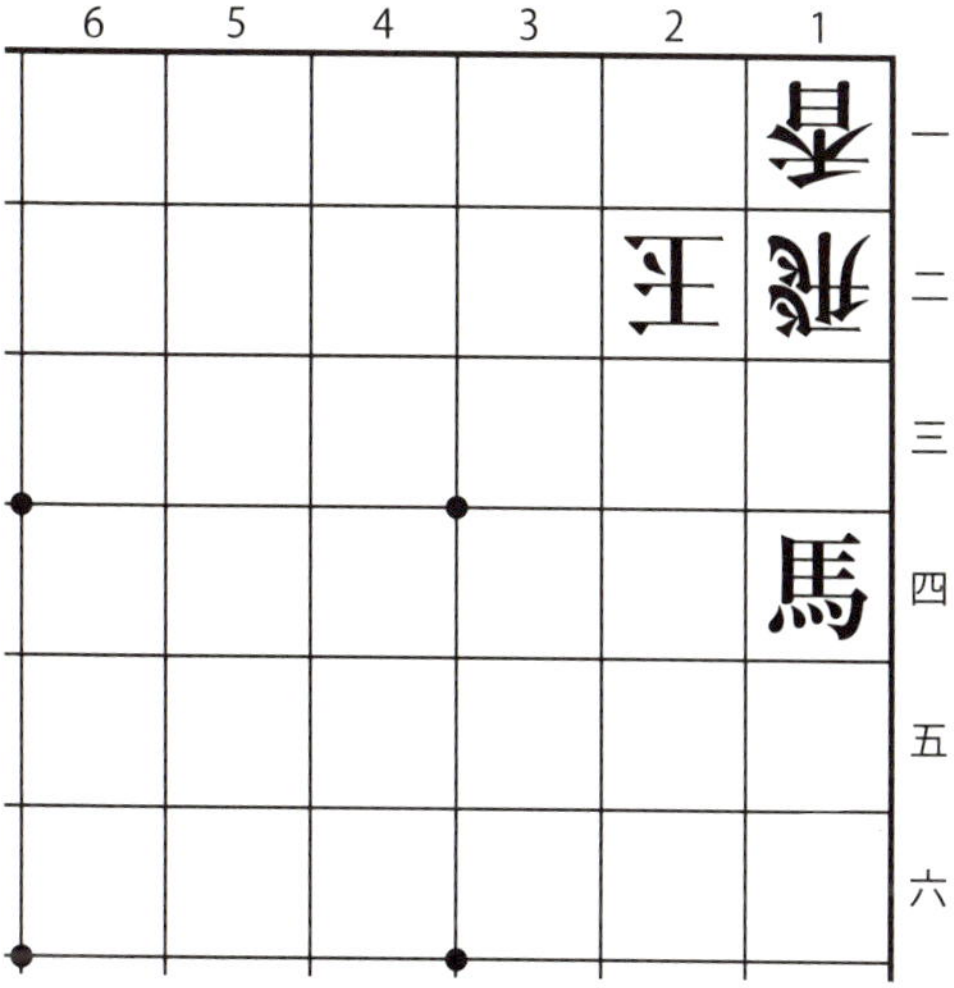

レベル ★★★★★

持駒《もちごま》 金《きん》

第《だい》48問《もん》

ヒント

逃《に》げ道《みち》を確認《かくにん》

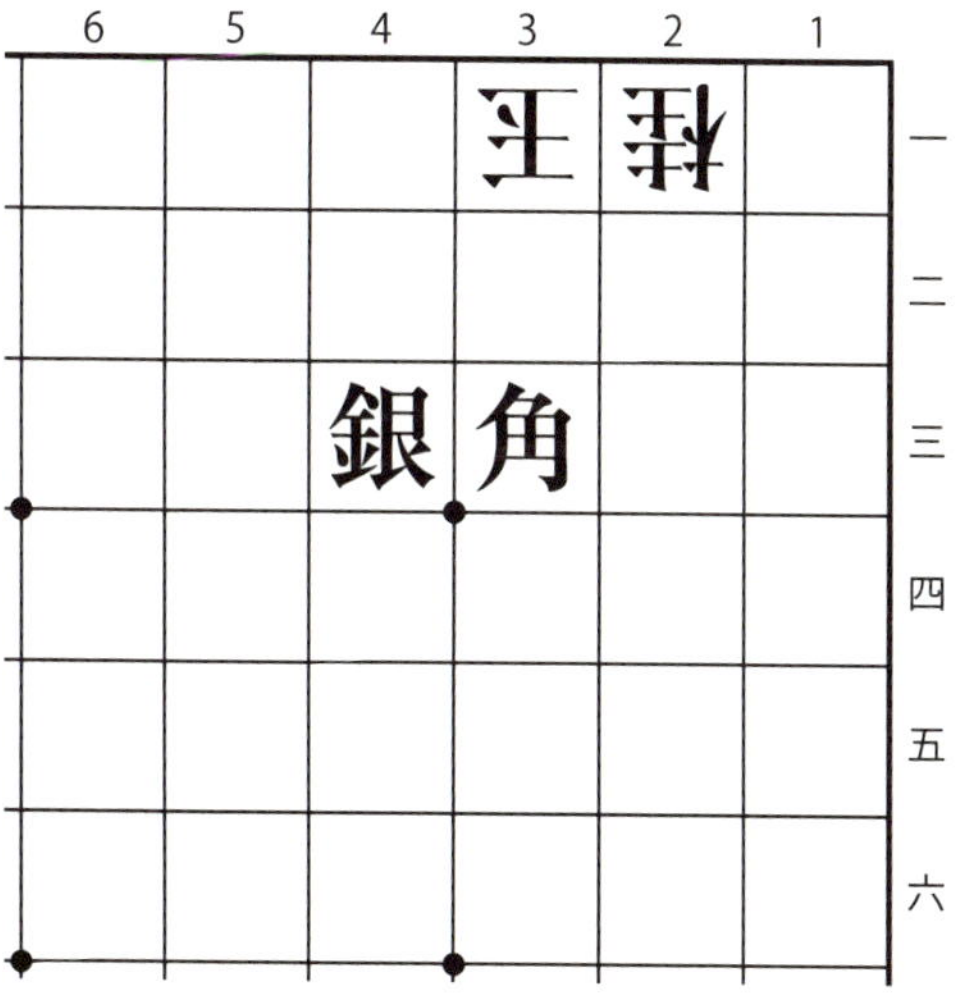

レベル ★★★★★

持駒《もちごま》 なし

第《だい》47問《もん》

☗3二《に》金《きん》

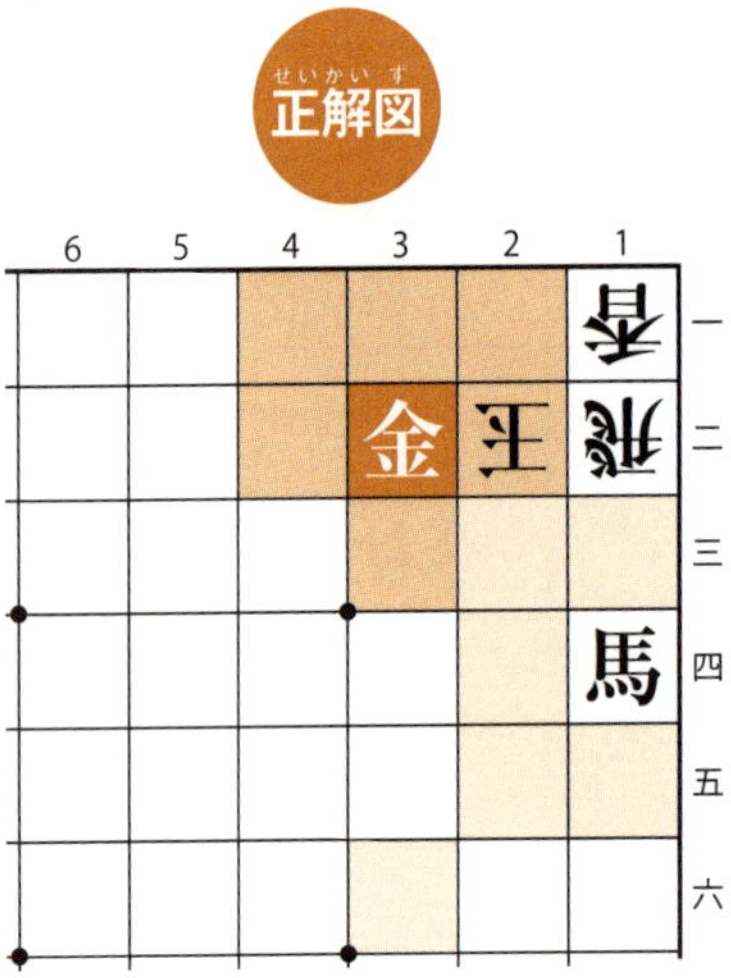

☗持駒《もちごま》 なし

横《よこ》から金《きん》打《う》ち

玉《ぎょく》の正面《しょうめん》に☗2三金《さんきん》と打《う》ちたくなりますが、☖3一玉《いちぎょく》と下《さ》がられます。☗3二金《にきん》と追《お》いかけても、☖同飛《どうひ》と取《と》られて詰《つ》みません。

玉《ぎょく》を1段目《だんめ》に逃《に》がさないよう、☗3二金《にきん》と打《う》つのが正解《せいかい》です。

第《だい》48問《もん》

☗4二《に》銀成《ぎんなり》

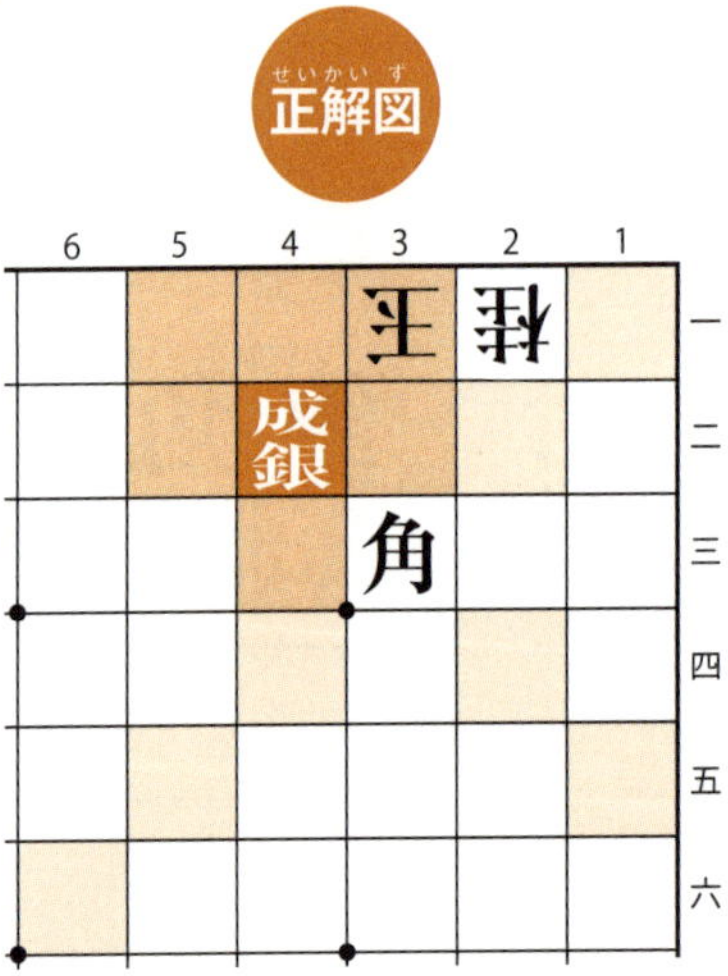

☗持駒《もちごま》 なし

角《かく》は動《うご》かせない

☗4二角成《にかくなり》として強力《きょうりょく》な馬《うま》が作《つく》れます。しかし、3三角《さんかく》を動《うご》かすと2二《に》から利《き》きがなくなるため、☖2二玉《にぎょく》と逃《に》げられます。

正解《せいかい》は☗4二銀成《にぎんなり》。銀《ぎん》を成《な》って使《つか》うことで、☖3二玉《にぎょく》を防《ふせ》いでいます。

第《だい》49問《もん》

レベル ★★★★★

ヒント
銀《ぎん》が取《と》られそう

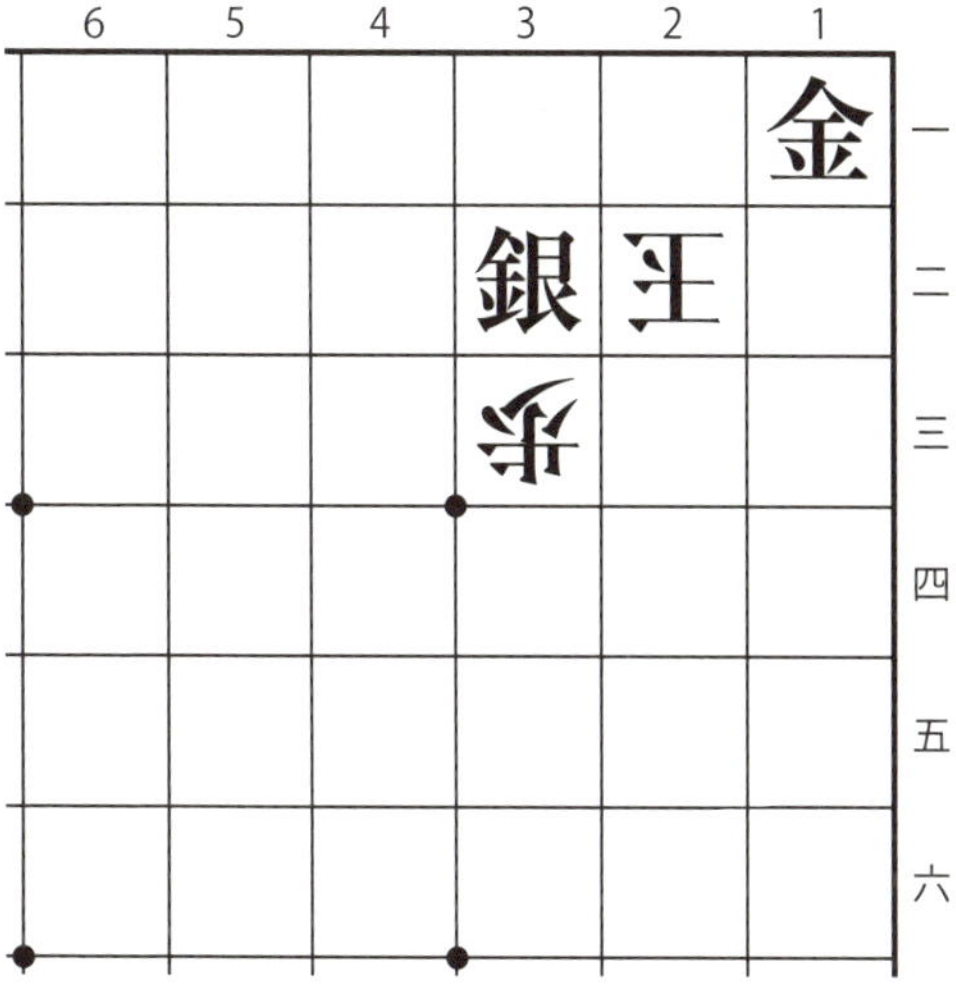

持駒《もちごま》 飛《ひ》

第《だい》50問《もん》

レベル ★★★★★

ヒント
角《かく》をどこに打《う》つか

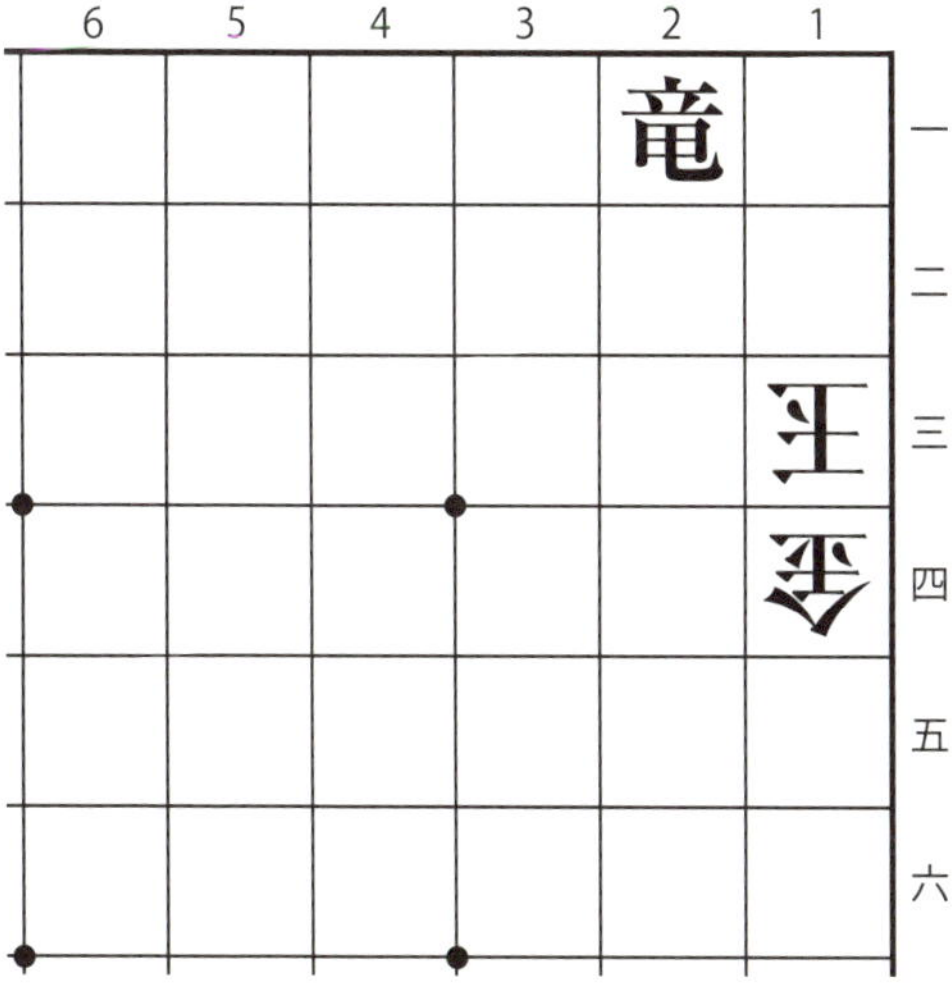

持駒《もちごま》 角《かく》

第《だい》49問《もん》

☗1二飛《にひ》

正解図《せいかいず》

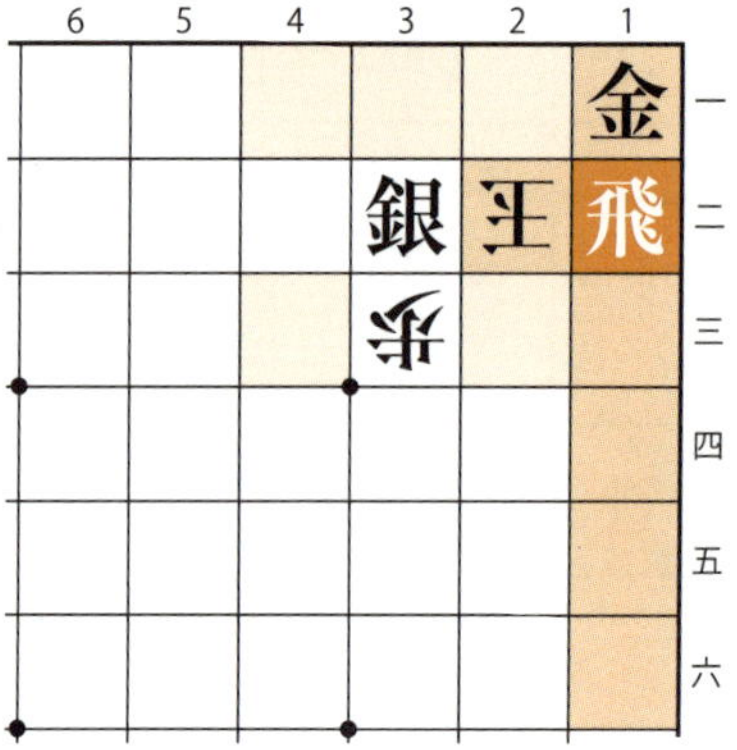

☗持駒《もちごま》 なし

飛車《ひしゃ》の力《ちから》

出題図《しゅつだいず》を見《み》ると、金《きん》も銀《ぎん》も取《と》られてしまいそうです。持駒《もちごま》の飛車《ひしゃ》をどこに打《う》てば、金《きん》と銀《ぎん》を守《まも》ることができるでしょうか？

☗1二飛《にひ》がその答《こた》え。縦《たて》と横《よこ》に飛車《ひしゃ》の力《ちから》を活《い》かします。

第《だい》50問《もん》

☗3一角《いちかく》

正解図《せいかいず》

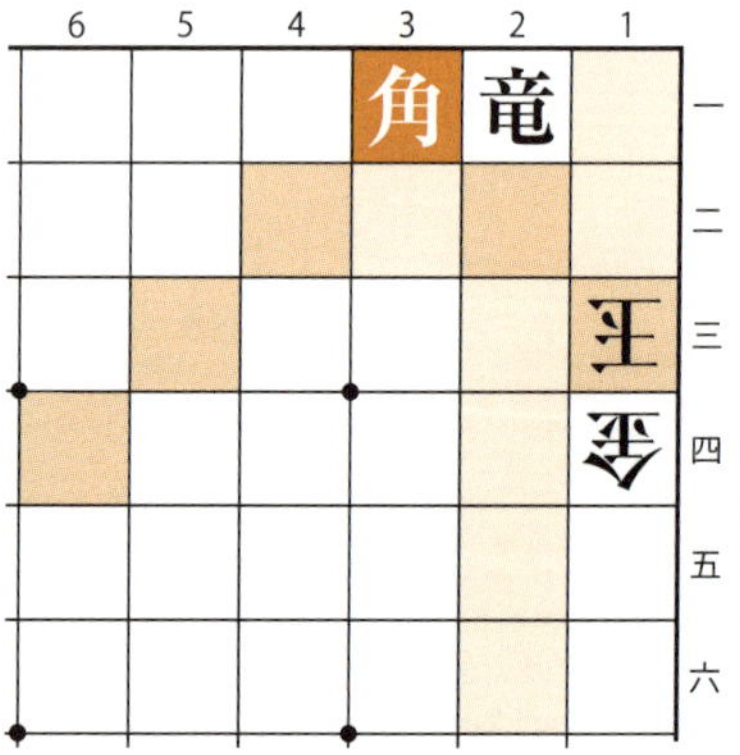

☗持駒《もちごま》 なし

合駒《あいごま》は無駄《むだ》

☗3一角《いちかく》と、玉《ぎょく》から離《はな》して打《う》つ手《て》が正解《せいかい》。☖2二歩《にふ》と合駒《あいごま》をしても、☗同竜《どうりゅう》で詰《つ》みは変《か》わりません。第《だい》8問《もん》と同様《どうよう》、守《まも》りになっていない合駒《あいごま》は無駄合《むだあい》と呼《よ》ばれ、指《さ》し手《て》にいれません。☗3一角《いちかく》と打《う》ったところで詰《つ》みです。

第《だい》51問《もん》

レベル ★★★★★

ヒント
左《ひだり》に逃《に》がさないように

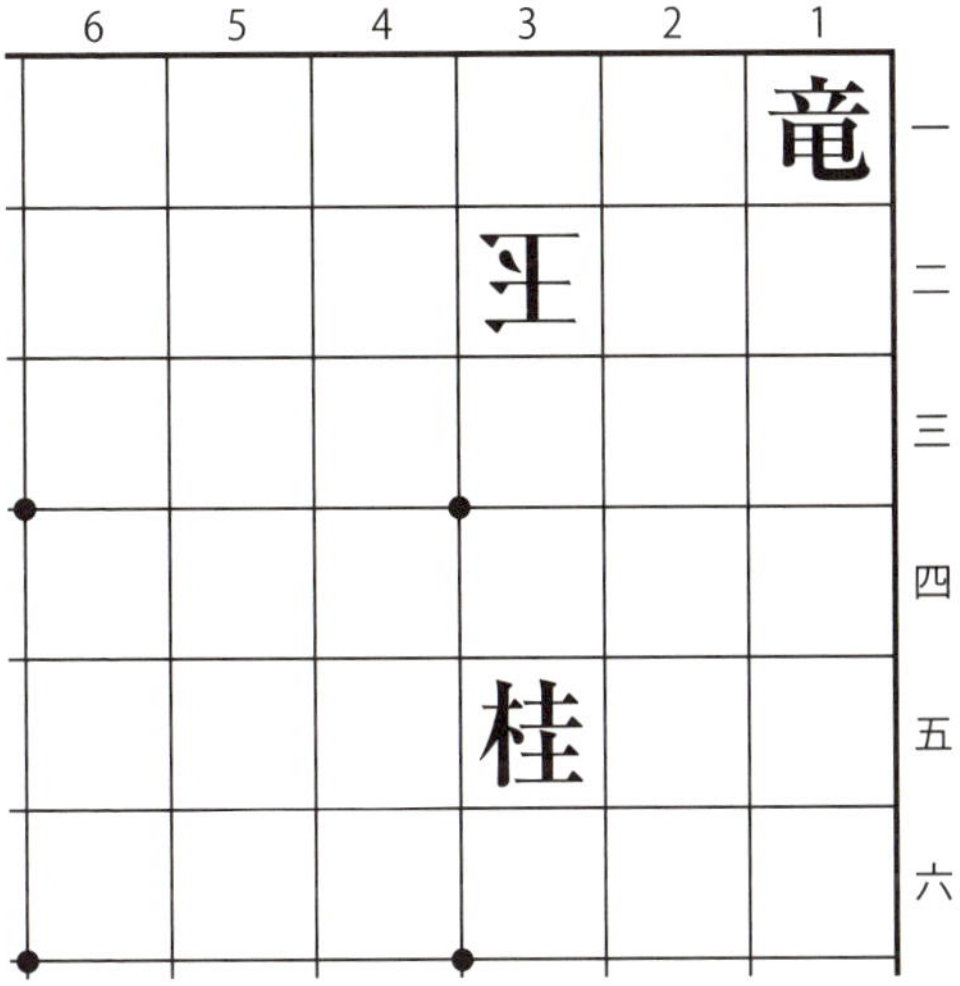

持駒《もちごま》 金《きん》

第《だい》52問《もん》

レベル ★★★★★

ヒント
逃《に》げ道《みち》を作《つく》りません

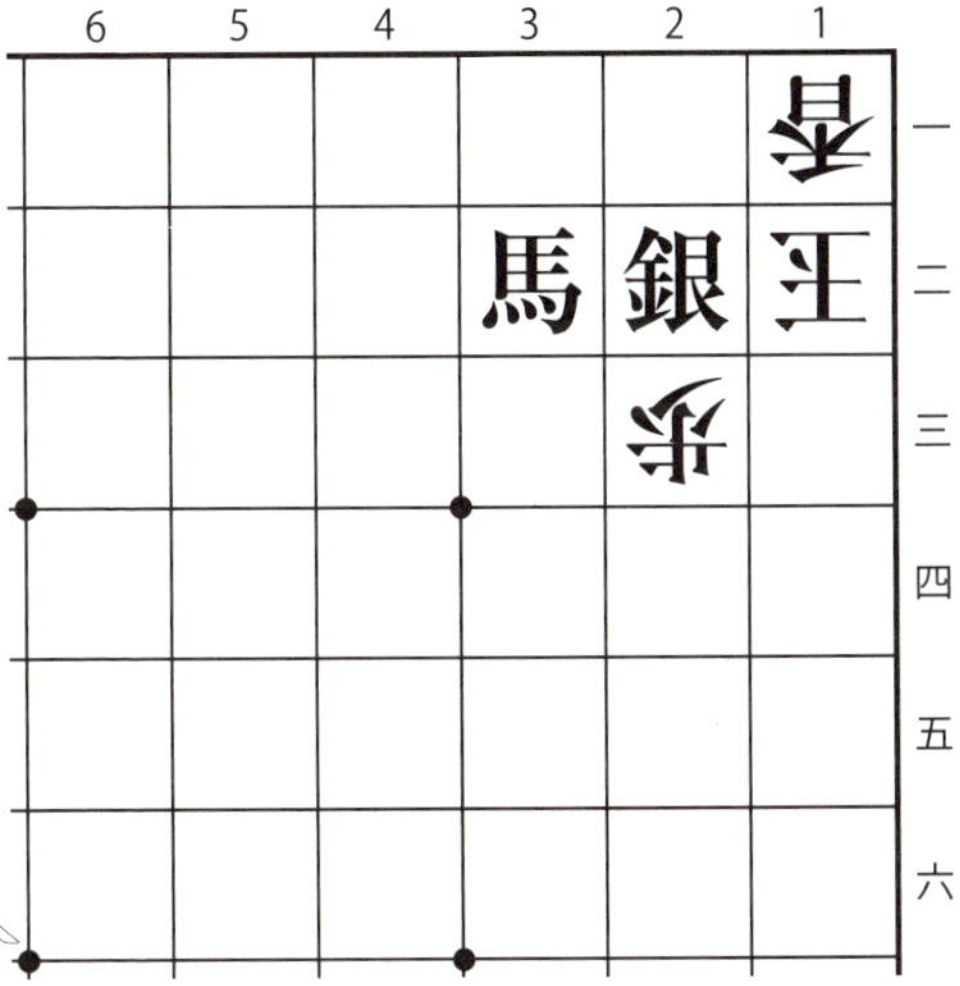

持駒《もちごま》 なし

第《だい》51問《もん》

☗4三金《さんきん》

正解図《せいかいず》

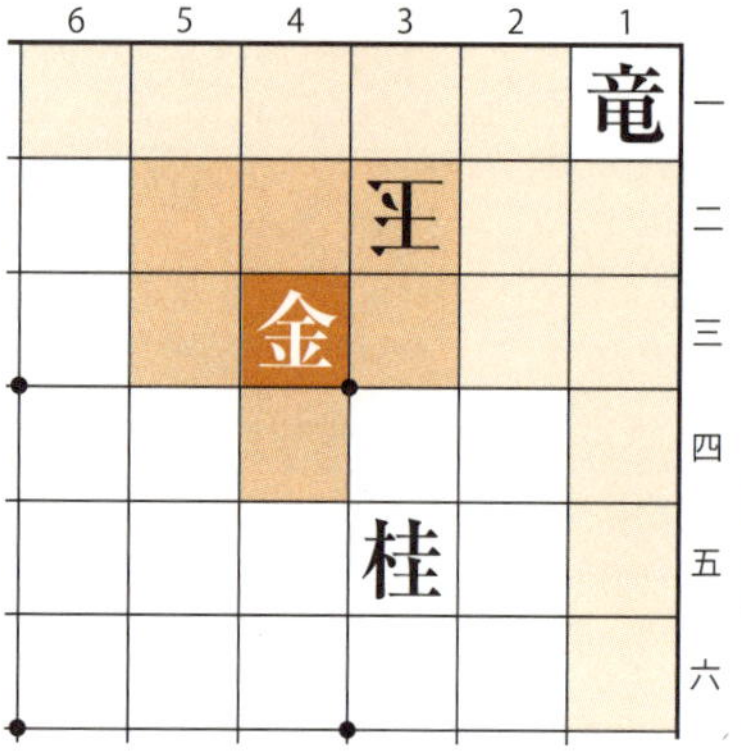

☗持駒《もちごま》 なし

左《ひだり》から金《きん》打《う》ち

玉《ぎょく》のまわりに何《なに》もないので、逃《に》げ道《みち》が多《おお》そうに見《み》えます。でも、攻方《せめかた》の竜《りゅう》と桂《けい》の利《き》きを確認《かくにん》すると、逃《に》げ道《みち》は3三《さん》と4二《に》の2か所《しょ》だけ。見《み》た目《め》にだまされないようにしましょう。

桂《けい》の利《き》きに☗4三金《さんきん》で詰《つ》みです。

第《だい》52問《もん》

☗2一馬《いちうま》

正解図《せいかいず》

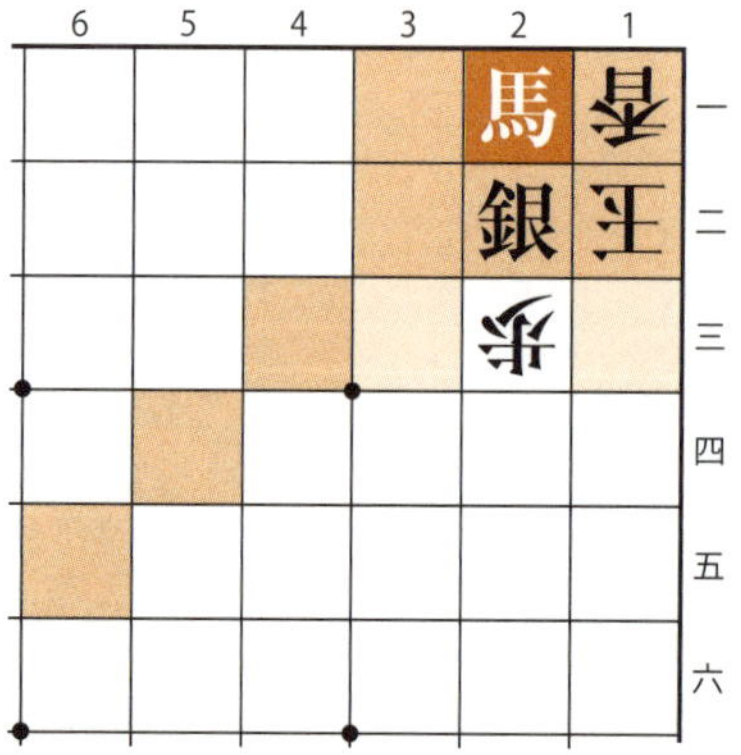

☗持駒《もちごま》 なし

銀《ぎん》は動《うご》かさない

☗2一銀不成《いちぎんならず》は☖1三玉《さんぎょく》と脱出《だっしゅつ》されます。2二銀《にぎん》は、玉《ぎょく》を1三《さん》に逃《に》がさないための大事《だいじ》な駒《こま》なのです。

正解《せいかい》は☗2一馬《いちうま》。馬《うま》と銀《ぎん》が協力《きょうりょく》して玉《ぎょく》を逃《に》がしません。

第《だい》53問《もん》

ヒント

金《きん》と銀《ぎん》の違《ちが》い

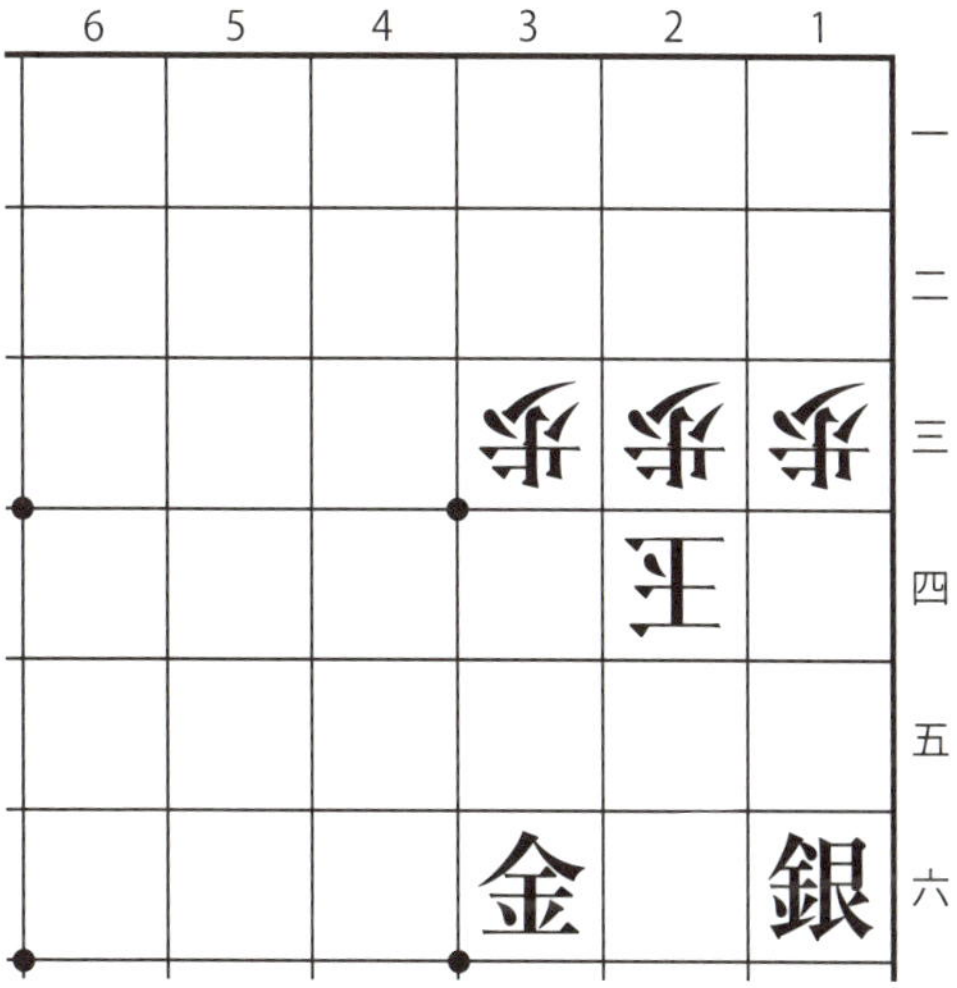

レベル ★★★★★

持駒《もちごま》 なし

第《だい》54問《もん》

ヒント

竜《りゅう》を作《つく》れますが……

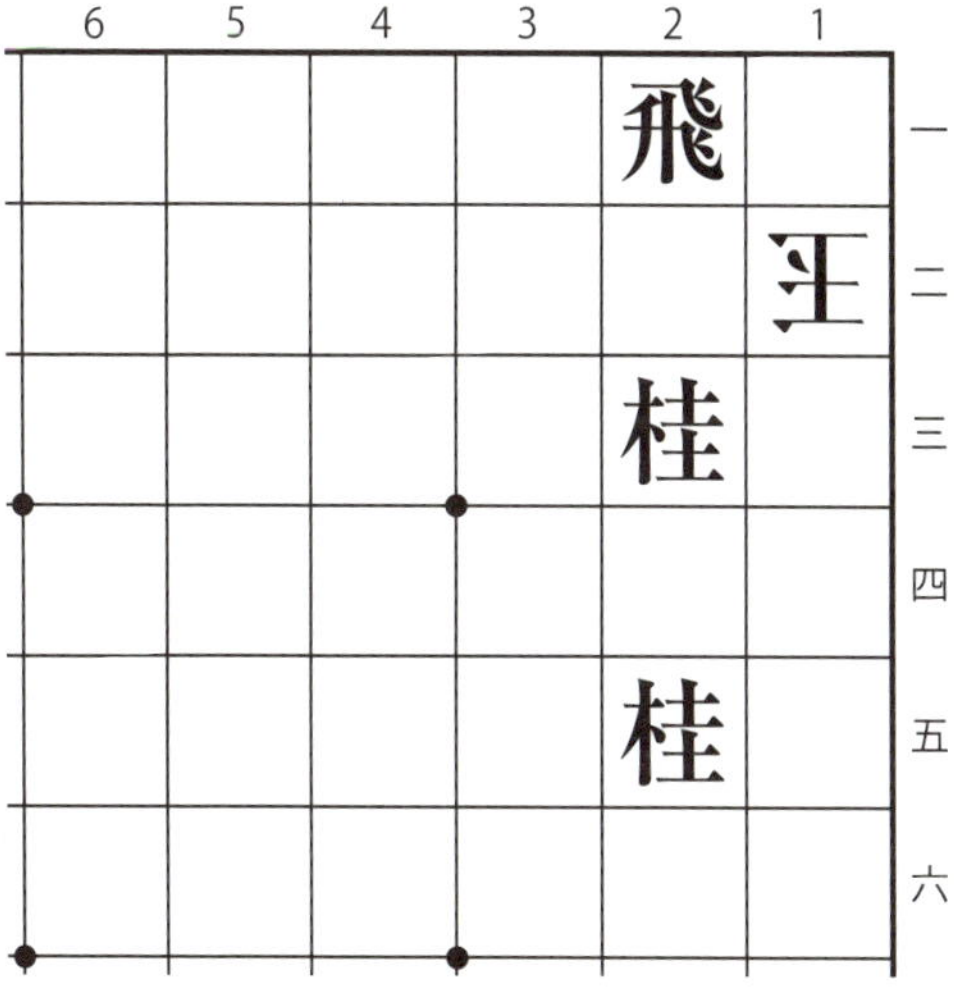

レベル ★★★★★

持駒《もちごま》 なし

第《だい》53問《もん》

☗2五金《ごきん》

正解図《せいかいず》

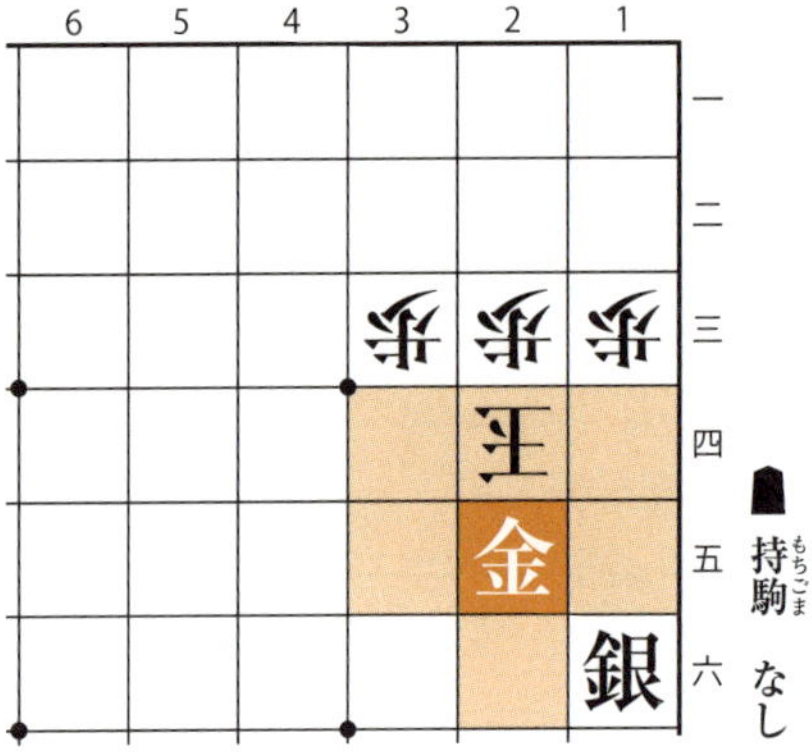

銀《ぎん》より金《きん》が強《つよ》い

銀《ぎん》と金《きん》のどちらで王手《おうて》をかけるか、という問題《もんだい》。☗2五銀《ごぎん》は☖1五玉《ごぎょく》とかわされます。銀《ぎん》の弱点《じゃくてん》には注意《ちゅうい》しましょう。

正解《せいかい》は☗2五金《ごきん》。前方《ぜんぽう》と左右《さゆう》に強《つよ》い金《きん》は、玉《ぎょく》を詰《つ》めるのにピッタリの駒《こま》です。

第《だい》54問《もん》

☗1一桂成《いちけいなり》

正解図《せいかいず》

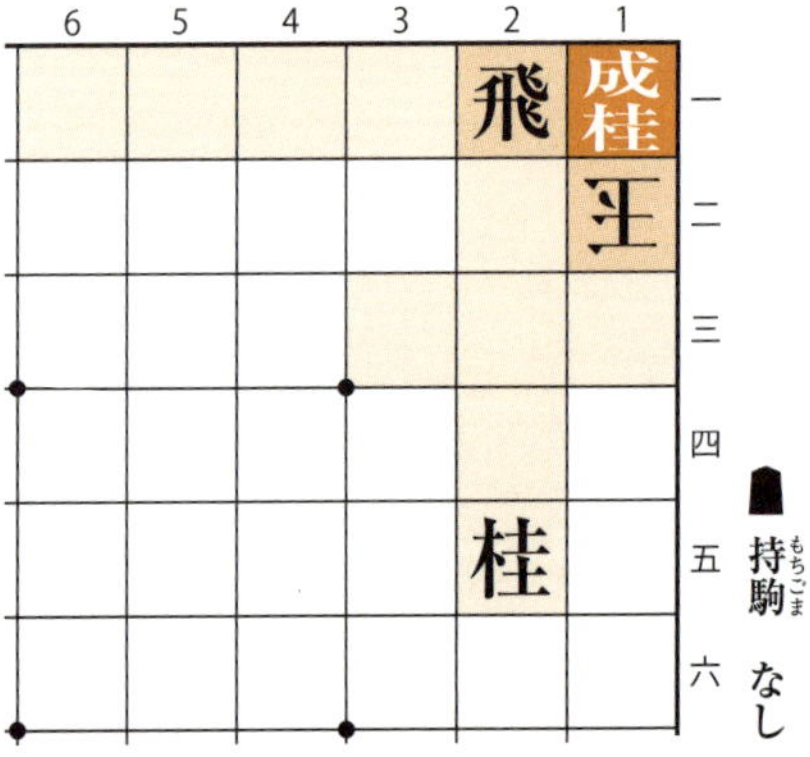

動《うご》かすのは桂《けい》

ほかの駒《こま》とくらべると、桂《けい》の利《き》きは少《すこ》し変《か》わっています。盤上《ばんじょう》に桂《けい》が2枚《まい》、3枚《まい》とあると、利《き》きを間違《まちが》えることがあるので注意《ちゅうい》しましょう。☗1一飛成《いちひなり》は☖2三玉《さんぎょく》で失敗《しっぱい》です。☗1一桂《いちけい》成《なり》と跳《な》ねて詰《つ》み。2五桂《ごけい》も役《やく》に立《た》っています。

第《だい》55問《もん》

レベル ★★★★★

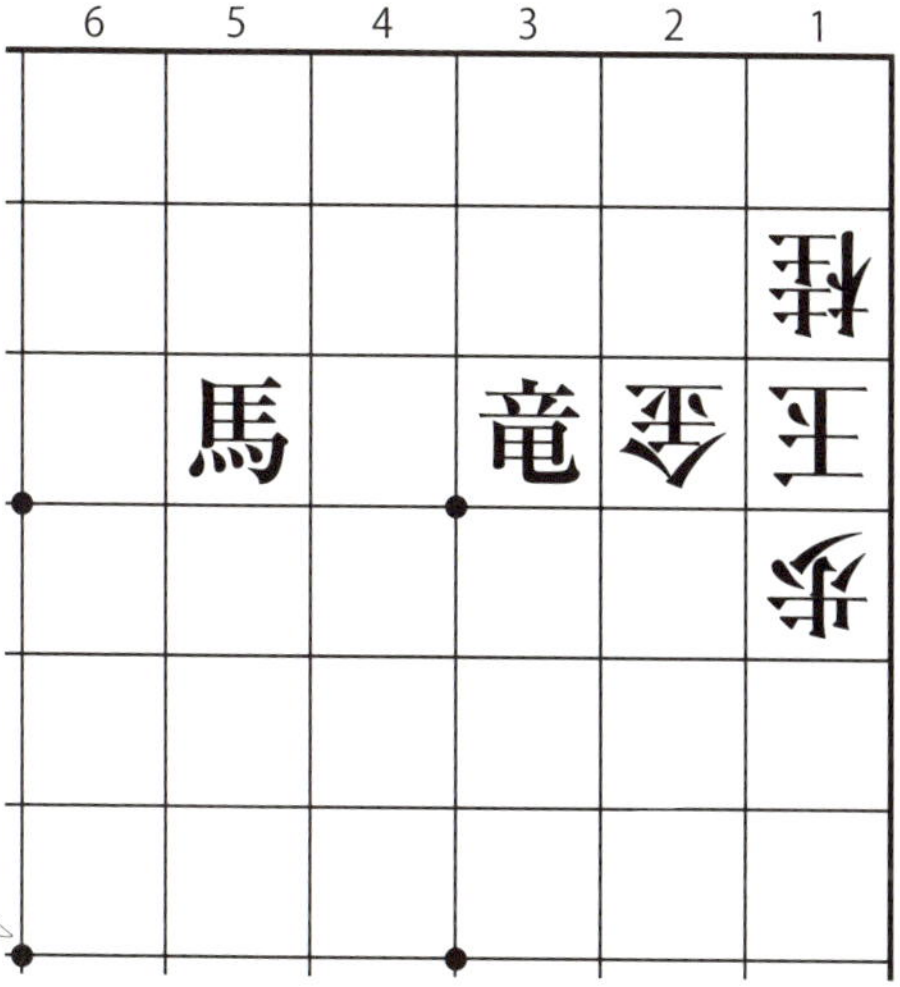

持駒《もちごま》 なし

ヒント

1二桂《にけい》に注意《ちゅうい》

第《だい》56問《もん》

レベル ★★★★★

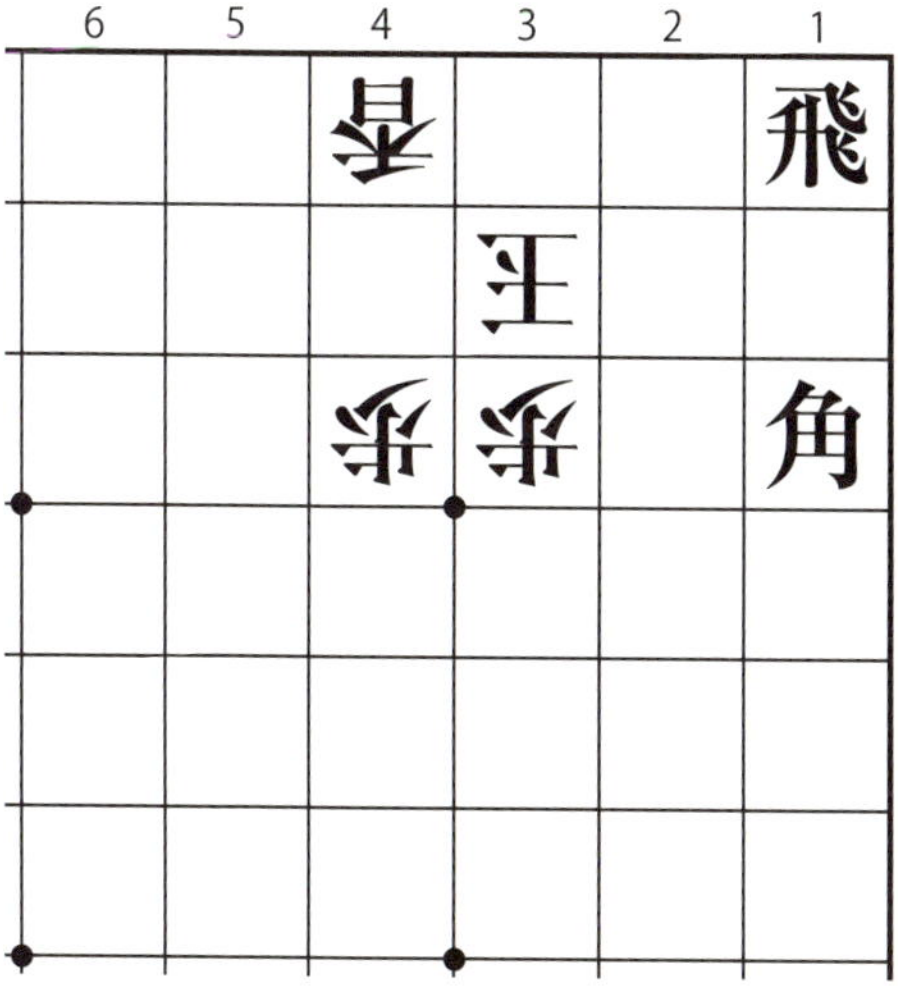

持駒《もちごま》 なし

ヒント

どちらを成《な》るか

第《だい》55問《もん》

☗3一馬《いちうま》

正解図《せいかいず》

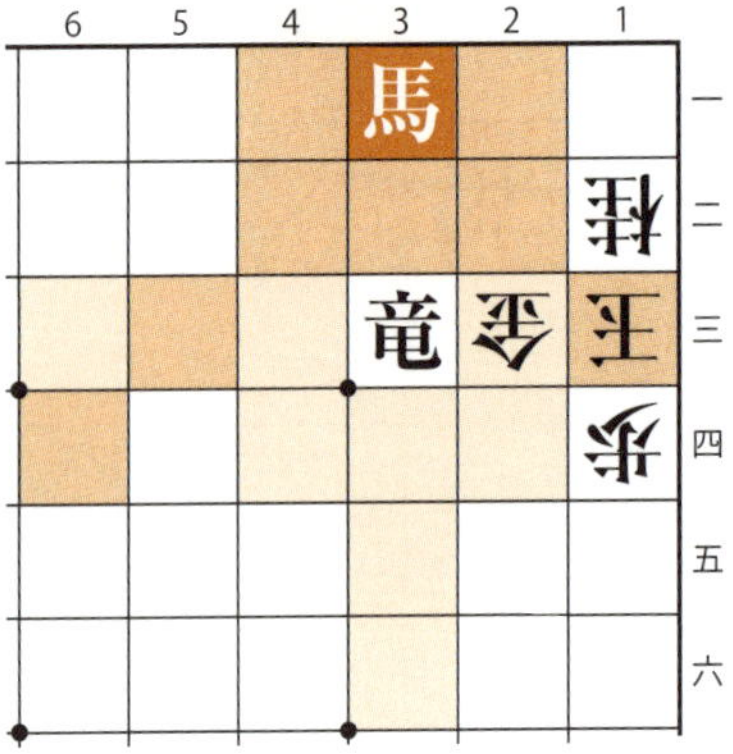

☗持駒《もちごま》 なし

桂《けい》を働《はたら》かせない

馬《うま》の利《き》きをたどると、☗3五馬《ごうま》と☗3一馬《いちうま》の王手《おうて》が見《み》つかります。☗3五馬《ごうま》には☖2四《よん》歩《ふ》と合駒《あいごま》をされ、☗同馬《どううま》☖同桂《どうけい》で詰《つ》みません。

正解《せいかい》は☗3一馬《いちうま》。☖2二《に》歩《ふ》は☗同馬《どううま》で、詰《つ》みは変《か》わらないので無駄合《むだあい》です。

第《だい》56問《もん》

☗1二飛成《にひなり》

正解図《せいかいず》

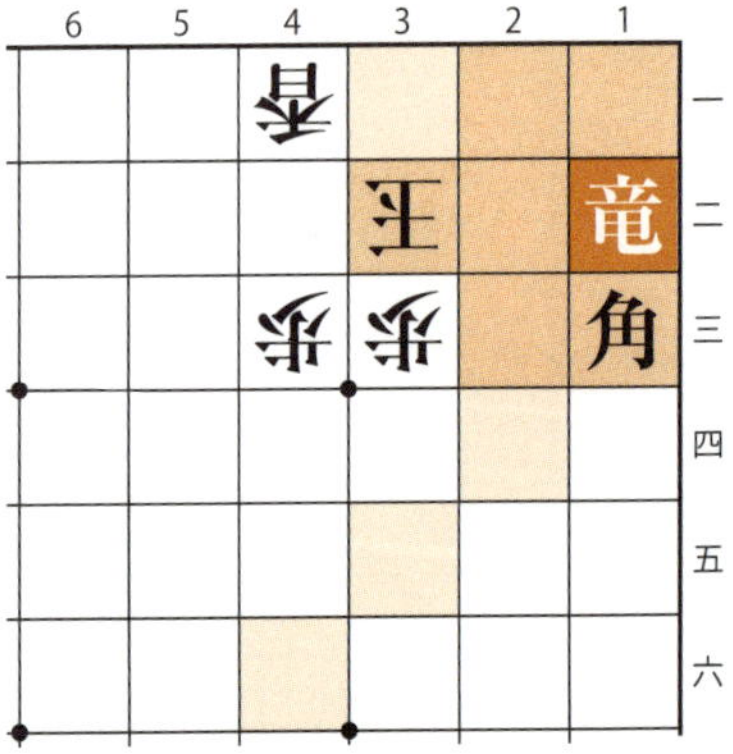

☗持駒《もちごま》 なし

竜《りゅう》は強力《きょうりょく》

飛《ひ》と角《かく》が3一《いち》に利《き》いているので、☗3一飛《いちひ》成《なり》や☗3一角成《いちかくなり》が思《おも》いつきます。でも、☖2三玉《さんぎょく》と逃《に》げられて失敗《しっぱい》。

王手《おうて》をかけながら☖2三玉《さんぎょく》を防《ふせ》ぐ手《て》、それが正解《せいかい》の☗1二飛成《にひなり》でした。

第《だい》57問《もん》

レベル ★★★★★

ヒント
銀《ぎん》に取《と》られないように

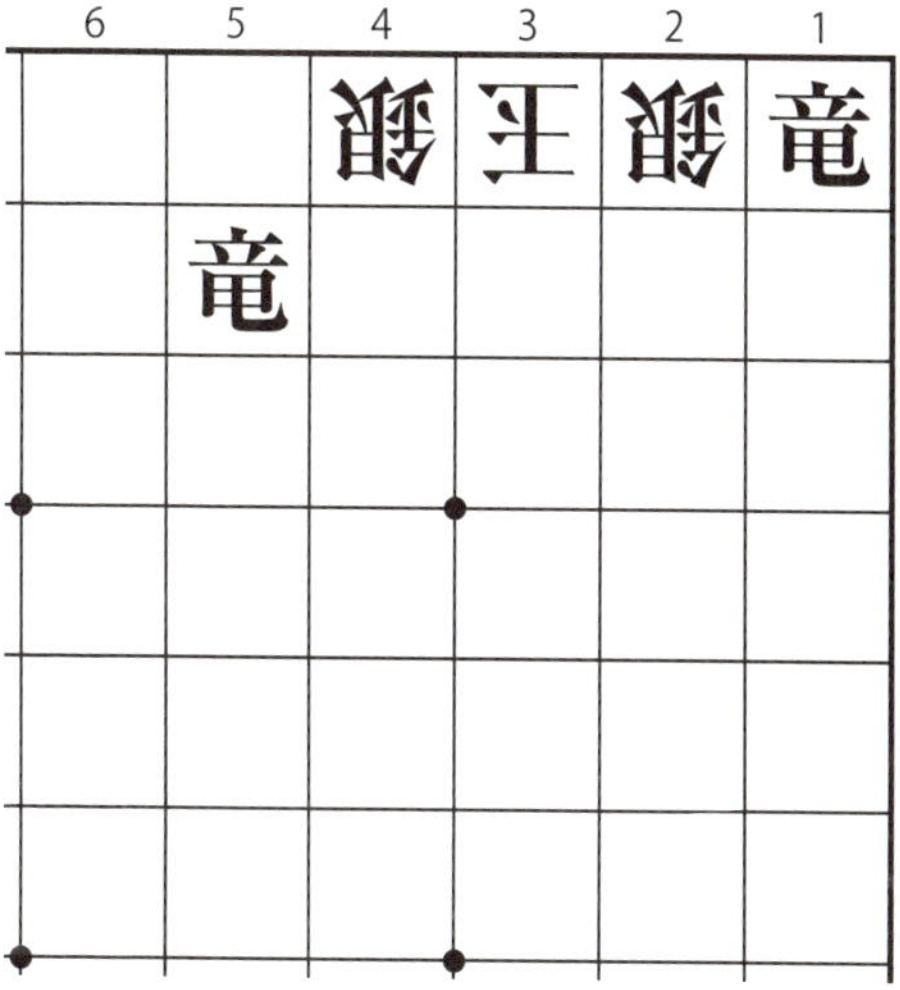

持駒《もちごま》 なし

第《だい》58問《もん》

レベル ★★★★★

ヒント
銀《ぎん》だと詰《つ》みません

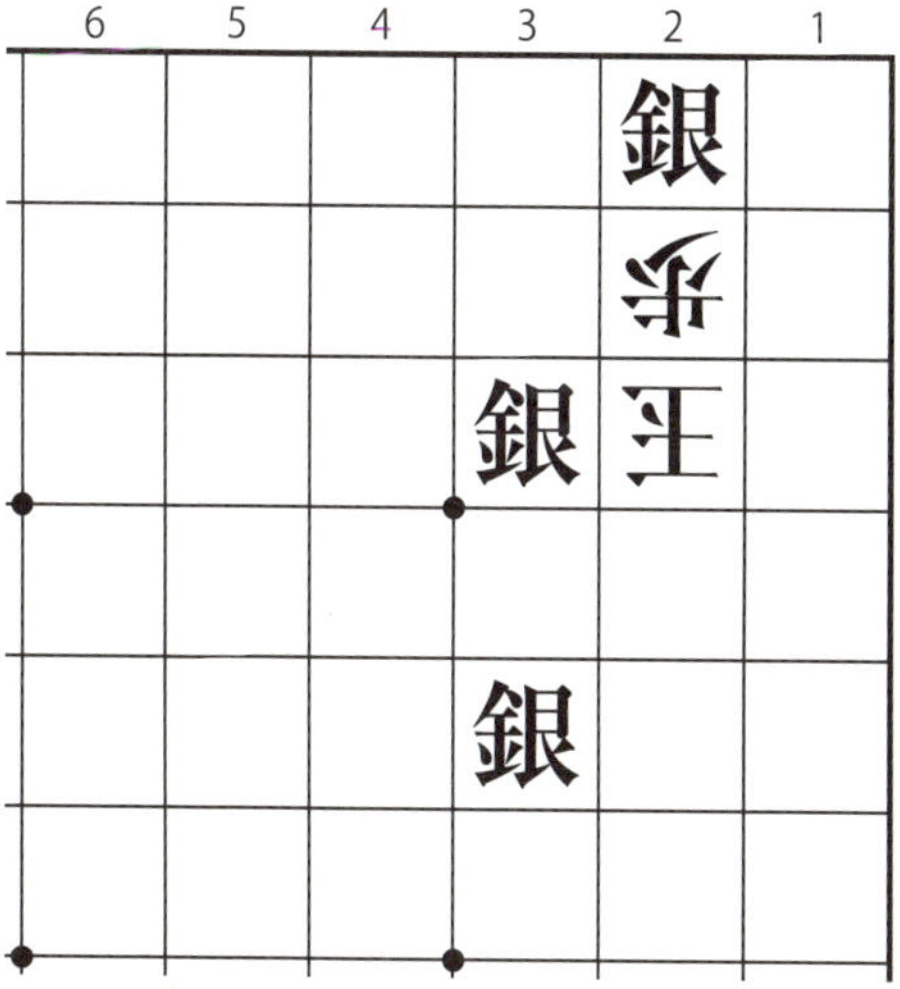

持駒《もちごま》 なし

第《だい》57問《もん》

☗2二竜寄《にりゅうよる》

正解図《せいかいず》

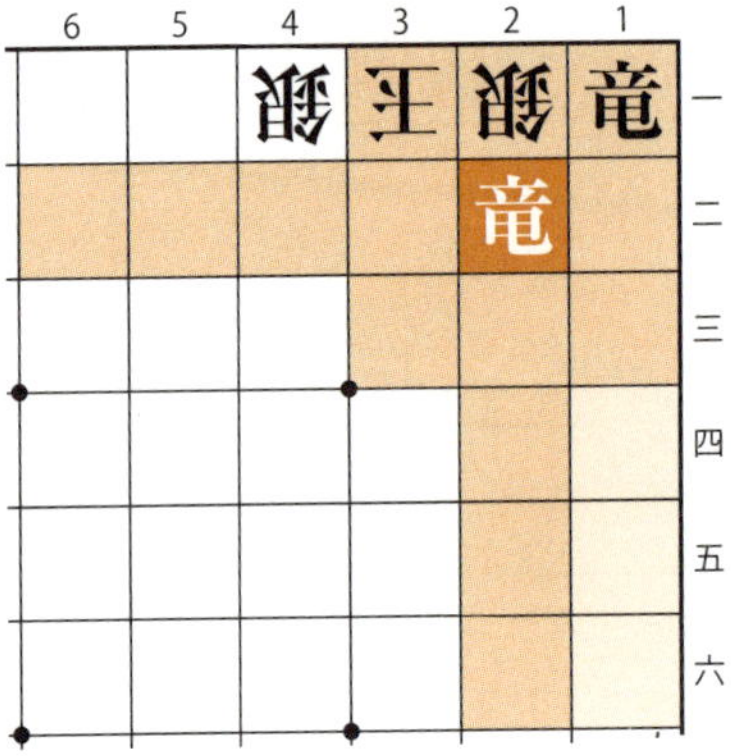

☗持駒《もちごま》 なし

竜《りゅう》の力技《ちからわざ》

2枚《まい》の銀《ぎん》が2段目《だんめ》をしっかり守《まも》っているように見《み》えます。しかし、1一竜《いちりゅう》があるので、2一銀《いちぎん》は動《うご》けません。これを利用《りよう》します。

正解《せいかい》は☗2二竜寄《にりゅうよる》、つまり5二竜《にりゅう》を2二《に》に動《うご》かす手《て》です。2枚《まい》の竜《りゅう》の力技《ちからわざ》で詰《つ》み。

第《だい》58問《もん》

☗2四銀引成《よんぎんひくなり》

正解図《せいかいず》

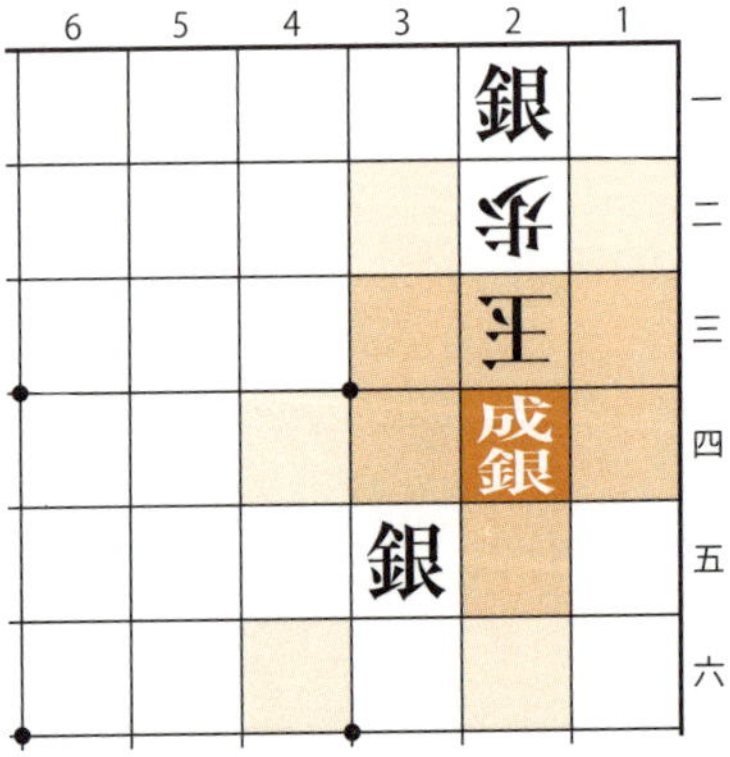

☗持駒《もちごま》 なし

成銀《なりぎん》は金《きん》と同《おな》じ

銀《ぎん》の弱点《じゃくてん》は横《よこ》と後《うし》ろ。そこを玉《ぎょく》にすり抜《ぬ》けられることがあります。出題図《しゅつだいず》で☗2四銀《よんぎん》上《あがる》（3五銀《ごぎん》を上《あ》げる）とすると、☖3四玉《よんぎょく》で詰《つ》みません。3三銀《さんぎん》を動《うご》かして☗2四銀引成《よんぎんひくなり》が正解《せいかい》。敵陣《てきじん》から出《で》る時《とき》も成《な》れます。

第《だい》59問《もん》

ヒント

3三《さん》に逃《に》がさない

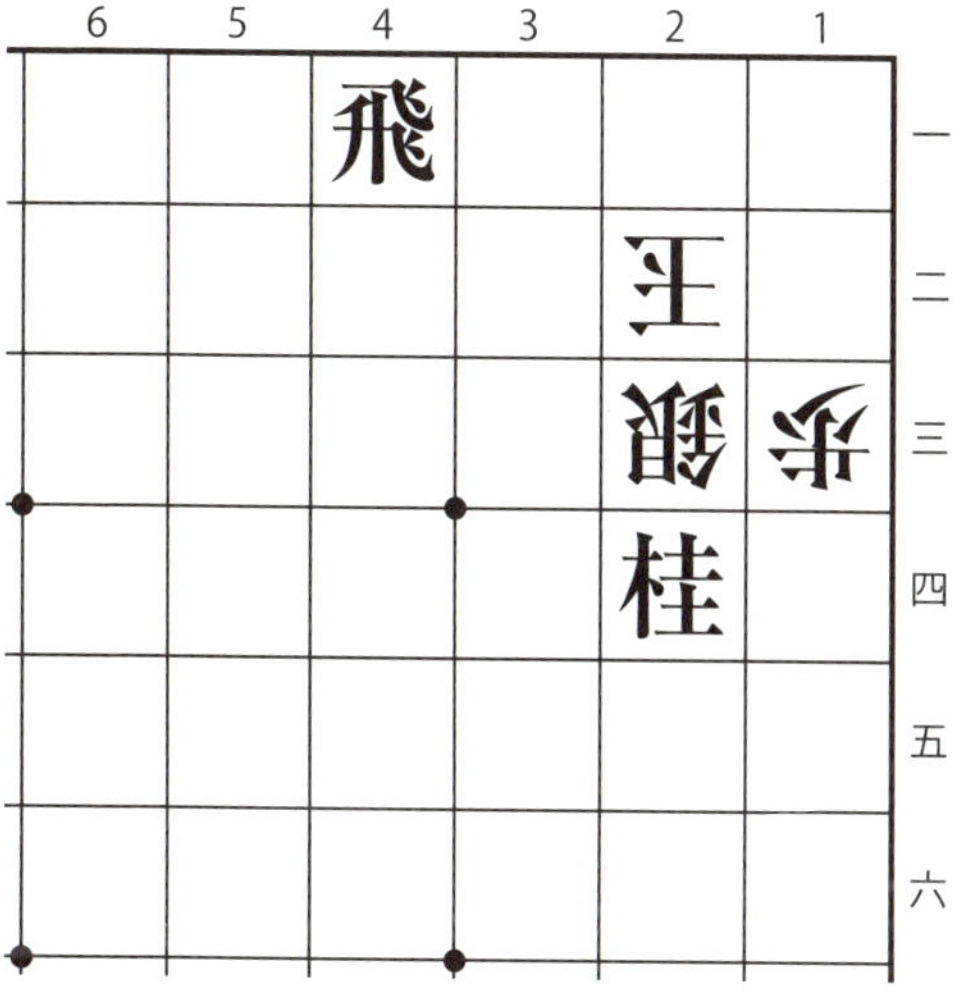

レベル
★★★★★

持駒《もちごま》　角《かく》

第《だい》60問《もん》

ヒント

どちらを成《な》るか

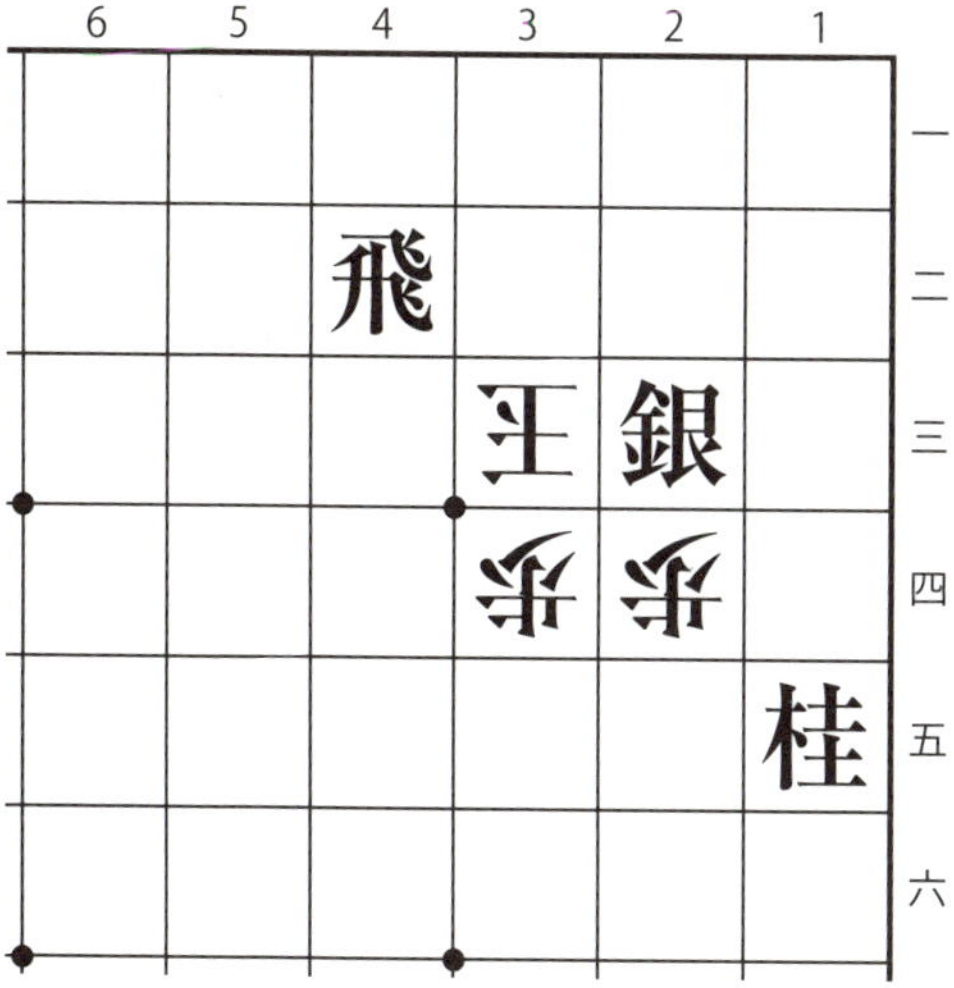

レベル
★★★★★

持駒《もちごま》　なし

第《だい》59問《もん》

☗1一角《いちかく》

正解図《せいかいず》

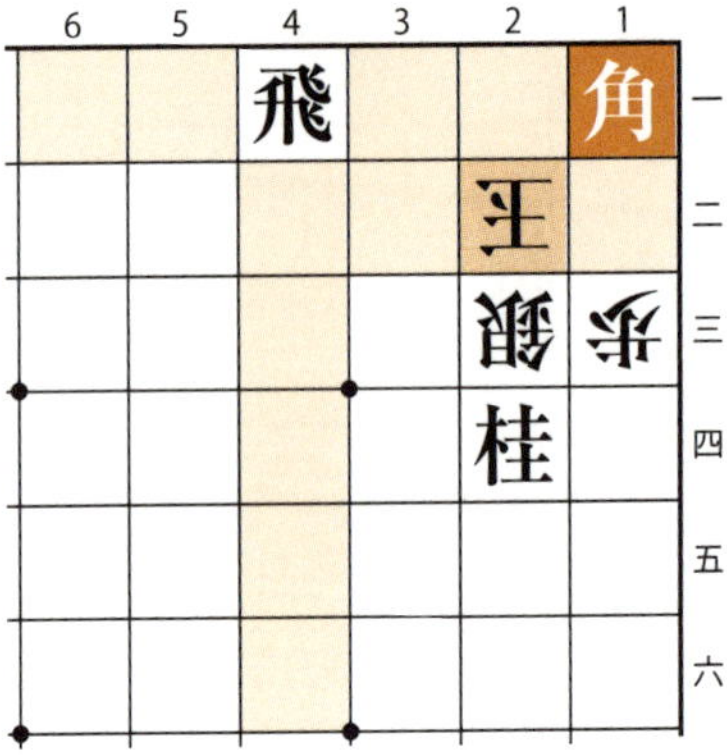

☗持駒《もちごま》 なし

盤《ばん》の隅《すみ》に角《かく》

玉《ぎょく》の逃《に》げ道《みち》は3三《さん》にあります。☗4二《に》飛成《ひなり》は☖3二《に》歩《ふ》と合駒《あいごま》をされ、☗3三角《さんかく》☖2一《いち》玉《ぎょく》で失敗《しっぱい》。また、☗4四角《よんかく》は☖3三歩《さんふ》と合駒《あいごま》をされ、☗4二飛成《にひなり》☖2一玉《いちぎょく》で詰《つ》みません。盤《ばん》の隅《すみ》に☗1一角《いちかく》として☖3三玉《さんぎょく》を防《ふせ》ぎます。

第《だい》60問《もん》

☗3二銀成《にぎんなり》

正解図《せいかいず》

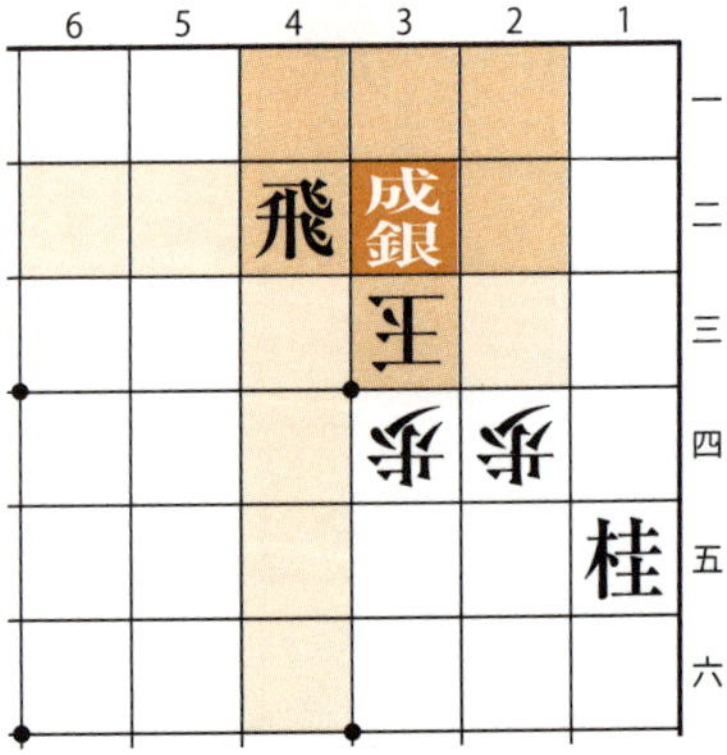

☗持駒《もちごま》 なし

飛車《ひしゃ》は動《うご》かせない

飛車《ひしゃ》を取《と》られるわけにはいきません。そこで☗3二飛成《にひなり》として竜《りゅう》を作《つく》るのは、☖4四《よん》玉《ぎょく》と逃《に》げられてしまいます。☗3二銀成《にぎんなり》が正解《せいかい》で、王手《おうて》をかけながら4二《に》飛《ひ》を守《まも》っています。

第《だい》61問《もん》

レベル ★★★★★

ヒント
竜《りゅう》に注意《ちゅうい》

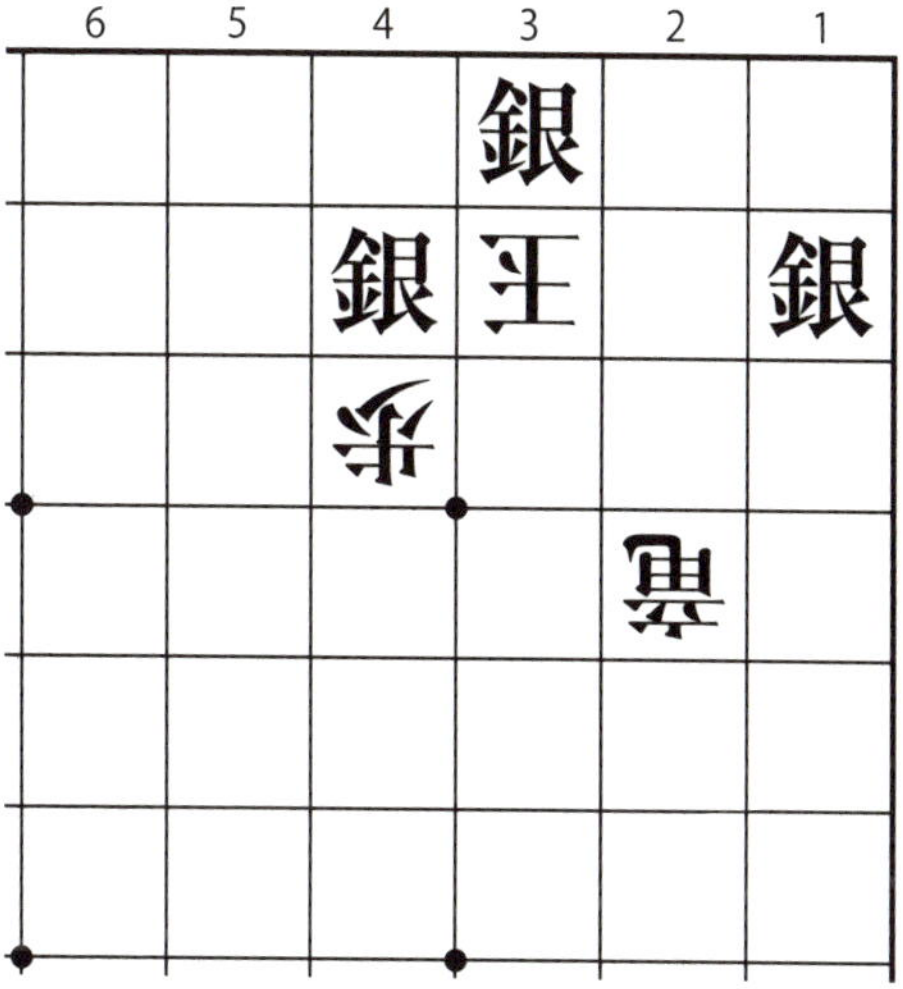

持駒《もちごま》 銀《ぎん》

第《だい》62問《もん》

レベル ★★★★★

ヒント
2一《いち》が逃《に》げ道《みち》

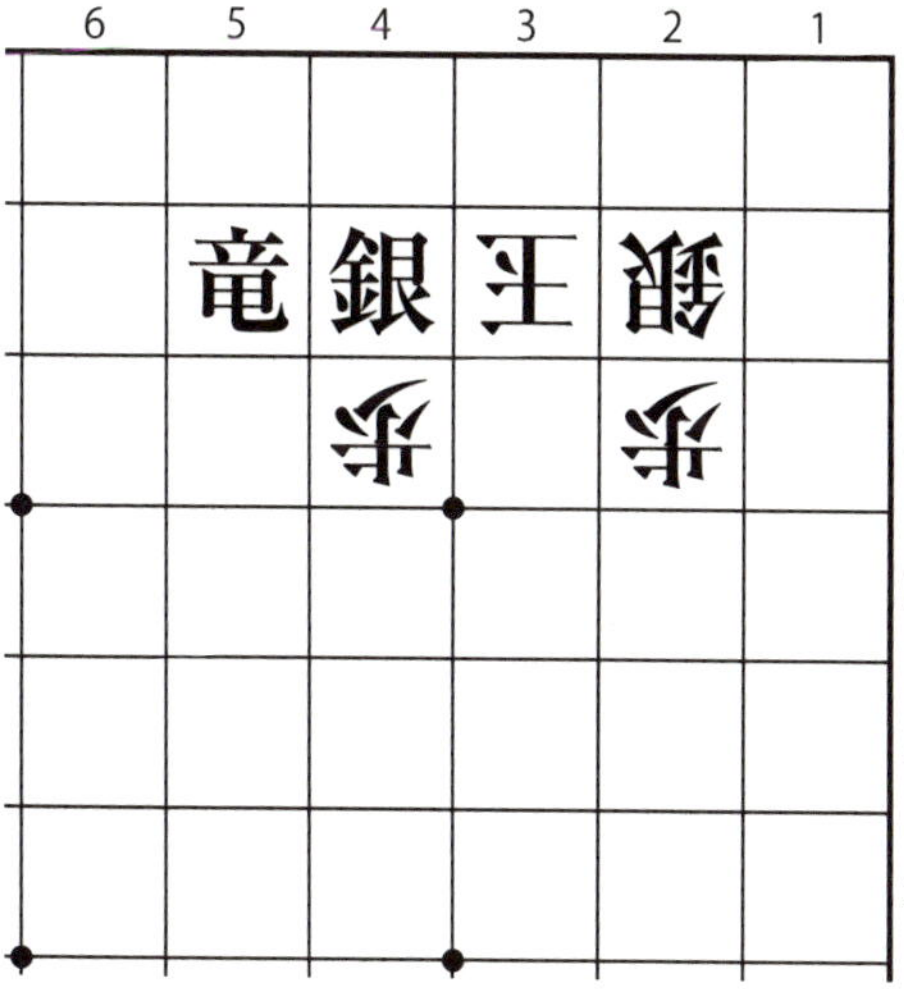

持駒《もちごま》 なし

第《だい》61問《もん》

☗4一銀打《いちぎんうち》

正解図《せいかいず》

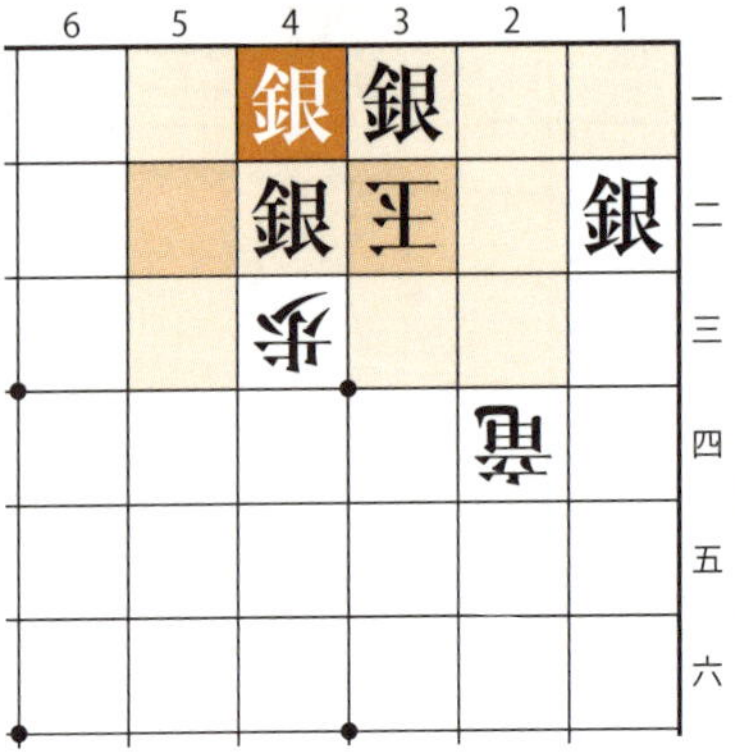

☗持駒《もちごま》 なし

竜《りゅう》の利《き》きがないところ

持駒《もちごま》の銀《ぎん》を打《う》って王手《おうて》できるマスは、2一《いち》、2三《さん》、3三《さん》、4一《いち》の4か所《しょ》あります。これらの内《うち》、玉方《ぎょくかた》の2四竜《よんりゅう》が利《き》いているのが、2一《いち》、2三《さん》、3三《さん》の3か所《しょ》。つまり、4一《いち》だけは安心《あんしん》して銀《ぎん》を打《う》てます。

第《だい》62問《もん》

☗4一竜《いちりゅう》

正解図《せいかいず》

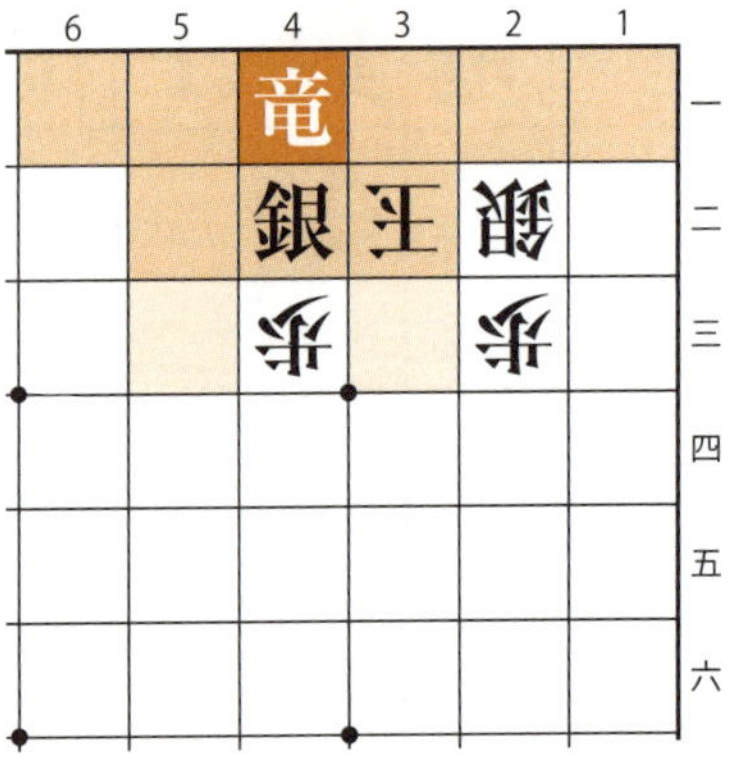

☗持駒《もちごま》 なし

開《あ》き王手《おうて》は失敗《しっぱい》

銀《ぎん》を動《うご》かすと竜《りゅう》で王手《おうて》がかけられる形《かたち》。しかし、どこに銀《ぎん》を動《うご》かしても☖3三玉《さんぎょく》で困《こま》ります。銀《ぎん》は動《うご》かしてはいけない駒《こま》なのです。

正解《せいかい》は☗4一竜《いちりゅう》ともぐりこむような手《て》。王手《おうて》をかけつつ、☖2一玉《いちぎょく》を防《ふせ》ぎます。

第《だい》63問《もん》

ヒント

竜《りゅう》をどこに動《うご》かすか

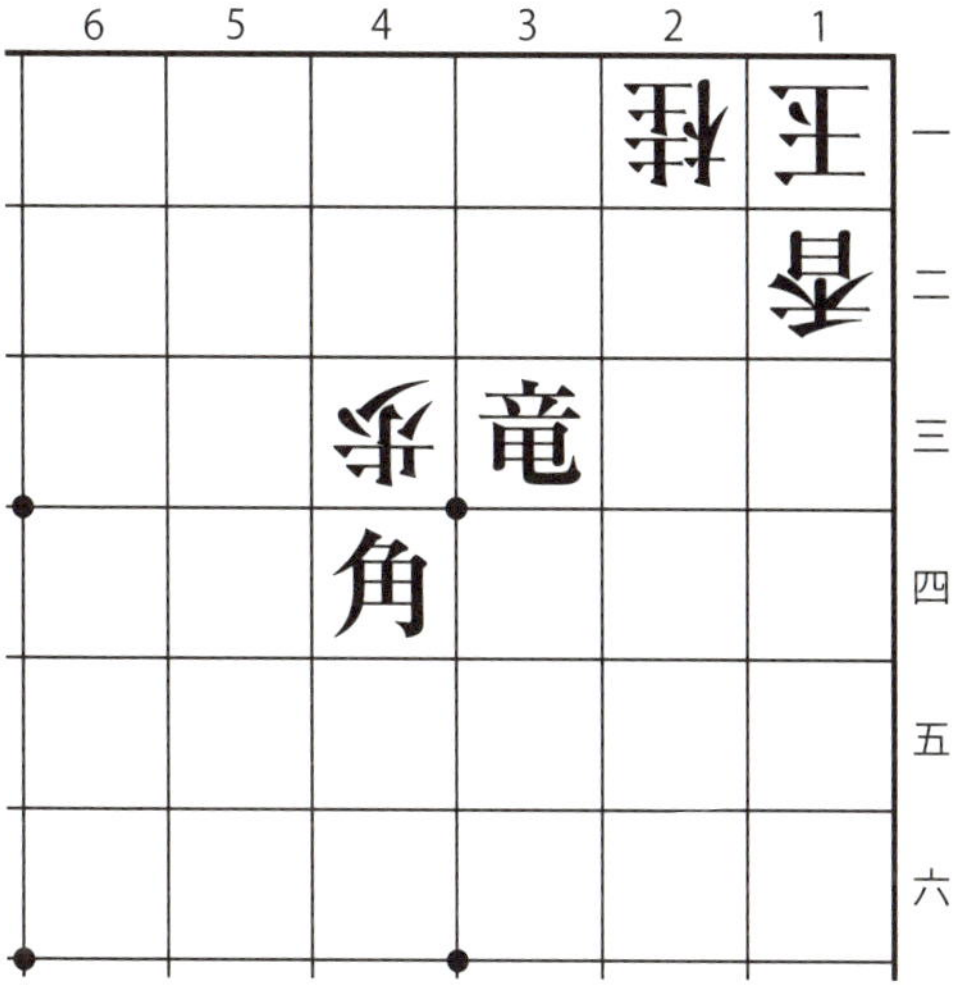

レベル ★★★★★

持駒《もちごま》 なし

第《だい》64問《もん》

ヒント

右《みぎ》か左《ひだり》か

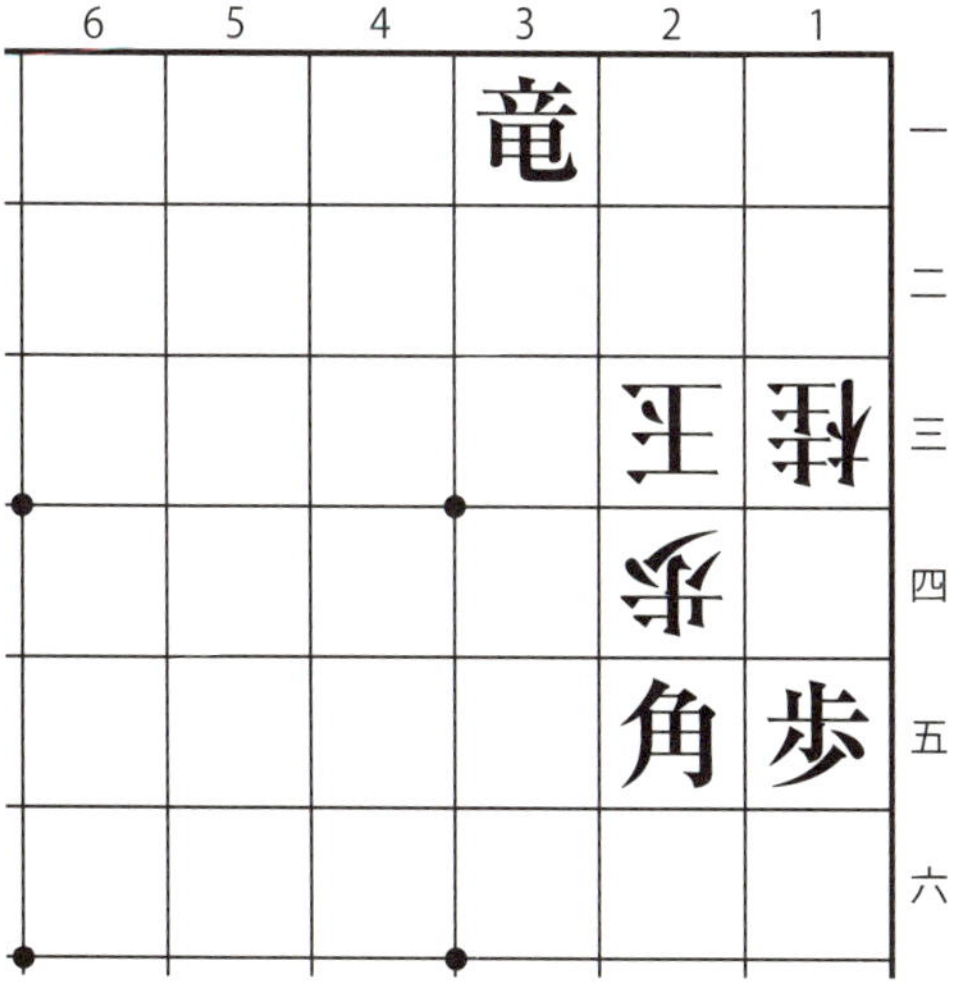

レベル ★★★★★

持駒《もちごま》 なし

第《だい》63問《もん》

☗2二《に》竜《りゅう》

正解図《せいかいず》

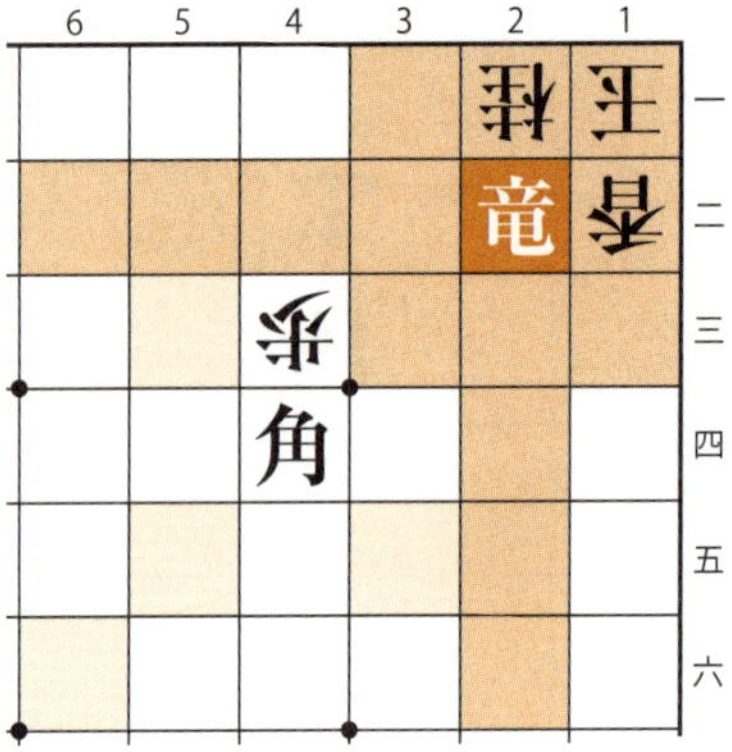

☗持駒《もちごま》 なし

竜《りゅう》を押《お》しだす

竜《りゅう》を動《うご》かして、4四角《よんかく》で王手《おうて》をかける手《て》が考《かんが》えられます。しかし、☗3一竜《いちりゅう》は☖4四歩《よんふ》と角《かく》を取《と》られて詰《つ》みません。☗4三竜《さんりゅう》と歩《ふ》を取《と》るのは、☖2二歩《にふ》の合駒《あいごま》で全然《ぜんぜん》ダメ。

正解《せいかい》は☗2二竜《にりゅう》と力強《ちからづよ》く押《お》しだす手《て》でした。

第《だい》64問《もん》

☗3四角《よんかく》

正解図《せいかいず》

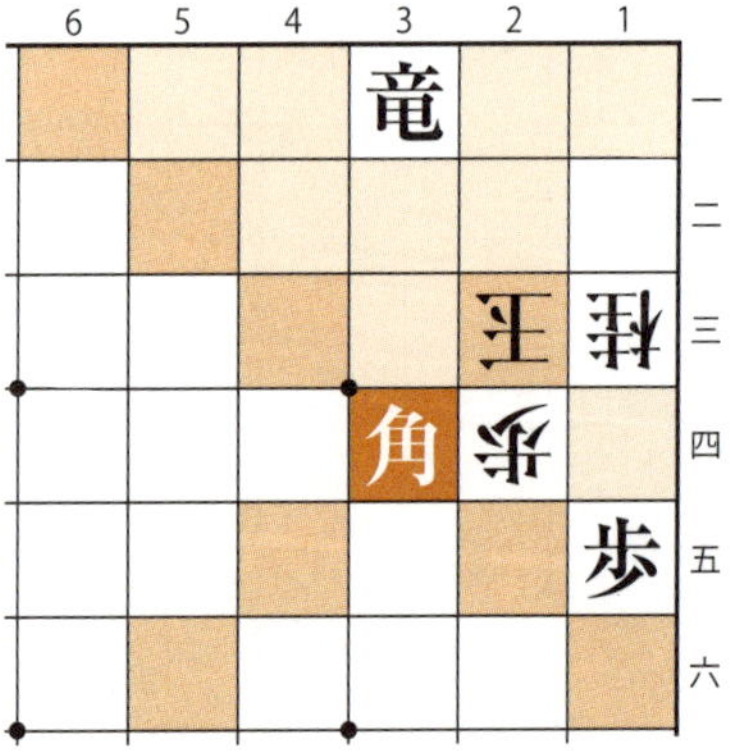

☗持駒《もちごま》 なし

1二《に》に注目《ちゅうもく》

桂《けい》は前《まえ》に利《き》きがないので、☗1四角《よんかく》と動《うご》かしたくなります。しかし、☖1二玉《にぎょく》☗3二《に》竜《りゅう》☖1一玉《いちぎょく》と逃《に》げられて詰《つ》みません。

逆側《ぎゃくがわ》に☗3四角《よんかく》が正解《せいかい》。☖1二玉《にぎょく》と逃《に》げてもこの角《かく》で取《と》れます。

ヒント
金《きん》が取《と》れそう

第《だい》65問《もん》

レベル ★★★★★

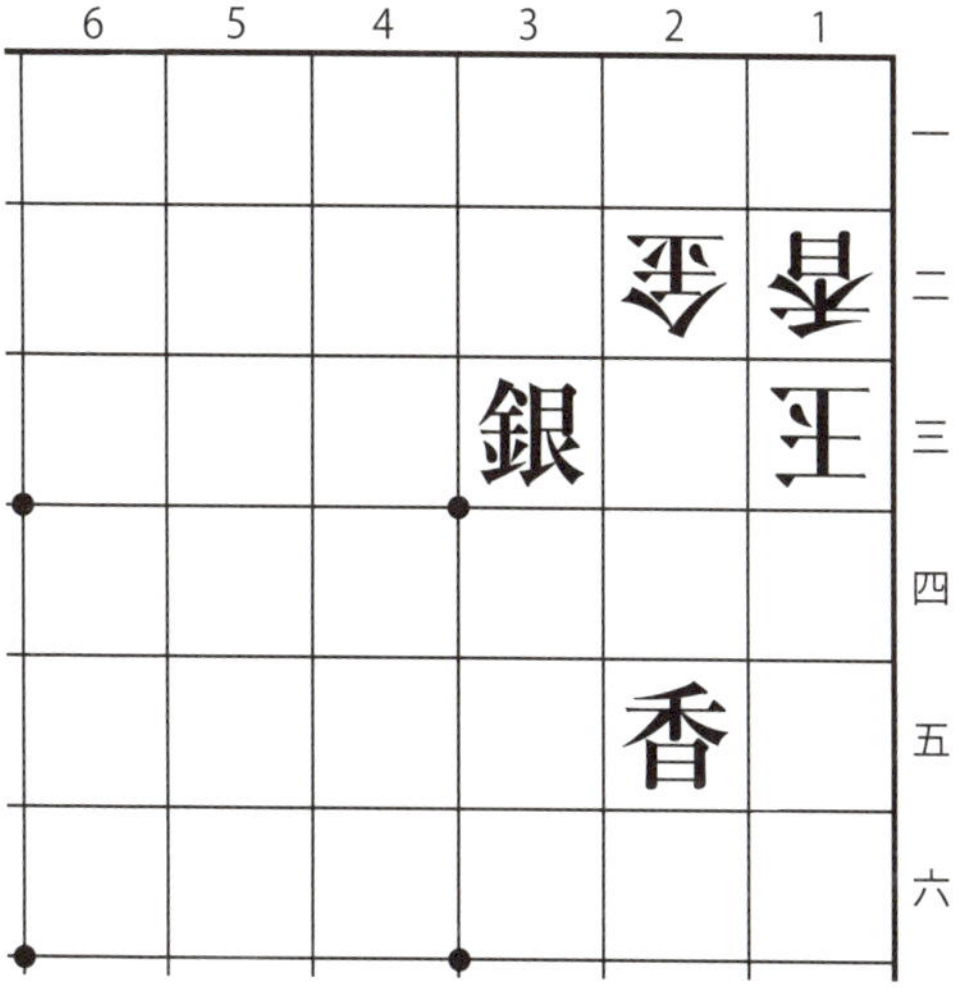

持駒《もちごま》 なし

ヒント
角《かく》を働《はたら》かせません

第《だい》66問《もん》

レベル ★★★★★

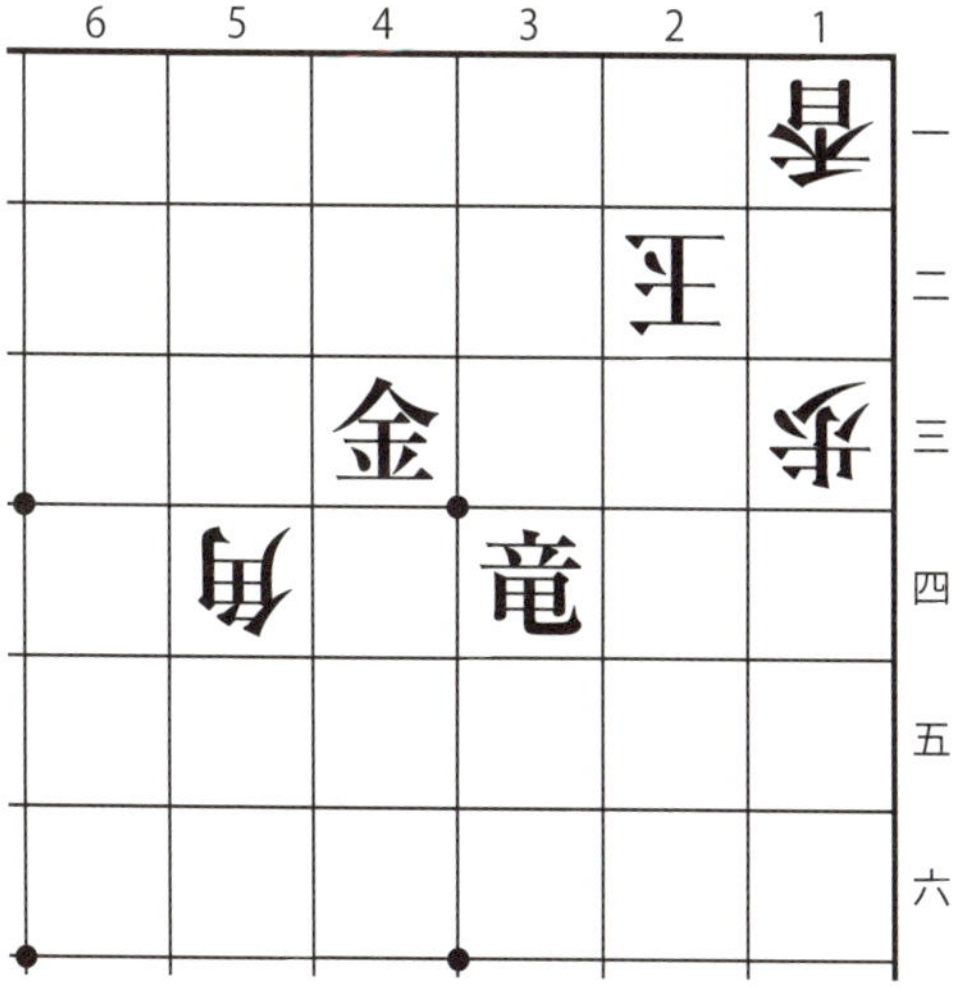

持駒《もちごま》 なし

第《だい》65問《もん》

☗2四銀成《よんぎんなり》

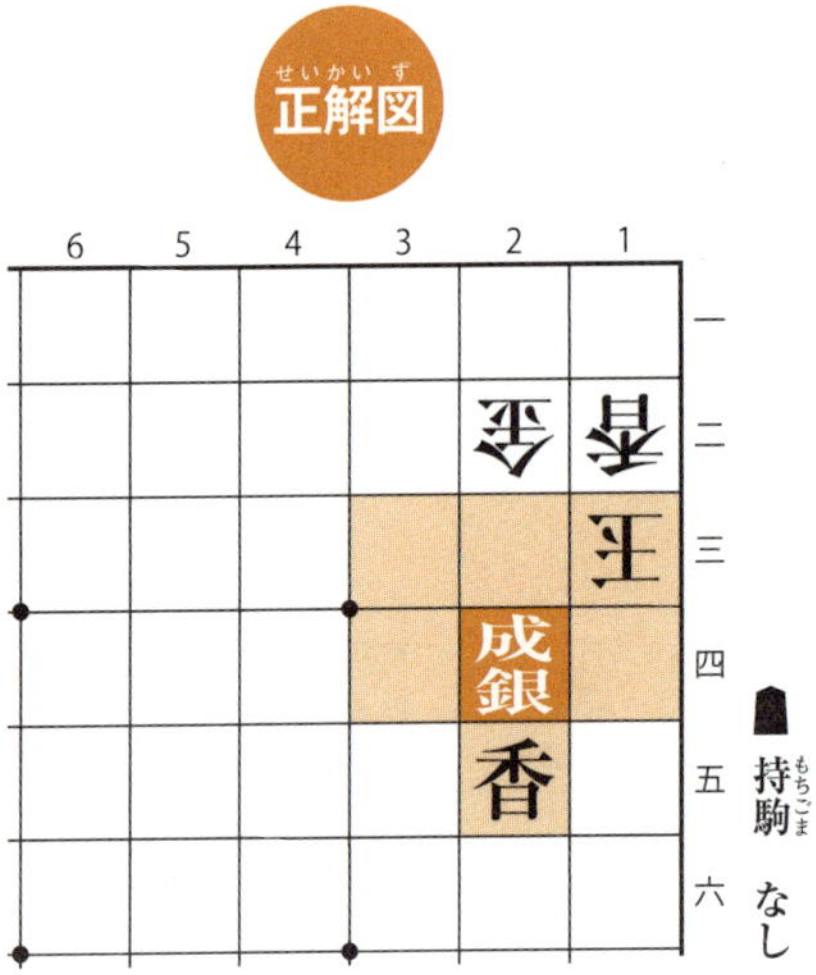

取《と》ってはダメ

☗2二銀《にぎん》不成《ならず》として金《きん》が取《と》れます。これで喜《よろこ》んではいけません。☖1四玉《よんぎょく》と上《うえ》に逃《に》げられ、☗2四金《よんきん》☖1五玉《ごぎょく》で攻《せ》めが切《き》れてしまいます。

敵陣《てきじん》に入《はい》っている銀《ぎん》に注目《ちゅうもく》。☗2四銀成《よんぎんなり》として詰《つ》みです。

第《だい》66問《もん》

☗3二《に》竜《りゅう》

竜《りゅう》の踏《ふ》みこみ

☗3三竜《さんりゅう》とひとつだけ動《うご》かすのは、☖1二《に》玉《ぎょく》で失敗《しっぱい》。もう一歩《いっぽ》踏《ふ》みこんで☗3二《に》竜《りゅう》が正解《せいかい》。これなら☖1二玉《にぎょく》と逃《に》げられません。

出題図《しゅつだいず》で☗3三金《さんきん》は、☖3一玉《いちぎょく》☗4三金《さんきん》☖2二玉《にぎょく》で元《もと》に戻《もど》ってしまいます。

第《だい》67問《もん》

レベル ★★★★★

ヒント
角《かく》に注意《ちゅうい》

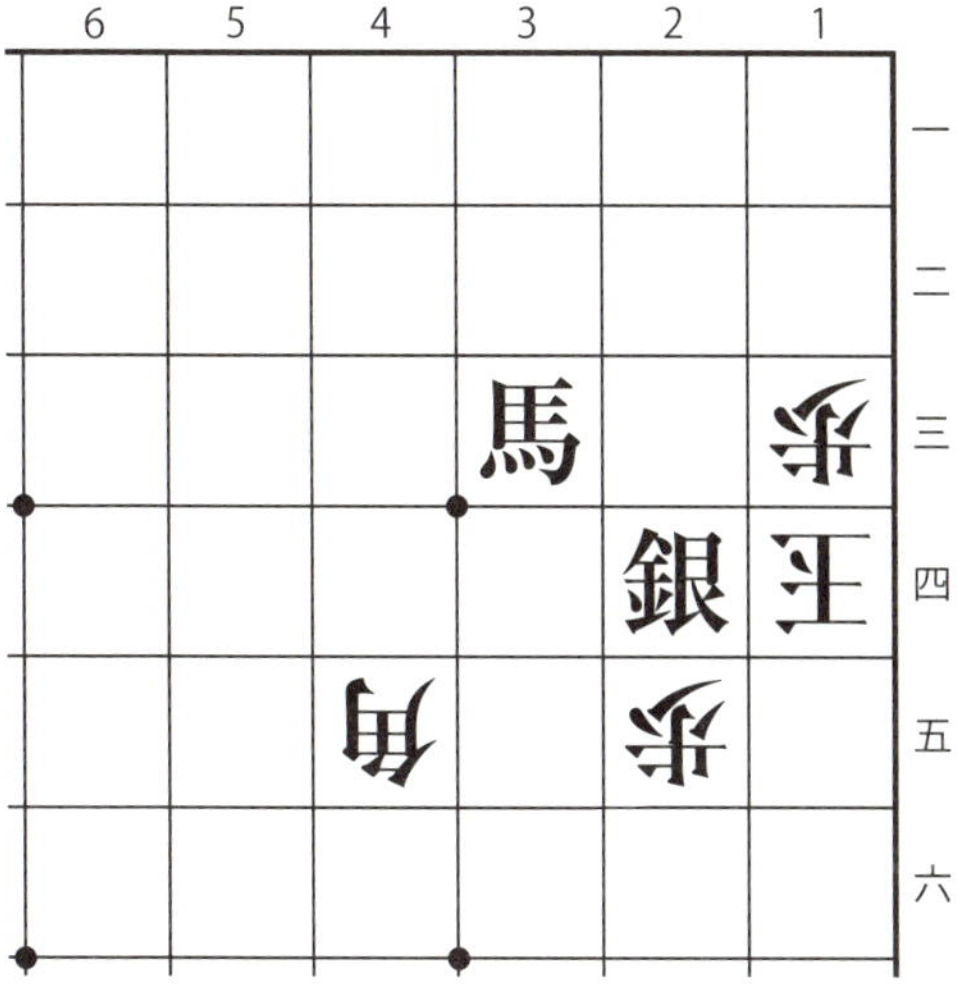

☗持駒《もちごま》 なし

第《だい》68問《もん》

レベル ★★★★★

ヒント
強力《きょうりょく》な守《まも》りを破《やぶ》るには?

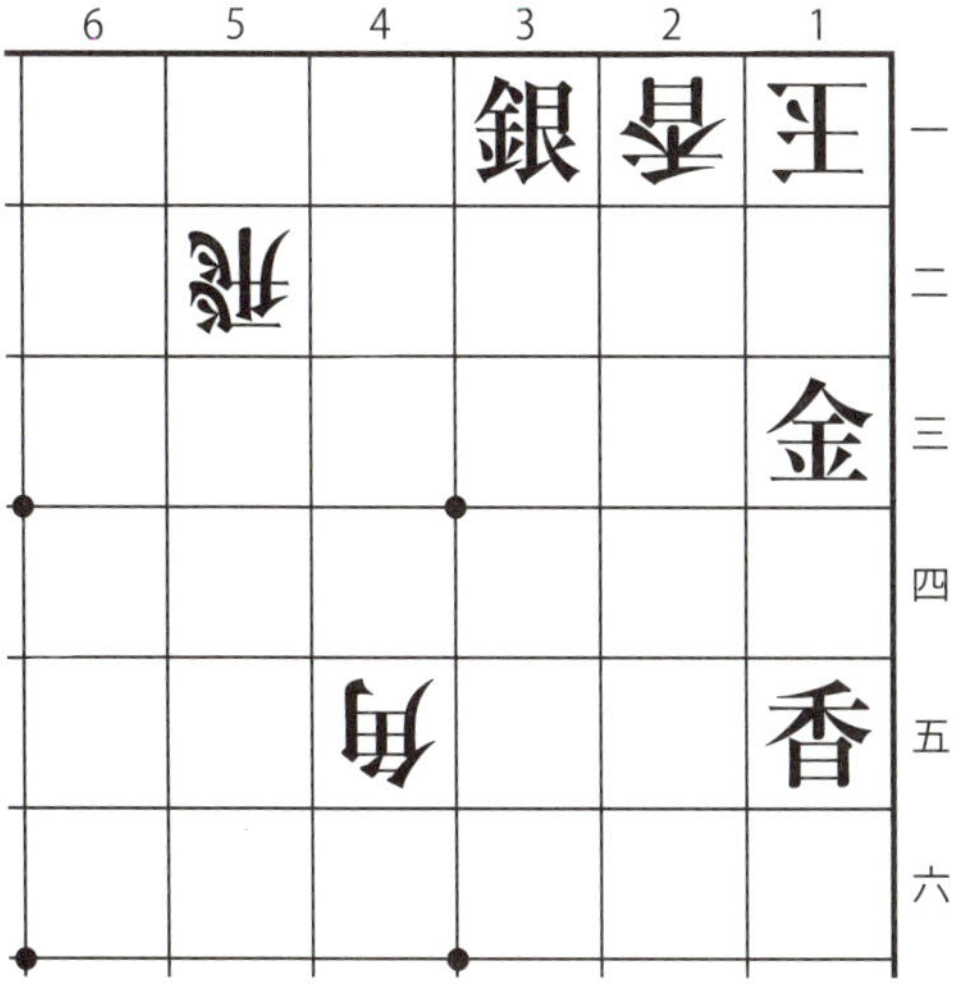

☗持駒《もちごま》 なし

第《だい》67問《もん》

▲1五銀《ごぎん》

正解図《せいかいず》

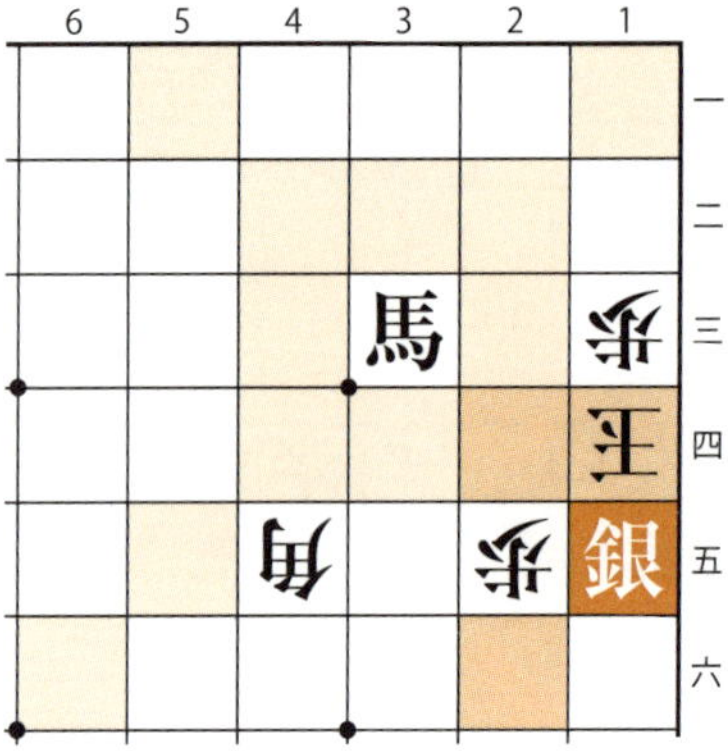

▲持駒《もちごま》 なし

玉《ぎょく》の頭《あたま》を攻《せ》める

▲2三馬《さんうま》と寄《よ》って詰《つ》み……ではありません。4五角《ごかく》があるので、△2三同角《さんどうかく》と取《と》られます。もちろん、出題図《しゅつだいず》で▲2三銀不成《さんぎんならず》も同《おな》じです。

▲1五銀《ごぎん》と、玉《ぎょく》の頭《あたま》（玉《ぎょく》から見《み》てひとつ上《うえ》のマス）に銀《ぎん》を引《ひ》くのが正解《せいかい》。

第《だい》68問《もん》

▲2二金《にきん》

正解図《せいかいず》

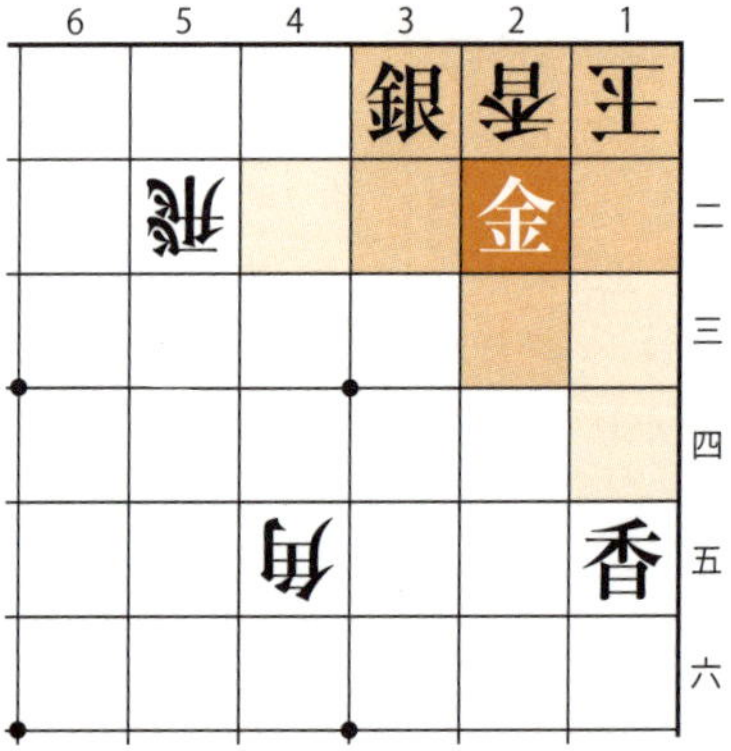

▲持駒《もちごま》 なし

小駒《こごま》で大駒《おおごま》に勝《か》つ

玉方《ぎょくかた》の飛《ひ》と角《かく》がしっかり守《まも》っています。

▲2三金《さんきん》と開《あ》き王手《おうて》をかけるのは、△1二歩《にふ》と合駒《あいごま》をされ、▲同香成《どうきょうなり》△同飛《どうひ》で失敗《しっぱい》。

正解《せいかい》は▲2二金《にきん》。金《きん》と香《きょう》による両王手《りょうおうて》なので、合駒《あいごま》はできません。

第《だい》69問《もん》

ヒント

上《うえ》に逃《に》がしません

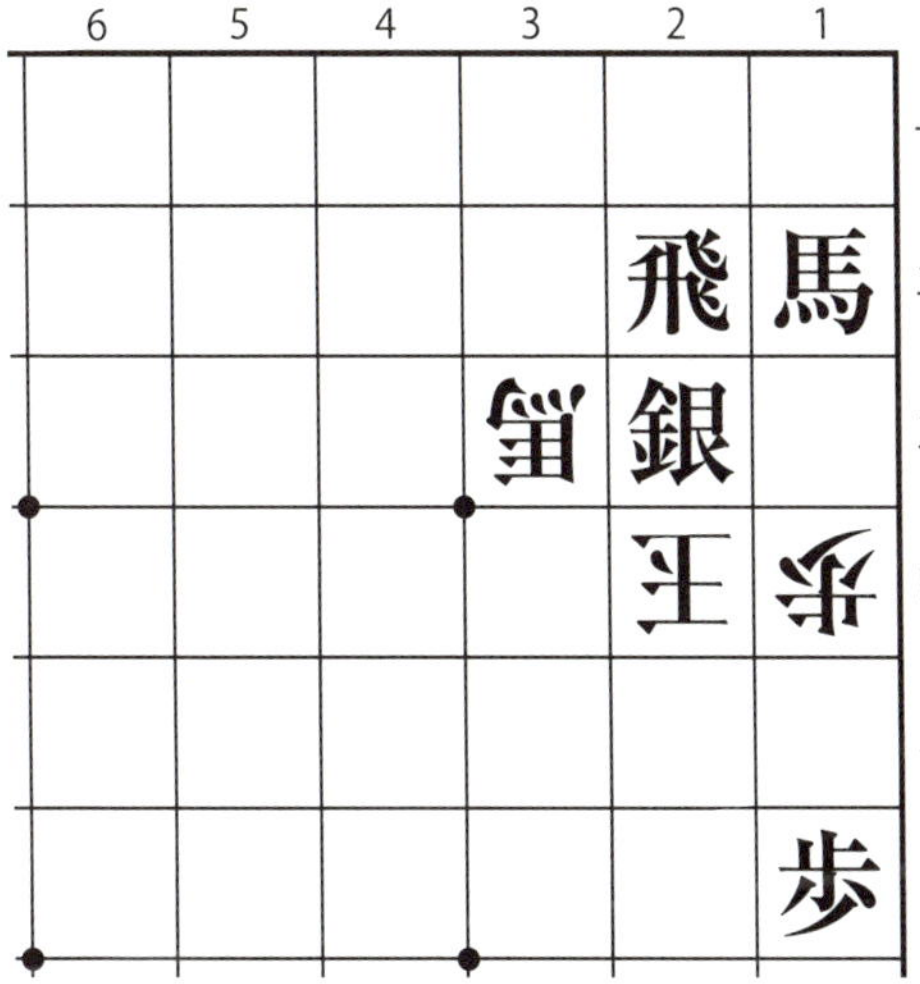

レベル ★★★★★

持駒《もちごま》 なし

第《だい》70問《もん》

ヒント

金《きん》をどこに動《うご》かすか

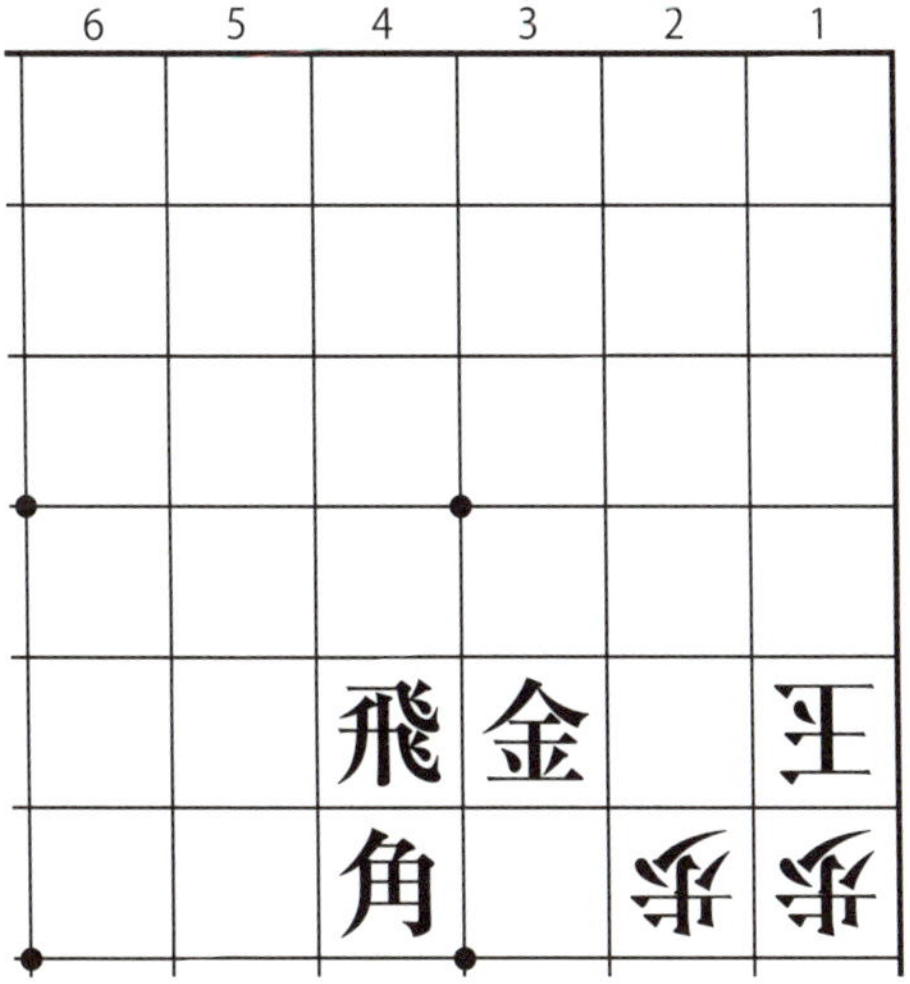

レベル ★★★★★

持駒《もちごま》 なし

第《だい》69問《もん》

☗3四銀成《よんぎんなり》

正解図《せいかいず》

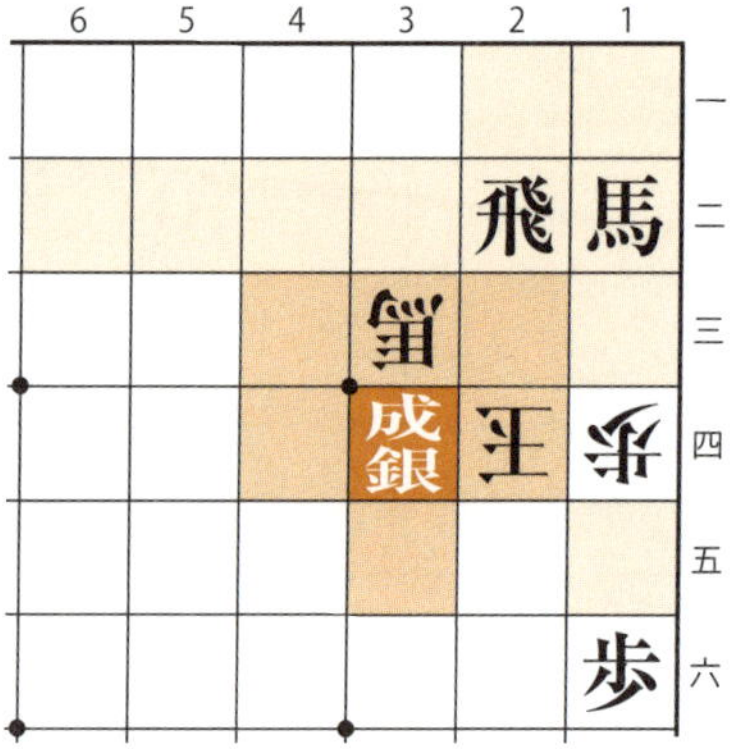

☗持駒《もちごま》 なし

強烈《きょうれつ》な両王手《りょうおうて》

玉《ぎょく》を上《うえ》に逃《に》がしそうで不安《ふあん》になる問題《もんだい》。

この玉《ぎょく》を一発《いっぱつ》で詰《つ》めてしまうのが、☗3四《よん》銀成《ぎんなり》の両王手《りょうおうて》。飛《ひ》と成銀《なりぎん》がよく利《き》いているので、玉《ぎょく》は5段目《だんめ》に逃《に》げられません。また、成銀《なりぎん》は1二馬《にうま》に守《まも》られています。

第《だい》70問《もん》

☗2五金《ごきん》

正解図《せいかいず》

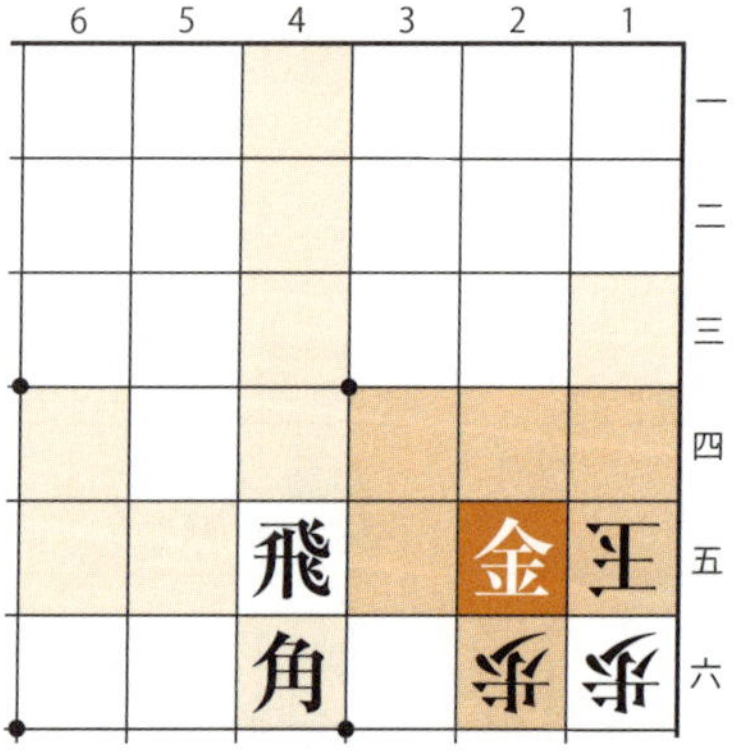

☗持駒《もちごま》 なし

驚《おどろ》きの中合《ちゅうあい》

出題図《しゅつだいず》の飛車《ひしゃ》と角《かく》から、☗2四金《よんきん》の開《あ》き王《おう》手《て》が考《かんが》えられます。これで詰《つ》みと言《い》いたくなりますが、☖3五歩《ごふ》と合駒《あいごま》（この場合《ばあい》は【中《ちゅう》合《あい》】と呼《よ》ぶ）をされ、☗同《どう》飛《ひ》に☖2四玉《よんぎょく》と金《きん》を取《と》られて失敗《しっぱい》。☗2五金《ごきん》と寄《よ》る手《て》が正解《せいかい》。

【中合《ちゅうあい》】＝玉《ぎょく》から離《はな》れていて、玉方《ぎょくかた》の駒《こま》の利《き》きがないマスへ打《う》つ合駒《あいごま》のこと。

第《だい》71問《もん》

ヒント
銀《ぎん》の弱点《じゃくてん》に注意《ちゅうい》

レベル ★★★★★

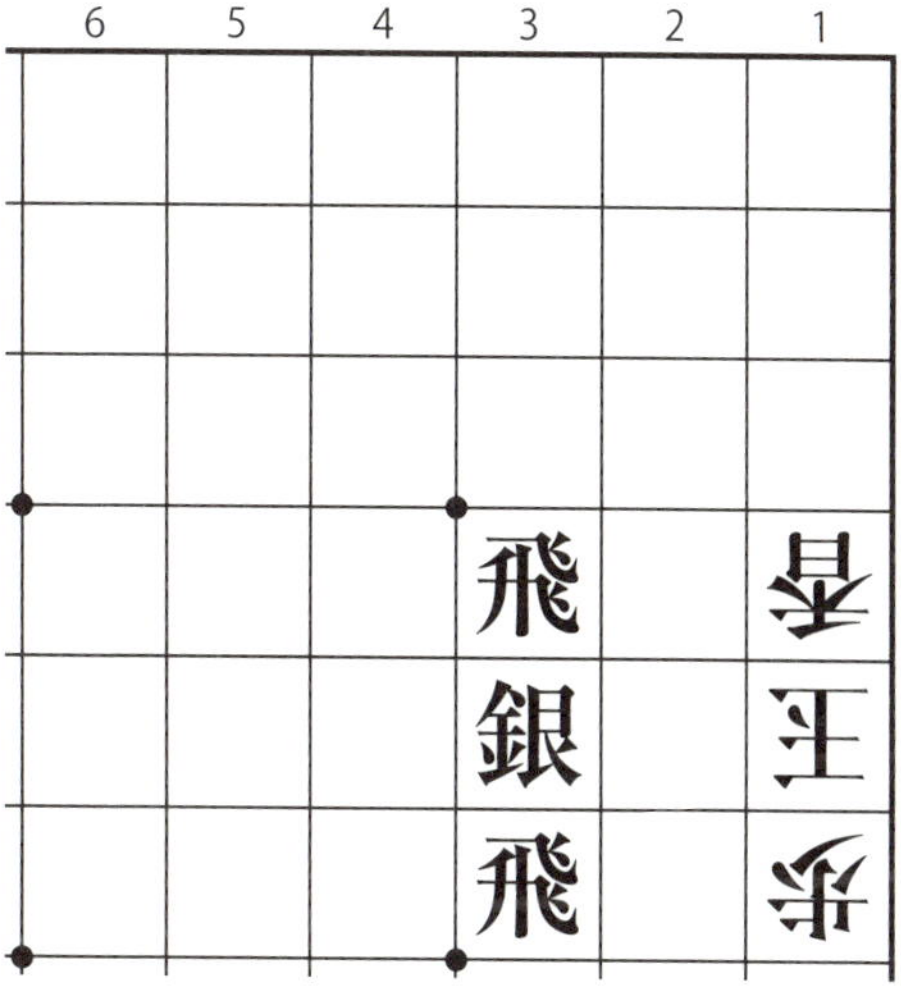

持駒《もちごま》 なし

第《だい》72問《もん》

ヒント
取《と》られないように

レベル ★★★★★

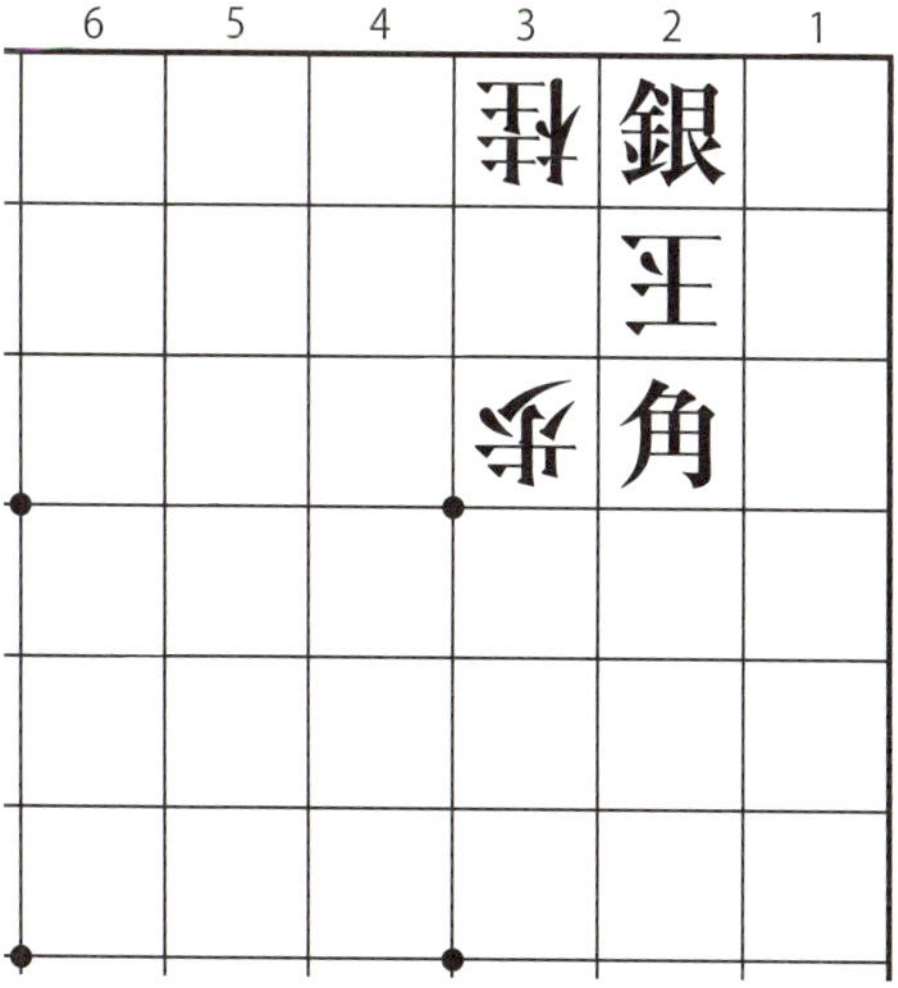

持駒《もちごま》 なし

第《だい》71問《もん》

☗2六銀《ろくぎん》

正解図《せいかいず》

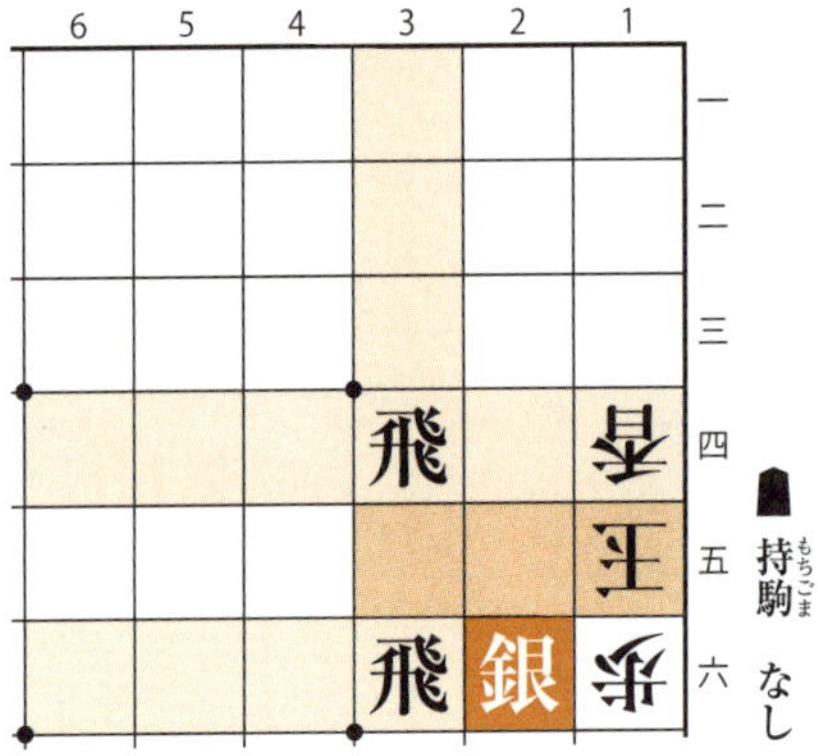

銀《ぎん》を引《ひ》く

銀《ぎん》は前《まえ》に強《つよ》く、真後《まうし》ろに弱《よわ》い駒《こま》です。なので☗2四銀《よんぎん》と動《うご》くのは、☖2五玉《ごぎょく》と背中《せなか》をとられてしまいます。続《つづ》けて☗3五飛引《ごひひく》としても、☖2四玉《よんぎょく》☗2六飛《ろくひ》☖3五玉《ごぎょく》で詰《つ》みません。正解《せいかい》の☗2六銀《ろくぎん》なら、☖2五玉《ごぎょく》を防《ふせ》げます。

第《だい》72問《もん》

☗1二《に》角成《かくなり》

正解図《せいかいず》

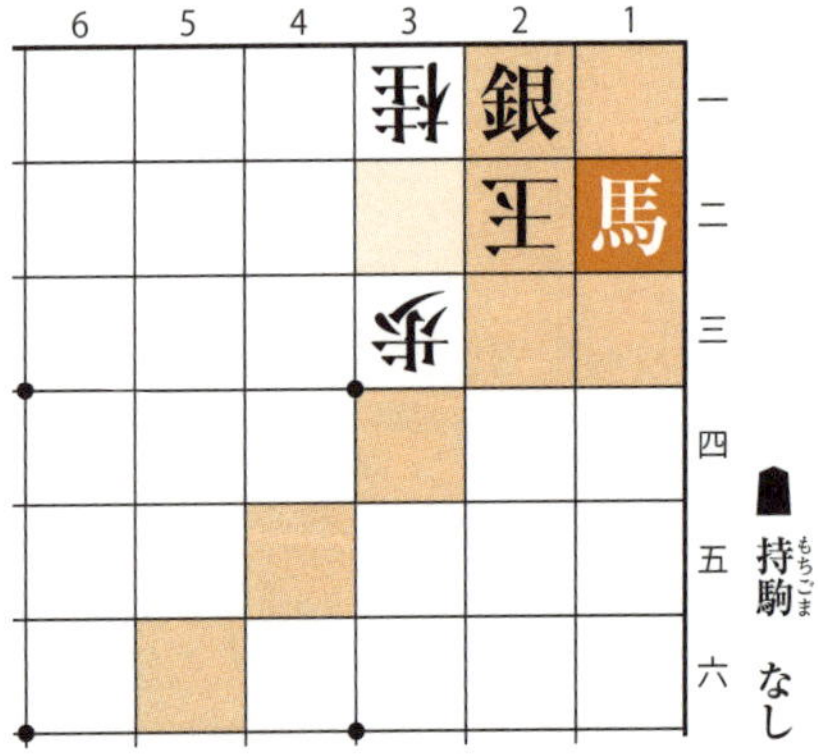

銀成《ぎんなり》は失敗《しっぱい》

1三《さん》に玉《ぎょく》の逃《に》げ道《みち》があるので、1二《に》に銀《ぎん》か角《かく》を成《な》るしかありません。☗1二《に》銀成《ぎんなり》は2三角《さんかく》を取《と》られて失敗《しっぱい》。正解《せいかい》は☗1二《に》角成《かくなり》。強力《きょうりょく》な馬《うま》の利《き》きは頼《たよ》りになります。

第《だい》73問《もん》

ヒント

角《かく》と馬《うま》の利《き》きを確認《かくにん》

レベル ★★★★★

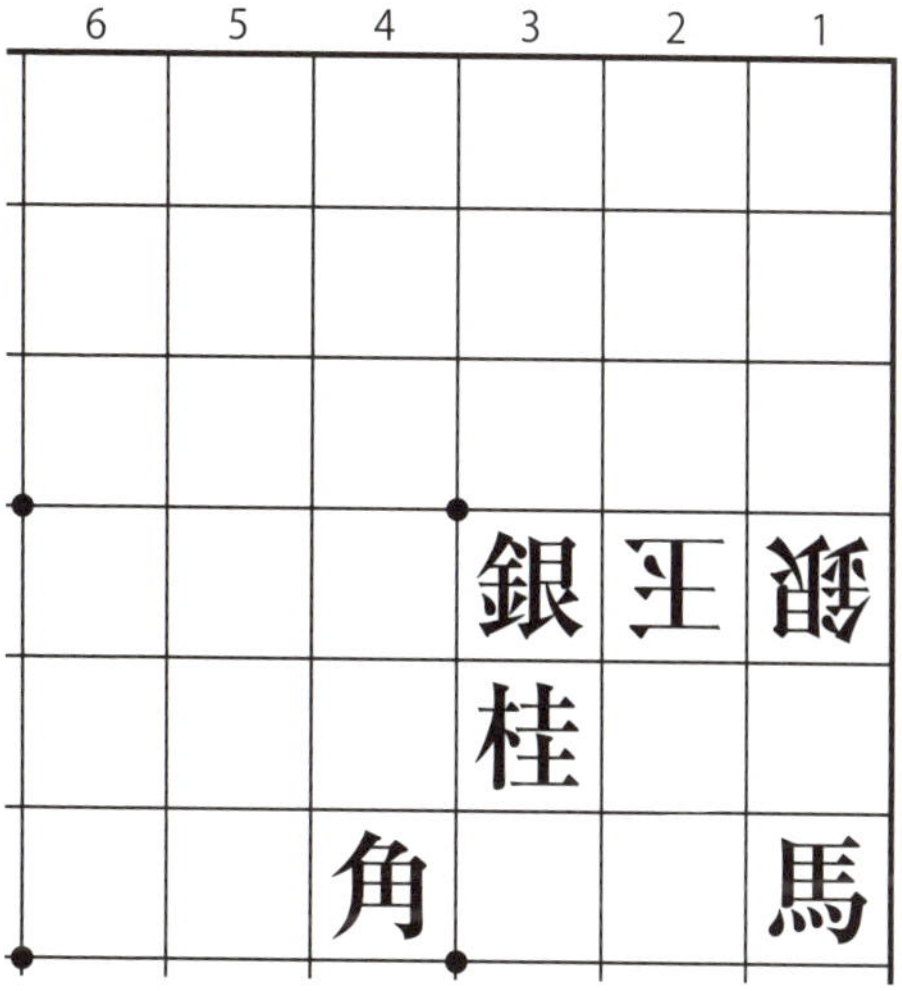

持駒《もちごま》 なし

第《だい》74問《もん》

ヒント

桂《けい》の利《き》きを確認《かくにん》

レベル ★★★★★

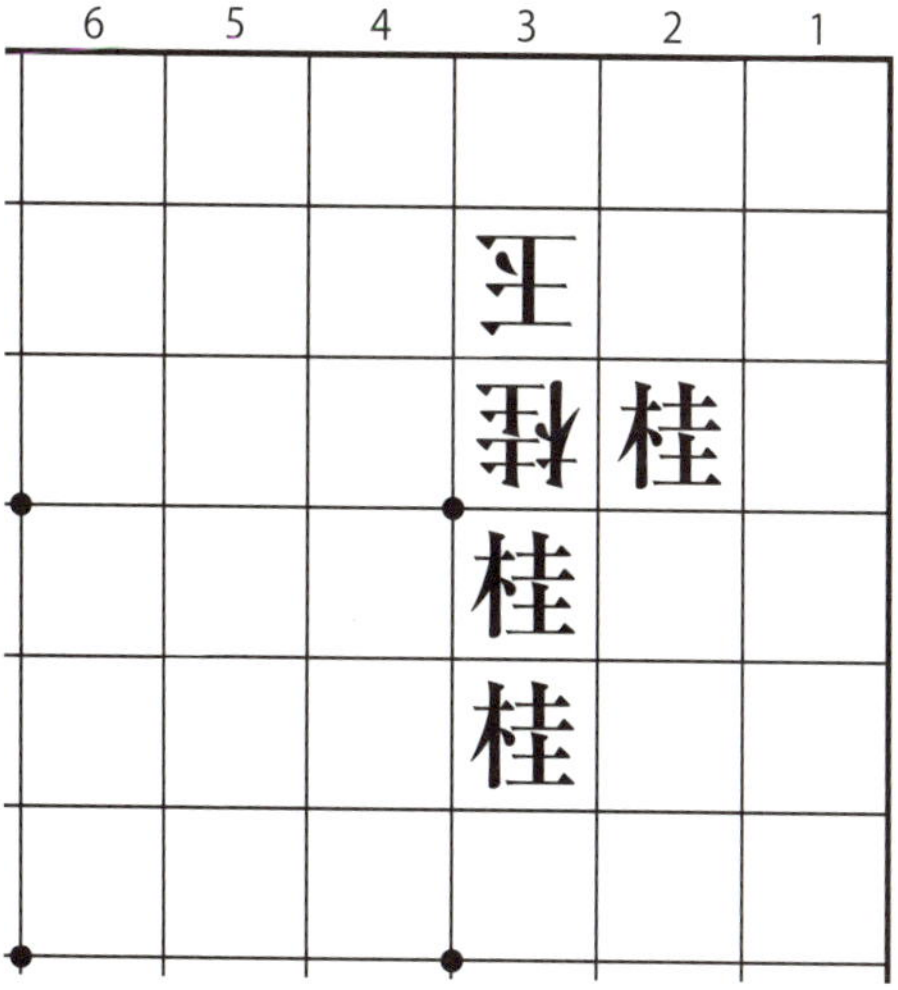

持駒《もちごま》 金《きん》

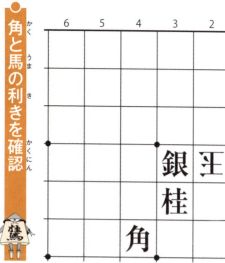

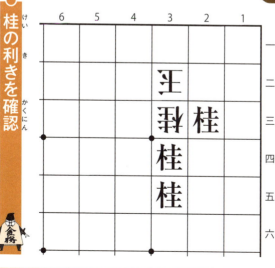

第《だい》73問《もん》

☗2三桂成《さんけいなり》

正解図《せいかいず》

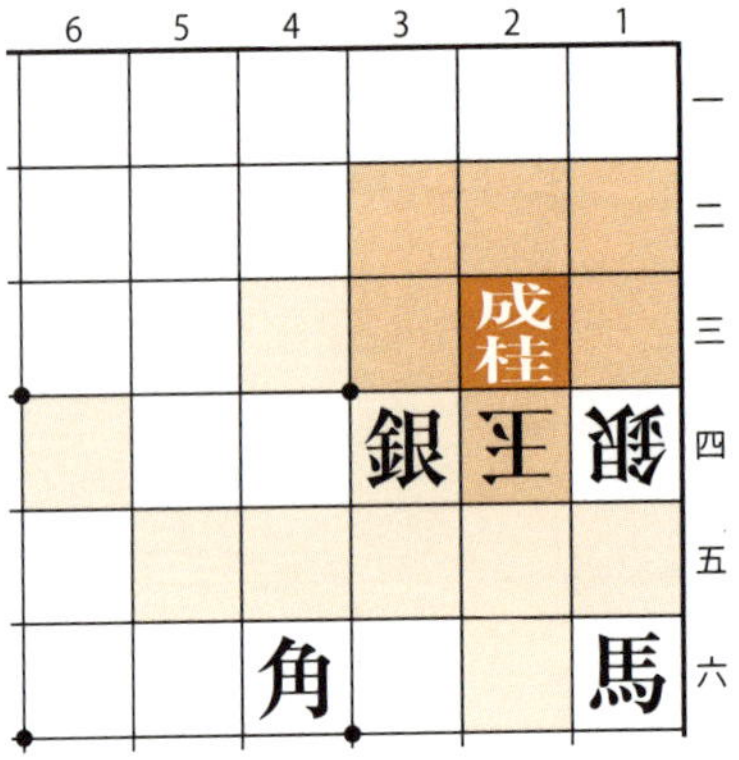

持駒《もちごま》 なし

強力《きょうりょく》な両王手《りょうおうて》

攻方《せめかた》の駒《こま》の利《き》きを確認《かくにん》しましょう。玉《ぎょく》が動《うご》けるのは1三《さん》だけで、桂《けい》を動《うご》かすと角《かく》で王手《おうて》がかかります。正解《せいかい》は☗2三桂成《さんけいなり》の両王手《りょうおうて》。☗4三桂成《さんけいなり》でも同《おな》じようですが、☖3五歩《ごふ》と合駒《あいごま》をされて詰《つ》みません。

第《だい》74問《もん》

☗3一金《いちきん》

正解図《せいかいず》

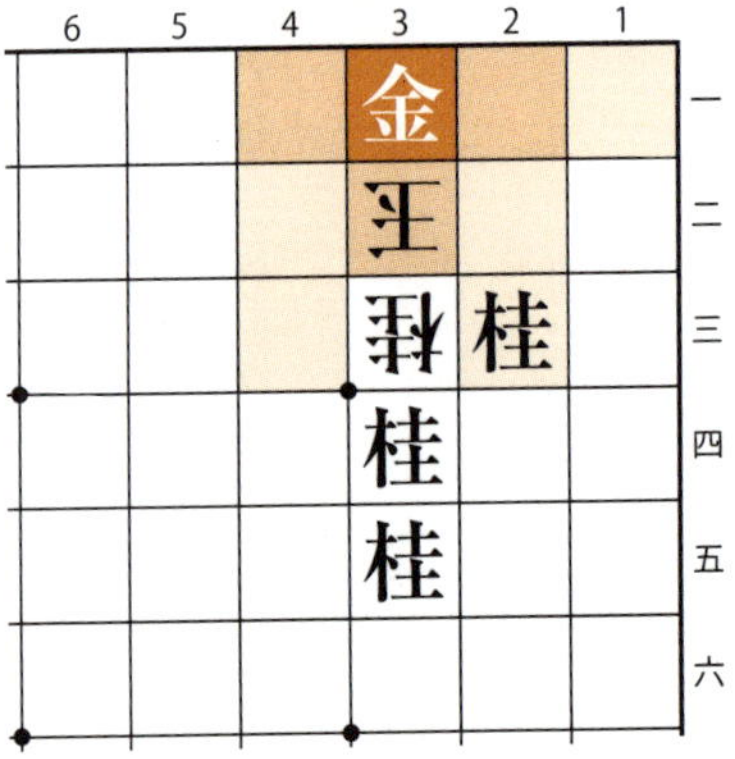

持駒《もちごま》 なし

玉《ぎょく》の下《した》が狙《ねら》い目《め》

盤上《ばんじょう》は桂《けい》ばかり。どこに桂《けい》の利《き》きがあって、どこが玉《ぎょく》の逃《に》げ道《みち》なのか、間違《まちが》えないようにしましょう。

正解《せいかい》は☗3一金《いちきん》。2一《いち》と4一《いち》にある玉《ぎょく》の逃《に》げ道《みち》を消《け》しています。

第《だい》75問《もん》

レベル ★★★★★

ヒント
上《うえ》からか下《した》からか

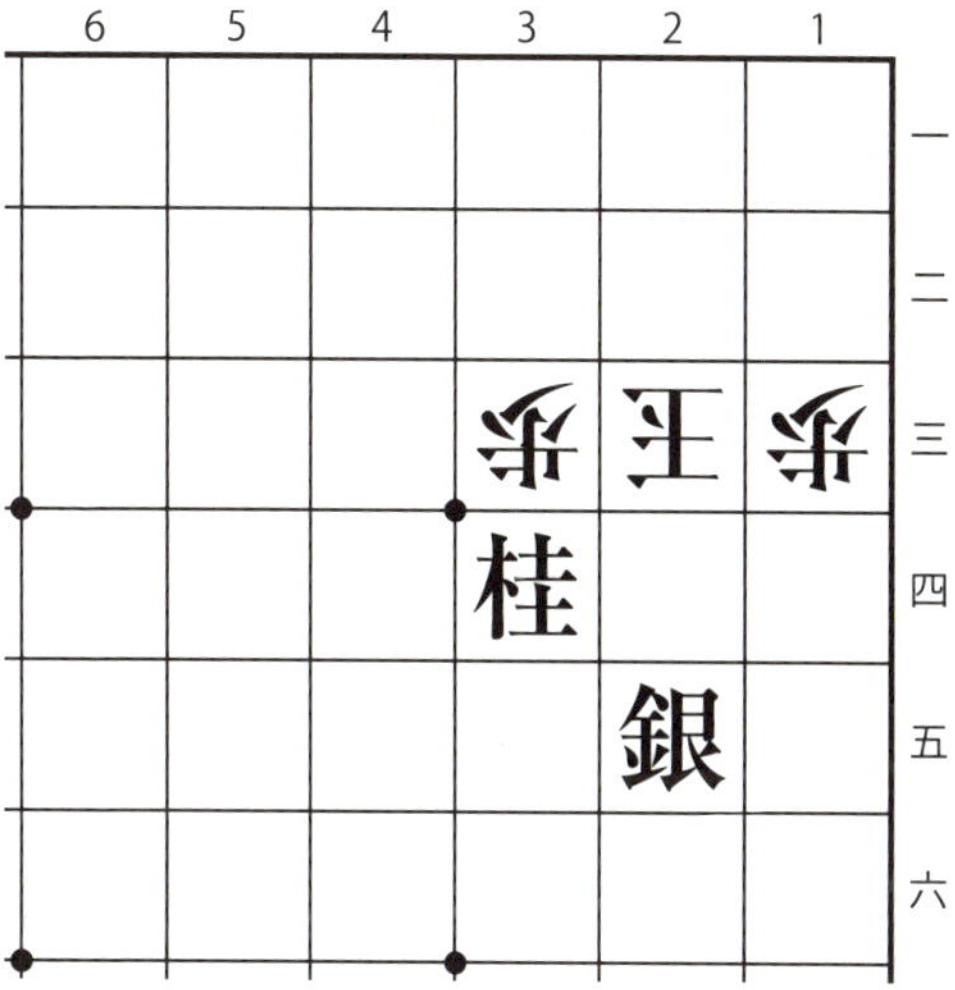

持駒《もちごま》 飛《ひ》

第《だい》76問《もん》

レベル ★★★★★

ヒント
1三角《さんかく》に注意《ちゅうい》

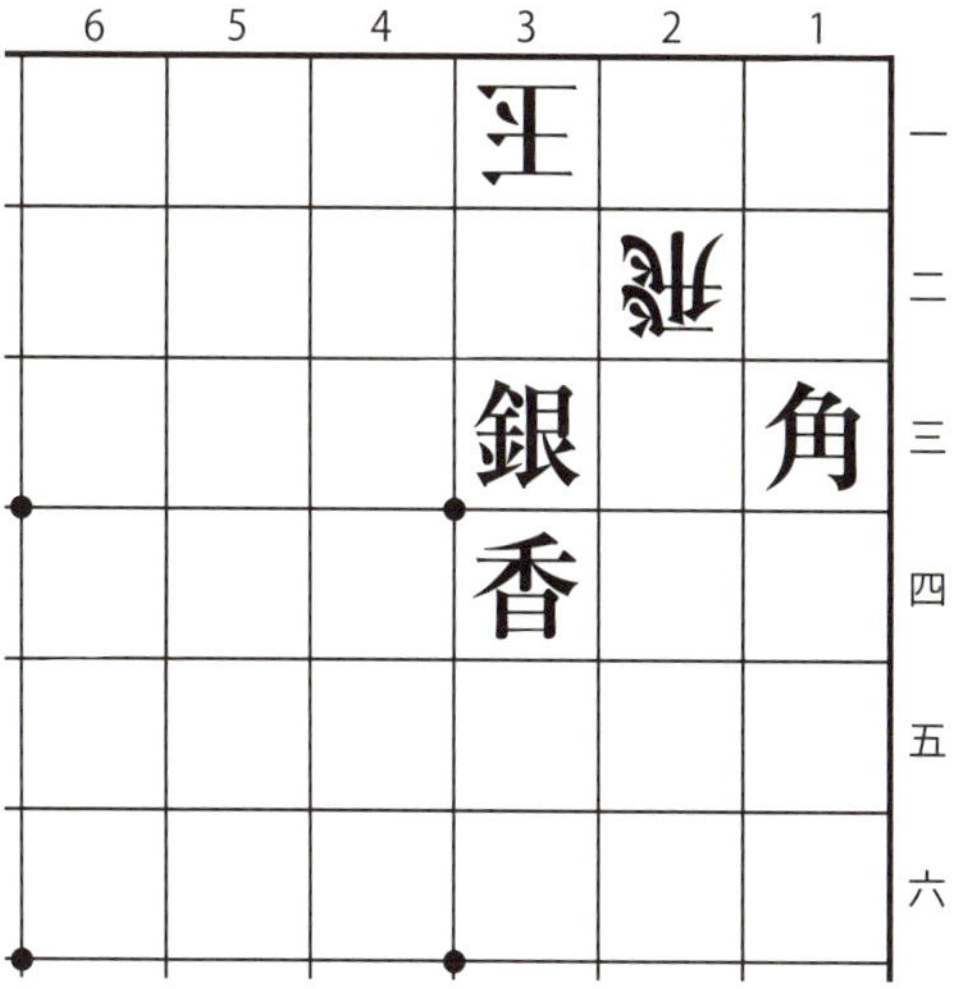

持駒《もちごま》 なし

第《だい》75問《もん》

☗2二《に》飛《ひ》

正解図《せいかいず》

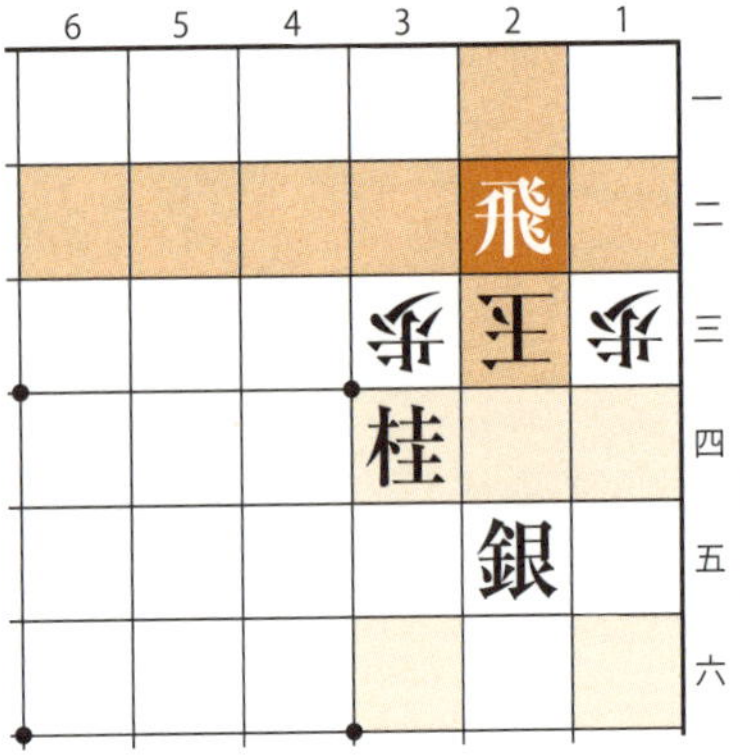

☗持駒《もちごま》 なし

離《はな》すと詰《つ》まない

玉《ぎょく》の正面《しょうめん》に☗2四《よん》飛《ひ》と打《う》つと、☖3二《に》玉《ぎょく》☗2二《に》飛《ひ》成《なり》☖4三《さん》玉《ぎょく》で詰《つ》みません。

玉《ぎょく》の後《うし》ろに☗2二《に》飛《ひ》が正解《せいかい》です。もし☗2一《いち》飛《ひ》と玉《ぎょく》から離《はな》して打《う》つと、☖3二《に》玉《ぎょく》と逃《に》げられてしまいます。

第《だい》76問《もん》

☗3二《に》銀《ぎん》成《なり》

正解図《せいかいず》

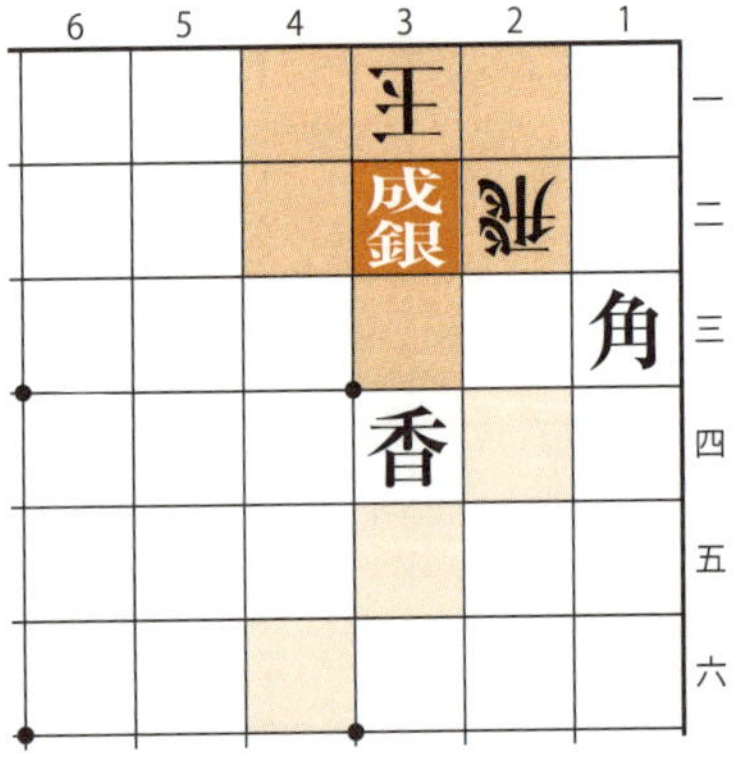

☗持駒《もちごま》 なし

飛車《ひしゃ》は動《うご》けない

☗2二《に》角《かく》成《なり》と飛車《ひしゃ》を取《と》るのは、☖4一玉《いちぎょく》で左《ひだり》が広《ひろ》すぎます。正解《せいかい》は☗3二《に》銀《ぎん》成《なり》。

1手詰《てづめ》なので、ふつうは駒《こま》を取《と》る手《て》を考《かんが》えません。しかし、取《と》ったらどうなるかを考《かんが》えると、実力《じつりょく》アップにつながります。

第《だい》77問《もん》

レベル ★★★★★

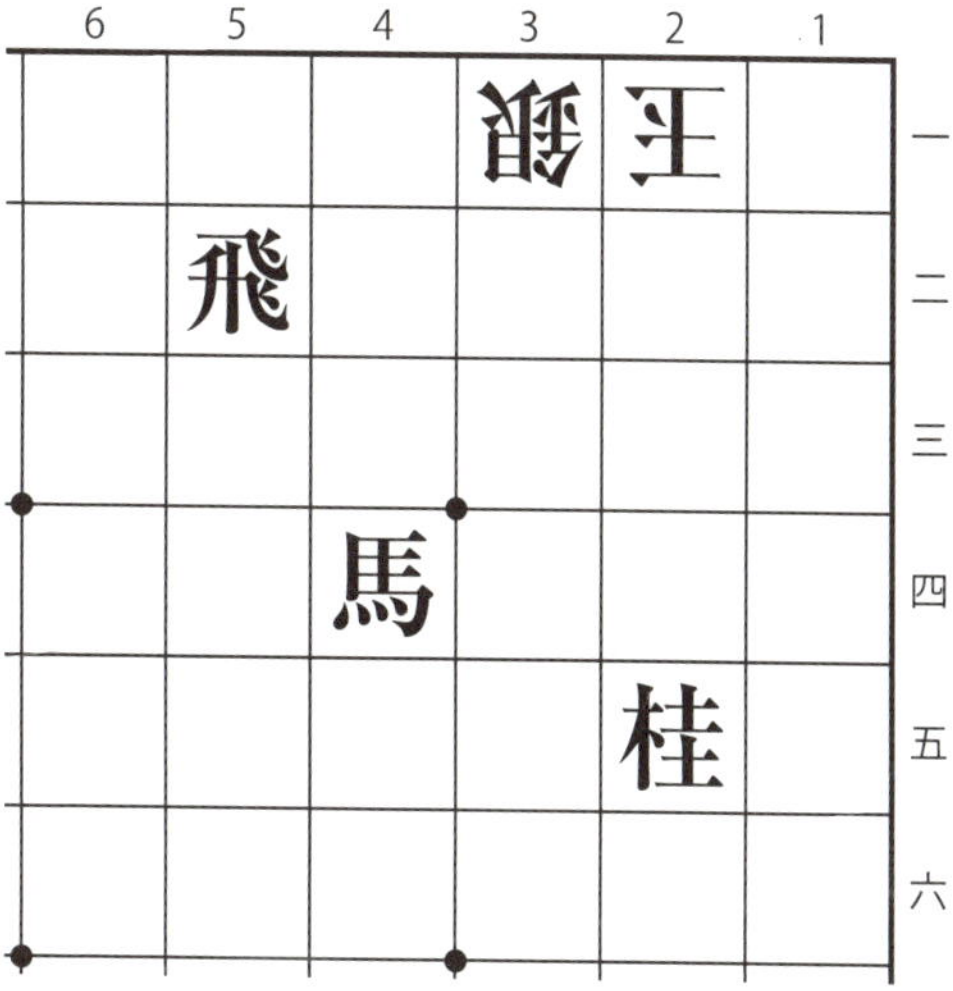

持駒《もちごま》 なし

ヒント

馬《うま》のじゃまをしないように

第《だい》78問《もん》

レベル ★★★★★

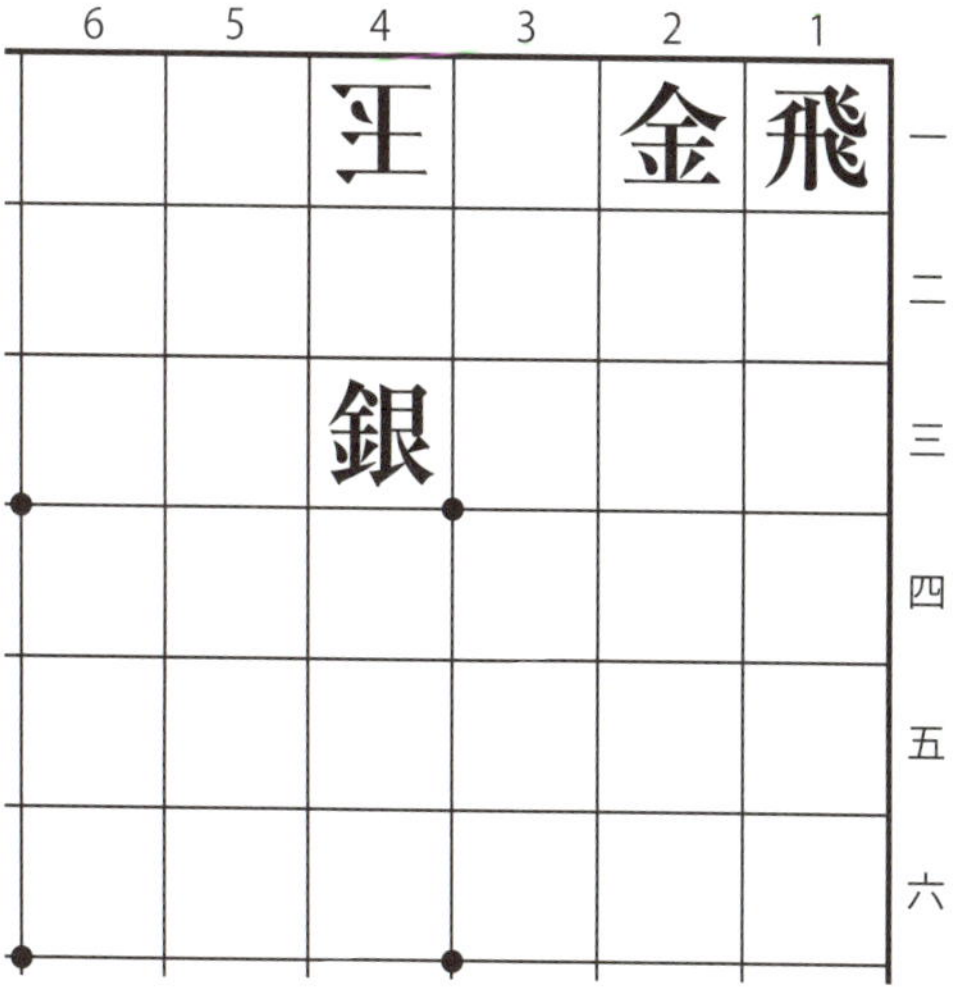

持駒《もちごま》 なし

ヒント

左《ひだり》に逃《に》がしません

第《だい》77問《もん》

☗1三桂不成《さんけいならず》

正解図《せいかいず》

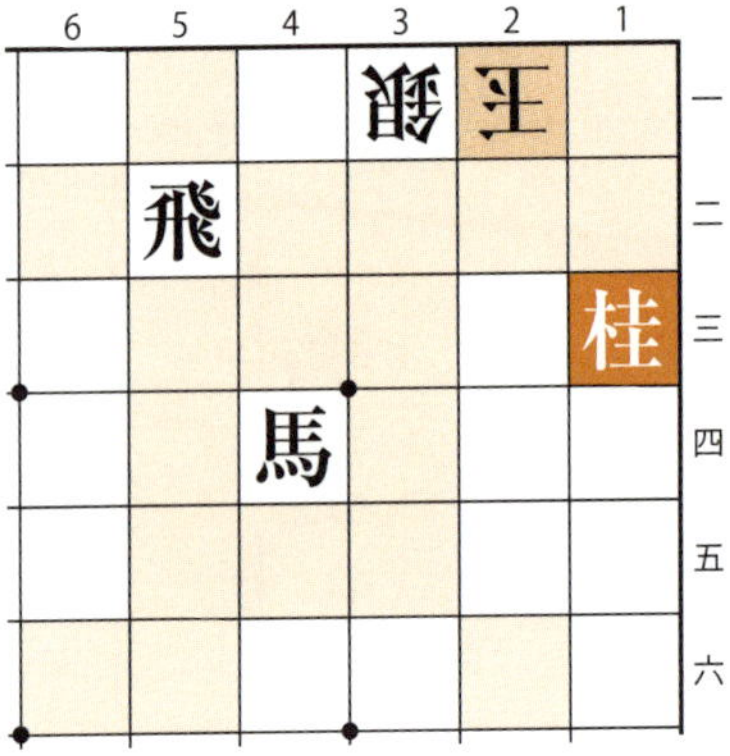

☗持駒《もちごま》 なし

桂《けい》を跳《は》ねる

遠《とお》くにある大駒《おおごま》がどこに利《き》いているか、しっかり確認《かくにん》しましょう。

☗1三桂不成《さんけいならず》と右《みぎ》に跳《は》ねて詰《つ》みです。

逆側《ぎゃくがわ》に☗3三桂不成《さんけいならず》は、☖1一玉《いちぎょく》☗4一《いち》桂成《けいなり》に☖2二歩《にふ》と合駒《あいごま》をされて失敗《しっぱい》。

第《だい》78問《もん》

☗2二金《にきん》

正解図《せいかいず》

☗持駒《もちごま》 なし

飛車《ひしゃ》が貫《つらぬ》く

1一飛《いちひ》に押《お》されるように☗3一金《いちきん》と寄《よ》る手《て》があります。しかし、☖5一玉《いちぎょく》☗4一金《いちきん》☖6二玉《にぎょく》と進《すす》んで失敗《しっぱい》。

正解《せいかい》は☗2二金《にきん》。金《きん》を引《ひ》いて、飛車《ひしゃ》で王手《おうて》。これなら☖5一玉《いちぎょく》と逃《に》がしません。

第《だい》79問《もん》

レベル ★★★★★

ヒント
どの方向《ほうこう》から攻《せ》めるか

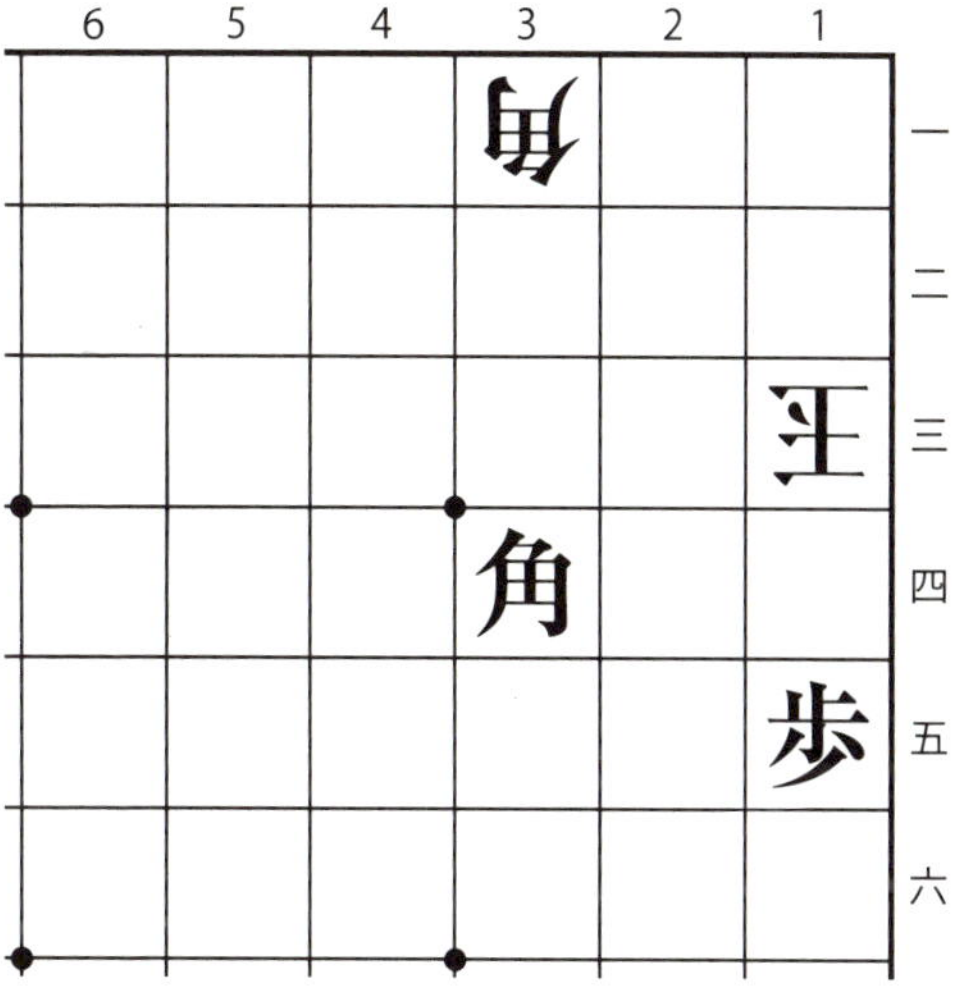

持駒《もちごま》 金《きん》

第《だい》80問《もん》

レベル ★★★★★

ヒント
逃《に》げ道《みち》を残《のこ》しません

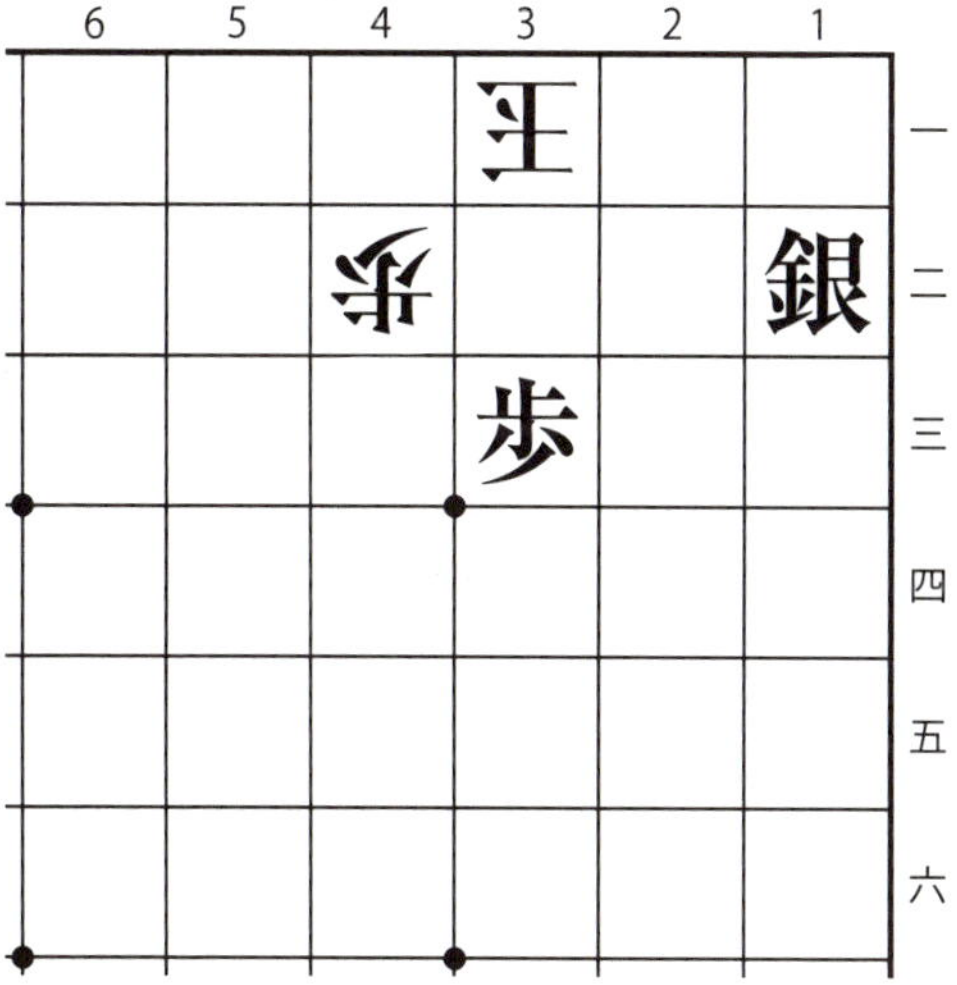

持駒《もちごま》 飛《ひ》

第《だい》79問《もん》

☗2三金《さんきん》

正解図《せいかいず》

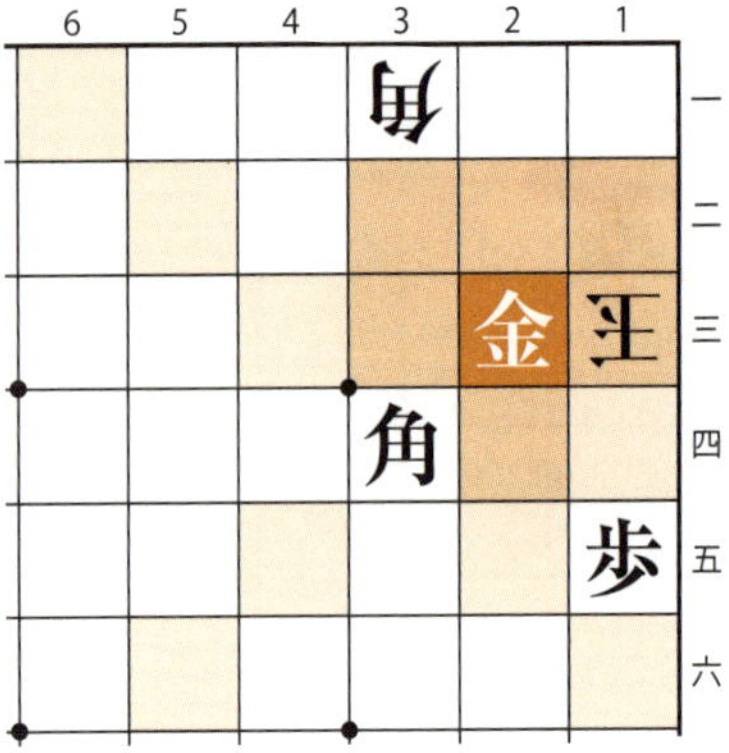

☗持駒《もちごま》 なし

横《よこ》から攻《せ》める

玉《ぎょく》の正面《しょうめん》に☗1四金《よんきん》と打《う》つのは、☖2二《に》玉《ぎょく》☗2三金《さんきん》☖2一玉《いちぎょく》☗4三角成《さんかくなり》☖1一玉《いちぎょく》☗3三馬《さんうま》に、☖2二《に》歩《ふ》と合駒《あいごま》をされて失敗《しっぱい》。

2二《に》と2四《よん》の逃《に》げ道《みち》に注意《ちゅうい》し、☗2三金《さんきん》と打《う》って詰《つ》み。

第《だい》80問《もん》

☗2一飛《いちひ》

正解図《せいかいず》

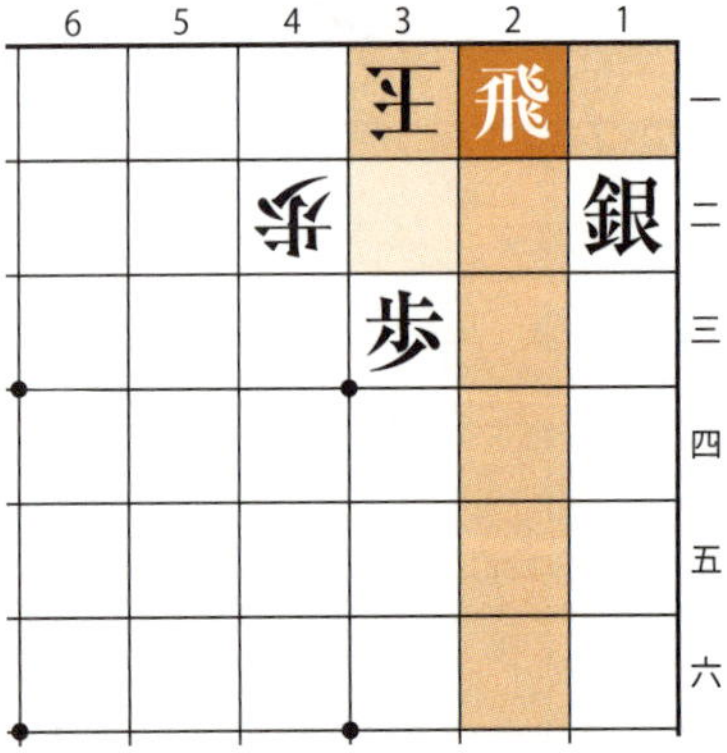

☗持駒《もちごま》 なし

くっつけて打《う》つ

玉《ぎょく》が4一《いち》から逃《に》げだしそうな形《かたち》。だからといって、左《ひだり》から☗5一飛《いちひ》は、☖4一香《いちきょう》と合駒《あいごま》で【受《う》ける】ことができます。

右《みぎ》から☗2一飛《いちひ》が正解《せいかい》。玉《ぎょく》から離《はな》して☗1一飛《いちひ》は、☖2二玉《にぎょく》とかわされてしまいます。

【受《う》ける】=王手《おうて》を防《ふせ》ぐこと。

第《だい》81問《もん》

レベル ★★★★★

ヒント：桂《けい》の利《き》き①

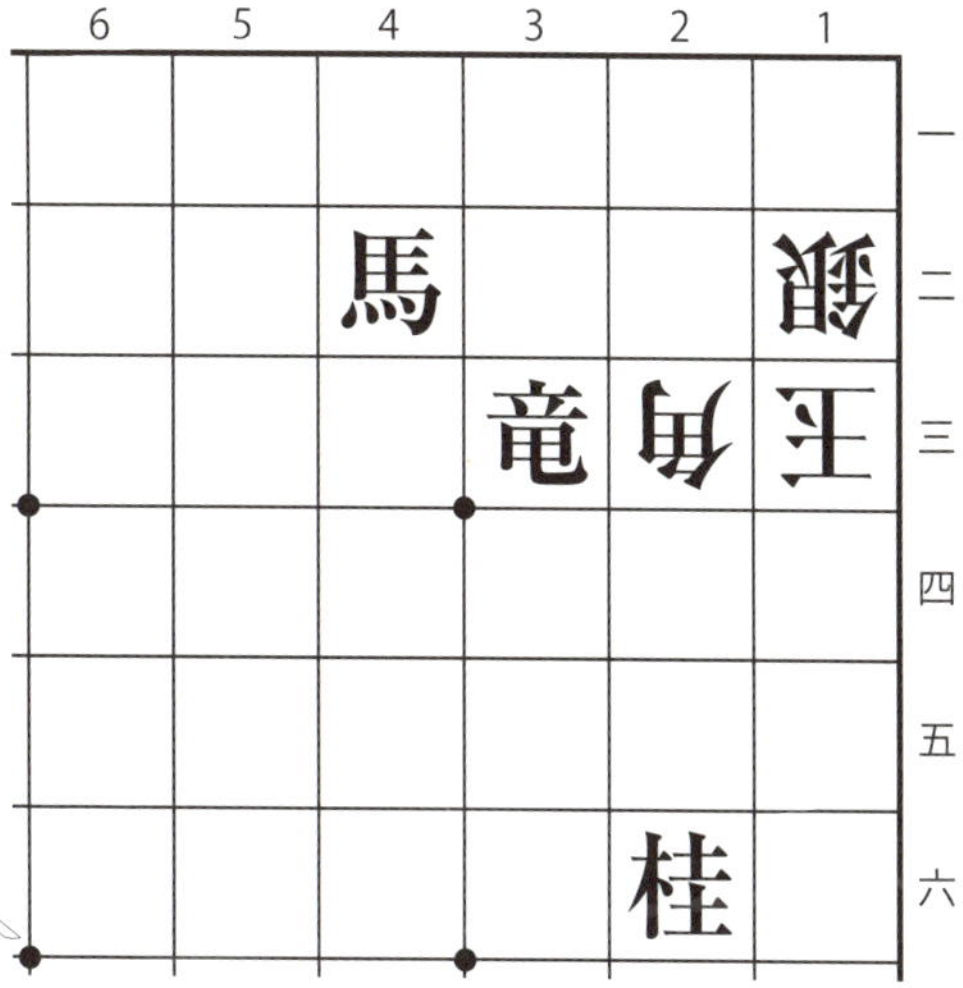

持駒《もちごま》 なし

第《だい》82問《もん》

レベル ★★★★★

ヒント：桂《けい》の利《き》き②

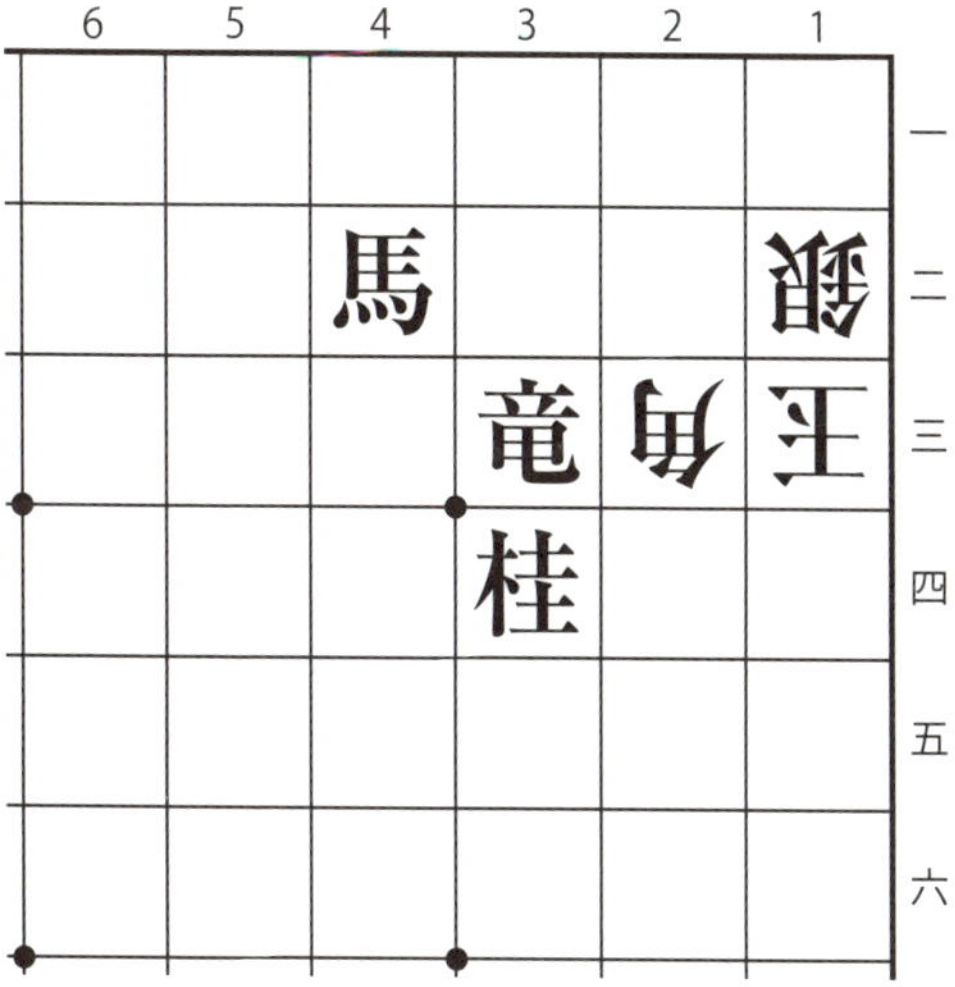

持駒《もちごま》 なし

第《だい》81問《もん》

☗3一馬《いちうま》

正解図《せいかいず》

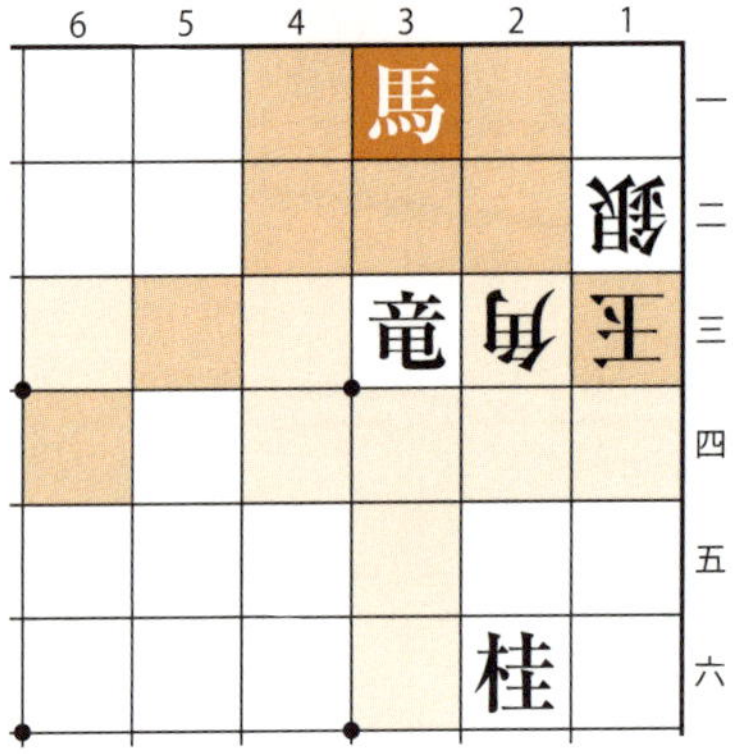

☗持駒《もちごま》 なし

竜《りゅう》は動《うご》かない

ここから少《すこ》し、2問《もん》セットで出題《しゅつだい》します。

☗2四竜《よんりゅう》は☖2二玉《にぎょく》☗3三竜《さんりゅう》☖1一玉《いちぎょく》☗3一竜《いちりゅう》に、☖2一銀《いちぎん》と移動《いどう》されて失敗《しっぱい》。

玉《ぎょく》の逃《に》げ道《みち》をふさぐ竜《りゅう》と桂《けい》は動《うご》かせないので、馬《うま》を使《つか》って王手《おうて》をかけます。

第《だい》82問《もん》

☗2四《よん》竜《りゅう》

正解図《せいかいず》

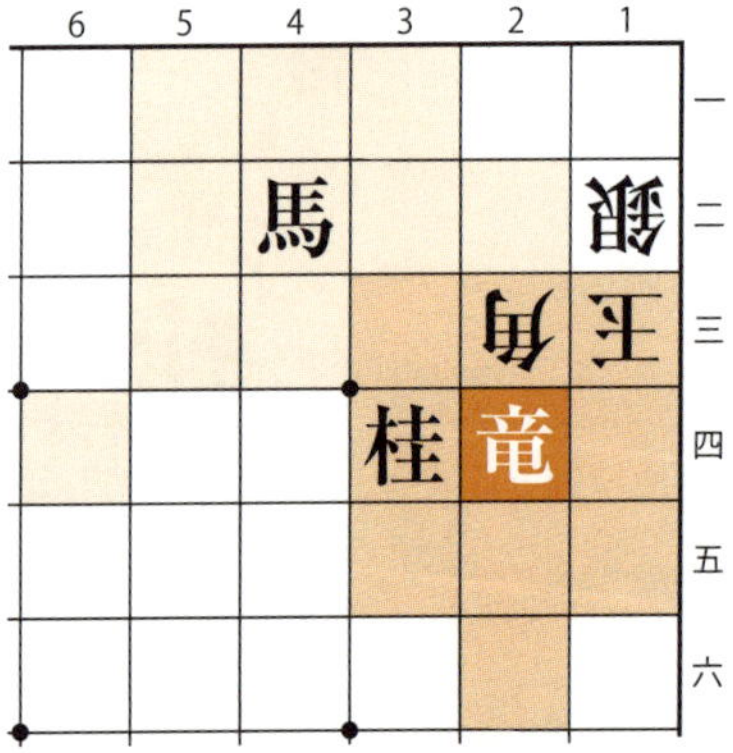

☗持駒《もちごま》 なし

竜《りゅう》の出番《でばん》

前《まえ》の問題《もんだい》の2六桂《ろくけい》が3四《よん》に跳《は》ねた形《かたち》。

大《おお》きな変化《へんか》は、玉《ぎょく》が1四《よん》に逃《に》げられるようになったことです。これを防《ふせ》ぐため、☗2四《よん》竜《りゅう》とします。桂《けい》が2二《に》に利《き》いているので、玉《ぎょく》は下《した》に逃《に》げられません。

第《だい》83問《もん》

レベル ★★★★★

ヒント
竜《りゅう》を働《はたら》かせないように①

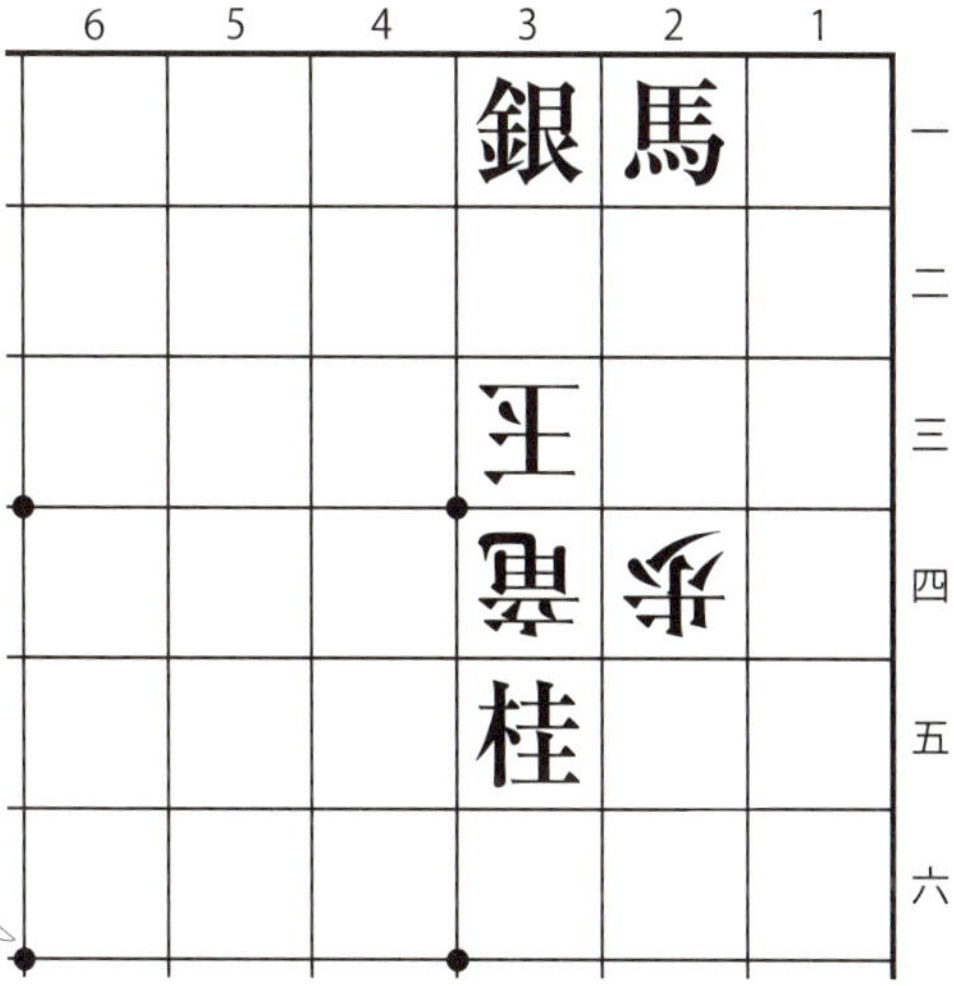

持駒《もちごま》 なし

第《だい》84問《もん》

レベル ★★★★★

ヒント
竜《りゅう》を働《はたら》かせないように②

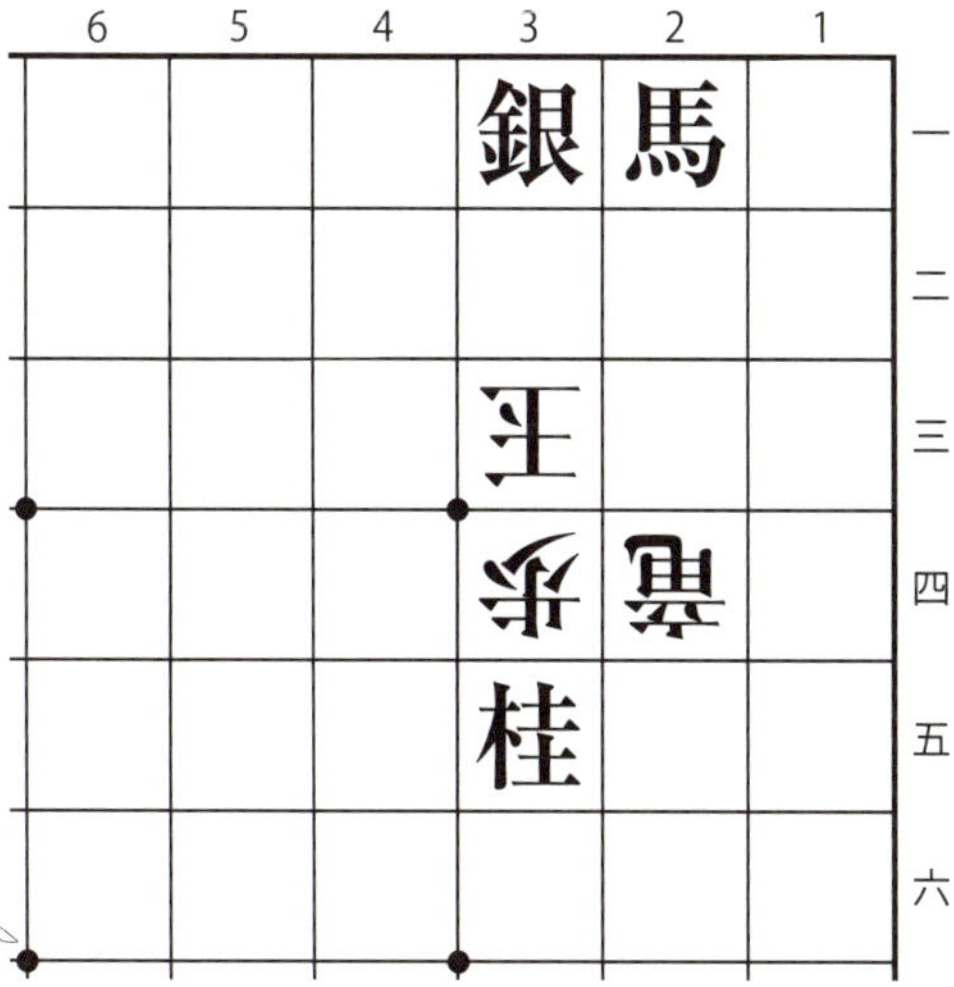

持駒《もちごま》 なし

第《だい》83問《もん》

☗2二馬《にうま》

正解図《せいかいず》

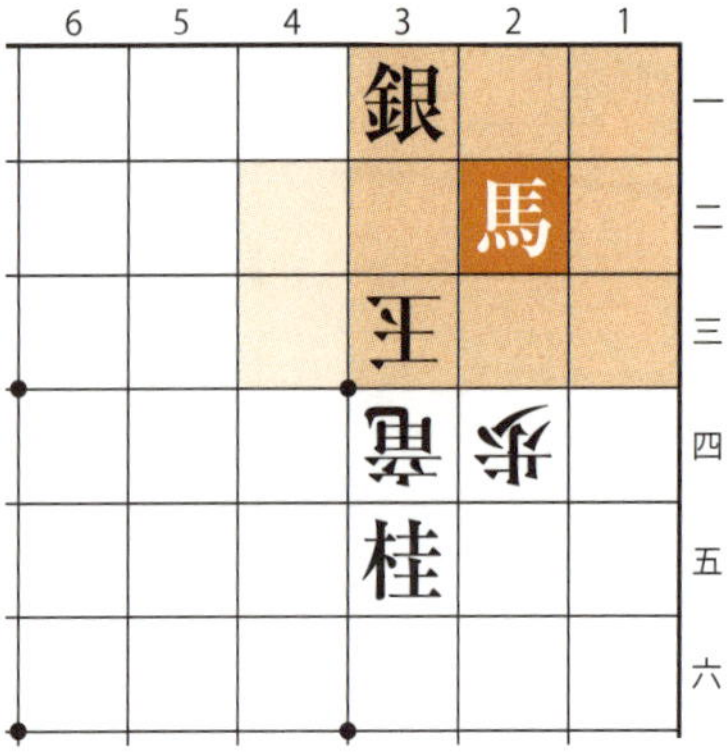

☗持駒《もちごま》 なし

馬《うま》をまっすぐ引《ひ》く

玉《ぎょく》の逃《に》げ道《みち》は4四《よん》のみです。また、強力《きょうりょく》な竜《りゅう》が守《まも》りについているので、これに触《さわ》らないように攻《せ》めます。

☗2二馬《にうま》と引《ひ》くのが正解《せいかい》。これで☖4四《よん》玉《ぎょく》とは逃《に》げられません。

第《だい》84問《もん》

☗4三馬《さんうま》

正解図《せいかいず》

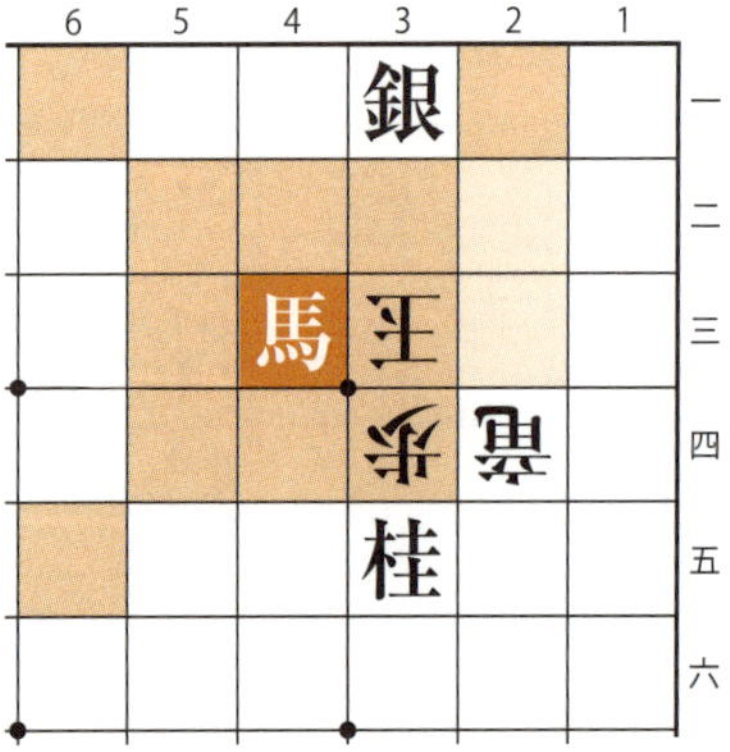

☗持駒《もちごま》 なし

馬《うま》を斜《なな》めに引《ひ》く

前《まえ》の問題《もんだい》の歩《ふ》と竜《りゅう》が入《い》れ替《か》わりました。このため、☗2二馬《にうま》は☖同竜《どうりゅう》と取《と》られます。

竜《りゅう》の利《き》きが4三《さん》から外《はず》れたので、☗4三馬《さんうま》と引《ひ》いて詰《つ》み。☗4三桂成《さんけいなり》と桂《けい》を動《うご》かすのは、☖2三玉《さんぎょく》と逃《に》げられます。

ヒント
竜《りゅう》の力《ちから》①

第《だい》85問《もん》

レベル
★★★★★

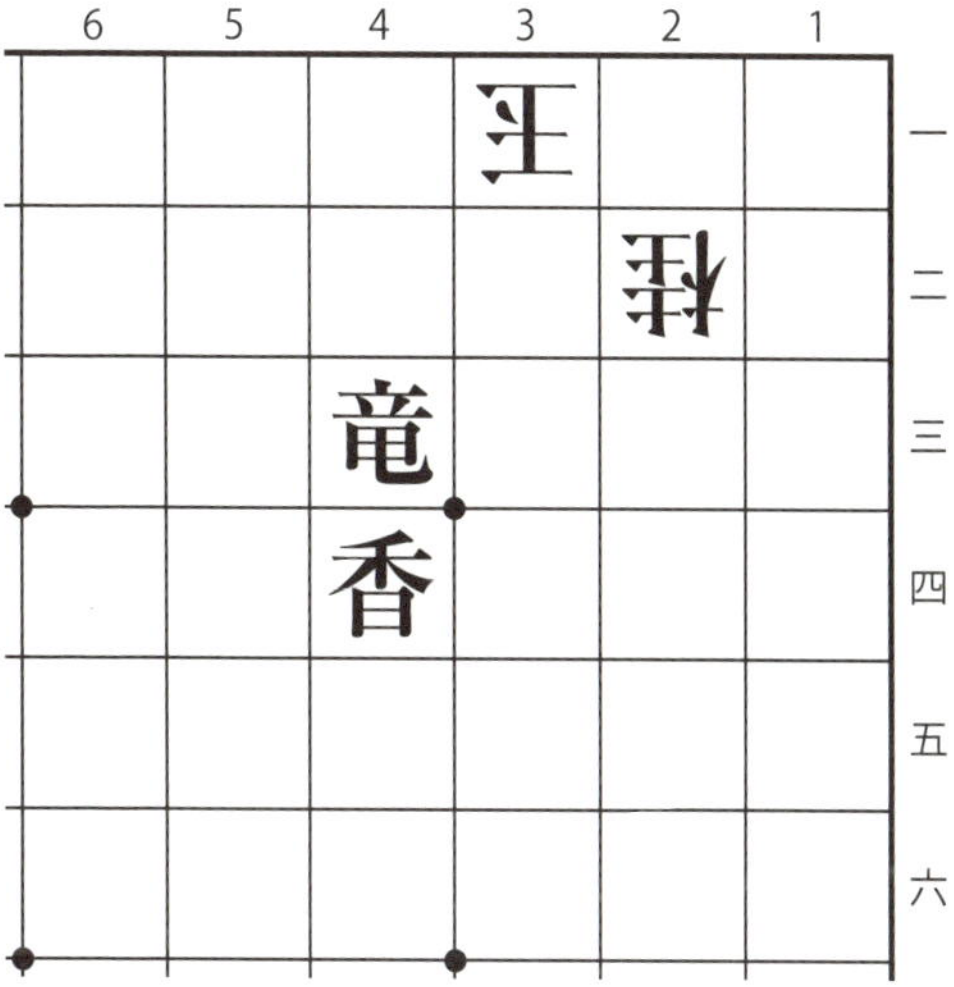

持駒《もちごま》 なし

ヒント
竜《りゅう》の力《ちから》②

第《だい》86問《もん》

レベル
★★★★★

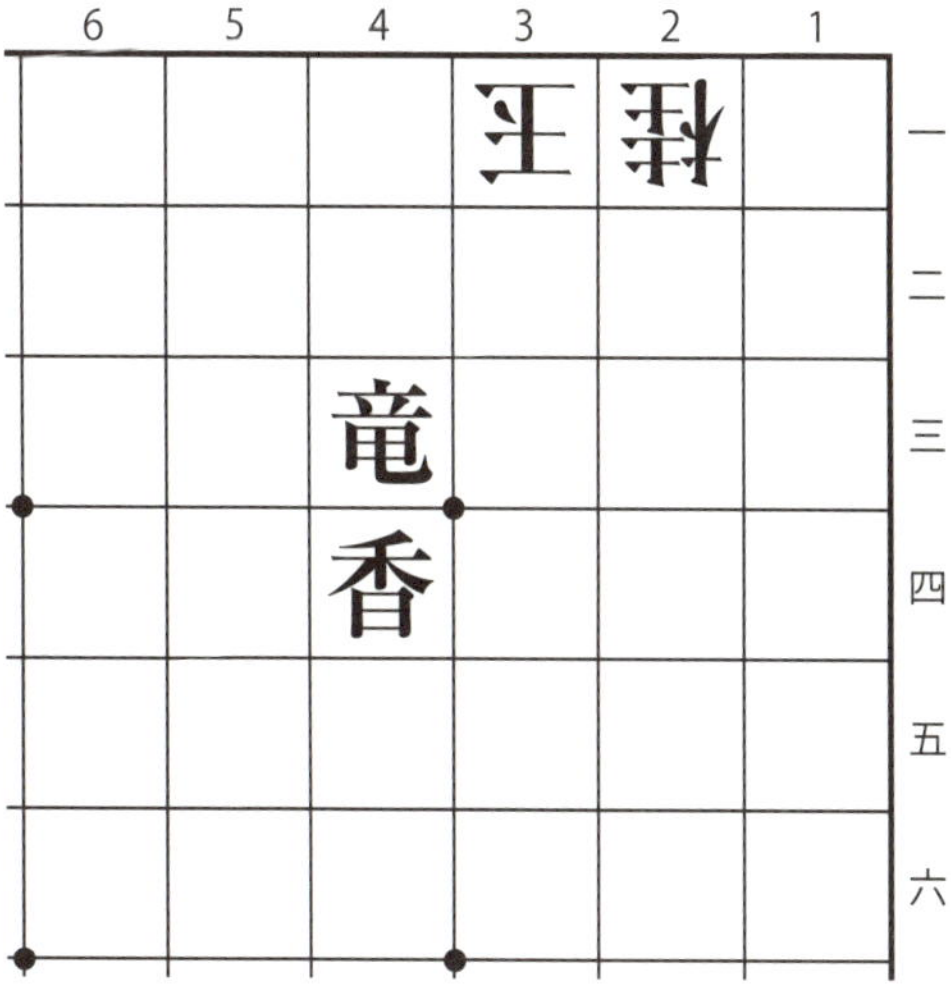

持駒《もちごま》 なし

第《だい》85問《もん》

☗4一《いち》竜《りゅう》

正解図《せいかいず》

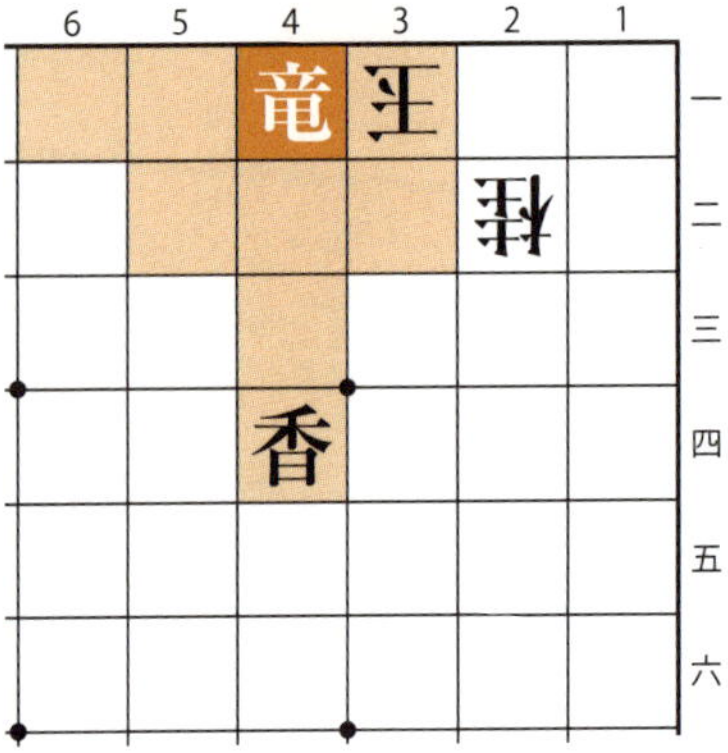

☗持駒《もちごま》 なし

竜《りゅう》を2マス動《うご》かす

☗3三竜《さんりゅう》として、合駒《あいごま》なら☗4二香成《にきょうなり》というのは強力《きょうりょく》な攻《せ》め。しかし、合駒《あいごま》をせずに☖2一玉《いちぎょく》で詰《つ》みません。

玉《ぎょく》を2一《いち》に逃《に》がさないように、☗4一竜《いちりゅう》と動《うご》かします。

第《だい》86問《もん》

☗4二《に》竜《りゅう》

正解図《せいかいず》

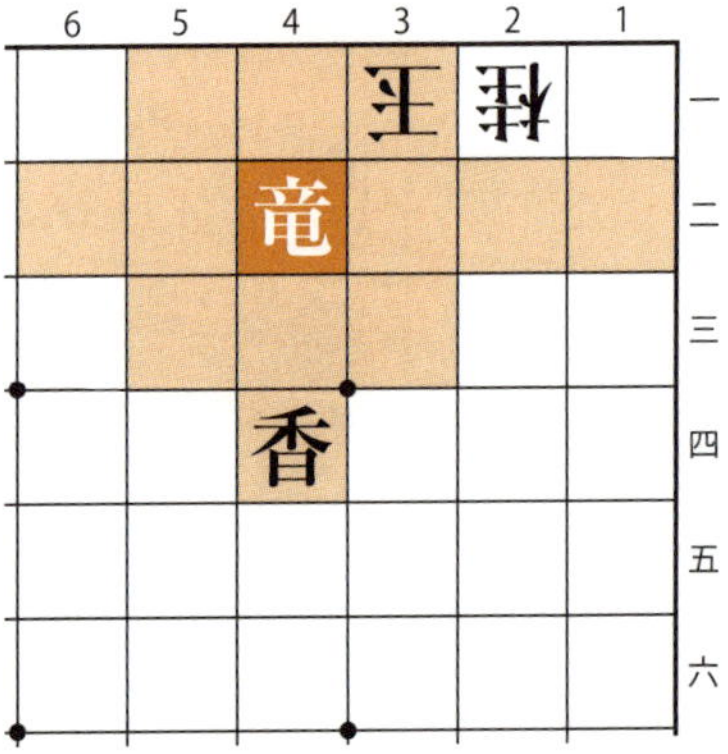

☗持駒《もちごま》 なし

竜《りゅう》を1マス動《うご》かす

前《まえ》の問題《もんだい》とは桂《けい》の位置《いち》が違《ちが》います。

今度《こんど》こそ☗3三竜《さんりゅう》と寄《よ》るのは、☖同桂《どうけい》と取《と》られて全然《ぜんぜん》ダメ。

2二《に》に逃《に》げ道《みち》があるのを見《み》て、前《まえ》にひとつだけ☗4二竜《にりゅう》と動《うご》かすのが正解《せいかい》です。

第《だい》87問《もん》

ヒント
竜《りゅう》か馬《うま》か①

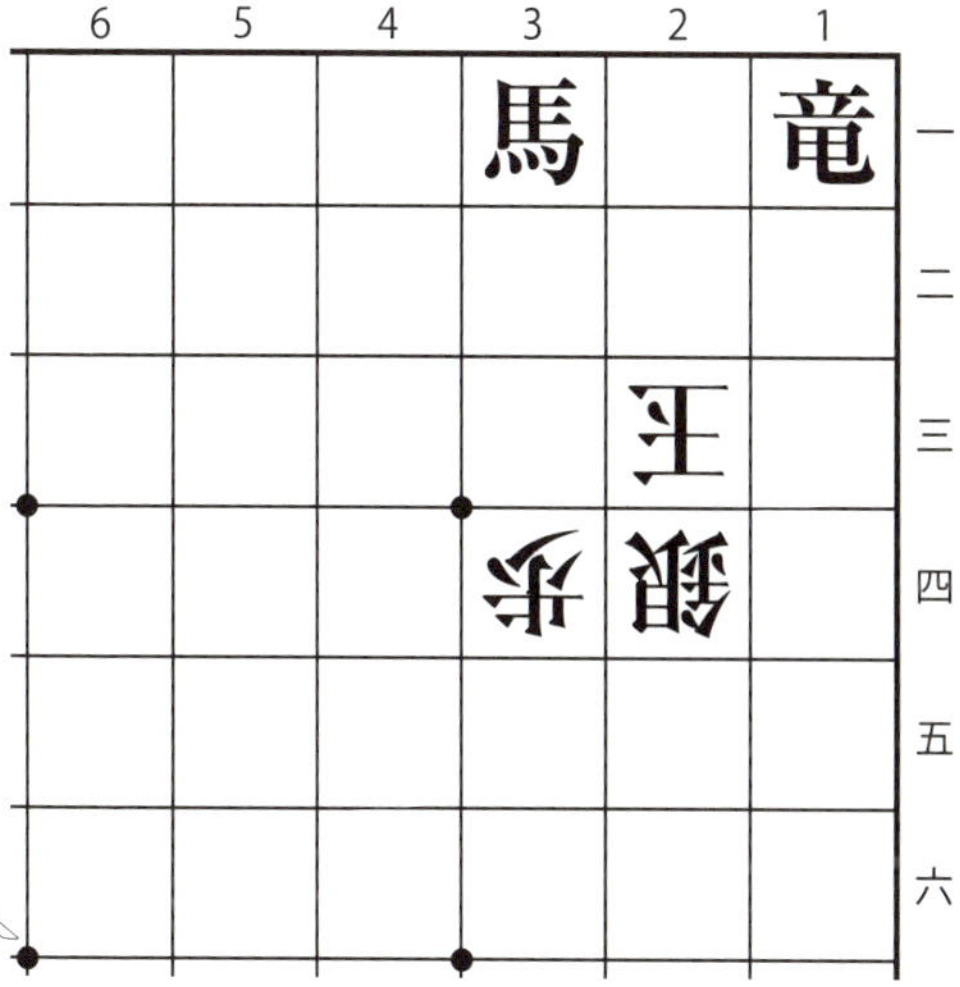

レベル
★★★★★

持駒《もちごま》 なし

第《だい》88問《もん》

ヒント
竜《りゅう》か馬《うま》か②

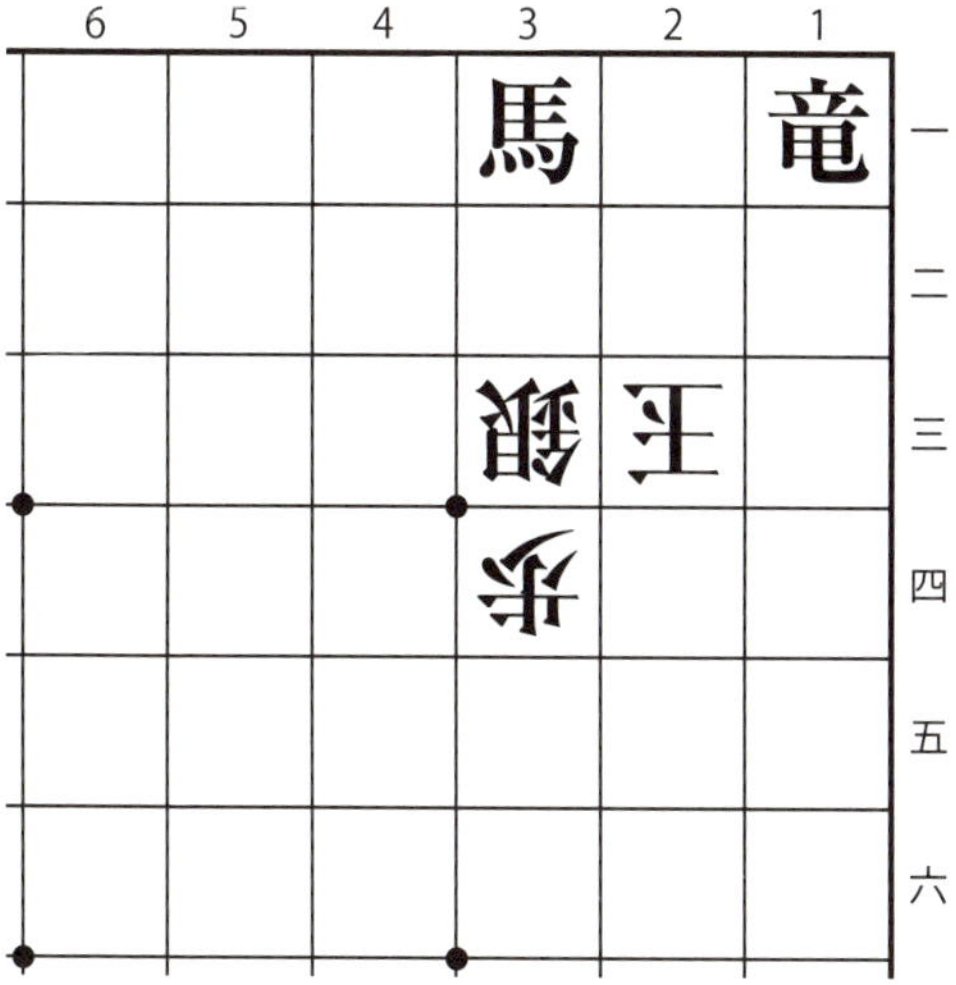

レベル
★★★★★

持駒《もちごま》 なし

第《だい》87問《もん》

☗2二《に》馬《うま》

正解図《せいかいず》

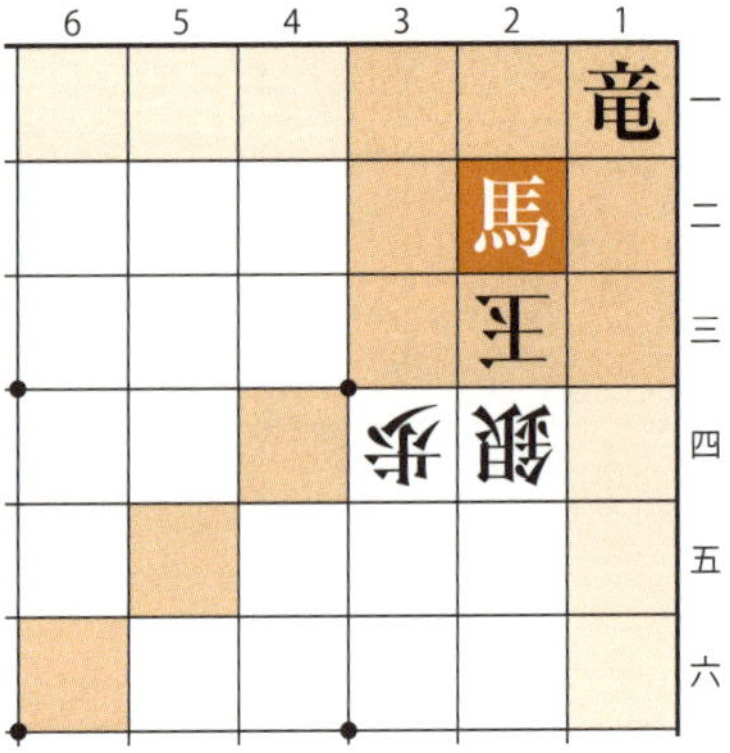

☗持駒《もちごま》 なし

竜《りゅう》は引《ひ》けない

☖3三玉《さんぎょく》さえ防《ふせ》げば大丈夫《だいじょうぶ》、と思《おも》ってはいけません。☗2二竜《にりゅう》は1四《よん》に逃《に》げ道《みち》があいてしまい、☖1四玉《よんぎょく》と逃《に》げられます。

竜《りゅう》はそのままにしておいて、☗2二馬《にうま》と引《ひ》くのが正解《せいかい》。

第《だい》88問《もん》

☗1三《さん》竜《りゅう》

正解図《せいかいず》

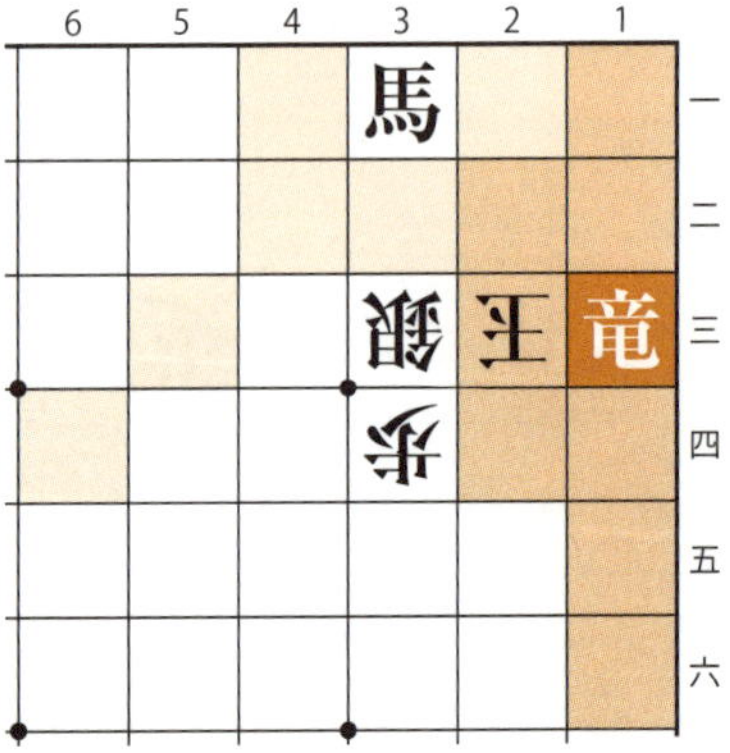

☗持駒《もちごま》 なし

馬《うま》は引《ひ》けない

前《まえ》の問題《もんだい》から銀《ぎん》が移動《いどう》しました。今度《こんど》は2四《よん》に逃《に》げ道《みち》があるので、1三《さん》に馬《うま》か竜《りゅう》を引《ひ》く手《て》を考《かんが》えます。

☗1三馬《さんうま》は☖3二玉《にぎょく》で失敗《しっぱい》。

馬《うま》は動《うご》かさず、☗1三竜《さんりゅう》として詰《つ》みです。

第《だい》89問《もん》

ヒント

縦《たて》か横《よこ》か①

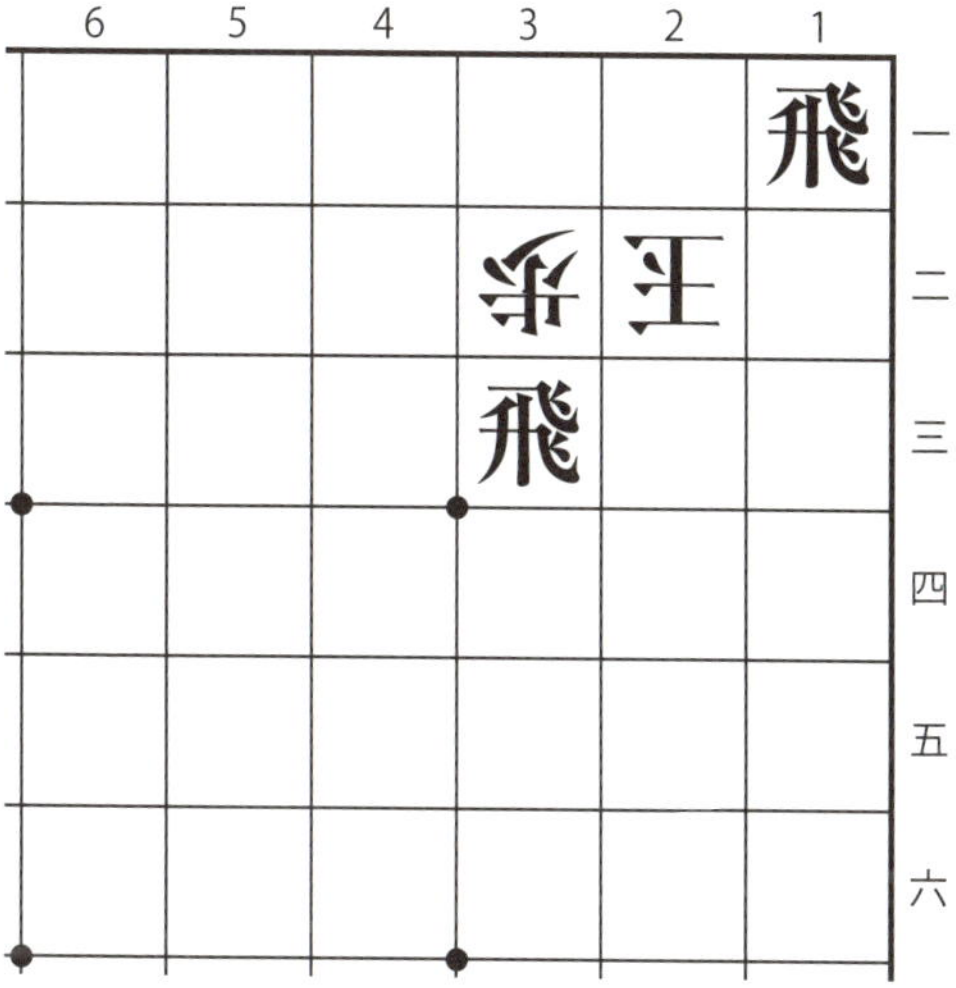

レベル

★★★★★

持駒《もちごま》 なし

第《だい》90問《もん》

ヒント

縦《たて》か横《よこ》か②

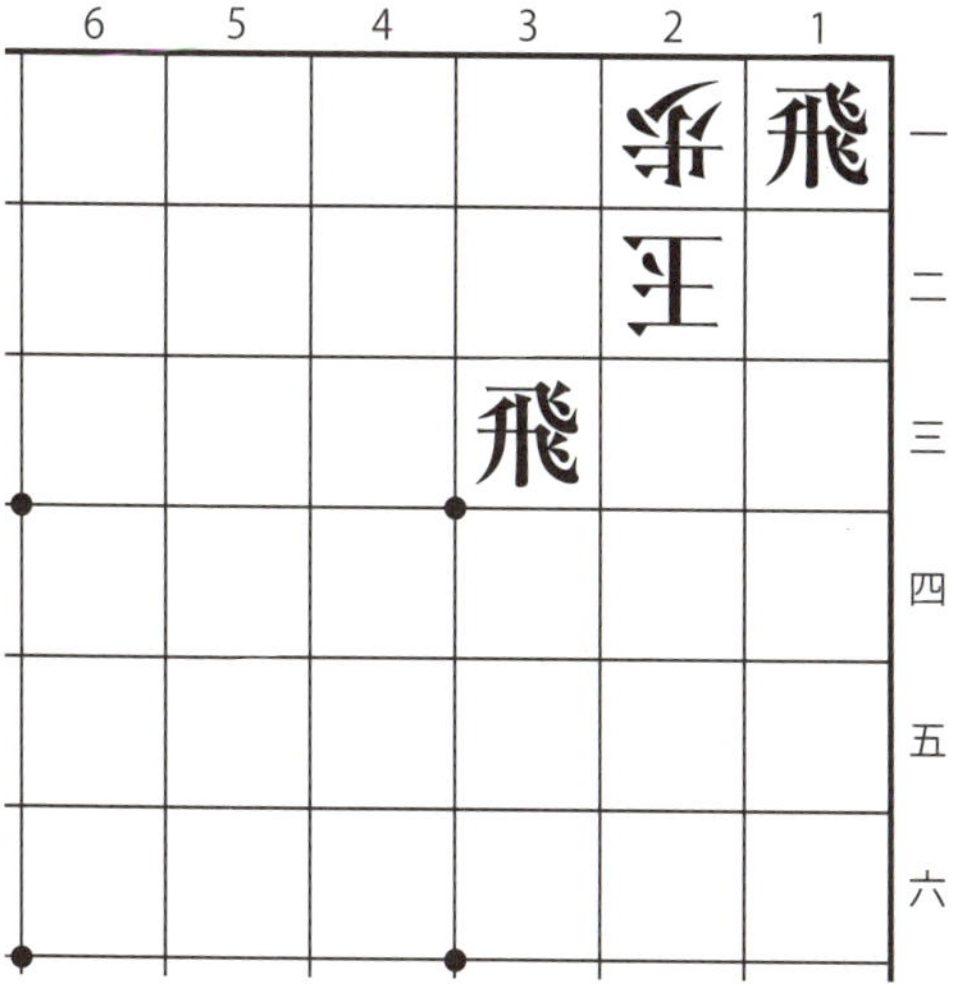

レベル

★★★★★

持駒《もちごま》 なし

第《だい》89問《もん》

☗1三《さん》飛《ひ》寄成《よるなり》

正解図《せいかいず》

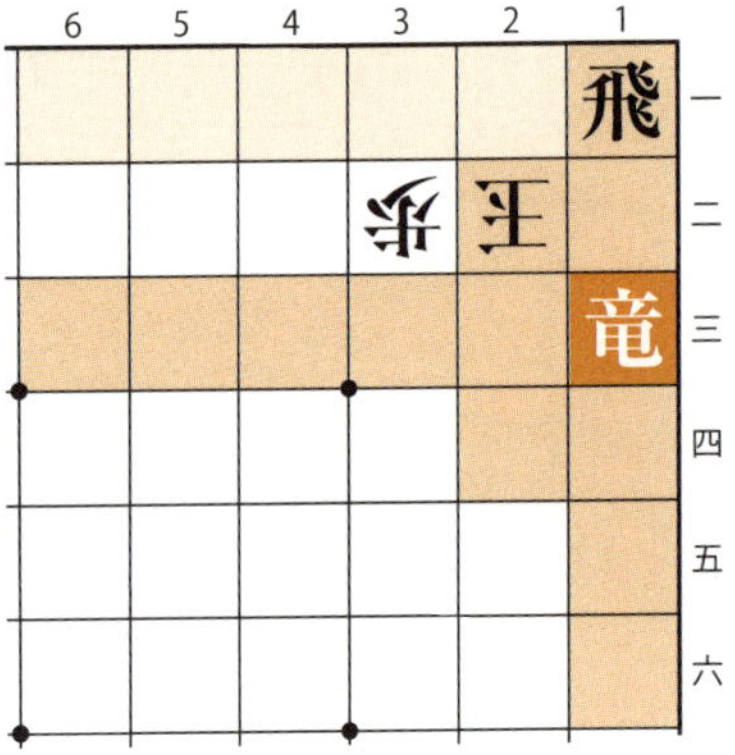

☗持駒《もちごま》 なし

寄《よ》って成《な》る

どちらの飛車《ひしゃ》も取《と》られるわけにはいきません。

正解《せいかい》は☗1三《さん》飛《ひ》寄成《よるなり》（3三《さん》飛《ひ》を寄《よ》せる）。飛車《ひしゃ》と竜《りゅう》が協力《きょうりょく》して玉《ぎょく》を捕《つか》まえます。

☗1三《さん》飛《ひ》引成《ひくなり》（1一《いち》飛《ひ》を引《ひ》く）は、☖3一《いち》玉《ぎょく》と歩《ふ》の影《かげ》に隠《かく》れてしまいます。

第《だい》90問《もん》

☗1三《さん》飛《ひ》引成《ひくなり》

正解図《せいかいず》

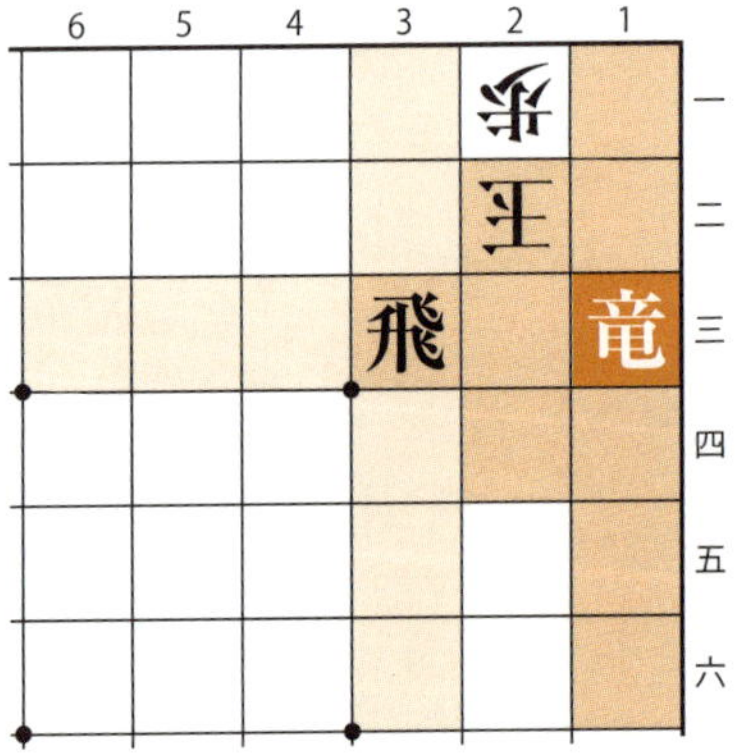

☗持駒《もちごま》 なし

引《ひ》いて成《な》る

前《まえ》の問題《もんだい》との違《ちが》いは歩《ふ》の位置《いち》。同《おな》じように☗1三《さん》飛《ひ》寄成《よるなり》とすると、☖3二《に》玉《ぎょく》と逃《に》げられます。

正解《せいかい》は☗1三《さん》飛《ひ》引成《ひくなり》。歩《ふ》が壁駒《かべごま》になるように、2枚《まい》の飛車《ひしゃ》をつなげる問題《もんだい》でした。

第《だい》91問《もん》

レベル ★★★★★

ヒント 銀《ぎん》をどこに打《う》つか①

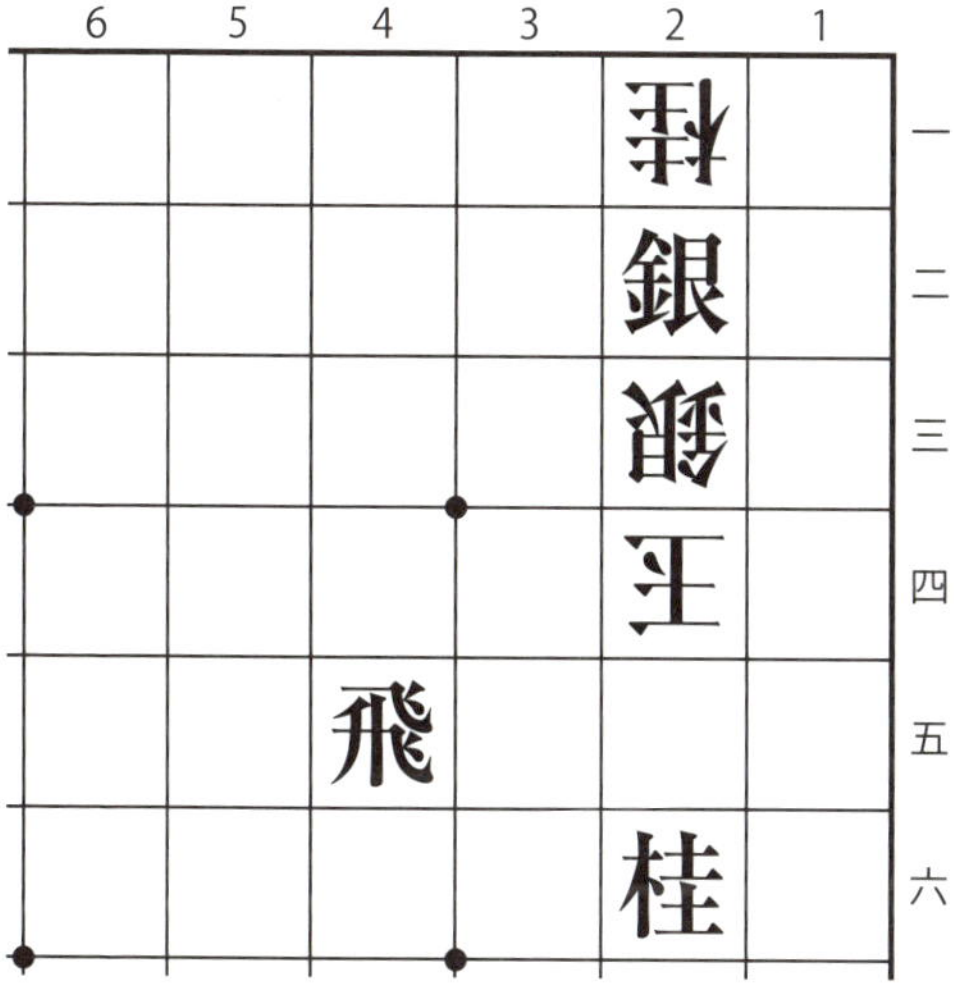

持駒《もちごま》 銀《ぎん》

第《だい》92問《もん》

レベル ★★★★★

ヒント 銀《ぎん》をどこに打《う》つか②

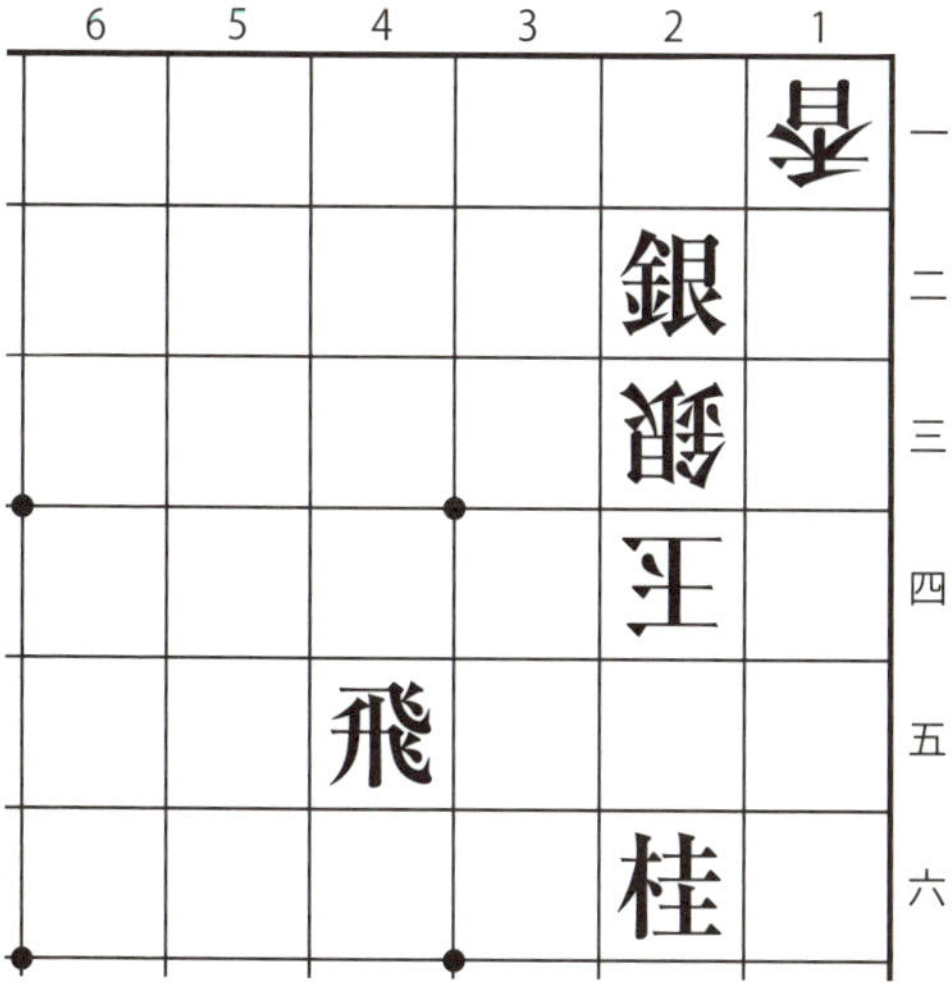

持駒《もちごま》 銀《ぎん》

第《だい》91問《もん》

☗1五銀《ごぎん》

正解図《せいかいず》

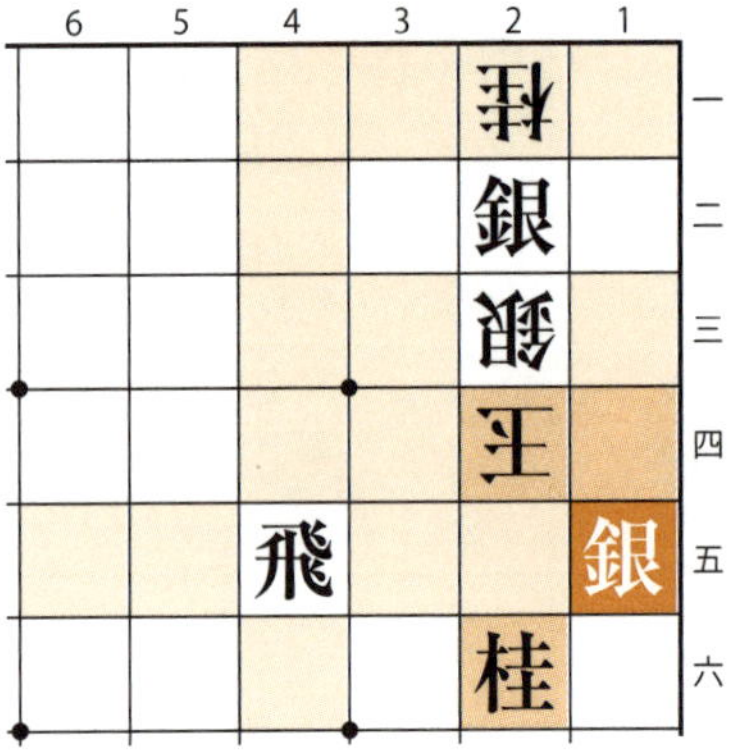

☗持駒《もちごま》 なし

飛車《ひしゃ》のじゃまをしない

持駒《もちごま》の銀《ぎん》を打《う》てる場所《ばしょ》は5か所《しょ》。1三《さん》と3三《さん》は、2一桂《いちけい》が守《まも》っています。2五《ご》と3五《ご》に銀《ぎん》を打《う》つと、飛車《ひしゃ》の利《き》きが止《と》まるため、☖1五玉《ごぎょく》と逃《に》げられます。残《のこ》った☗1五銀《ごぎん》が正解《せいかい》。

第《だい》92問《もん》

☗3三銀打《さんぎんうち》

正解図《せいかいず》

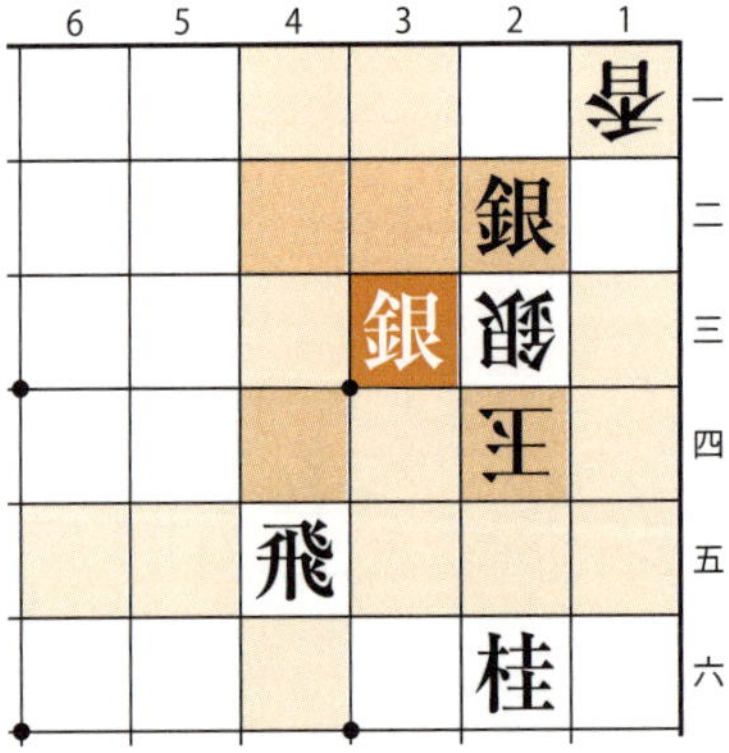

☗持駒《もちごま》 なし

桂《けい》と香《きょう》の違《ちが》い

前《まえ》の問題《もんだい》の2一桂《いちけい》が1一香《いちきょう》に変《か》わったおかげで、3三《さん》の守《まも》りがなくなりました。そこを突《つ》いて☗3三銀打《さんぎんうち》が正解《せいかい》です。

香《きょう》が1筋《すじ》に利《き》いているので、☗1五銀《ごぎん》は☖同香《どうきょう》と取《と》られます。

第《だい》93問《もん》

ヒント

逃《に》げ道《みち》を作《つく》りません

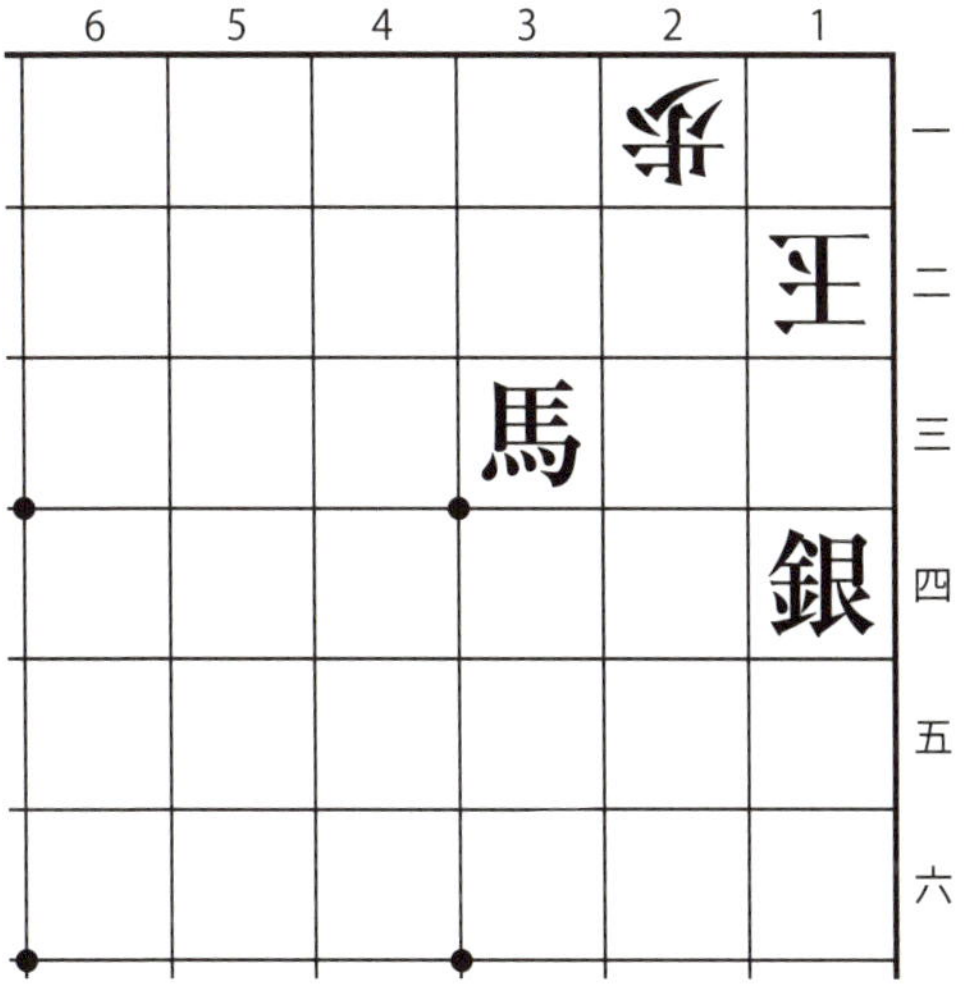

レベル

持駒《もちごま》 なし

第《だい》94問《もん》

ヒント

右《みぎ》に逃《に》がしません

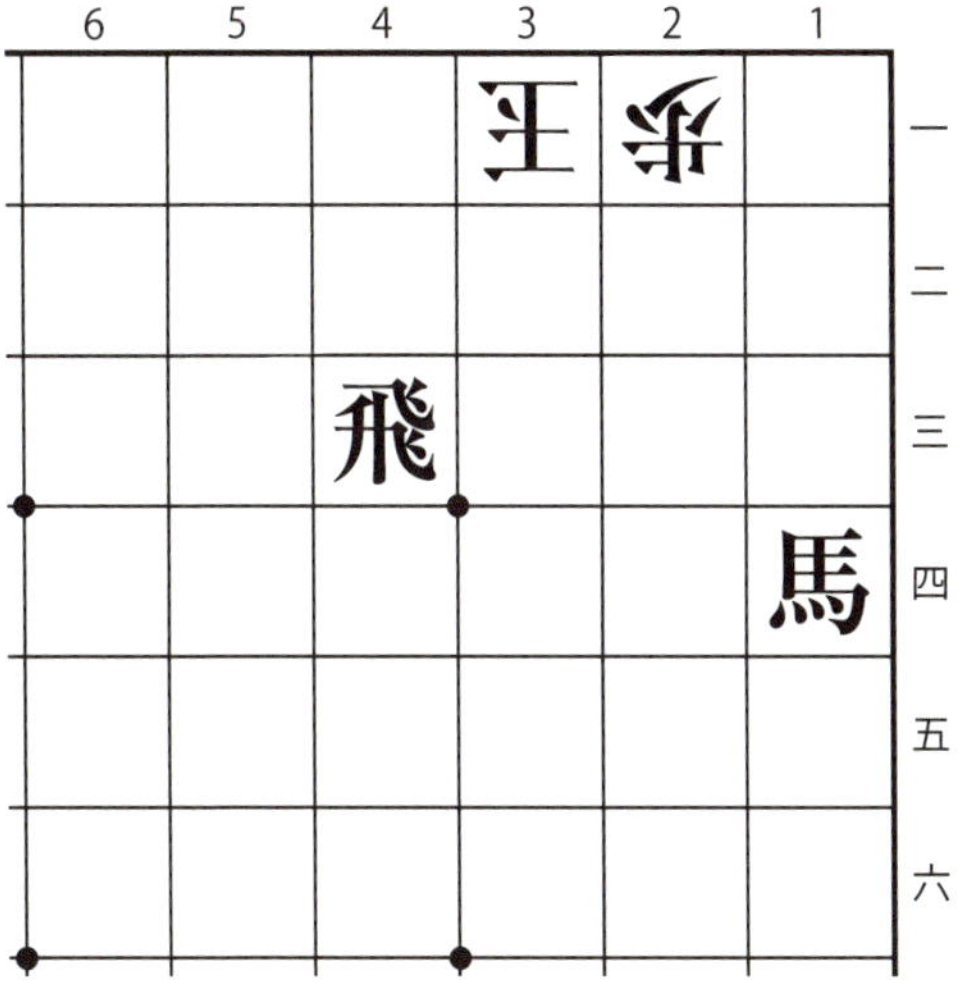

レベル

持駒《もちごま》 なし

第《だい》93問《もん》

☗2三銀成《さんぎんなり》

正解図《せいかいず》

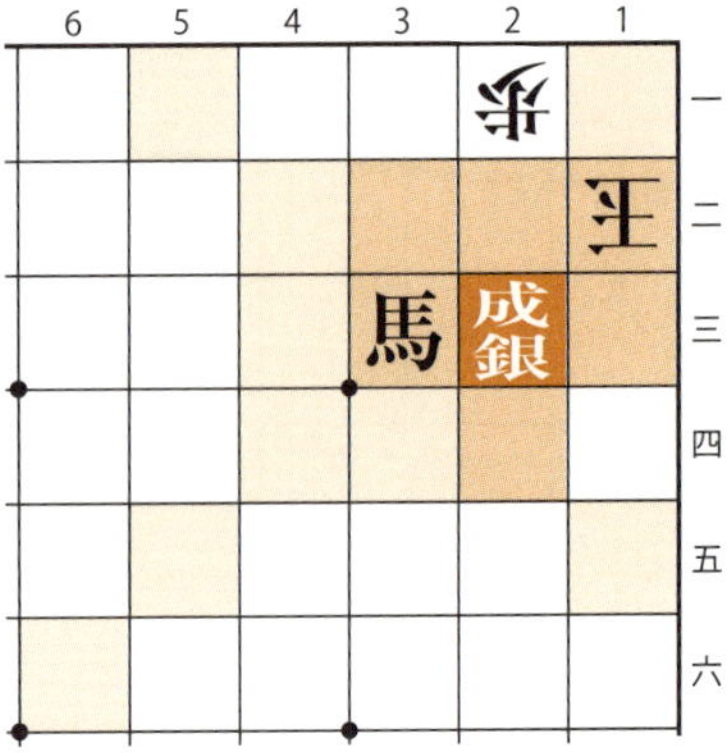

☗持駒《もちごま》 なし

成銀《なりぎん》は強《つよ》い

馬《うま》と銀《ぎん》が利《き》いている2三《さん》に、どのように駒《こま》を動《うご》かせばよいでしょうか。

☗2三馬《さんうま》は☖1一玉《いちぎょく》と逃《に》げられます。

正解《せいかい》は☗2三銀成《さんぎんなり》。うっかり不成《ならず》で動《うご》かすと、☖1三玉《さんぎょく》があります。

第《だい》94問《もん》

☗3三飛成《さんひなり》

正解図《せいかいず》

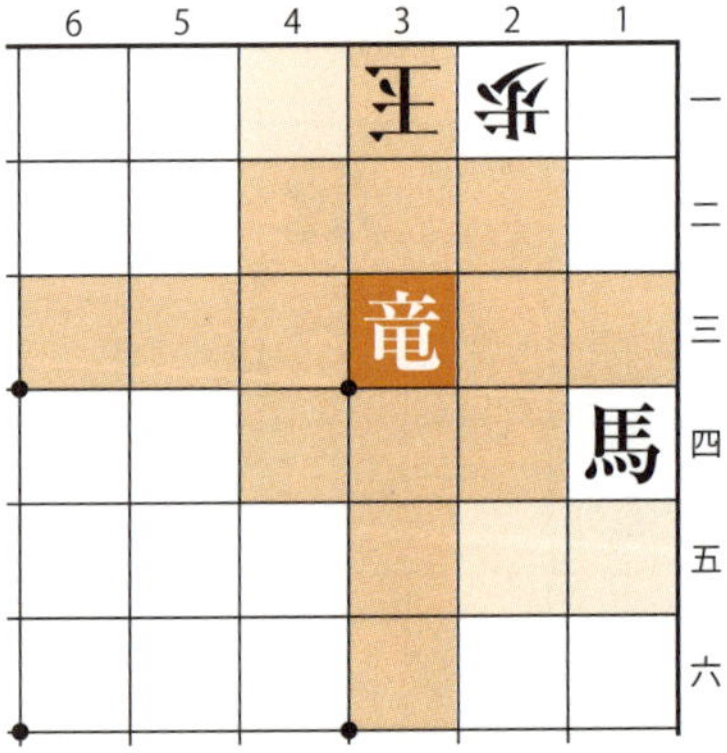

☗持駒《もちごま》 なし

大駒《おおごま》の底力《そこぢから》

第《だい》27問《もん》と似《に》ていますが、☗4一飛成《いちひなり》には☖2二玉《にぎょく》と逃《に》げられ、☗3二竜《にりゅう》（☗3二馬《にうま》は☖1三玉《さんぎょく》）☖1一玉《いちぎょく》で詰《つ》みません。

2二《に》に利《き》きを作《つく》るため、☗3三飛成《さんひなり》として玉《ぎょく》の上《うえ》から押《お》さえつけます。

第《だい》95問《もん》

レベル ★★★★★

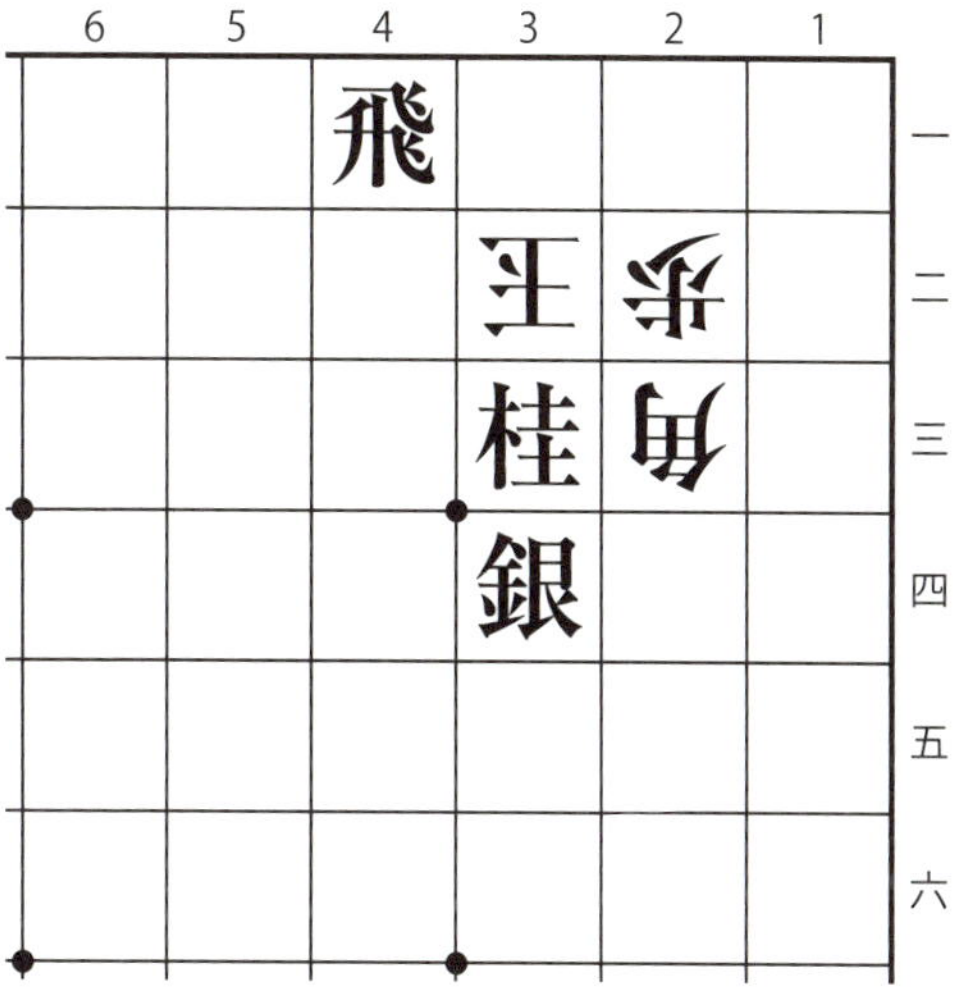

持駒《もちごま》　なし

ヒント

角《かく》に注意《ちゅうい》

第《だい》96問《もん》

レベル ★★★★★

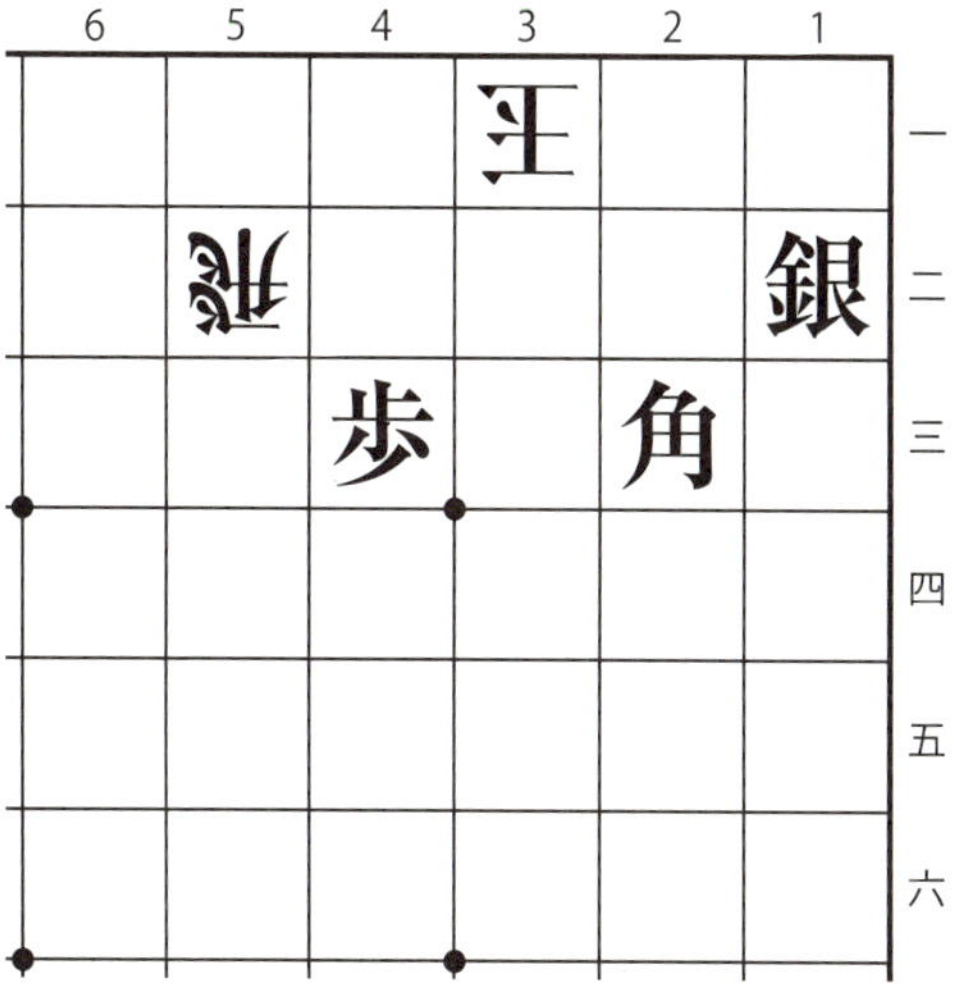

持駒《もちごま》　金《きん》

ヒント

金《きん》を打《う》てるのは5か所《しょ》

第《だい》95問《もん》

☗4三銀成《さんぎんなり》

正解図《せいかいず》

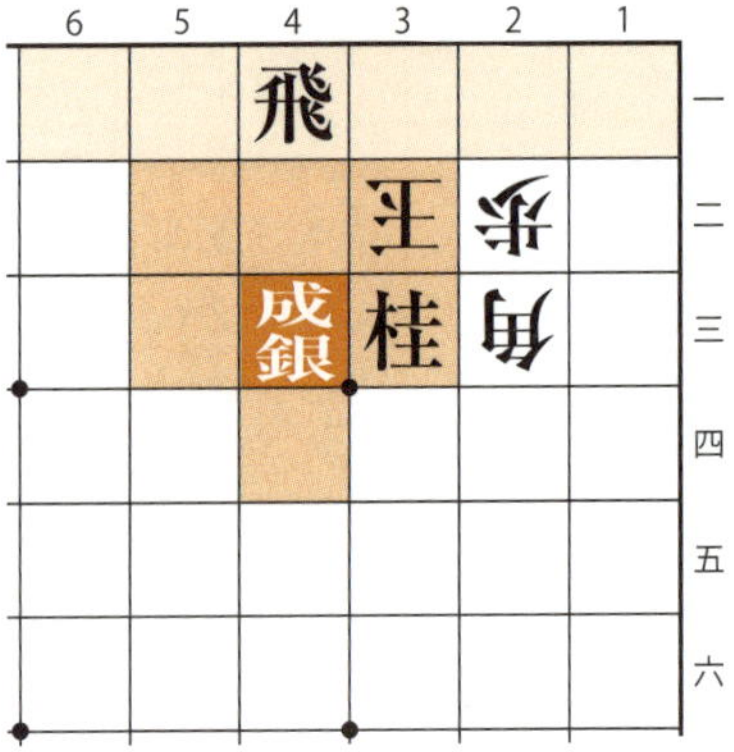

☗持駒《もちごま》 なし

角《かく》を働《はたら》かせない

☗4三《さん》飛《ひ》成《なり》として竜《りゅう》を作《つく》り、☖3一玉《いちぎょく》に☗4一竜《いちりゅう》……は詰《つ》んでいません。☖4一同角《いちどうかく》と取《と》られてしまいます。

飛車《ひしゃ》には3一《いち》に玉《ぎょく》を逃《に》がさない役割《やくわり》もあります。動《うご》かすのは銀《ぎん》でした。

第《だい》96問《もん》

☗2一金《いちきん》

正解図《せいかいず》

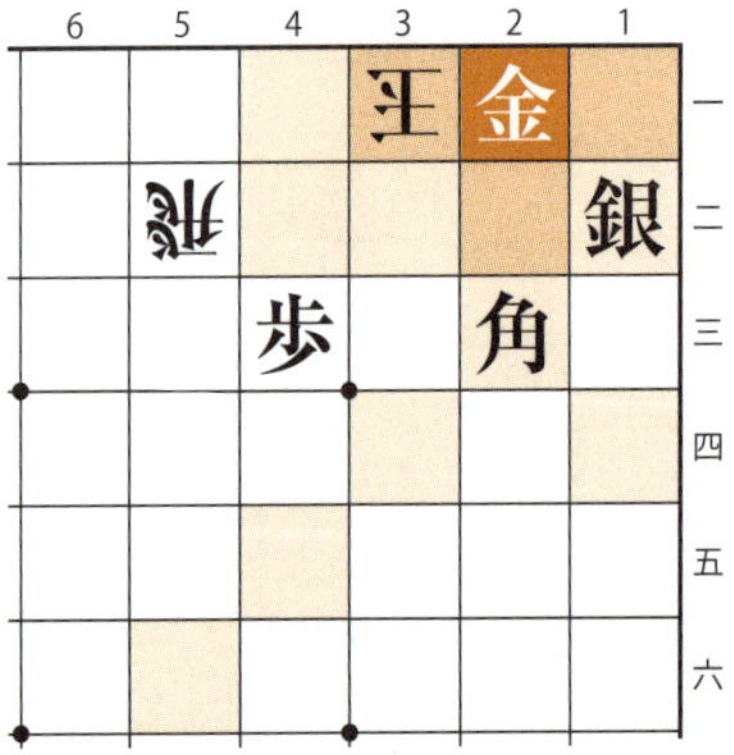

☗持駒《もちごま》 なし

逃《に》げ道《みち》は2二《に》

角《かく》の利《き》きを確認《かくにん》すると、☗4一金《いちきん》と打《う》つ手《て》が見《み》えます。しかし、☖2二玉《にぎょく》で失敗《しっぱい》。角《かく》と銀《ぎん》の弱点《じゃくてん》を見逃《みのが》してはいけません。

☖2二玉《にぎょく》を防《ふせ》ぐ王手《おうて》を探《さが》すと、☗2一金《いちきん》が見《み》つかります。

第《だい》97問《もん》

レベル ★★★★★

ヒント
動《うご》かすのは角《かく》か金《きん》か

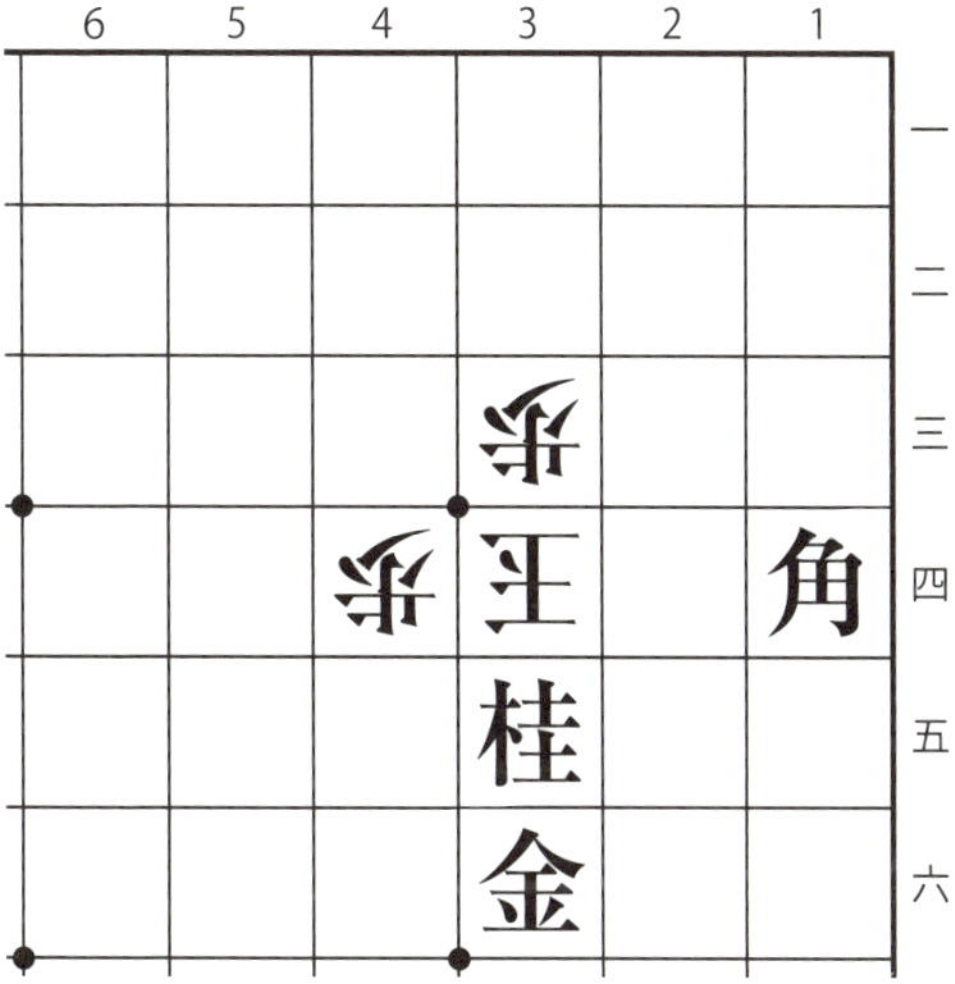

持駒《もちごま》 なし

第《だい》98問《もん》

レベル ★★★★★

ヒント
角《かく》の利《き》きを確認《かくにん》

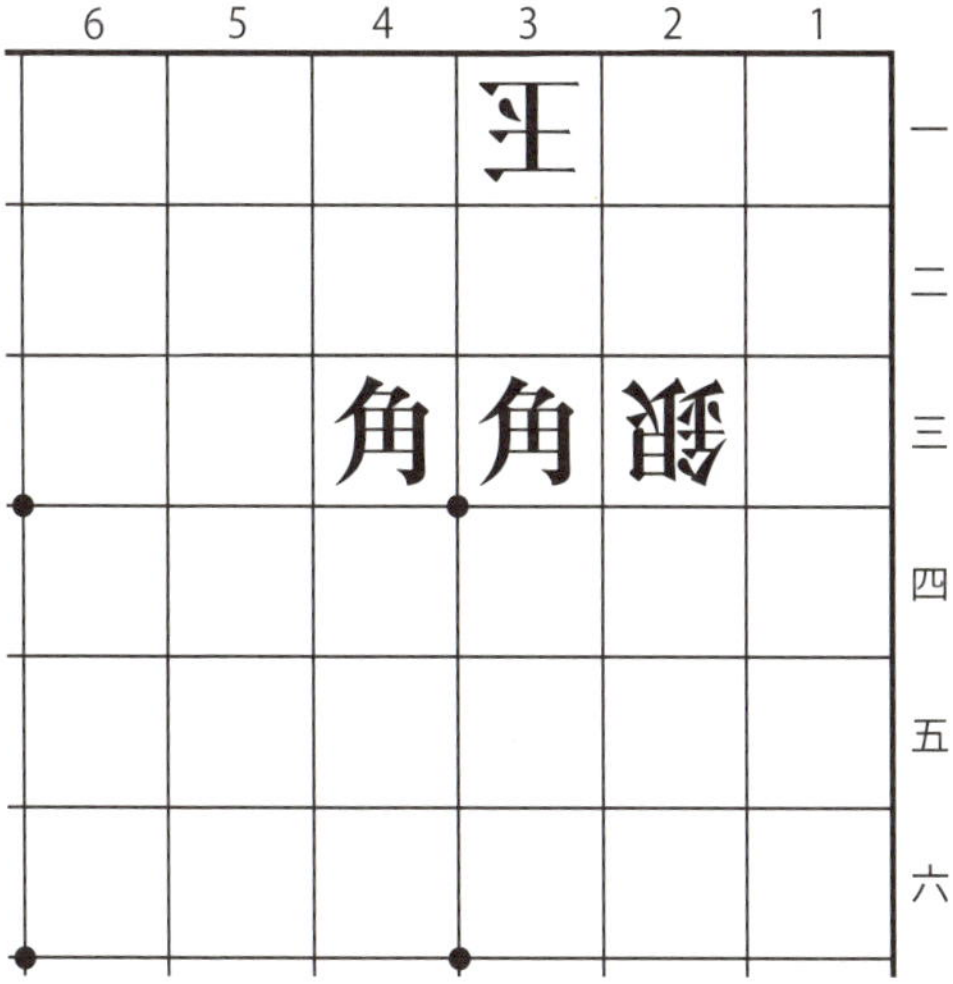

持駒《もちごま》 銀《ぎん》

第《だい》97問《もん》

☗2三角成《さんかくなり》

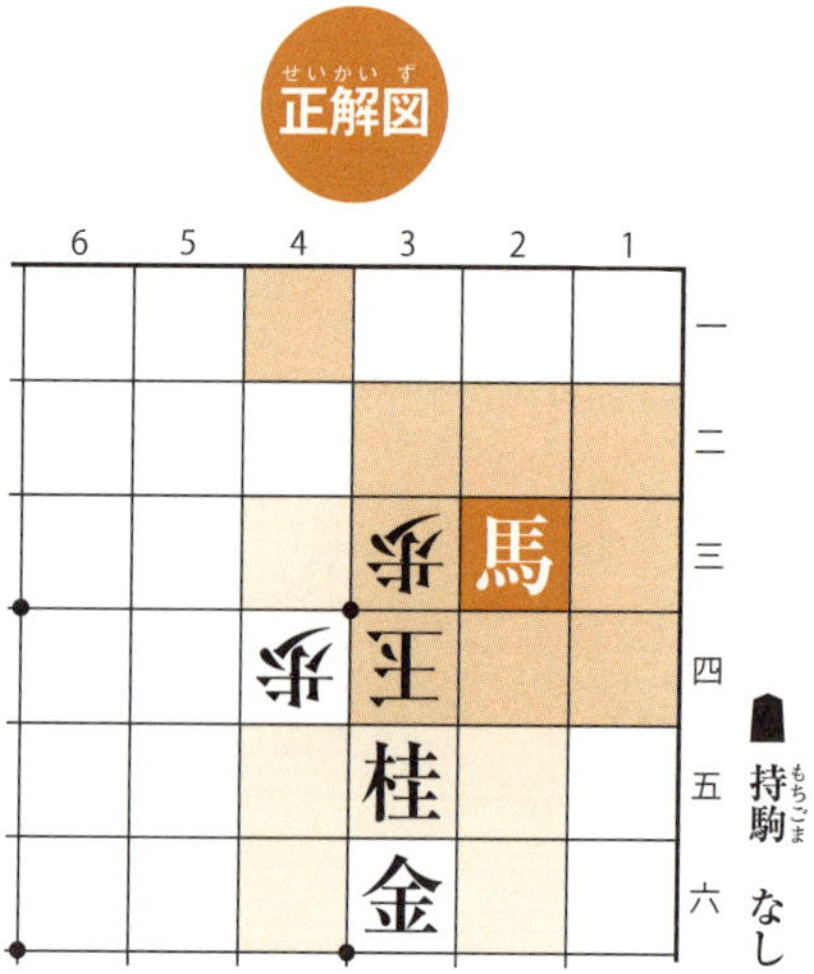

成《な》ってパワーアップ

出題図《しゅつだいず》を見《み》ると、角《かく》と金《きん》が目立《めだ》ちます。両方《りょう》が利《き》いている2五《ご》を攻《せ》めたくなりますが、☗2五角《ごかく》は☖2四玉《よんぎょく》で詰《つ》みませんし、☗2五《ご》金《きん》は☖4五玉《ごぎょく》とすり抜《ぬ》けられます。桂《けい》の利《き》きに☗2三角成《さんかくなり》で詰《つ》み。

第《だい》98問《もん》

☗4二銀《にぎん》

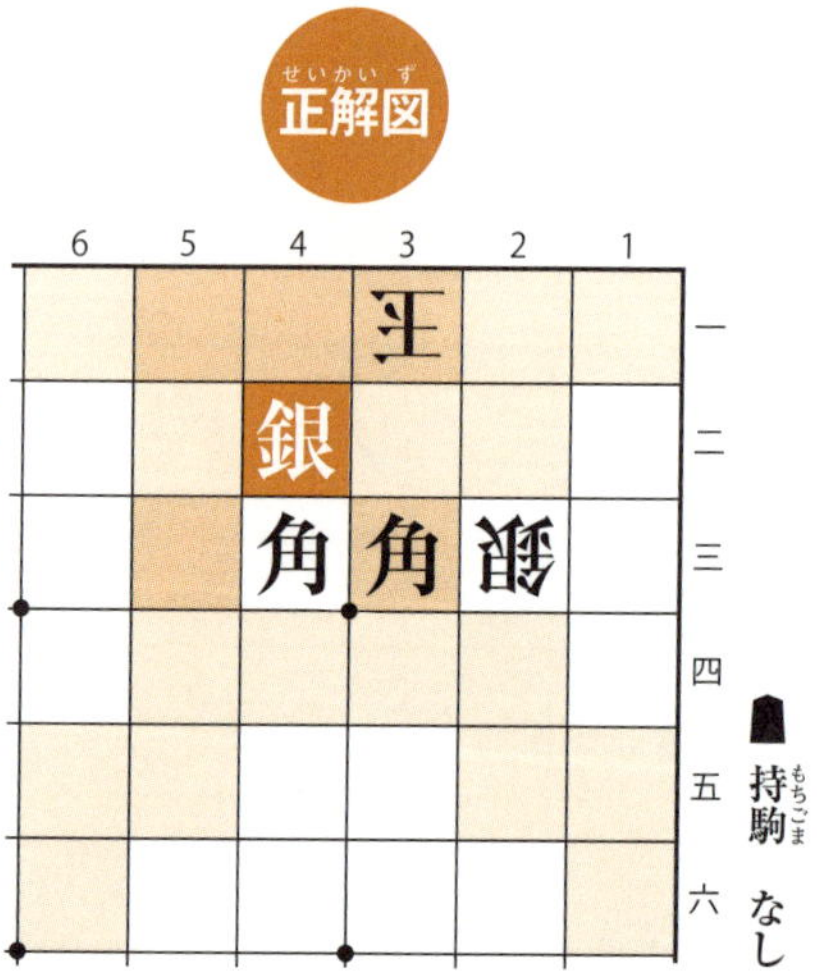

利《き》きがないのは4一《いち》

2枚《まい》の角《かく》が並《なら》んでいて、玉《ぎょく》をしっかり包囲《ほうい》しているように見《み》えます。しかし、☗2二銀《にぎん》と右《みぎ》から打《う》つのは、☖4一玉《いちぎょく》とかわされて失敗《しっぱい》。左《ひだり》から☗4二銀《にぎん》と打《う》って、4一《いち》にも利《き》きを作《つく》るのが冷静《れいせい》な一手《いって》でした。

第《だい》99問《もん》

レベル ★★★★★

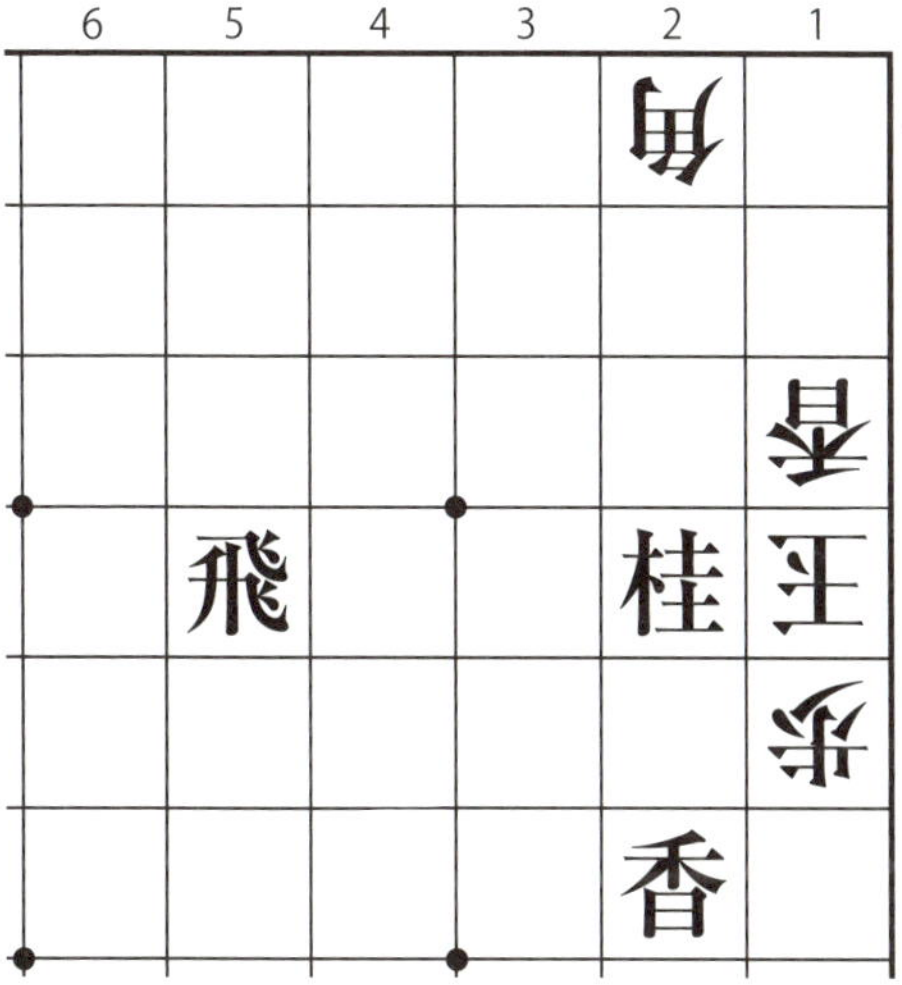

持駒《もちごま》 なし

ヒント

右《みぎ》か左《ひだり》か

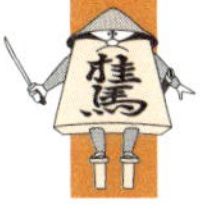

第《だい》100問《もん》

レベル ★★★★★

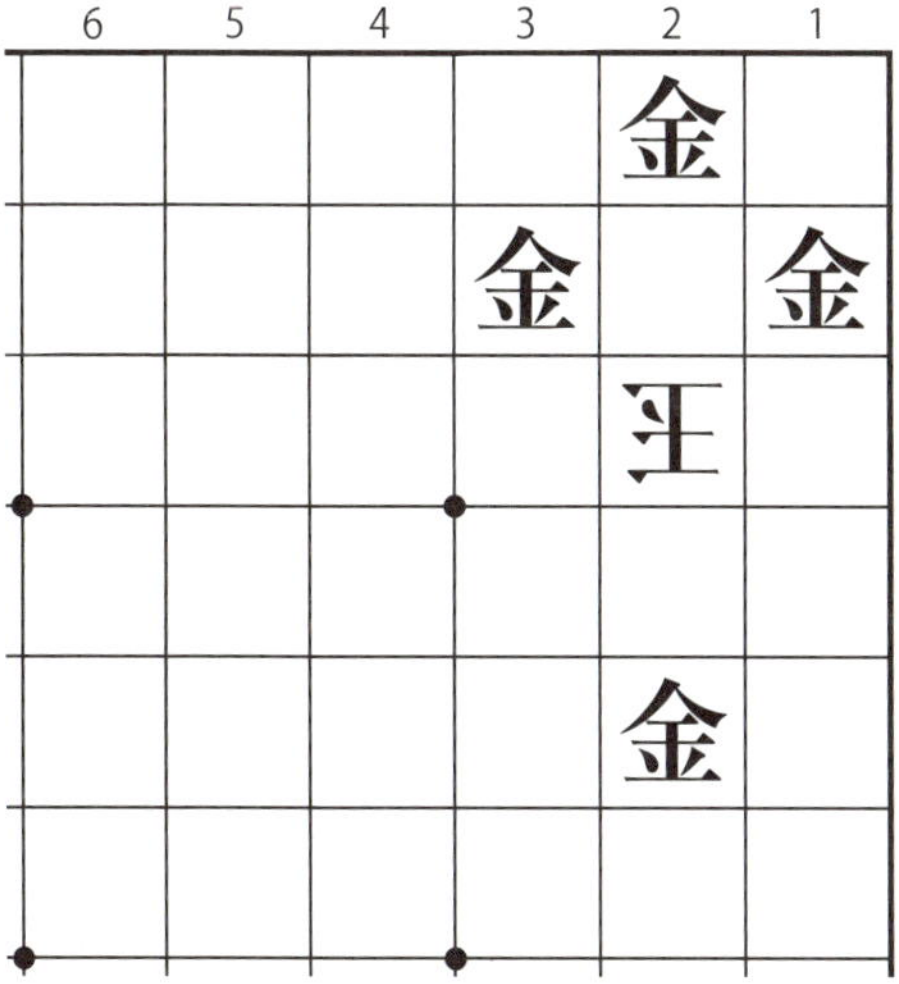

持駒《もちごま》 なし

ヒント

どの金《きん》を動《うご》かすか

第《だい》99問《もん》

☗3二桂成《にけいなり》

正解図《せいかいず》

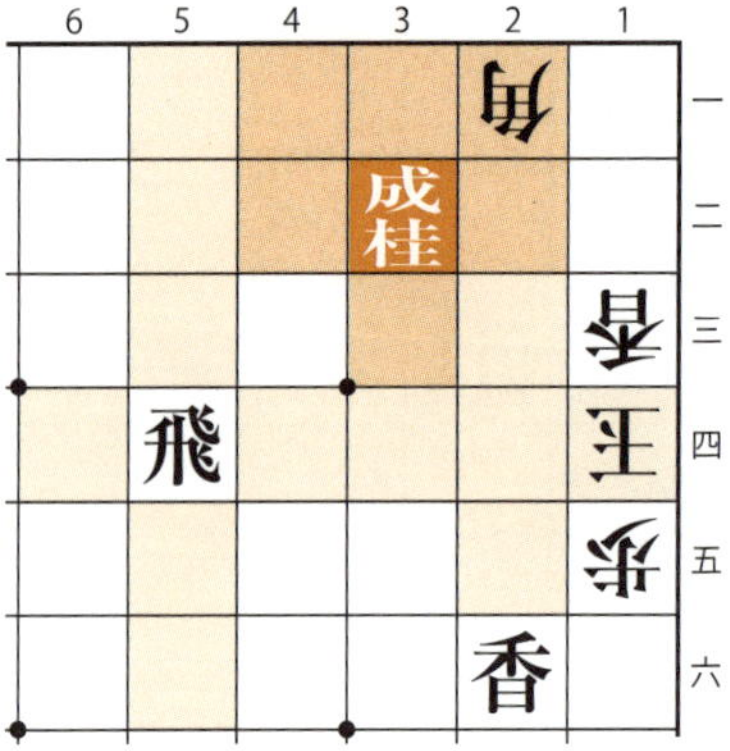

☗持駒《もちごま》 なし

角《かく》に体当《たいあ》たり

桂《けい》を動《うご》かすと、5四飛《よんひ》で王手《おうて》がかかります。問題《もんだい》は桂《けい》をどちらに移動《いどう》するかです。玉《ぎょく》に近《ちか》い☗1二桂成《にけいなり》は、☖5四角《よんかく》と飛車《ひしゃ》を取《と》られてダメ。☗3二桂成《にけいなり》として2一角《いちかく》の利《き》きを止《と》めるのがうまい手《て》です。

第《だい》100問《もん》

☗2二金引《にきんひく》

正解図《せいかいず》

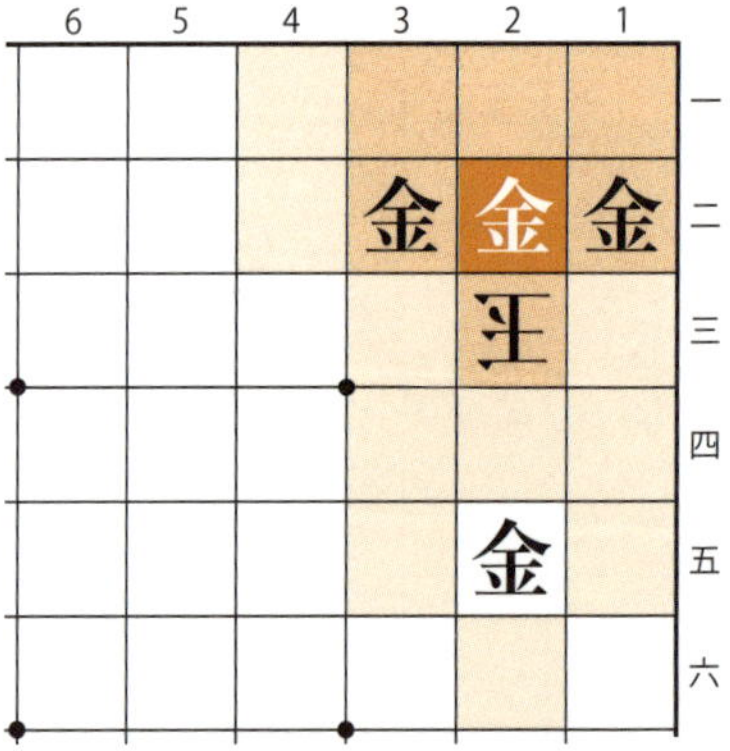

☗持駒《もちごま》 なし

寄《よ》らない

金《きん》4枚《まい》だけの面白《おもしろ》い形《かたち》です。☗2二金右《にきんみぎ》（右《みぎ》の金《きん》を動《うご》かす）は☖1三《さん》玉《ぎょく》で、☗2二金左《にきんひだり》（左《ひだり》の金《きん》を動《うご》かす）は☖3三玉《さんぎょく》で、どちらも詰《つ》みません。☗2二金引《にきんひく》（2一金《いちきん》を引《ひ》く）で金《きん》を並《なら》べて詰《つ》み。

第《だい》101問《もん》

ヒント

角《かく》の長所《ちょうしょ》を活《い》かします

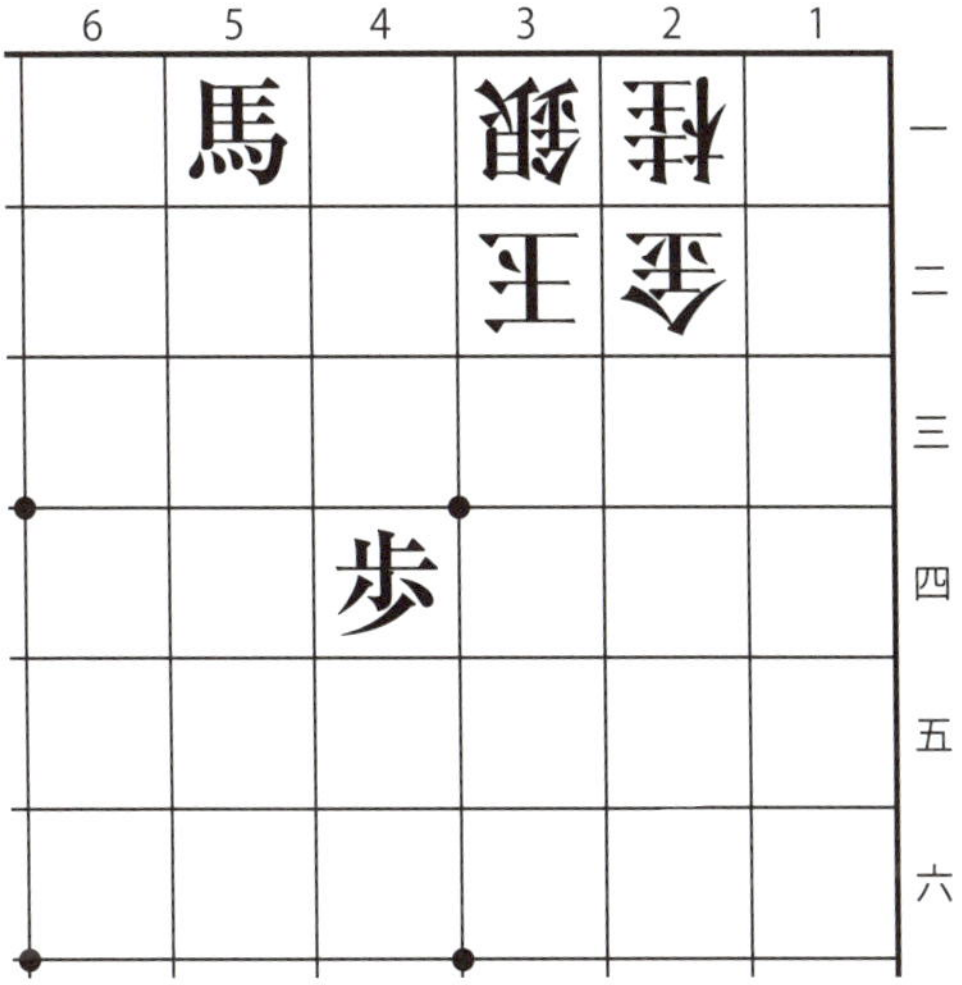

レベル ★★★★★

持駒《もちごま》 角《かく》

第《だい》102問《もん》

ヒント

角《かく》が玉《ぎょく》を狙《ねら》っています

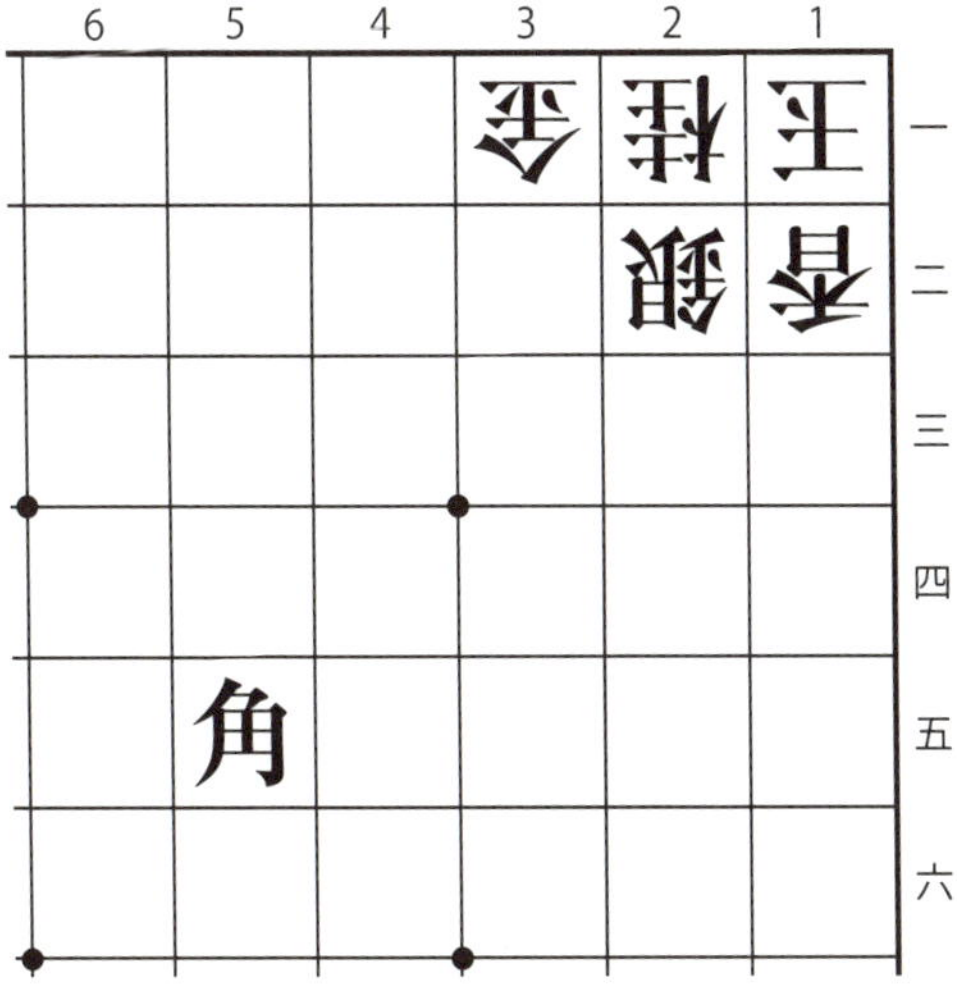

レベル ★★★★★

持駒《もちごま》 桂《けい》

第《だい》101問《もん》

☗4一角《いちかく》

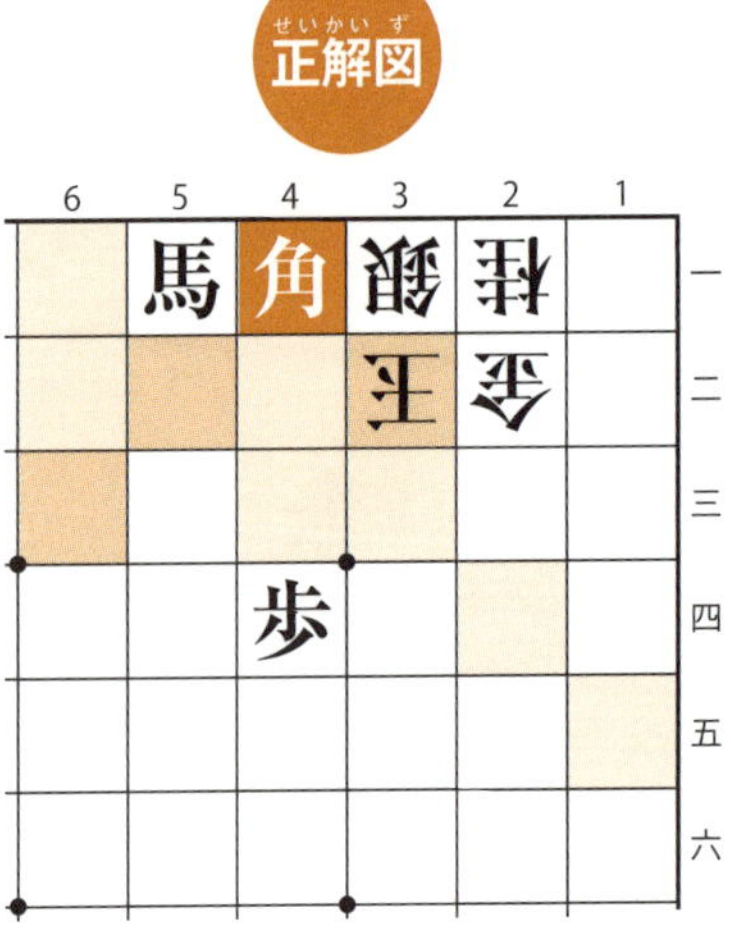

☗持駒《もちごま》 なし

斜《なな》めにどこまでも

ここからは、将棋《しょうぎ》の対局《たいきょく》で出《で》てきそうな問《もん》題《だい》をいくつか出題《しゅつだい》します。

2三《さん》が逃《に》げ道《みち》ですが、☗1四角《よんかく》では☖2三《さん》歩《ふ》と合駒《あいごま》をされて失敗《しっぱい》です。逆側《ぎゃくがわ》から☗4一角《いちかく》として詰《つ》み。

第《だい》102問《もん》

☗2三桂《さんけい》

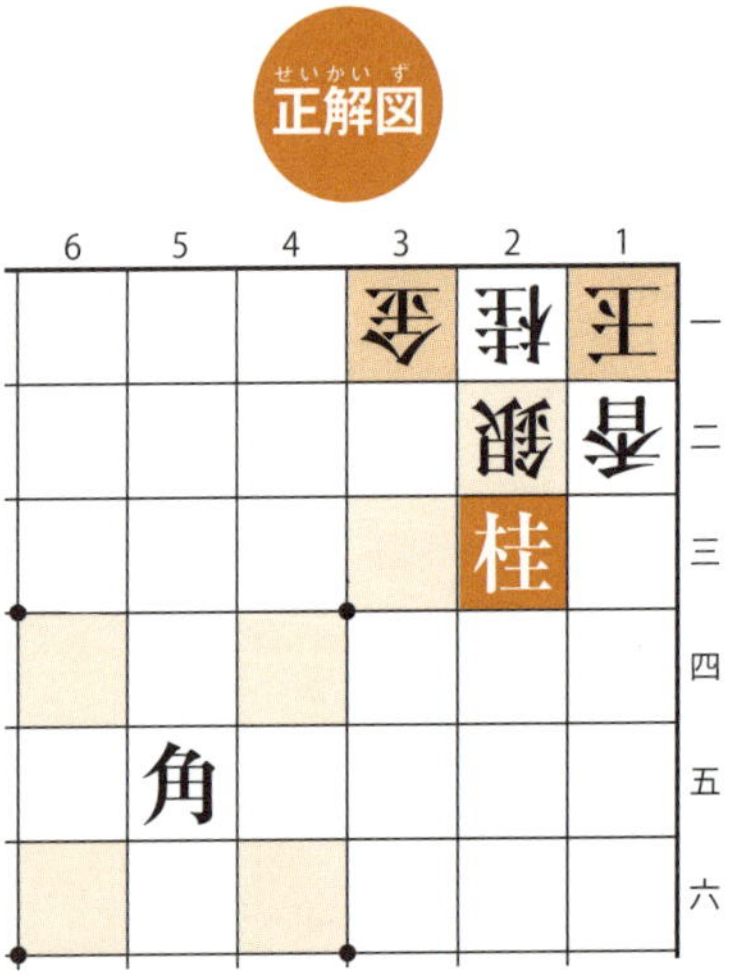

☗持駒《もちごま》 なし

桂《けい》の実力《じつりょく》

【穴熊《あなぐま》】囲《かこ》いで守《まも》っている玉方《ぎょくかた》。王手《おうて》をかけるのも簡単《かんたん》ではありません。

そんな穴熊《あなぐま》の数少《かずすく》ない弱点《じゃくてん》を攻《せ》める手《て》が☗2三桂《さんけい》です。5五角《ごかく》のおかげで、2二銀《にぎん》はこの桂《けい》を取《と》れません。

【穴熊《あなぐま》】＝将棋《しょうぎ》の囲《かこ》いのひとつ。玉《ぎょく》を盤《ばん》の隅《すみ》に移動《いどう》し、守《まも》りをかためたもの。

第《だい》103問《もん》

レベル ★★★★★

ヒント
右《みぎ》か左《ひだり》か

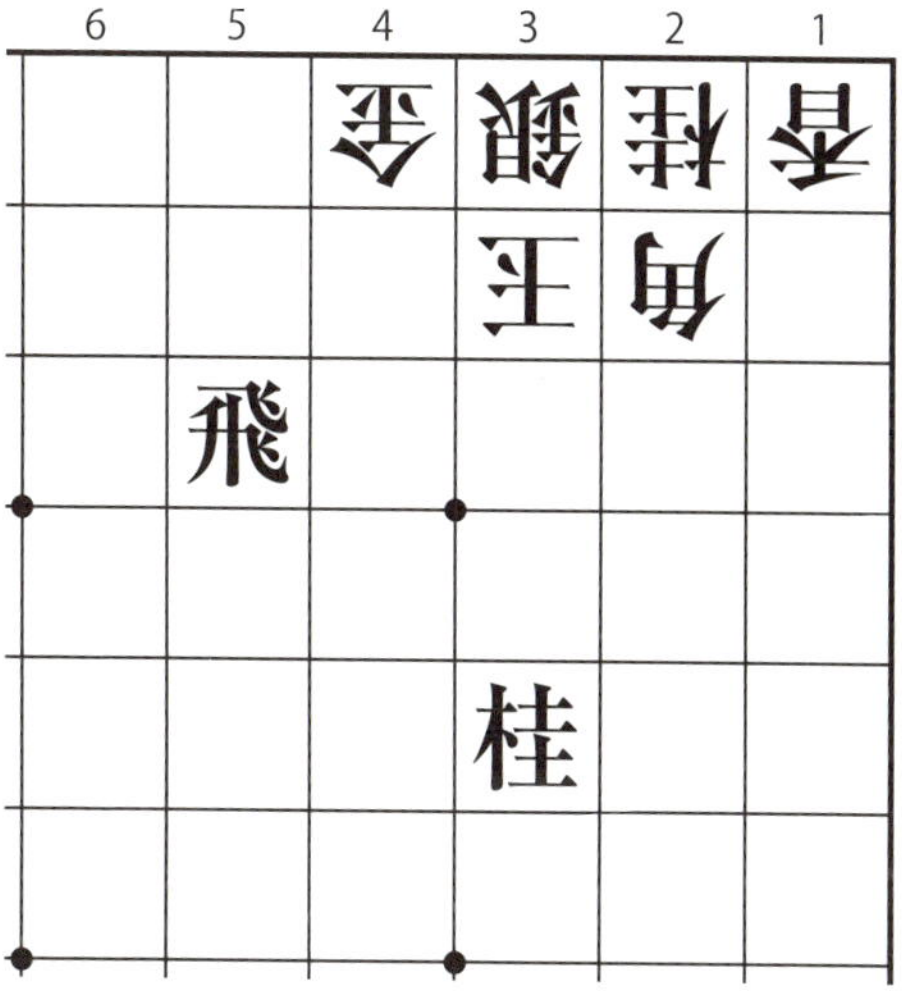

持駒《もちごま》 なし

第《だい》104問《もん》

レベル ★★★★★

ヒント
飛車《ひしゃ》が玉《ぎょく》を狙《ねら》っています

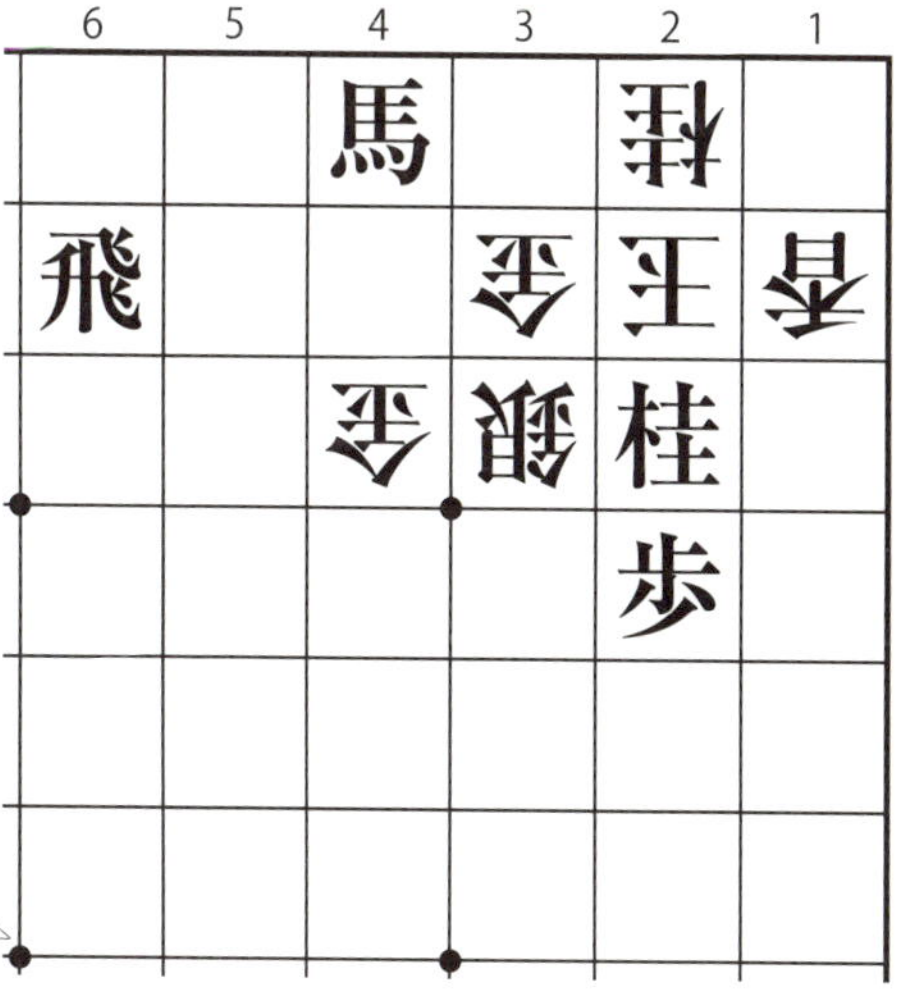

持駒《もちごま》 なし

第《だい》103問《もん》

☗4三飛成《さんひなり》

正解図《せいかいず》

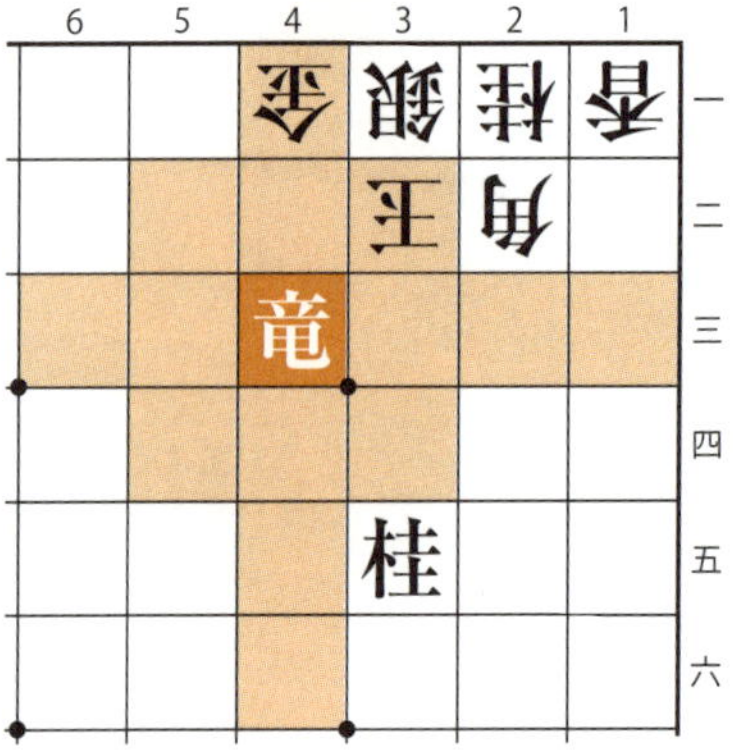

☗持駒《もちごま》 なし

竜《りゅう》におまかせ

角《かく》は上《うえ》に動《うご》けないので、角《かく》の頭《あたま》（角《かく》から見《み》てひとつ上《うえ》のマス）を攻《せ》めたくなります。しかし、☗2三桂成《さんけいなり》でも☗2三飛成《さんひなり》でも☖4二《に》玉《ぎょく》で失敗《しっぱい》。正解《せいかい》は☗4三飛成《さんひなり》です。☗4三桂《さんけい》成《なり》だと☖2三玉《さんぎょく》と脱出《だっしゅつ》されます。

第《だい》104問《もん》

☗3一馬《いちうま》

正解図《せいかいず》

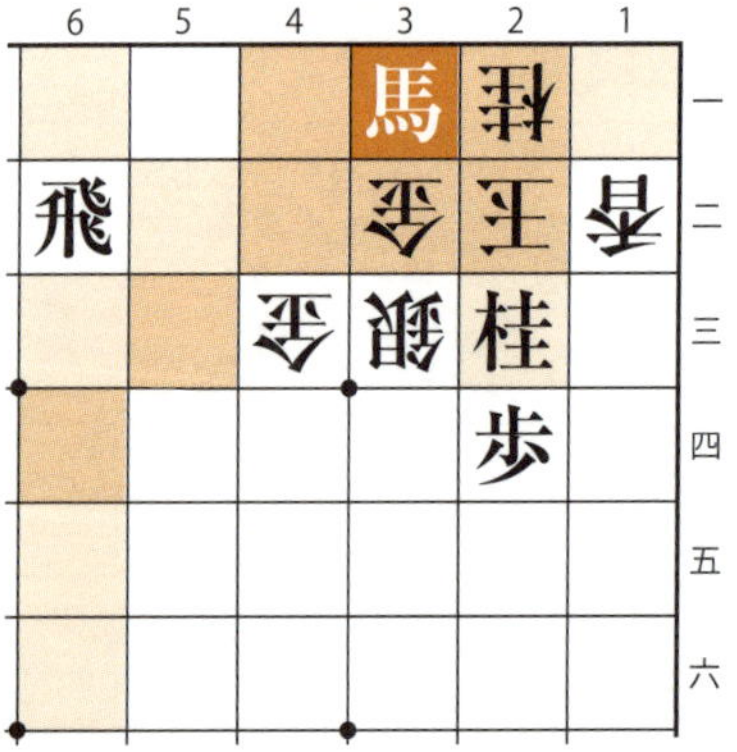

☗持駒《もちごま》 なし

金《きん》を取《と》らない

玉方《ぎょくかた》は【矢倉《やぐら》】囲《かこ》いにかまえていますが、攻方《せめかた》がかなり攻《せ》めこんでいます。ただし、調《ちょう》子《し》にのって☗3二馬《にうま》や☗3二飛成《にひなり》として金《きん》を取《と》るのは、☖1三玉《さんぎょく》で大失敗《だいしっぱい》です。☗3一馬《いちうま》と寄《よ》るのがうまい手《て》。

【矢倉《やぐら》】＝将棋《しょうぎ》の囲《かこ》いのひとつ。金《きん》と銀《ぎん》を集《あつ》めて守《まも》りをかためたもの。

第《だい》105問《もん》

ヒント

引《ひ》くか寄《よ》るか

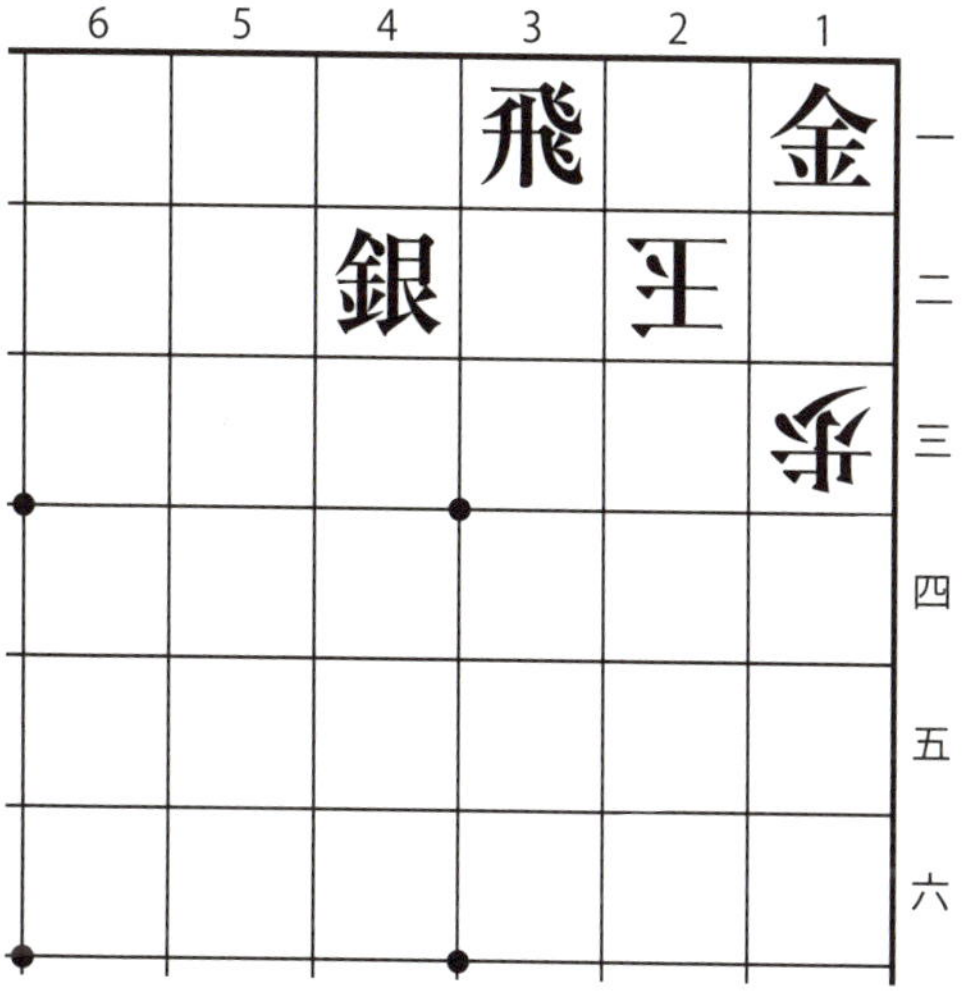

レベル ★★★★★

持駒《もちごま》 なし

第《だい》106問《もん》

ヒント

左《ひだり》に逃《に》がしません

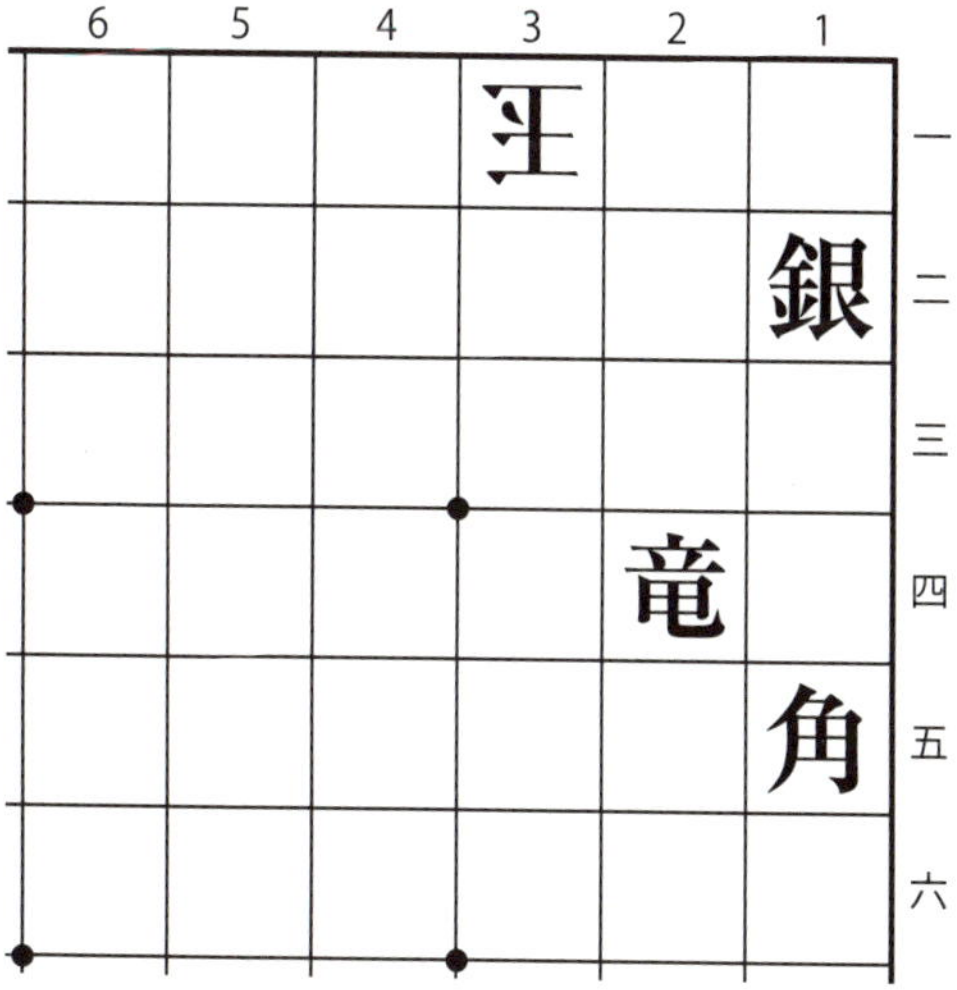

レベル ★★★★★

持駒《もちごま》 なし

第《だい》105問《もん》

☗2一《いち》飛成《ひなり》

正解図《せいかいず》

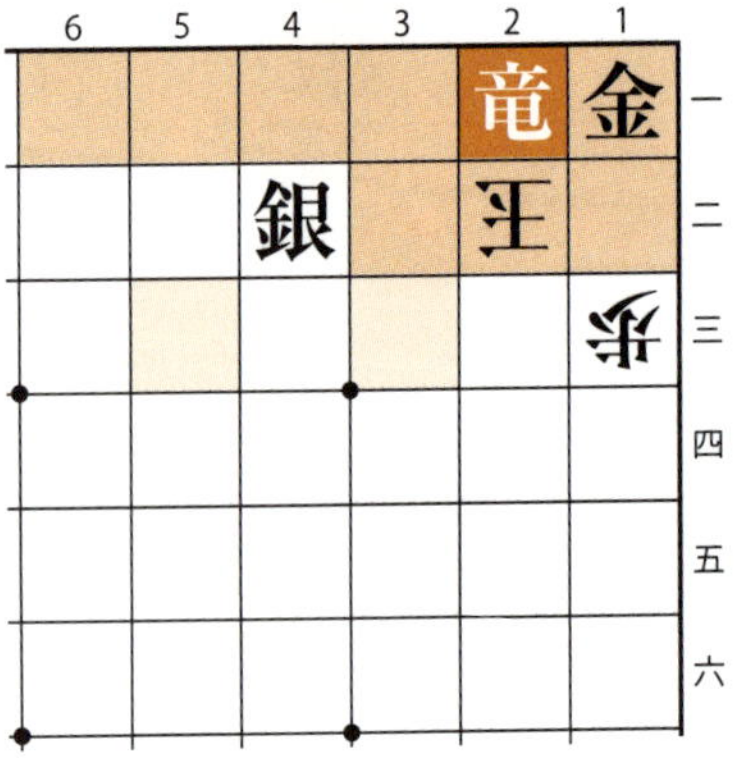

☗持駒《もちごま》 なし

引《ひ》くとダメ

玉《ぎょく》を2三《さん》に逃《に》がさない手《て》を考《かんが》えましょう。候補《こうほ》が3通《とお》りあります。

☗3三銀成《さんぎんなり》は☖3一玉《いちぎょく》で、☗3三《さん》飛成《ひなり》は☖1一玉《いちぎょく》で、どちらも大事《だいじ》な駒《こま》を取《と》られて失《しっ》敗《ぱい》です。正解《せいかい》の☗2一《いち》飛成《ひなり》なら大丈夫《だいじょうぶ》。

第《だい》106問《もん》

☗2一竜《いちりゅう》

正解図《せいかいず》

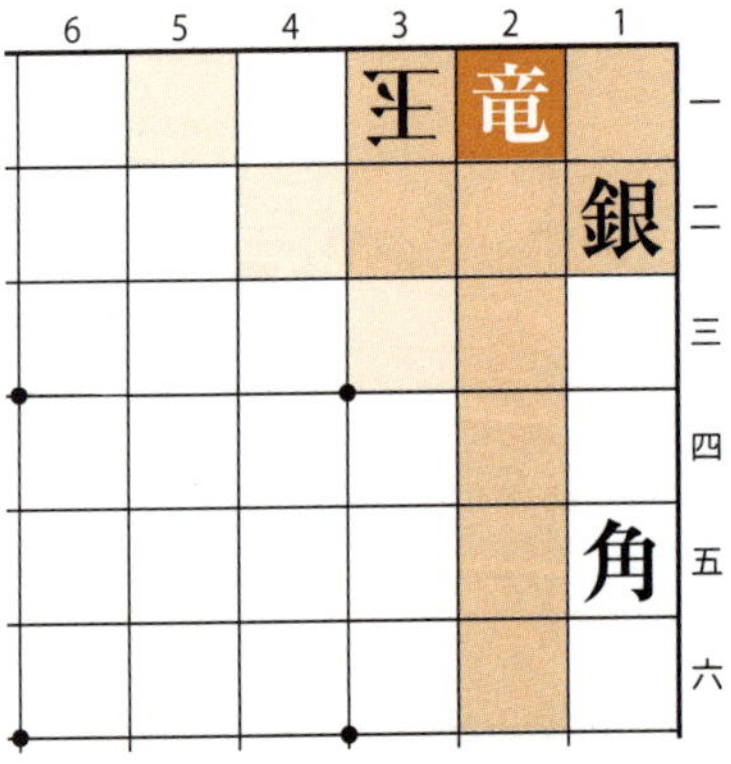

☗持駒《もちごま》 なし

☗3三竜《さんりゅう》は詰《つ》まない

☗3三竜《さんりゅう》と王手《おうて》をかけたい形《かたち》。もし☖3二《に》歩《ふ》の合駒《あいごま》なら、☗4二竜《にりゅう》☖2二玉《にぎょく》☗3三角《さんかく》成《なり》から詰《つ》み。しかし、☖3二金《にきん》がうまい合駒《あいごま》で、☗4二竜《にりゅう》を防《ふせ》がれてしまいます。

正解《せいかい》は☗2一竜《いちりゅう》。角《かく》の利《き》きが活《い》きます。

第《だい》107問《もん》

レベル ★★★★★

ヒント
取《と》られないように

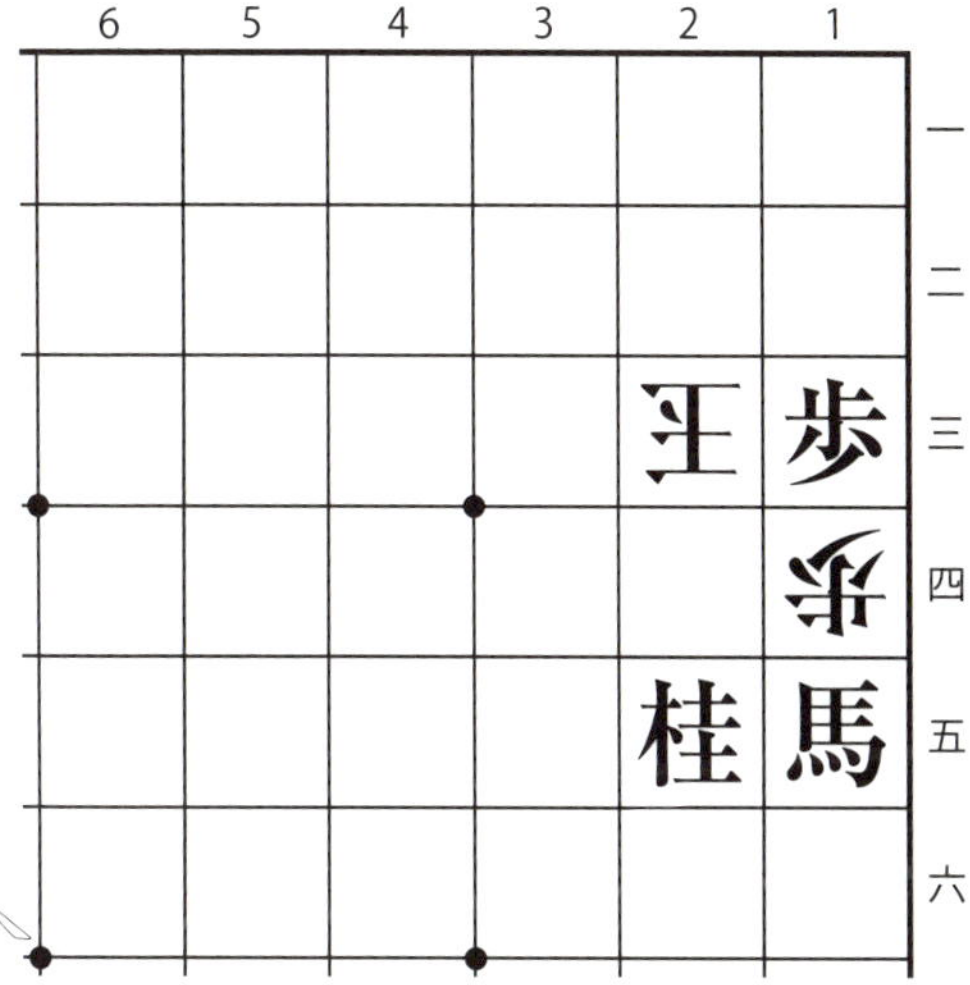

持駒《もちごま》 なし

第《だい》108問《もん》

レベル ★★★★★

ヒント
馬《うま》に注意《ちゅうい》

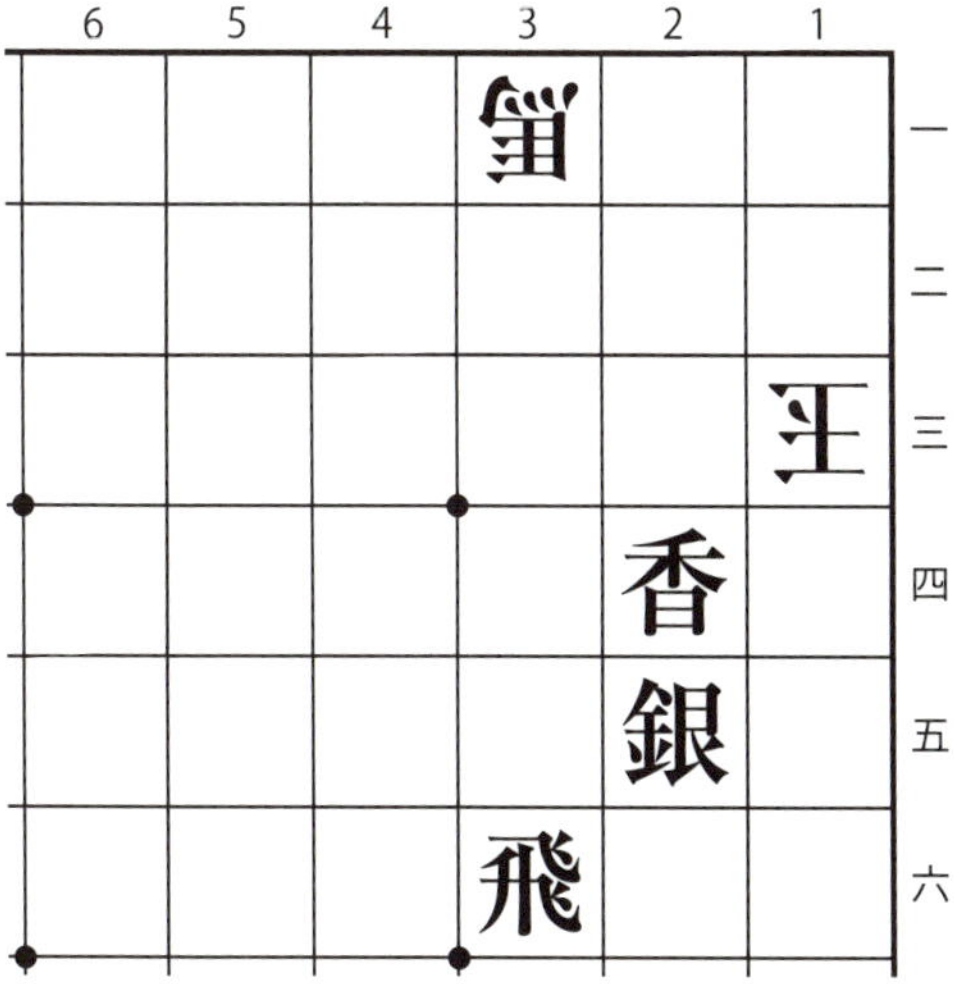

持駒《もちごま》 なし

第《だい》107問《もん》

☗3三馬《さんうま》

正解図《せいかいず》

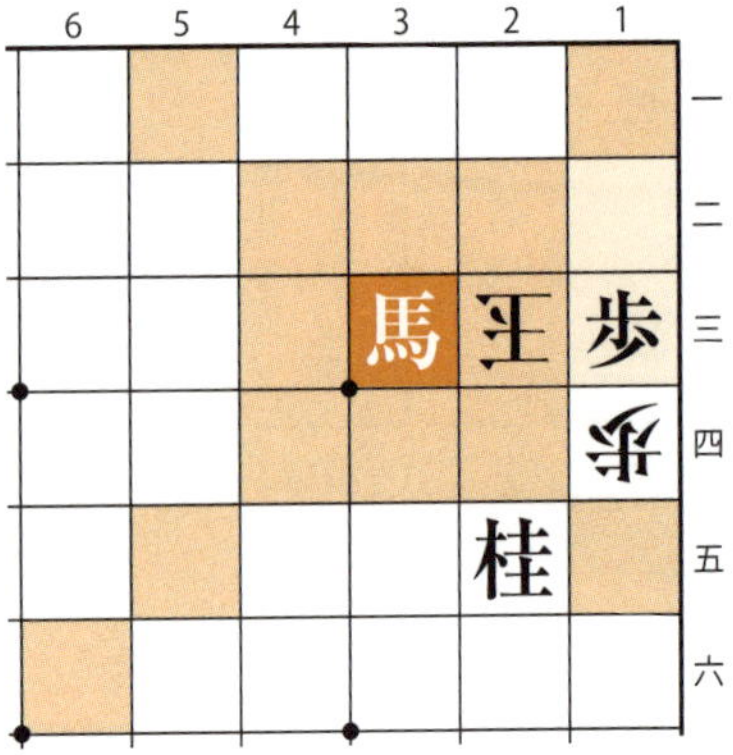

☗持駒《もちごま》 なし

歩《ふ》を守《まも》る

3三《さん》に馬《うま》と桂《けい》が利《き》いています。☗3三馬《さんうま》と動《うご》かして詰《つ》み。

☗3三桂成《さんけいなり》でも詰《つ》みのように見《み》えるかもしれません。しかし、桂《けい》が動《うご》くと1三《さん》歩《ふ》を守《まも》る駒《こま》がなくなるので、☖1三玉《さんぎょく》で失敗《しっぱい》です。

第《だい》108問《もん》

☗1六飛《ろくひ》

正解図《せいかいず》

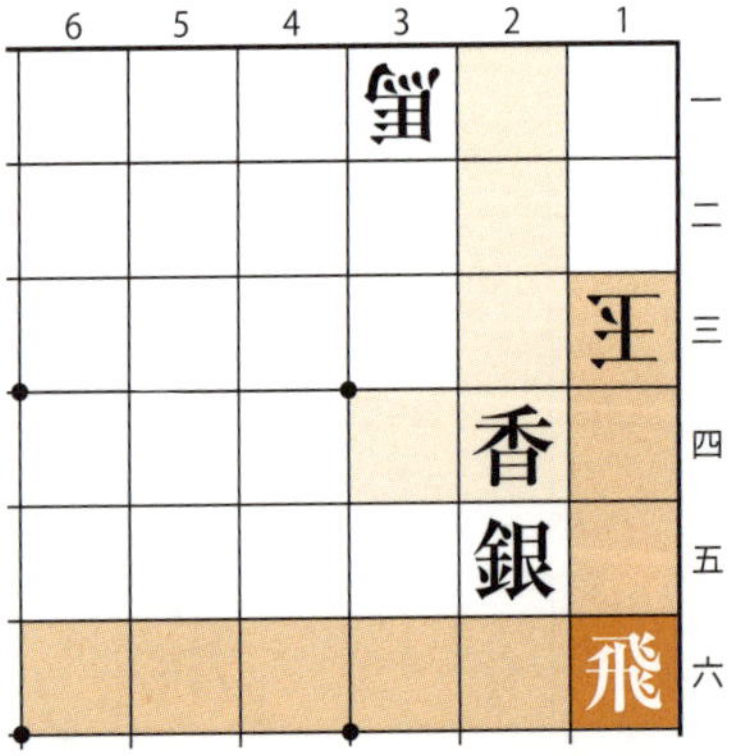

☗持駒《もちごま》 なし

飛成《ひなり》は失敗《しっぱい》

☗3三飛成《さんひなり》と竜《りゅう》を作《つく》りたくなります。しかし、☖1二玉《にぎょく》☗2三香成《さんきょうなり》☖2一玉《いちぎょく》で失敗《しっぱい》。玉方《ぎょくかた》の馬《うま》がしっかり守《まも》っています。

正解《せいかい》は☗1六飛《ろくひ》と横《よこ》に動《うご》かす手《て》。1四《よん》には銀《ぎん》が利《き》いているので、合駒《あいごま》は効果《こうか》なし。

第《だい》109問《もん》

ヒント

3一銀《いちぎん》を働《はたら》かせません

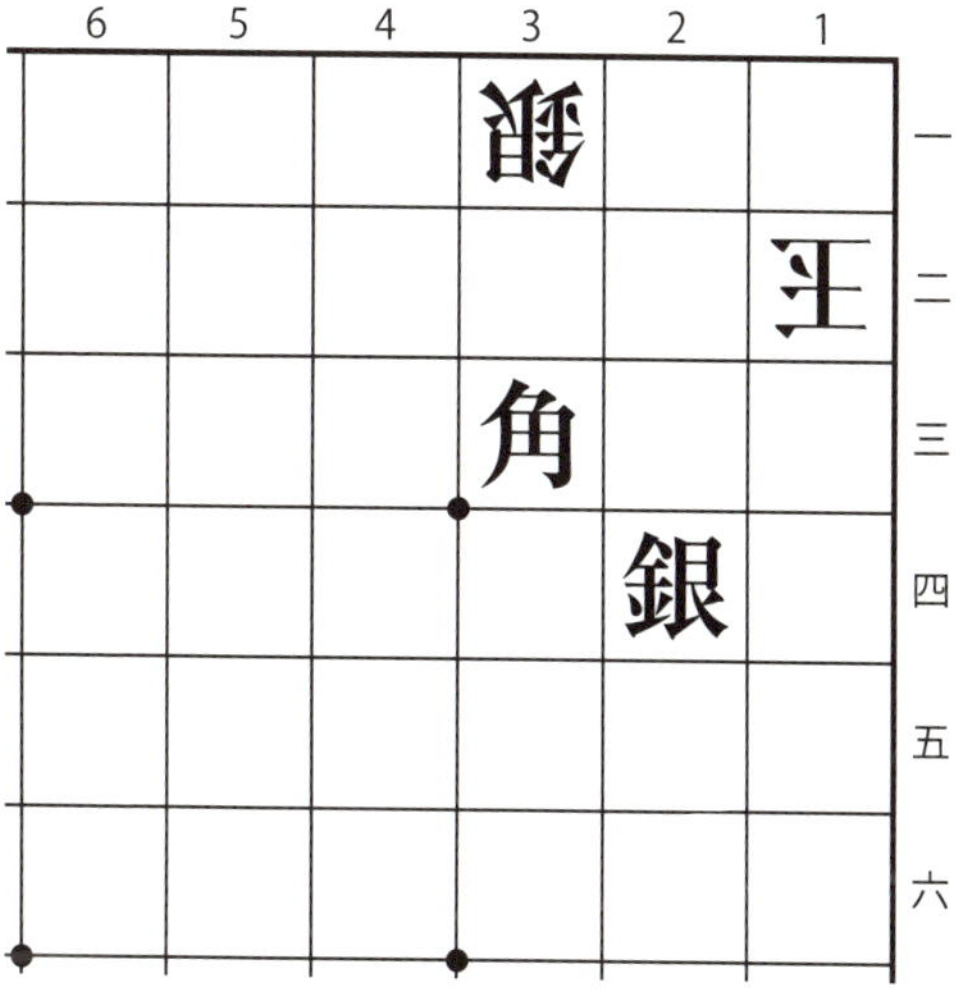

レベル ★★★★★

持駒《もちごま》 金《きん》

第《だい》110問《もん》

ヒント

逃《に》げ道《みち》がふたつ

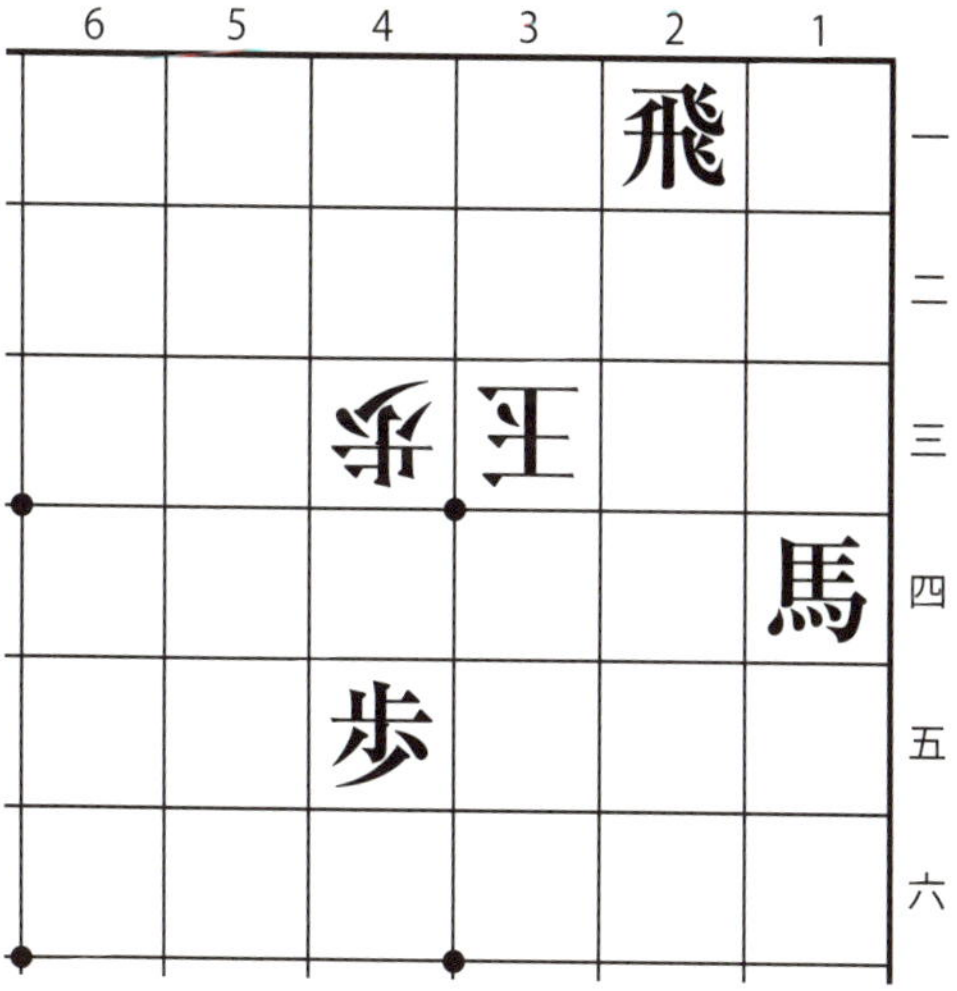

レベル ★★★★★

持駒《もちごま》 なし

第《だい》109問《もん》

☗1一金《いちきん》

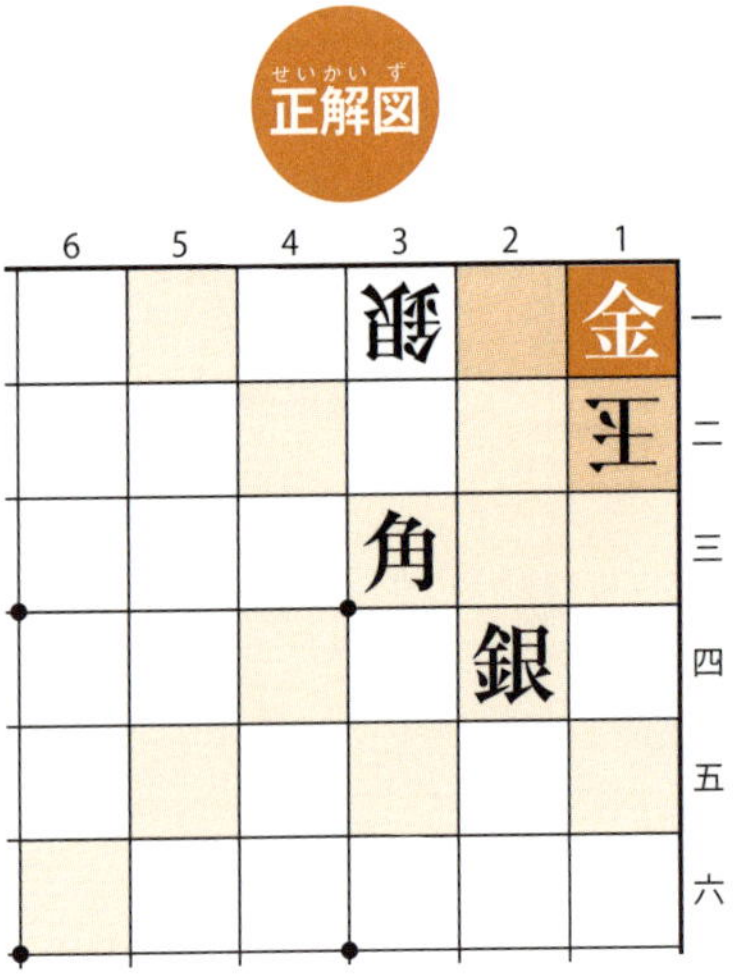

☗持駒《もちごま》 なし

隅《すみ》に打《う》つ

☗2三金《さんきん》は☖2一玉《いちぎょく》で、次《つぎ》の手《て》に困《こま》ります。盤《ばん》の隅《すみ》に☗1一金《いちきん》が正解《せいかい》。金《きん》を隅《すみ》に使《つか》うのはもったいない、と思《おも》うかもしれませんが、玉《ぎょく》を詰《つ》めるためには最善《さいぜん》の一手《いって》なのです。

第《だい》110問《もん》

☗3一飛成《いちひなり》

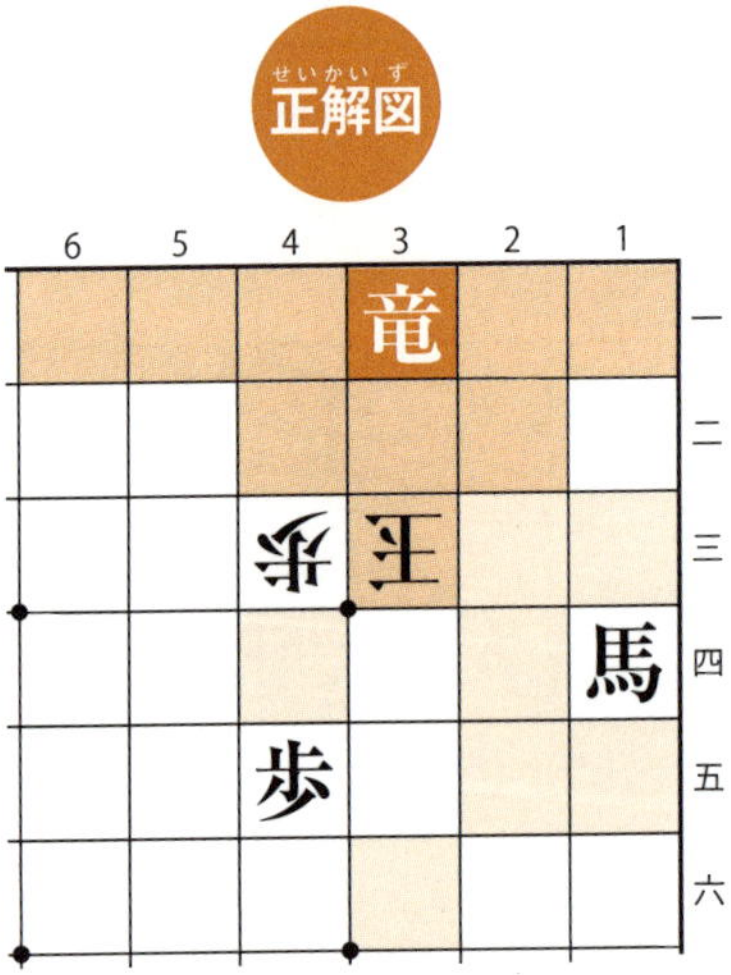

☗持駒《もちごま》 なし

竜《りゅう》と馬《うま》が協力《きょうりょく》

玉《ぎょく》の逃《に》げ道《みち》は3四《よん》と4二《に》の2か所《しょ》です。ここに玉《ぎょく》を逃《に》がさないため、☗2四馬《よんうま》として詰《つ》み……ではありません。馬《うま》が動《うご》いたせいで☖3二《に》玉《ぎょく》と逃《に》げられます。

☗3一《いち》飛成《ひなり》で逃《に》げ道《みち》がなくなります。

第《だい》111問《もん》

ヒント

相手《あいて》の角《かく》に注意《ちゅうい》

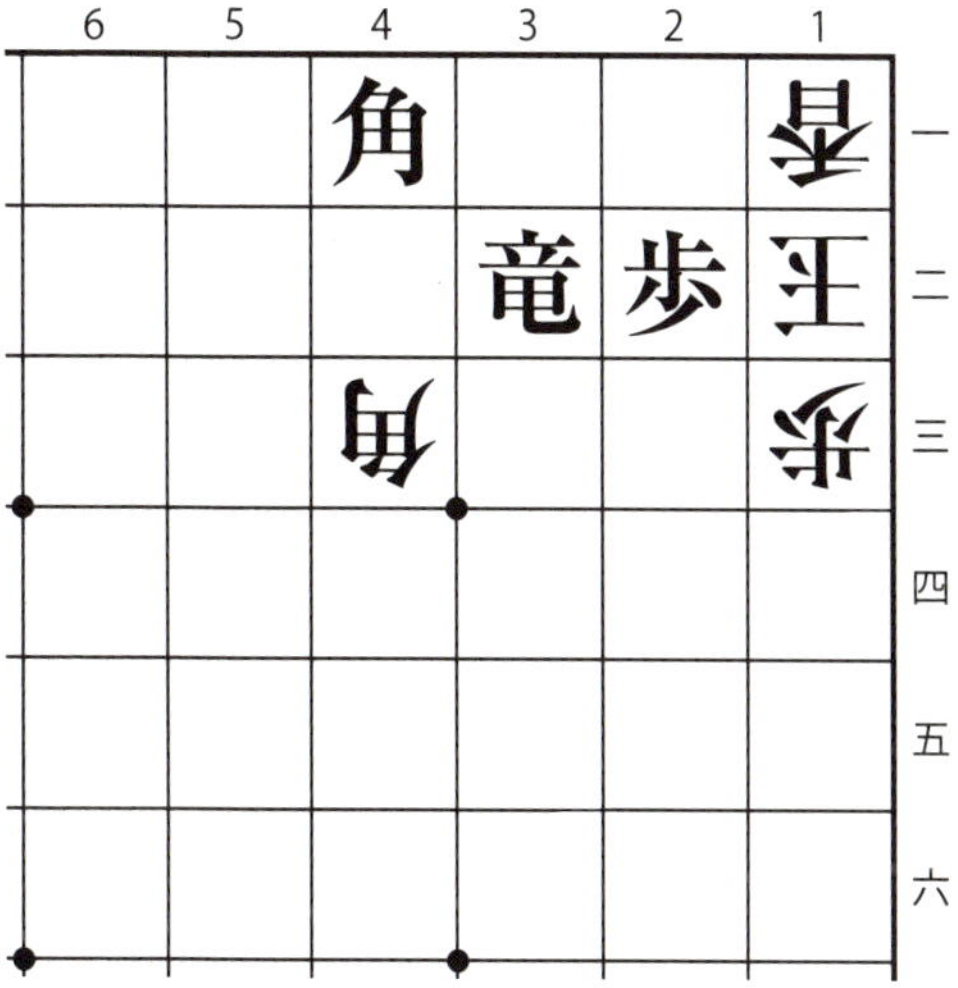

レベル ★★★★★

持駒《もちごま》 なし

第《だい》112問《もん》

ヒント

意外《いがい》と少《すく》ない逃《に》げ道《みち》

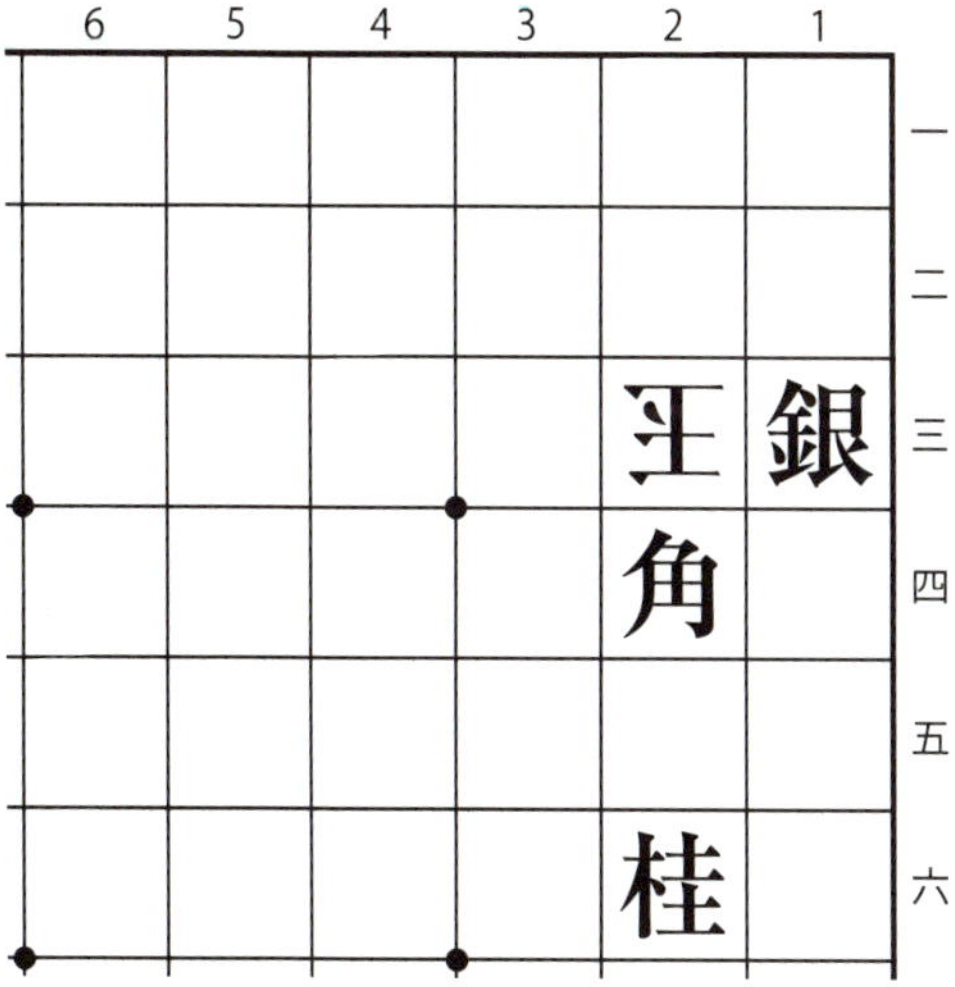

レベル ★★★★★

持駒《もちごま》 角《かく》

第《だい》111問《もん》

▲2三竜《さんりゅう》

正解図《せいかいず》

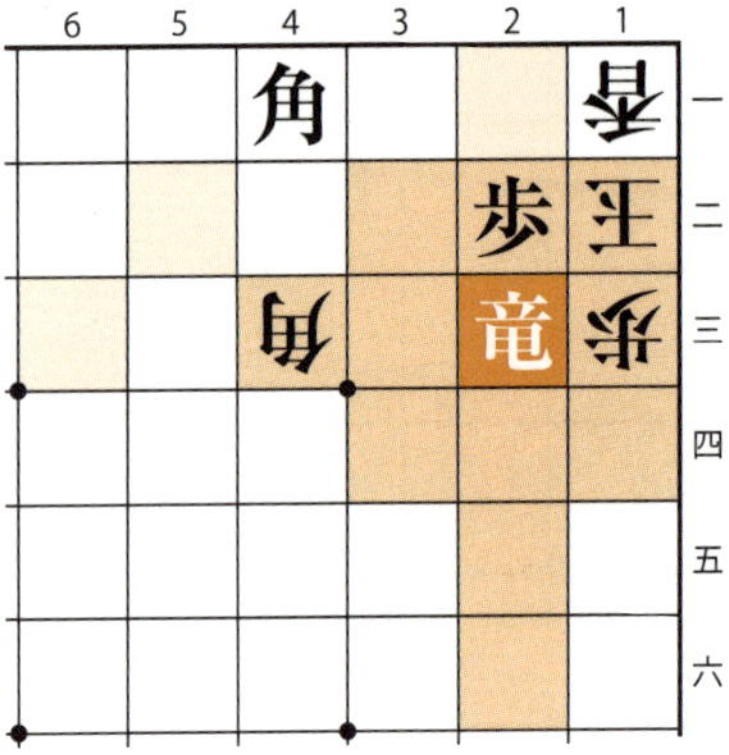

▲持駒《もちごま》 なし

竜《りゅう》を取《と》られないように

▲2一歩成《いちふなり》の開《あ》き王手《おうて》は、△3二角《にかく》と竜《りゅう》を取《と》られます。また、▲2一竜《いちりゅう》としても△同《どう》角《かく》で失敗《しっぱい》。玉方《ぎょくかた》の角《かく》が頑張《がんば》っています。

▲2三竜《さんりゅう》と引《ひ》く手《て》が正解《せいかい》。この竜《りゅう》は4一角《いちかく》に守《まも》られています。

第《だい》112問《もん》

▲1四角《よんかく》

正解図《せいかいず》

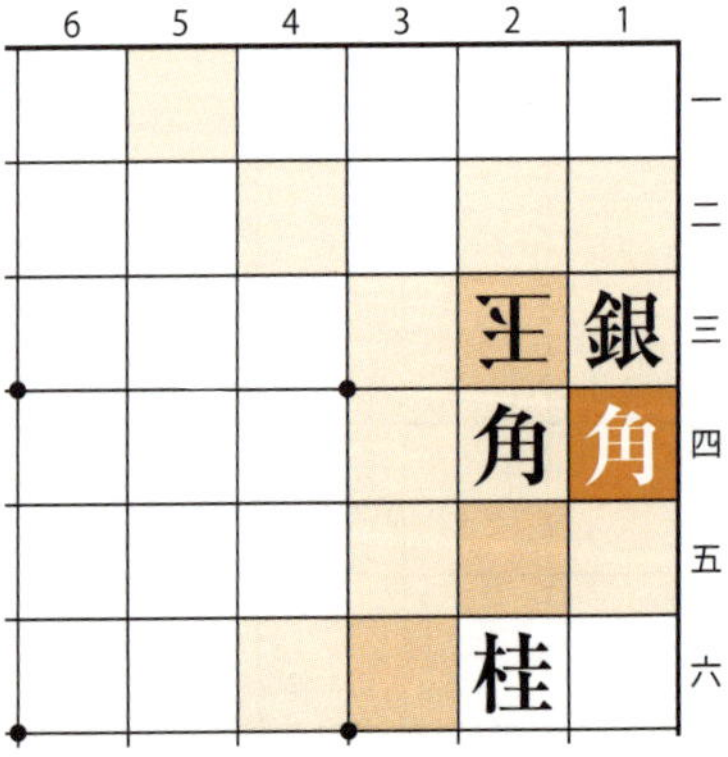

▲持駒《もちごま》 なし

角《かく》が突《つ》きとおす

玉《ぎょく》の逃《に》げ道《みち》が多《おお》そうですが、確認《かくにん》してみると3二《に》だけです。見《み》た目《め》にだまされないようにしましょう。

▲4一角《いちかく》だと合駒《あいごま》で困《こま》ります。逆《ぎゃく》から▲1四角《よんかく》と打《う》って、玉《ぎょく》を3二《に》に逃《に》がしません。

第《だい》113問《もん》

レベル ★★★★★

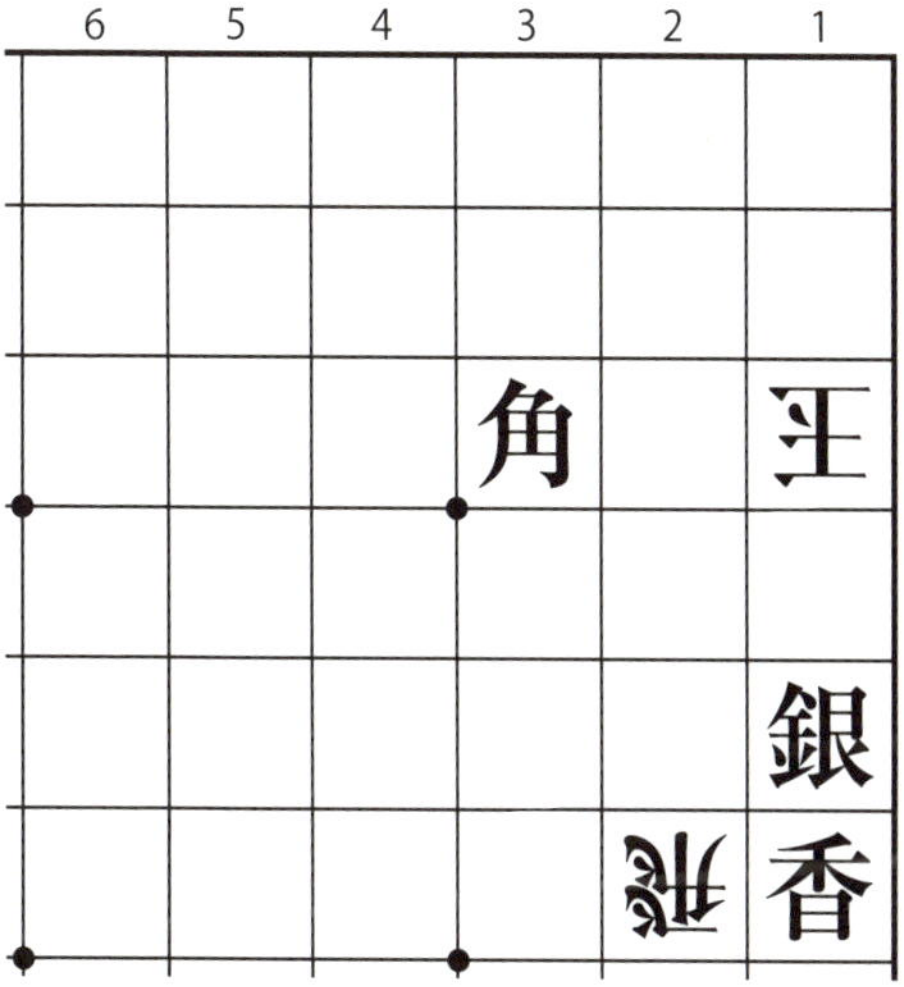

持駒《もちごま》 なし

ヒント

銀《ぎん》をどこに動《うご》かすか

第《だい》114問《もん》

レベル ★★★★★

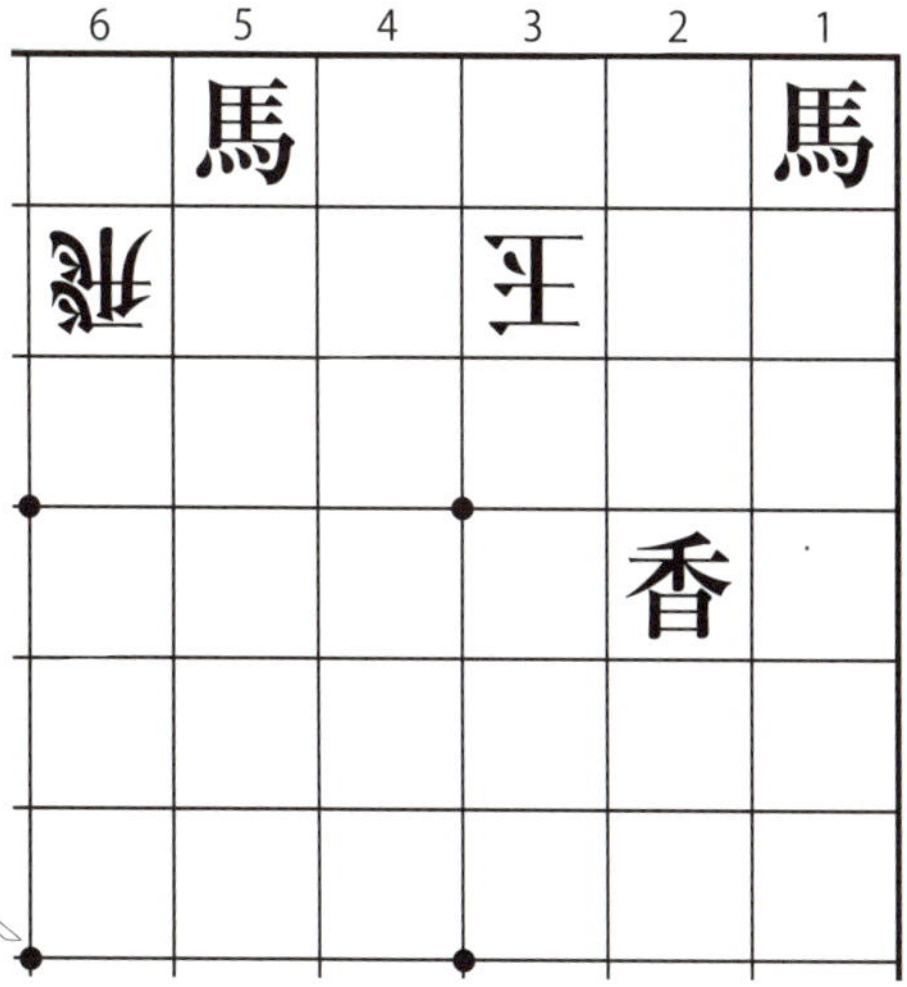

持駒《もちごま》 なし

ヒント

どちらの馬《うま》を動《うご》かすか

第《だい》113問《もん》

▲2四銀《よんぎん》

正解図《せいかいず》

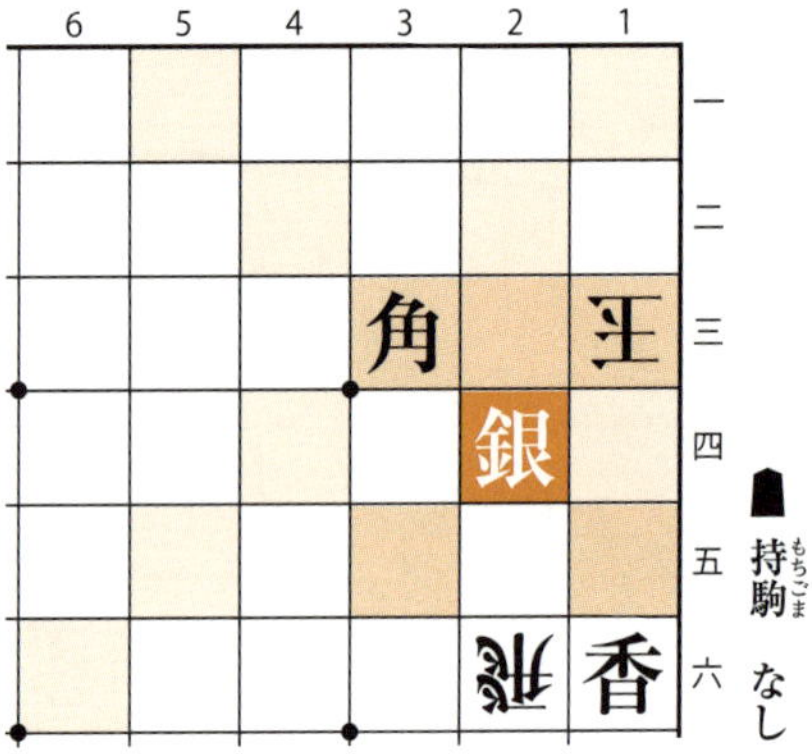

しっかり両王手《りょうおうて》

▲1四銀《よんぎん》とまっすぐに動《うご》かすのは、△1二《に》玉《ぎょく》▲1三銀成《さんぎんなり》△2一玉《いちぎょく》▲2二角成《にかくなり》△同飛《どうひ》で詰《つ》みません。また、じゃまな飛車《ひしゃ》を▲2六銀《ろくぎん》と取《と》るのは、△2三玉《さんぎょく》と逃《に》げられます。

▲2四銀《よんぎん》の両王手《りょうおうて》が正解《せいかい》で、玉方《ぎょくかた》は受《う》けなし。

第《だい》114問《もん》

▲2一馬《いちうま》

正解図《せいかいず》

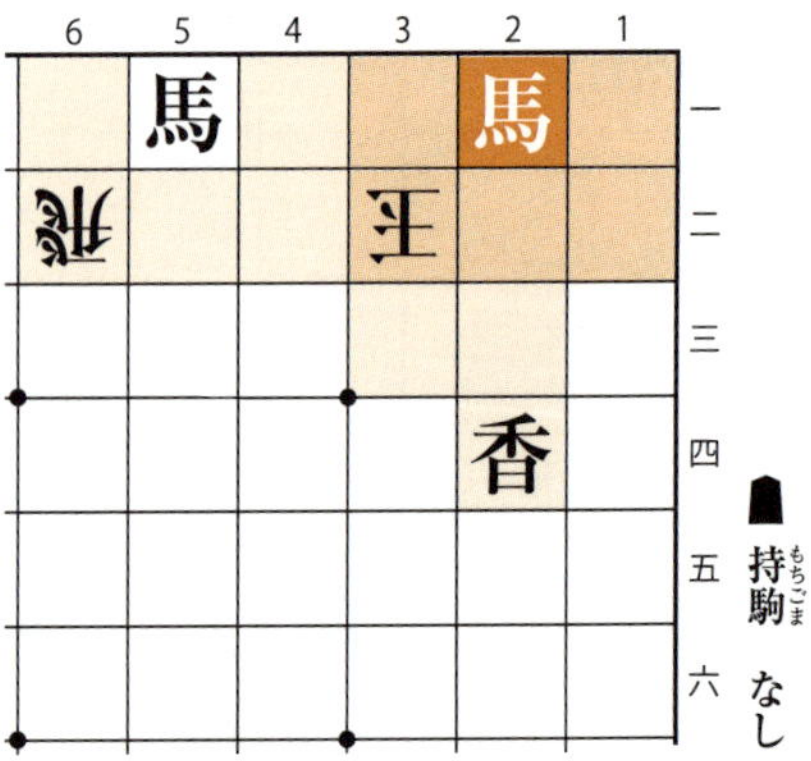

馬《うま》の力技《ちからわざ》

2枚《まい》の馬《うま》が3三《さん》に利《き》いています。▲3三馬《さんうま》右《みぎ》（右《みぎ》の馬《うま》を動《うご》かす）と引《ひ》いてみると、△3一玉《いちぎょく》▲2二香成《にきょうなり》△同飛《どうひ》で詰《つ》みません。

正解《せいかい》は▲2一馬《いちうま》。馬《うま》の利《き》きをずらすと、玉《ぎょく》の逃《に》げ道《みち》がなくなります。

第《だい》115問《もん》

ヒント
どちらの竜《りゅう》を動《うご》かすか

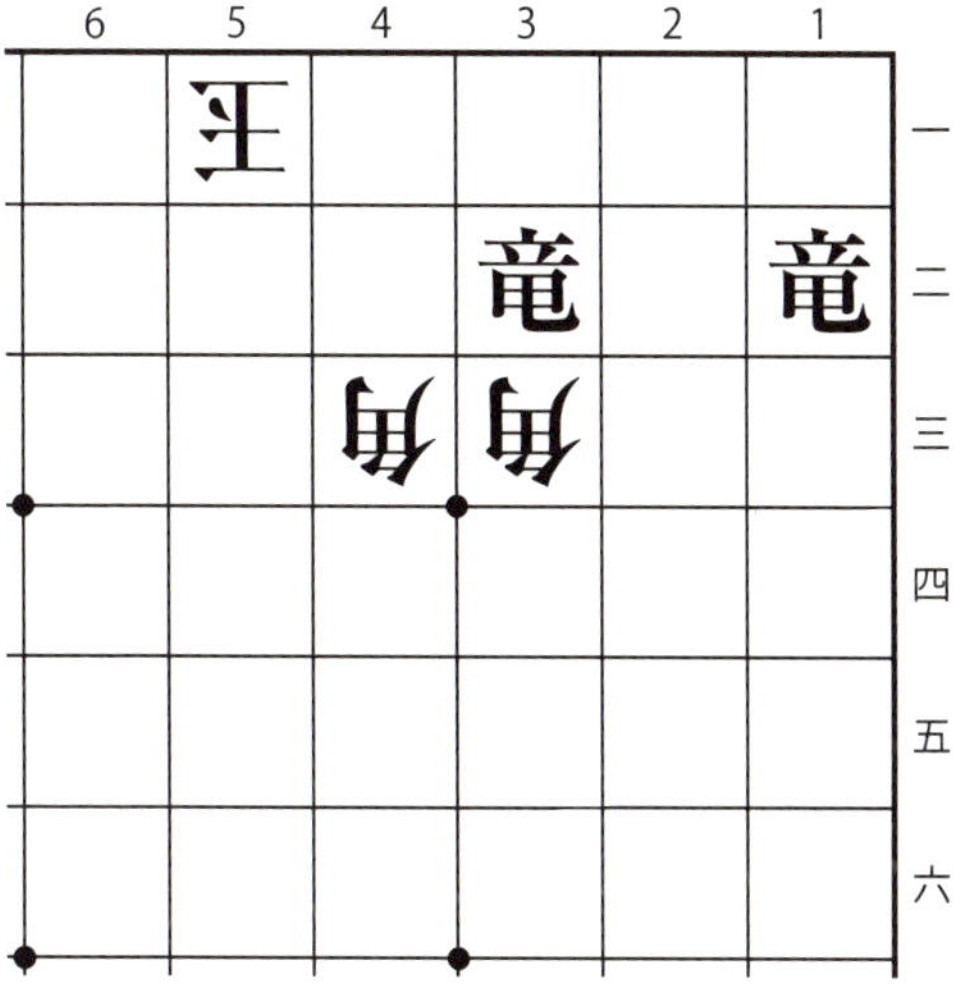

レベル
★★★★★

持駒《もちごま》 なし

第《だい》116問《もん》

ヒント
どちらの銀《ぎん》を動《うご》かすか

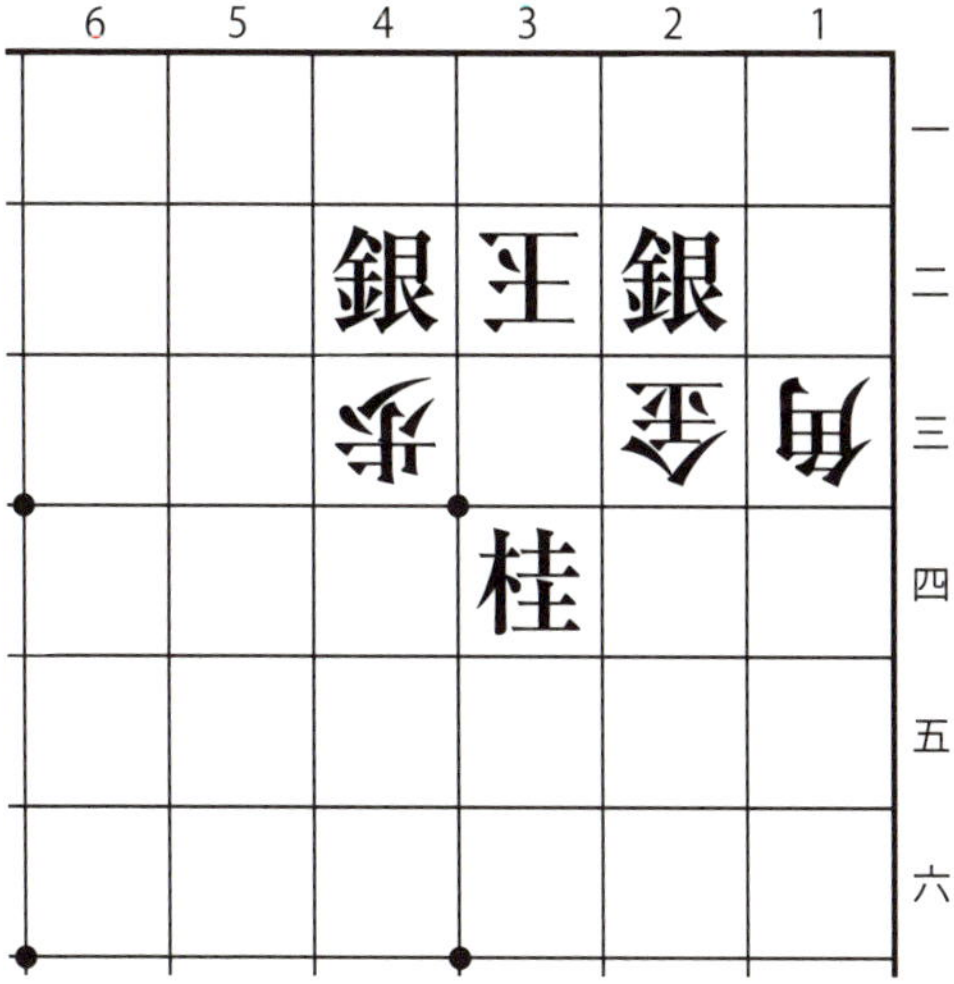

レベル
★★★★★

持駒《もちごま》 なし

第《だい》115問《もん》

☗2一竜右《いちりゅうみぎ》

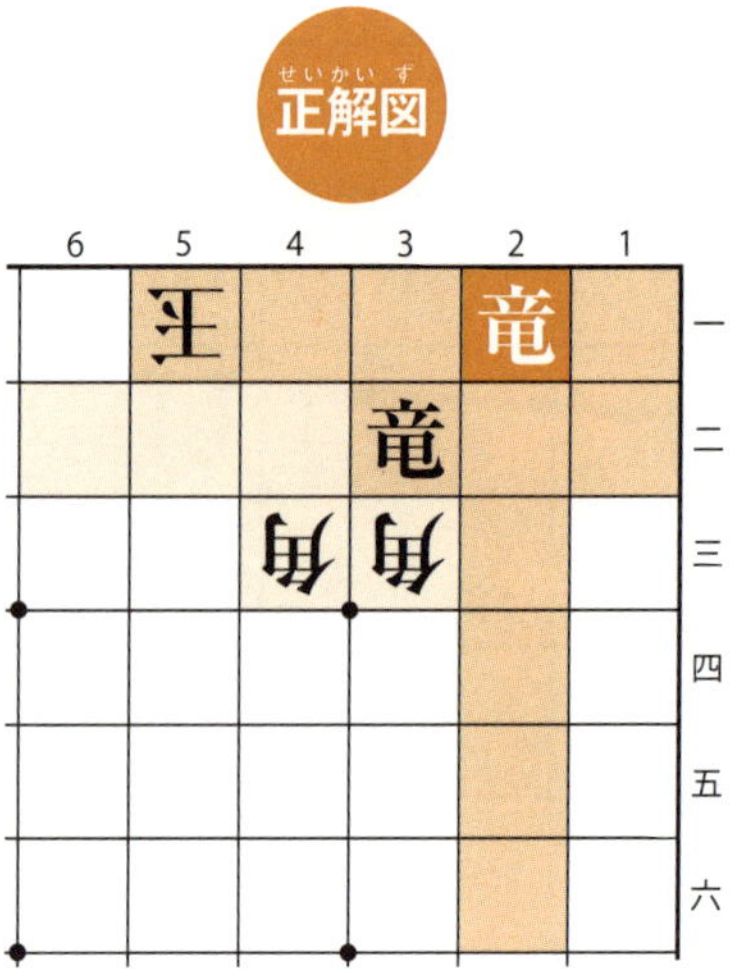

☗持駒《もちごま》　なし

角《かく》の利《き》きをすり抜《ぬ》ける

　2枚《まい》の竜《りゅう》が同《おな》じ段《だん》に並《なら》んでいます。玉《ぎょく》に近《ちか》い3二竜《にりゅう》を動《うご》かしたくなりますが、☗6二竜《にりゅう》は☖4一玉《いちぎょく》で失敗《しっぱい》です。遠《とお》くにある1二竜《にりゅう》を☗2一竜右《いちりゅうみぎ》と動《うご》かすのが正解《せいかい》。角《かく》の利《き》きをすり抜《ぬ》けて王手《おうて》をかけます。

第《だい》116問《もん》

☗3一銀左成《いちぎんひだりなり》

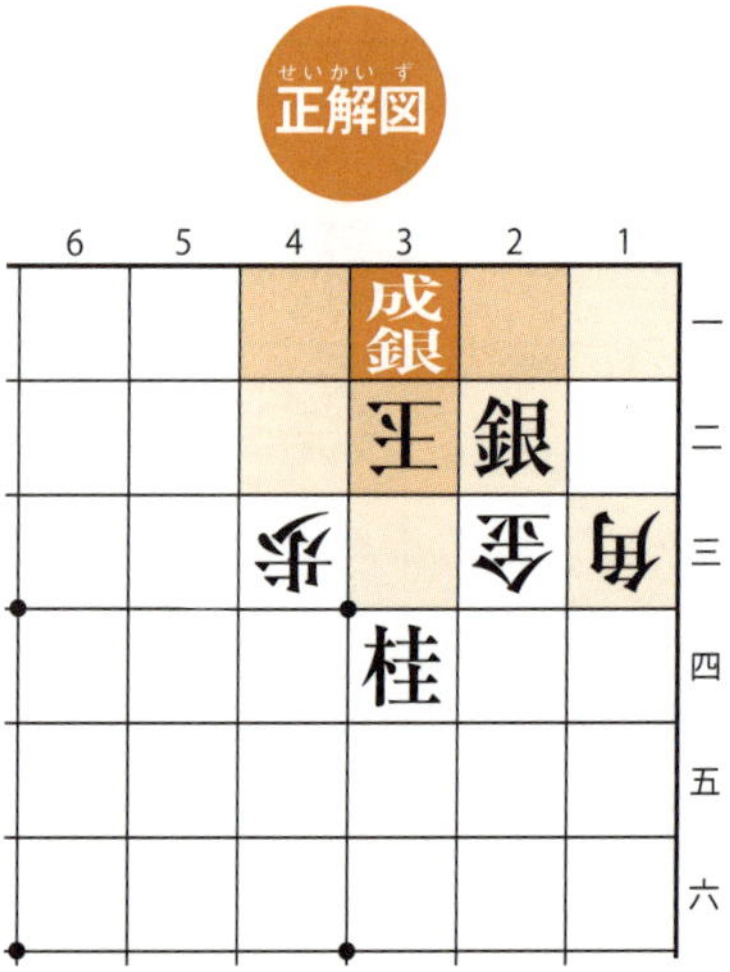

☗持駒《もちごま》　なし

左《ひだり》を動《うご》かす

　2三金《さんきん》があるので、3三《さん》は攻《せ》められません。攻《せ》めるなら3一《いち》で、問題《もんだい》はどちらの銀《ぎん》を動《うご》かすかです。注意《ちゅうい》するのは1三角《さんかく》で、☗3一《いち》銀右成《ぎんみぎなり》（右《みぎ》の銀《ぎん》を動《うご》かす）は☖同角《どうかく》と取《と》られます。左《ひだり》の銀《ぎん》を動《うご》かすのが正解《せいかい》でした。

第《だい》117問《もん》

レベル ★★★★★

ヒント
6二《に》飛《ひ》に注意《ちゅうい》

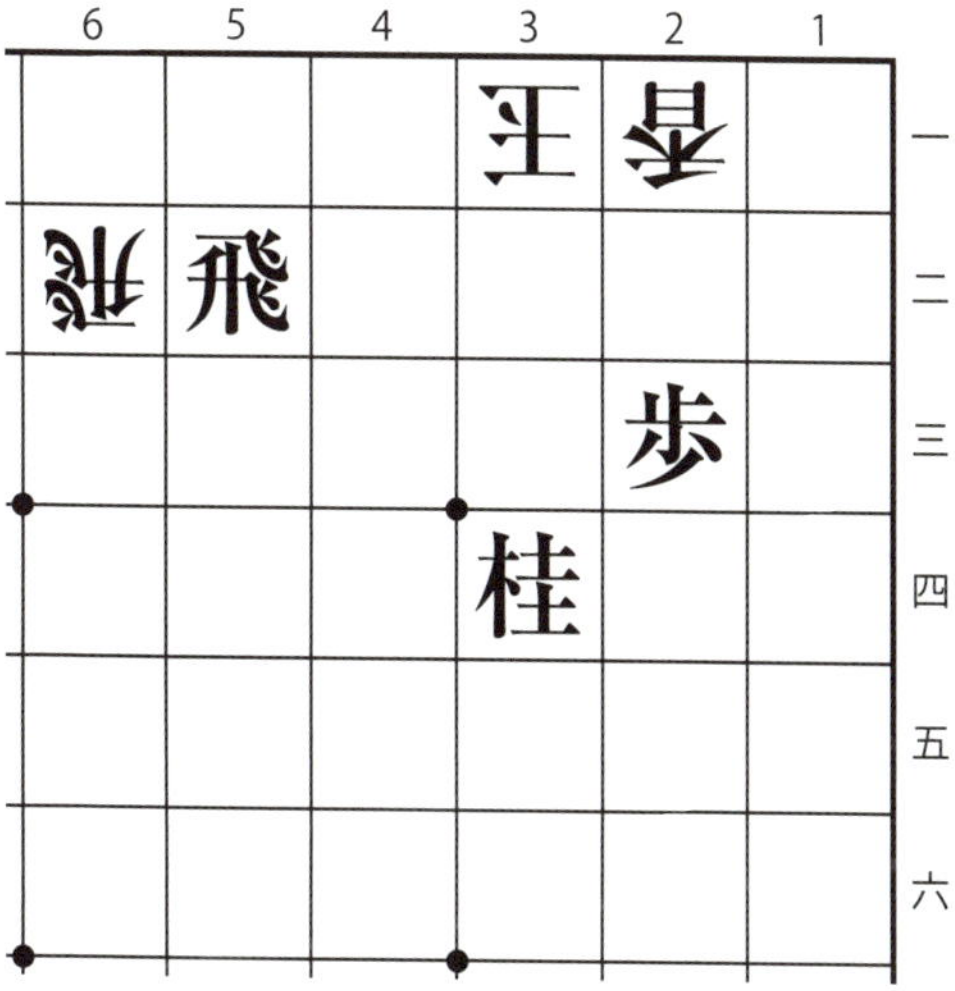

持駒《もちごま》 なし

第《だい》118問《もん》

レベル ★★★★★

ヒント
桂《けい》の利《き》きを確認《かくにん》

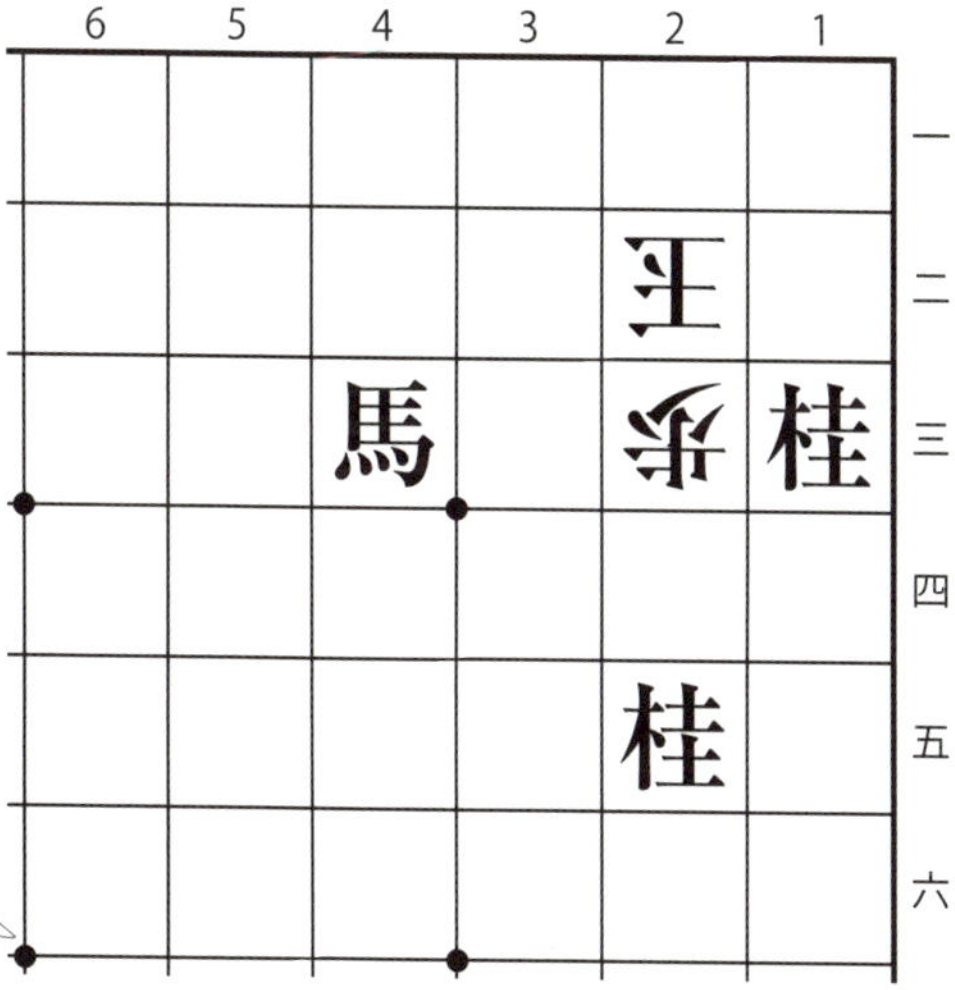

持駒《もちごま》 なし

第《だい》117問《もん》

☗4二《に》桂成《けいなり》

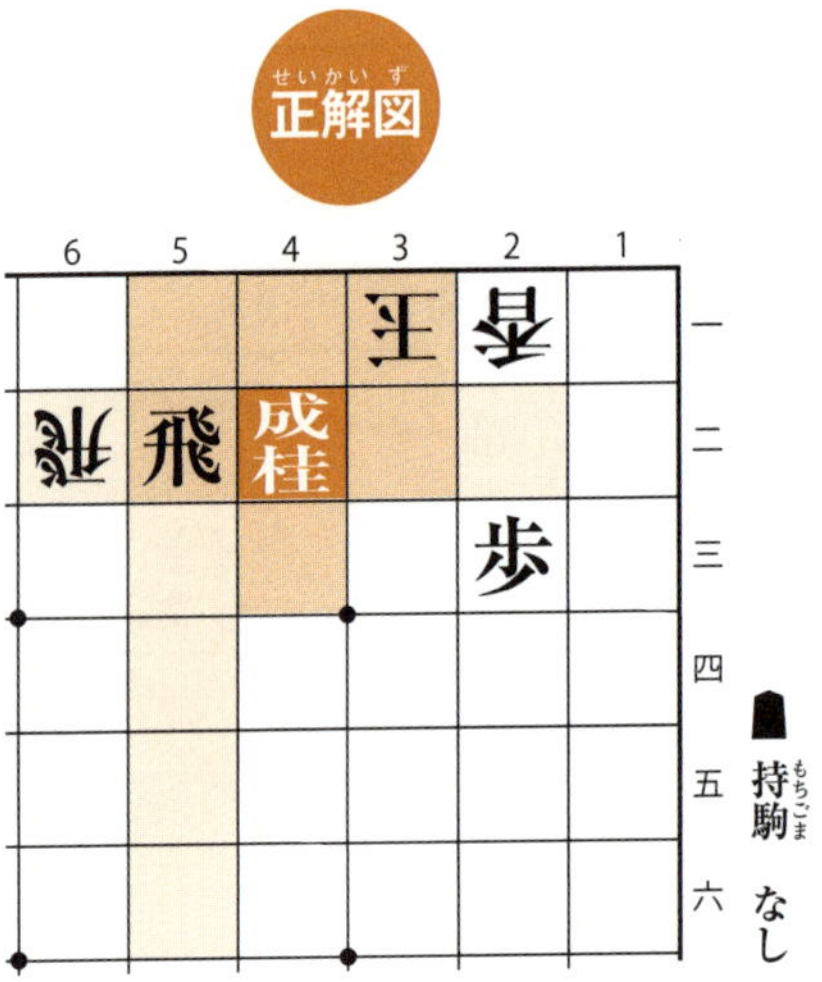

2二《に》は攻《せ》められない

2二《に》に攻方《せめかた》の駒《こま》がたくさん利《き》いています。そこで☗2二《に》歩成《ふなり》は、☖同香《どうきょう》☗同桂成《どうけいなり》☖4一玉《いちぎょく》で失敗《しっぱい》。5二《に》飛《ひ》が動《うご》かせない（6二《に》飛《ひ》に取《と》られる）のがつらいところです。

正解《せいかい》は左《ひだり》を攻《せ》める☗4二《に》桂成《けいなり》でした。

第《だい》118問《もん》

☗2一馬《いちうま》

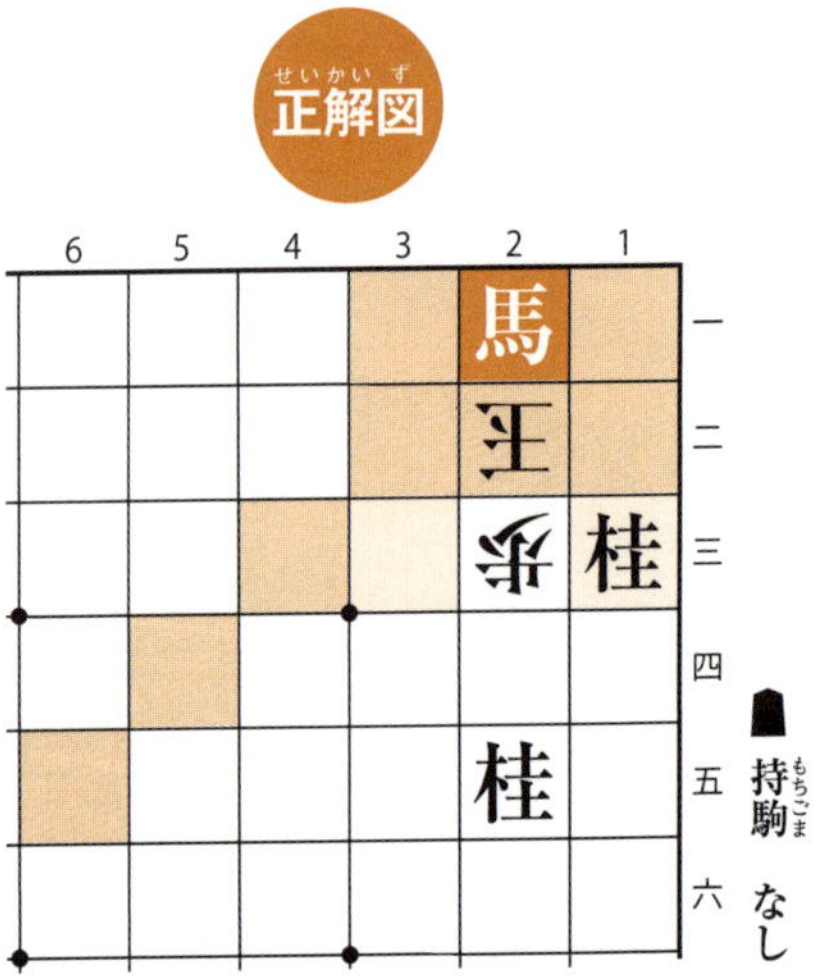

端《はし》まで動《うご》かす

☗3三馬《さんうま》は☖3一玉《いちぎょく》で詰《つ》みません。

正解《せいかい》は馬《うま》を端《はし》まで動《うご》かす☗2一馬《いちうま》。

馬《うま》を近《ちか》くに動《うご》かす☗3三馬《さんうま》は見《み》えやすく、遠《とお》くに動《うご》かす☗2一馬《いちうま》は見《み》えにくいものです。見落《みお》とさないようにしましょう。

第《だい》119問《もん》

ヒント

3三銀《さんぎん》は壁駒《かべごま》

レベル ★★★★★

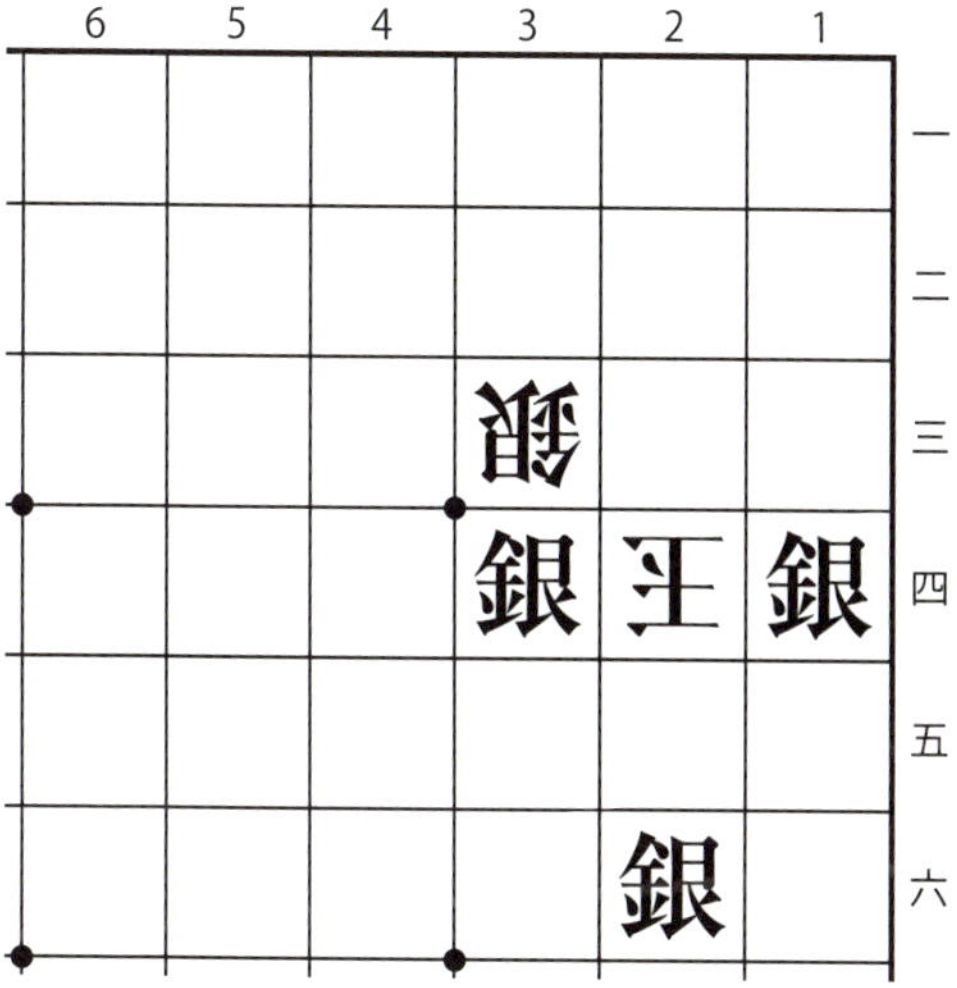

持駒《もちごま》 なし

第《だい》120問《もん》

ヒント

逃《に》げ道《みち》はひとつ

レベル ★★★★★

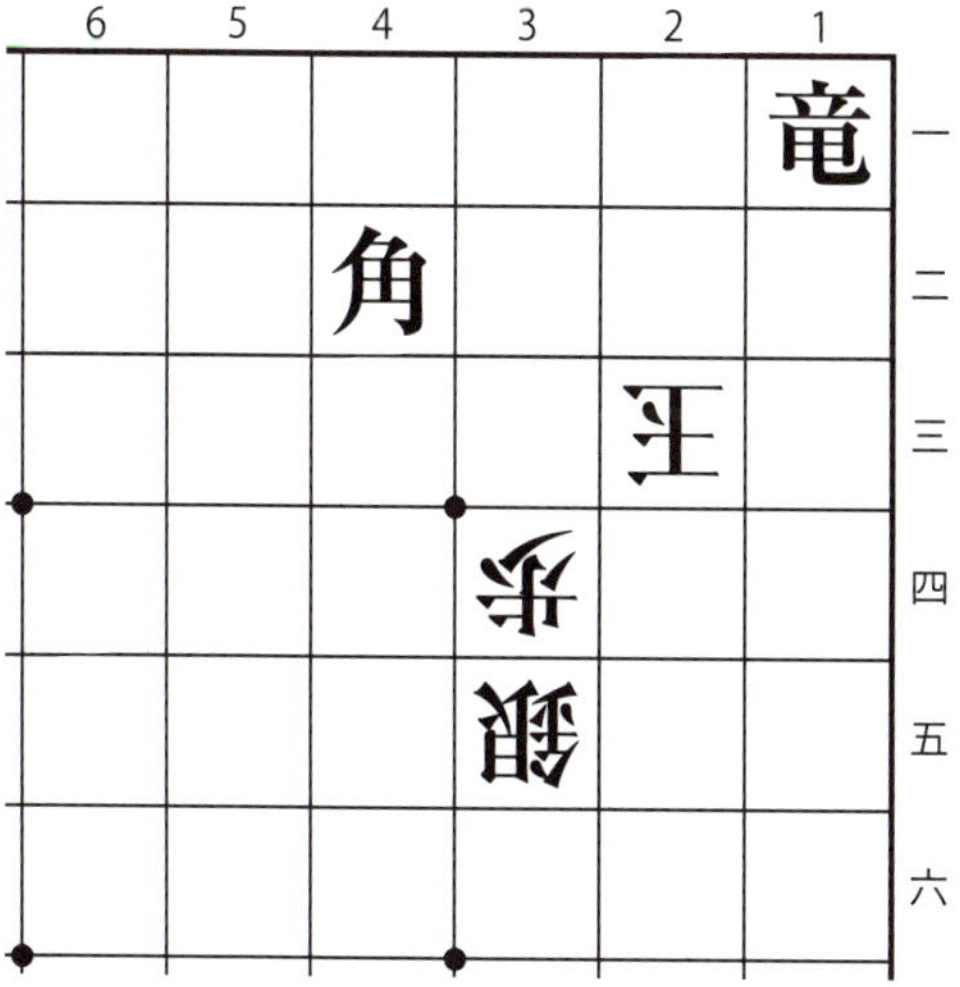

持駒《もちごま》 金《きん》

第《だい》119問《もん》

☗2五《ご》銀《ぎん》左《ひだり》

正解図《せいかいず》

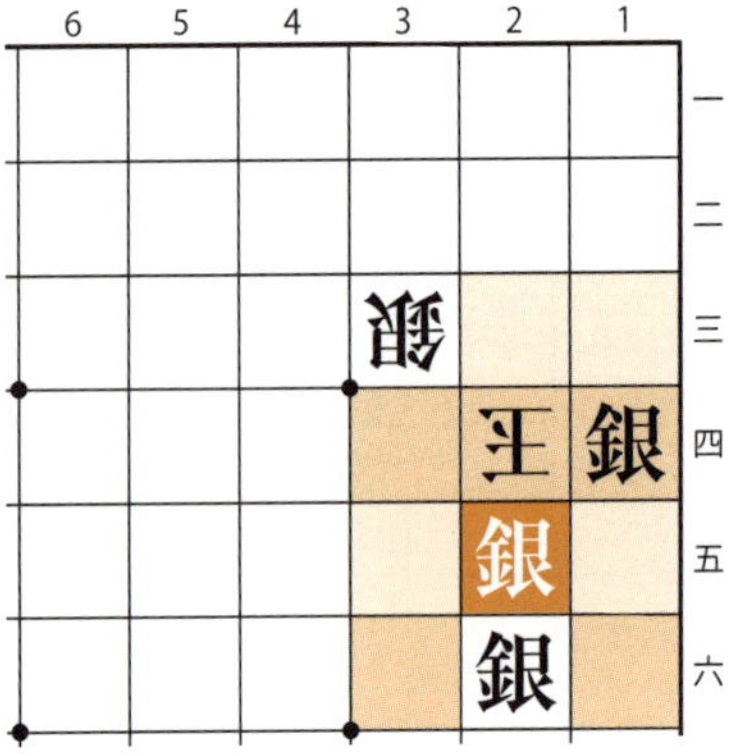

☗持駒《もちごま》 なし

銀《ぎん》だけでも詰《つ》む

銀《ぎん》だけが置《お》かれた出題図《しゅつだいず》。銀《ぎん》は弱点《じゃくてん》が多《おお》いので、気《き》をつけて攻《せ》めましょう。

☗2五《ご》銀《ぎん》右《みぎ》（右《みぎ》の銀《ぎん》を動《うご》かす）は☖1三《さん》玉《ぎょく》で失敗《しっぱい》。正解《せいかい》の☗2五《ご》銀《ぎん》左《ひだり》（左《ひだり》の銀《ぎん》を動《うご》かす）なら、壁駒《かべごま》の3三《さん》銀《ぎん》のおかげで詰《つ》み。

第《だい》120問《もん》

☗2二《に》金《きん》

正解図《せいかいず》

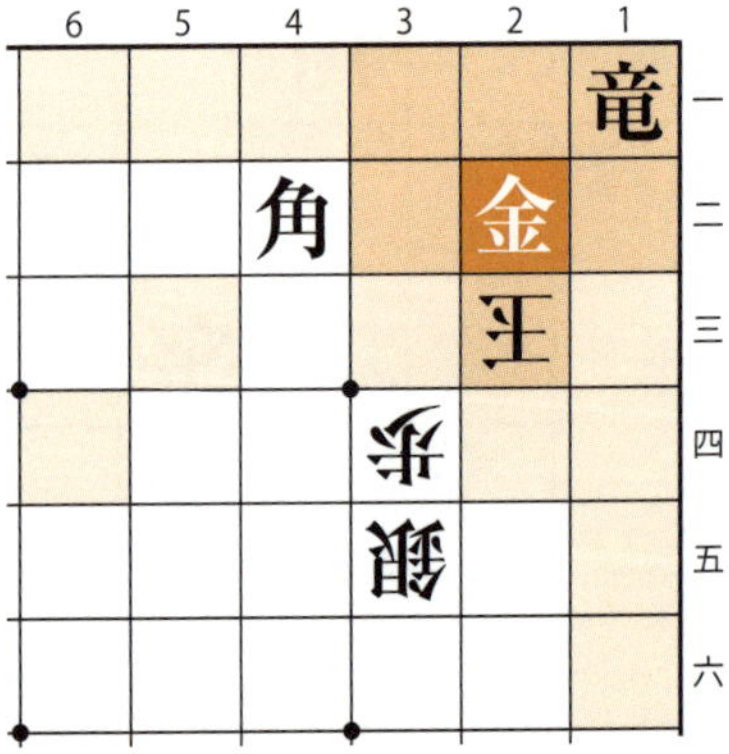

☗持駒《もちごま》 なし

角《かく》のじゃまをしない

☖3二《に》玉《ぎょく》を防《ふせ》ぐ手《て》を考《かんが》えると、ふたつ見《み》つかります。

ひとつは☗3三《さん》金《きん》。しかし、角《かく》の利《き》きを止《と》めてしまうため、☖2四《よん》玉《ぎょく》と逃《に》げられます。

玉《ぎょく》の後《うし》ろに☗2二《に》金《きん》が正解《せいかい》でした。

第《だい》121問《もん》

レベル ★★★★★

ヒント

飛車《ひしゃ》の力《ちから》①

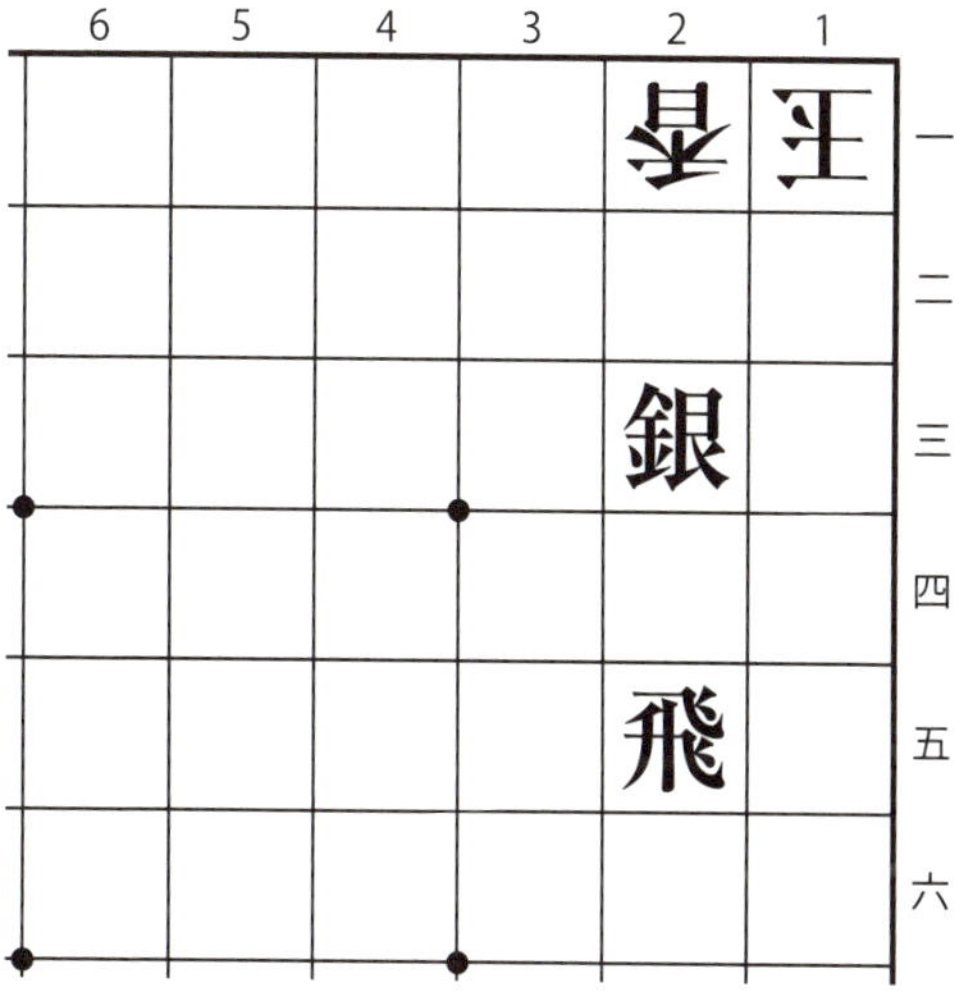

持駒《もちごま》 なし

第《だい》122問《もん》

レベル ★★★★★

ヒント

飛車《ひしゃ》の力《ちから》②

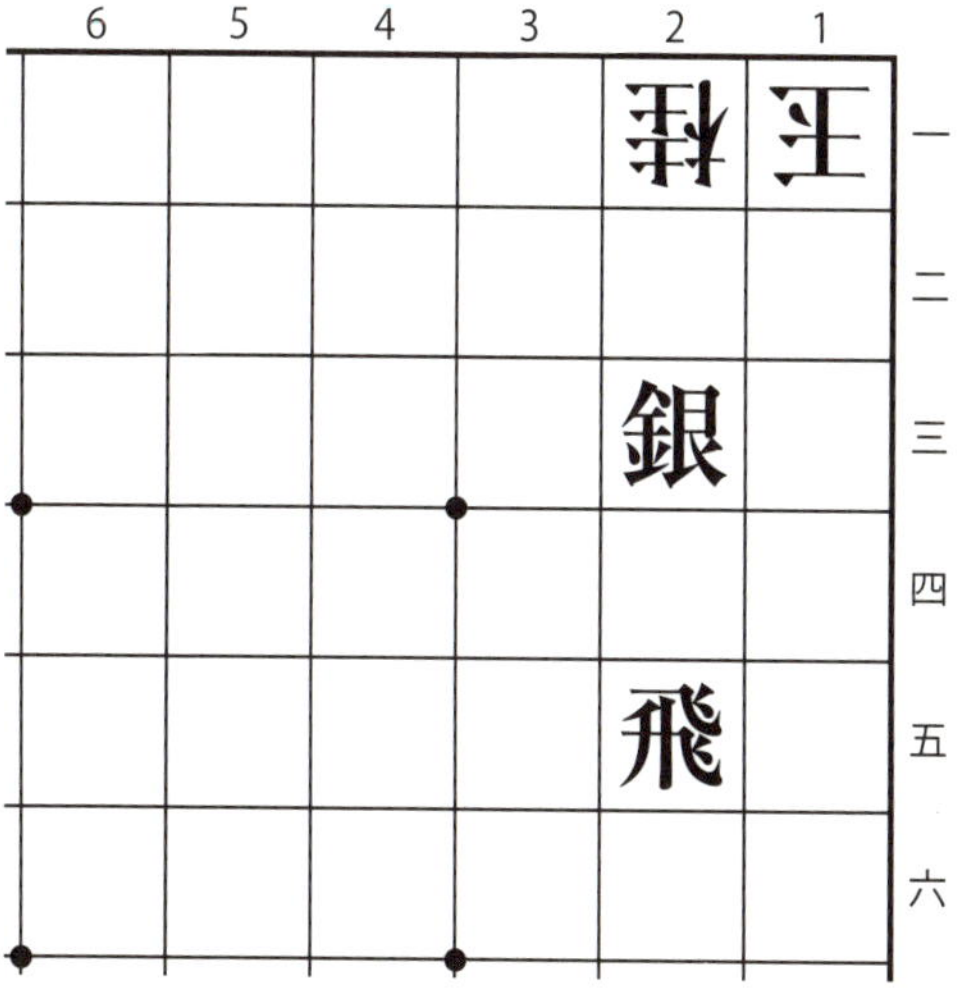

持駒《もちごま》 なし

第《だい》121問《もん》

☗1五《ご》飛《ひ》

正解図《せいかいず》

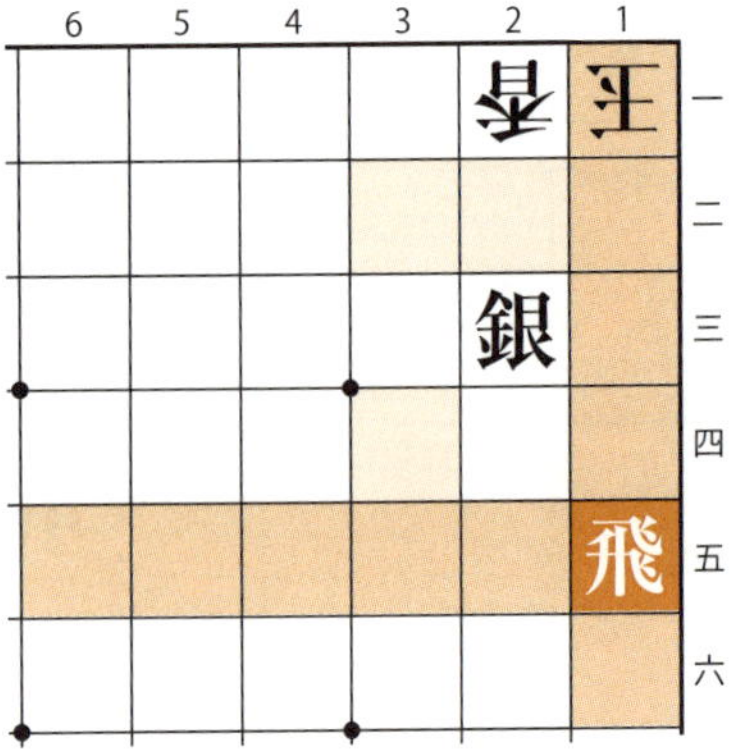

☗持駒《もちごま》 なし

飛《ひ》車《しゃ》を動《うご》かす

配置《はいち》が少《すこ》しだけ違《ちが》う2問《もん》セットの登場《とうじょう》です。2問《もん》とも考《かん》えてから正解《せいかい》を見《み》てください。

銀《ぎん》を動《うご》かそうとしてもうまくいきません。銀《ぎん》の後《うし》ろにある飛《ひ》車《しゃ》。これを端《はし》に寄《よ》ると、受《う》けがありません。

第《だい》122問《もん》

☗2二《に》銀成《ぎんなり》

正解図《せいかいず》

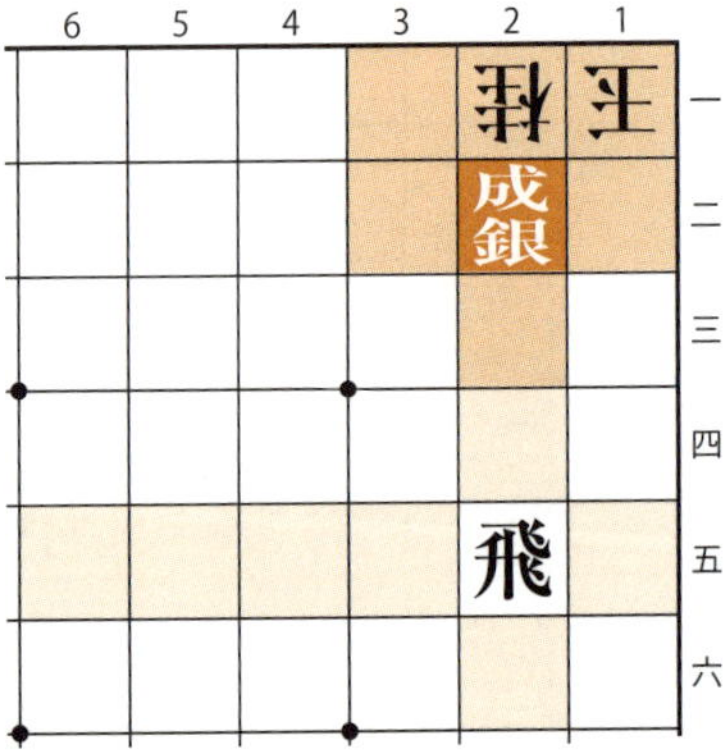

☗持駒《もちごま》 なし

飛《ひ》車《しゃ》はそのまま

前問《ぜんもん》の2一香《いちきょう》が桂《けい》に変《か》わりました。桂《けい》は1三《さん》に利《き》きがあるので、☗1五飛《ごひ》には☖1三歩《さんふ》と合駒《あいごま》をされて詰《つ》みません。桂《けい》の弱点《じゃくてん》は真上《まうえ》。そこを狙《ねら》って銀《ぎん》を成《な》ります。

桂《けい》の長所《ちょうしょ》と短所《たんしょ》をつかみましょう。

第《だい》123問《もん》

ヒント

どれで王手《おうて》をかけるか①

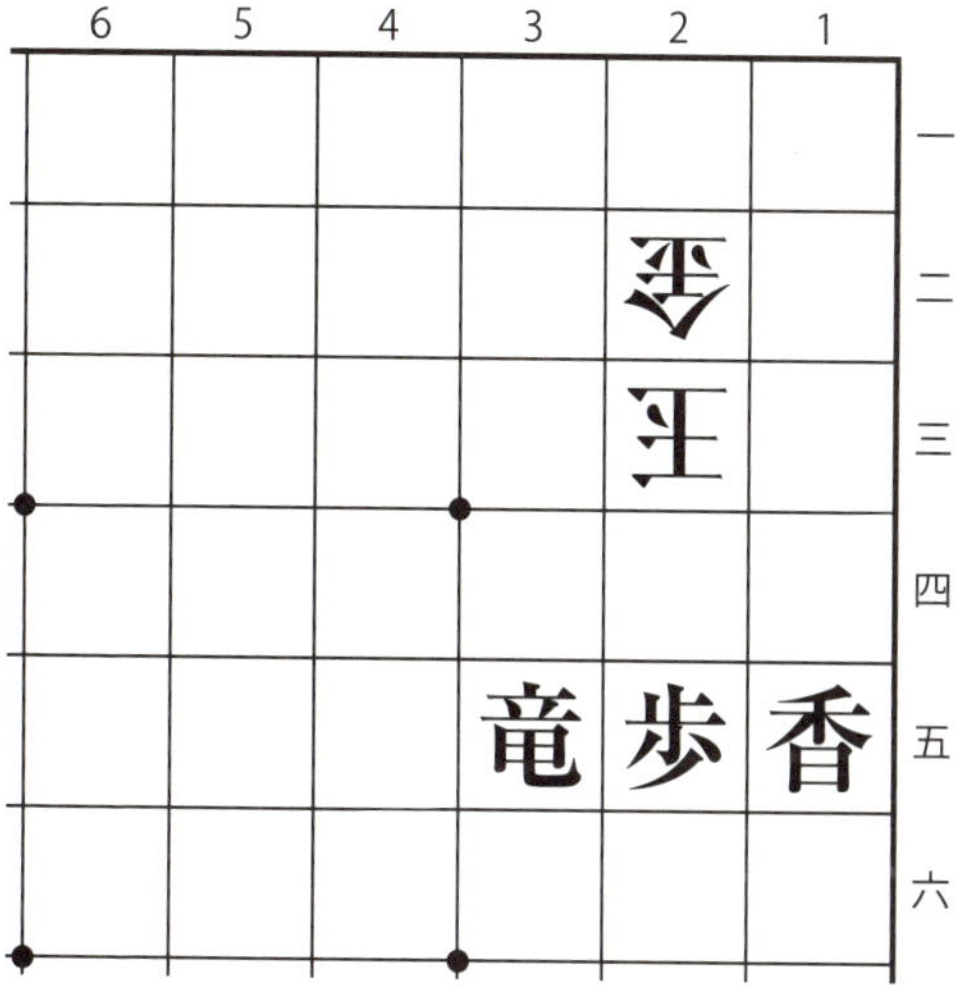

レベル ★★★★★

持駒《もちごま》 なし

第《だい》124問《もん》

ヒント

どれで王手《おうて》をかけるか②

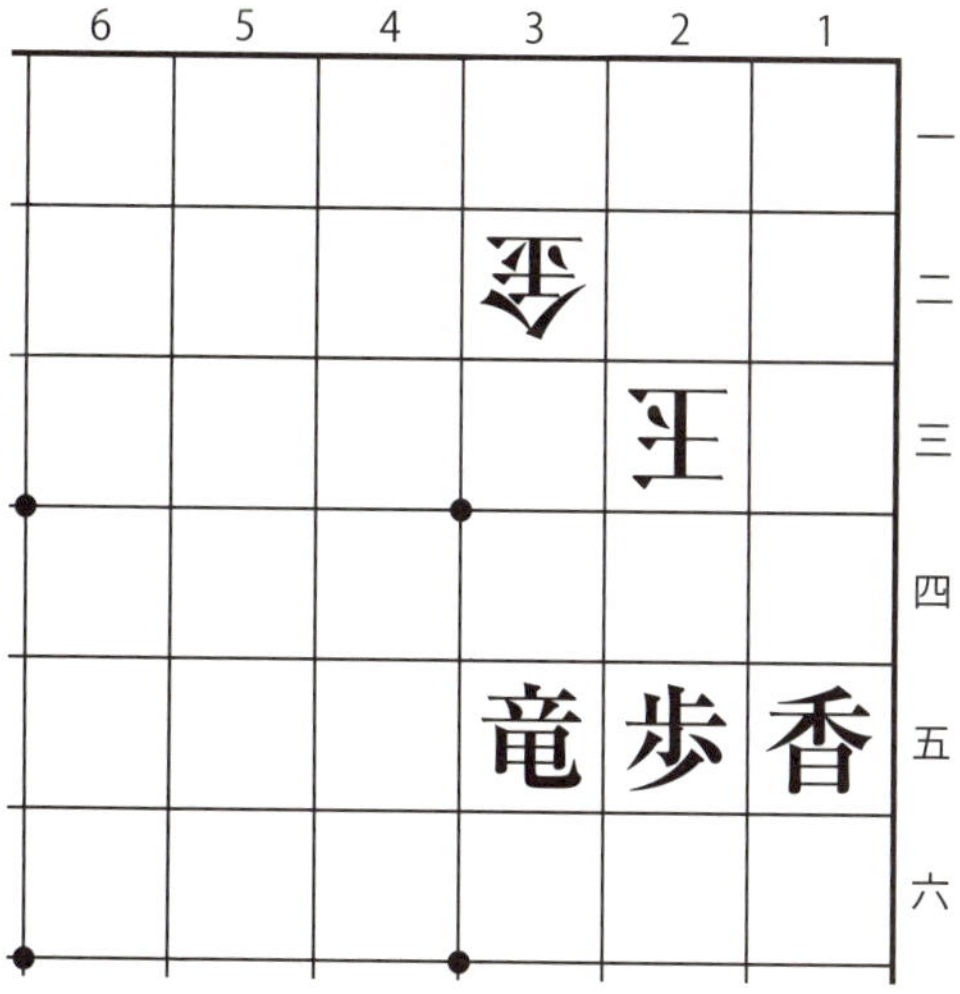

レベル ★★★★★

持駒《もちごま》 なし

第123問

☗2四《よん》歩《ふ》

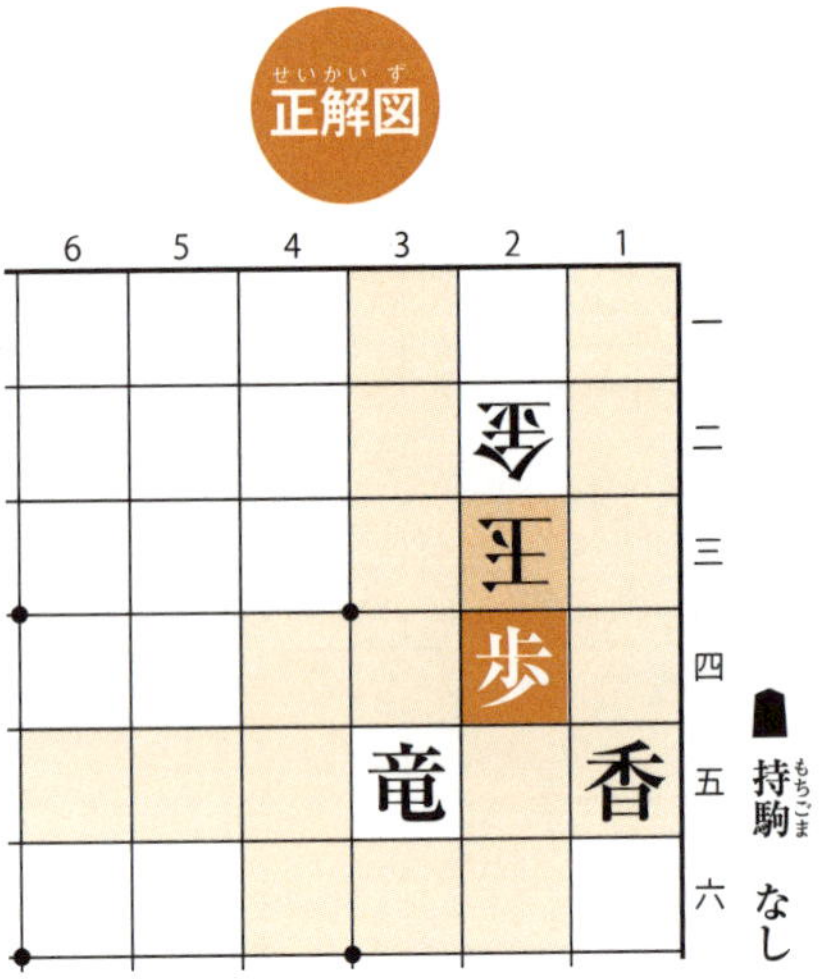

歩《ふ》で王手《おうて》

1五香《ごきょう》と3五竜《ごりゅう》がまっすぐに利《き》いているので、玉《ぎょく》の逃《に》げ道《みち》はありません。この包囲《ほうい》を崩《くず》さないように、☗2四歩《よんふ》として【突《つ》き歩詰《ふづめ》】です。持駒《もちごま》の歩《ふ》を打《う》って詰《つ》めるのは禁《きん》じ手《て》です。将棋《しょうぎ》を指《さ》す時《とき》は注意《ちゅうい》しましょう。

第124問

☗2四《よん》竜《りゅう》

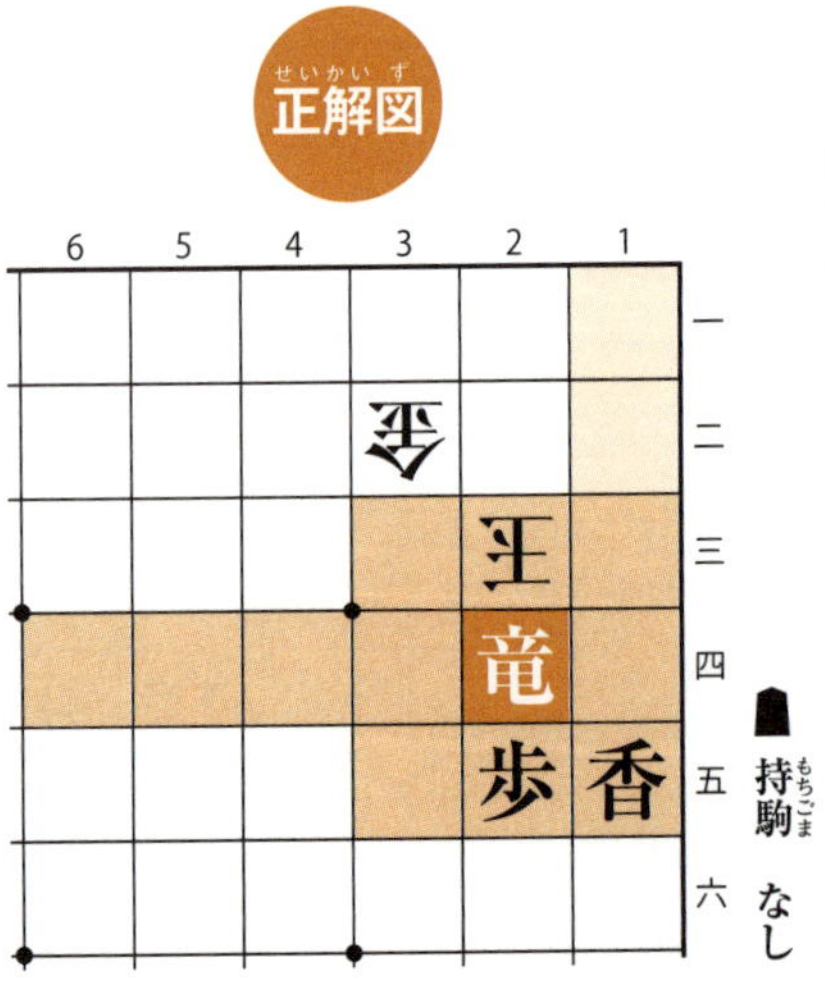

竜《りゅう》で王手《おうて》

前問《ぜんもん》の2二金《にきん》が横《よこ》に移動《いどう》しました。このせいで2二《に》に逃《に》げ道《みち》ができたことを、すぐに見《み》抜《ぬ》けたでしょうか?

☗2四歩《よんふ》だと☖2二玉《にぎょく》と逃《に》げられます。

☗2四竜《よんりゅう》と強力《きょうりょく》な竜《りゅう》を使《つか》いましょう。

【突《つ》き歩詰《ふづめ》】=動《うご》かした歩《ふ》で王手《おうて》をかけて詰《つ》めること。21ページ参照《さんしょう》。

第《だい》125問《もん》

レベル ★★★★★

ヒント

飛車《ひしゃ》を取《と》らせません①

持駒《もちごま》 なし

第《だい》126問《もん》

レベル ★★★★★

ヒント

飛車《ひしゃ》を取《と》らせません②

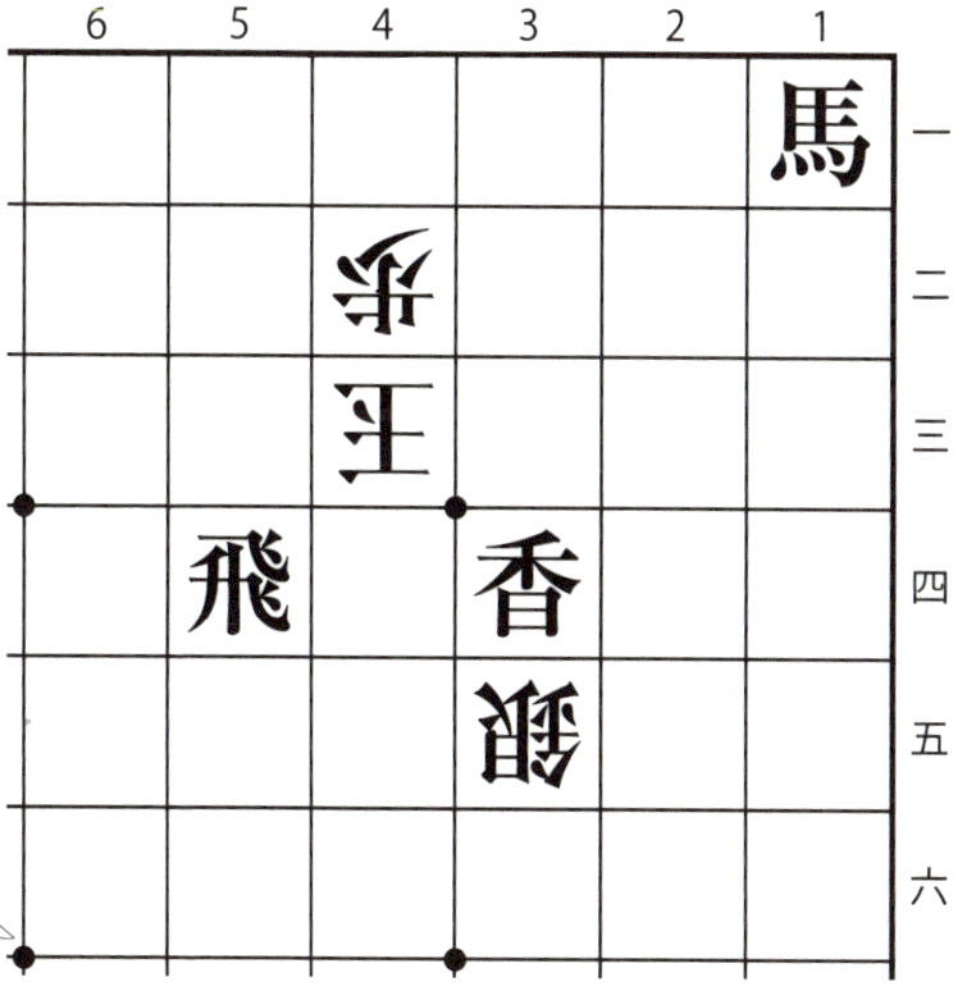

持駒《もちごま》 なし

第《だい》125問《もん》

☗4四馬《よんうま》

正解図《せいかいず》

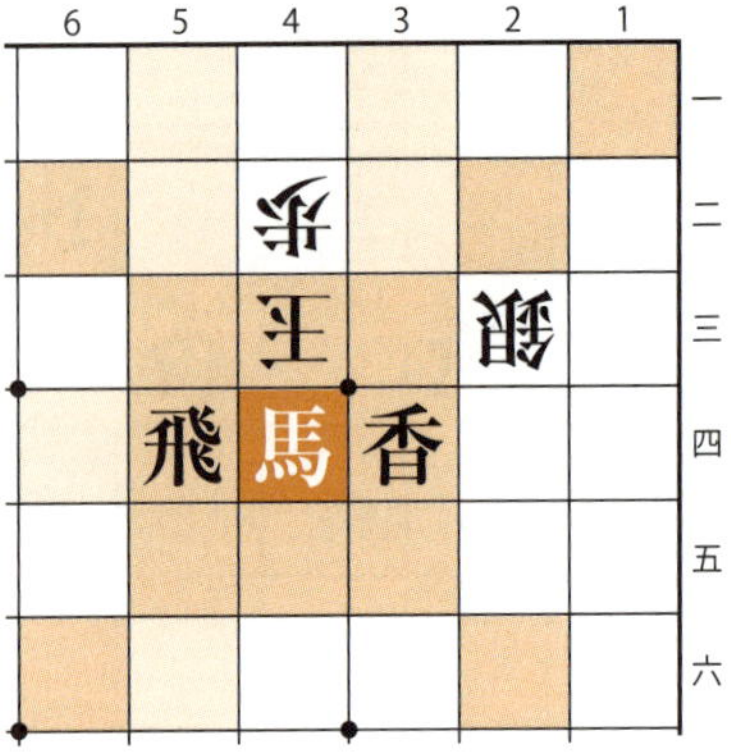

☗持駒《もちごま》 なし

馬《うま》を引《ひ》く

3四香《よんきょう》と5四飛《よんひ》のおかげで玉《ぎょく》の逃《に》げ道《みち》はないように見《み》えますが、☖5四玉《よんぎょく》と飛車《ひしゃ》を取《と》ることができます。1一馬《いちうま》を使《つか》ってこれを防《ふせ》ぐにはどうすればよいでしょうか？

その答《こた》えが☗4四馬《よんうま》です。

第《だい》126問《もん》

☗2一馬《いちうま》

正解図《せいかいず》

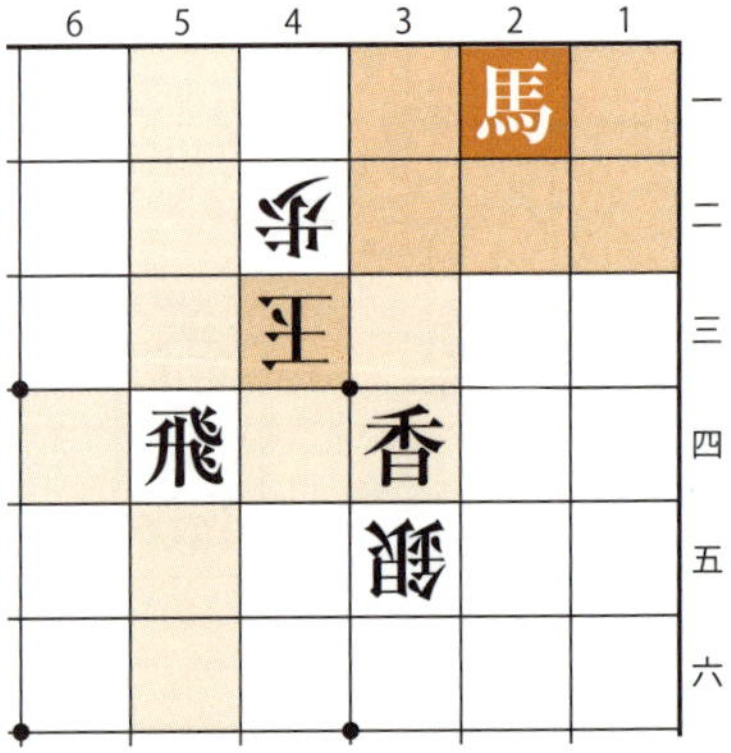

☗持駒《もちごま》 なし

馬《うま》を寄《よ》る

前問《ぜんもん》の2三銀《さんぎん》が3五《ご》に移動《いどう》しました。同《おな》じように☗4四馬《よんうま》と引《ひ》くのは、☖同銀《どうぎん》と取《と》られてしまいます。

今度《こんど》は☗2一馬《いちうま》と寄《よ》るのが正解《せいかい》。これで、王手《おうて》をかけつつ飛車《ひしゃ》が守《まも》れます。

第《だい》127問《もん》

ヒント
大駒《おおごま》の力《ちから》①

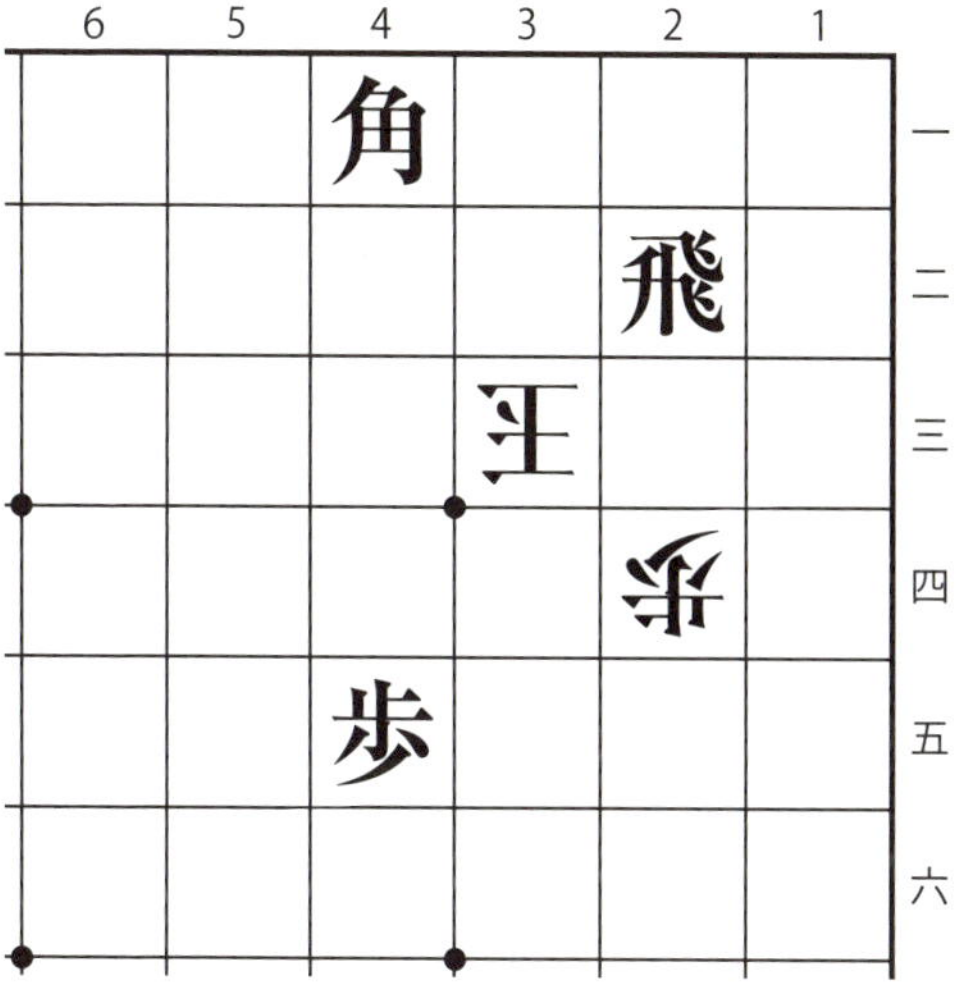

レベル ★★★★★

持駒《もちごま》 なし

第《だい》128問《もん》

ヒント
大駒《おおごま》の力《ちから》②

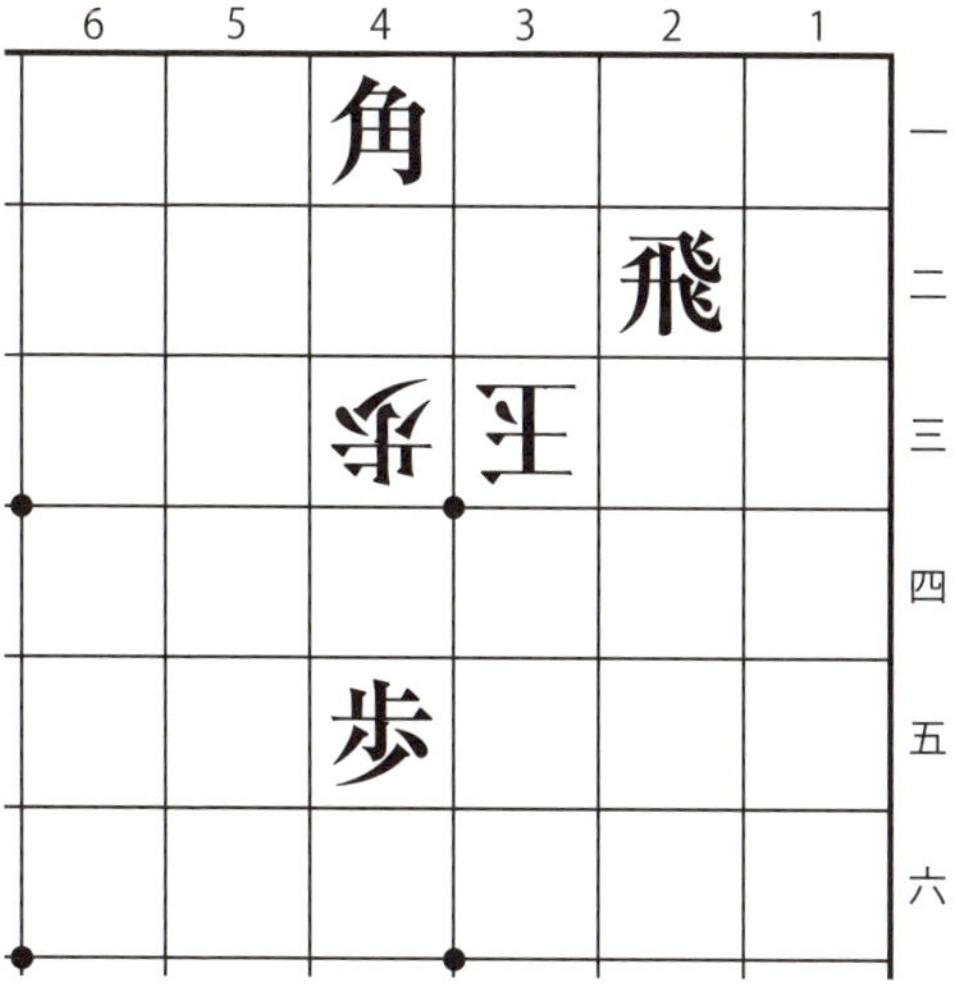

レベル ★★★★★

持駒《もちごま》 なし

第《だい》127問《もん》

☗3二《に》飛成《ひなり》

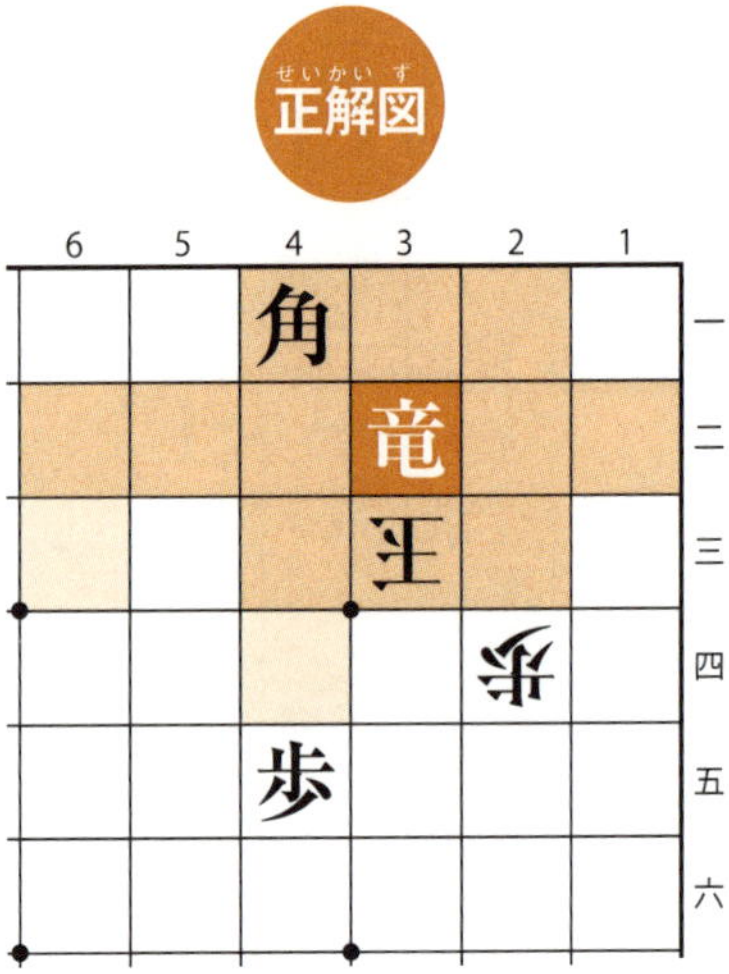

☗持駒《もちごま》 なし

竜《りゅう》を作《つく》る

3四《よん》と4三《さん》が玉《ぎょく》の逃《に》げ道《みち》。☗2三《さん》飛成《ひなり》で詰《つ》みと思《おも》ったら間違《まちが》いで、☖4二玉《にぎょく》と動《うご》けるようになっています。

☗3二《に》飛成《ひなり》が正解《せいかい》。これなら新《あたら》しい逃《に》げ道《みち》はありません。

第《だい》128問《もん》

☗2三角成《さんかくなり》

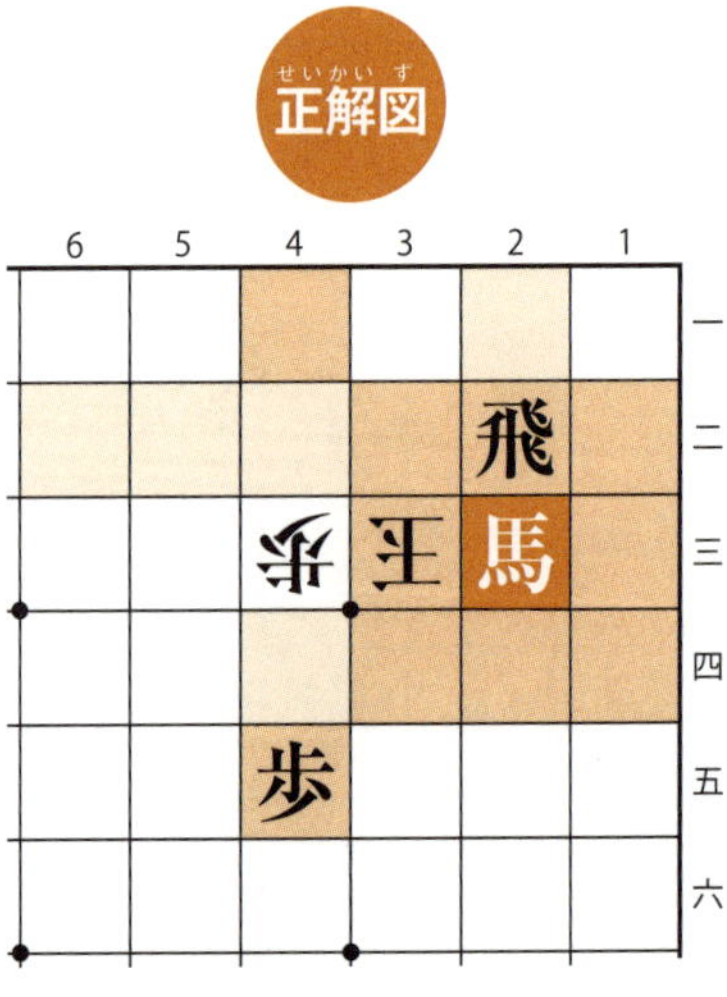

☗持駒《もちごま》 なし

馬《うま》を作《つく》る

前問《ぜんもん》の2四歩《よんふ》が4三《さん》に移動《いどう》。逃《に》げ道《みち》が減《へ》っただけなので、同《おな》じ手《て》で詰《つ》みそうです。しかし、☗3二《に》飛成《ひなり》には☖2四玉《よんぎょく》で失敗《しっぱい》。今度《こんど》は角《かく》を使《つか》って、☗2三角成《さんかくなり》とします。飛車《ひしゃ》と角《かく》をうまく使《つか》い分《わ》けましょう。

第《だい》129問《もん》

レベル ★★★★★

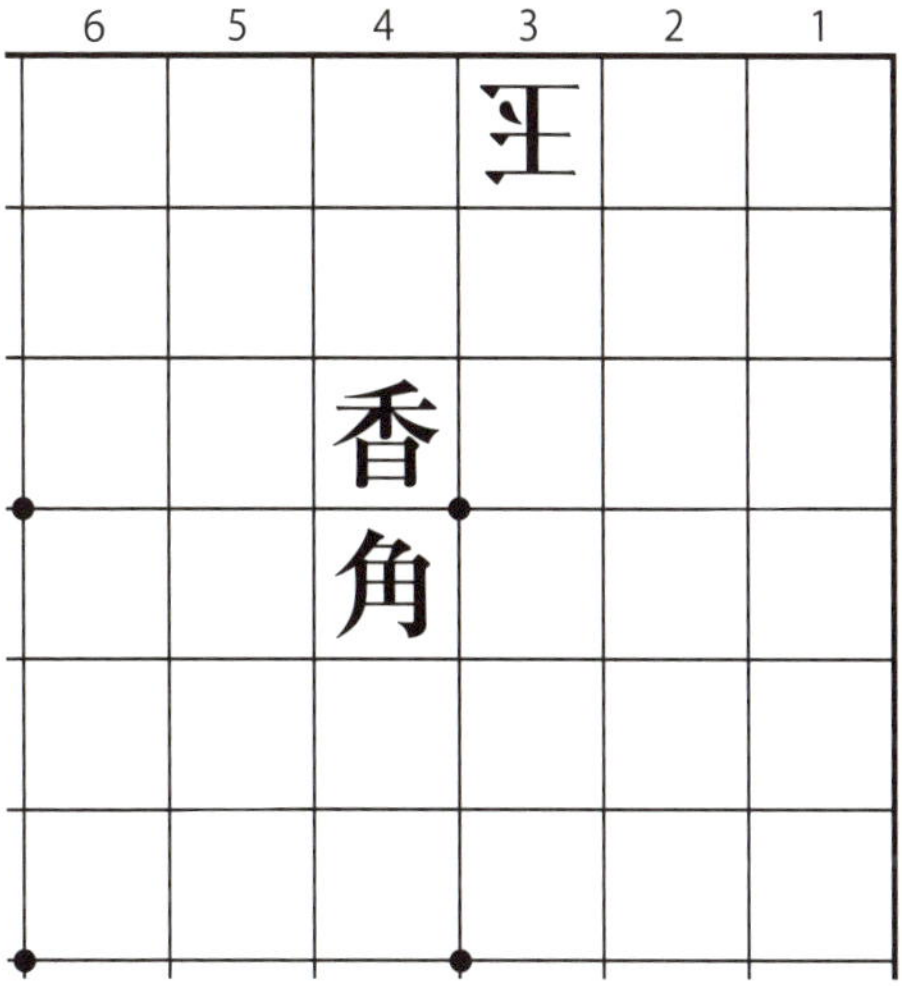

持駒《もちごま》 金《きん》

ヒント

金《きん》をどこに打《う》つか①

第《だい》130問《もん》

レベル ★★★★★

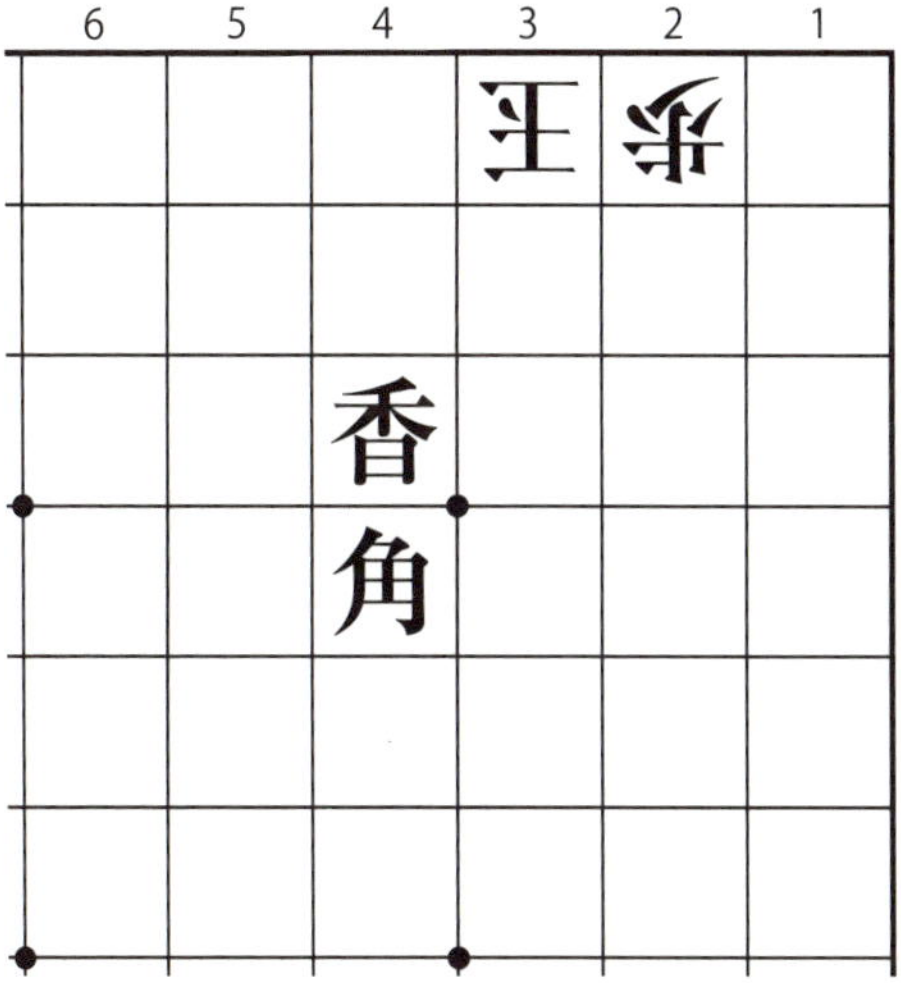

持駒《もちごま》 金《きん》

ヒント

金《きん》をどこに打《う》つか②

第《だい》129問《もん》

▲2二《に》金《きん》

正解図《せいかいず》

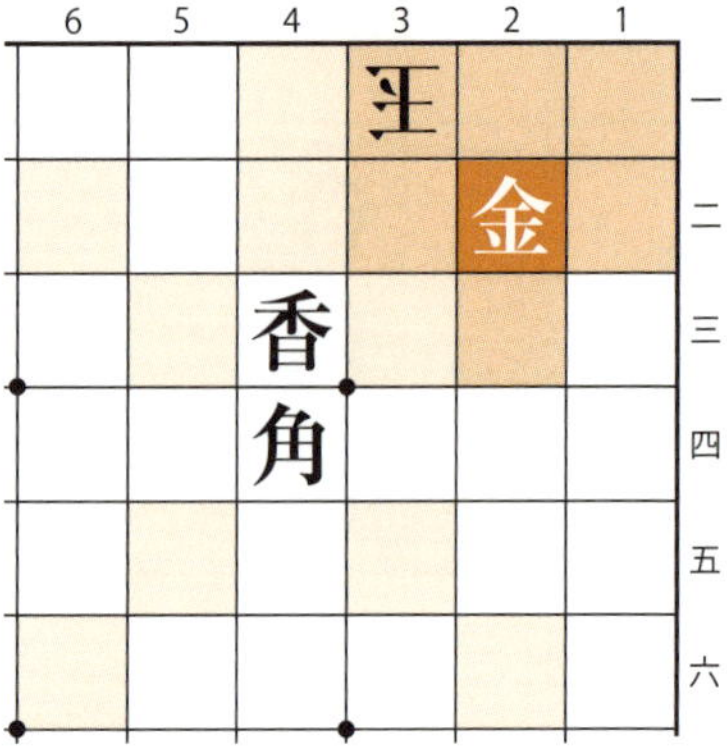

▲持駒《もちごま》 なし

角《かく》の利《き》きに金《きん》

玉《ぎょく》のまわりならどこに金《きん》を打《う》っても王手《おうて》になります。さて、どこなら詰《つ》むでしょうか。

香《きょう》の利《き》きに▲4二《に》金《きん》は、△2一玉《いちぎょく》と逃《に》げられてしまいます。

角《かく》の利《き》きに▲2二《に》金《きん》が正解《せいかい》。

第《だい》130問《もん》

▲4二《に》金《きん》

正解図《せいかいず》

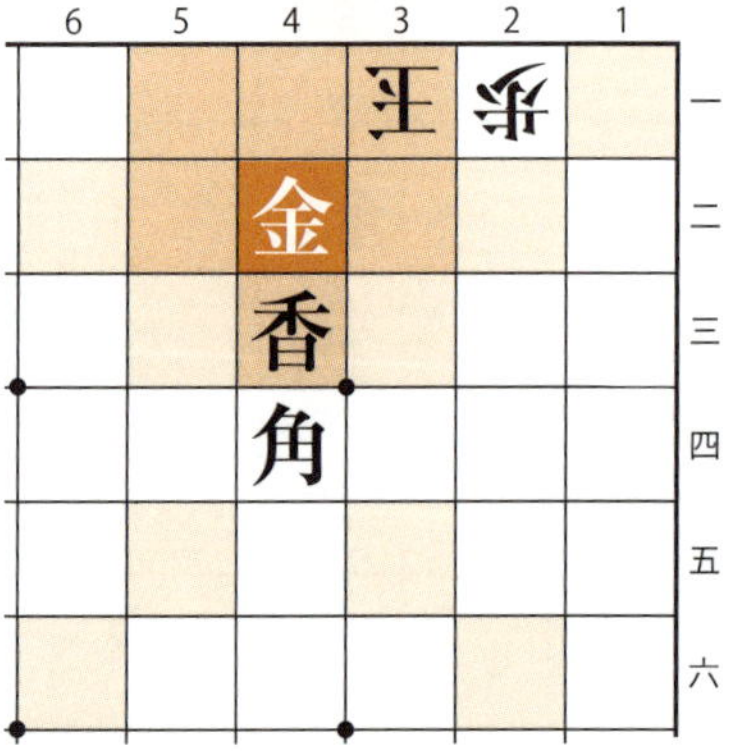

▲持駒《もちごま》 なし

香《きょう》の利《き》きに金《きん》

前問《ぜんもん》の配置《はいち》に2一歩《いちふ》が加《くわ》わりました。▲2二《に》金《きん》と打《う》つと、歩《ふ》で取《と》られてしまいます。

この歩《ふ》が置《お》かれたため、玉《ぎょく》が2一《いち》に動《うご》けなくなったことに注目《ちゅうもく》。歩《ふ》が壁駒《かべごま》になっているので、▲4二《に》金《きん》で詰《つ》みます。

第《だい》131問《もん》

レベル ★★★★★

ヒント
玉《ぎょく》を端《はし》に逃《に》がしません①

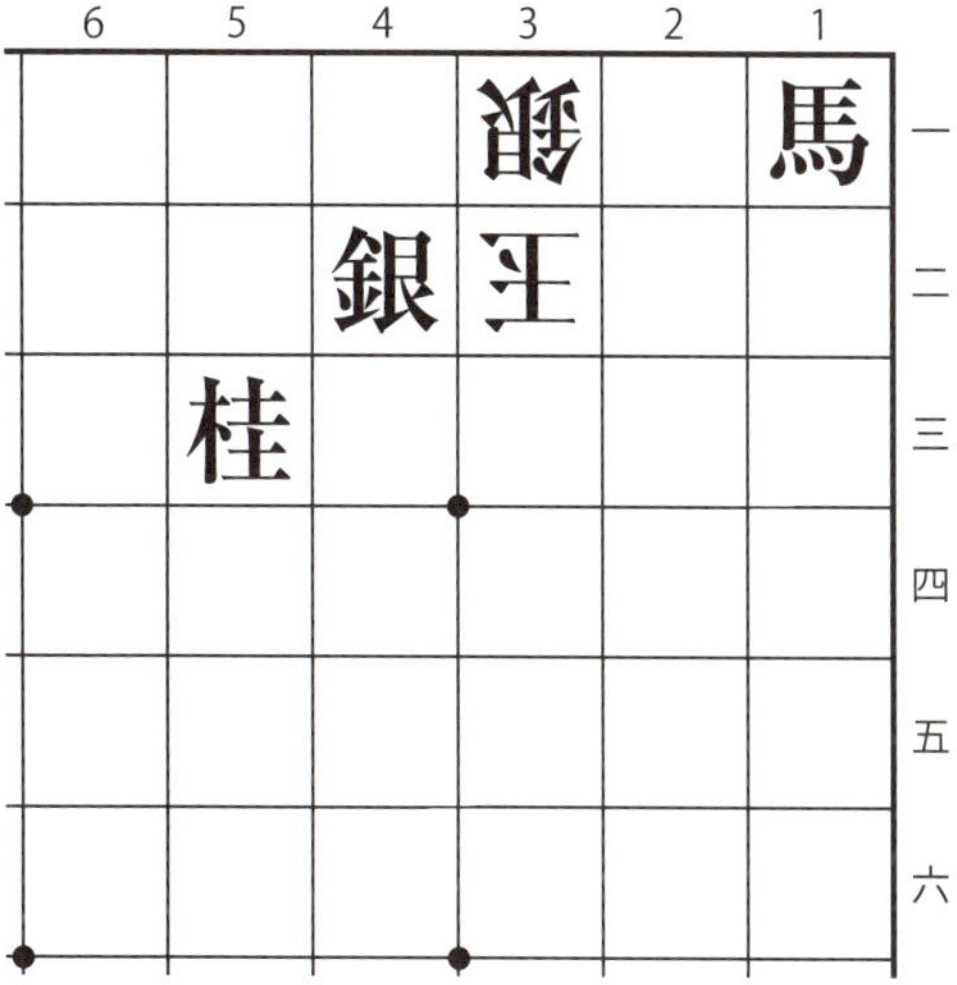

▲持駒《もちごま》 なし

第《だい》132問《もん》

レベル ★★★★★

ヒント
玉《ぎょく》を端《はし》に逃《に》がしません②

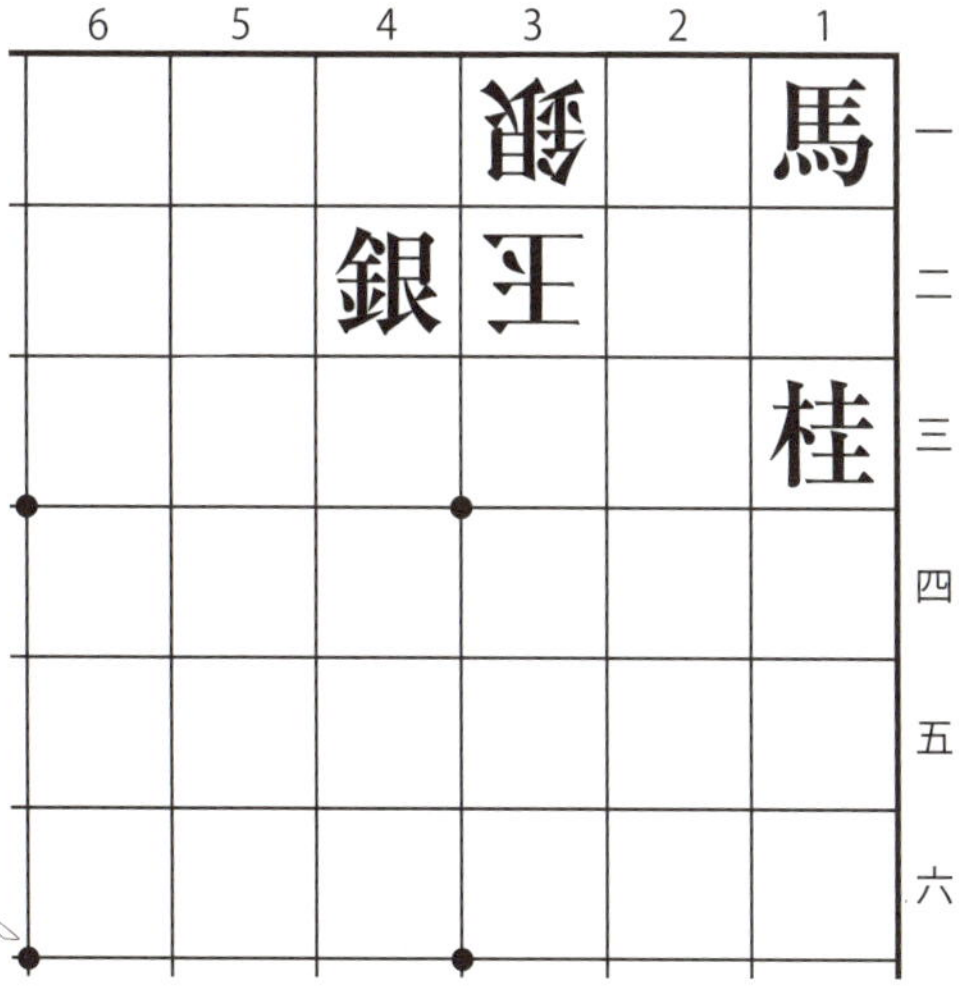

▲持駒《もちごま》 なし

第《だい》131問《もん》

☗3三《さん》銀成《ぎんなり》

正解図《せいかいず》

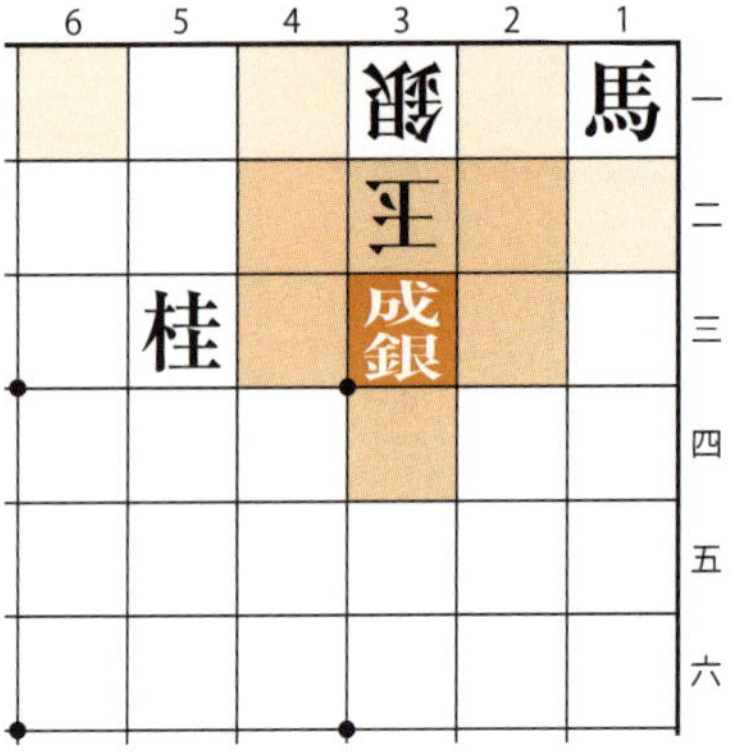

☗持駒《もちごま》 なし

銀《ぎん》で王手《おうて》

2三《さん》と4三《さん》に逃《に》げ道《みち》があるので、すぐに玉《ぎょく》が逃《に》げだしそうです。正解《せいかい》は☗3三《さん》銀成《ぎんなり》。成銀《なりぎん》は金《きん》と同《おな》じ動《うご》きなので、2三《さん》にも4三《さん》にも利《き》いています。また、5三《さん》桂《けい》が☖4一《いち》玉《ぎょく》を防《ふせ》いでいます。

第《だい》132問《もん》

☗3三《さん》馬《うま》

正解図《せいかいず》

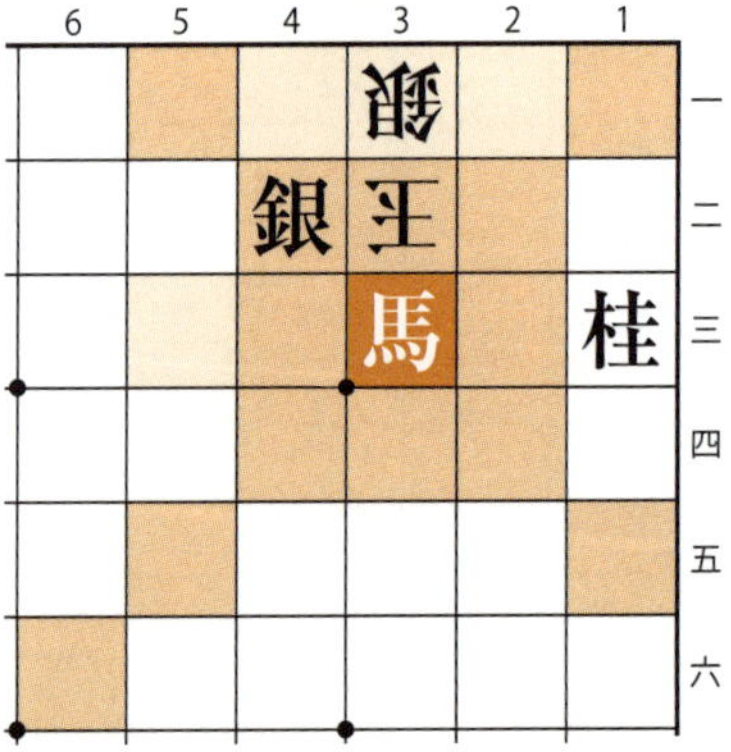

☗持駒《もちごま》 なし

馬《うま》で王手《おうて》

前問《ぜんもん》の5三《さん》桂《けい》が1三《さん》に移動《いどう》し、桂《けい》の利《き》きが4一《いち》から2一《いち》に変《か》わりました。前問《ぜんもん》と同《おな》じように☗3三《さん》銀成《ぎんなり》とすると、☖4一《いち》玉《ぎょく》と逃《に》げられます。☗3三《さん》馬《うま》と馬《うま》を引《ひ》く手《て》が正解《せいかい》。

第《だい》133問《もん》

ヒント

角《かく》に注意《ちゅうい》

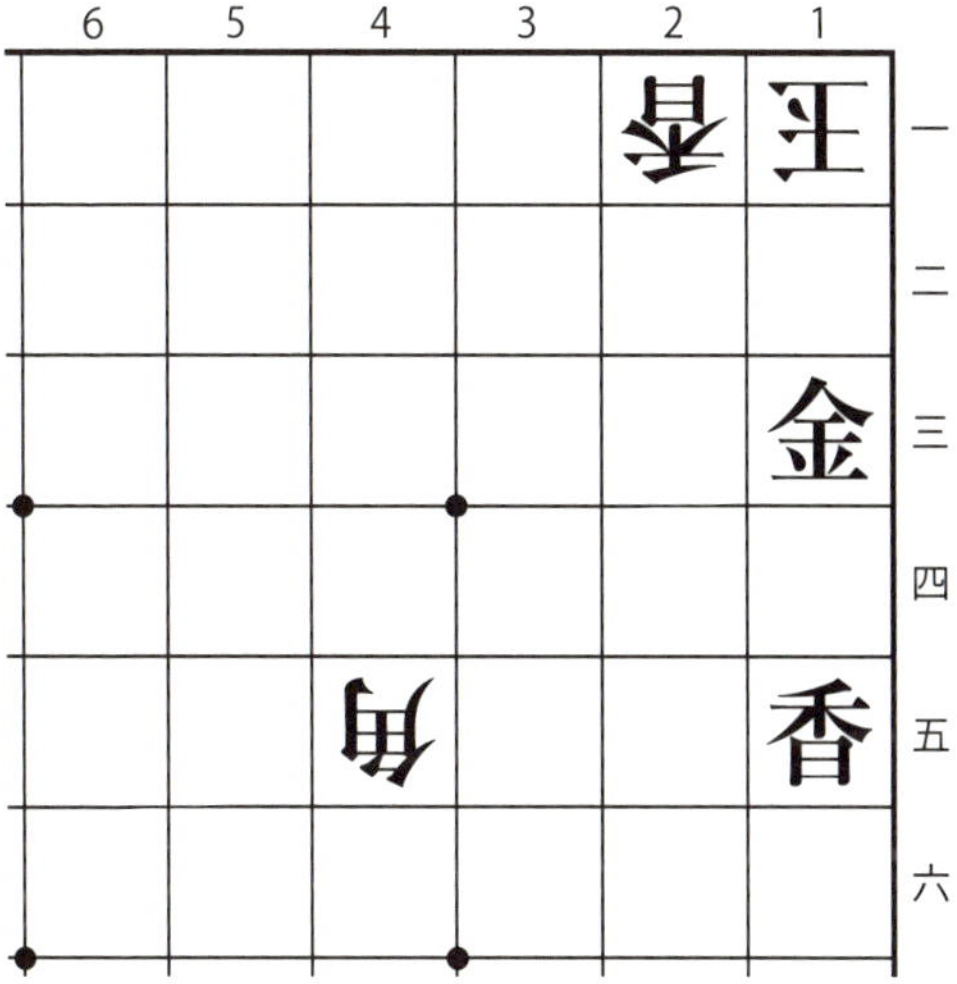

レベル ★★★★★

☗持駒《もちごま》 なし

第《だい》134問《もん》

ヒント

大《おお》きく動《うご》かします

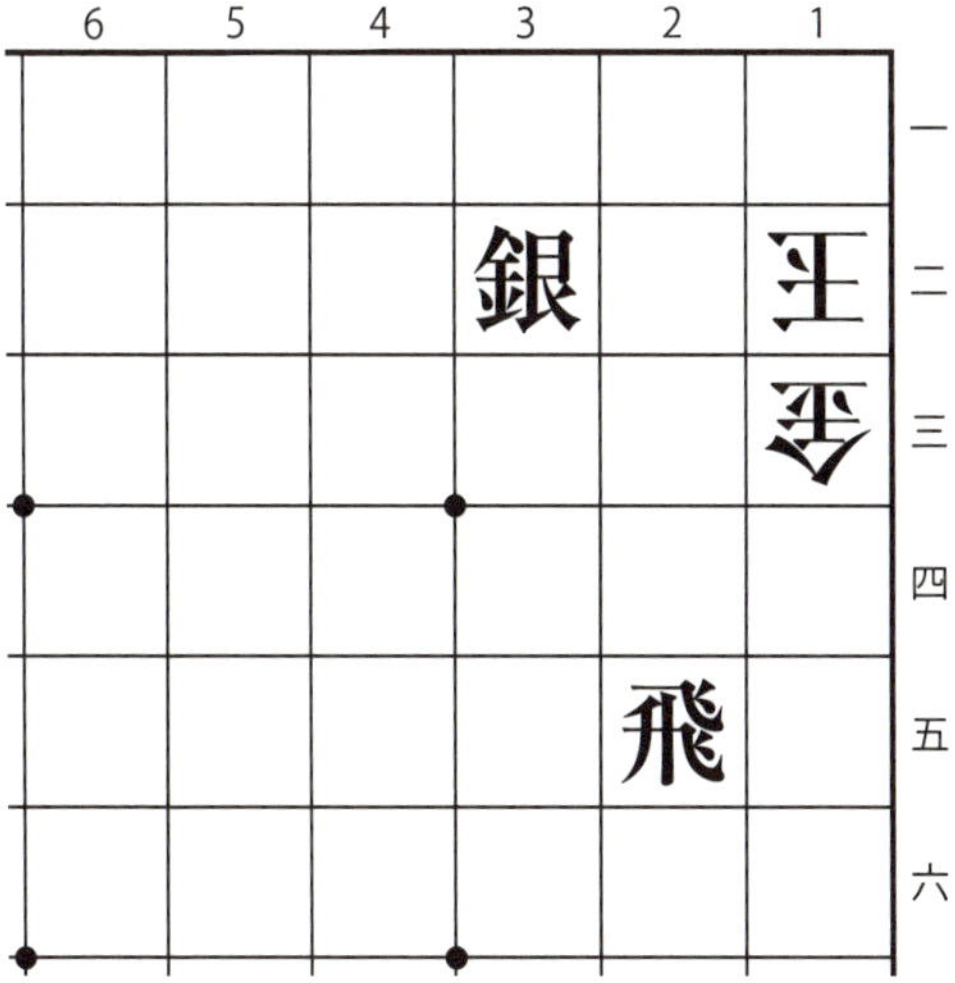

レベル ★★★★★

☗持駒《もちごま》 なし

第《だい》133問《もん》

☗2三金《さんきん》

正解図《せいかいず》

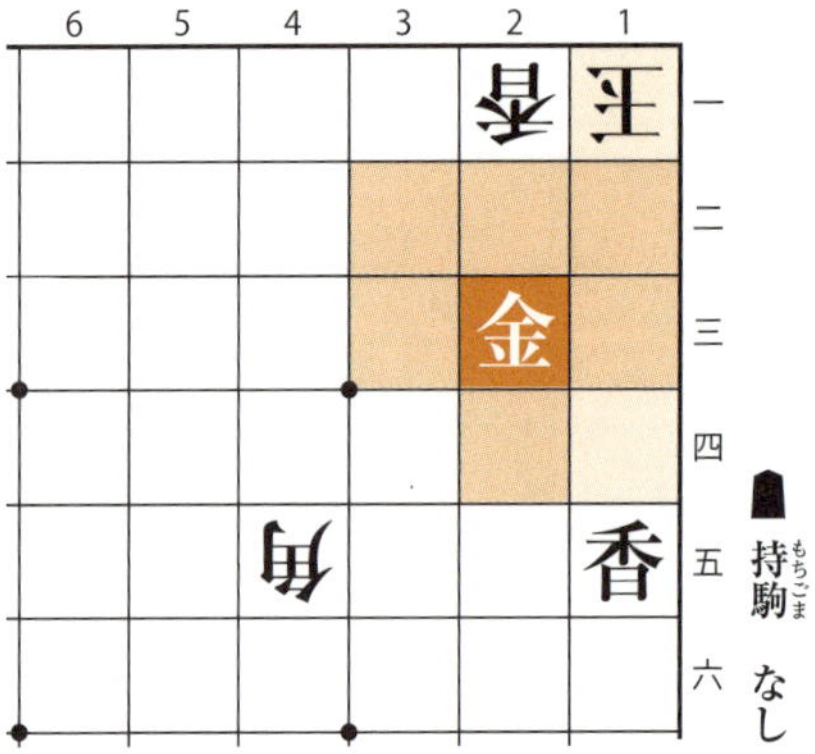

角《かく》を止《と》める

1筋《すじ》の配置《はいち》だけを見《み》ると、☗1二金《にきん》が考《かんが》えられます。しかし、盤上《ばんじょう》をよく見《み》ると4五角《ごかく》があるので、☖1二同角《にどうかく》と取《と》られます。

☗2三金《さんきん》の開《あ》き王手《おうて》が正解《せいかい》。4五角《ごかく》の利《き》きを止《と》め、香《きょう》で王手《おうて》をかけます。

第《だい》134問《もん》

☗2一飛成《いちひなり》

正解図《せいかいず》

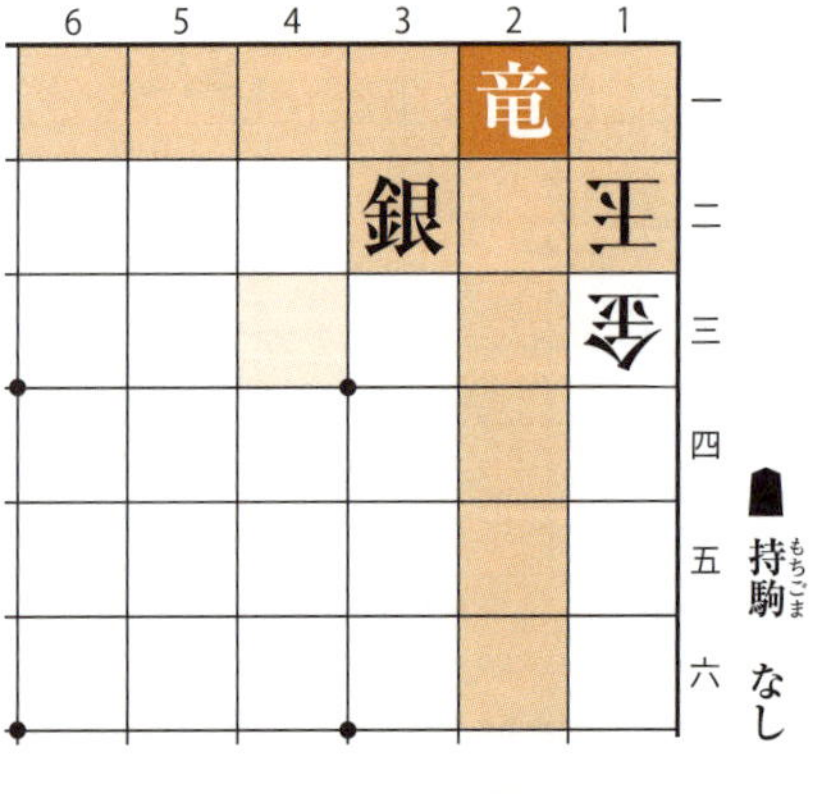

端《はし》まで移動《いどう》

2五飛《ごひ》の利《き》きが2一《いち》まで通《とお》っています。そこに☗2一銀不成《いちぎんならず》と動《うご》くのは、☖1一玉《いちぎょく》と逃《に》げられて失敗《しっぱい》。

飛車《ひしゃ》の利《き》きに銀《ぎん》を動《うご》かすのではなく、銀《ぎん》の利《き》きに飛車《ひしゃ》を動《うご》かします。☗2一飛成《いちひなり》で詰《つ》み。

第《だい》135問《もん》

ヒント

上《うえ》に逃《に》がしません

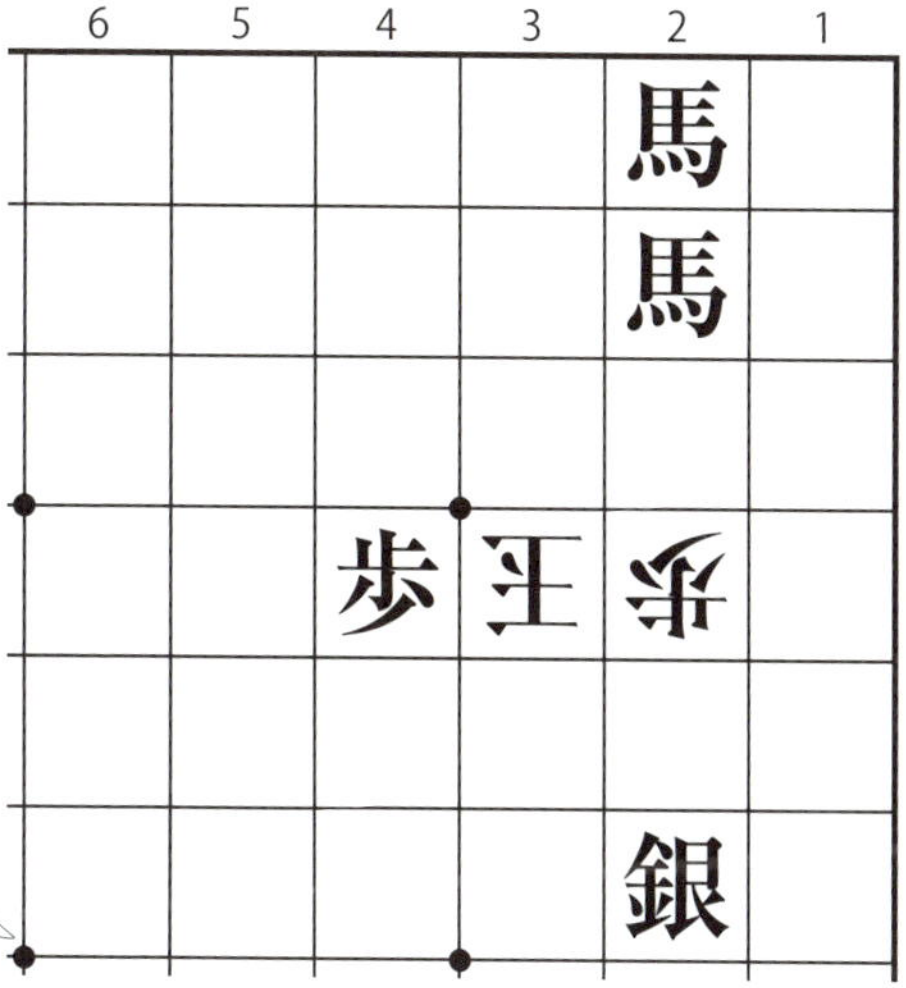

レベル ★★★★★

持駒《もちごま》 なし

第《だい》136問《もん》

ヒント

主役《しゅやく》はだれ？

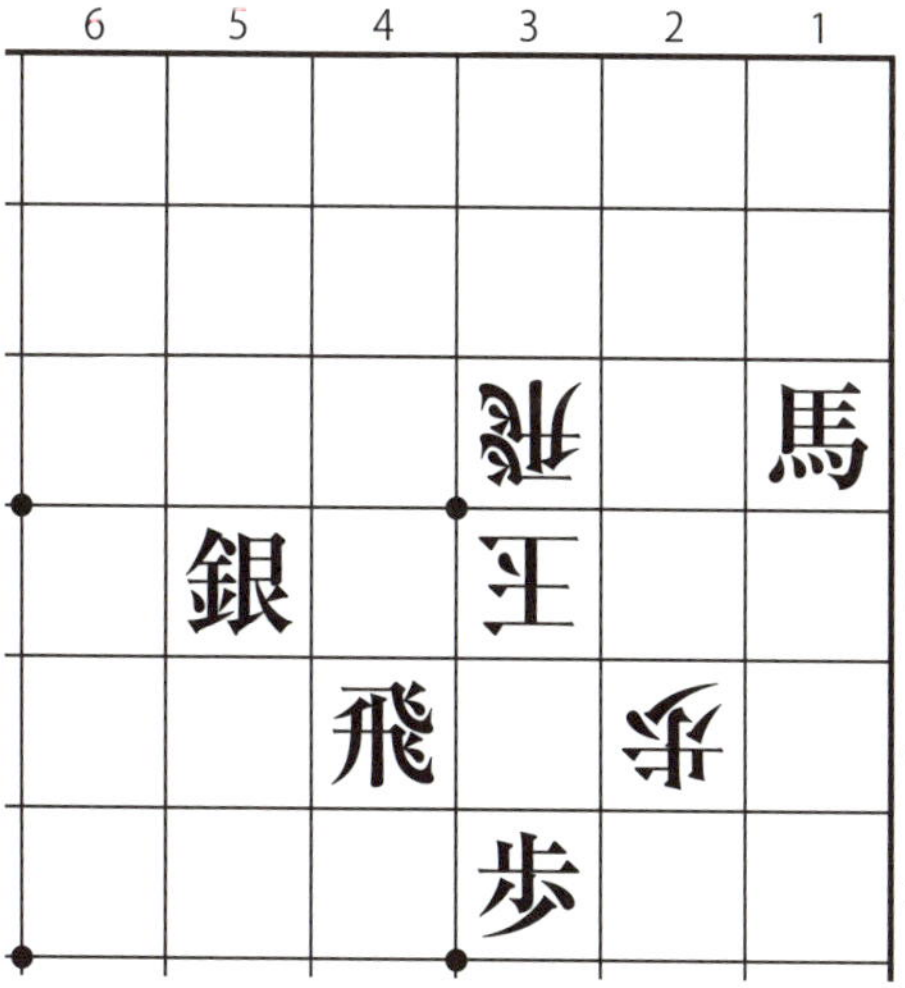

レベル ★★★★★

持駒《もちごま》 なし

第《だい》135問《もん》

☗1二《に》馬《うま》引《ひく》

正解図《せいかいず》

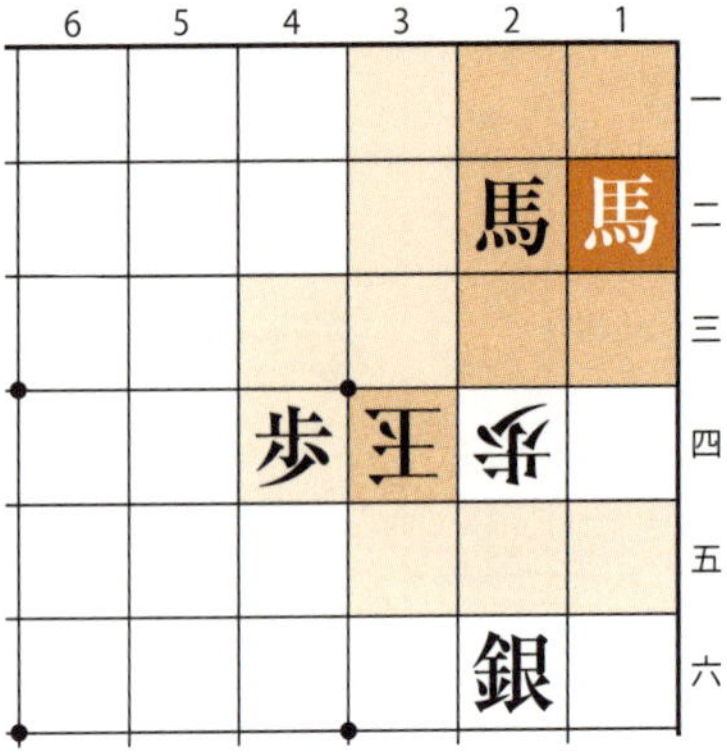

☗持駒《もちごま》 なし

馬《うま》が並《なら》ぶ

つい☗4三《さん》馬《うま》と引《ひ》きたくなりますが、☖4五玉《ごぎょく》と逃《に》げられます。

この☖4五玉《ごぎょく》を防《ふせ》ぐには、2三《さん》や1二《に》から馬《うま》で王手《おうて》をかけるしかありません。☗1二馬《にうま》引《ひく》（2一馬《いちうま》を引《ひ》く）と動《うご》かして詰《つ》み。

第《だい》136問《もん》

☗3五《ご》歩《ふ》

正解図《せいかいず》

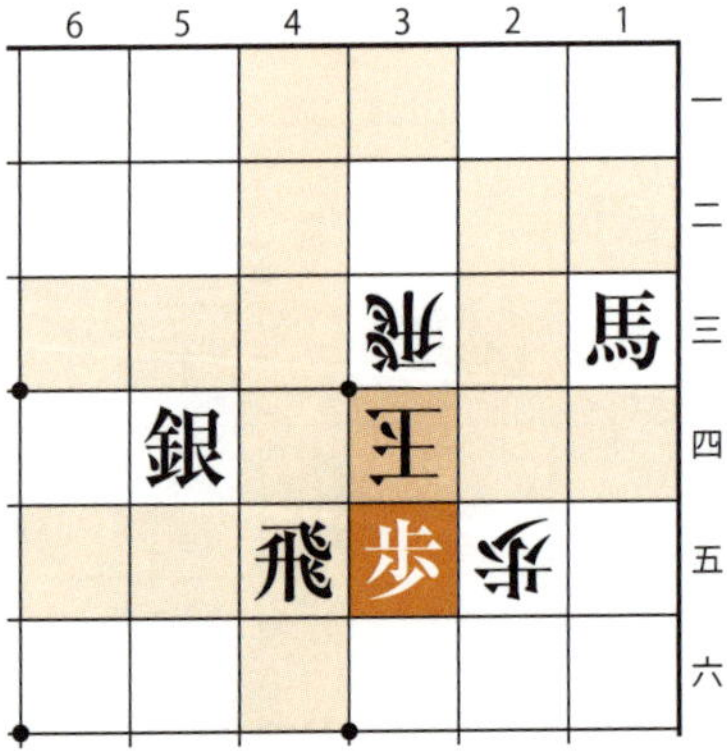

☗持駒《もちごま》 なし

歩《ふ》が主役《しゅやく》

飛車《ひしゃ》や馬《うま》を使《つか》った王手《おうて》がいくつかあります。しかし、☗3五飛《ごひ》は☖4四玉《よんぎょく》と逃《に》げられますし、☗3五馬《ごうま》は☖2三玉《さんぎょく》で詰《つ》みません。見逃《みのが》してはいけないのが3六歩《ろくふ》。これを前《まえ》に進《すす》めるだけでよいのです。

第《だい》137問《もん》

ヒント

金《きん》を働《はたら》かせません

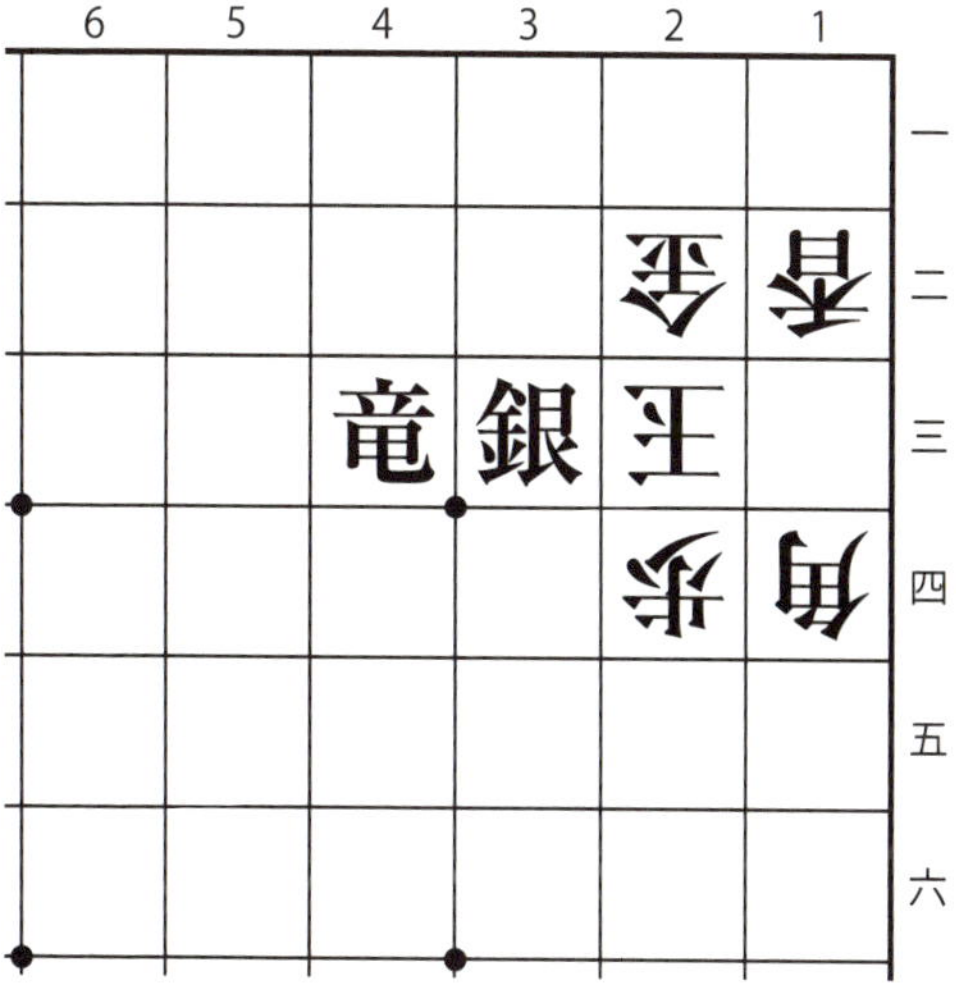

レベル ★★★★★

持駒《もちごま》 なし

第《だい》138問《もん》

ヒント

端《はし》に逃《に》がしません

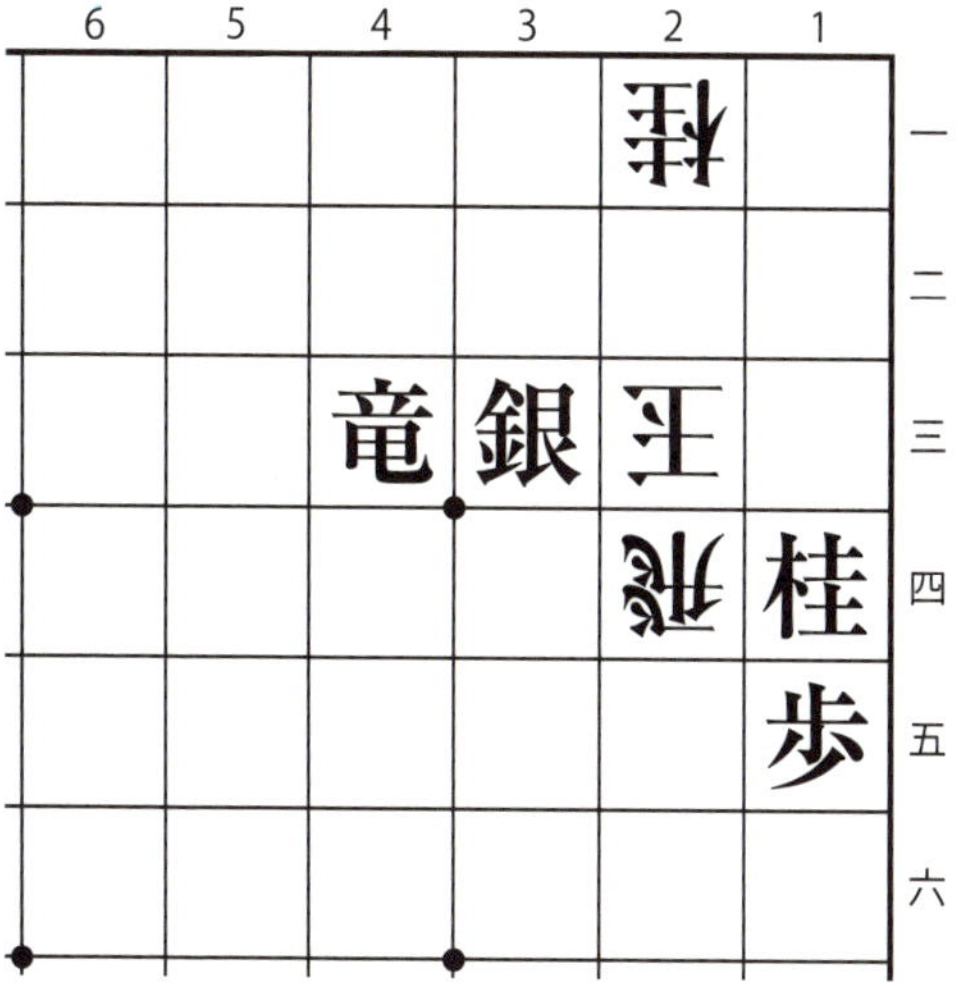

レベル ★★★★★

持駒《もちごま》 なし

第《だい》137問《もん》

☗3二銀不成《にぎんならず》

正解図《せいかいず》

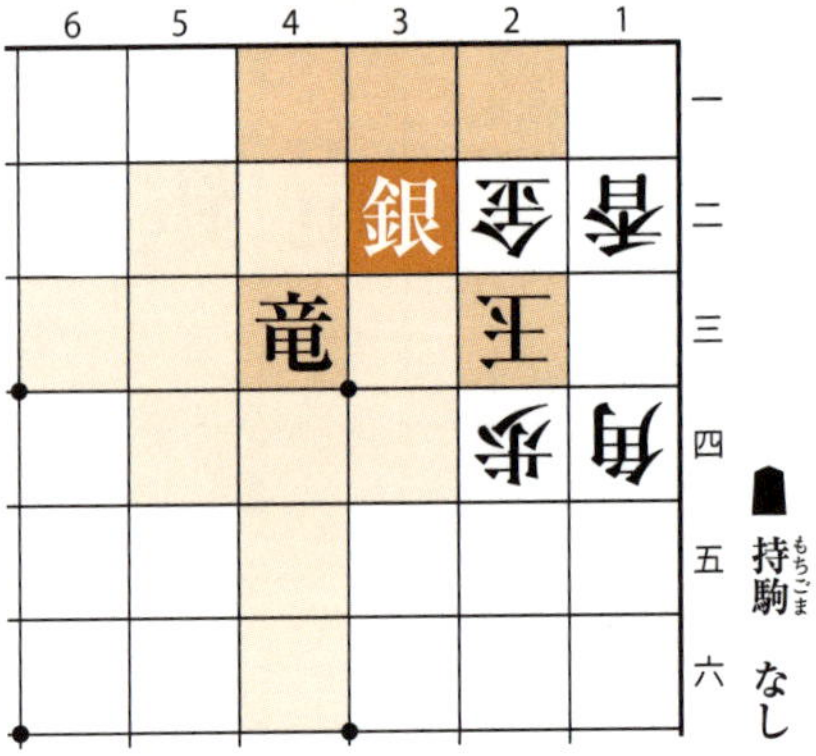

銀不成《ぎんならず》で両王手《りょうおうて》

竜《りゅう》と銀《ぎん》が並《なら》んだ形《かたち》は強力《きょうりょく》です。しかし、2二金《にきん》の守備力《しゅびりょく》には注意《ちゅうい》しましょう。

☗2二銀成《にぎんなり》と金《きん》を取《と》るのは、☖同玉《どうぎょく》☗3二金《にきん》☖同角《どうかく》で詰《つ》みません。

☗3二銀不成《にぎんならず》が強烈《きょうれつ》な両王手《りょうおうて》。

第《だい》138問《もん》

☗2二銀成《にぎんなり》

正解図《せいかいず》

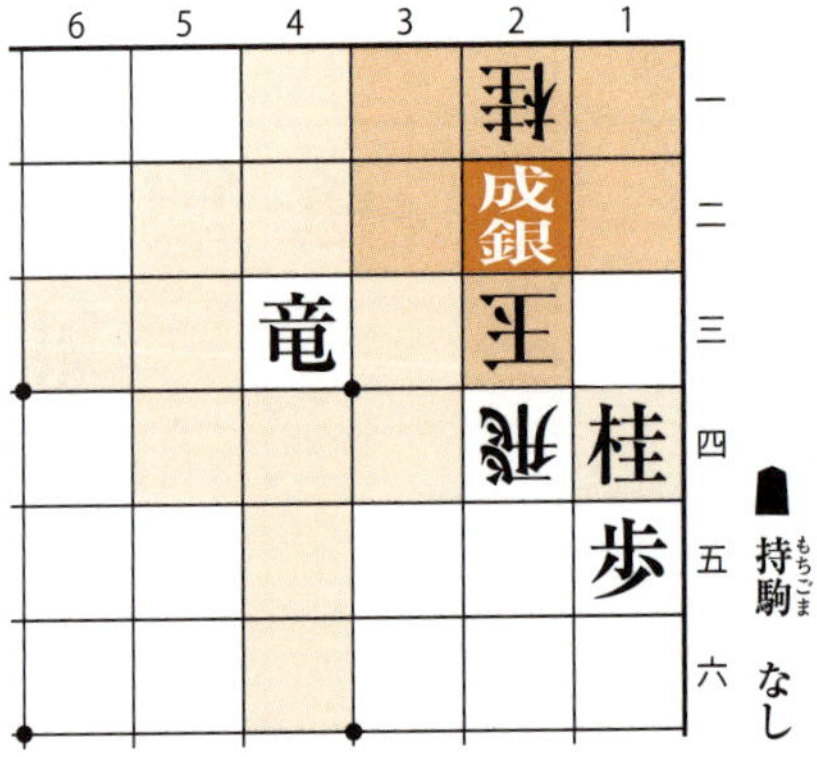

銀成《ぎんなり》で両王手《りょうおうて》

前問《ぜんもん》と同《おな》じように☗3二銀不成《にぎんならず》と両王手《りょうおうて》がかけられます。しかし、☖1二玉《にぎょく》と逃《に》げられると、2四飛《よんひ》がよく利《き》いていて詰《つ》みません。

正解《せいかい》は☗2二銀成《にぎんなり》。この両王手《りょうおうて》なら☖1二玉《にぎょく》と逃《に》がしません。

第《だい》139問《もん》

ヒント

玉《ぎょく》を引《ひ》かせません

レベル ★★★★★

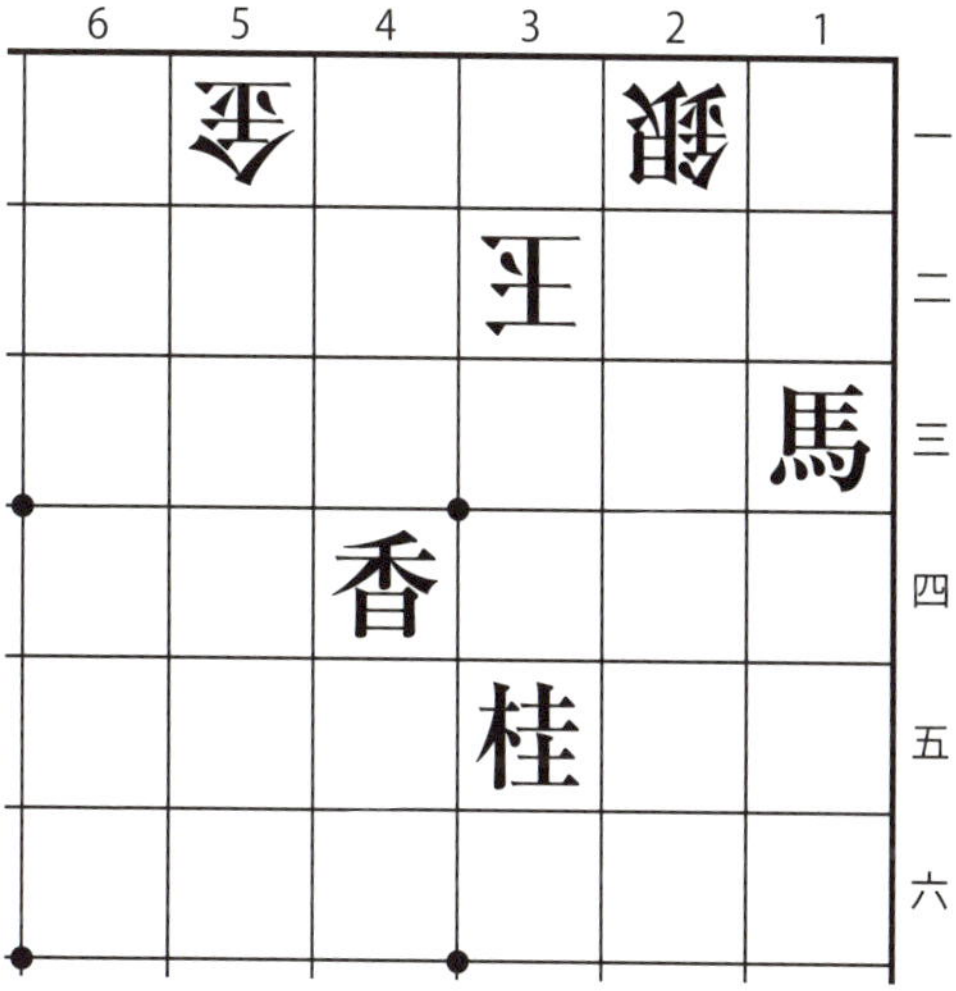

持駒《もちごま》 なし

第《だい》140問《もん》

ヒント

角《かく》の利《き》きを確認《かくにん》

レベル ★★★★★

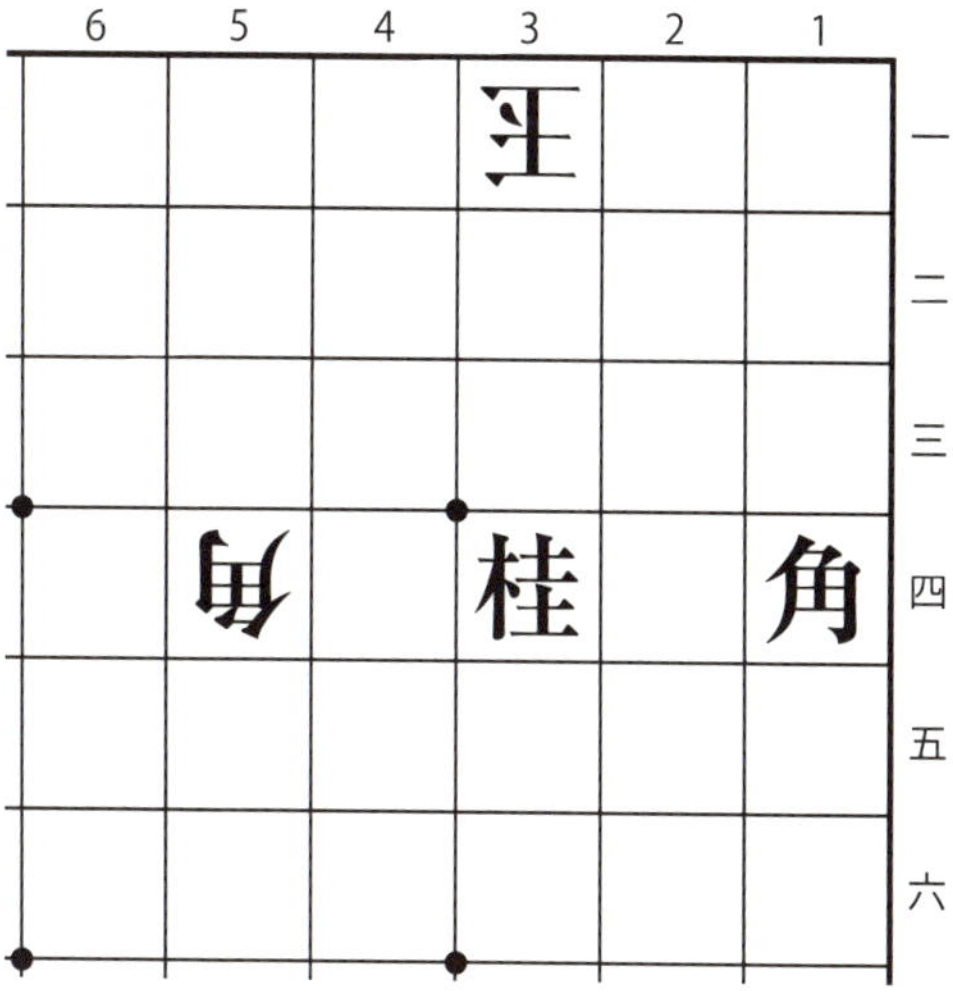

持駒《もちごま》 銀《ぎん》

第《だい》139問《もん》

☗2三桂成《さんけいなり》

正解図《せいかいず》

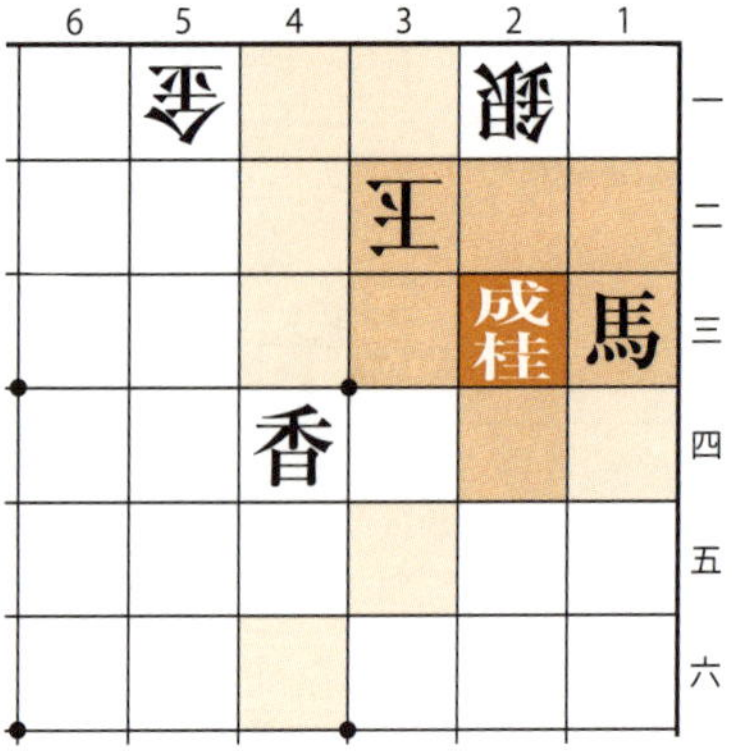

☗持駒《もちごま》 なし

桂《けい》を跳《は》ねる

☗4三桂成《さんけいなり》や☗4三香成《さんきょうなり》は、香《きょう》の利《き》きが止《と》まるので、☖4一玉《いちぎょく》で詰《つ》みません。

☗2三馬《さんうま》は、☖3一玉《いちぎょく》と逃《に》げられます。

☗2三桂成《さんけいなり》が正解《せいかい》。香《きょう》と馬《うま》がよく利《き》いているので、玉《ぎょく》は動《うご》けません。

第《だい》140問《もん》

☗2二銀《にぎん》

正解図《せいかいず》

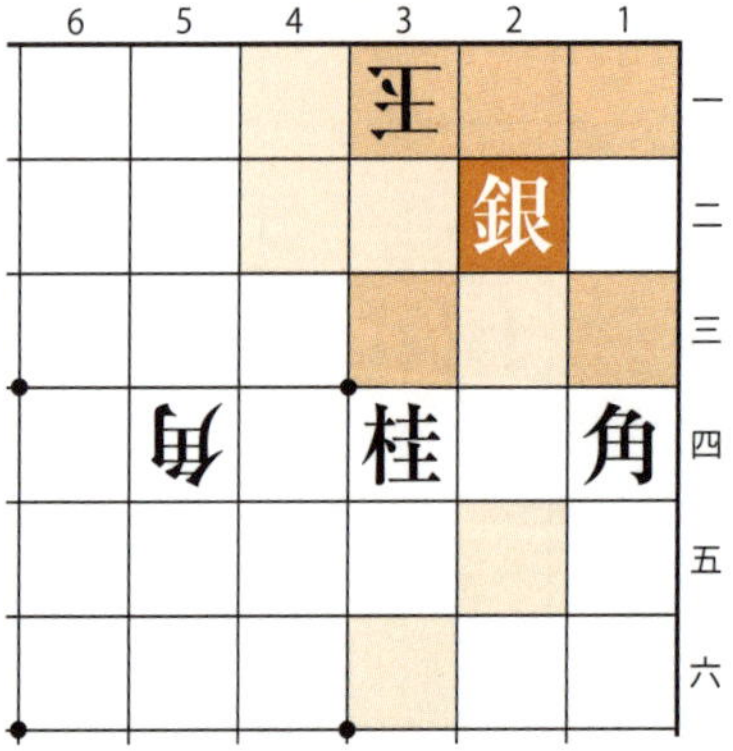

☗持駒《もちごま》 なし

斜《なな》めから王手《おうて》

玉《ぎょく》の近《ちか》くに駒《こま》がありません。まず、角《かく》と桂《けい》の利《き》きをていねいに確認《かくにん》します。

玉《ぎょく》の逃《に》げ道《みち》は2一《いち》だけ。しかし、☗3二銀《にぎん》と打《う》つのは、☖同角《どうかく》と取《と》られます。

5四角《よんかく》の利《き》きを避《さ》けて、☗2二銀《にぎん》で詰《つ》み。

第《だい》141問《もん》

ヒント

どちらを成《な》るか

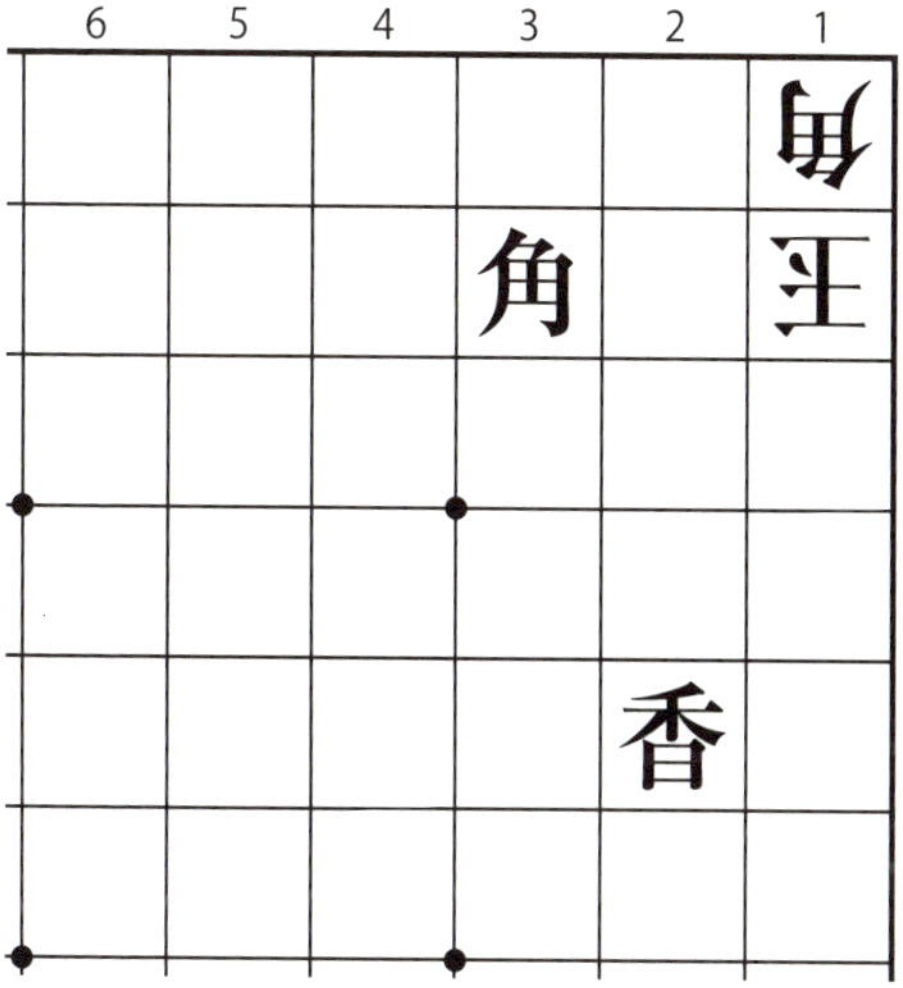

レベル ★★★★★

持駒《もちごま》 なし

第《だい》142問《もん》

ヒント

逃《に》げ道《みち》を作《つく》りません

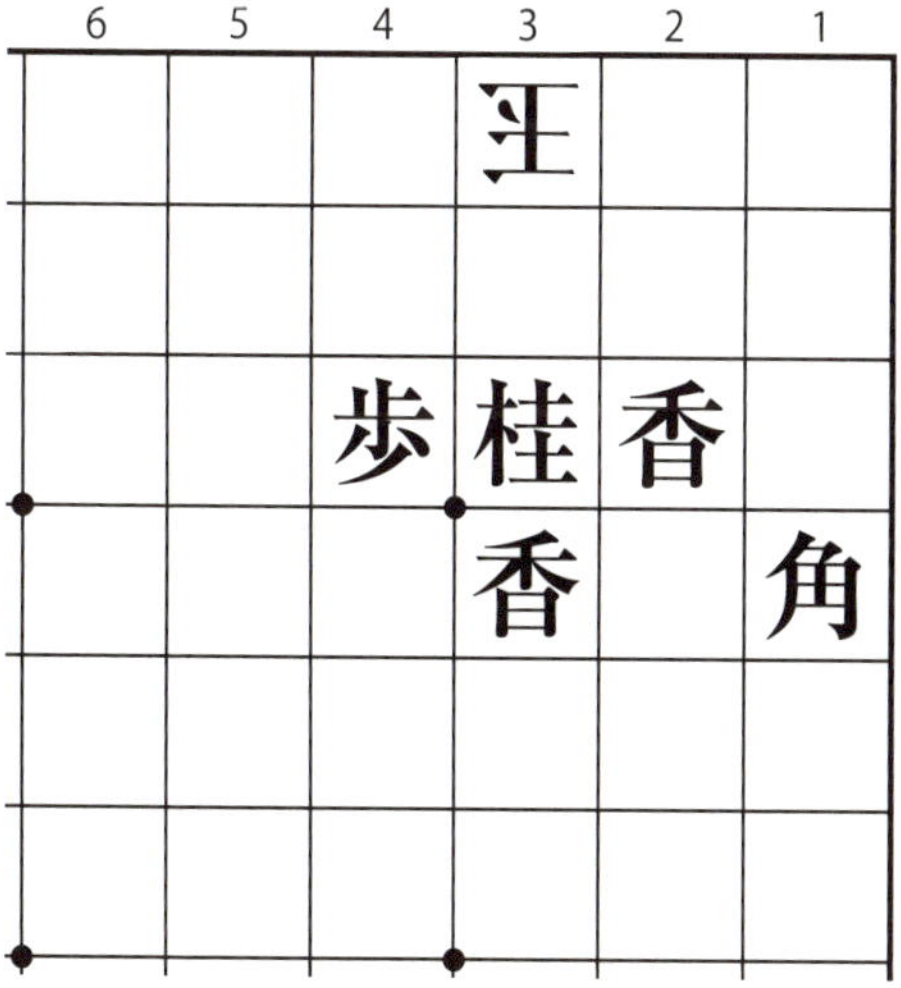

レベル ★★★★★

持駒《もちごま》 なし

第《だい》141問《もん》

☗2三香成《さんきょうなり》

正解図《せいかいず》

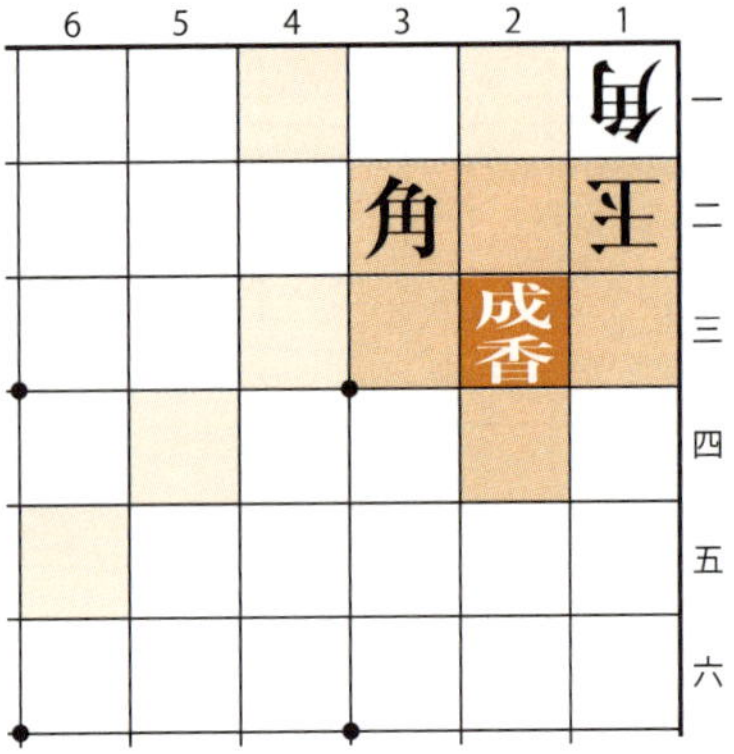

☗持駒《もちごま》 なし

馬《うま》は作《つく》らない

角《かく》を動《うご》かして馬《うま》が作《つく》れます。しかし、☗2一角成《いちかくなり》は☖1三玉《さんぎょく》と逃《に》げられますし、☗2三《さん》角成《かくなり》は☖2一玉《いちぎょく》で詰《つ》みません。

角《かく》ではなく香《きょう》を動《うご》かします。☗2三香成《さんきょうなり》で逃《に》げ道《みち》なし。

第《だい》142問《もん》

☗2一香成《いちきょうなり》

正解図《せいかいず》

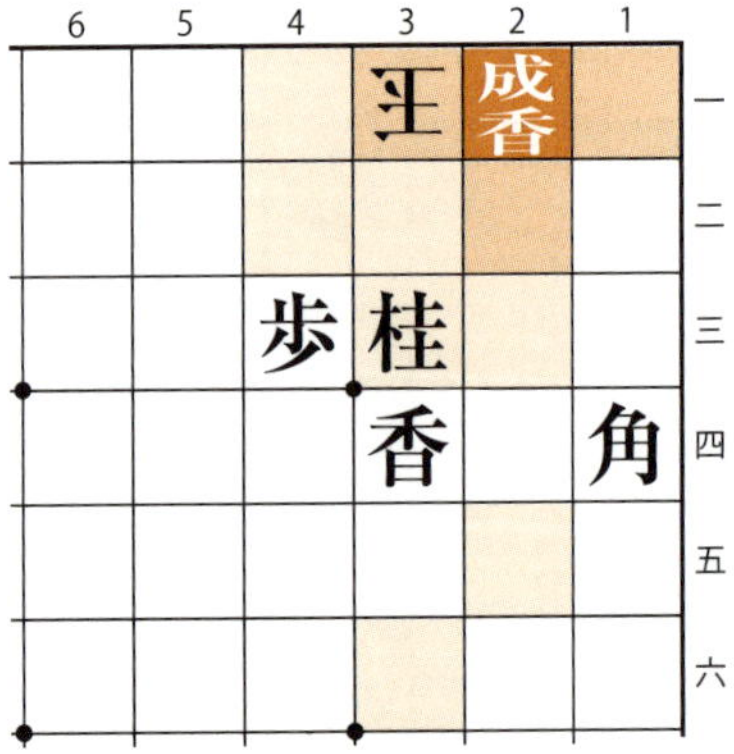

☗持駒《もちごま》 なし

角《かく》を活《い》かす

☗2一桂成《いちけいなり》の両王手《りょうおうて》が考《かんが》えられます。しかし、☖4一玉《いちぎょく》で詰《つ》みません。駒《こま》を動《うご》かす時《とき》は、新《あたら》しい逃《に》げ道《みち》が作《つく》られないか注意《ちゅうい》しましょう。

正解《せいかい》は☗2一香成《いちきょうなり》。3二《に》には角《かく》が利《き》いているので、詰《つ》んでいます。

第《だい》143問《もん》

ヒント

竜《りゅう》を働《はたら》かせません

レベル ★★★★★

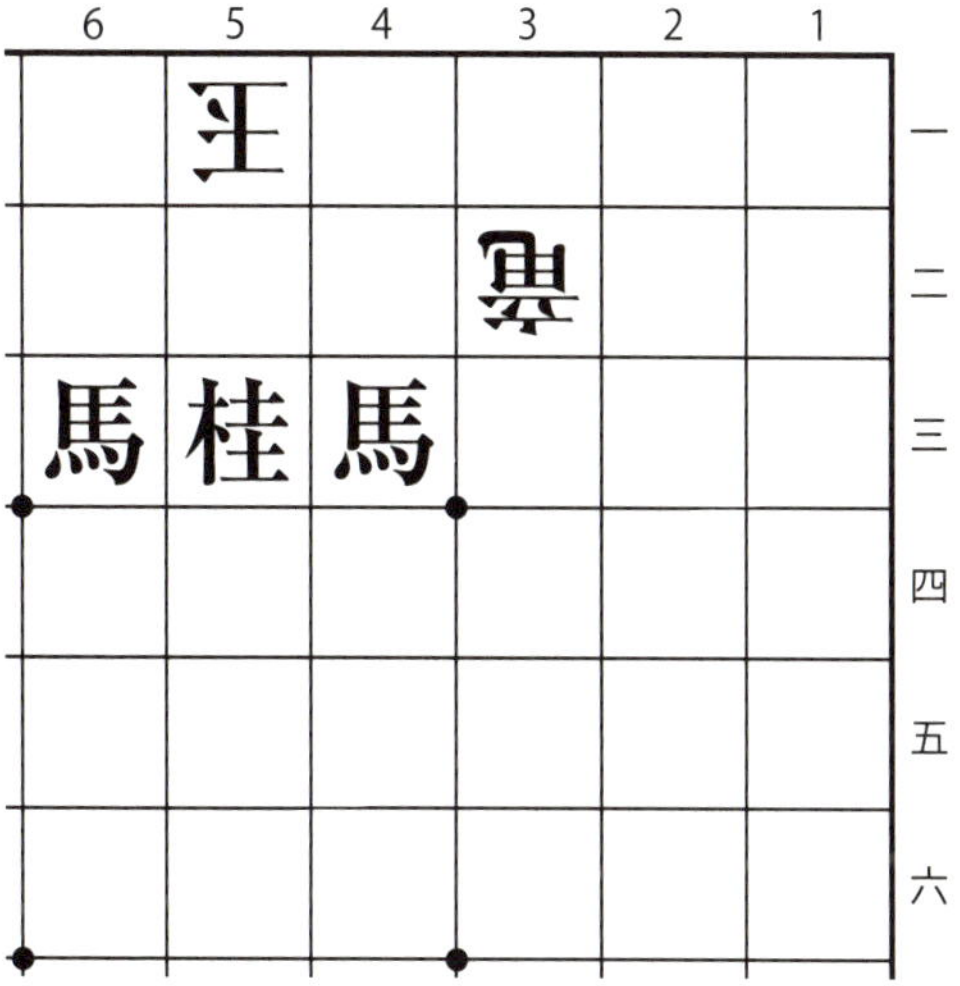

持駒《もちごま》 なし

第《だい》144問《もん》

ヒント

銀《ぎん》の弱点《じゃくてん》に注意《ちゅうい》

レベル ★★★★★

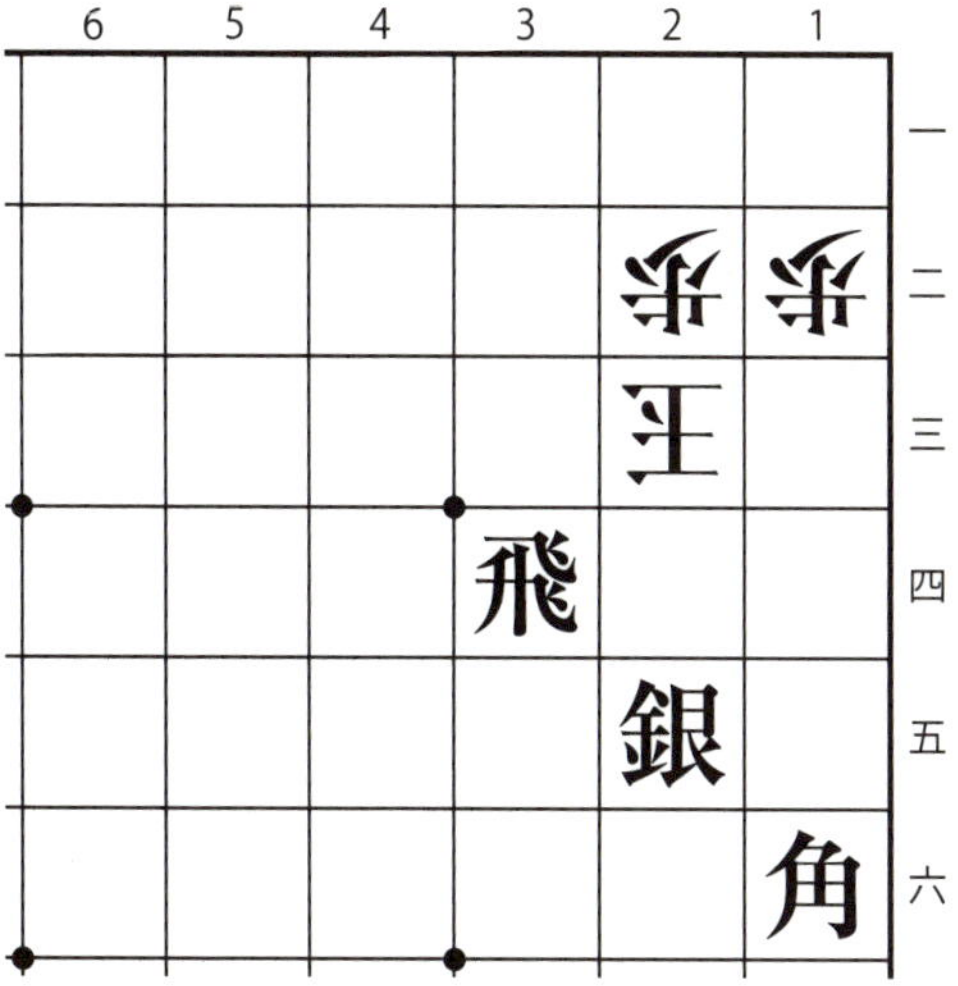

持駒《もちごま》 なし

第《だい》143問《もん》

☗6一桂成《いちけいなり》

正解図《せいかいず》

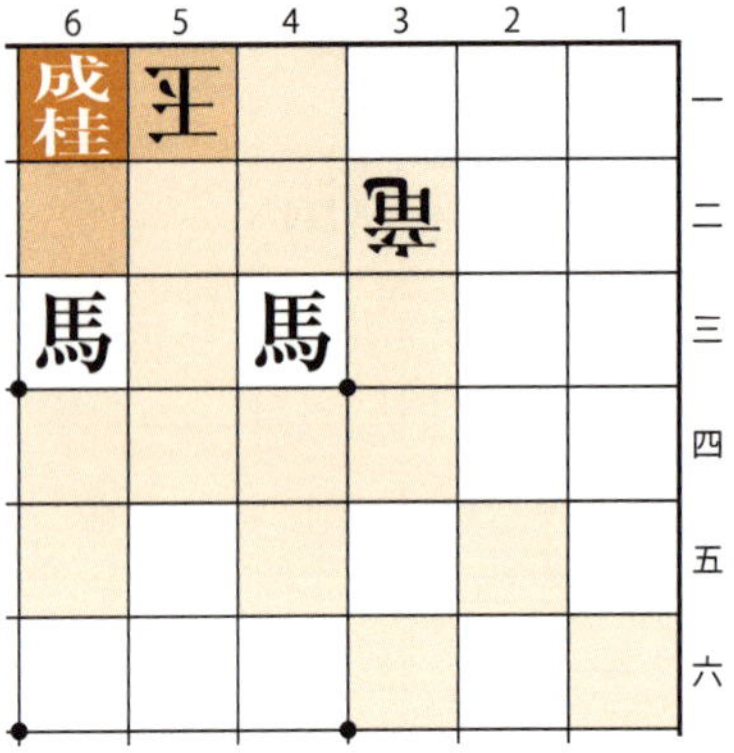

☗持駒《もちごま》 なし

馬《うま》は動《うご》かせない

馬《うま》を動《うご》かしたくなる形《かたち》。しかし、ほとんどの馬《うま》の王手《おうて》は竜《りゅう》に取《と》られてしまいます。☗6一馬《いちうま》なら竜《りゅう》に取《と》られませんが、☖4二玉《にぎょく》で失敗《しっぱい》です。

馬《うま》は動《うご》かさず、☗6一桂成《いちけいなり》として詰《つ》み。

第《だい》144問《もん》

☗1四銀《よんぎん》

正解図《せいかいず》

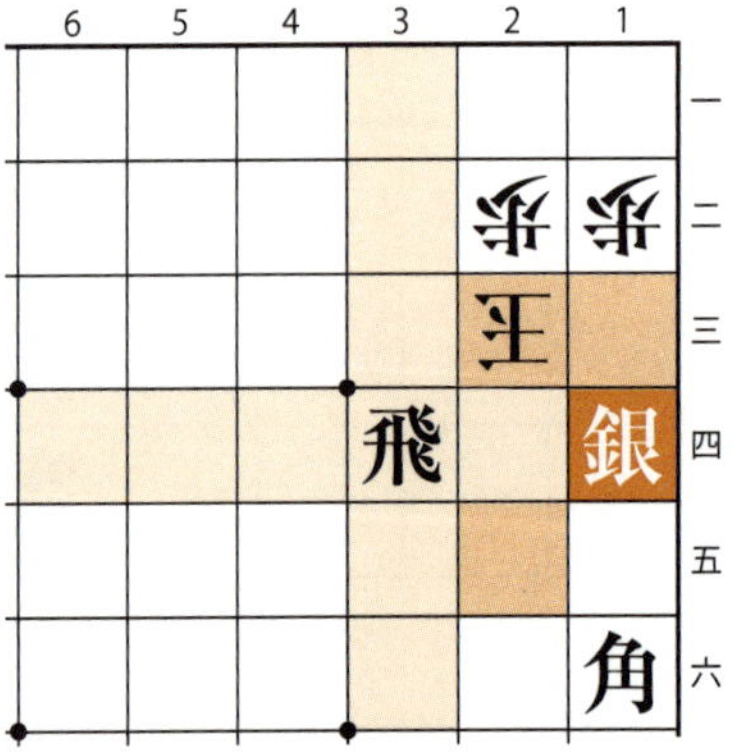

☗持駒《もちごま》 なし

斜《なな》めから王手《おうて》

まっすぐに☗2四銀《よんぎん》は☖1四玉《よんぎょく》とかわされます。銀《ぎん》の弱点《じゃくてん》は横《よこ》と後《うし》ろ。銀《ぎん》を玉《ぎょく》に近《ちか》づける時《とき》は、弱点《じゃくてん》に気《き》をつけましょう。

玉《ぎょく》の斜《なな》めに☗1四銀《よんぎん》が正解《せいかい》。3四飛《よんひ》は角《かく》に守《まも》られています。

第《だい》145問《もん》

ヒント
駒《こま》が取《と》られそう

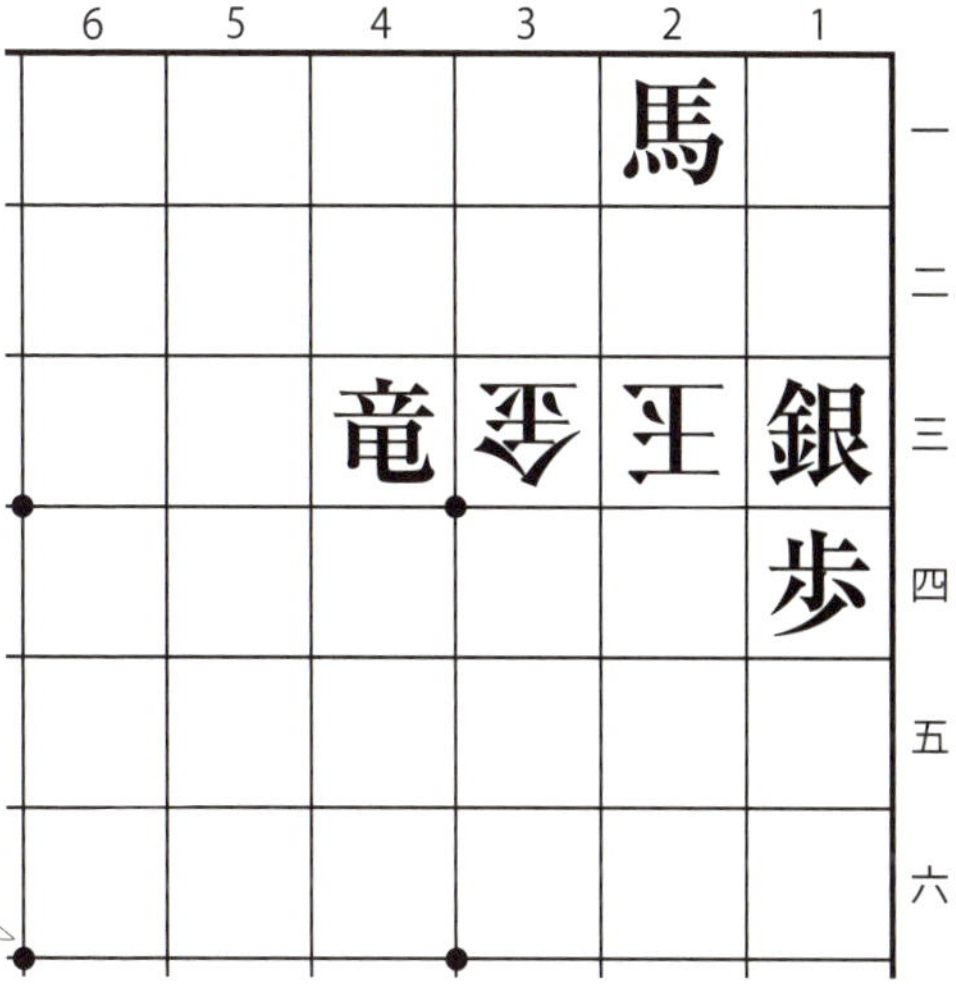

レベル ★★★★★

持駒《もちごま》 なし

第《だい》146問《もん》

ヒント
移動場所《いどうばしょ》はどこ?

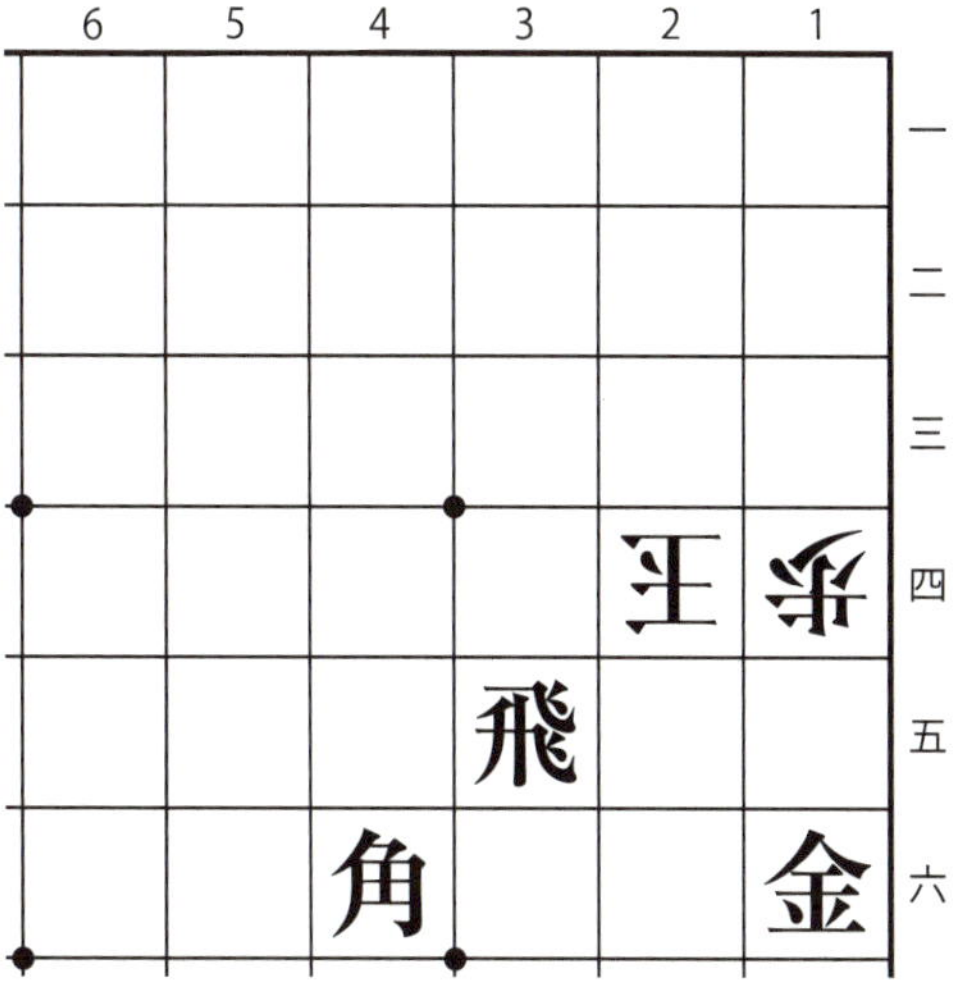

レベル ★★★★★

持駒《もちごま》 なし

第《だい》145問《もん》

☗3二《に》馬《うま》

正解図《せいかいず》

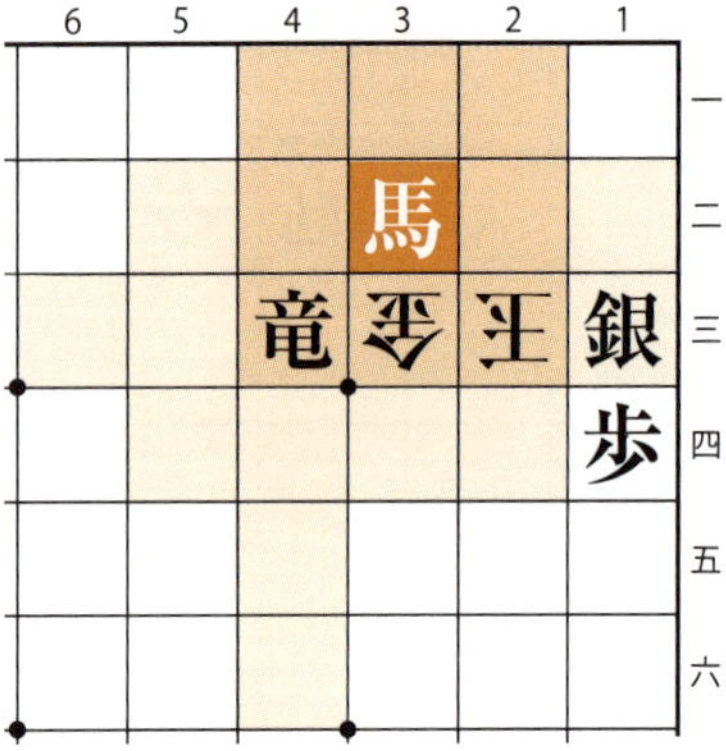

☗持駒《もちごま》 なし

歩《ふ》を守《まも》る

☗2二《に》馬《うま》は☖1四玉《よんぎょく》と逃《に》げられます。駒《こま》を取《と》られるのは、見落《みお》としやすい逃《に》げ方《かた》。

正解《せいかい》は☗3二《に》馬《うま》。金《きん》のそばに駒《こま》を動《うご》かすのは怖《こわ》いかもしれませんが、竜《りゅう》があるので金《きん》は動《うご》けません。これで1四《よん》歩《ふ》も守《まも》れます。

第《だい》146問《もん》

☗3二《に》飛成《ひなり》

正解図《せいかいず》

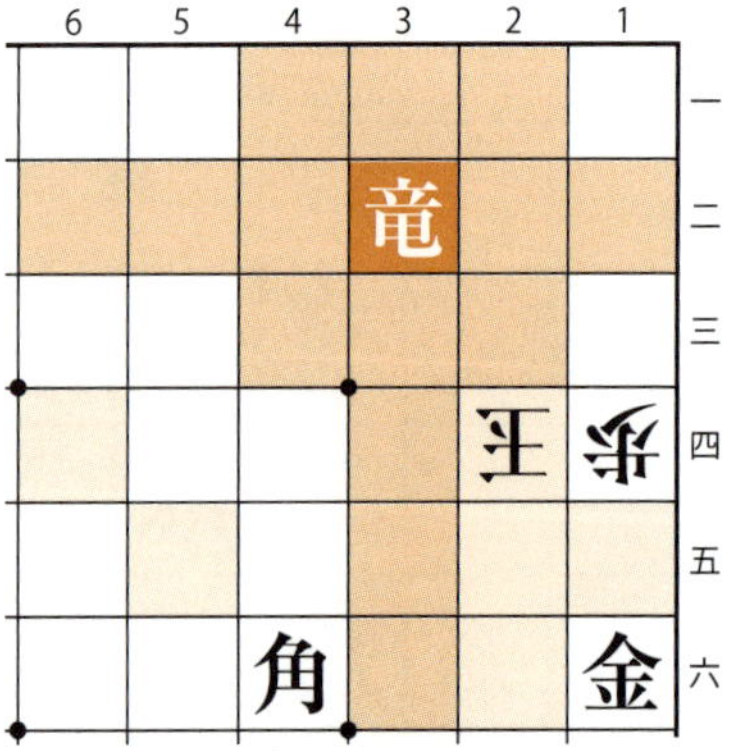

☗持駒《もちごま》 なし

ここしかない開《あ》き王手《おうて》

☗2五金《ごきん》は☖2三玉《さんぎょく》で詰《つ》みません。飛車《ひしゃ》を動《うご》かして開《あ》き王手《おうて》をかけますが、どこに動《うご》かすかが問題《もんだい》です。

正解《せいかい》は☗3二《に》飛成《ひなり》。2三《さん》に竜《りゅう》の利《き》きを作《つく》ります。

ヒント

飛《ひ》が大事《だいじ》な駒《こま》

第《だい》147問《もん》

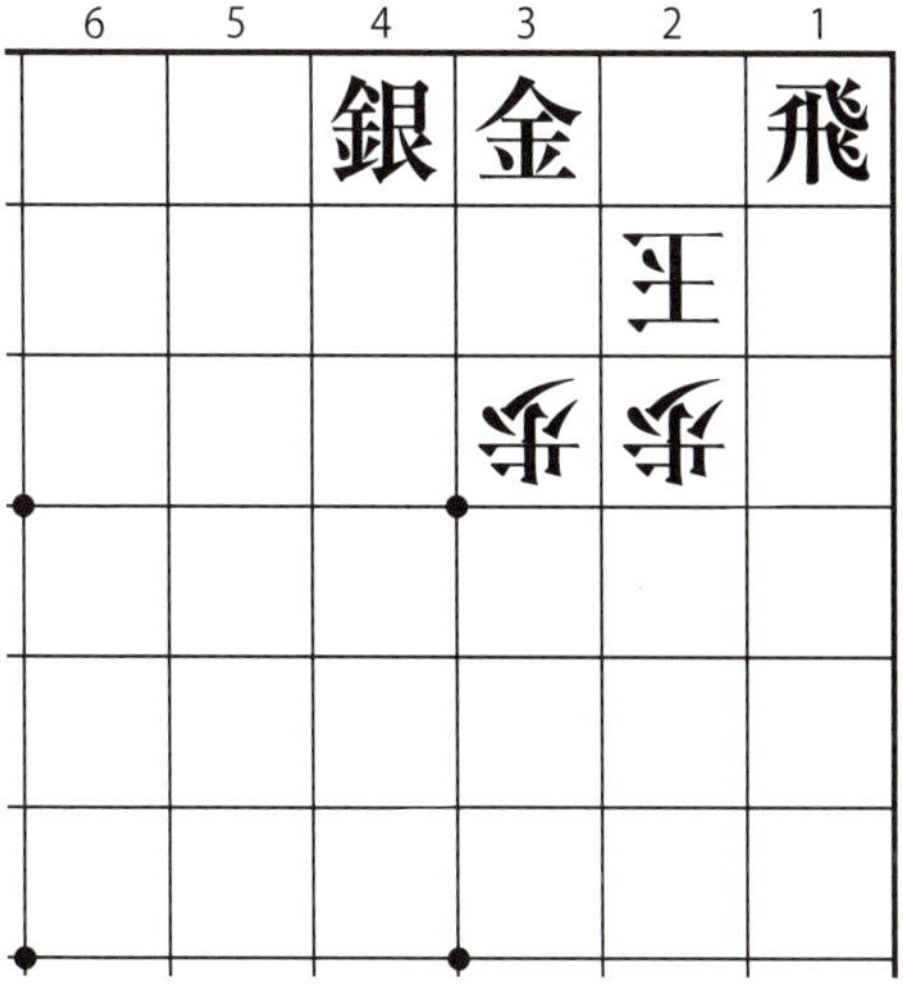

レベル

★★★★★

持駒《もちごま》 なし

ヒント

飛《ひ》を活《い》かします

第《だい》148問《もん》

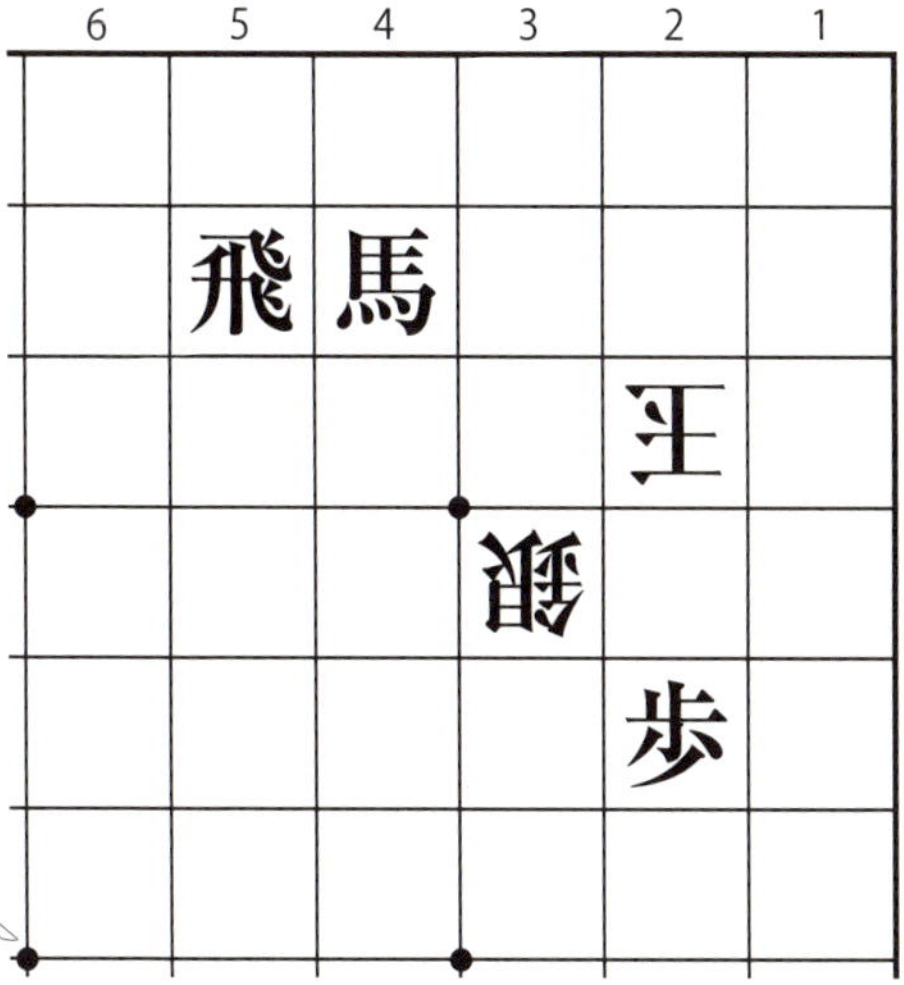

レベル

★★★★★

持駒《もちごま》 なし

第《だい》147問《もん》

☗2一金《いちきん》

正解図《せいかいず》

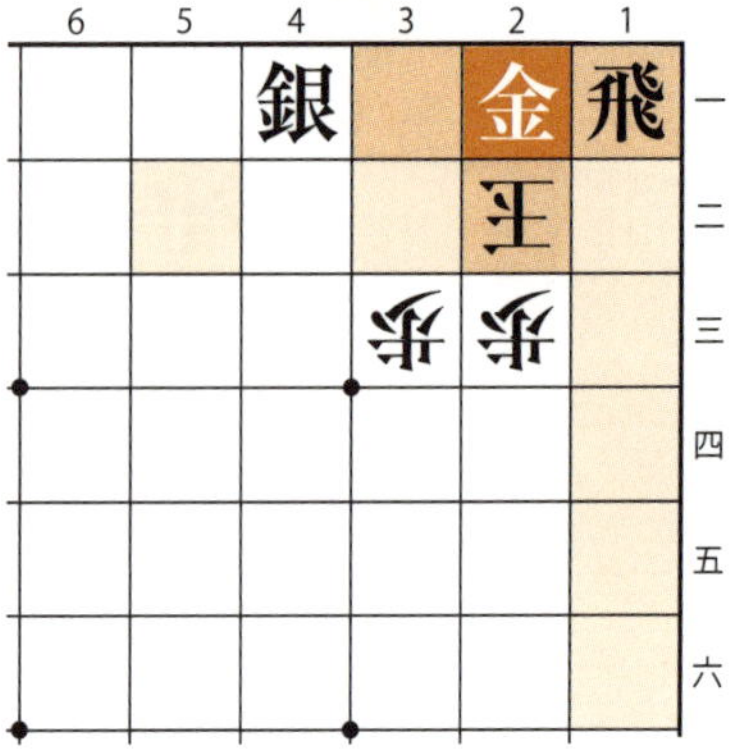

☗持駒《もちごま》 なし

駒《こま》を連結《れんけつ》させる

☗3二銀成《にぎんなり》や☗3二金《にきん》は、☖1一玉《いちぎょく》と飛《ひ》車《しゃ》を取《と》られてしまいます。☗2一飛成《いちひなり》は☖1三玉《さんぎょく》と脱出《だっしゅつ》。飛《ひ》車《しゃ》を取《と》られず、玉《ぎょく》を1三《さん》に逃《に》がさない、それが☗2一金《いちきん》です。

第《だい》148問《もん》

☗2四馬《よんうま》

正解図《せいかいず》

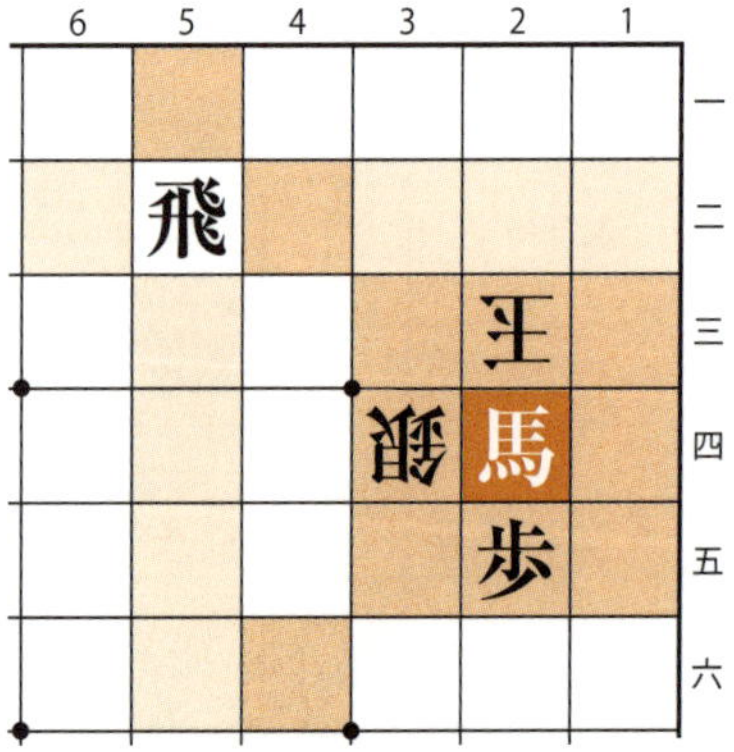

☗持駒《もちごま》 なし

飛《ひ》車《しゃ》の利《き》きを通《とお》す

飛《ひ》車《しゃ》に押《お》されるようにして☗3二馬《にうま》と動《うご》かしたくなりますが、☖1三玉《さんぎょく》☗2二馬《にうま》☖1四玉《よんぎょく》で詰《つ》みません。☗2四馬《よんうま》と引《ひ》くのが正解《せいかい》。飛《ひ》車《しゃ》の利《き》きが通《とお》るので、玉《ぎょく》は下《した》に逃《に》げられません。

第《だい》149問《もん》

ヒント
金《きん》をどこに動《うご》かすか

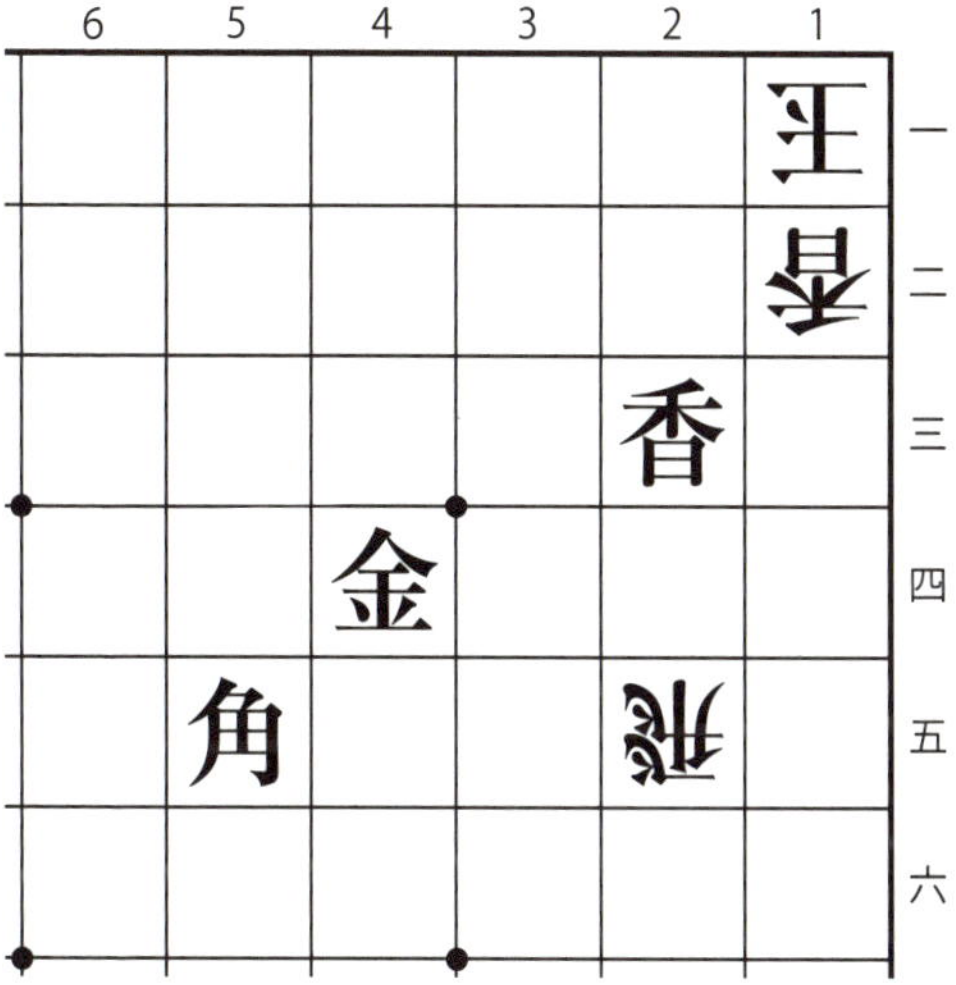

レベル ★★★★★

持駒《もちごま》 なし

第《だい》150問《もん》

ヒント
馬《うま》を働《はたら》かせません

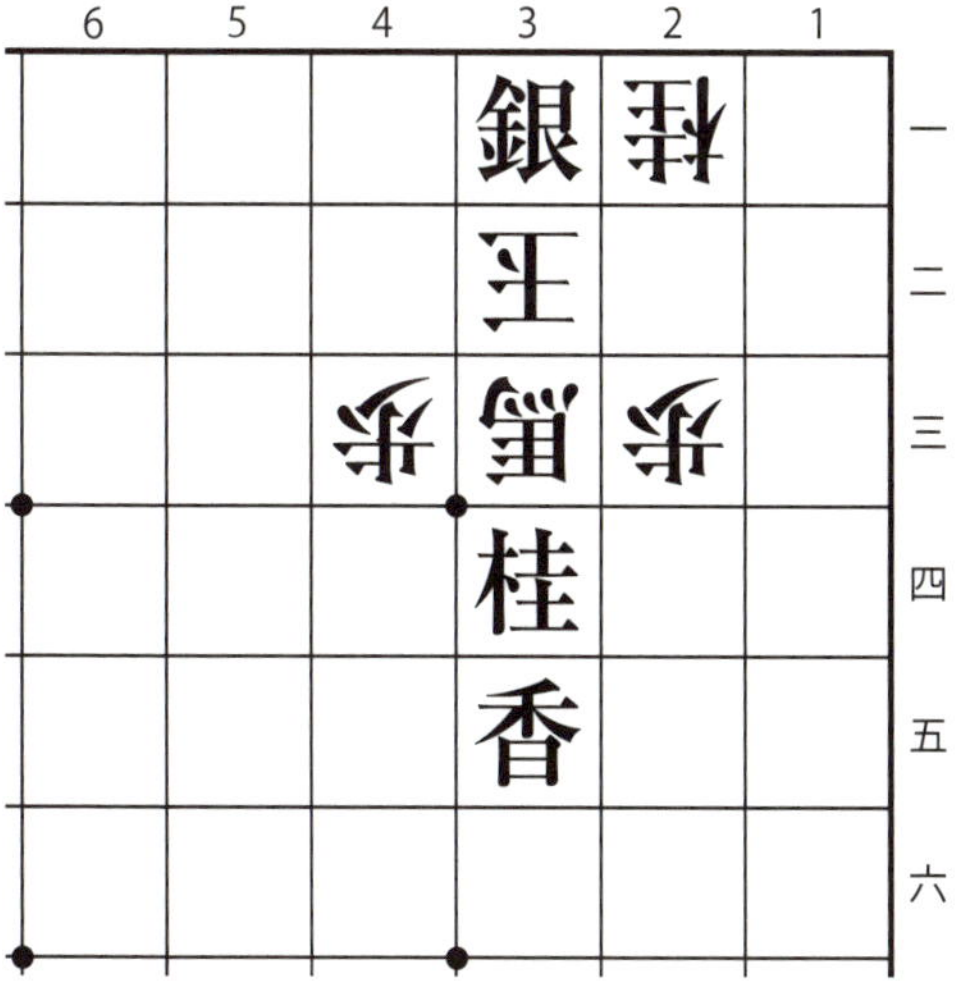

レベル ★★★★★

持駒《もちごま》 なし

第《だい》149問《もん》

☗4五金《ごきん》

正解図《せいかいず》

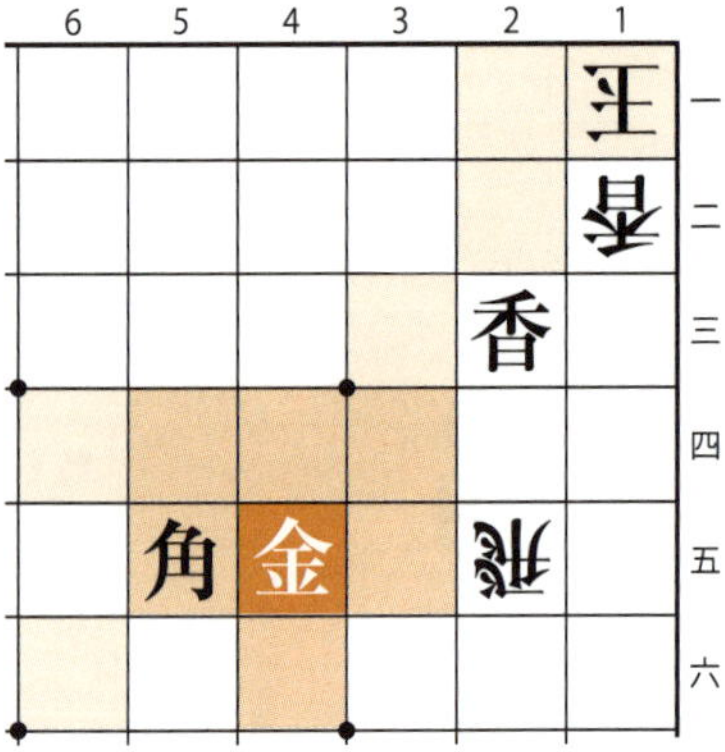

☗持駒《もちごま》 なし

飛車《ひしゃ》の利《き》きを止《と》める

金《きん》を動《うご》かして角《かく》で王手《おうて》をかけます。さて、金《きん》をどこに動《うご》かせばよいでしょうか?

金《きん》を玉《ぎょく》に近《ちか》づけようとしてもうまくいきません。鍵《かぎ》となるのは2五飛《ごひ》。この飛車《ひしゃ》に角《かく》を取《と》られないように、☗4五金《ごきん》と引《ひ》きます。

第《だい》150問《もん》

☗4二桂成《にけいなり》

正解図《せいかいず》

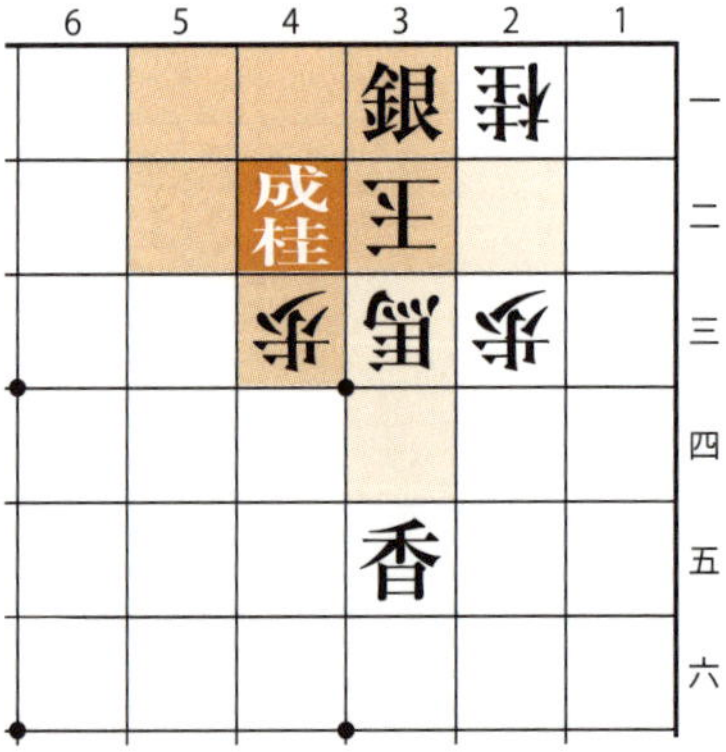

☗持駒《もちごま》 なし

香《きょう》のにらみ

守《まも》りの馬《うま》を働《はたら》かせない攻《せ》めを考《かんが》えます。

☗4二銀成《にぎんなり》は☖同馬《どううま》で失敗《しっぱい》。

正解《せいかい》は☗4二桂成《にけいなり》です。銀成《ぎんなり》と同《おな》じように馬《うま》で取《と》られそうですが、3五香《ごきょう》が玉《ぎょく》を狙《ねら》っているので、馬《うま》は動《うご》けません。

第《だい》151問《もん》

ヒント

竜《りゅう》の利《き》きを活《い》かします

レベル ★★★★★

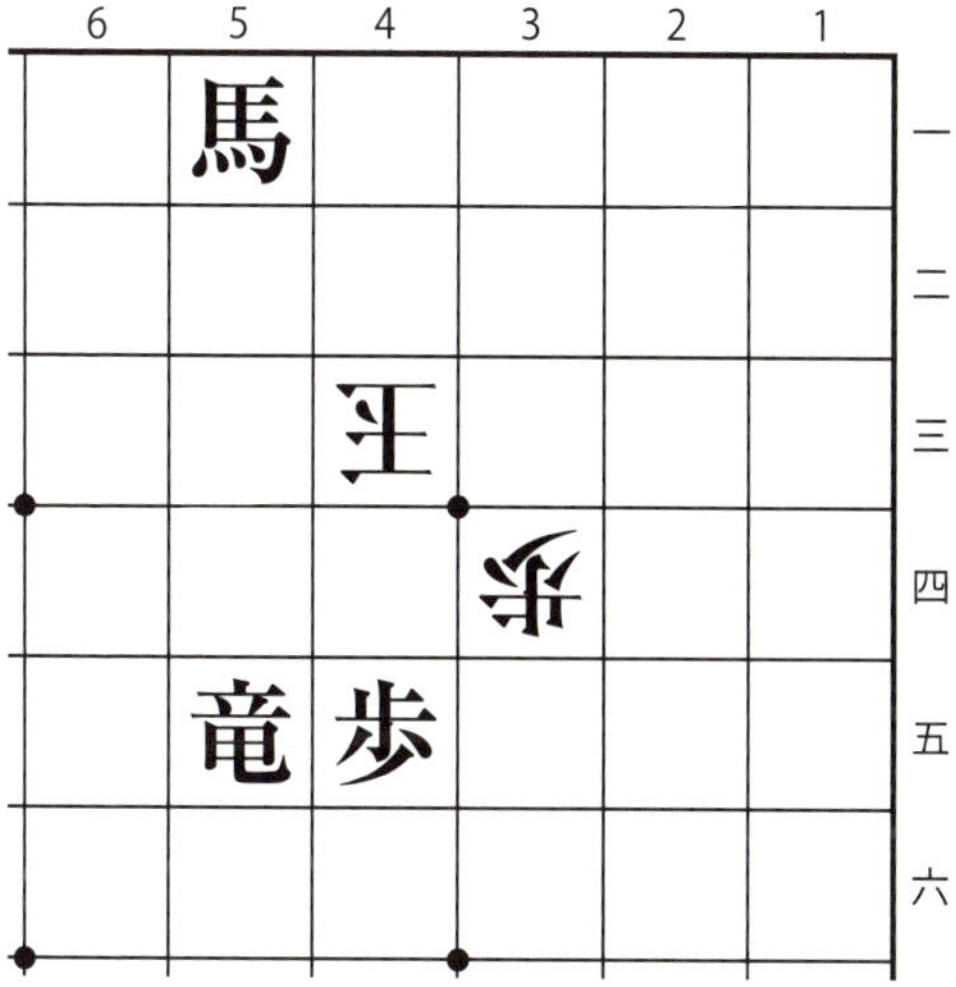

持駒《もちごま》 なし

第《だい》152問《もん》

ヒント

歩《ふ》の向《む》きに注意《ちゅうい》

レベル ★★★★★

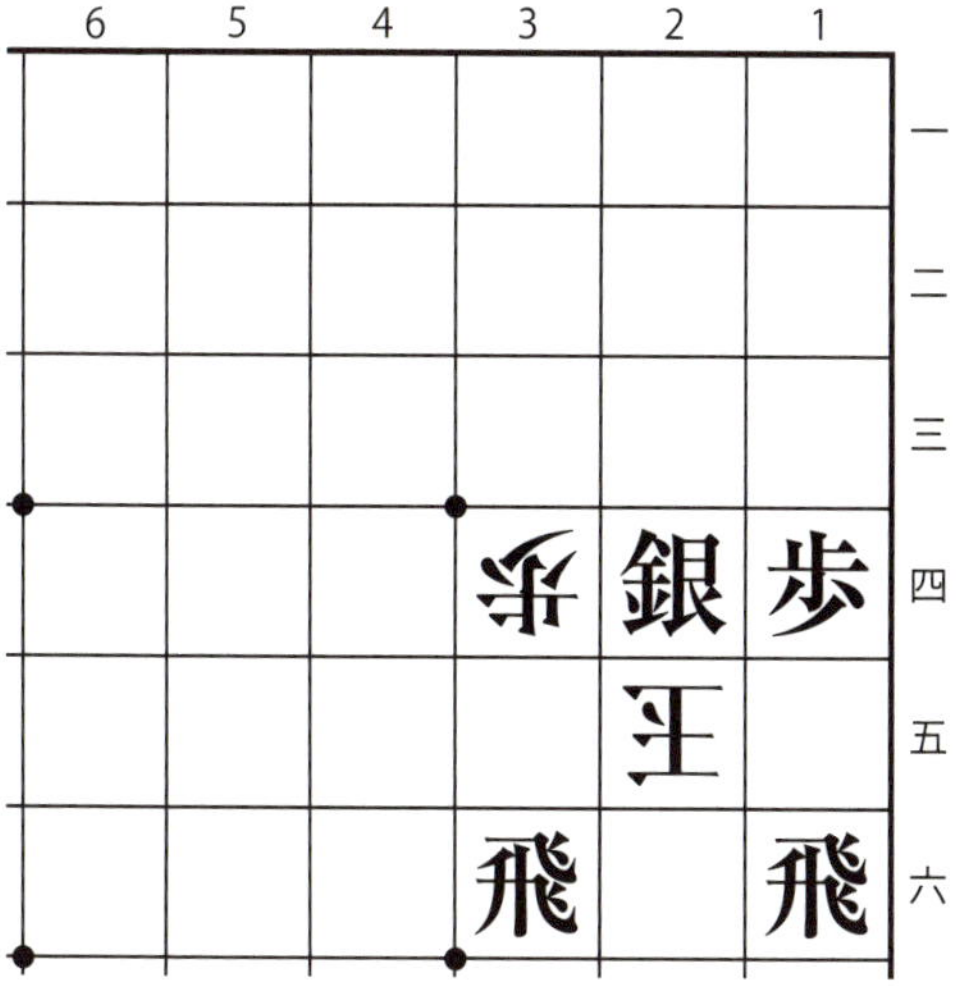

持駒《もちごま》 なし

第《だい》151問《もん》

☗5二竜《にりゅう》

正解図《せいかいず》

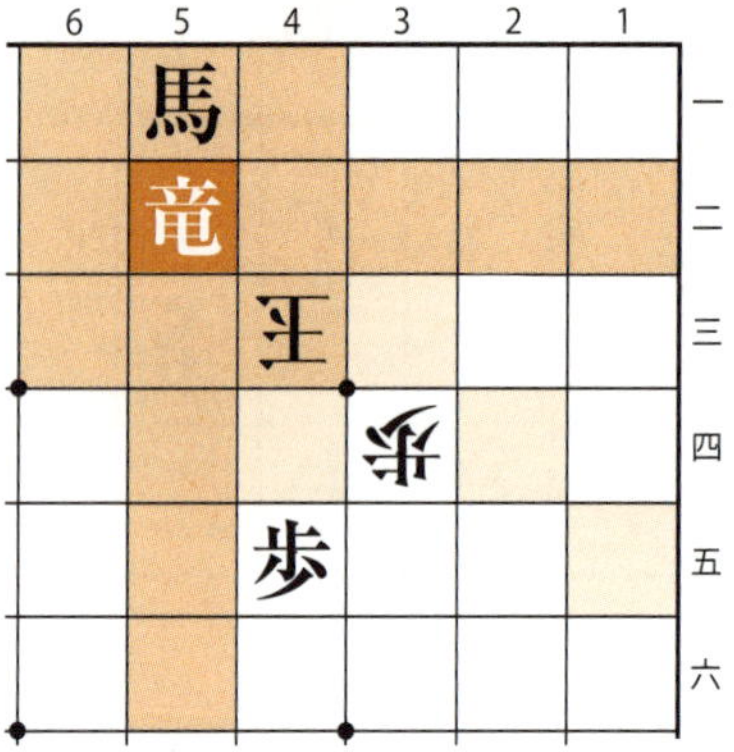

☗持駒《もちごま》 なし

大駒《おおごま》の力《ちから》

☗4四竜《よんりゅう》と玉《ぎょく》の頭《あたま》を攻《せ》めたいですが、☖3二玉《にぎょく》と逃《に》げられます。もちろん、☗4四歩《よんふ》でも同《おな》じです。

☗5二竜《にりゅう》と敵陣《てきじん》に侵入《しんにゅう》するのが正解《せいかい》。竜《りゅう》が縦《たて》にも横《よこ》にもよく利《き》いています。

第《だい》152問《もん》

☗2六飛《ろくひ》左《ひだり》

正解図《せいかいず》

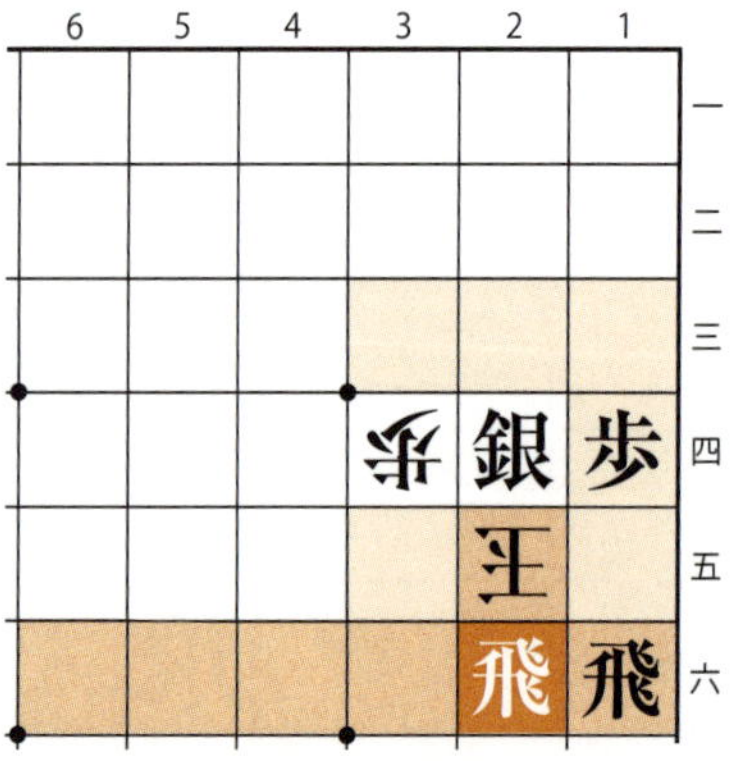

☗持駒《もちごま》 なし

3四歩《よんふ》は壁駒《かべごま》

銀《ぎん》が取《と》られそうなので、飛車《ひしゃ》を2六《ろく》に動《うご》かして王手《おうて》をかけます。

正解《せいかい》は☗2六飛左《ろくひひだり》（左《ひだり》の飛車《ひしゃ》を動《うご》かす）。右《みぎ》の飛車《ひしゃ》を動《うご》かして☗2六飛右《ろくひみぎ》とするのは、☖1四玉《よんぎょく》と歩《ふ》を取《と》られてしまいます。

第《だい》153問《もん》

ヒント
どの銀《ぎん》を動《うご》かすか

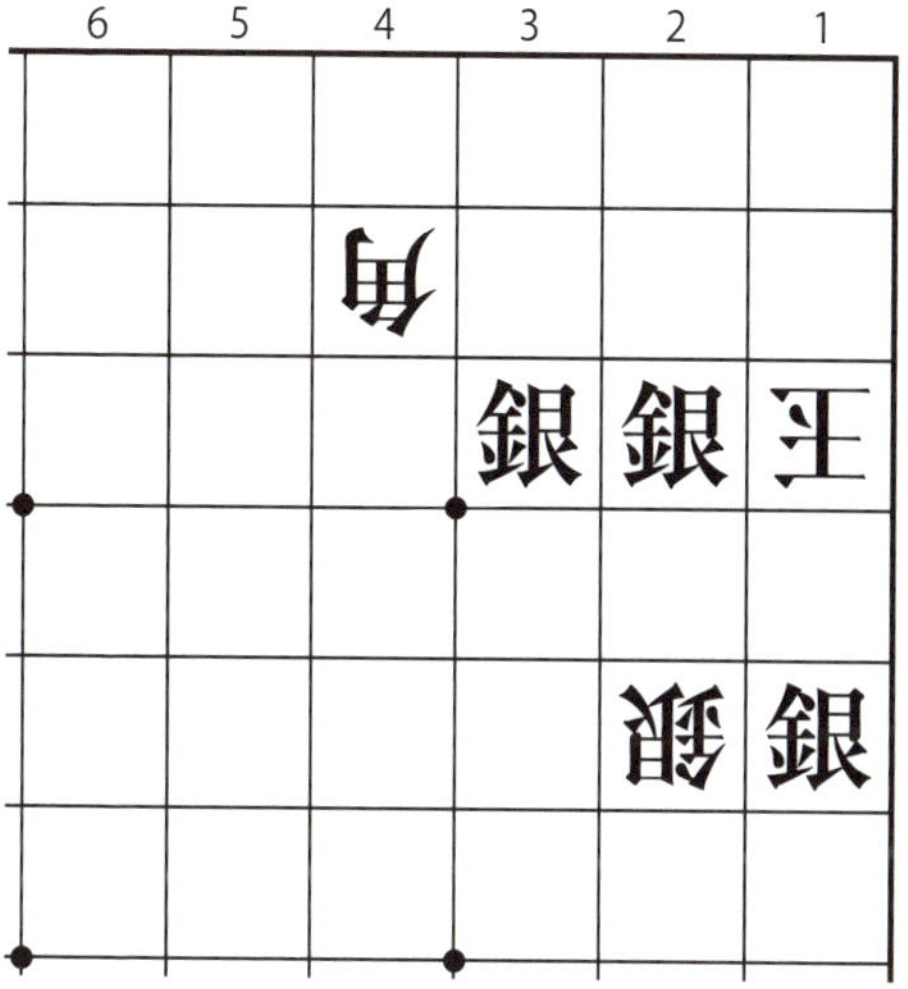

レベル ★★★★★

持駒《もちごま》　なし

第《だい》154問《もん》

ヒント
金《きん》は動《うご》けない

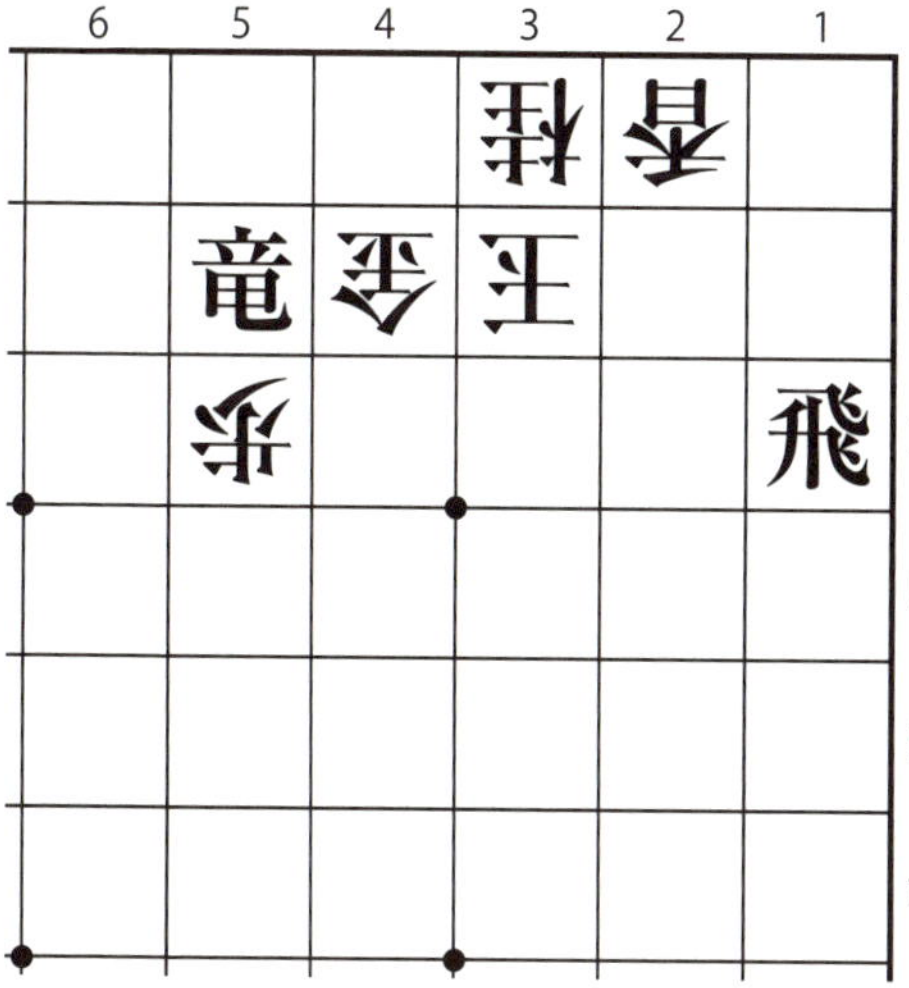

レベル ★★★★★

持駒《もちごま》　銀《ぎん》

第《だい》153問《もん》

☗2四銀上《よんぎんあがる》

正解図《せいかいず》

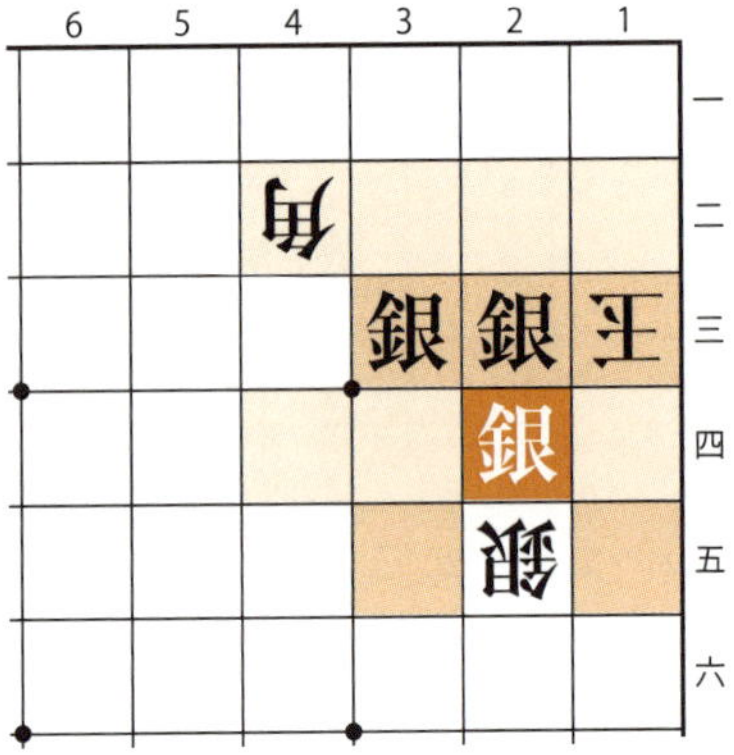

☗持駒《もちごま》 なし

2三銀《さんぎん》を守《まも》る

3枚《まい》の銀《ぎん》の内《うち》、どれを動《うご》かすかが問題《もんだい》。

3三銀《さんぎん》を動《うご》かすのが有力《ゆうりょく》ですが、☗2二銀《にぎん》左《ひだり》不成《ならず》は☖2三玉《さんぎょく》で詰《つ》みません。☗2四銀《よんぎん》引成《ひくなり》は同角《どうかく》と取《と》られてしまいます。

正解《せいかい》は☗2四銀上《よんぎんあがる》（1五銀《ごぎん》を上《あ》げる）です。

第《だい》154問《もん》

☗3三銀《さんぎん》

正解図《せいかいず》

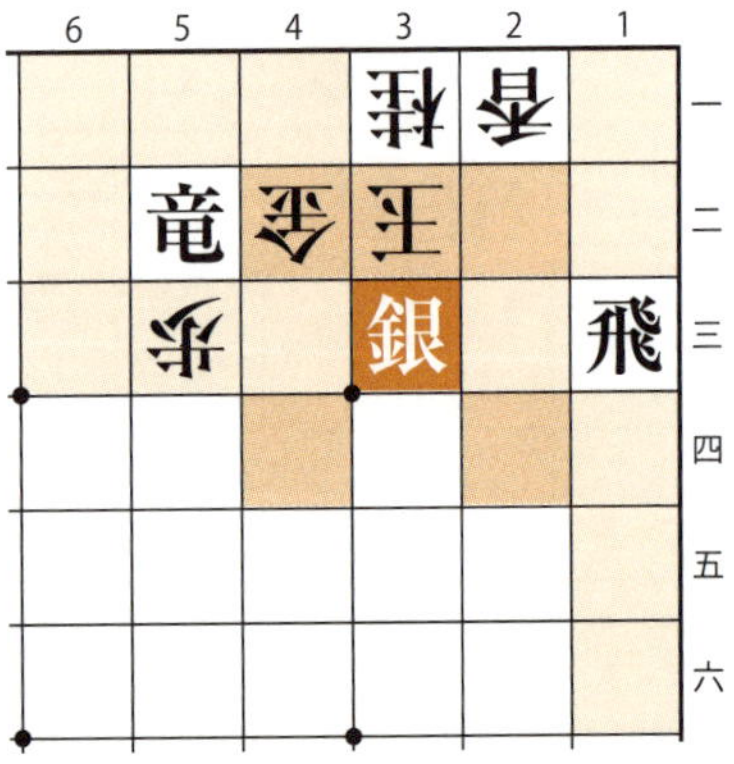

☗持駒《もちごま》 なし

正面《しょうめん》を攻《せ》める

5二竜《にりゅう》を見《み》ると、☗4一銀《いちぎん》を試《ため》してみたくなります。しかし、☖2二玉《にぎょく》と寄《よ》られて、☗4二竜《にりゅう》☖1三玉《さんぎょく》で詰《つ》みません。

正解《せいかい》は☗3三銀《さんぎん》と、玉《ぎょく》の正面《しょうめん》に銀《ぎん》を打《う》つ手《て》。これなら☖2二玉《にぎょく》を防《ふせ》げます。

第《だい》155問《もん》

レベル ★★★★★

ヒント
右《みぎ》か左《ひだり》か

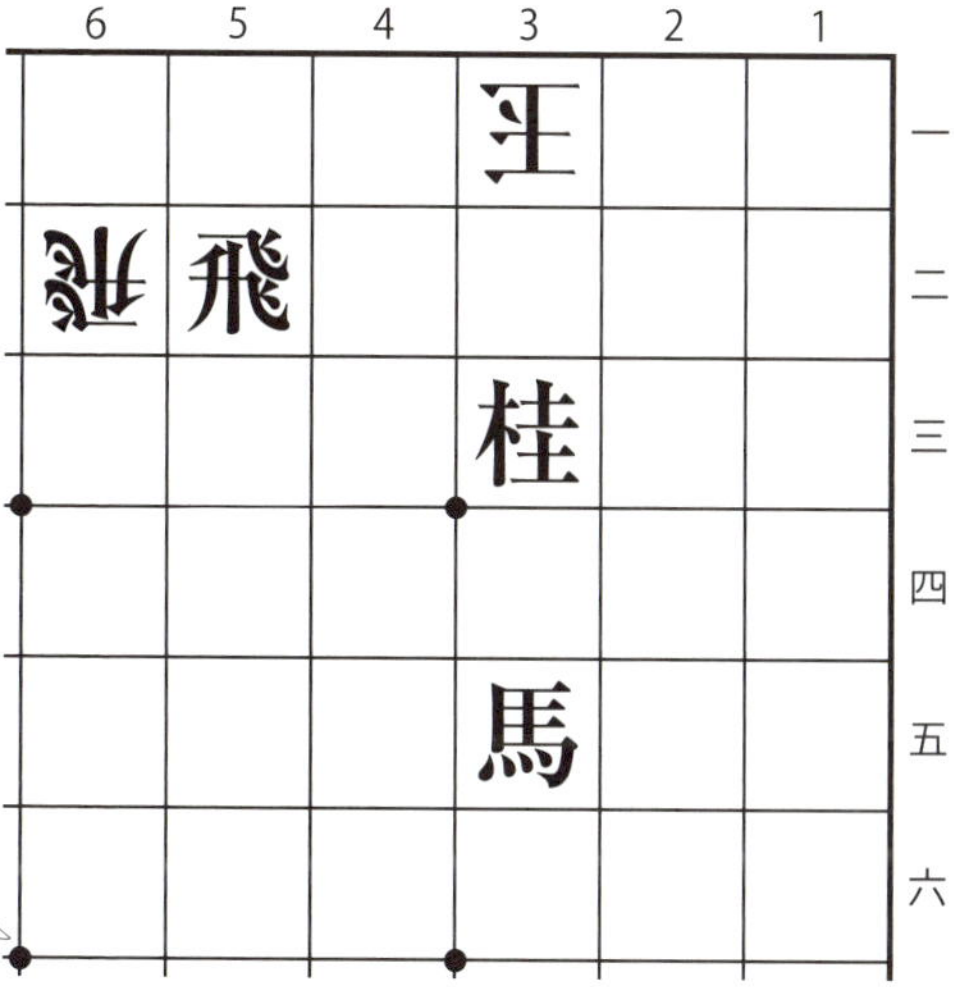

持駒《もちごま》 なし

第《だい》156問《もん》

レベル ★★★★★

ヒント
竜《りゅう》の力《ちから》

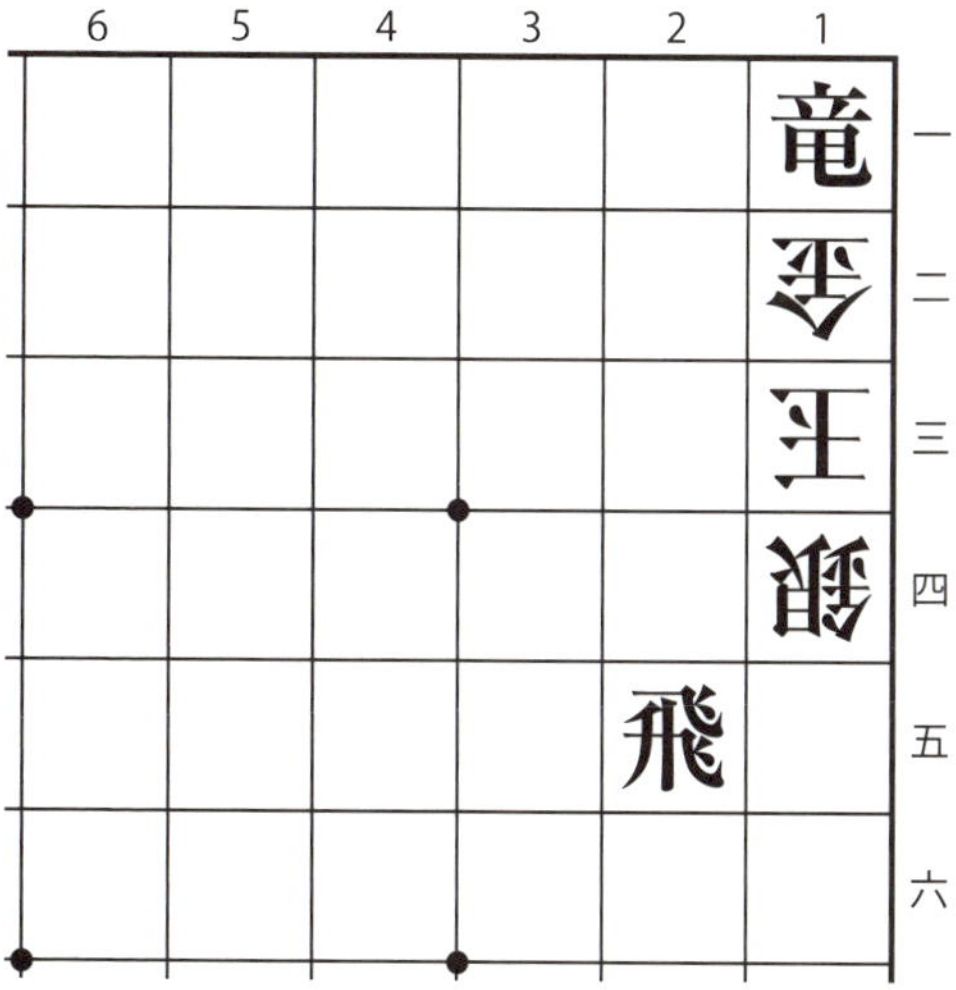

持駒《もちごま》 なし

第《だい》155問《もん》

☗1三馬《さんうま》

正解図《せいかいず》

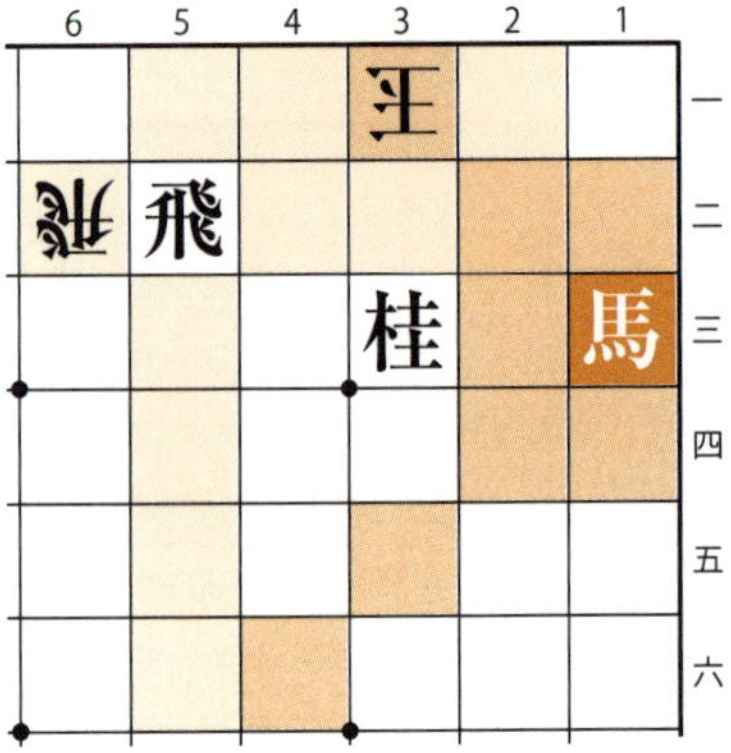

☗持駒《もちごま》 なし

合駒《あいごま》を忘《わす》れない

☗1三馬《さんうま》でも☗5三馬《さんうま》でも詰《つ》みそうですが、詰《つ》むのは☗1三馬《さんうま》だけ。☗5三馬《さんうま》には☖4二歩《にふ》と合駒《あいごま》をする受《う》けがあります。☗4二同飛成《にどうひなり》は☖同飛《どうひ》で、☗4二同馬《にどううま》は☖2二玉《にぎょく》で、どちらも詰《つ》みません。

第《だい》156問《もん》

☗2二飛成《にひなり》

正解図《せいかいず》

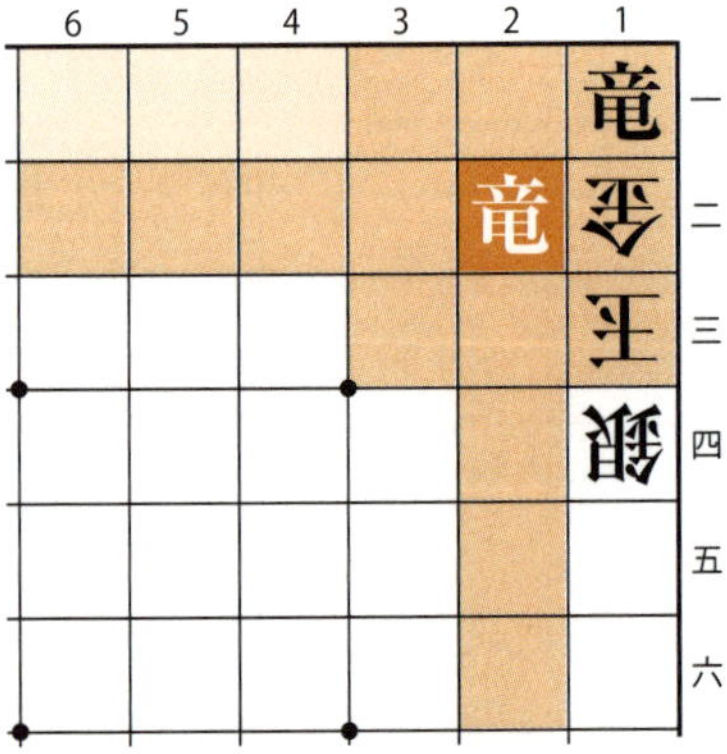

☗持駒《もちごま》 なし

竜《りゅう》が連結《れんけつ》

☗1二竜《にりゅう》と金《きん》を取《と》るのは、☖同玉《どうぎょく》☗2二《に》金《きん》☖1三玉《さんぎょく》で詰《つ》みません。正解《せいかい》は☗2二飛成《にひなり》と2枚目《まいめ》の竜《りゅう》を作《つく》る手《て》。1一竜《いちりゅう》のおかげで、2二竜《にりゅう》が金《きん》に取《と》られることはありません。

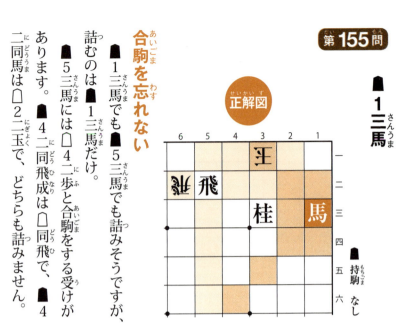

第《だい》157問《もん》

ヒント

強《つよ》い駒《こま》が目立《めだ》ちます

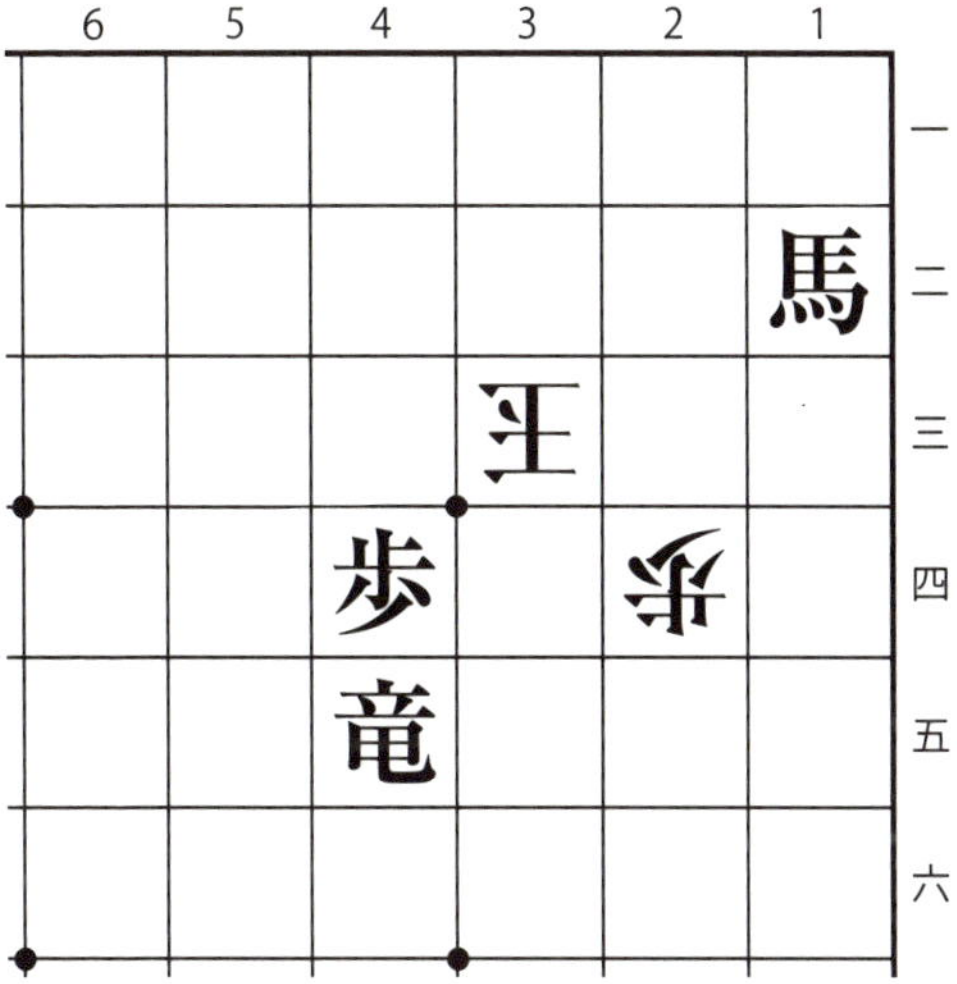

レベル ★★★★★

持駒《もちごま》 なし

第《だい》158問《もん》

ヒント

角《かく》が利《き》いています

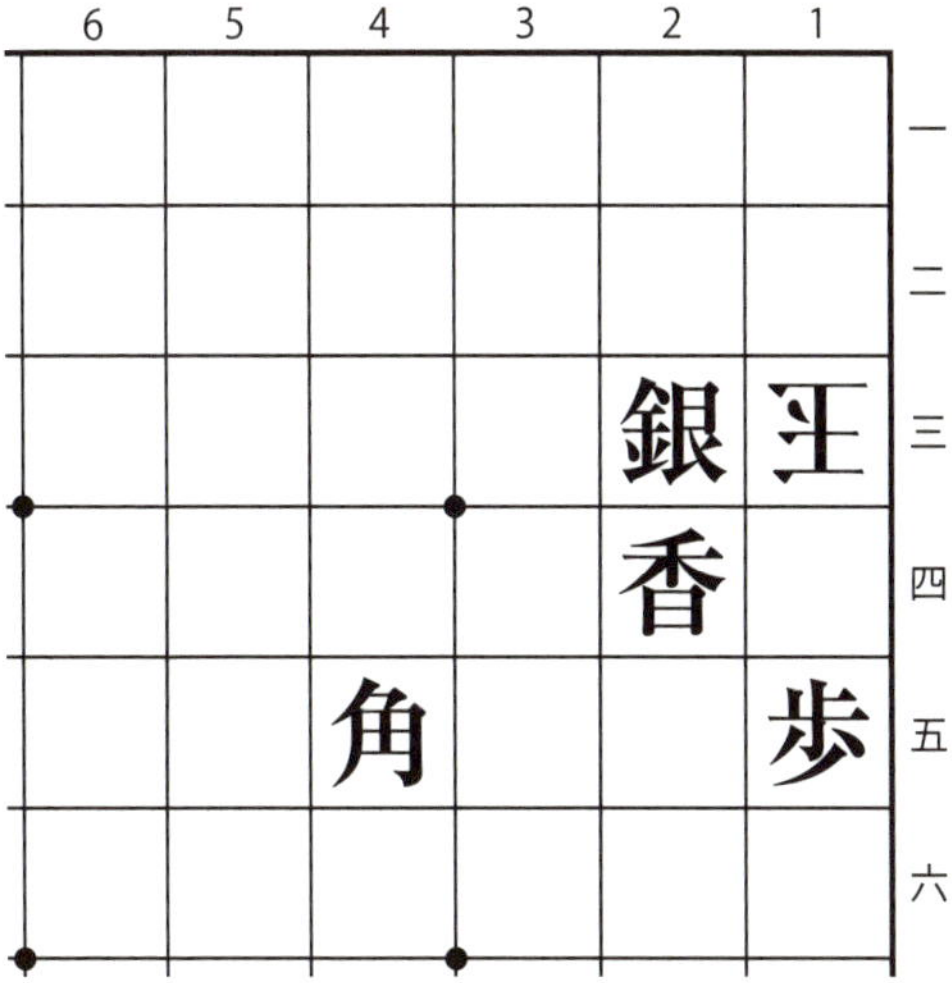

レベル ★★★★★

持駒《もちごま》 なし

第《だい》157問《もん》

☗4三《さん》歩《ふ》成《なり》

正解図《せいかいず》

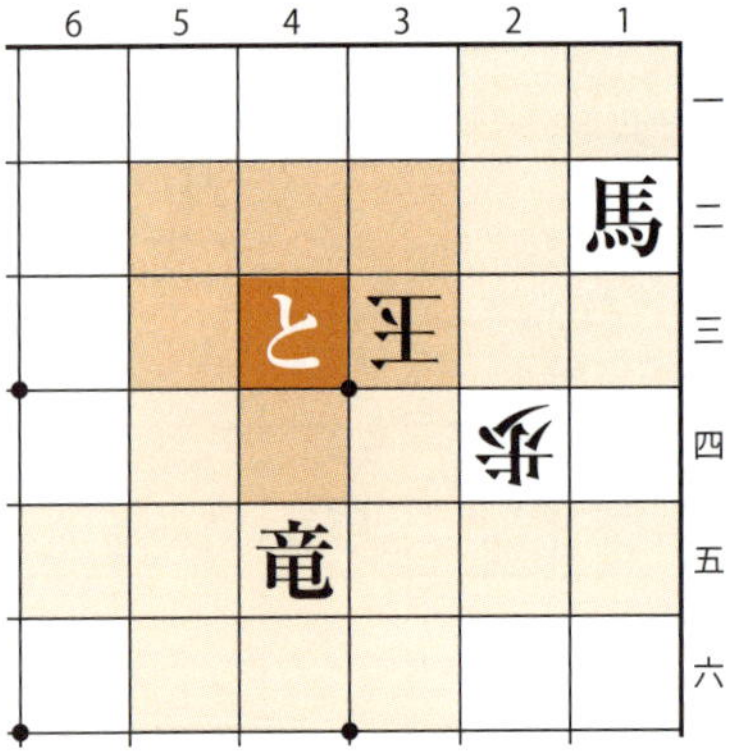

☗持駒《もちごま》 なし

歩《ふ》の頑張《がんば》り

馬《うま》や竜《りゅう》を玉《ぎょく》に近《ちか》づけて王手《おうて》をかけたくなります。しかし、☗3四馬《よんうま》は☖2二玉《にぎょく》で、☗3四竜《よんりゅう》は☖4二玉《にぎょく》で、どちらも詰《つ》みません。

ここは歩《ふ》の出番《でばん》。☗4三歩成《さんふなり》としてと金《きん》を作《つく》ると、詰《つ》んでいます。

第《だい》158問《もん》

☗1四銀成《よんぎんなり》

正解図《せいかいず》

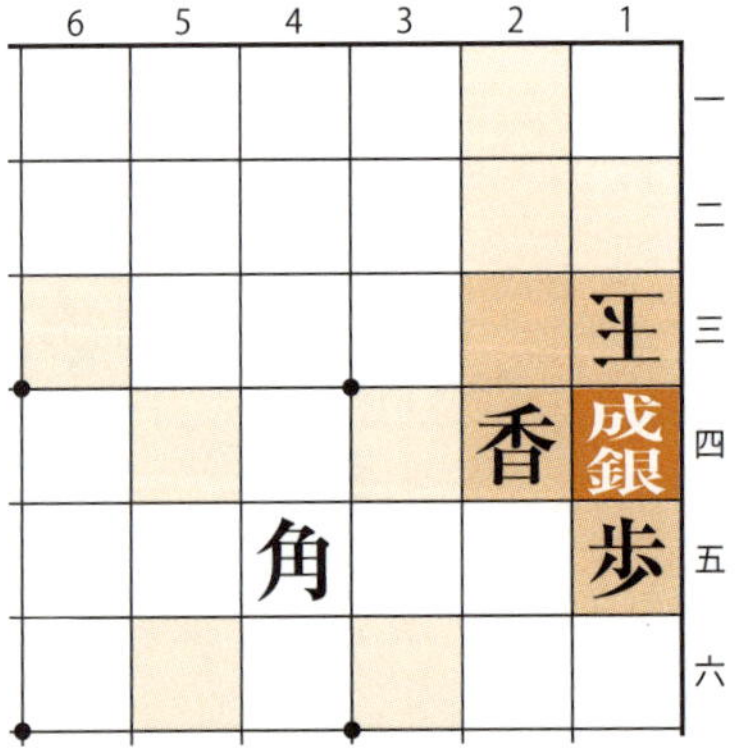

☗持駒《もちごま》 なし

香《きょう》を守《まも》る

☗1四歩《よんふ》で詰《つ》み……は早《はや》とちり。☖2四《よん》玉《ぎょく》と香《きょう》を取《と》られてしまいます。

正解《せいかい》は☗1四銀成《よんぎんなり》。これで香《きょう》が守《まも》れます。

銀《ぎん》が動《うご》くと☖1二玉《にぎょく》と逃《に》げられそうですが、そこには4五角《ごかく》が利《き》いています。

第《だい》159問《もん》

ヒント

3三《さん》は狙《ねら》わない

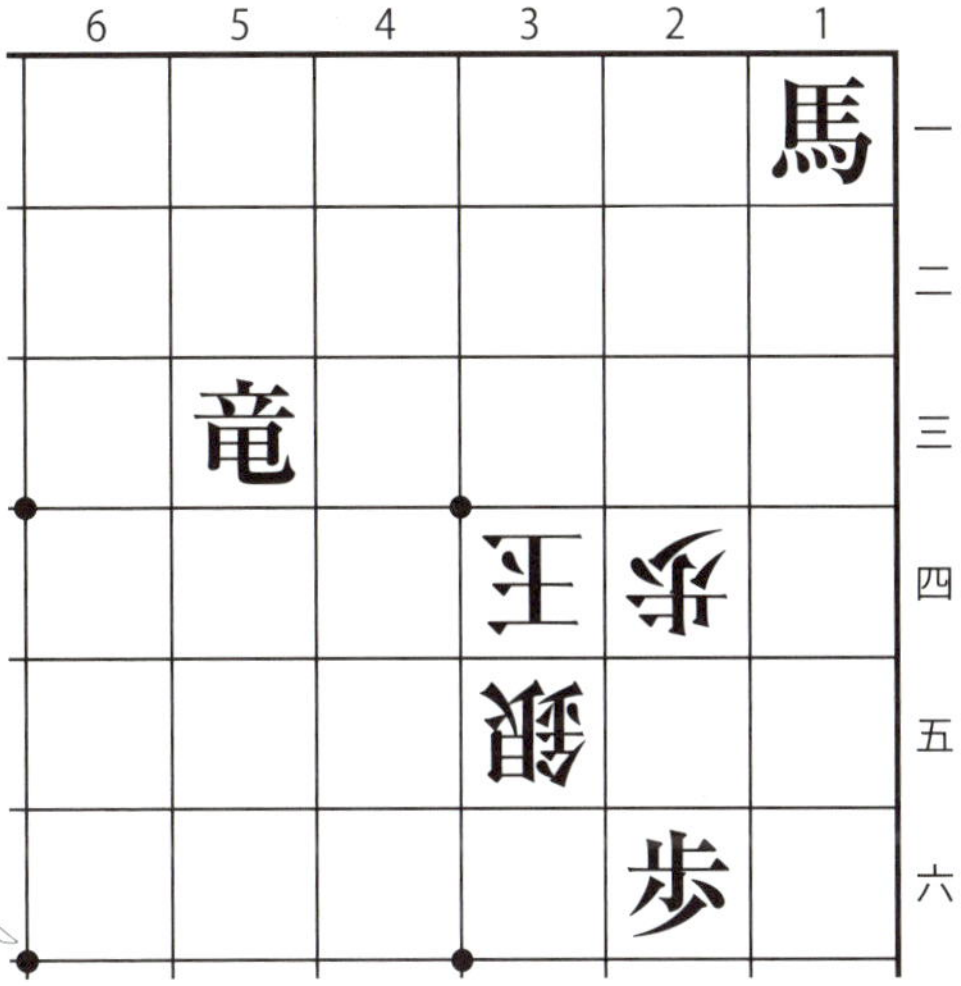

持駒《もちごま》 なし

レベル ★★★★★

第《だい》160問《もん》

ヒント

合駒《あいごま》をさせない

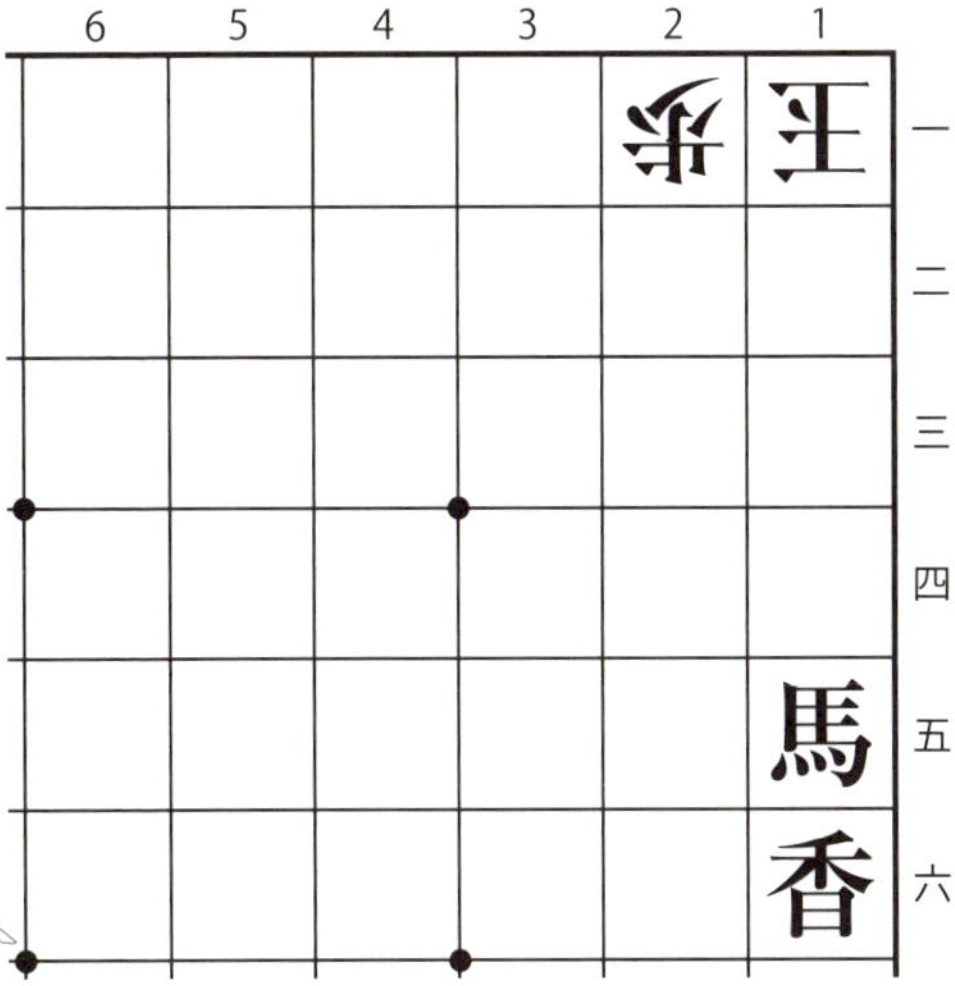

持駒《もちごま》 なし

レベル ★★★★★

第《だい》159問《もん》

▲1二《に》馬《うま》

正解図《せいかいず》

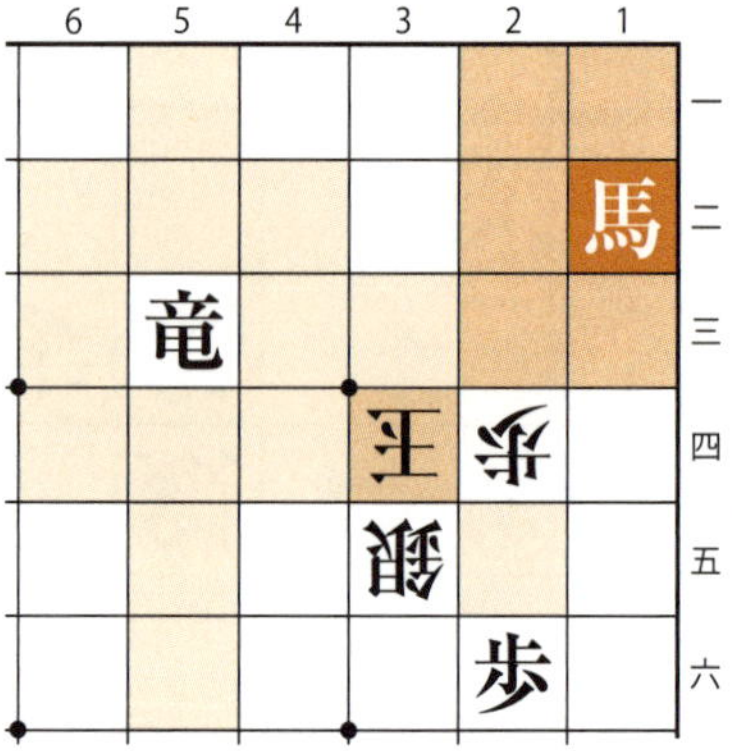

▲持駒《もちごま》 なし

馬《うま》を引《ひ》く

竜《りゅう》と馬《うま》の利《き》きを確認《かくにん》すると、3三《さん》で交差《こうさ》しています。しかし、▲3三馬《さんうま》は△4五玉《ごぎょく》で失敗《しっぱい》。この△4五玉《ごぎょく》を防《ふせ》ぐのが、▲1二馬《にうま》と引《ひ》く手《て》です。竜《りゅう》は2三《さん》にも利《き》いているので、合《あい》駒《ごま》は受《う》けになっていません。

第《だい》160問《もん》

▲3三《さん》馬《うま》

正解図《せいかいず》

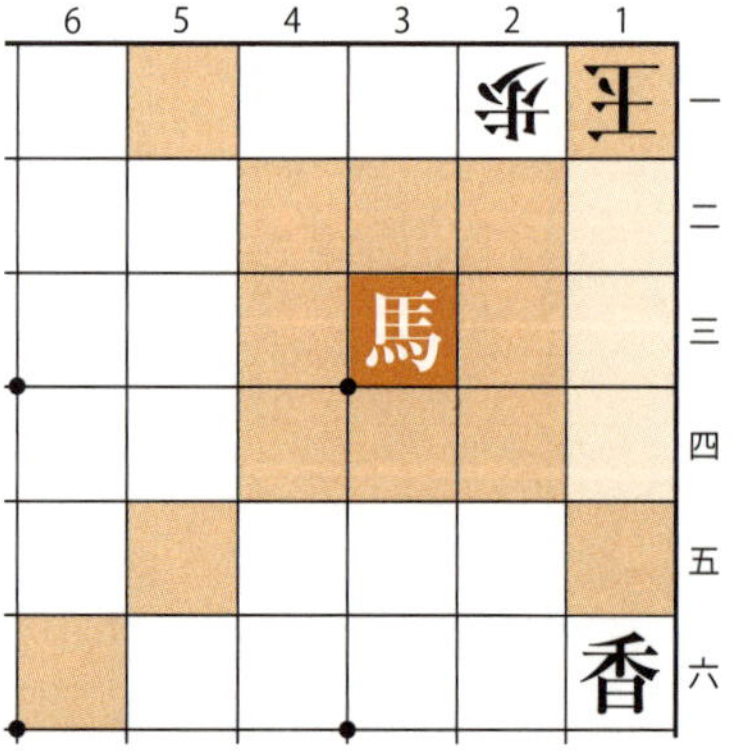

▲持駒《もちごま》 なし

両王手《りょうおうて》を決《き》める

馬《うま》を動《うご》かすと香《きょう》で王手《おうて》がかかります。ただし、下手《へた》な場所《ばしょ》に馬《うま》を動《うご》かすと、△2二玉《にぎょく》と逃《に》げだされます。

正解《せいかい》は▲3三馬《さんうま》の両王手《りょうおうて》。玉《ぎょく》を逃《に》がすことも、合駒《あいごま》で受《う》けることもできません。

第《だい》161問《もん》

ヒント

歩《ふ》の向《む》きに注意《ちゅうい》①

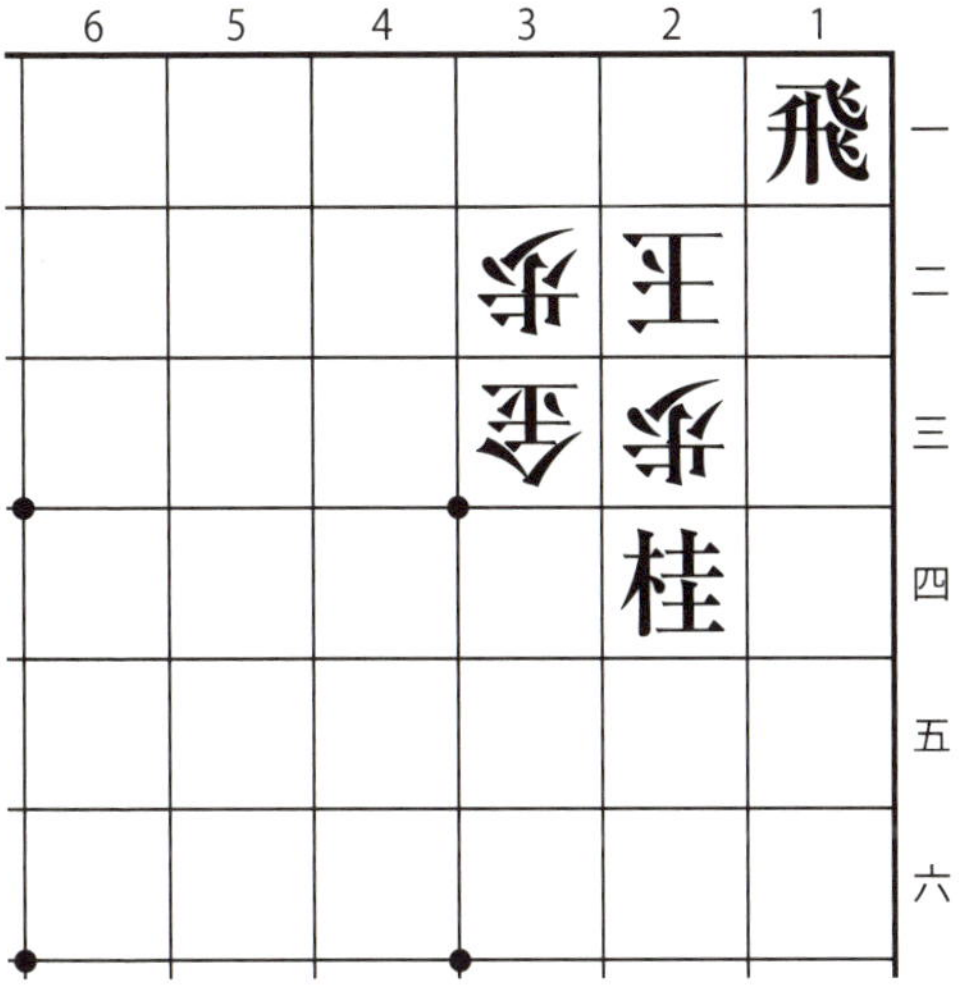

レベル ★★★★★

持駒《もちごま》 なし

第《だい》162問《もん》

ヒント

歩《ふ》の向《む》きに注意《ちゅうい》②

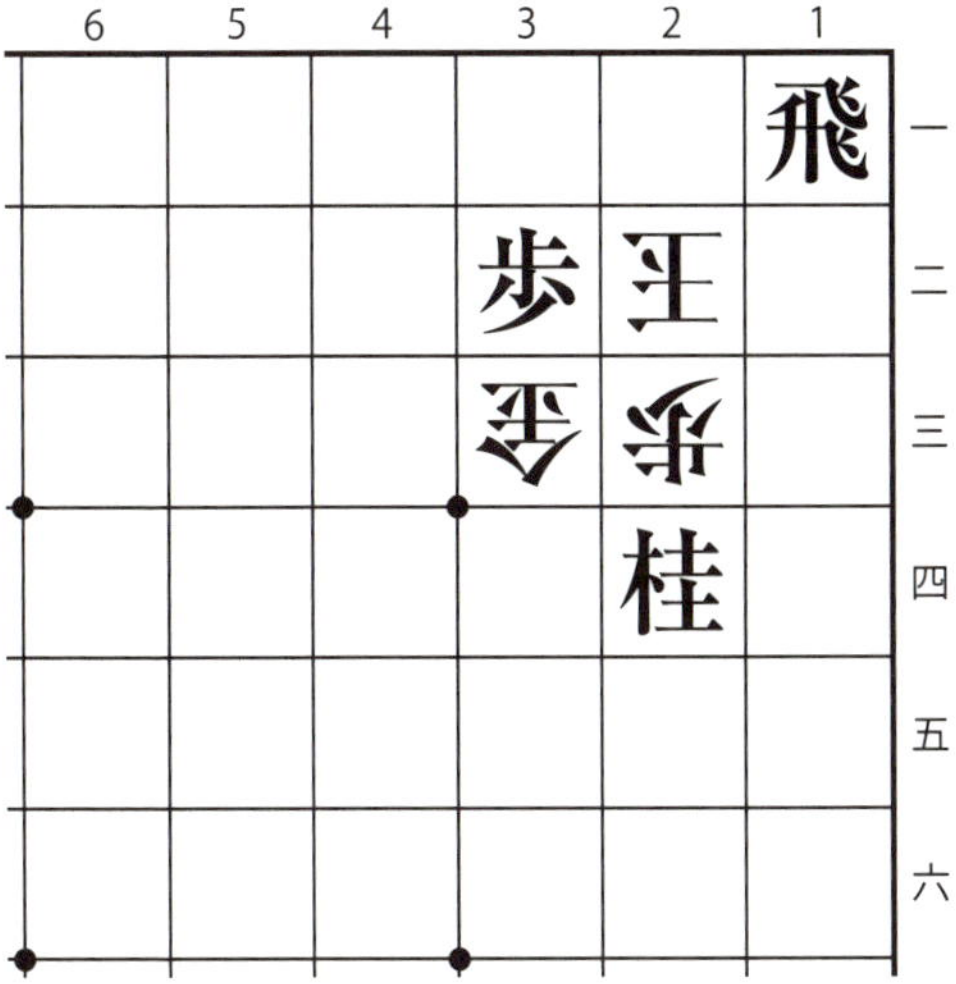

レベル ★★★★★

持駒《もちごま》 なし

第《だい》161問《もん》

▲1二《に》桂成《けいなり》

正解図《せいかいず》

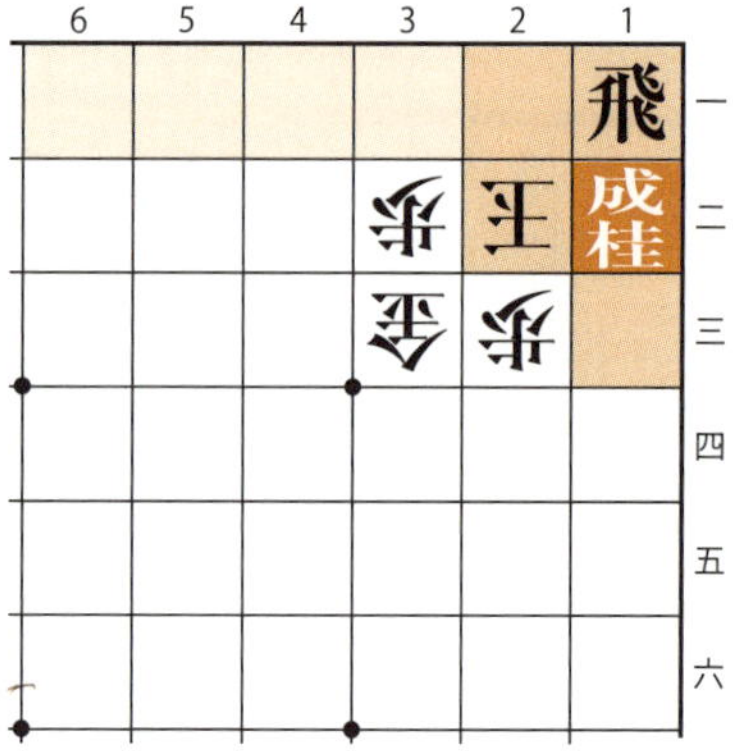

▲持駒《もちごま》　なし

3二《に》歩《ふ》は壁駒《かべごま》

ここから2問《もん》セットでの出題《しゅつだい》です。

▲1二《に》桂成《けいなり》が正解《せいかい》。玉方《ぎょくかた》の駒《こま》は壁駒《かべごま》になっているので、玉《ぎょく》は逃《に》げられません。

▲1二《に》飛成《ひなり》でも同《おな》じ……ではありません。

△3一《いち》玉《ぎょく》と脱出《だっしゅつ》されます。

第《だい》162問《もん》

▲1二《に》飛成《ひなり》

正解図《せいかいず》

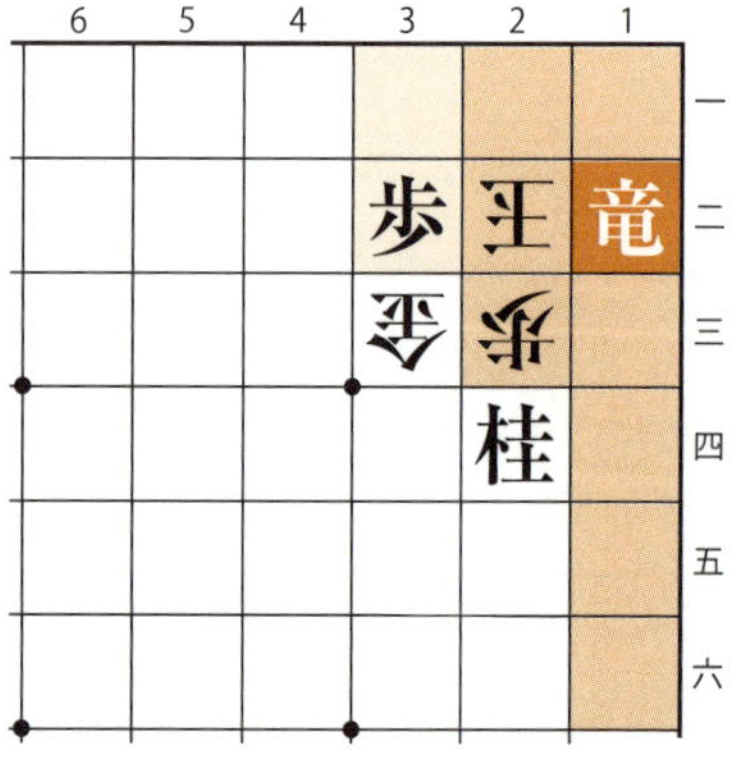

▲持駒《もちごま》　なし

3二《に》歩《ふ》は取《と》られる

前問《ぜんもん》の3二《に》歩《ふ》は玉方《ぎょくかた》でしたが、この問題《もんだい》では攻方《せめかた》になっています。同《おな》じように▲1二《に》桂《けい》成《なり》とすると、△3二《に》玉《ぎょく》と歩《ふ》を取《と》られて失敗《しっぱい》。

▲1二《に》飛成《ひなり》が正解《せいかい》。3二《に》歩《ふ》は攻方《せめかた》なので、△3一《いち》玉《ぎょく》とは逃《に》げられません。

第《だい》163問《もん》

ヒント

馬《うま》が鍵《かぎ》①

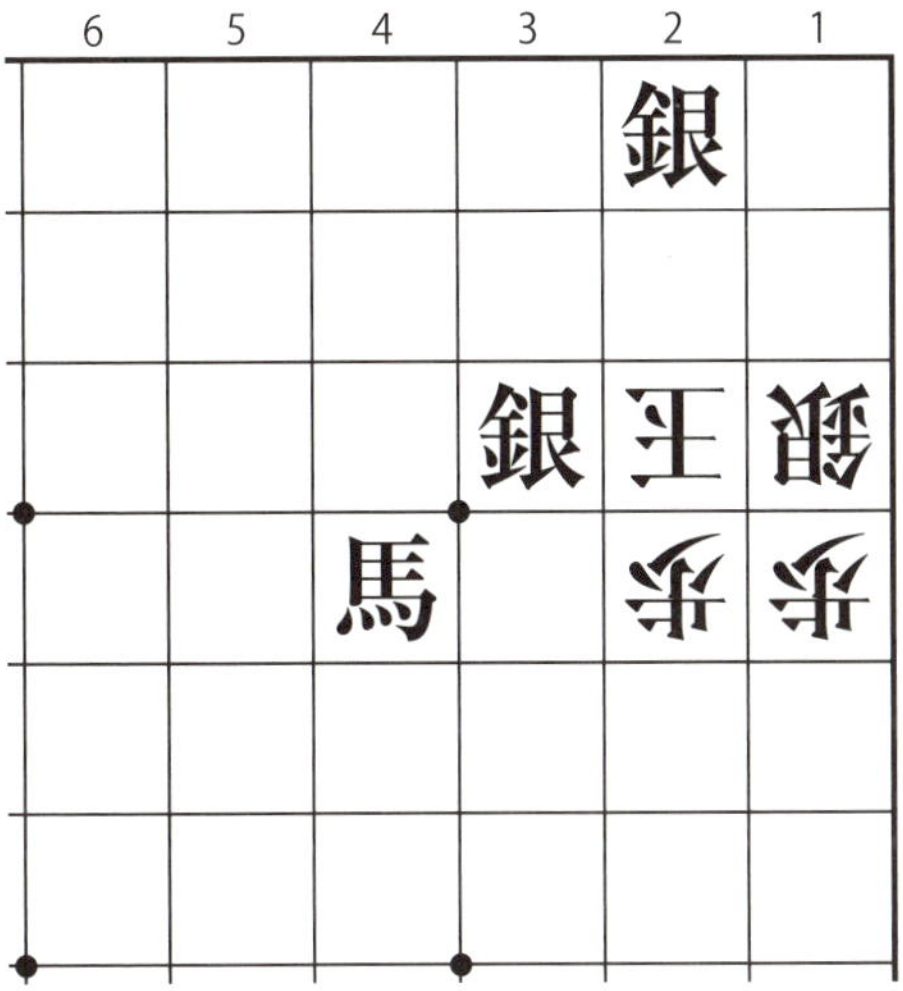

レベル ★★★★★

持駒《もちごま》 なし

第《だい》164問《もん》

ヒント

馬《うま》が鍵《かぎ》②

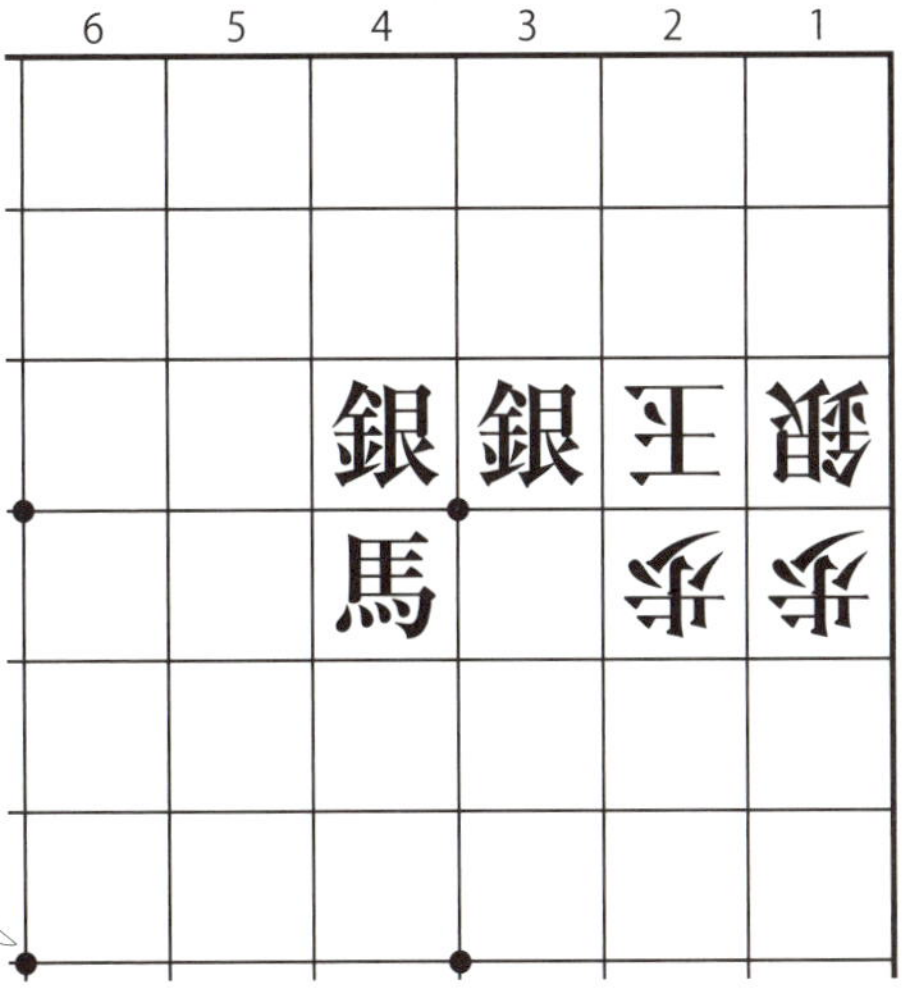

レベル ★★★★★

持駒《もちごま》 なし

第《だい》163問《もん》

▲3二《に》銀《ぎん》上《あがる》不成《ならず》

正解図《せいかいず》

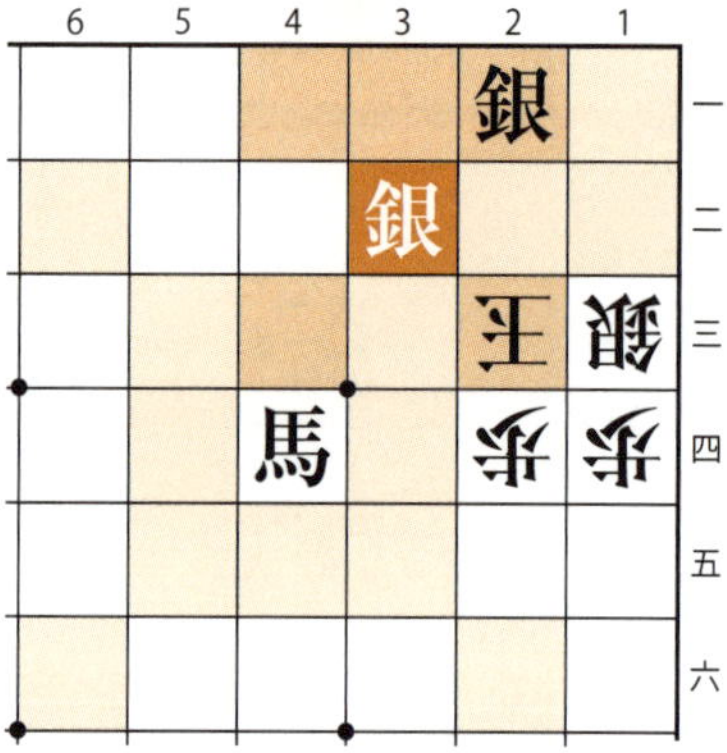

▲持駒《もちごま》 なし

馬《うま》は2二《に》にも利《き》く

銀《ぎん》が敵陣《てきじん》に入《はい》っています。成《な》って使《つか》いたくなりますが、▲2二《に》銀成《ぎんなり》は△同銀《どうぎん》と取《と》られてしまいます。正解《せいかい》は▲3二《に》銀上不成《ぎんあがるならず》（3三《さん》銀《ぎん》を上《あ》げる）。馬《うま》の利《き》きが通《とお》るので、△2二《に》玉《ぎょく》と逃《に》げられません。

第《だい》164問《もん》

▲3四《よん》馬《うま》

正解図《せいかいず》

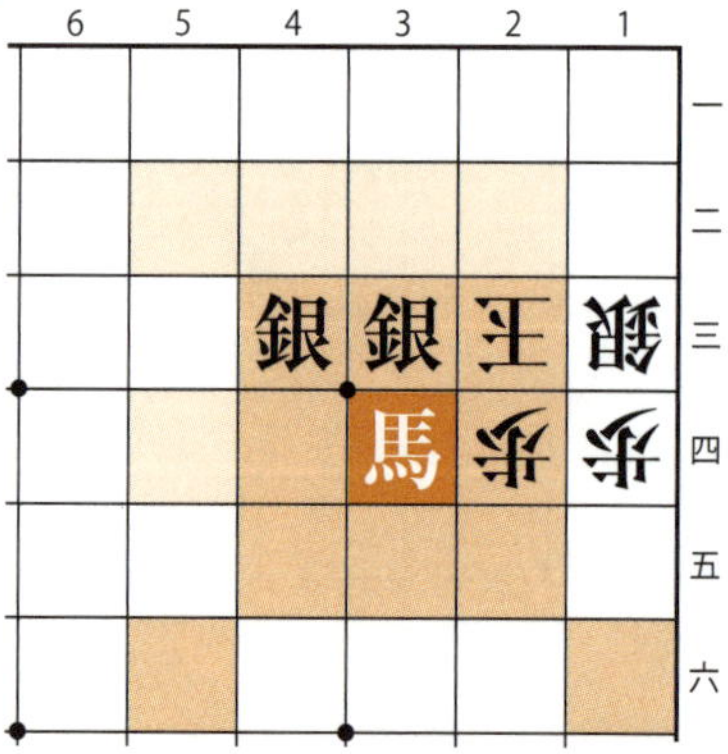

▲持駒《もちごま》 なし

馬《うま》を寄《よ》って使《つか》う

前問《ぜんもん》の2一《いち》銀《ぎん》が4三《さん》に移動《いどう》。銀《ぎん》の利《き》きが1二《に》からなくなったので、▲3二《に》銀右不成《ぎんみぎならず》（右《みぎ》の銀《ぎん》を動《うご》かす）は△1二《に》玉《ぎょく》で詰《つ》みません。

正解《せいかい》は▲3四《よん》馬《うま》と寄《よ》る手《て》。馬《うま》だからこその動《うご》きで玉《ぎょく》を捕《つか》まえます。

第《だい》165問《もん》

ヒント
角《かく》に注意《ちゅうい》①

レベル
★★★★★

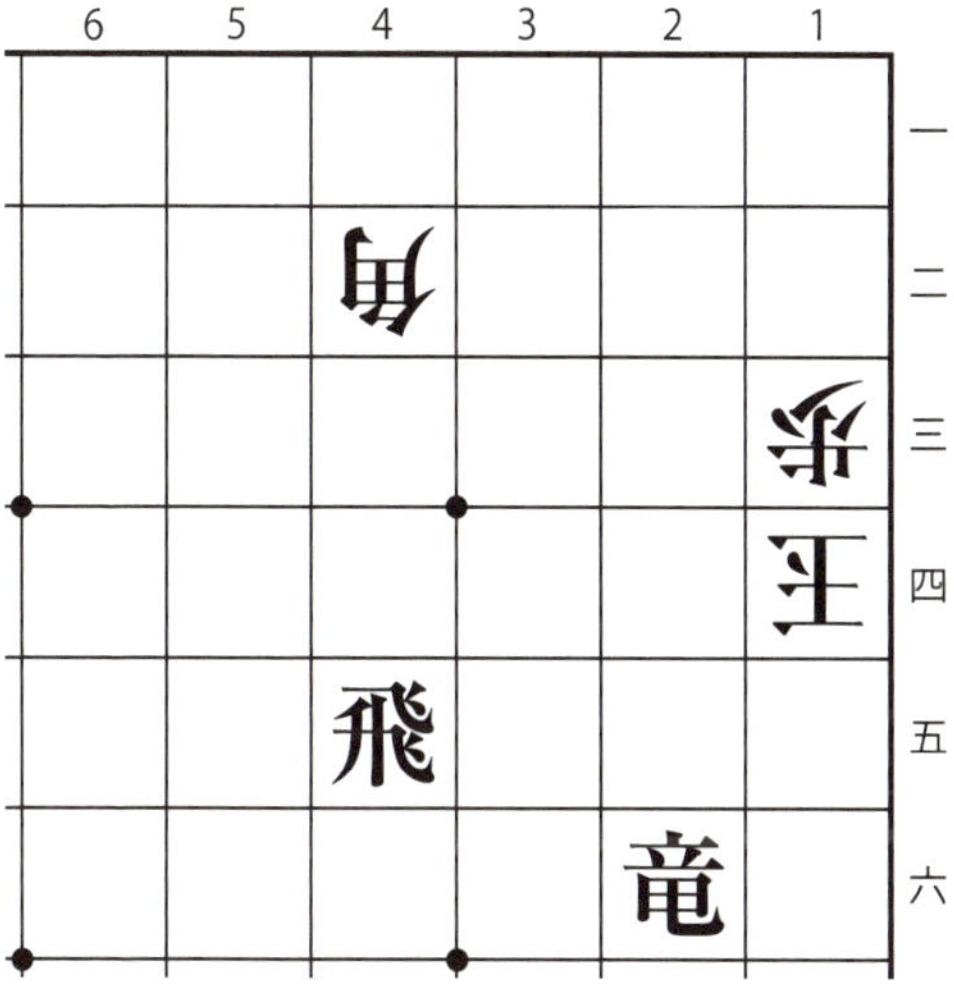

持駒《もちごま》 なし

第《だい》166問《もん》

ヒント
角《かく》に注意《ちゅうい》②

レベル
★★★★★

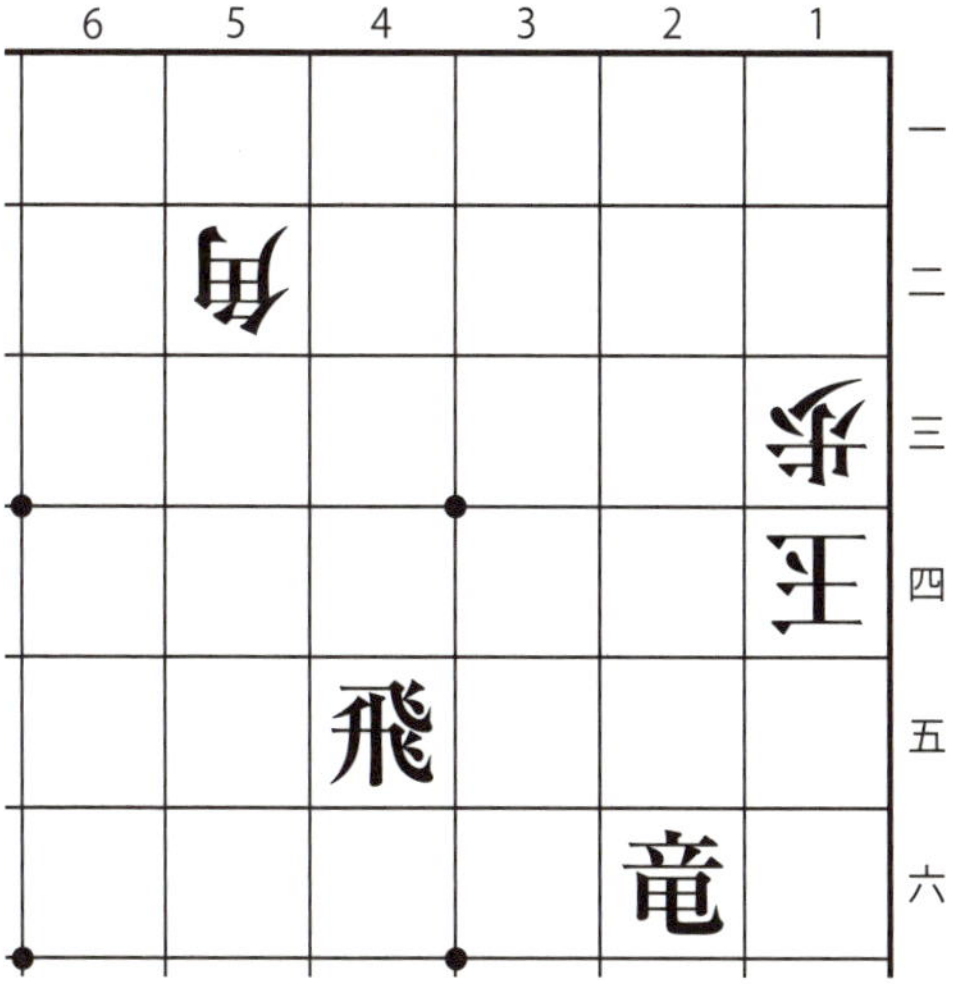

持駒《もちごま》 なし

第《だい》165問《もん》

☗2五《ご》竜《りゅう》

正解図《せいかいず》

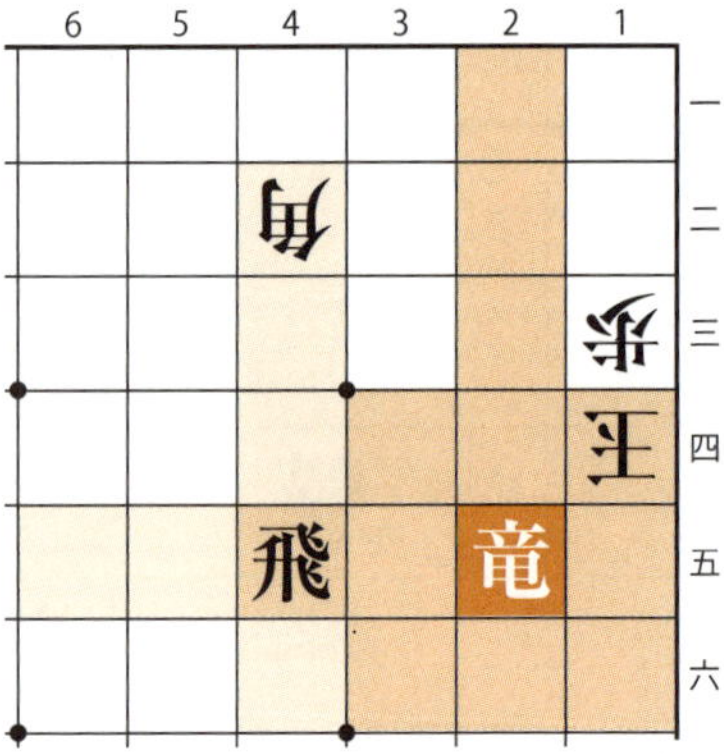

☗持駒《もちごま》 なし

竜《りゅう》を動《うご》かす

竜《りゅう》と飛車《ひしゃ》があるので簡単《かんたん》に詰《つ》みそうです。ただし、飛《と》び道具《どうぐ》（飛角香《ひかくきょう》）の利《き》きには、十分《じゅう》に気《き》を付《つ》けましょう。

4二角《にかく》の利《き》きを確認《かくにん》すると、1五《ご》に利《き》いています。そこを避《さ》けて、☗2五竜《ごりゅう》が正解《せいかい》。

第《だい》166問《もん》

☗1五《ご》飛《ひ》

正解図《せいかいず》

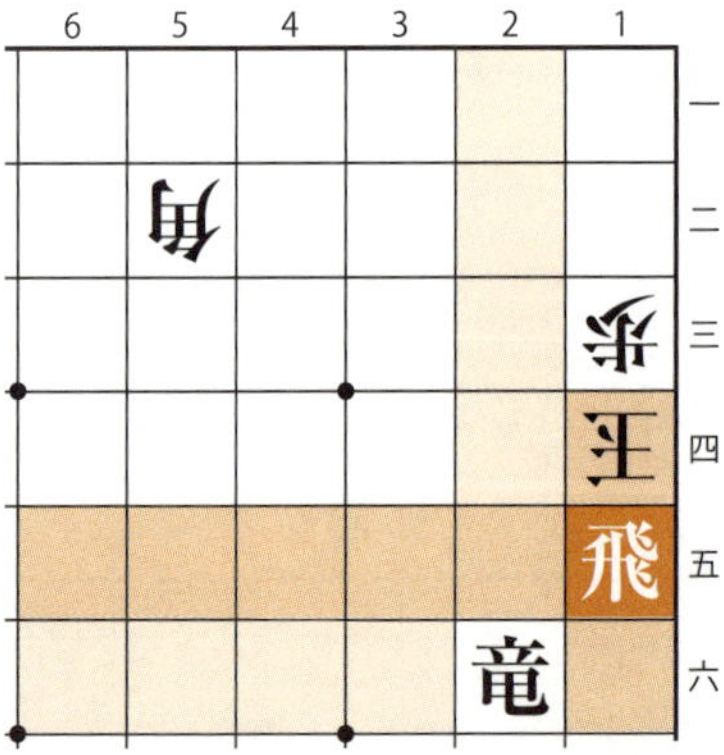

☗持駒《もちごま》 なし

飛車《ひしゃ》を動《うご》かす

前問《ぜんもん》の4二角《にかく》がひとつ隣《となり》に動《うご》きました。5二角《にかく》は2五《ご》に利《き》いています。よって1五《ご》を攻《せ》めますが、☗1五竜《ごりゅう》は☖2三玉《さんぎょく》と逃《に》げられて失敗《しっぱい》。☗1五飛《ごひ》と寄《よ》って詰《つ》みです。

次《つぎ》の問題《もんだい》も配置《はいち》が似《に》ています。

第《だい》167問《もん》

ヒント

上《うえ》がダメなら

レベル ★★★

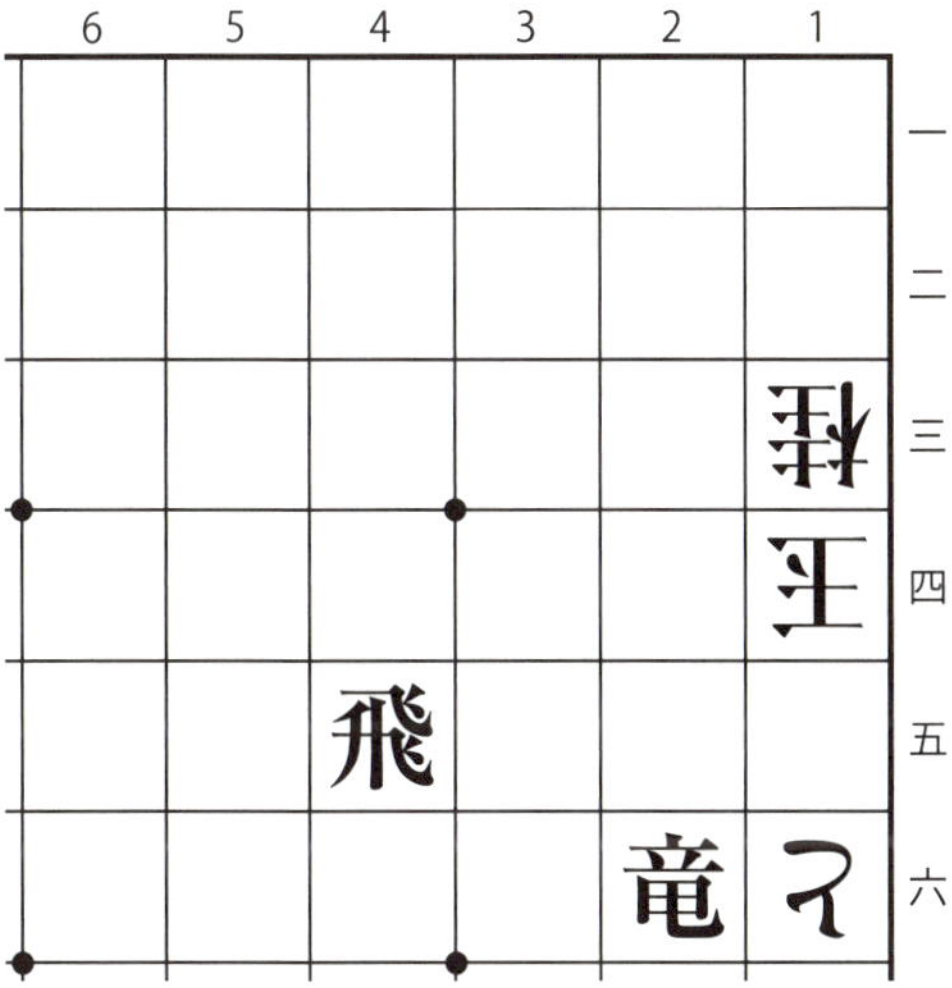

持駒《もちごま》 なし

第《だい》168問《もん》

ヒント

2五《ご》に逃《に》がしません

レベル ★★

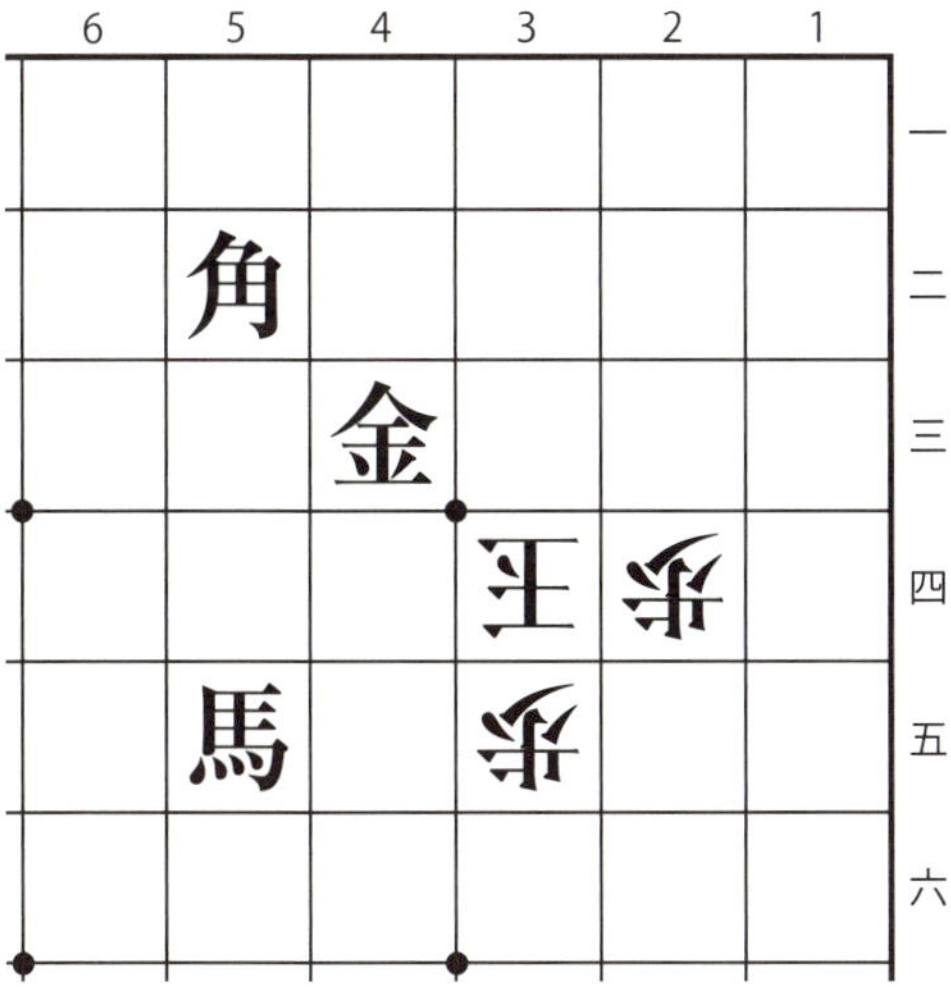

持駒《もちごま》 なし

第《だい》167問《もん》

☗4四飛《よんひ》

正解図《せいかいず》

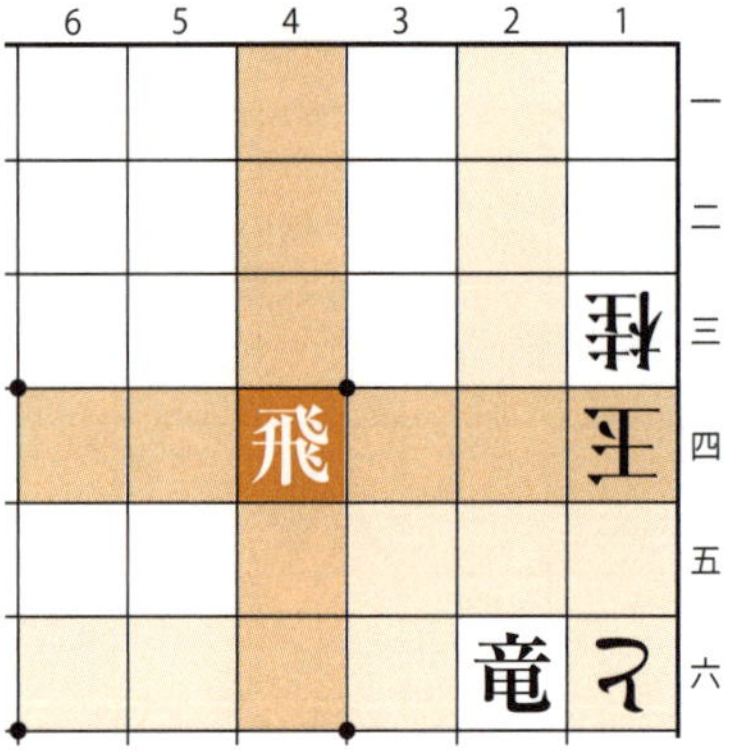

☗持駒《もちごま》なし

飛車《ひしゃ》を一歩前《いっぽまえ》に

1五《ご》は金《きん》が守《まも》り、2五《ご》は桂《けい》が守《まも》っています。そのため、☗1五飛《ごひ》や☗2五竜《ごりゅう》は取《と》られてしまって詰《つ》みません。

玉《ぎょく》の上《うえ》がダメなら、他《ほか》の方向《ほうこう》から攻《せ》めましょう。☗4四飛《よんひ》と玉《ぎょく》の横《よこ》から王手《おうて》。

第《だい》168問《もん》

☗3三金《さんきん》

正解図《せいかいず》

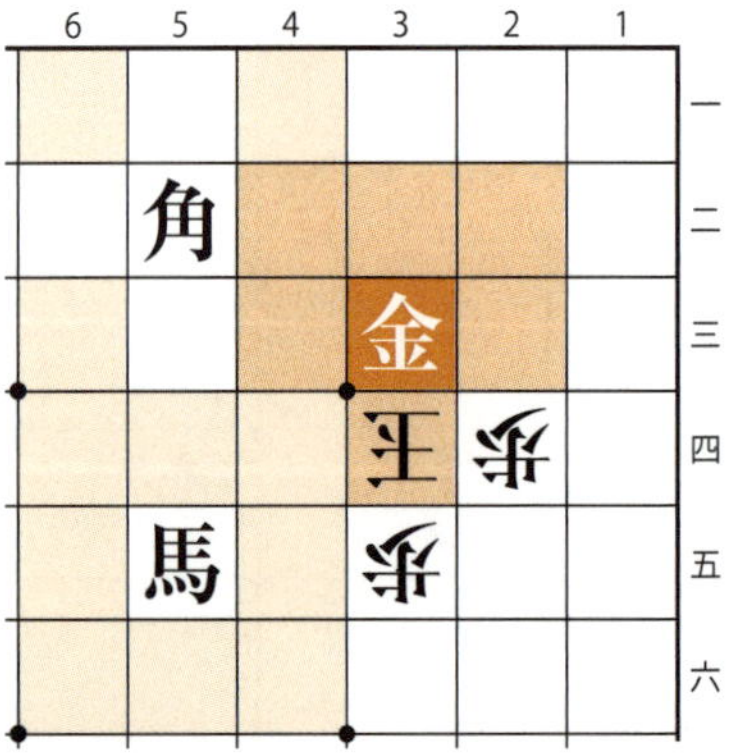

☗持駒《もちごま》なし

2三《さん》にも逃《に》がさない

金《きん》を動《うご》かすと王手《おうて》がかかります。どこに動《うご》かすのが正解《せいかい》でしょうか。

玉《ぎょく》の逃《に》げ道《みち》は2三《さん》と2五《ご》。ここに逃《に》がさないため、☗3三金《さんきん》と両王手《りょうおうて》をします。この金《きん》は5五馬《ごうま》が守《まも》っているので、玉《ぎょく》に取《と》られません。

第《だい》169問《もん》

ヒント

飛車《ひしゃ》をどこに打《う》つか

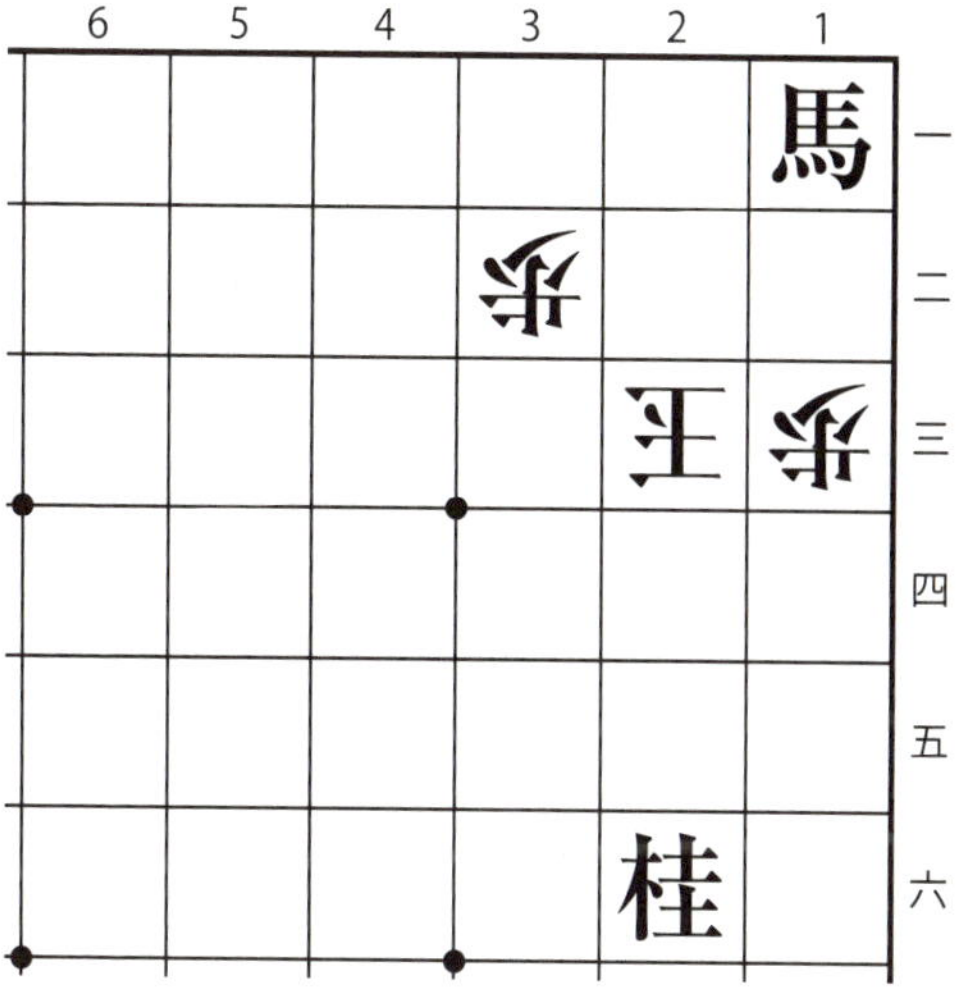

レベル ★★★★★

持駒《もちごま》 飛《ひ》

第《だい》170問《もん》

ヒント

馬《うま》か銀《ぎん》か

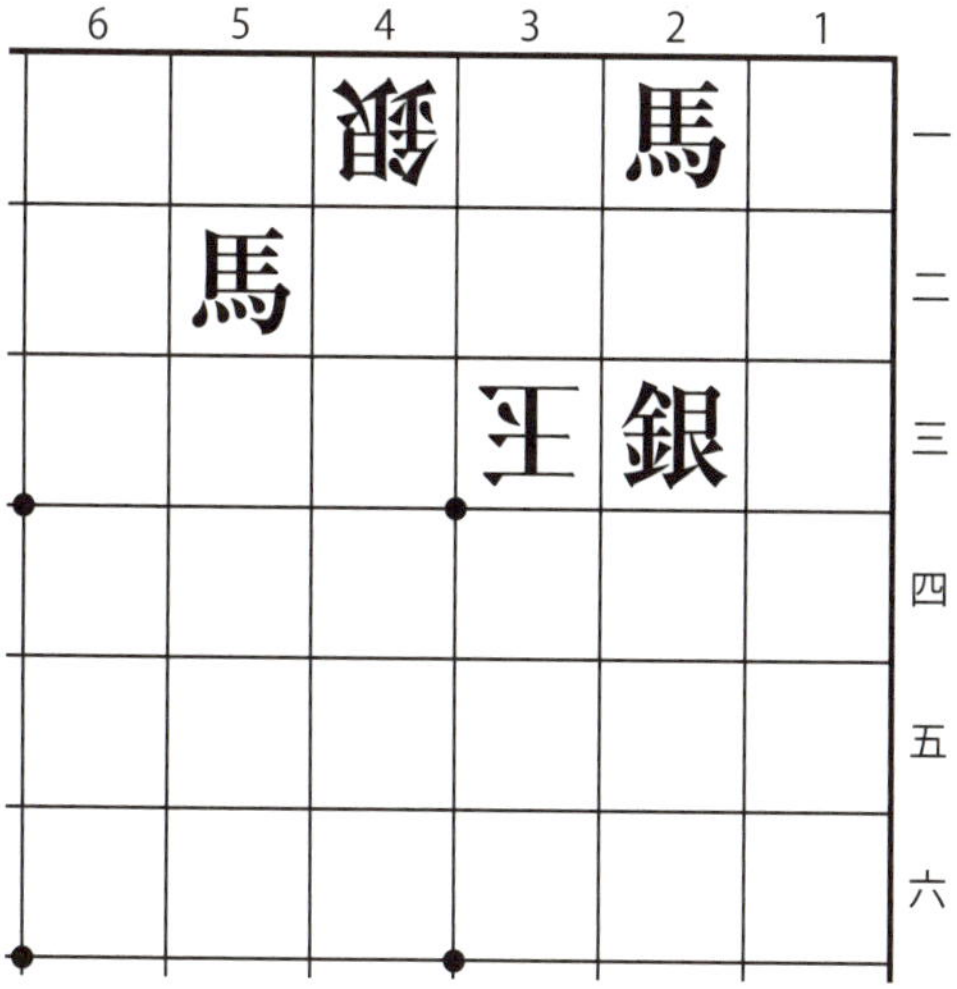

レベル ★★★★★

持駒《もちごま》 なし

第《だい》169問《もん》

☗2一飛《いちひ》

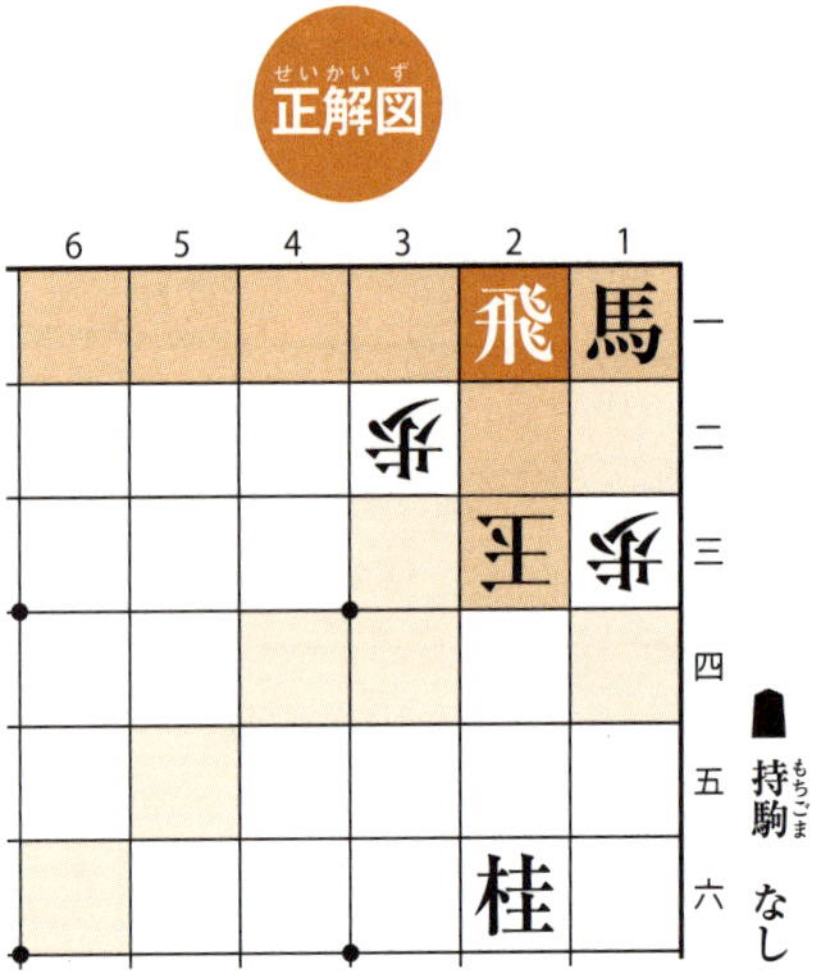

離《はな》して打《う》つ

素直《すなお》に☗2二飛《にひ》と打《う》つと、☖3三玉《さんぎょく》と逃《に》げられます。馬《うま》の利《き》きが止《と》まったのが原因《げんいん》。

正解《せいかい》は☗2一飛《いちひ》と、玉《ぎょく》からひとつ離《はな》して打《う》ちます。☖2二歩《にふ》と合駒《あいごま》を打《う》つのは、☗同飛《どうひ》成《なり》で詰《つ》みは変《か》わりません（無駄合《むだあい》）。

第《だい》170問《もん》

☗3四銀成《よんぎんなり》

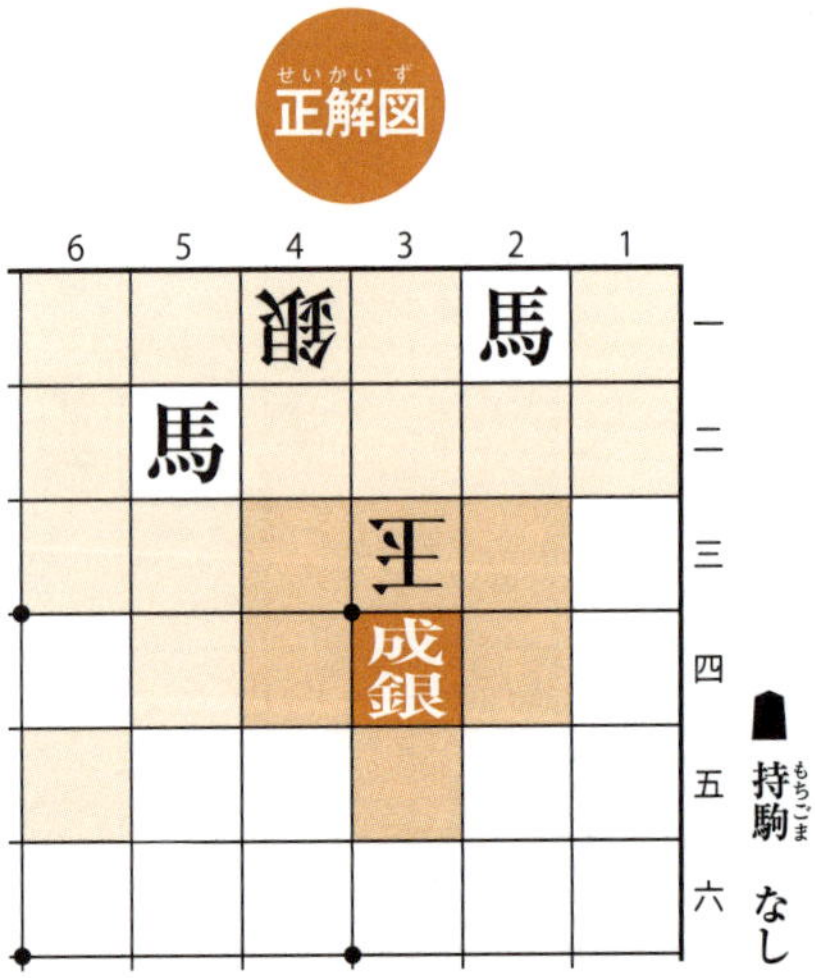

馬《うま》は動《うご》かせない

強力《きょうりょく》な馬《うま》での王手《おうて》がいくつかあります。

まず、☗2二馬《にうま》は☖2四玉《よんぎょく》☗3四馬《よんうま》☖1五玉《ごぎょく》で失敗《しっぱい》。次《つぎ》に、☗3四馬《よんうま》は☖4二玉《にぎょく》☗4三馬引《さんうまひく》☖3一玉《いちぎょく》で詰《つ》みません。

正解《せいかい》は☗3四銀成《よんぎんなり》。成銀《なりぎん》も強力《きょうりょく》です。

第《だい》171問《もん》

ヒント

香《きょう》をどこに打《う》つか

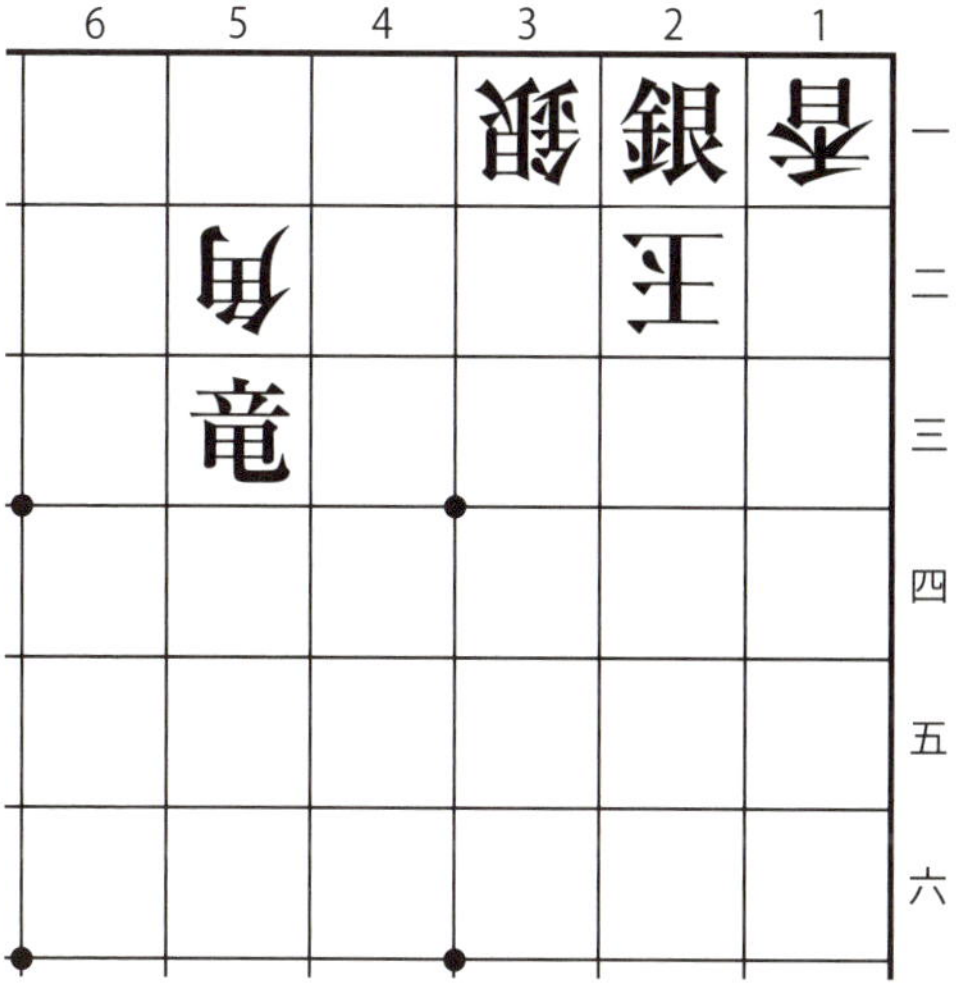

レベル ★★★★★

持駒《もちごま》 香《きょう》

第《だい》172問《もん》

ヒント

金《きん》を取《と》れますが……

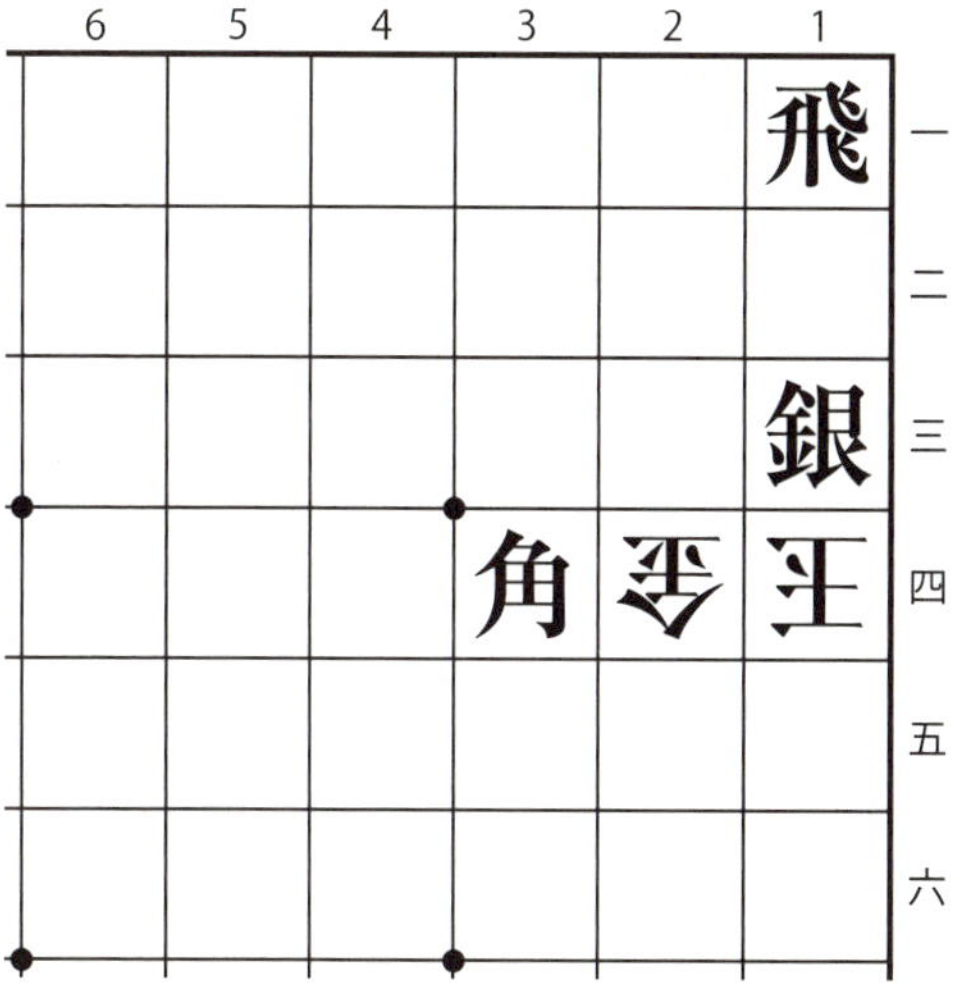

レベル ★★★★★

持駒《もちごま》 なし

第《だい》171問《もん》

▲2四香《よんきょう》

正解図《せいかいず》

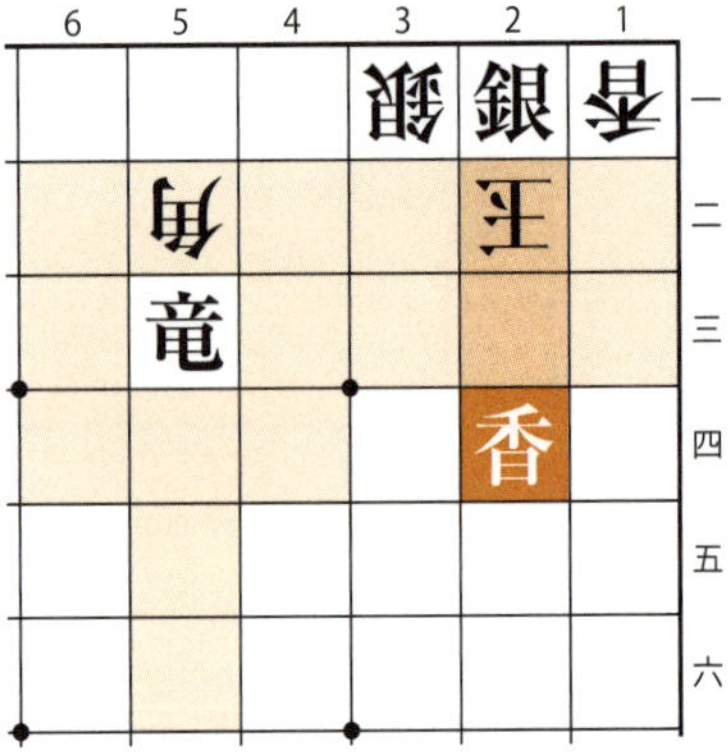

▲持駒《もちごま》 なし

離《はな》して打《う》つ

玉《ぎょく》の間近《まぢか》に▲2三香《さんきょう》は、竜《りゅう》の利《き》きが止《と》まるので、△1三玉《さんぎょく》とすり抜《ぬ》けられます。

ひとつ離《はな》す▲2四香《よんきょう》が正解《せいかい》。△2三歩《さんふ》の合《あい》駒《ごま》は▲同竜《どうりゅう》があります（無駄合《むだあい》）。ふたつ離《はな》す▲2五香《ごきょう》は、△同角《どうかく》で失敗《しっぱい》。

第《だい》172問《もん》

▲2二銀不成《にぎんならず》

正解図《せいかいず》

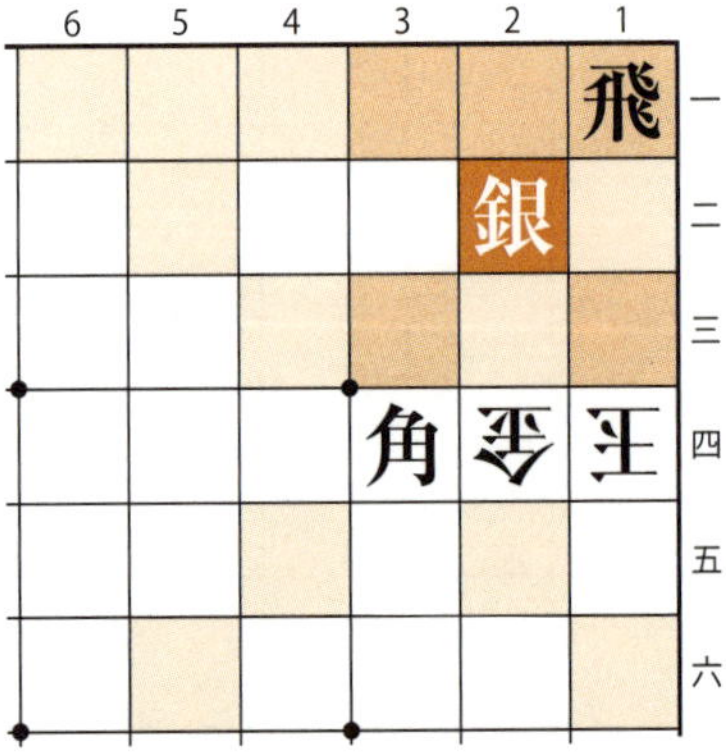

▲持駒《もちごま》 なし

金《きん》は取《と》らない

▲2四銀成《よんぎんなり》と金《きん》を取《と》って簡単《かんたん》に詰《つ》みそうです。しかし、△2四同玉《よんどうぎょく》▲2五金《ごきん》△3三玉《さんぎょく》と進《すす》んで、意外《いがい》と詰《つ》みません。

正解《せいかい》は▲2二銀不成《にぎんならず》。うっかりこの銀《ぎん》を成《な》ると、△1三歩《さんふ》と合駒《あいごま》をされて困《こま》ります。

第《だい》173問《もん》

ヒント

取《と》られないようにします

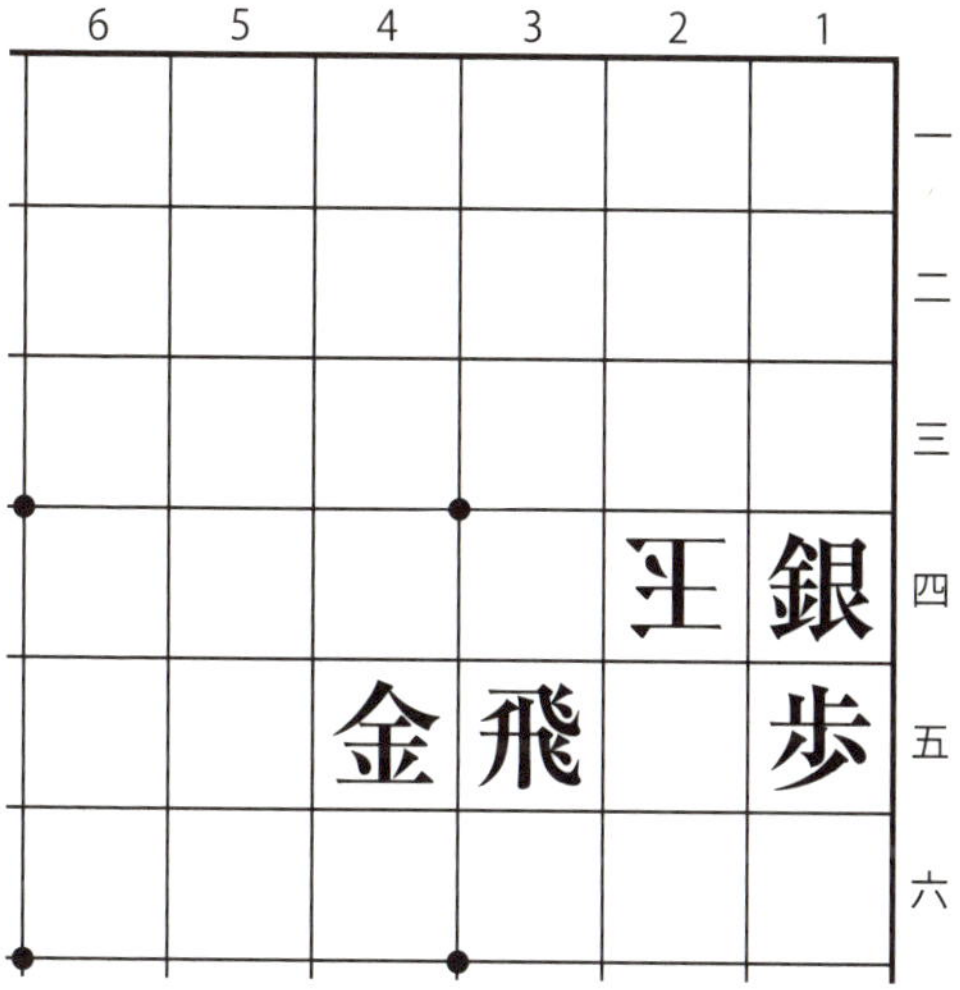

レベル ★★★★★

持駒《もちごま》 なし

第《だい》174問《もん》

ヒント

竜《りゅう》の利《き》きが頼《たよ》り

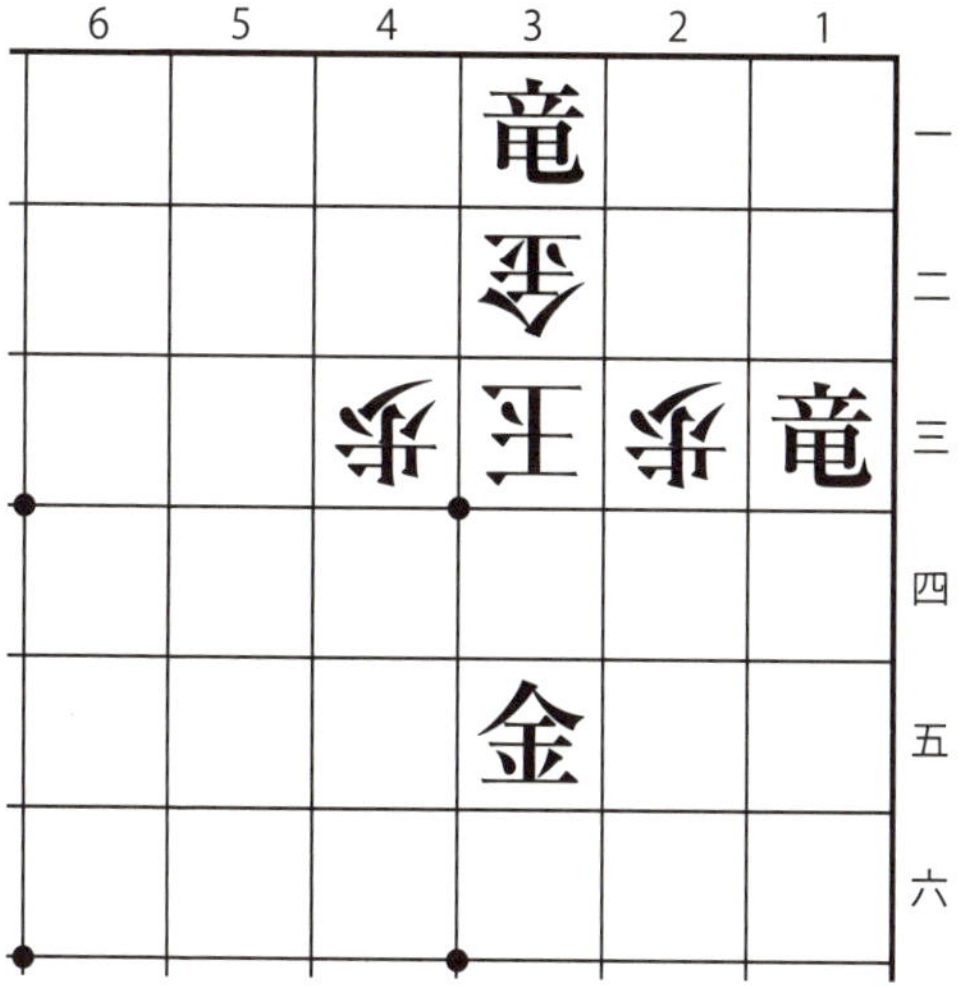

レベル ★★★★★

持駒《もちごま》 なし

第《だい》173問《もん》

☗3四金《よんきん》

正解図《せいかいず》

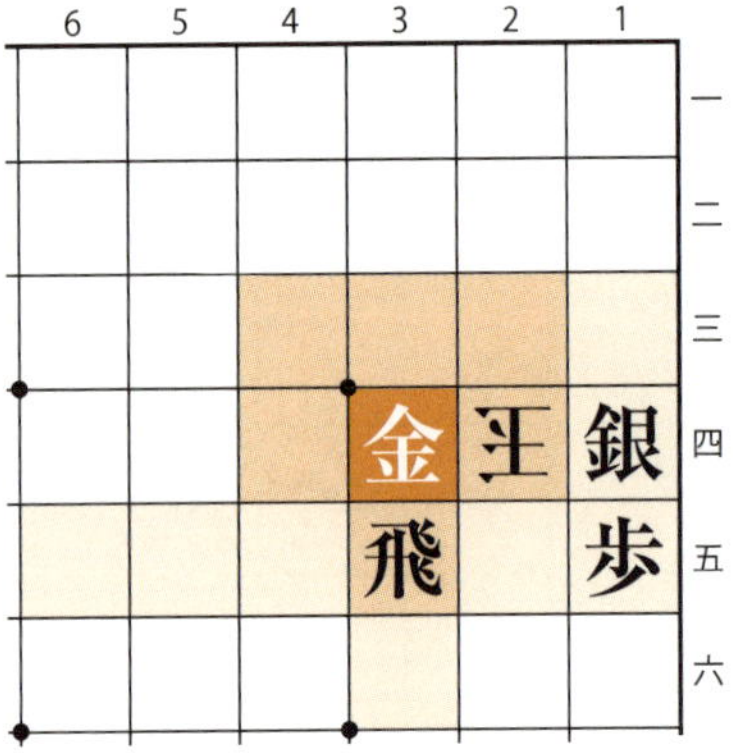

☗持駒《もちごま》 なし

飛車《ひしゃ》は動《うご》かせない

☗3四飛《よんひ》は☖1五玉《ごぎょく》と、歩《ふ》を取《と》られてしまいます。☗3四金《よんきん》が正解《せいかい》。

ひとつ問題《もんだい》を出《だ》しましょう。もし、1五歩《ごふ》が玉方《ぎょくかた》の駒《こま》だったらどうなるでしょうか？

そう、☗3四飛《よんひ》で詰《つ》みです。

第《だい》174問《もん》

☗2二竜《にりゅう》上《あがる》

正解図《せいかいず》

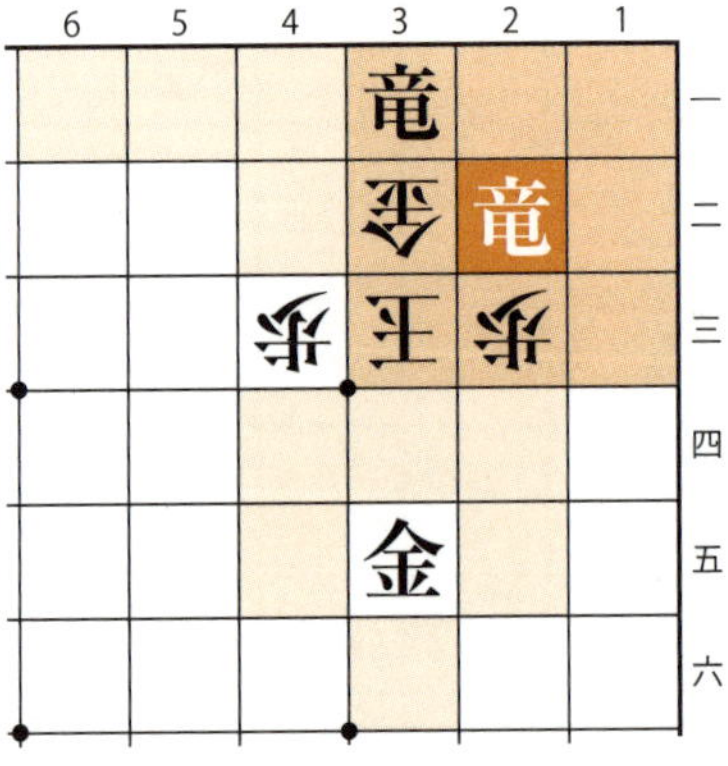

☗持駒《もちごま》 なし

金《きん》は動《うご》かさない

王手《おうて》をかけた駒《こま》が玉方《ぎょくかた》に取《と》られそうです。

ここは竜《りゅう》の利《き》きが頼《たよ》り。3一竜《いちりゅう》があるので、3二金《にきん》は動《うご》けません。☗2二竜上《にりゅうあがる》（1三竜《さんりゅう》を上《あ》げる）として詰《つ》みです。☗2四金《よんきん》も考《かんが》えられますが、☖4四玉《よんぎょく》でダメ。

第《だい》175問《もん》

レベル ★★★★★

ヒント：角《かく》を取《と》れますが……

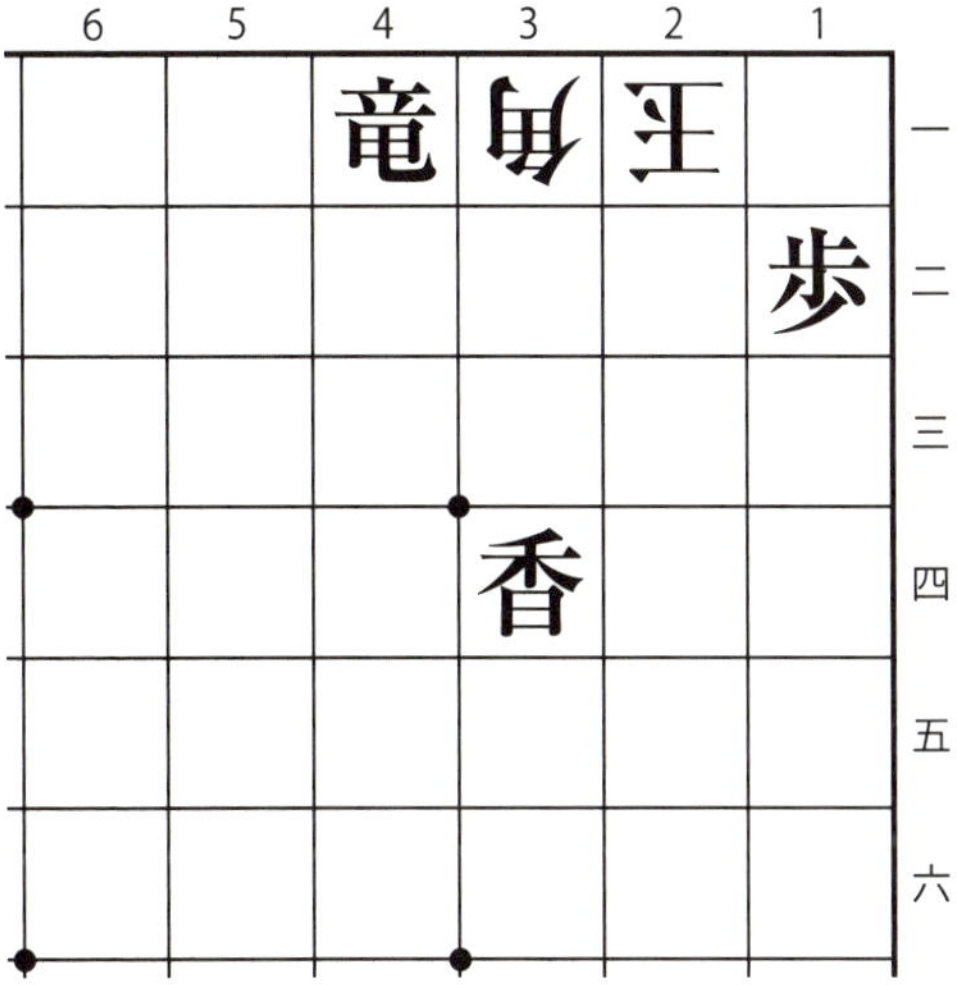

持駒《もちごま》 なし

第《だい》176問《もん》

レベル ★★★★★

ヒント：取《と》られそうな駒《こま》はどれ？

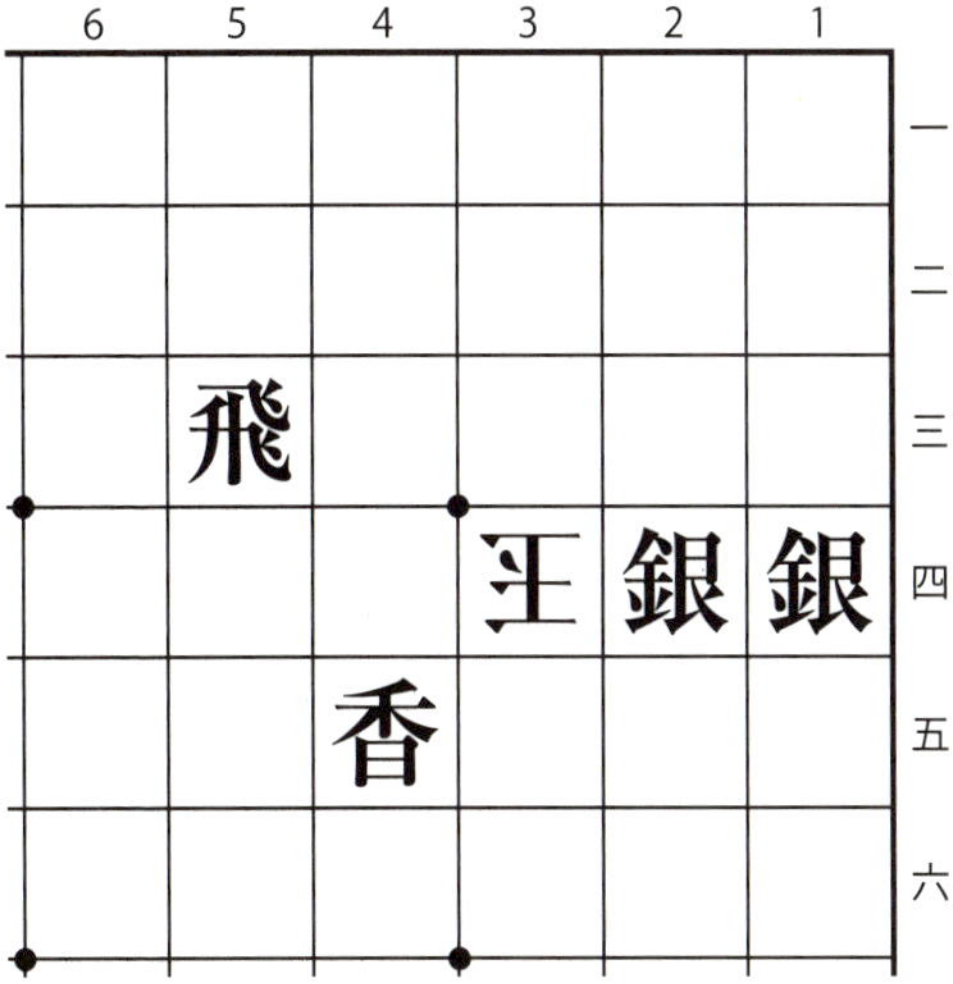

持駒《もちごま》 なし

第《だい》175問《もん》

☗3二竜《にりゅう》

正解図《せいかいず》

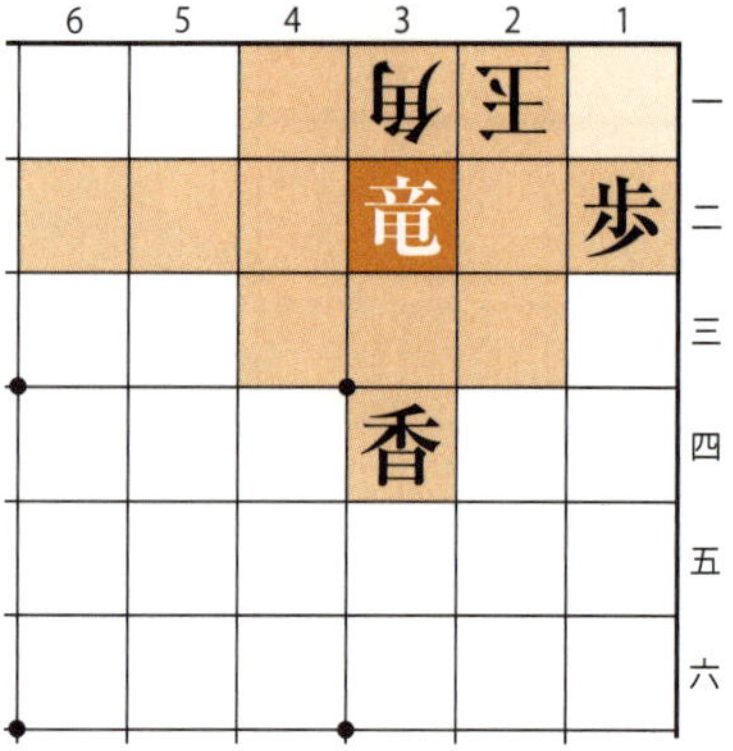

☗持駒《もちごま》 なし

歩《ふ》にも注意《ちゅうい》

☗3一竜《いちりゅう》は☖1二玉《にぎょく》で詰《つ》みません。迷《まよ》わず角《かく》を取《と》る前《まえ》に、取《と》ったあとどうなるかを考《かんが》えるようにしましょう。

☗3二竜《にりゅう》と引《ひ》くのが正解《せいかい》。☗3二香成《にきょうなり》だと、☖1二玉《にぎょく》と歩《ふ》を取《と》られてしまいます。

第《だい》176問《もん》

☗5四飛成《よんひなり》

正解図《せいかいず》

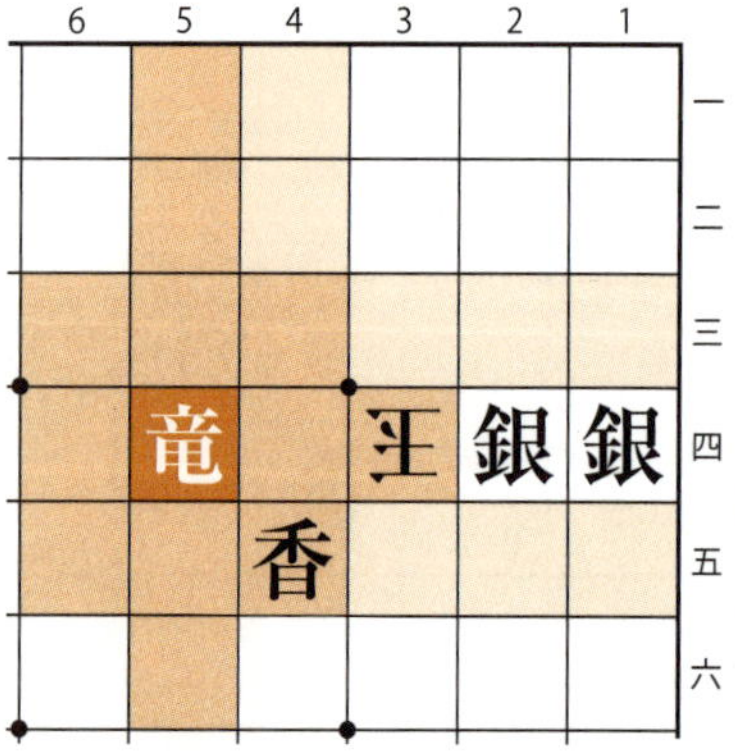

☗持駒《もちごま》 なし

横《よこ》から攻《せ》める

☗3三飛成《さんひなり》として銀《ぎん》を守《まも》るのは、☖4五《ご》玉《ぎょく》と香《きょう》を取《と》られます。その香《きょう》を守《まも》るために☗4三飛成《さんひなり》とするのは、☖2四玉《よんぎょく》でダメ。

正解《せいかい》は☗5四飛成《よんひなり》。これで銀《ぎん》と香《きょう》の両方《りょうほう》を守《まも》れます。

第《だい》177問《もん》

ヒント

両王手《りょうおうて》か開《あ》き王手《おうて》か

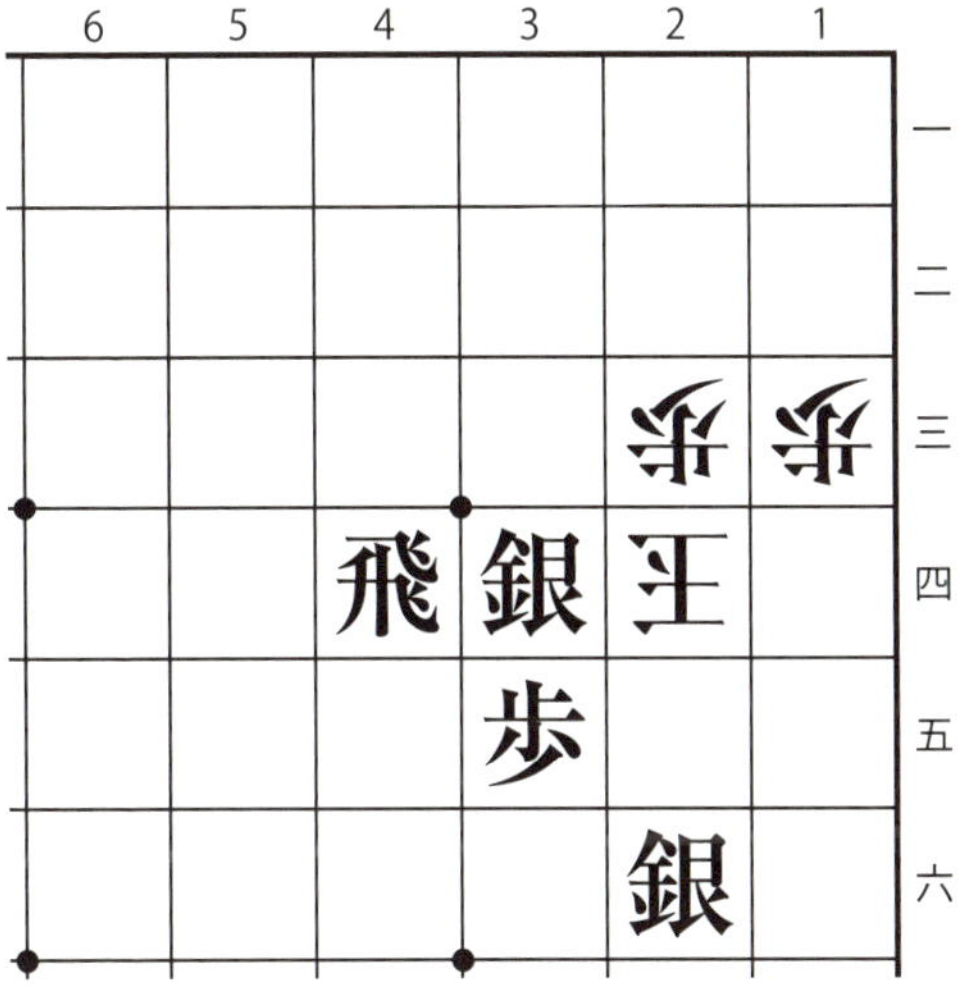

レベル ★★★★★

持駒《もちごま》 なし

第《だい》178問《もん》

ヒント

駒《こま》の利《き》きをしっかり確認《かくにん》

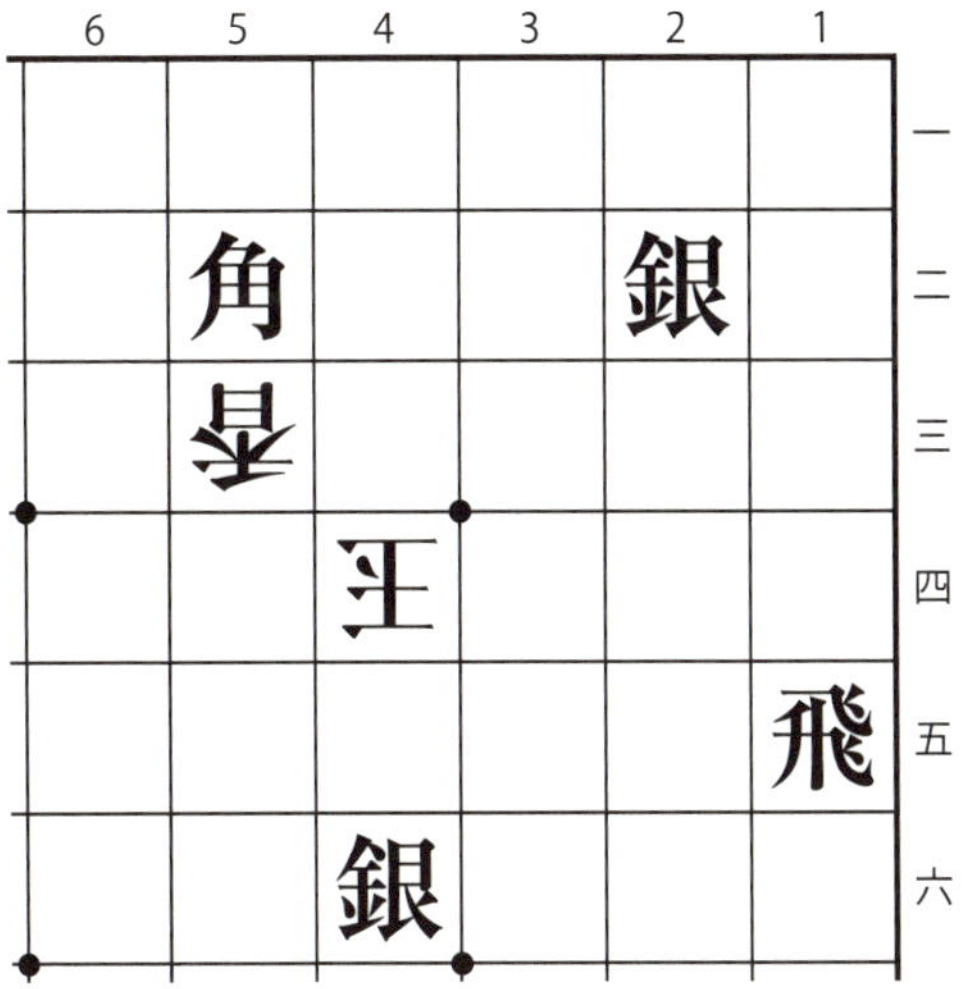

レベル ★★★★★

持駒《もちごま》 なし

第《だい》177問《もん》

☗4三銀成《さんぎんなり》

正解図《せいかいず》

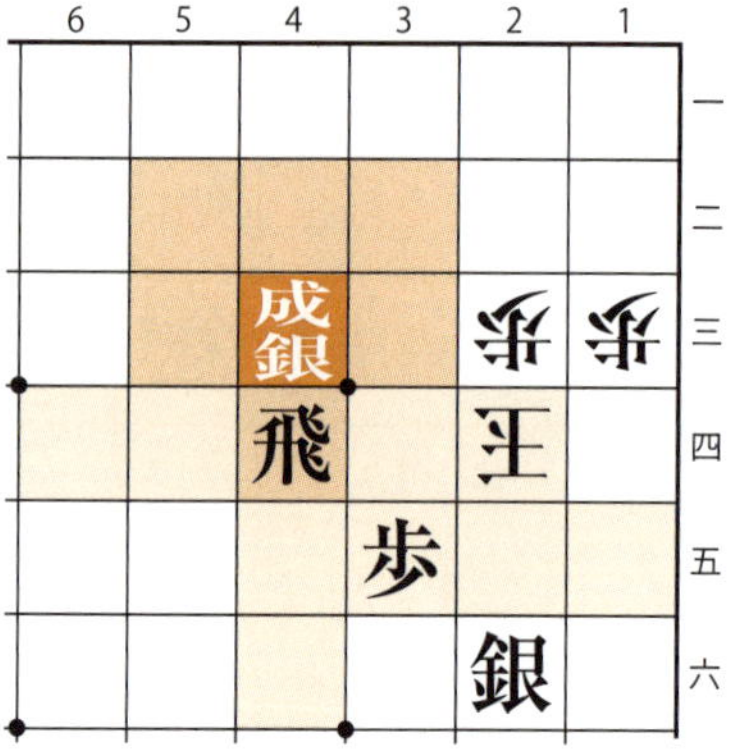

☗持駒《もちごま》 なし

逃《に》げ道《みち》を見逃《みのが》さない

☗2五銀上《ごぎんあがる》（2六銀《ろくぎん》を上《あ》げる）は、☖1五《ご》玉《ぎょく》と逃《に》げられます。また、☗2五銀引《ごぎんひく》（3四《よん》銀《ぎん》を引《ひ》く）の両王手《りょうおうて》は、☖3三玉《さんぎょく》で失敗《しっぱい》。

正解《せいかい》は☗4三銀成《さんぎんなり》です。開《あ》き王手《おうて》をかけつつ、成銀《なりぎん》が☖3三玉《さんぎょく》を許《ゆる》しません。

第《だい》178問《もん》

☗1四飛《よんひ》

正解図《せいかいず》

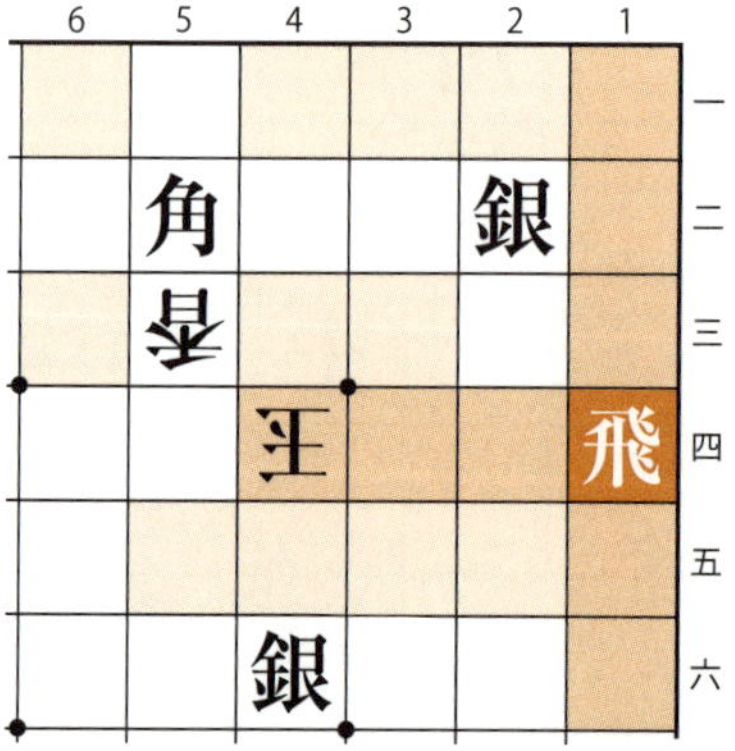

☗持駒《もちごま》 なし

玉《ぎょく》を寄《よ》らせない

駒《こま》が散《ち》らばっていると、利《き》きを見落《みお》とすことがあります。しっかり確認《かくにん》しましょう。

玉《ぎょく》の逃《に》げ道《みち》は意外《いがい》と少《すく》なく、5四《よん》だけ。ここに玉《ぎょく》を逃《に》がさないよう、☗1四《よん》飛《ひ》が正解《せいかい》。

出題図《しゅつだいず》で☗4五銀《ごぎん》は☖5五玉《ごぎょく》で失敗《しっぱい》。

第《だい》179問《もん》

ヒント

玉《ぎょく》を追《お》わないように

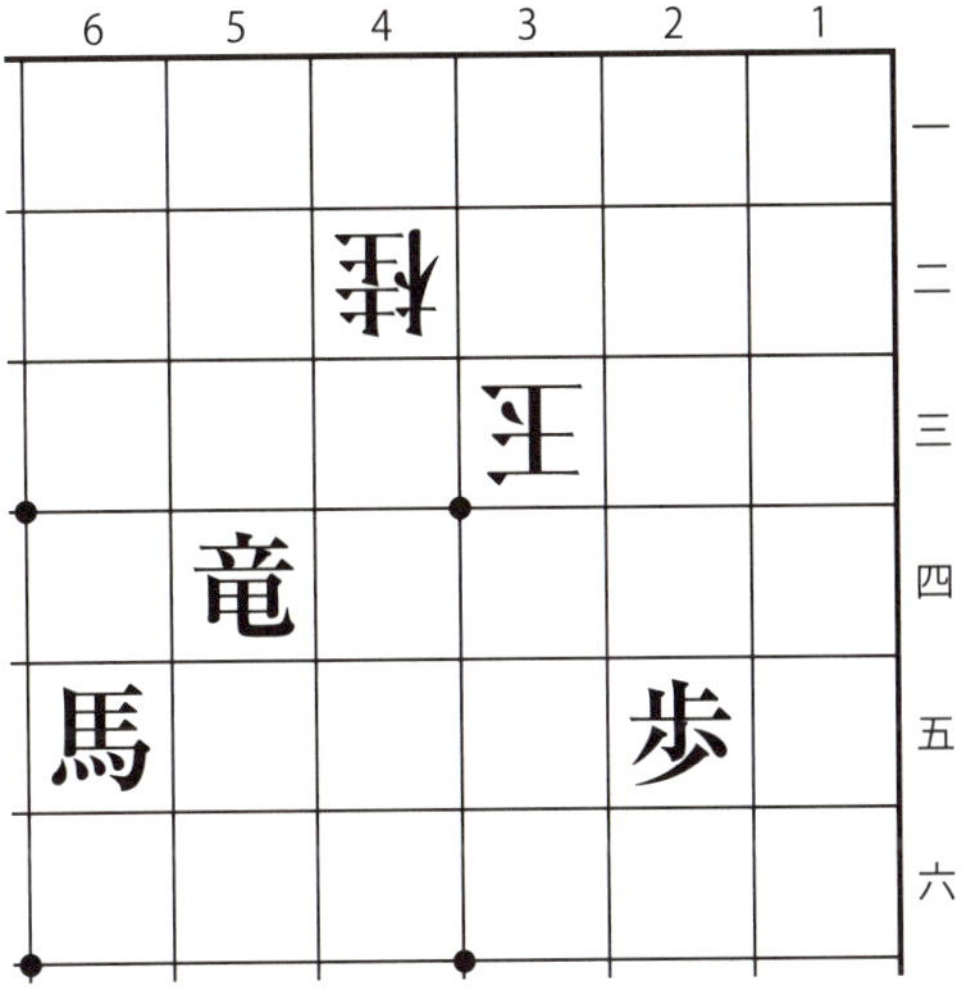

レベル ★★★★★

持駒《もちごま》 なし

第《だい》180問《もん》

ヒント

1二飛《にひ》が取《と》られそう

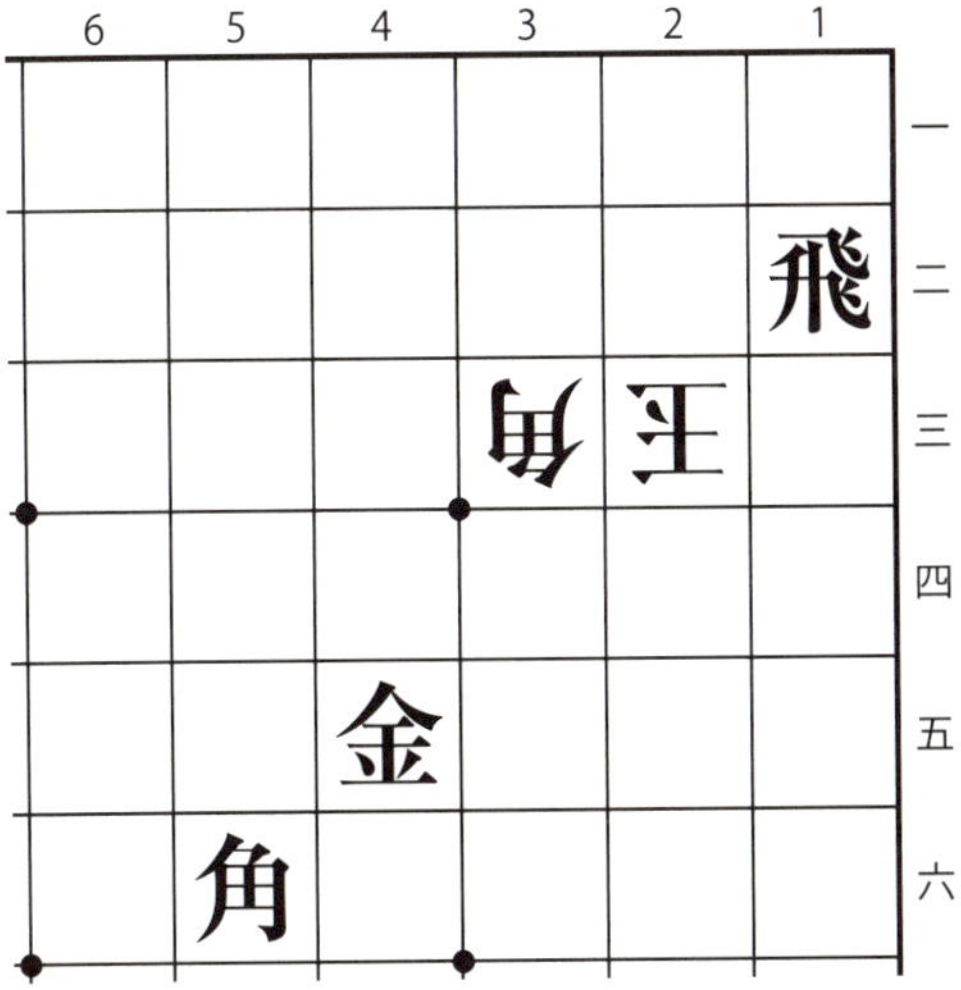

レベル ★★★★★

持駒《もちごま》 なし

第《だい》179問《もん》

☗2四竜《よんりゅう》

正解図《せいかいず》

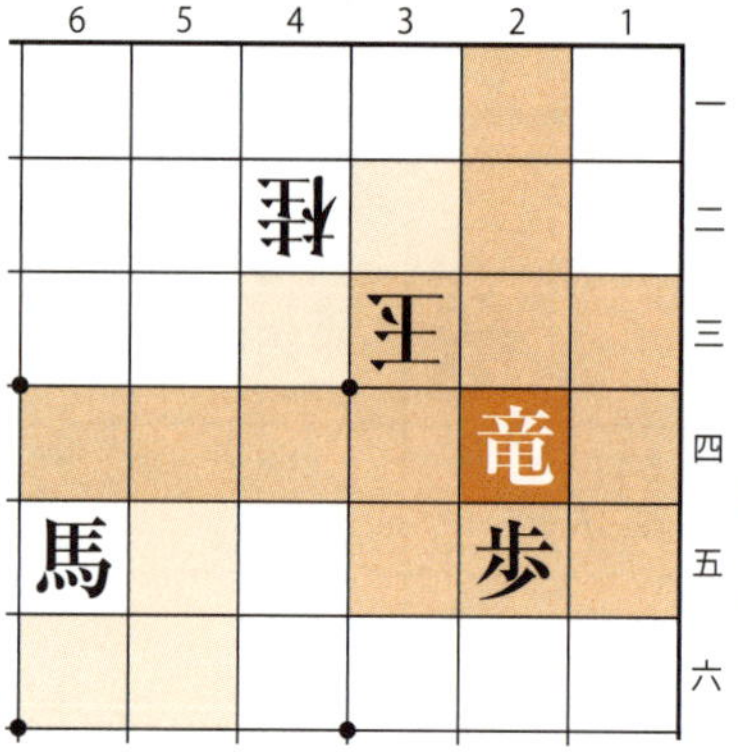

☗持駒《もちごま》 なし

竜《りゅう》と馬《うま》の力《ちから》

竜《りゅう》と馬《うま》の形《かたち》から、☗4三竜《さんりゅう》と動《うご》かしたくなります。しかし、☖2二玉《にぎょく》と逃《に》げる手《て》に、☗3二竜《にりゅう》☖1三玉《さんぎょく》で詰《つ》みません。

2筋《すじ》に玉《ぎょく》を逃《に》がさないように、☗2四竜《よんりゅう》と大《おお》きく動《うご》かします。竜《りゅう》と馬《うま》が力《ちから》を発揮《はっき》。

第《だい》180問《もん》

☗3五金《ごきん》

正解図《せいかいず》

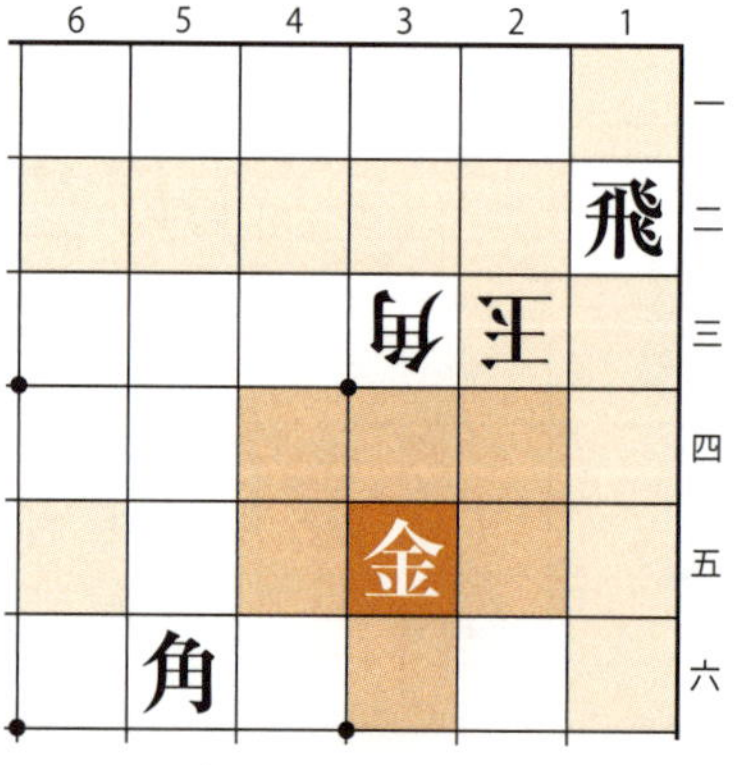

☗持駒《もちごま》 なし

金《きん》で王手《おうて》をかけない

☗3四金《よんきん》は☖1二玉《にぎょく》と飛車《ひしゃ》を取《と》られ、☗3三金《さんきん》☖1一玉《いちぎょく》☗2二角《にかく》☖2一玉《いちぎょく》☗6五角《ごかく》☖1二玉《にぎょく》で詰《つ》みません。

正解《せいかい》の☗3五金《ごきん》は、☖1二玉《にぎょく》と☖2四玉《よんぎょく》、このふたつを同時《どうじ》に防《ふせ》いでいます。

第《だい》181問《もん》

ヒント

打《う》ちにくいところが狙《ねら》い目《め》

レベル ★★★★★

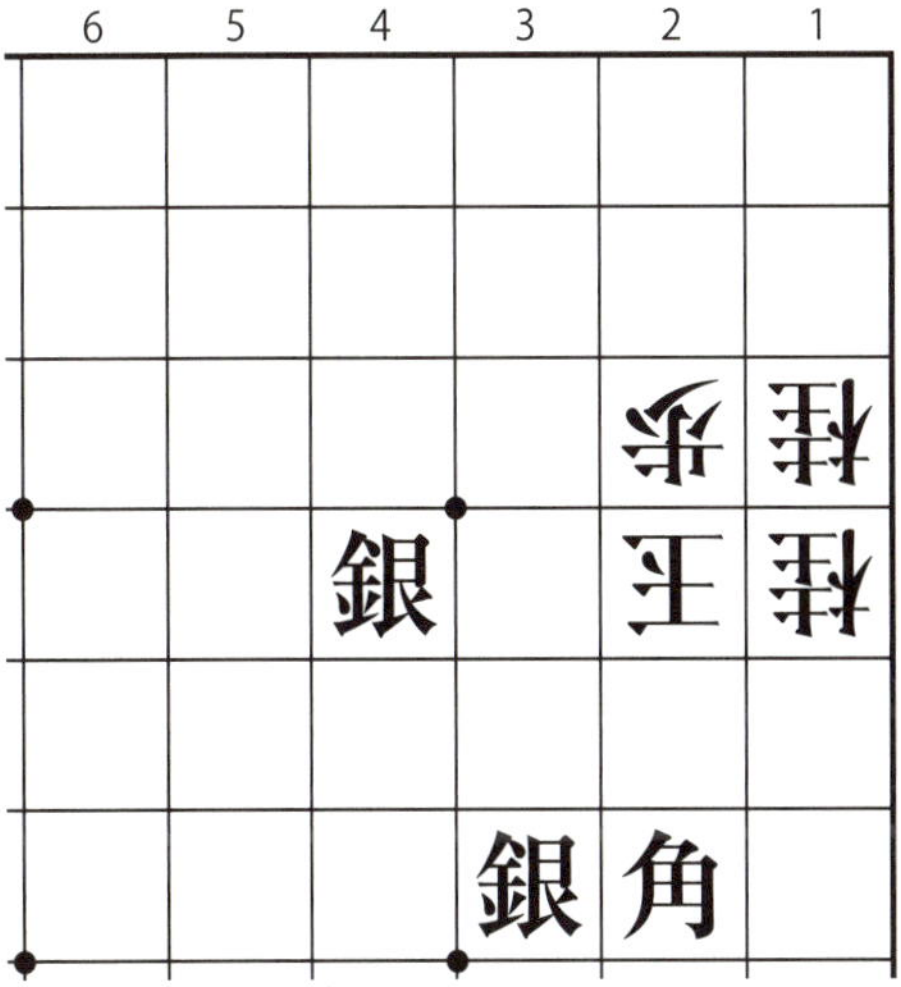

持駒《もちごま》 銀《ぎん》

第《だい》182問《もん》

ヒント

大技《おおわざ》を決《き》める

レベル ★★★★★

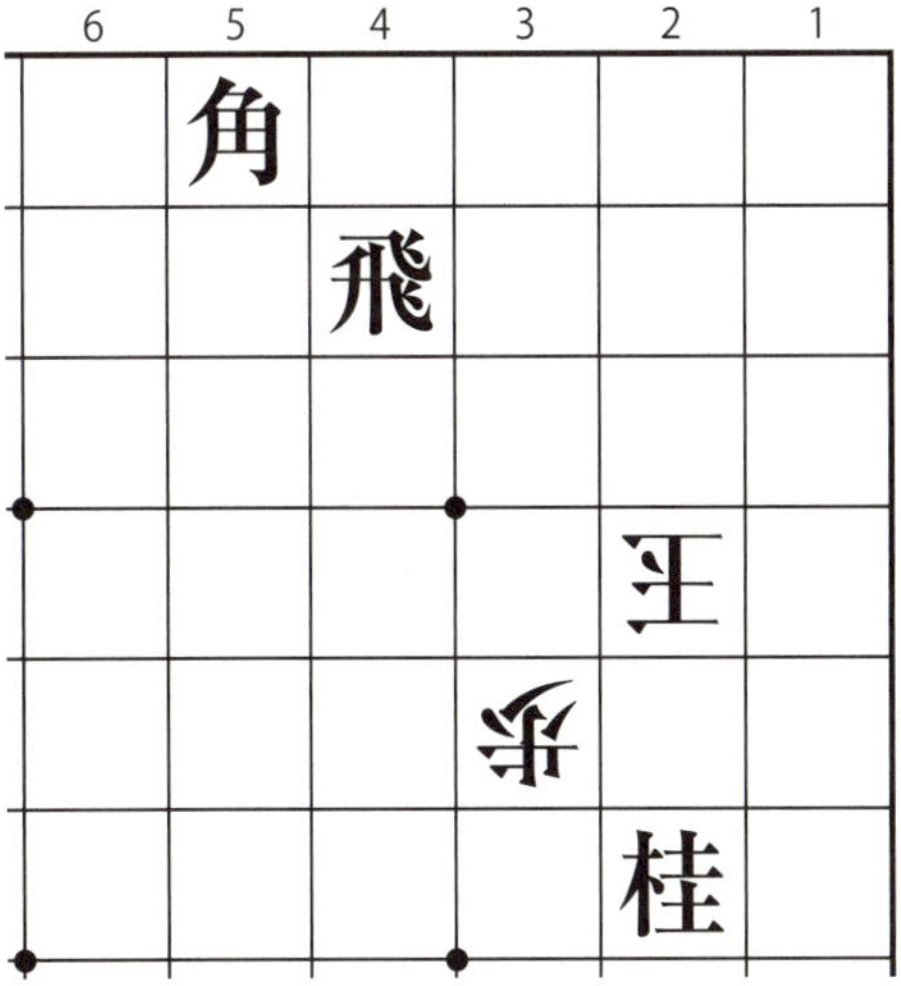

持駒《もちごま》 なし

第《だい》181問《もん》

☗3五銀打《ごぎんうち》

正解図《せいかいず》

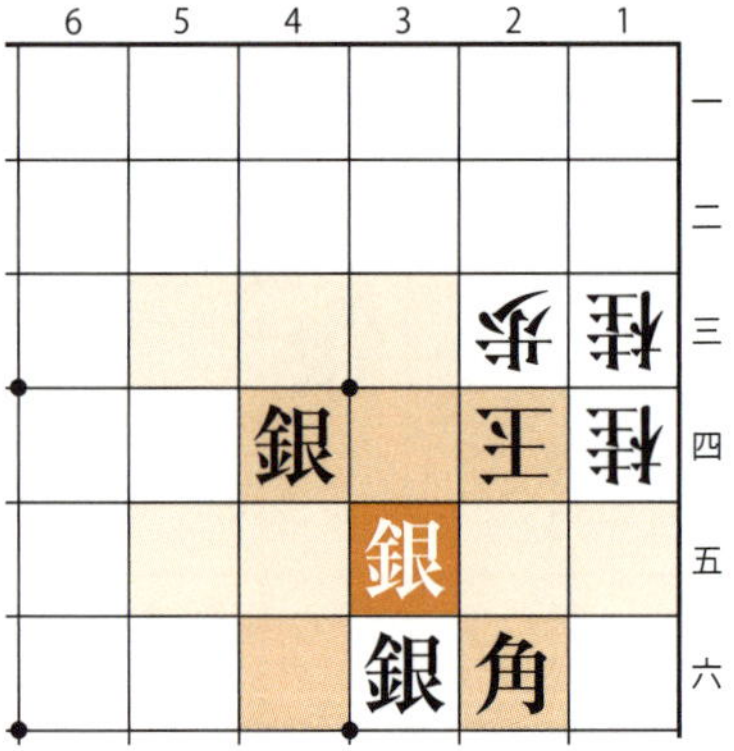

☗持駒《もちごま》 なし

銀《ぎん》を追加《ついか》

☗3五銀上《ごぎんあがる》（3六銀《ろくぎん》を上《あ》げる）は☖2五《ご》玉《ぎょく》で、角《かく》と銀《ぎん》の弱《よわ》みを思《おも》い知《し》らされます。☗2五銀打《ごぎんうち》は☖同桂《どうけい》と取《と》られて失敗《しっぱい》。

正解《せいかい》は☗3五銀打《ごぎんうち》。角《かく》と銀《ぎん》2枚《まい》が利《き》いているところに、さらに銀《ぎん》を投入《とうにゅう》します。

第《だい》182問《もん》

☗2二飛成《にひなり》

正解図《せいかいず》

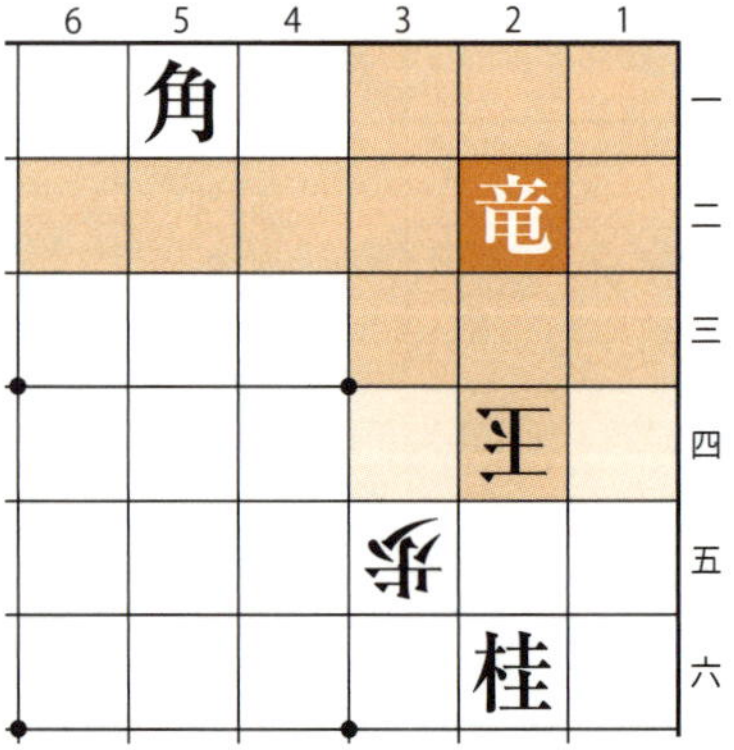

☗持駒《もちごま》 なし

両王手《りょうおうて》で逃《に》げ道《みち》なし

玉《ぎょく》のまわりを確認《かくにん》すると、3段目《だんめ》と5段目《だんめ》に、合《あ》わせて5か所《しょ》の逃《に》げ道《みち》があります。これらをたったの1手《て》でふさいでしまう大技《おおわざ》、それが☗2二飛成《にひなり》の両王手《りょうおうて》。両王手《りょうおうて》は合駒《あいごま》で受《う》けられないので、これで詰《つ》みです。

第《だい》183問《もん》

ヒント

大技《おおわざ》は狙《ねら》いません

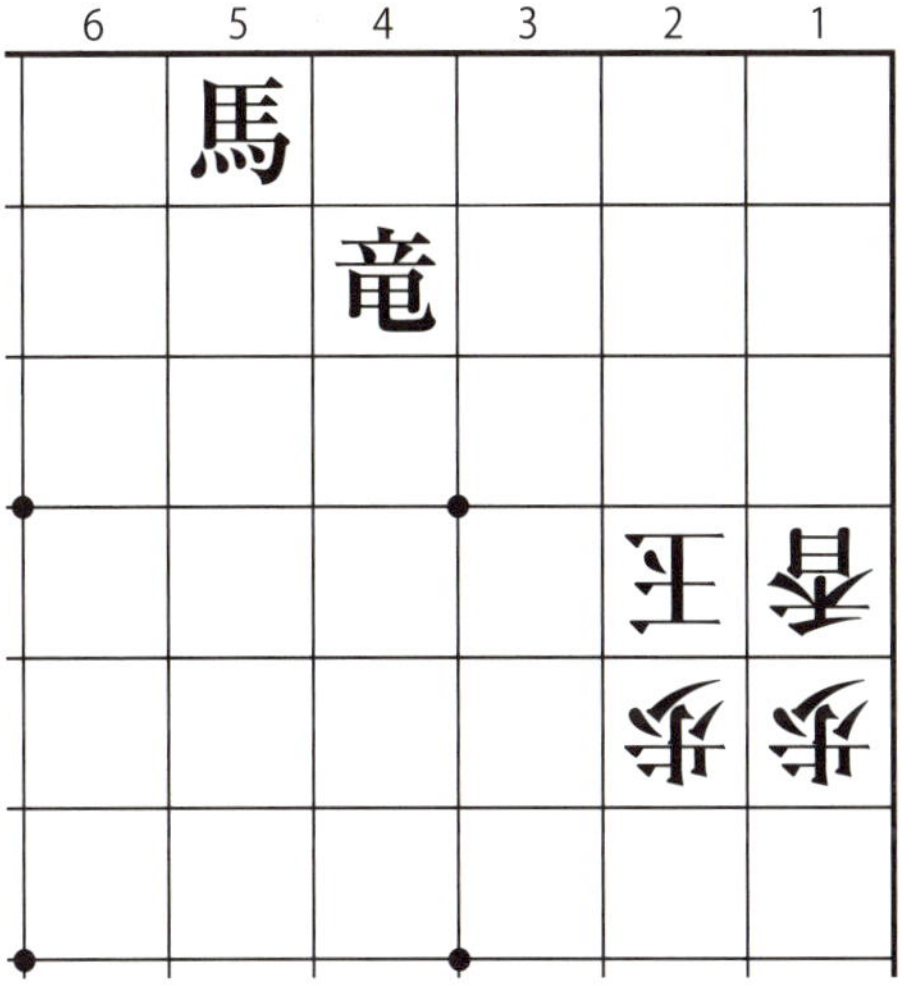

持駒《もちごま》 なし

レベル ★★★★★

第《だい》184問《もん》

ヒント

合駒《あいごま》に注意《ちゅうい》

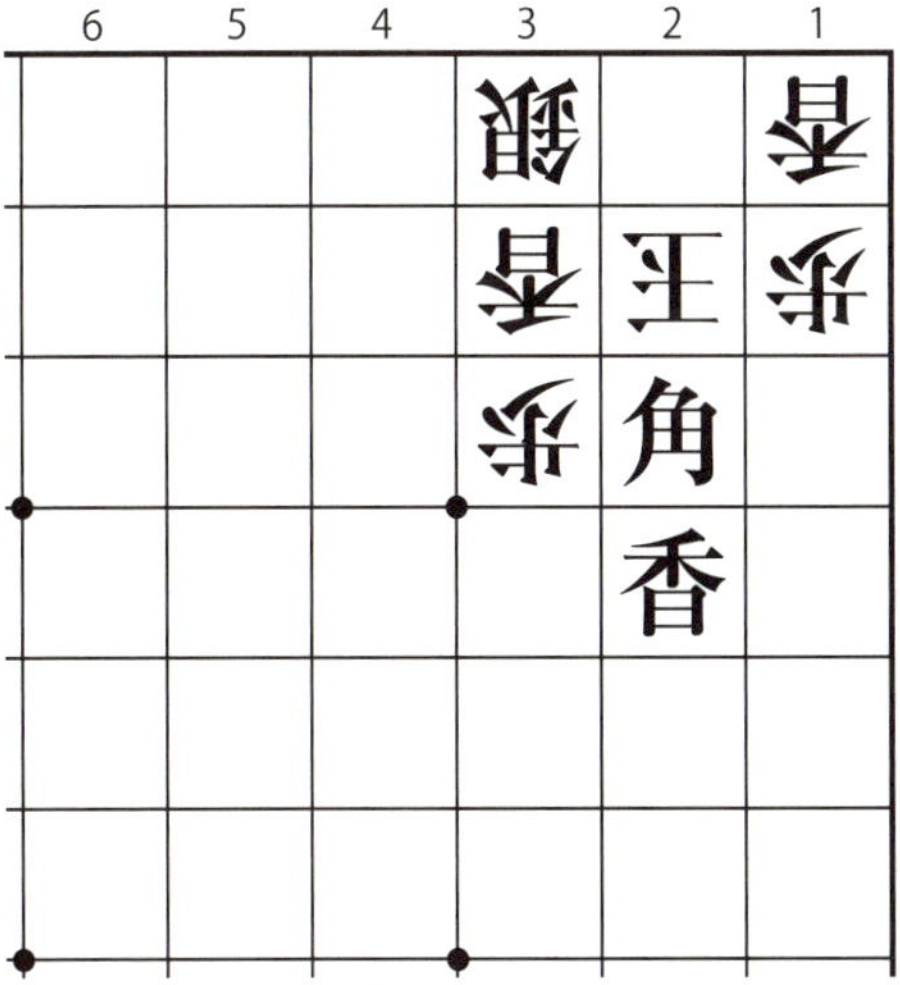

持駒《もちごま》 なし

レベル ★★★★★

第《だい》183問《もん》

☗3三竜《さんりゅう》

正解図《せいかいず》

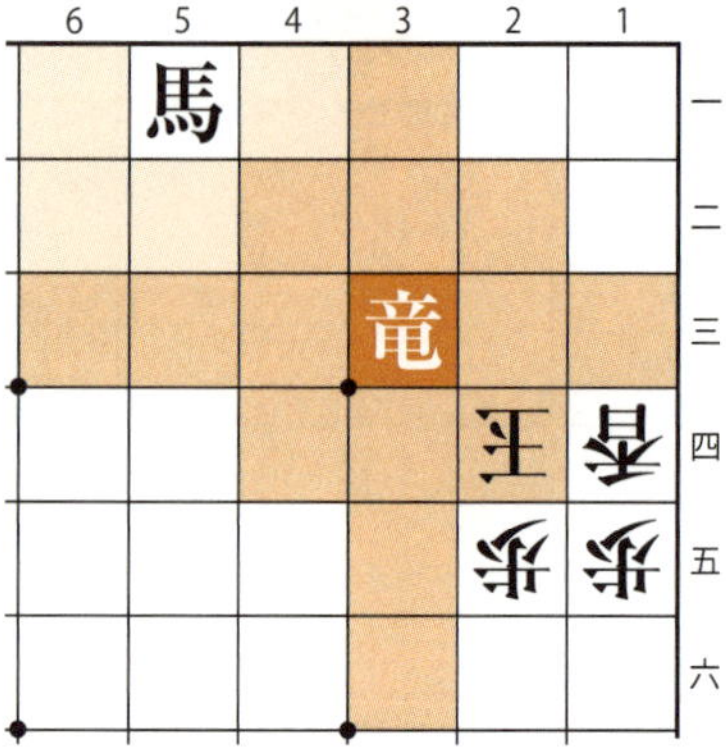

☗持駒《もちごま》 なし

両王手《りょうおうて》は失敗《しっぱい》

☗2二竜《にりゅう》は☖3五玉《ごぎょく》で、☗4四竜《よんりゅう》は☖1三玉《さんぎょく》で、どちらの両王手《りょうおうて》も失敗《しっぱい》。☗3二竜《にりゅう》や☗4三竜《さんりゅう》も同《おな》じように逃《に》げられます。正解《せいかい》の☗3三竜《さんりゅう》が力強《ちからづよ》い一手《いって》。この竜《りゅう》は1三《さん》にも3五《ご》にも利《き》いています。

第《だい》184問《もん》

☗1四角成《よんかくなり》

正解図《せいかいず》

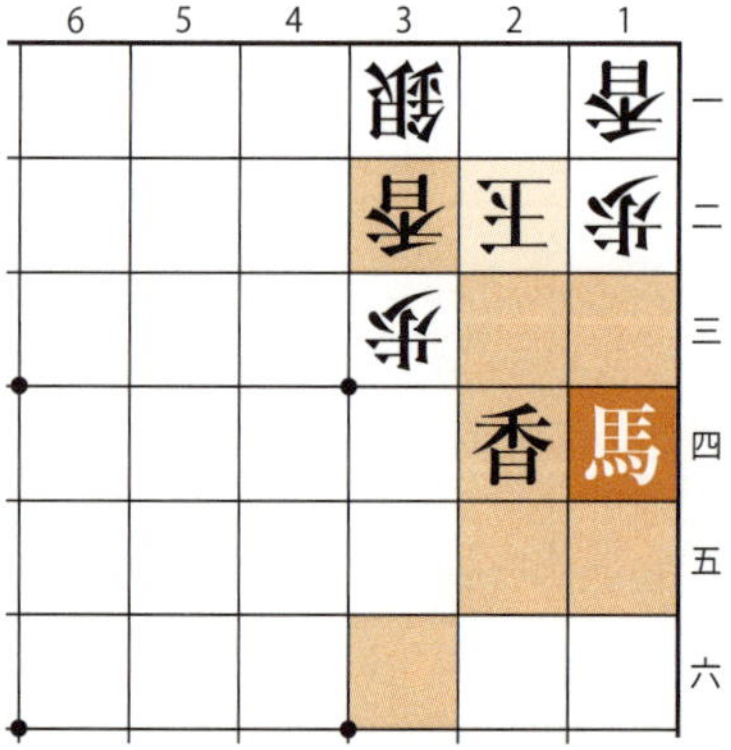

☗持駒《もちごま》 なし

右《みぎ》に角成《かくなり》

正解《せいかい》の☗1四角成《よんかくなり》に☖2三歩《さんふ》の合駒《あいごま》は、☗同香不成《どうきょうならず》があるので無駄合《むだあい》です。☗3四角成《よんかくなり》でも詰《つ》みそうですが、☖2三桂《さんけい》の合駒《あいごま》が驚《おどろ》きの受《う》け。☗2三同馬《さんどうま》（☗同香《どうきょう》不成《ならず》は☖1三玉《さんぎょく》）に☖2一玉《いちぎょく》で詰《つ》みません。

第《だい》185問《もん》

ヒント

飛《ひ》車《しゃ》が取《と》られそう

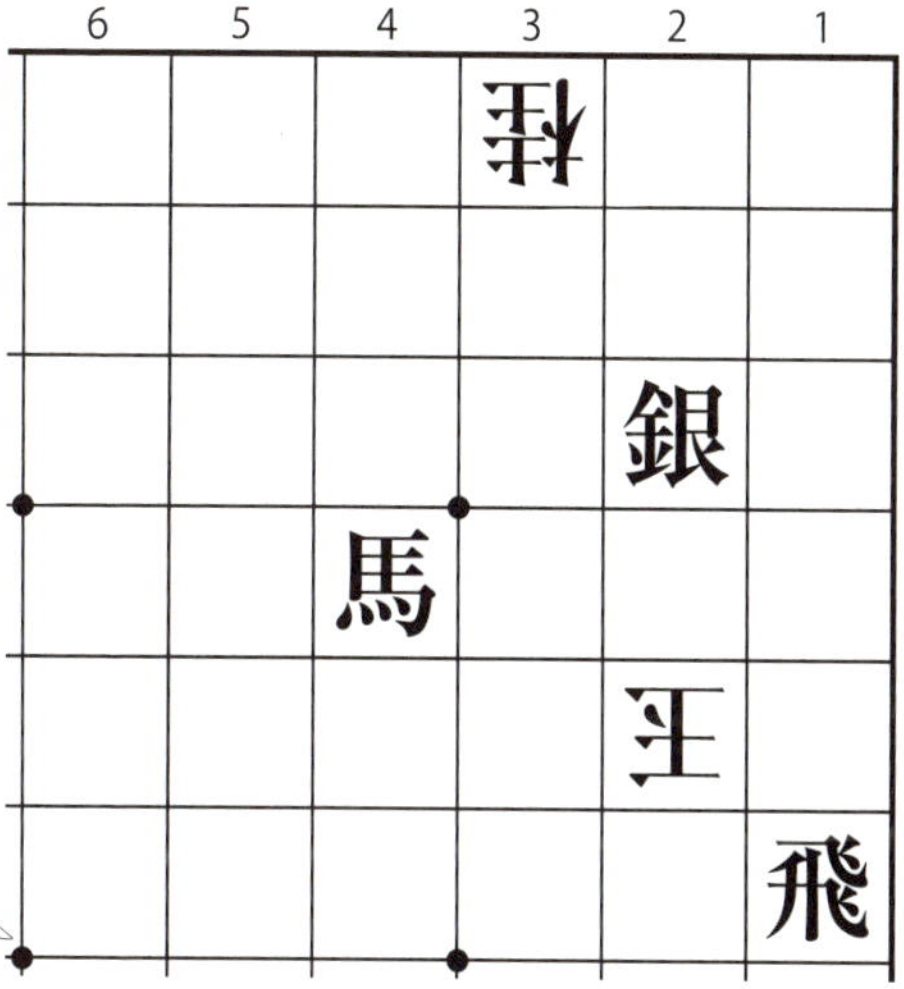

レベル ★★★★★

持駒《もちごま》 なし

第《だい》186問《もん》

ヒント

3三《さんさん》だけを見《み》ない

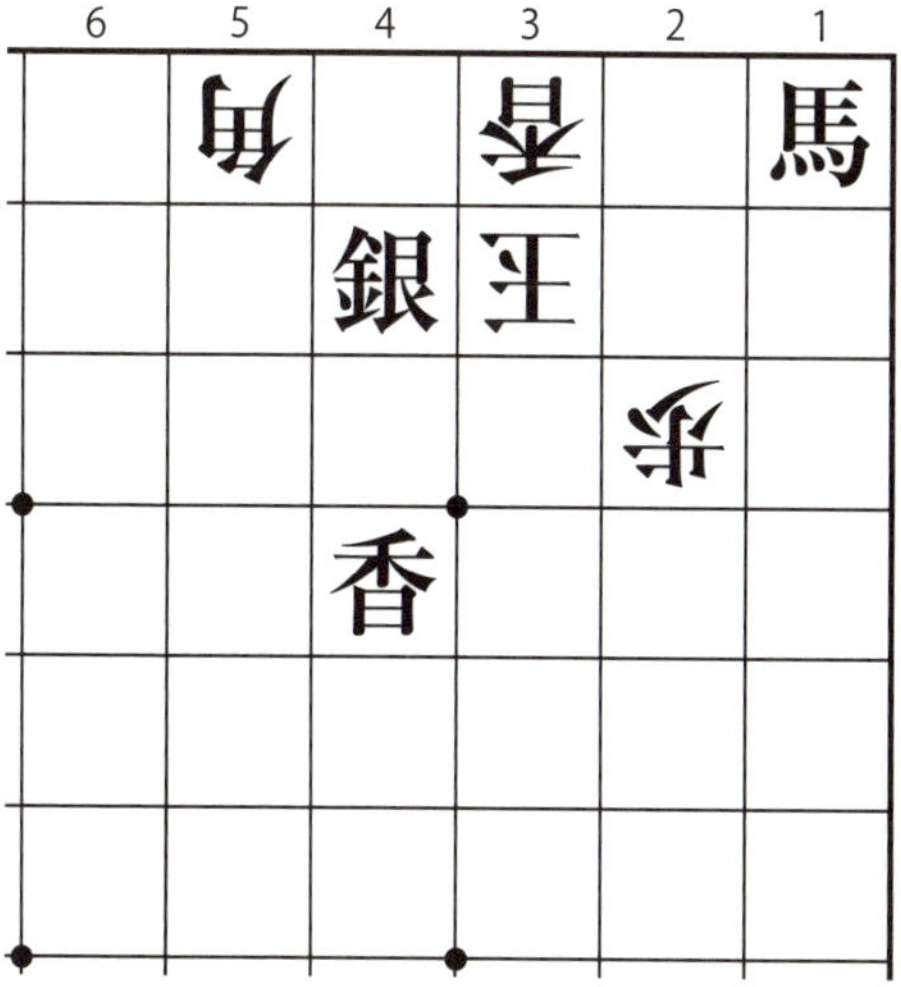

レベル ★★★★★

持駒《もちごま》 なし

第《だい》185問《もん》

☗3四馬《よんうま》

正解図《せいかいず》

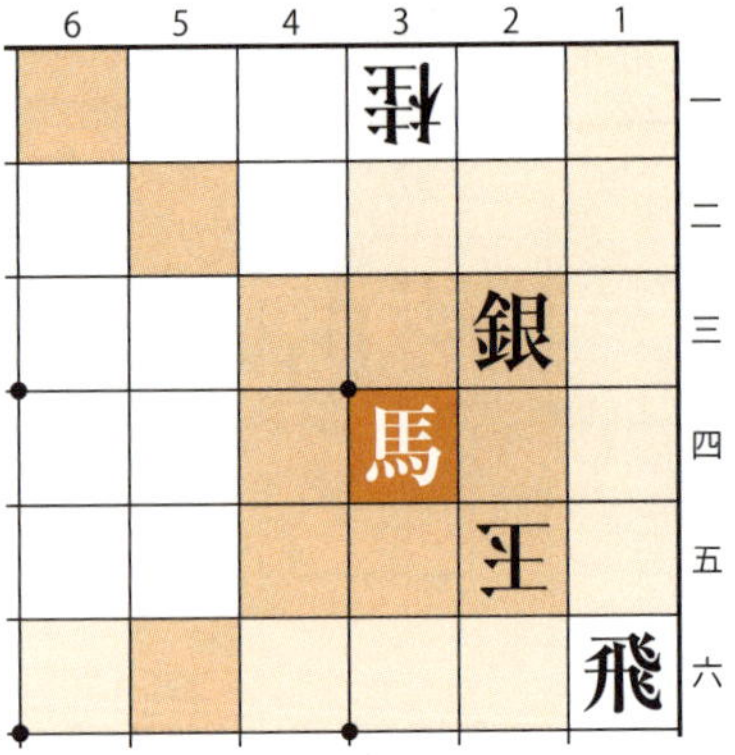

☗持駒《もちごま》 なし

後《うし》ろから王手《おうて》

玉《ぎょく》の正面《しょうめん》から王手《おうて》をかけたい形《かたち》。しかし、☗2六飛《ろくひ》は☖1五玉《ごぎょく》で詰《つ》みませんし、☗2六馬《ろくうま》も☖2四玉《よんぎょく》と逃《に》げられます。

玉《ぎょく》の後《うし》ろから☗3四馬《よんうま》が正解《せいかい》。王手《おうて》をかけつつ、1六飛《ろくひ》を守《まも》っています。

第《だい》186問《もん》

☗4一銀《いちぎん》不成《ならず》

正解図《せいかいず》

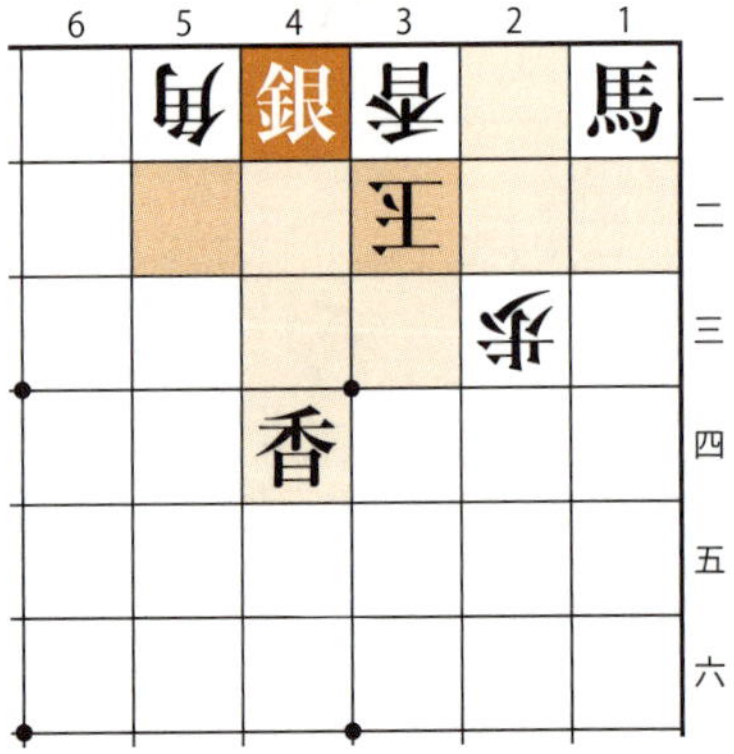

☗持駒《もちごま》 なし

香《きょう》の後押《あとお》し

第《だい》131問《もん》、132問《もん》では、3三《さん》に銀《ぎん》を成《な》ったり馬《うま》を引《ひ》いたりする手《て》が正解《せいかい》でした。しかし、この問題《もんだい》は、その手《て》では詰《つ》みません。

香《きょう》に後押《あとお》しされるように、☗4一銀《いちぎん》不成《ならず》と進《すす》めて詰《つ》み。

第《だい》187問《もん》

レベル ★★★★★

ヒント

飛車《ひしゃ》を動《うご》かしても大丈夫《だいじょうぶ》？

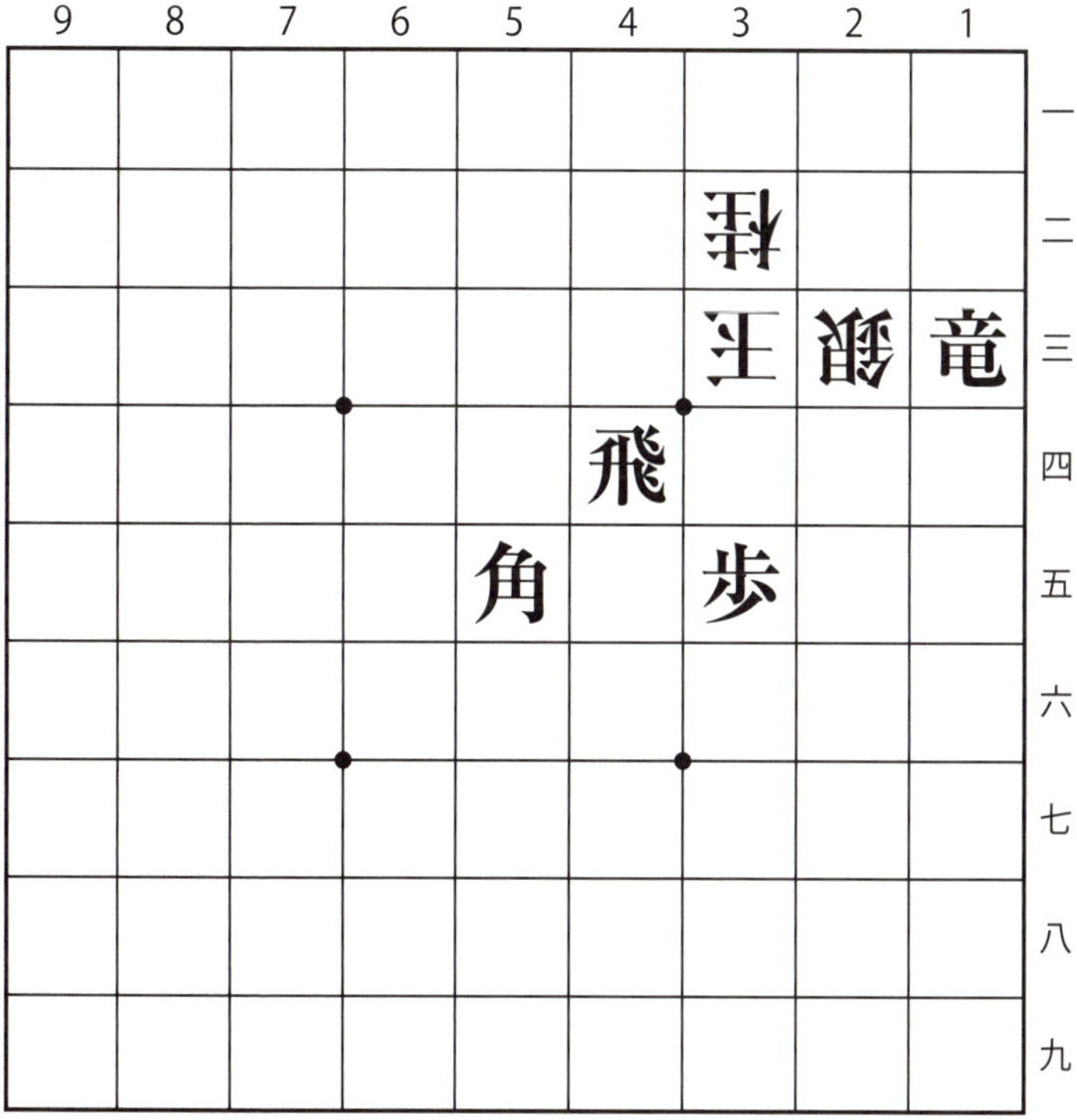

持駒《もちごま》 なし

第《たい》187問《もん》

▲3四《よん》歩《ふ》

正解図《せいかいず》

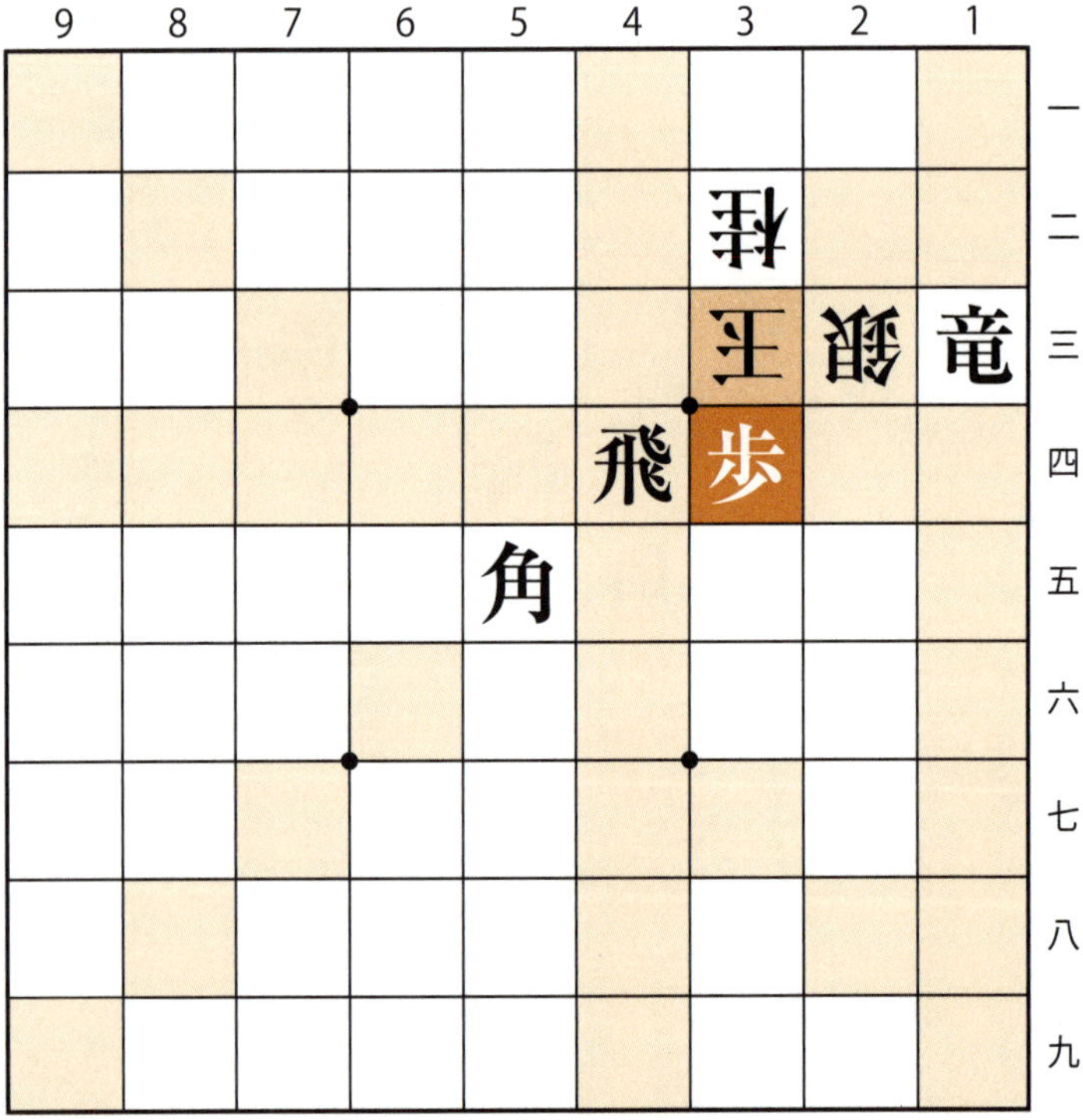

▲持駒《もちごま》 なし

ヒーローは歩《ふ》

▲4一《いち》飛成《ひなり》で詰《つ》み……は間違《まちが》いです。3二《に》桂《けい》があるので、△4四《よん》歩《ふ》と合駒《あいごま》をされるとどうしようもありません。

大駒《おおごま》3枚《まい》は玉《ぎょく》を包囲《ほうい》するための駒《こま》。▲3四《よん》歩《ふ》が玉《ぎょく》にとどめを刺《さ》します。

第《だい》188問《もん》

レベル ★★★★★

ヒント

玉《ぎょく》を移動《いどう》させないように

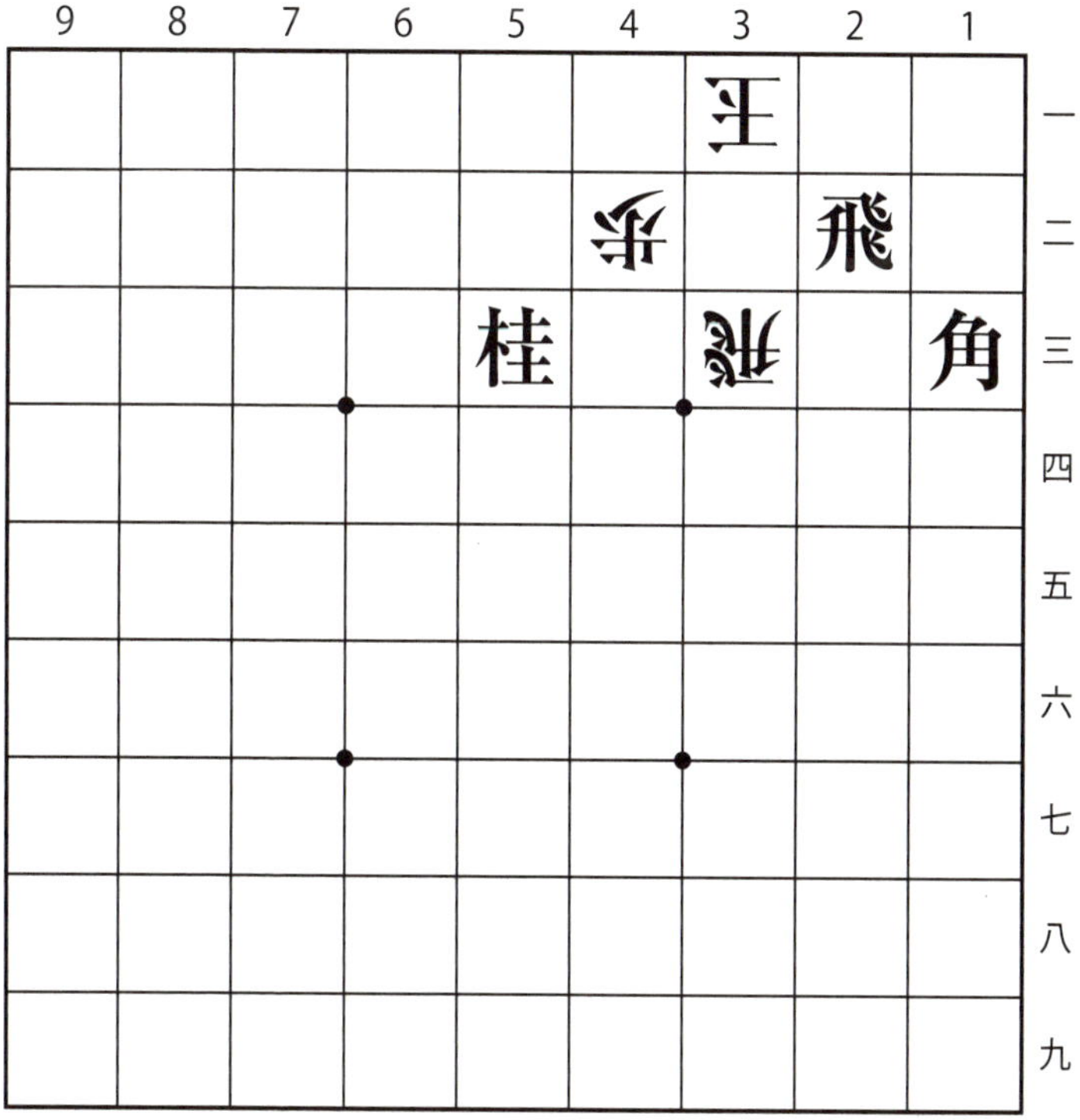

持駒《もちごま》 なし

第《だい》188問《もん》

☗2三《さん》飛《ひ》成《なり》

成《な》ることが大事《だいじ》

☗1二《に》飛《ひ》成《なり》と開《あ》き王手《おうて》をかけるのは、☖1三《さん》飛《ひ》と角《かく》を取《と》られてしまいます。

正解《せいかい》は☗2三《さん》飛《ひ》成《なり》。玉方《ぎょくかた》の飛《ひ》の利《き》きを止《と》めます。

☗2三《さん》飛《ひ》不成《ならず》は☖3二《に》玉《ぎょく》とされます。成《な》ることを忘《わす》れないようにしましょう。

正解図《せいかいず》

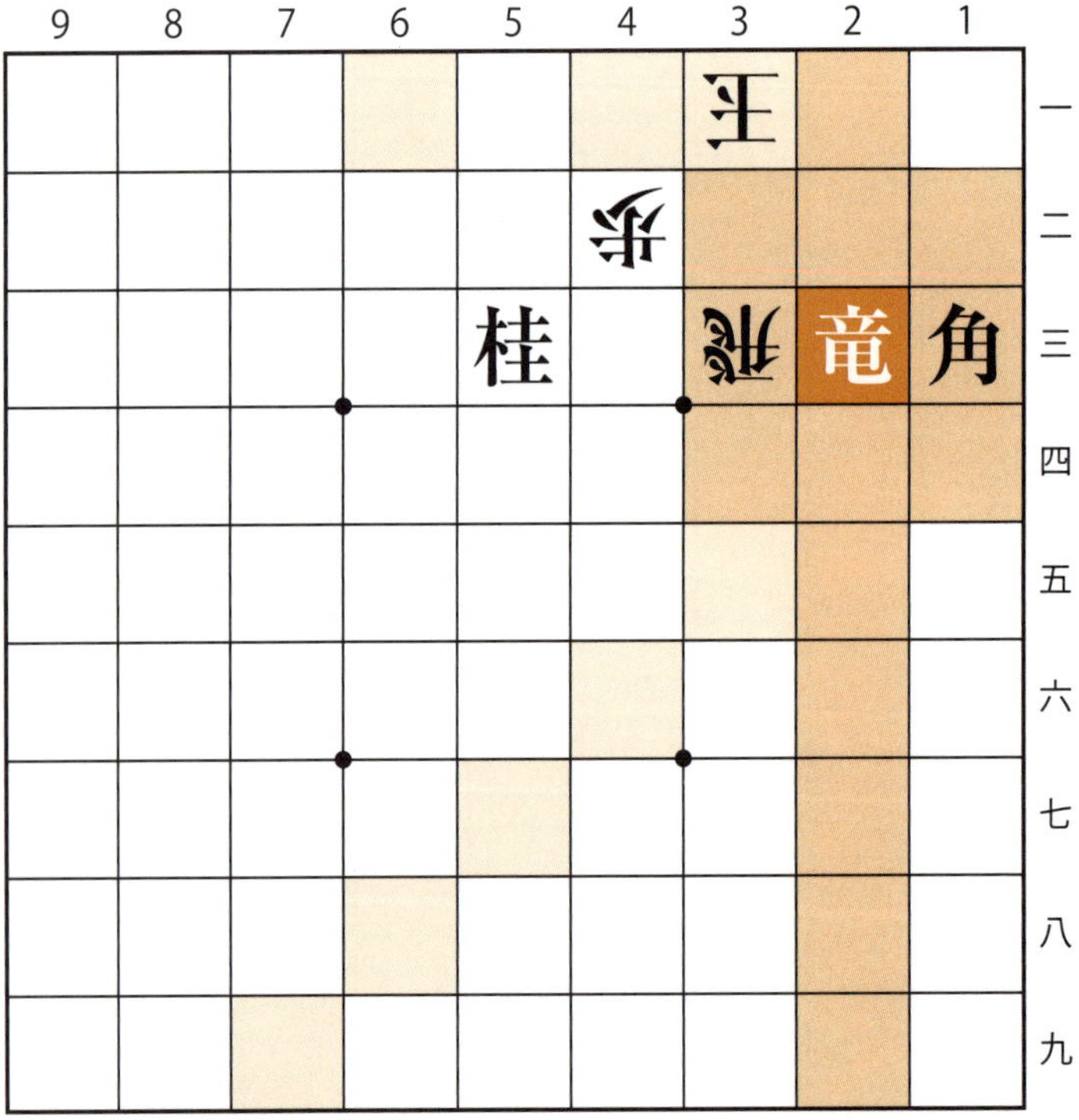

☗持駒《もちごま》 なし

第《だい》189問《もん》

レベル
★★★★★

ヒント
飛車《ひしゃ》が角《かく》を狙《ねら》っています

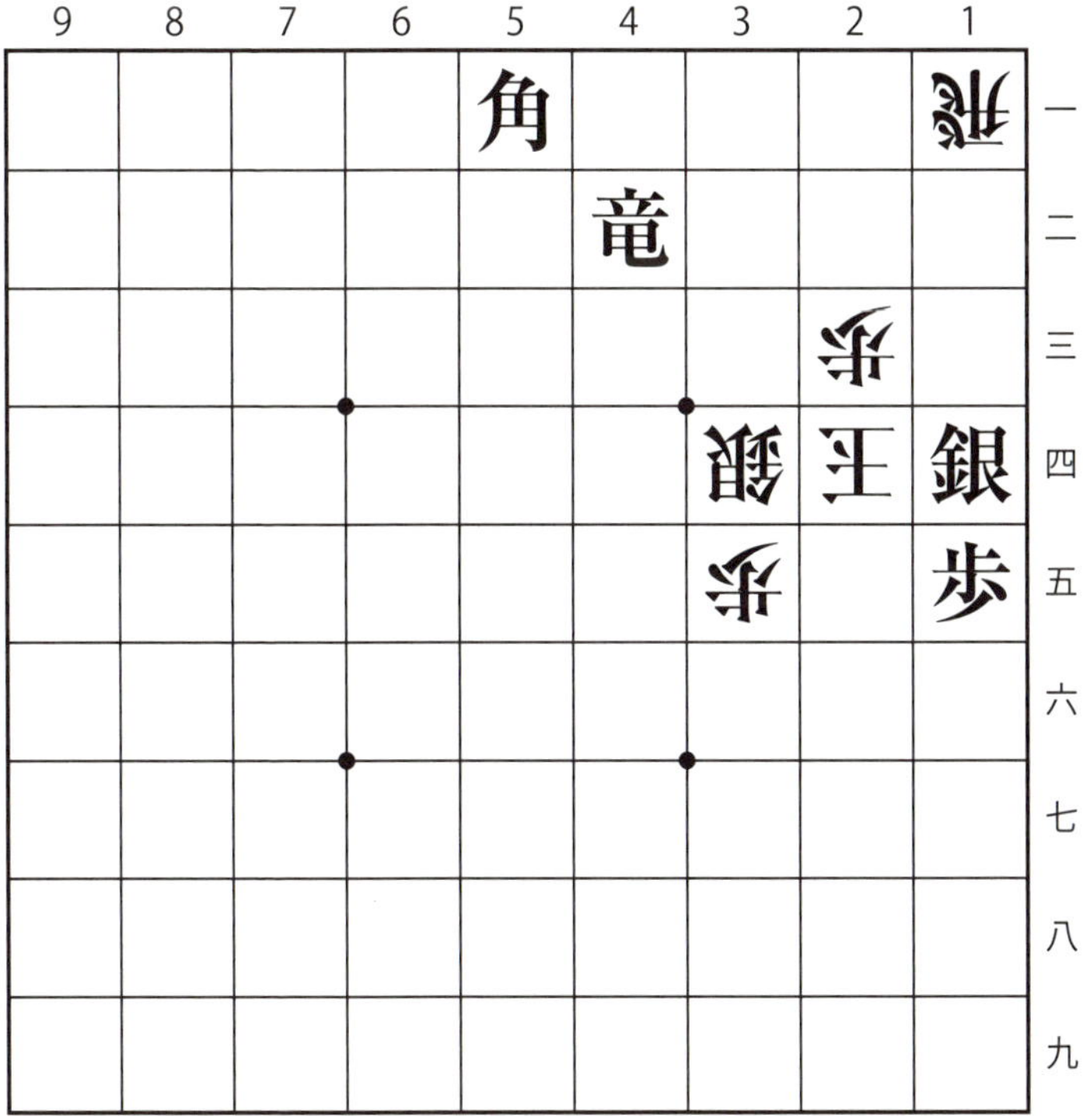

持駒《もちごま》 なし

第《だい》189問《もん》

☗3一《いち》竜《りゅう》

正解図《せいかいず》

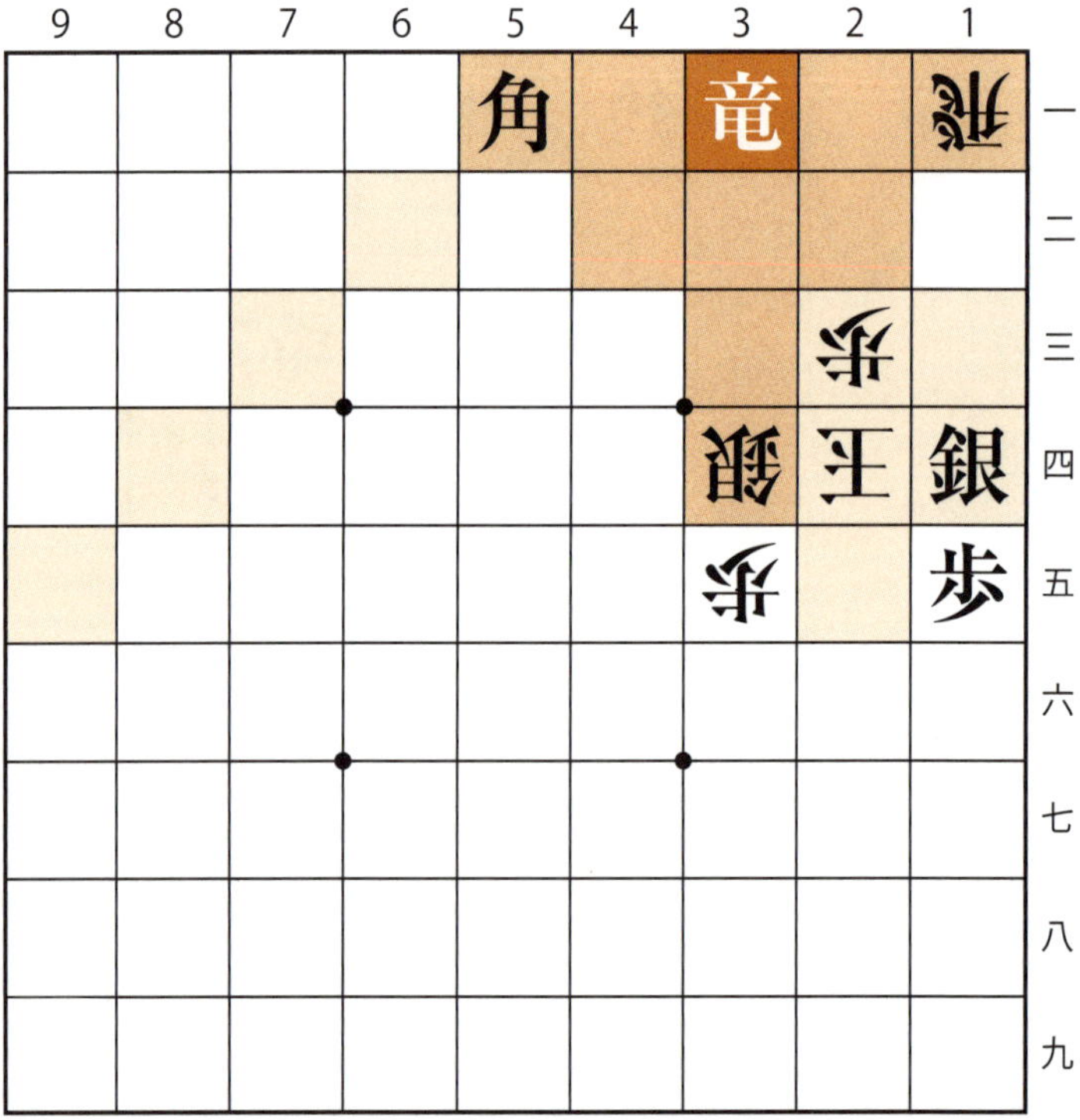

☗持駒《もちごま》 なし

角《かく》を守《まも》るだけではダメ

竜《りゅう》を動《うご》かすと開《あ》き王手《おうて》がかかります。ただし、1一《いち》飛《ひ》が5一《いち》角《かく》を狙《ねら》っていることに注意《ちゅうい》。

☗4一《いち》竜《りゅう》は間違《まちが》いで、☖3三《さん》香《きょう》と合駒《あいごま》を打《う》たれます。

正解《せいかい》は☗3一《いち》竜《りゅう》。1一《いち》飛《ひ》の利《き》きを止《と》め、さらに合駒《あいごま》を防《ふせ》ぐ、一石二鳥《いっせきにちょう》の一手《いって》です。

第《だい》190問《もん》

レベル

★★★★★

ヒント

3三《さん》がポイント

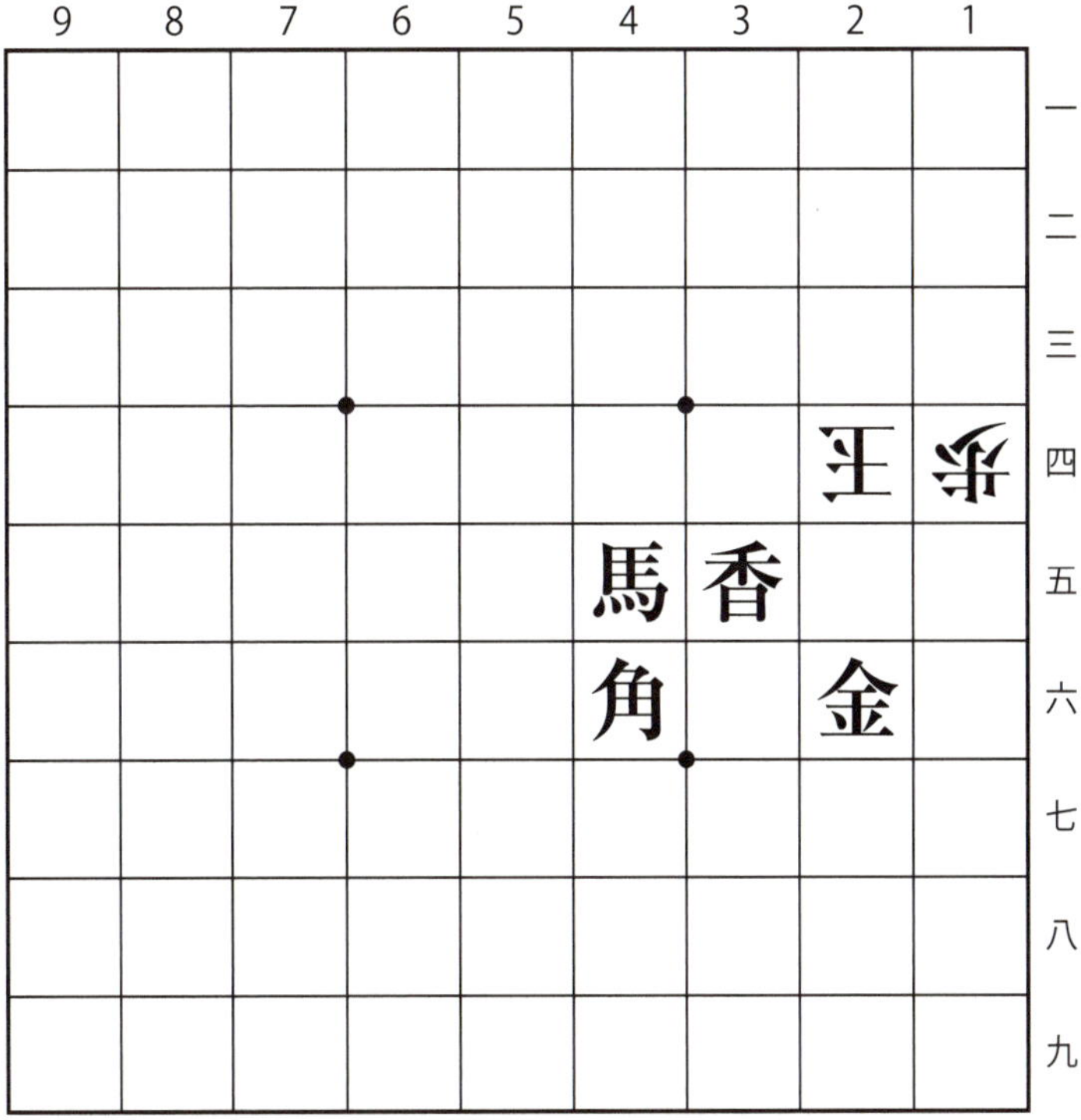

持駒《もちごま》 なし

第《だい》190問《もん》

☗3二香成《にきょうなり》

3三《さん》への利《き》きが大事《だいじ》

香《きょう》をどこに動《うご》かすと詰《つ》むか、という問題《もんだい》。

☗3四香《よんきょう》は馬《うま》の利《き》きが止《と》まるので、☖2三玉《さんぎょく》で失敗《しっぱい》。☗3三《さん》香成《きょうなり》は☖同玉《どうぎょく》と取《と》られます。☗3一香成《いちきょうなり》は遠《とお》くに行《い》きすぎで、☖3三玉《さんぎょく》と逃《に》げられます。残《のこ》った☗3二香成《にきょうなり》が正解《せいかい》。

正解図《せいかいず》

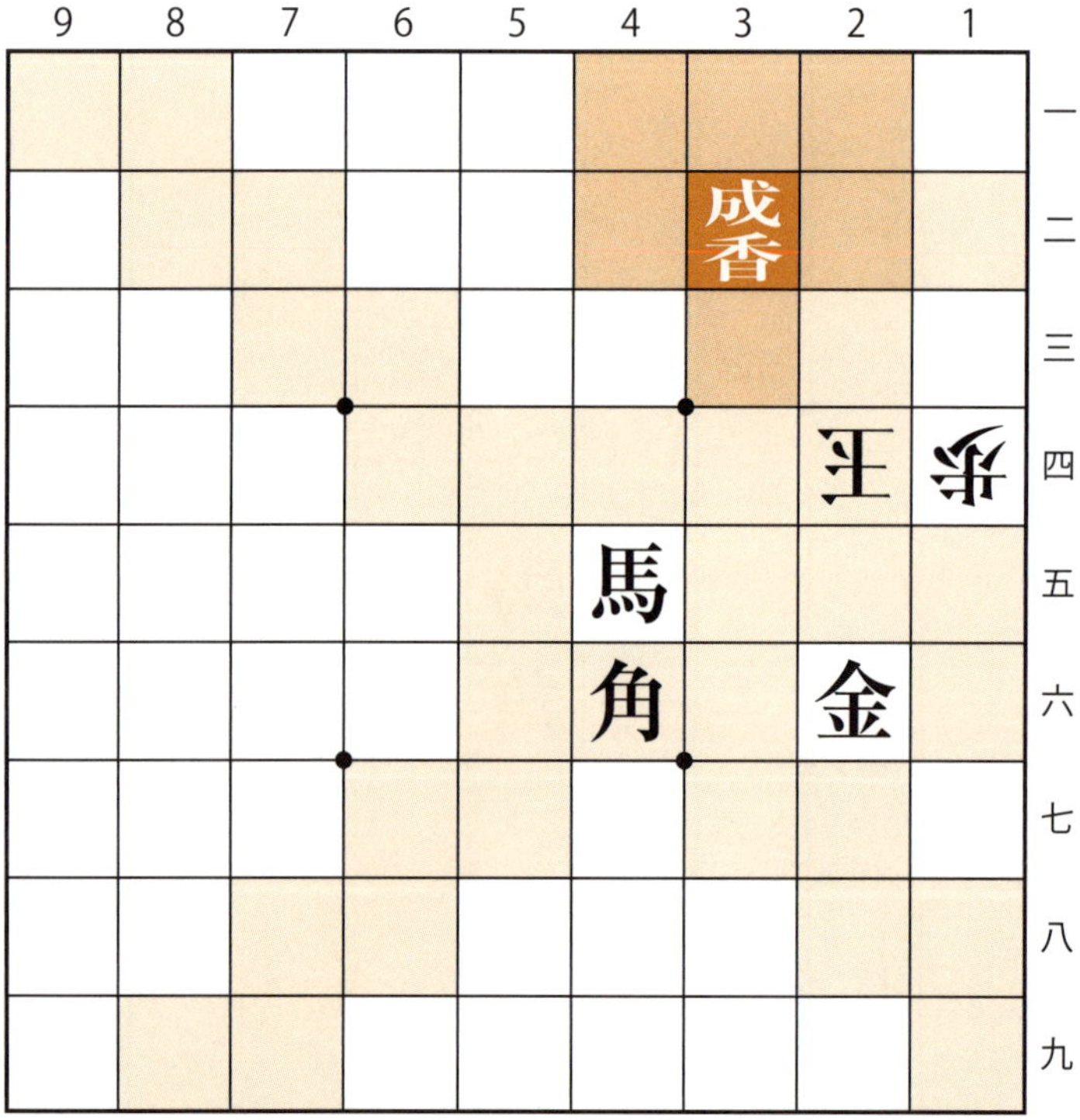

☗持駒《もちごま》 なし

第《だい》191問《もん》

レベル

★★★★★

ヒント

竜《りゅう》をどうするか

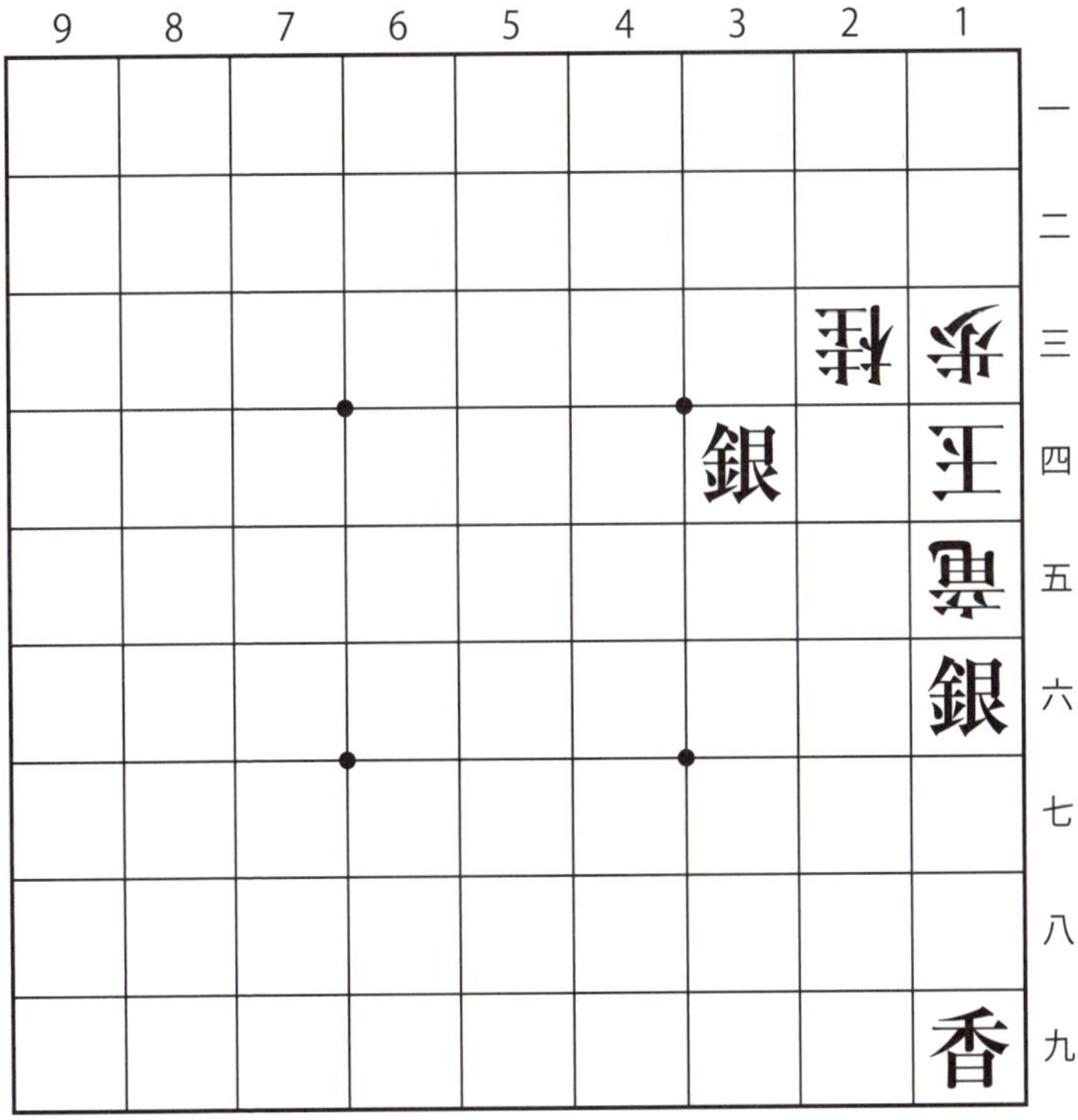

持駒《もちごま》 なし

☗2五銀《ごぎん》上《あがる》

正解図《せいかいず》

竜《りゅう》を取《と》ってはダメ

いよいよ最後《さいご》の10問《もん》です。ここからは将棋盤《しょうぎばん》を広《ひろ》く使《つか》った問《もん》題《だい》を出題《しゅつだい》します。力《ちから》を試《ため》すつもりで取《と》り組《く》んでください。

☗1五銀《ごぎん》と竜《りゅう》を取《と》るのは、☖同桂《どうけい》で失敗《しっぱい》。竜《りゅう》を取《と》らずに☗2五銀上《ごぎんあがる》がうまい一手《いって》です。

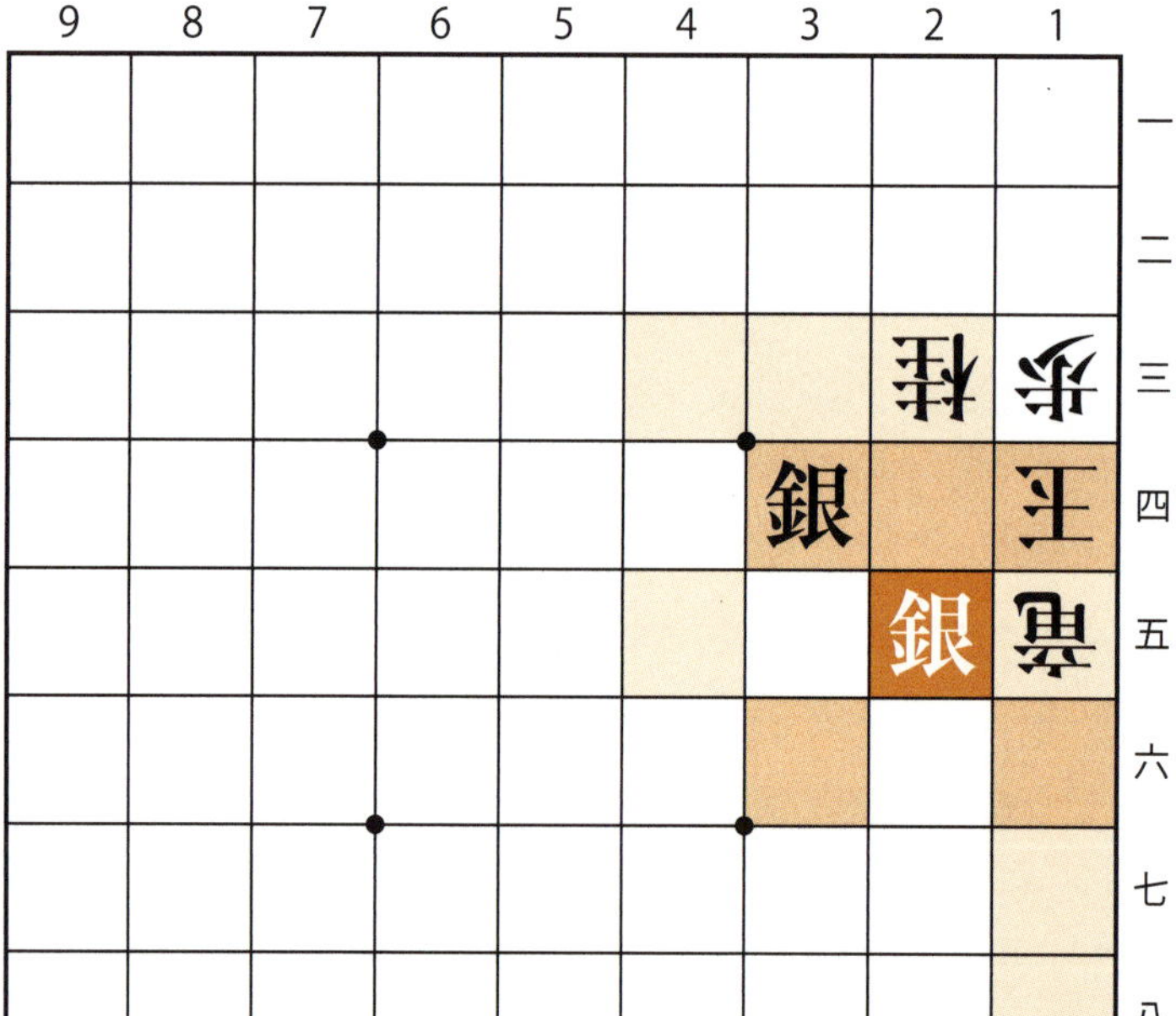

☗持駒《もちごま》なし

第《だい》192問《もん》

レベル

★★★★★

ヒント

合駒《あいごま》に注意《ちゅうい》

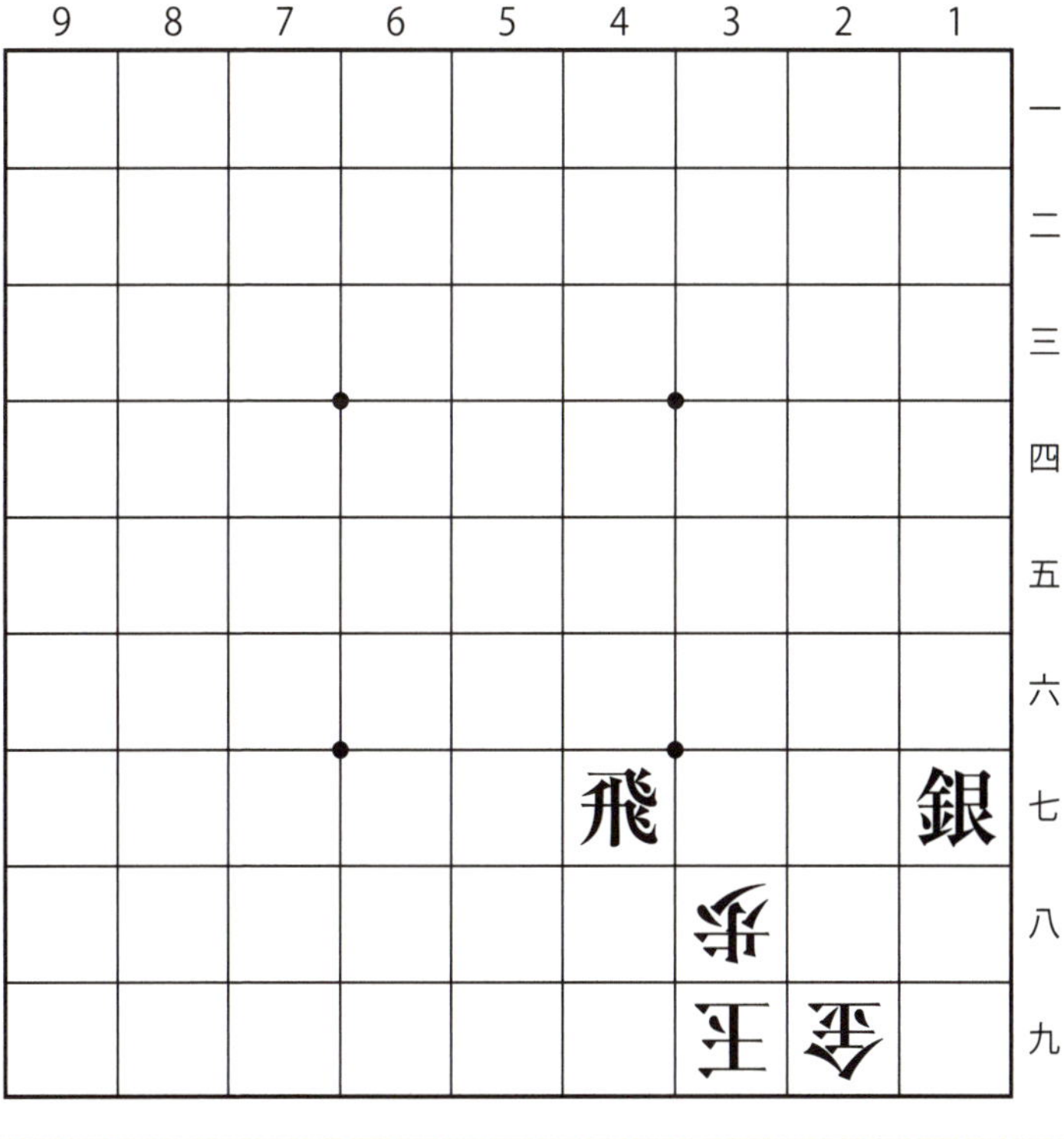

持駒《もちごま》 角《かく》

第《だい》192問《もん》

▲9三角《さんかく》

正解図《せいかいず》

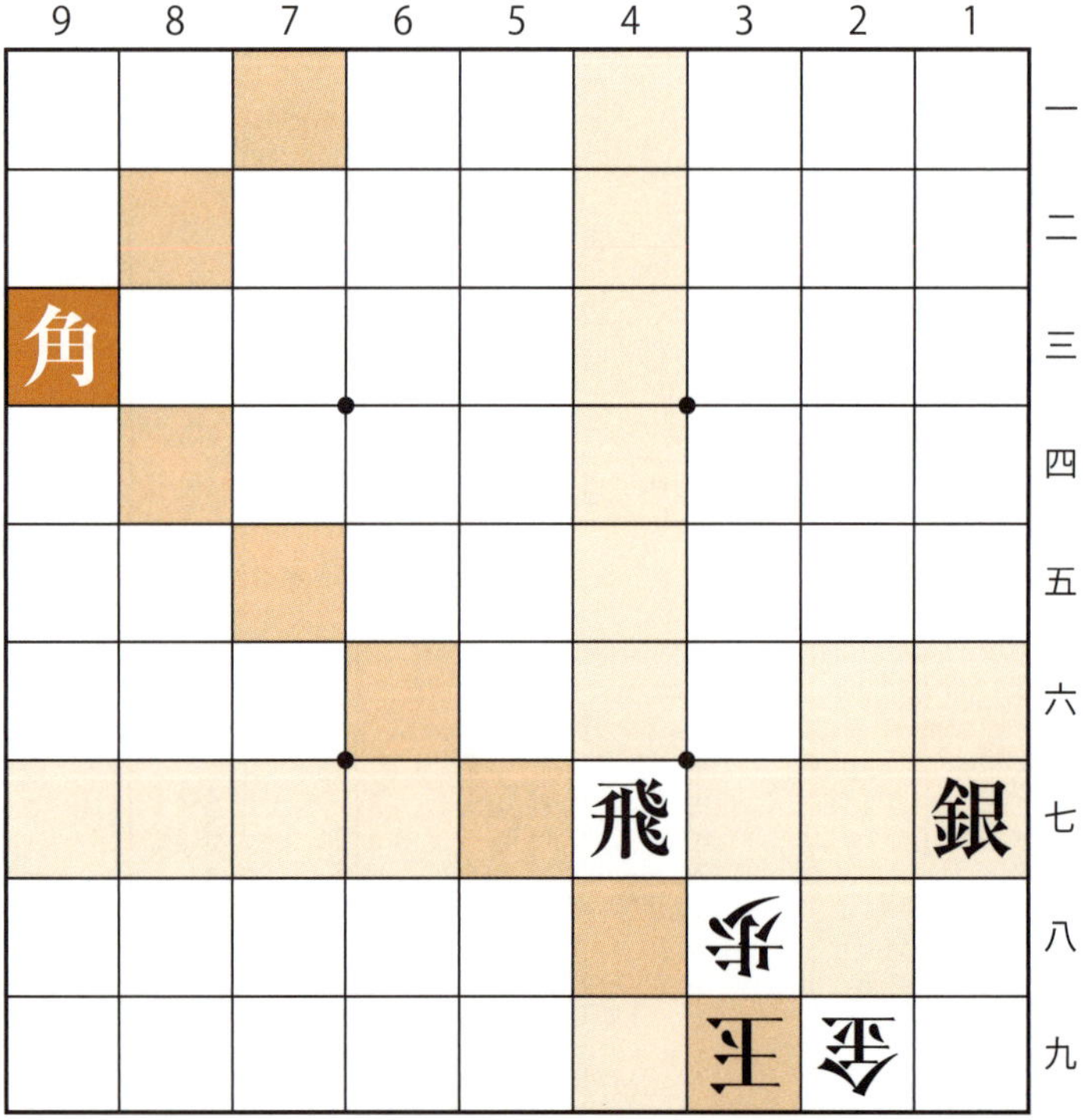

▲持駒《もちごま》 なし

いちばん遠《とお》くに打《う》つ

▲5七角《ななかく》は△4八歩《はちふ》と合駒《あいごま》を打《う》たれます。▲4八同角《はちどうかく》と取《と》ると飛車《ひしゃ》の利《き》きが止《と》まるので、△4九玉《きゅうぎょく》と逃《に》げられて失敗《しっぱい》。

この合駒《あいごま》を防《ふせ》ぐのが、遠《とお》くの敵陣《てきじん》に▲9三角《さんかく》と打《う》つ手《て》。△4八歩《はちふ》の合駒《あいごま》は▲同角成《どうかくなり》と馬《うま》で取《と》って詰《つ》みです（無駄合《むだあい》）。

第《だい》193問《もん》

レベル
★★★★★

ヒント
馬《うま》が活躍《かつやく》①

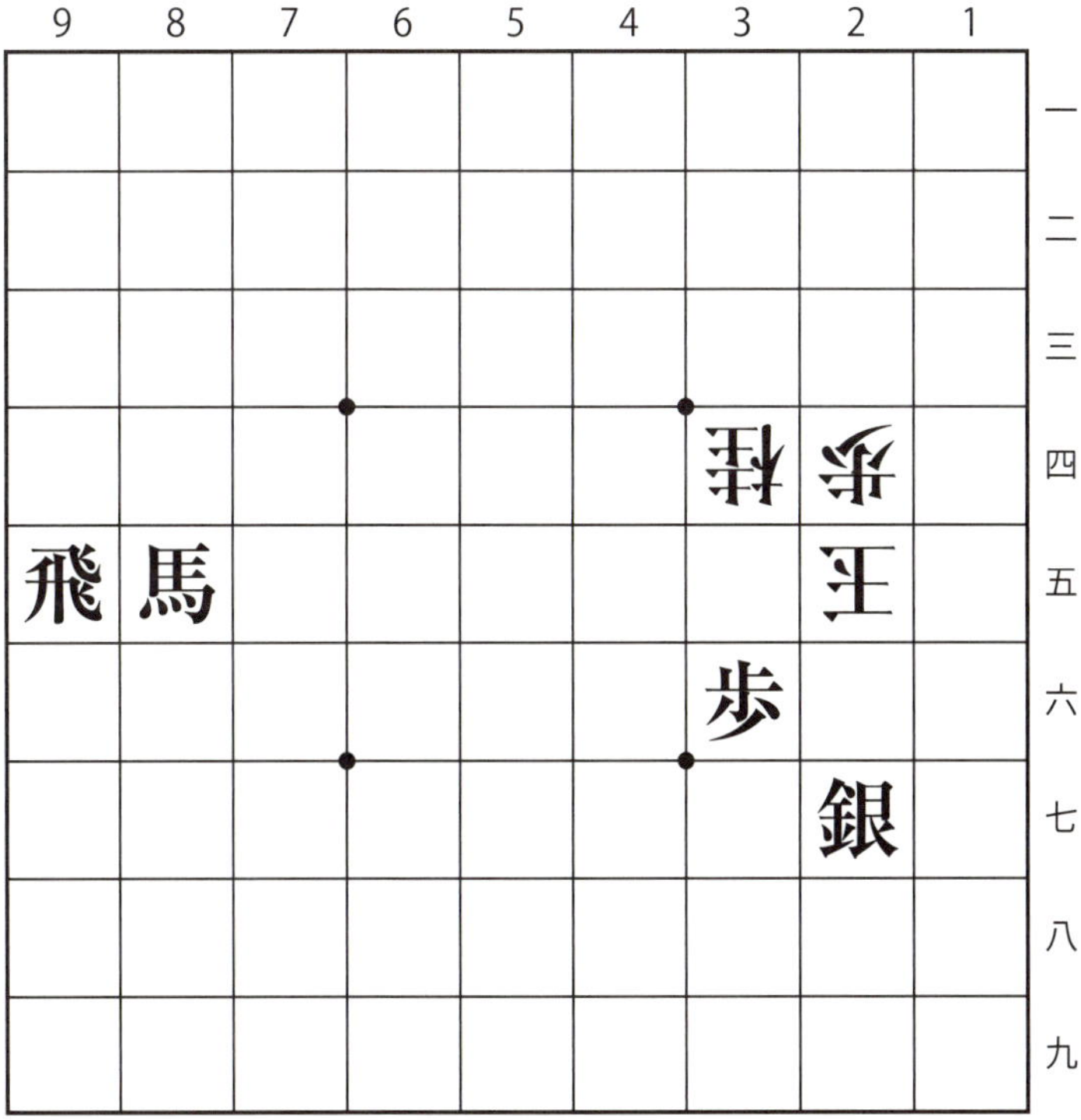

持駒《もちごま》 なし

第《だい》193問《もん》

☗4一馬《いちうま》

馬《うま》を上《うえ》に

2問《もん》セット、最後《さいご》の出題《しゅつだい》です。

馬《うま》を動《うご》かして飛車《ひしゃ》で王手《おうて》をかけるしかありません。考《かんが》えるのは玉《ぎょく》の逃《に》げ道《みち》です。1四《よん》があいているので、ここに馬《うま》の利《き》きを作《つく》れば解決《かいけつ》。

正解《せいかい》の☗4一馬《いちうま》が1四《よん》をにらみます。

正解図《せいかいず》

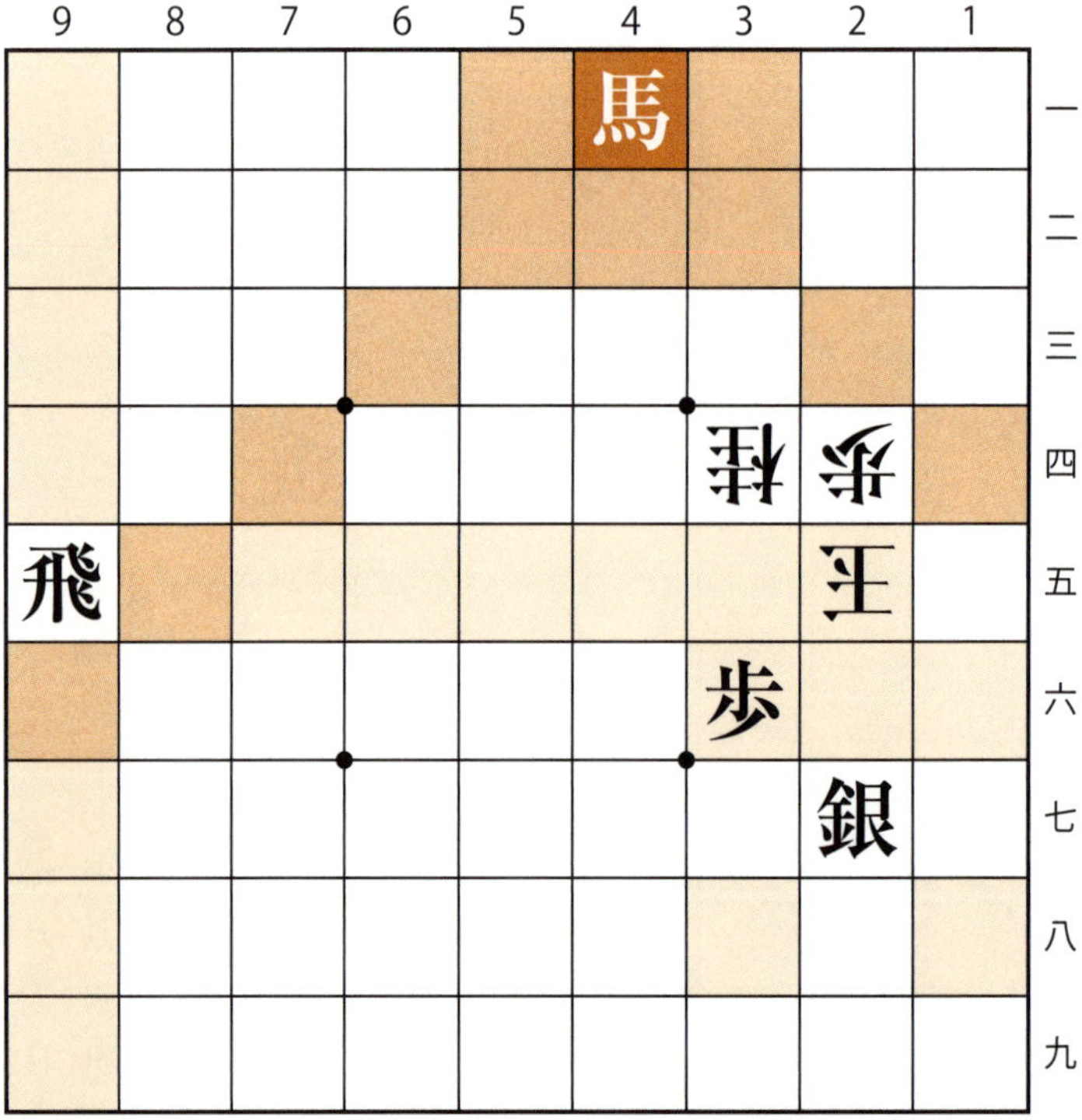

☗持駒《もちごま》 なし

第《だい》194問《もん》

レベル

★★★★★

ヒント

馬《うま》が活躍《かつやく》②

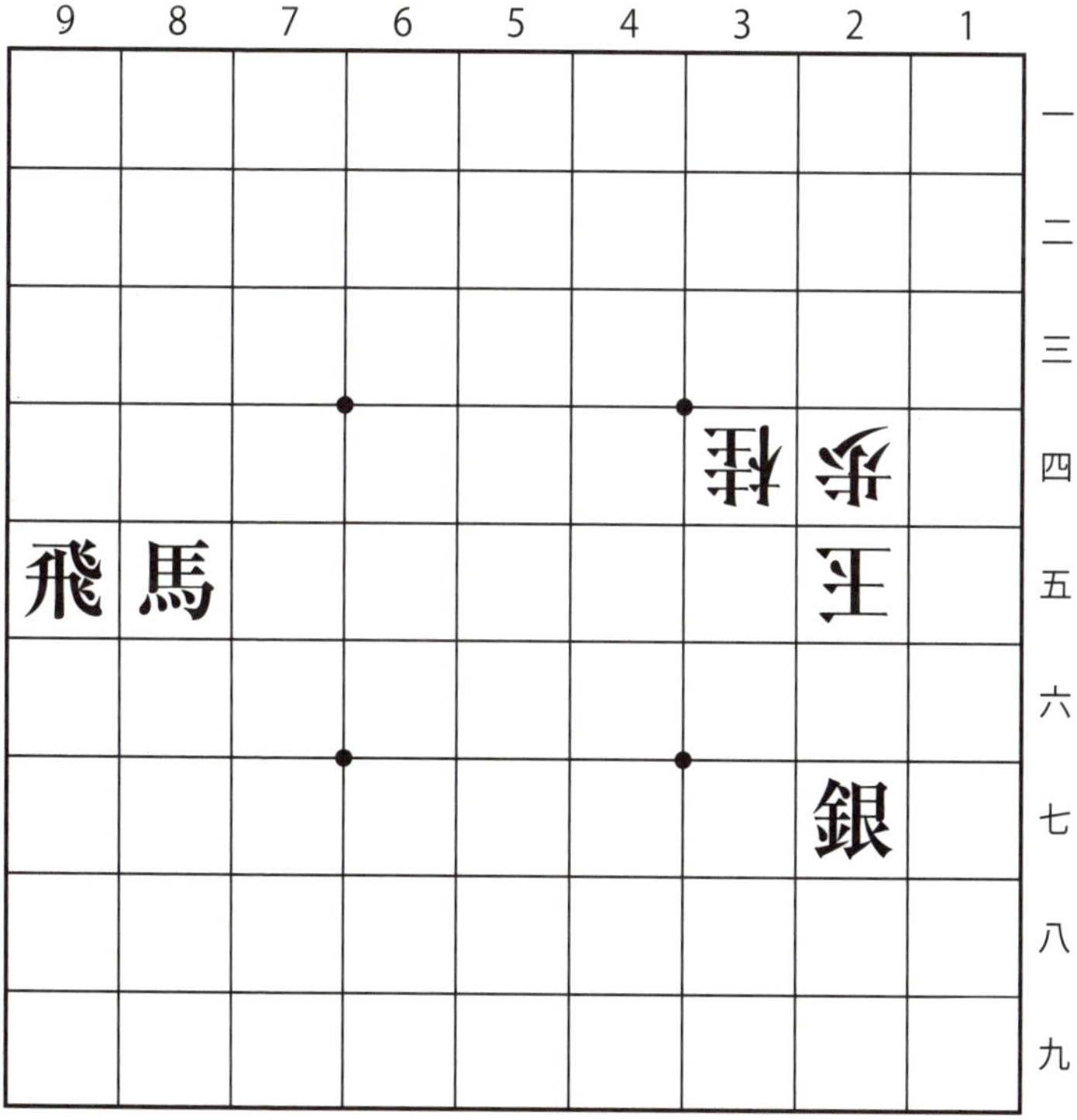

持駒《もちごま》 なし

第《だい》194問《もん》

☗5八馬《はちうま》

馬《うま》を下《した》に

前問《ぜんもん》の3六歩《ろくふ》がなくなりました。

前問《ぜんもん》と同《おな》じ☗4一馬《いちうま》だと、3六歩《ろくふ》がないので、☖3五歩《ごふ》と合《あい》駒《ごま》で受《う》けられます。

馬《うま》を下《した》に動《うご》かす☗5八馬《はちうま》が正《せい》解《かい》。強烈《きょうれつ》な両王手《りょうおうて》が決《き》まります。

正解図《せいかいず》

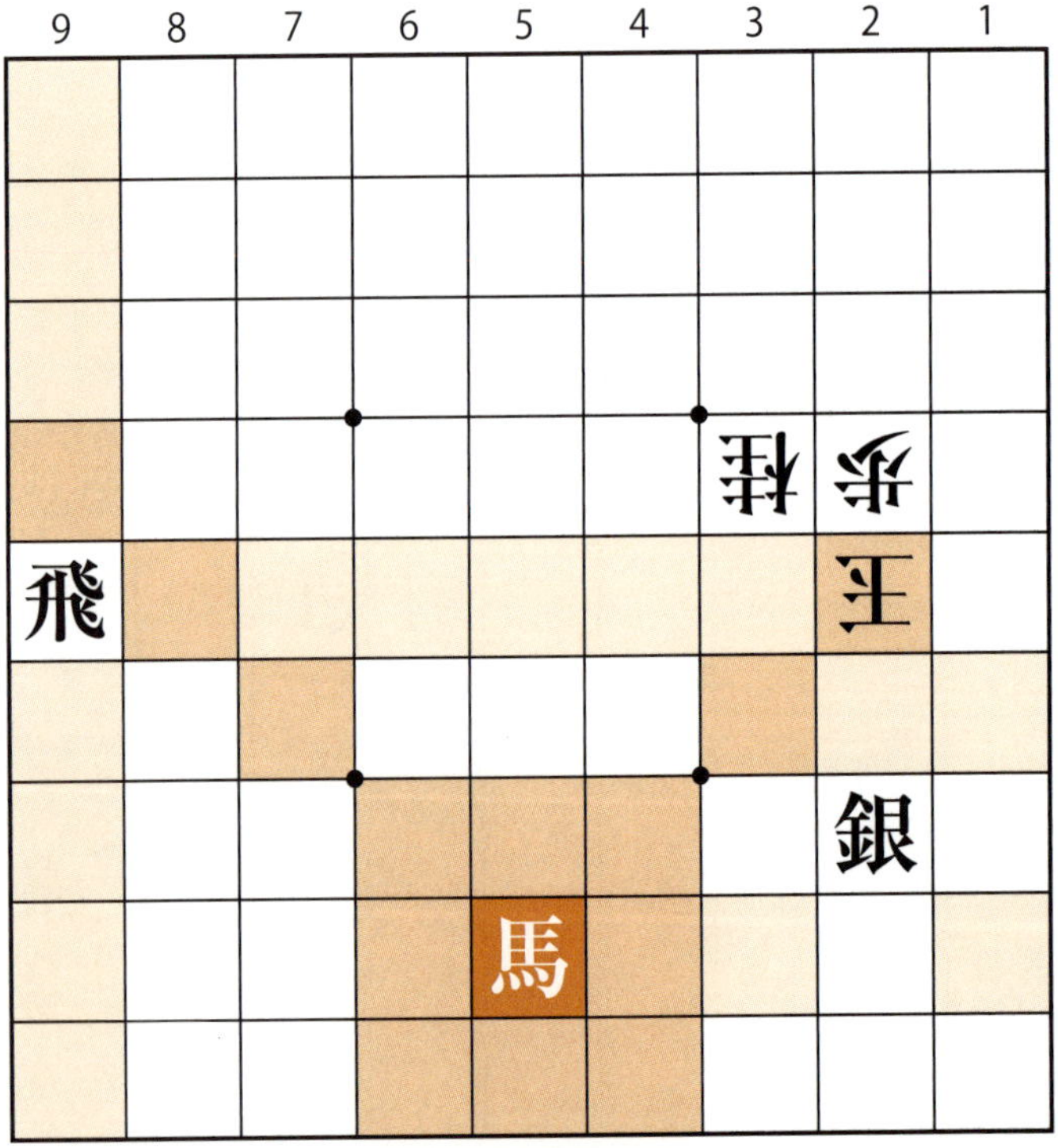

☗持駒《もちごま》 なし

第《だい》195問《もん》

レベル ★★★★★

ヒント

馬《うま》の利《き》きを活《い》かす

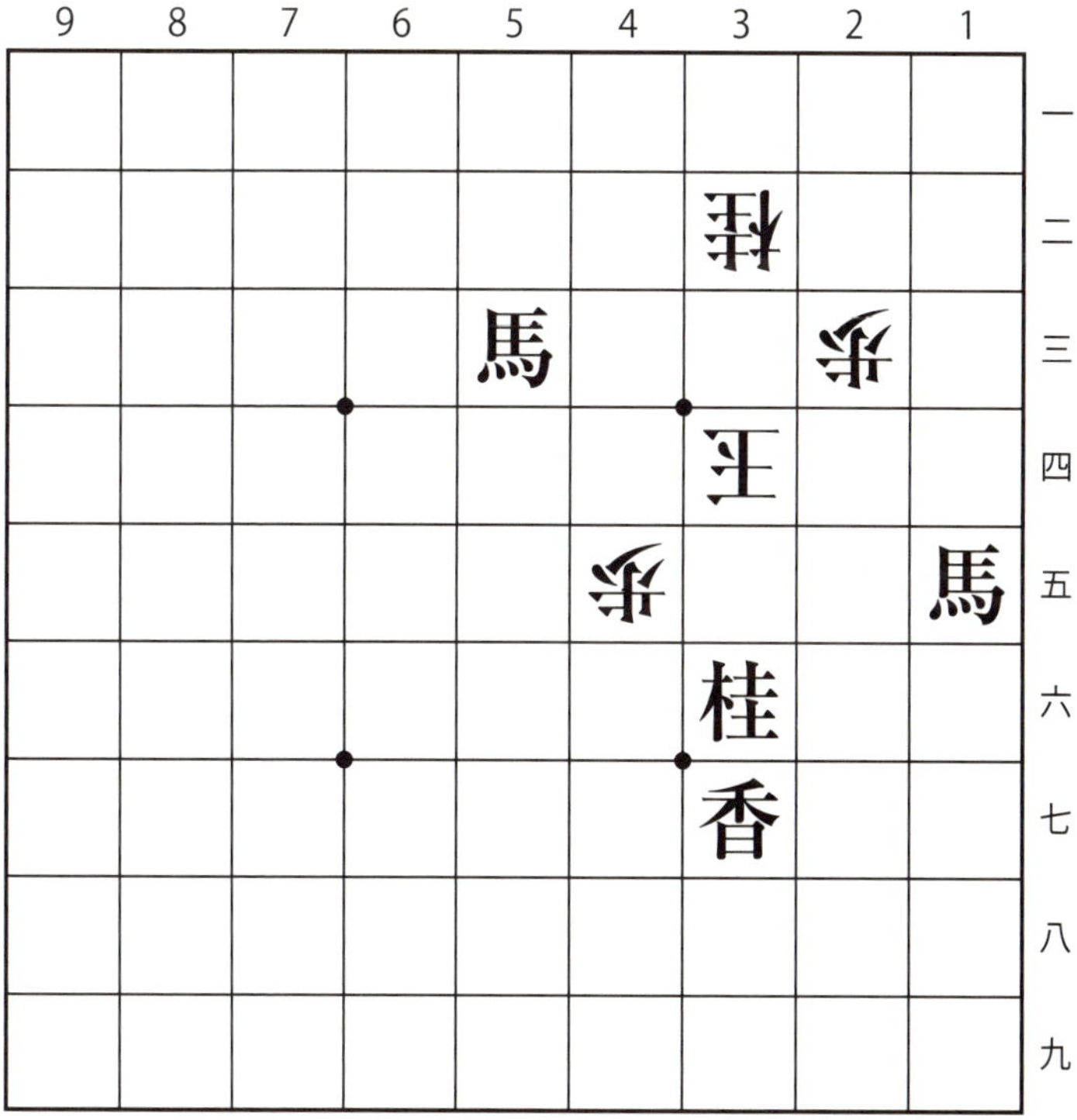

持駒《もちごま》 なし

☗2四桂《よんけい》

右《みぎ》に跳《は》ねる

3二桂《にけい》のせいで、馬《うま》を動《うご》かす手《て》では詰《つ》みません。

☗4四桂《よんけい》と左《ひだり》に跳《は》ねると、5三馬《さんうま》の利《き》きがストップ。☖3五《ご》歩《ふ》と合駒《あいごま》をされて失敗《しっぱい》です。

正解《せいかい》は☗2四桂《よんけい》。5三馬《さんうま》が3五《ご》に利《き》いたままなので、合駒《あいごま》は受《う》けになっていません。

正解図《せいかいず》

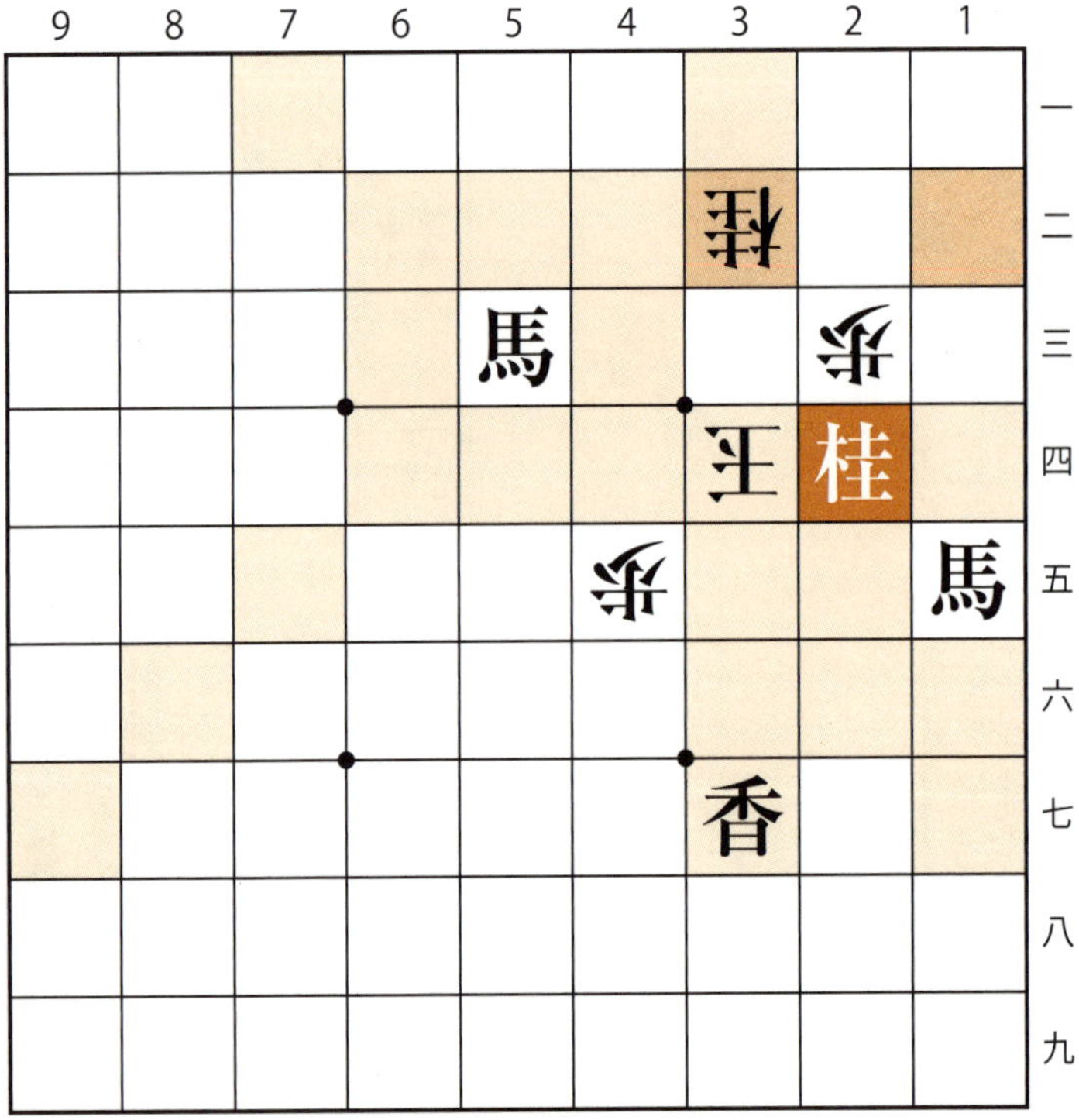

☗持駒《もちごま》 なし

第《だい》196問《もん》

レベル
★★★★★

ヒント
7六《ろく》角《かく》に注意《ちゅうい》

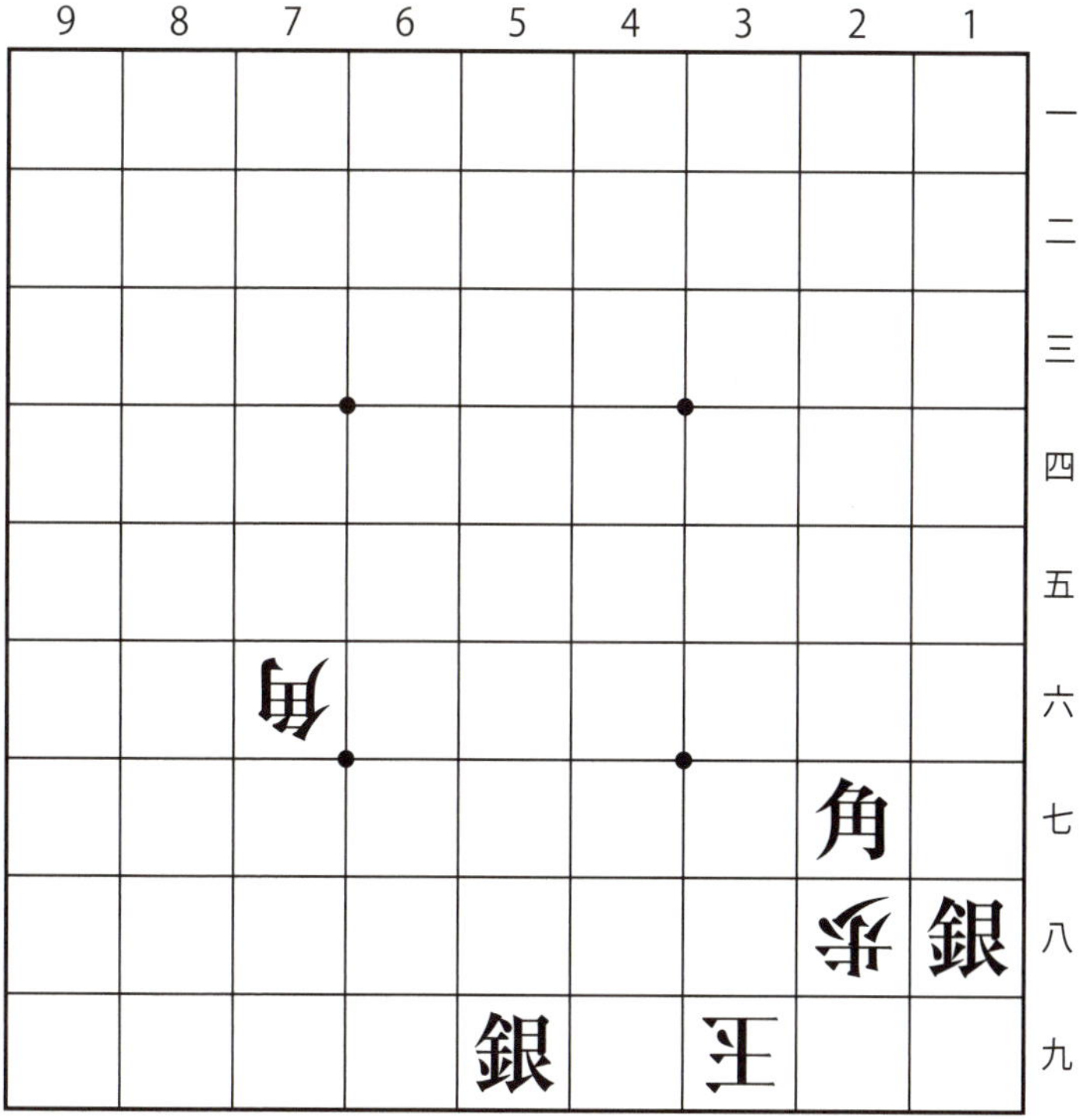

持駒《もちごま》 飛《ひ》

第《だい》196問《もん》

☗3三《さん》飛《ひ》

成《な》るための飛車《ひしゃ》打《う》ち

☗3七《なな》飛《ひ》は☖3八《はち》歩《ふ》と合駒《あいごま》をされ、☗同《どう》飛《ひ》☖4九《きゅう》玉《ぎょく》☗5八《はち》飛《ひ》と進《すす》みます。ここでもう一度《いちど》☖3八《はち》歩《ふ》と合駒《あいごま》をされ、☗同角《どうかく》☖3九《きゅう》玉《ぎょく》☗4八《はち》銀《ぎん》☖3八《はち》玉《ぎょく》で詰《つ》みません。合駒《あいごま》を飛成《ひなり》で取《と》るため、敵陣《てきじん》に☗3三《さん》飛《ひ》が正解《せいかい》です。☗3二《に》飛《ひ》は☖同角《どうかく》で失敗《しっぱい》。

正解図《せいかいず》

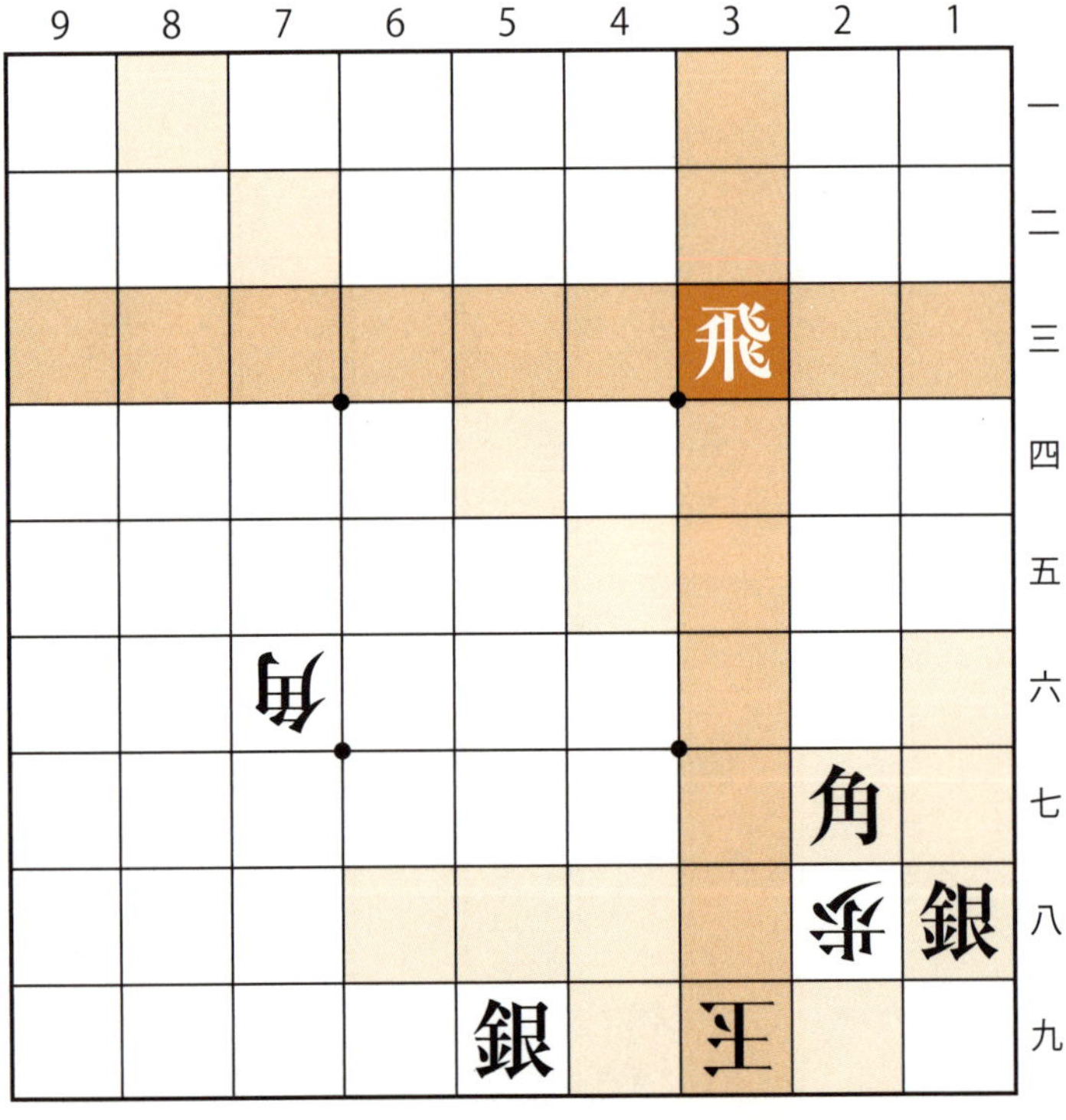

☗持駒《もちごま》 なし

第《だい》197問《もん》

レベル

★★★★★

ヒント

桂《けい》にまどわされないように

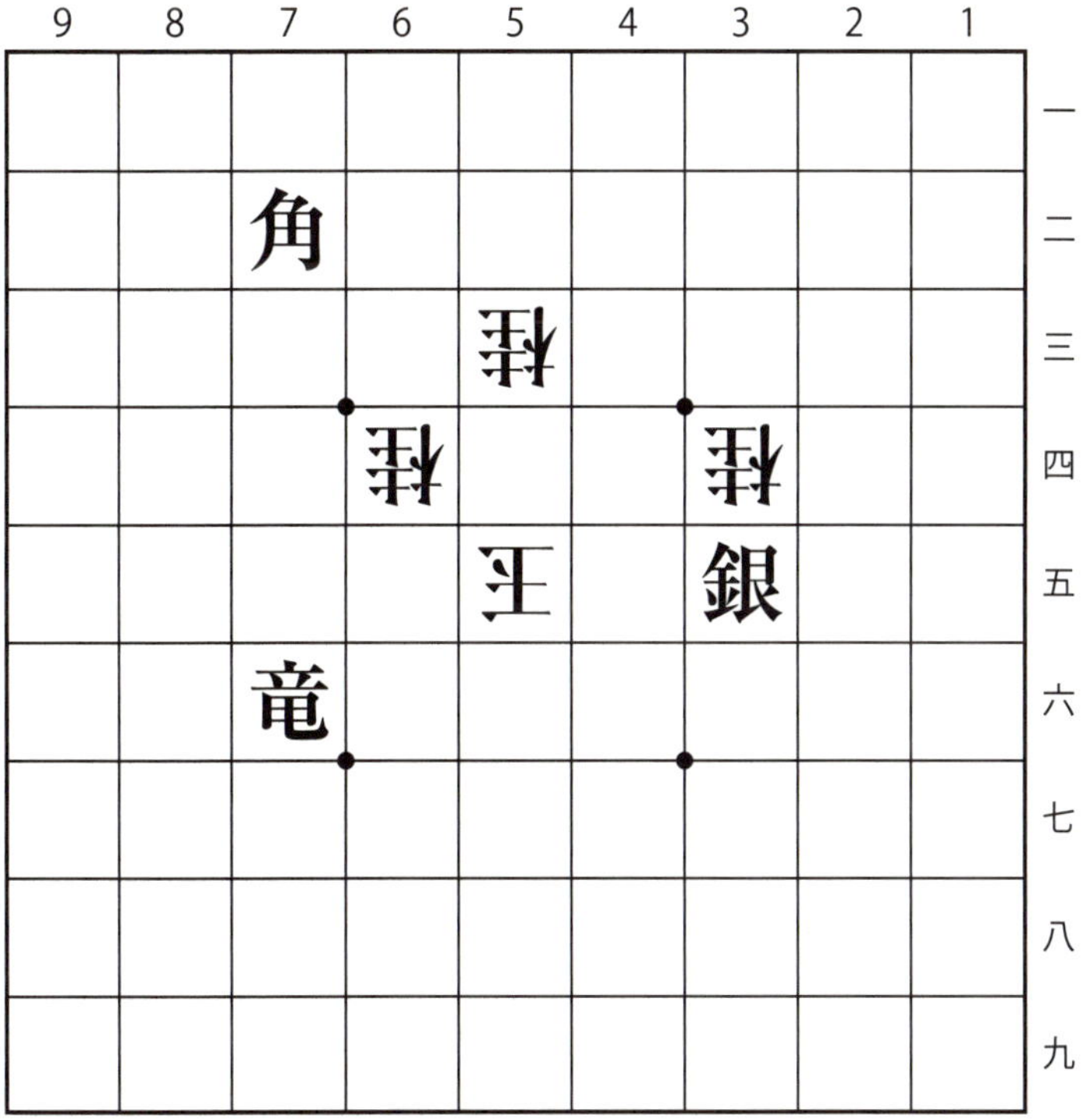

持駒《もちごま》 金《きん》

第《だい》197問《もん》

☗6六金《ろくきん》

角《かく》のじゃまをしない

玉方《ぎょくかた》の守《まも》りは桂《けい》ばかり。桂《けい》の利《き》きはややこしいので、見落《みお》とさないようにしましょう。

☗5四金《よんきん》は☖4五玉《ごぎょく》と逃《に》げられます。

正解《せいかい》は☗6六金《ろくきん》。竜《りゅう》の利《き》きは止《と》まりますが、打《う》った金《きん》と3五《ご》の銀《ぎん》がしっかり利《き》いています。

正解図《せいかいず》

☗持駒《もちごま》 なし

第《だい》198問《もん》

レベル
★★★★★

ヒント

馬《うま》の利《き》きを間違《まちが》えないように

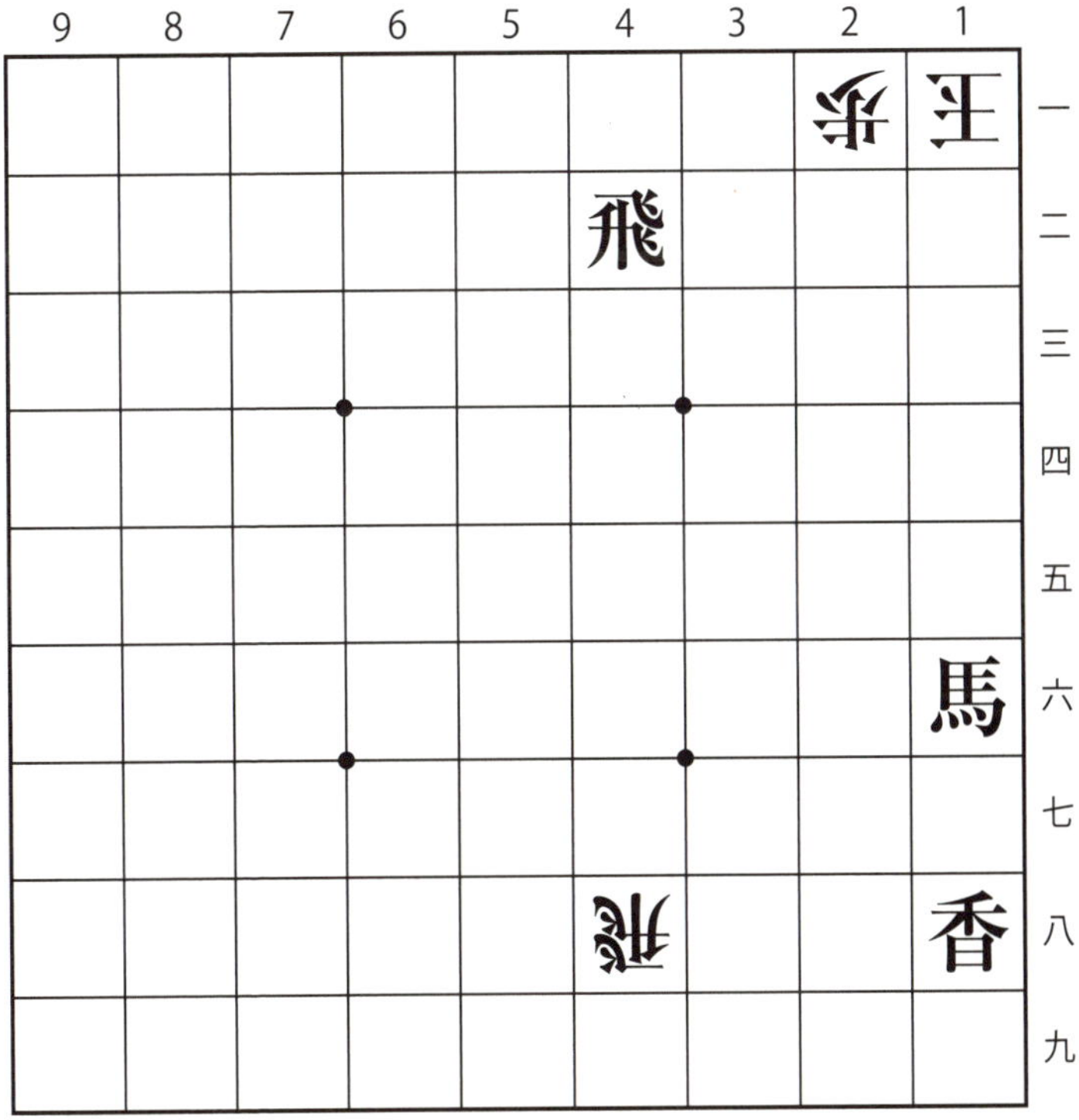

持駒《もちごま》 なし

第《だい》198問《もん》

☗3八馬《はちうま》

飛車《ひしゃ》を止《と》める

☗3三馬《さんうま》や☗4四馬《よんうま》の両王手《りょうおうて》で詰《つ》み……は間違《まちが》いです。馬《うま》はそこに動《うご》けません。馬《うま》（角《かく》）を遠《とお》くに動《うご》かす時《とき》は、利《き》きを間違《まちが》えやすいので注意《ちゅうい》しましょう。

4八飛《はちひ》が1八香《はちきょう》を狙《ねら》っています。この飛《ひ》の利《き》きを止《と》めるように、☗3八馬《はちうま》として詰《つ》み。

正解図《せいかいず》

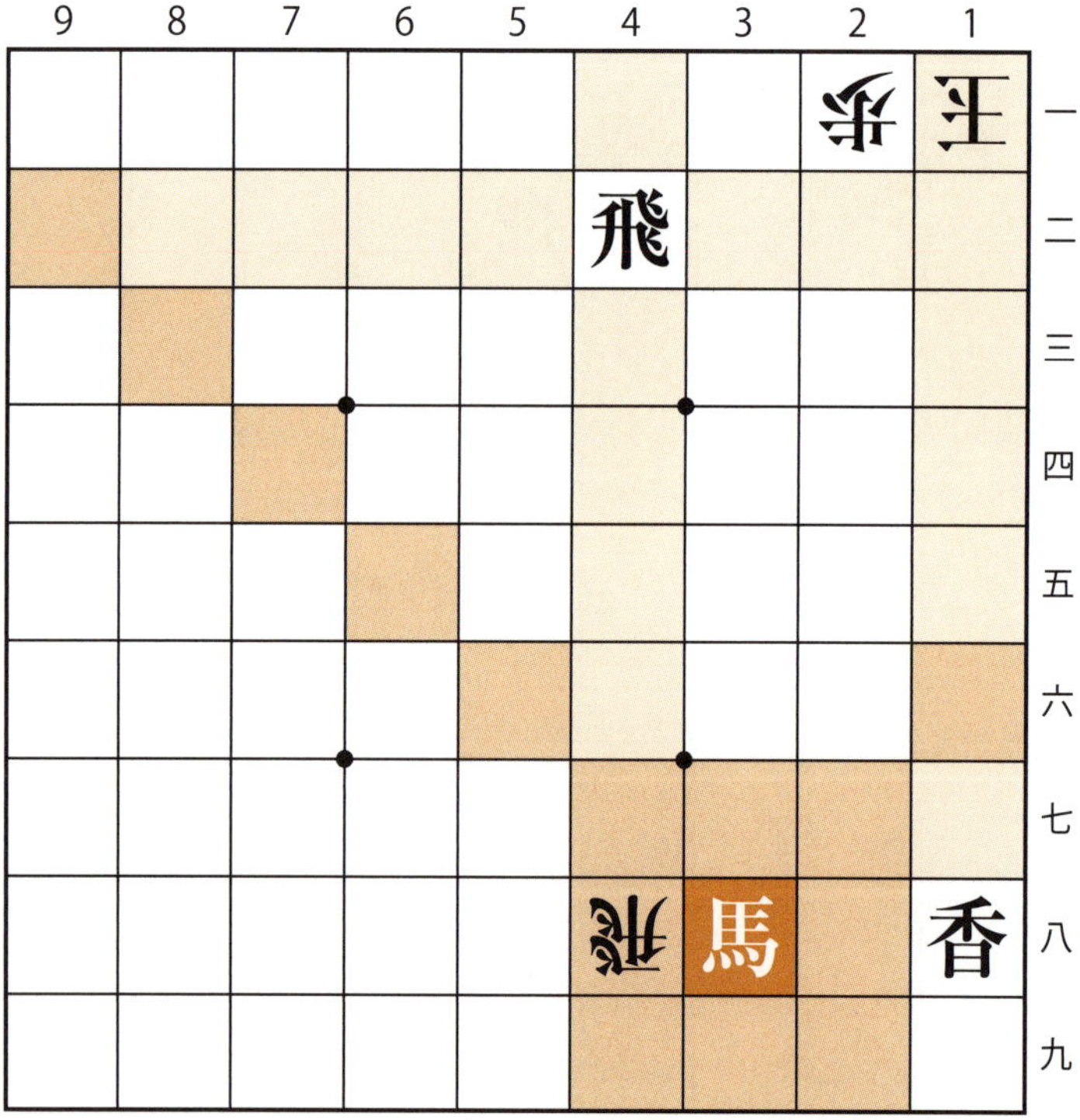

☗持駒《もちごま》 なし

第《だい》199問《もん》

レベル

★★★★★

ヒント

飛車《ひしゃ》と角《かく》のどちらが危険《きけん》？

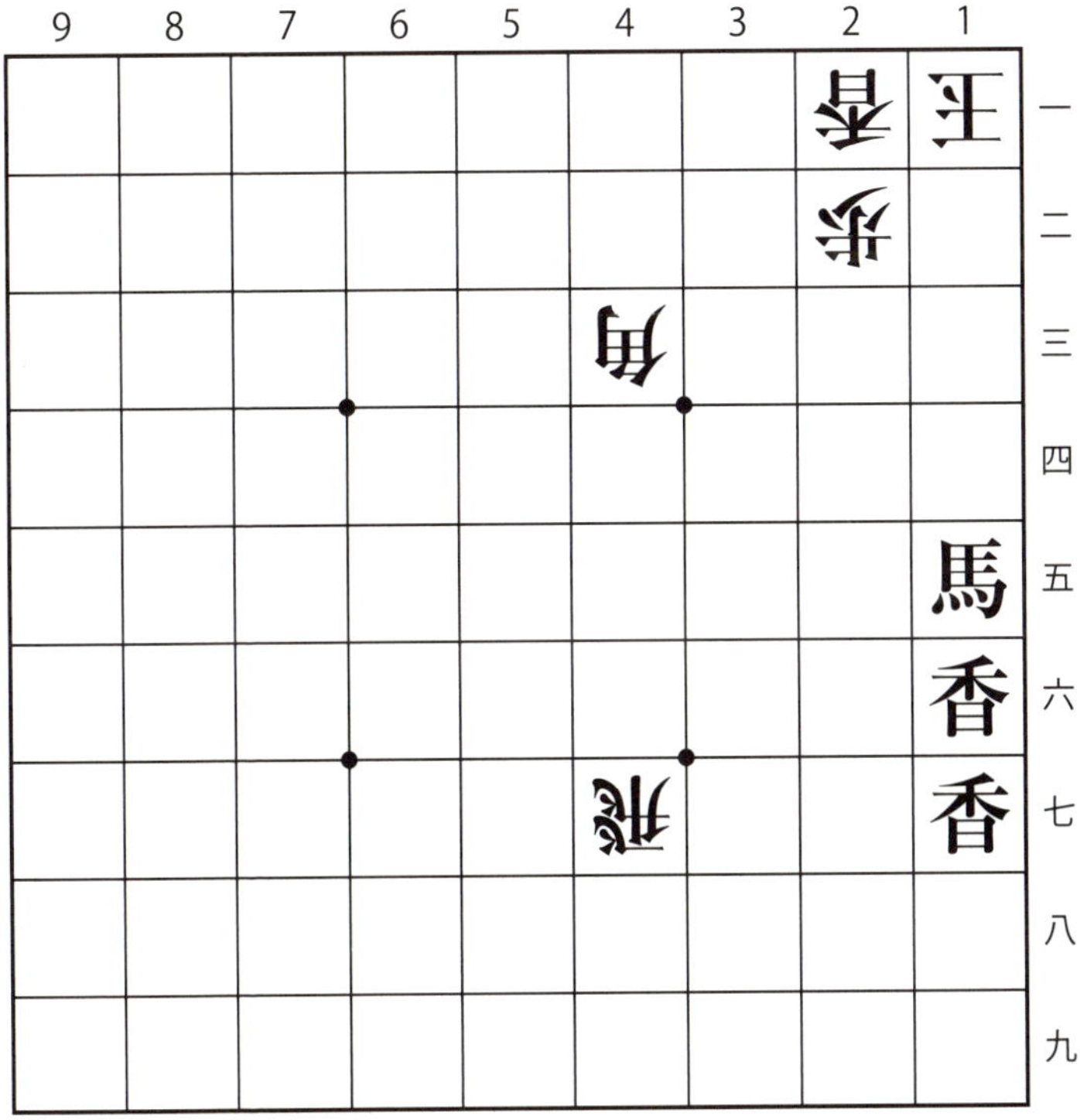

持駒《もちごま》 なし

第《だい》199問《もん》

☗2五馬《ごうま》

角《かく》の利《き》きを止《と》める

2段《だん》ロケットのような1筋《すじ》の香《きょう》が面白《おもしろ》い形《かたち》。馬《うま》を動《うご》かして、詰《つ》みを狙《ねら》います。

☗3七馬《ななうま》は☖1六角《ろくかく》と香《きょう》を取《と》られ、☗同香《どうきょう》に☖1二歩《にふ》の合駒《あいごま》で失敗《しっぱい》です。

正解《せいかい》は☗2五馬《ごうま》。これなら王《おう》手《て》をかける1六香《ろくきょう》が守《まも》れます。

正解図《せいかいず》

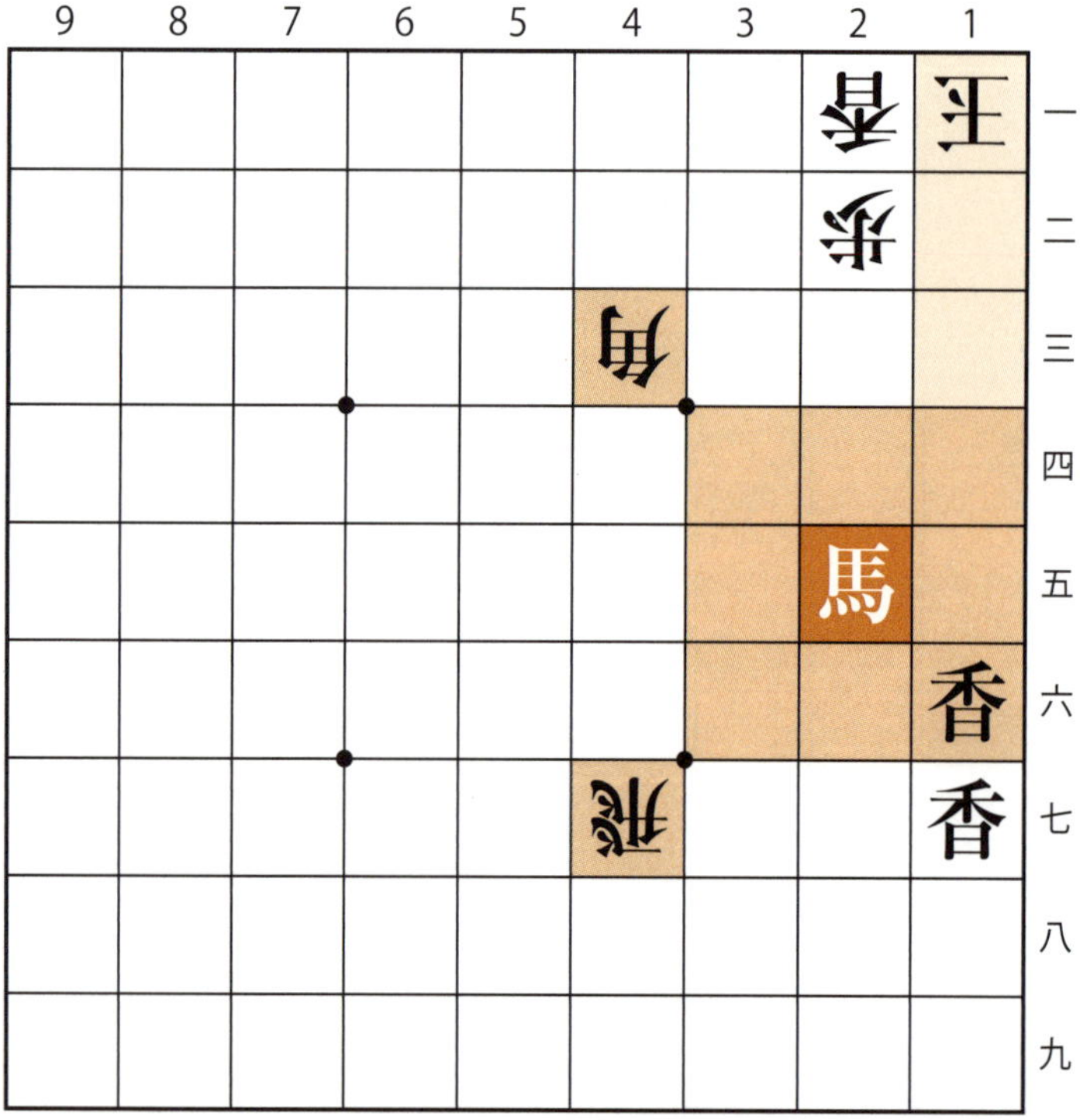

☗持駒《もちごま》 なし

第《だい》200問《もん》

レベル

★★★★★

ヒント

角《かく》の移《い》動《どう》先《さき》は？

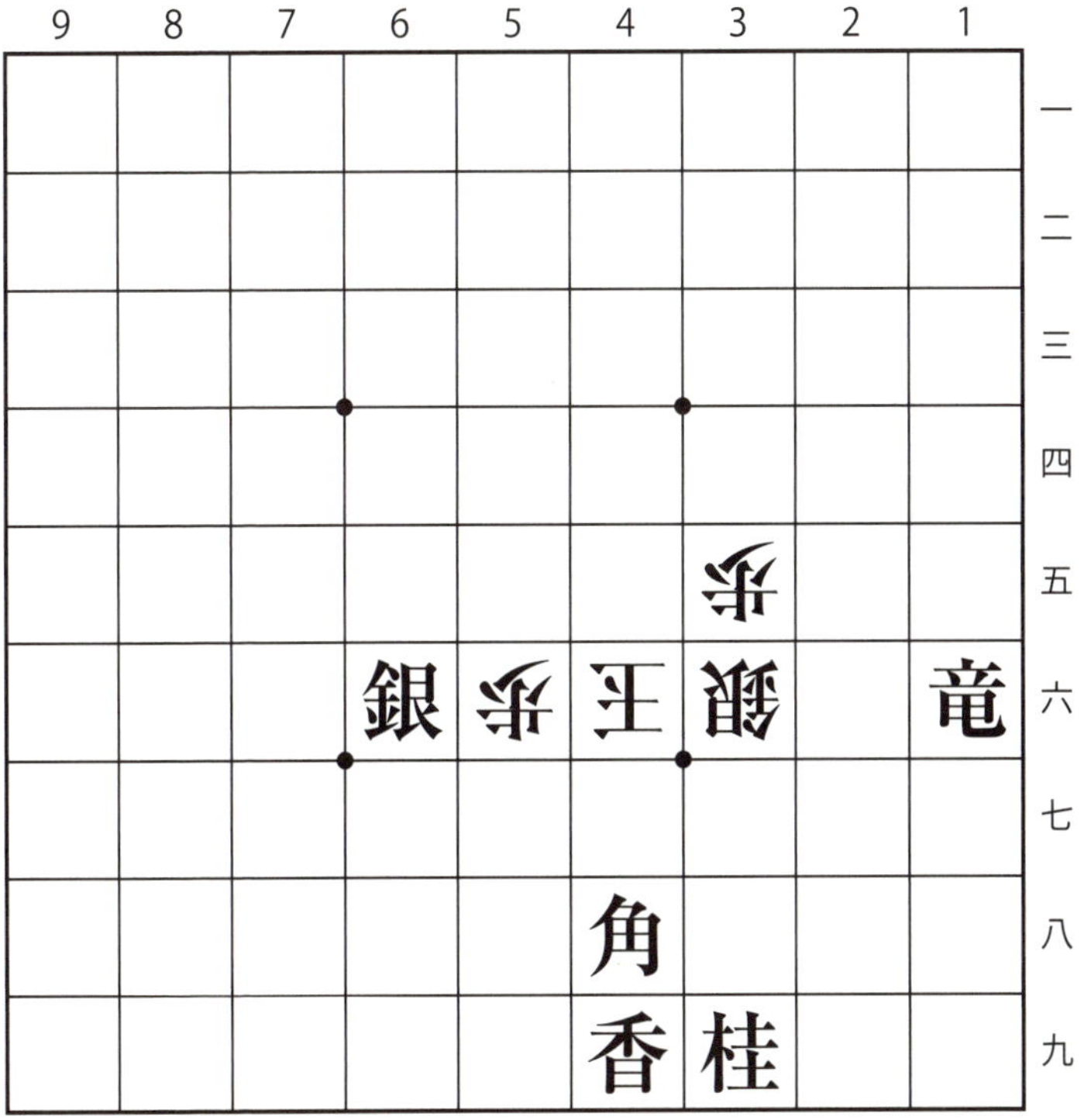

持駒《もちごま》 なし

第《だい》200問《もん》

☗1五角《ごかく》

竜《りゅう》の利《き》きが鍵《かぎ》

☗5九角《きゅうかく》は間違《まちが》い。☖4八歩《はちふ》の合駒《あいごま》が玉方《ぎょくかた》の【妙手《みょうしゅ》】で、☗同香《どうきょう》に☖3七玉《ななぎょく》と逃《に》げられます。

☗2六角《ろくかく》だと竜《りゅう》の利《き》きが止《と》まるので、☖4七歩《ななふ》と合駒《あいごま》をされ、☗同香《どうきょう》☖同銀成《どうぎんなり》で失敗《しっぱい》。

正解《せいかい》の☗1五角《ごかく》は、合駒《あいごま》をさせない絶好《ぜっこう》の一手《いって》。

正解図《せいかいず》

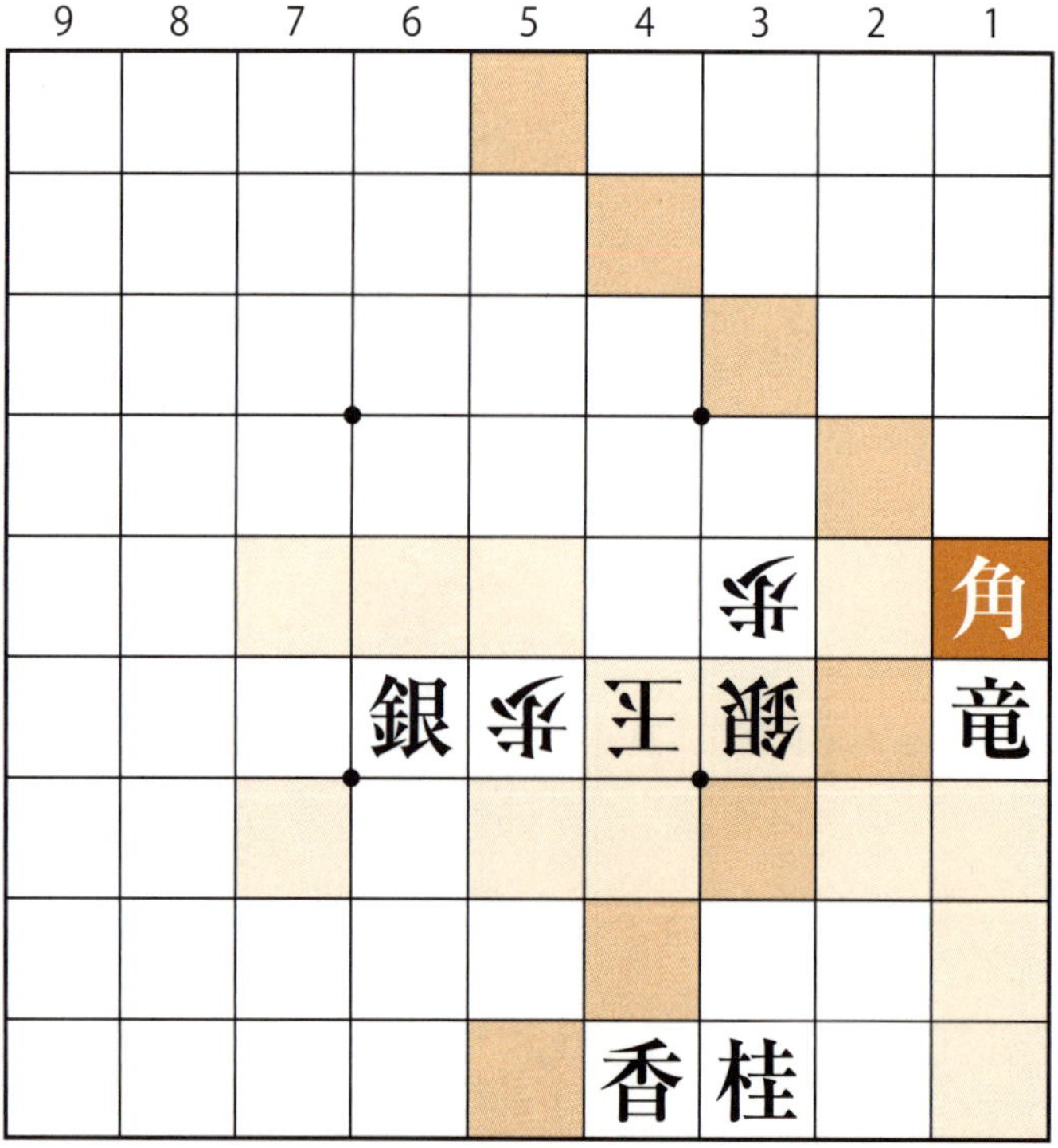

☗持駒《もちごま》 なし

【妙手《みょうしゅ》】=気付《きづ》きにくい、うまい手《て》のこと。

監修《かんしゅう》

羽生　善治（はぶ　よしはる）

1970年埼玉県所沢市生まれ。二上達也九段門下。1985年、プロ四段になる。史上3人目の中学生棋士。1989年に初タイトルとなる竜王を獲得。1994年、A級初参加で名人挑戦者となり、第52期名人戦で米長邦雄名人を破って初の名人に。将棋界の記録を次々と塗り替え、1996年には谷川浩司王将を破って、前人未到の七冠独占を達成。どんな戦型も指しこなすオールラウンダー。2014年には4人目となる公式戦通算1,300勝を史上最年少、最速、最高勝率で達成。2017年、第30期竜王戦を制し、すでに保持していた永世名人、永世王位、名誉王座、永世棋王、永世王将、永世棋聖を合わせ、「永世七冠」の資格を獲得した。最近は将棋界だけでなく、AI知能との未来についての対談・取材を精力的にこなす。広く財界の人々との対談からその考え、生き方を広めていく活動も続けている。将棋界のスーパーヒーローである。

執筆《しっぴつ》

詰将棋パラダイス（羽生善治 永世七冠の愛読書）

編集長／水上 仁　大阪市北区天満 4-15-7

1950年 詰将棋専門誌として創刊号が発行される。1962年 詰将棋の最高の栄誉である看寿賞を初めて発表。1986年 史上最長手数「ミクロコスモス」（橋本孝治作）が発表される。1997年 通巻500号。記念号付録に「読者の棋士による思い出の詰将棋」。1999年「看寿賞作品集」が、将棋ペンクラブ大賞特別賞を受賞。2009年 谷川浩司九段が棋士として初めて入選百回を達成。2010年 将棋界への貢献が評価され、大山康晴賞を受賞。2015年 母体である全日本詰将棋連盟主催の「詰将棋解答選手権」で藤井聡太七冠（当時小学校6年）が初優勝。

☆本誌スタッフの須藤大輔が本書の作稿を担当。

羽生善治監修
子ども詰将棋 1手詰 200問

2025年 3 月15日　初版発行

監修者　羽　生　善　治
発行者　富　永　靖　弘
印刷所　株式会社新藤慶昌堂

発行所　東京都台東区台東２丁目24　株式会社　新星出版社
〒110-0016　☎03(3831)0743

ISBN978-4-405-06587-1